ROSTOCK

Stralsund

Putbus

tz-
garten

Greifswald

Wolgast

Peene

Demmin

Teterow

Malchin

Altentreptow

Friedland

NEUBRANDENBURG

Neubrandenburg

Pasewalk

Müritz

Neustrelitz

Prenzlau

Gartz

ttstock

Fürstenberg

Templin

Rheinsberg

Gransee

Angermünde

Lindow

Zehdenick

z

Neuruppin

Oder-Havel-Kanal

sterhausen

Oranienburg

Bad
Freienwalde

Kremmen

Bernau

OTSDAM

Strausberg

Altlandsberg

BERLIN

FRANKFURT

Brandenburg

Werder

Potsdam

Fürstenwalde

Spree

Frankfurt

Mittenwalde

Zossen

Belzig

Beeskow

Eisenhüttenstadt

Treuenbrietzen

Luckenwalde

Niemegk

Neuzelle

Jüterbog

Lieberose

Historische Stadtkerne

Tourist-Führer

Historische Stadtkerne

Städte unter Denkmalschutz

herausgegeben von
Uwe Kieling und Gerd Priese
in Zusammenarbeit
mit einem Autorenkollektiv

VEB Tourist Verlag
Berlin · Leipzig

Autorenkollektiv
Wilfried Dallmann, Weimar: Naumburg, Weimar
Dr. Heinrich Douffet, Freiberg: Freiberg, Meißen, Stralsund, Torgau
Peter Handy, Schmalkalden: Schmalkalden
Uwe Kieling, Berlin: Einleitung, Berlin, Neuruppin, Potsdam, Register
Dr. Gerd Priese, Berlin: Einleitung, Osterwieck, Quedlinburg,
Salzwedel, Stolberg, Tangermünde, Wernigerode, Register
Dr. Anselm Räder, Erfurt: Erfurt, Mühlhausen
Günter Richter, Görlitz: Bautzen, Görlitz
Dr. Günther Wölfing, Wasungen: Wasungen
Richard Zabel, Schwerin: Güstrow, Ludwigslust

Dank für Unterstützung gilt
Ch. Belger, Berlin · F. Hoffmann, Stralsund · G. Köpping, Berlin
F. Treite, Osterwieck · W. Volk, Berlin

Gutachter
Prof. Dr.-Ing. H. Nadler, Dresden
Dr. K. Schnakenburg, Berlin

Historische Stadtkerne : Städte unter Denkmalschutz/
hrsg. von Uwe Kieling u. Gerd Priese. – Berlin ;
Leipzig : Tourist Verl., 1989. – 414 S. :
131 Farbfotogr., 23 Abb., 27 Textkt., Kt.-Anh. – (Tourist-Führer)

ISBN 3-350-00288-9

1. Auflage
© VEB Tourist Verlag, Berlin/Leipzig, 1989
Lizenznr.: 1002/550/78/89; TV 008-7104; P 62/88
LSV 5269
Lektor: Evelyn Schulz
Redakteur: Kerstin Schilling
Einbandgestaltung: Sieghard Hawemann
Typographie: TV
Printed in the German Democratic Republic
Satz: (140) Druckerei Neues Deutschland, Berlin
Druck: Militärkartographischer Dienst (VEB), Halle
Buchbinderische Verarbeitung:
INTERDRUCK Graphischer Großbetrieb, Leipzig – III/18/97
Bestellnummer: 596 873 6
02780

Das Interesse für die Pflege und Bewahrung historischer Altstadtbereiche und historisch städtebaulicher Ensembles ist in den letzten Jahren beträchtlich gewachsen. Das zeigt die Anteilnahme der Bevölkerung an städtebaulichen Planungen und Baudurchführungen in den Altbaubereichen. Das kommt auch im Engagement zum Ausdruck, mit dem die Kommunalorgane, die Architekten und Denkmalpfleger im Verein mit der Öffentlichkeit, vor allem den Mitgliedern des Kulturbundes in den Gesellschaften für Heimatgeschichte und Denkmalpflege sich den komplexen Planungen in den Innenstädten widmen, durch die sozialer Fortschritt und die Bewahrung der Geschichtlichkeit der Stadt in Übereinstimmung gebracht werden sollen.

Jede Stadt, jeder Siedlungsort in unserem Land hat seine Geschichte. Sie umfaßt bei den jüngsten Gründungen nur wenige Jahrzehnte, geht bei vielen Orten jedoch bis in die früheste Zeit der Besiedlung unseres Landes zurück.

Die Geschichte eines Siedlungsortes wird in einem starken Maße durch den Umfang der historischen baulichen Überlieferung bestimmt, die in seinem Erscheinungsbild vorhanden ist. Diese materiell geschichtliche Überlieferung umfaßt die Grundstruktur eines Altstadtensembles als Grundlage für die charakteristischen städtebaulichen Raumbildungen. Diese werden gebildet aus den hervorragenden denkmalwerten Einzelbauten, dem Rathaus, den Kirchen und Kapellen, den repräsentativen Bürgerhäusern am Markt und in den umliegenden Straßen, Resten ehemaliger Klosteranlagen am Rande der Altstadt, den Befestigungen usw. Hinzu kommen zumeist zahlreiche Bauten ohne einen besonderen Denkmalwert, durch die der Altstadtbereich oder das ausgewählte Gebiet jedoch erst zu einem Ensemble zusammengeschlossen werden.

Die wertvollsten und an Einzeldenkmalen reichsten historischen Altstadtkerne und ausgewählten historischen städtebaulichen Ensembles sind auf den Denkmallisten erfaßt und damit durch das Gesetz geschützt. Sie sind mit ihrer nahezu unerschöpflichen Vielfalt an baulichen und räumlichen Formen, ihrem unvergleichlichen Reichtum individueller Gestaltung und der immer wieder neu und tiefer zu erschließenden Geschichtlichkeit ein wichtiger Teil unseres gewachsenen historischen kulturellen Erbes.

Diesen Teil unseres bewahrenswerten kulturellen Erbes darzustellen, haben sich die Autoren der vorliegenden Publikation zur Aufgabe gemacht. Sie soll einen Eindruck von der Vielfalt des überlieferten Bestandes geben und zu einem genaueren Betrachten, einem aufmerksamen Hinsehen anregen. Die Publikation soll vor allem dem Touristen die Möglichkeit geben, sich in den Städten über deren Geschichte zu informieren und die damit verbundenen städtebaulichen und architektonischen Werte zu erkennen. Das Stadtdenkmal als Ensemble zahlreicher geschichtlicher Überlieferungen wird damit für einen breiten Kreis von Interessenten erschlossen. Das Maß dessen, was von den überlieferten Werten für die Zukunft erhalten werden kann, ist von vielen Faktoren abhängig, vor allem von der ökonomischen Leistungskraft unseres Landes, von einem klugen Umgang mit der Altbausubstanz und nicht zuletzt von der allgemeinen Wertschätzung, die diese städtebaulich-architektonischen Werte in der Öffentlichkeit genießen.

Dr. Peter Goralczyk
Generalkonservator
Institut für Denkmalpflege

Inhalt

Denkmalpflege im historischen Stadtkern 8
Grundlagen der Denkmalpflege 8
Zur Geschichte der Denkmalpflege 9
Städtebauliche Denkmalpflege in der DDR 12

Die Stadt als Siedlungsform 14
Die Stadt in der Geschichte 14
Der Städtebau 17

Kulturlandschaften und ihre Städte 19
Thüringen 19
Erfurt 20 · Weimar 23 · Mühlhausen 26 · Naumburg 28
Schmalkalden 30 · Wasungen 32
Harz 34
Osterwieck 36 · Quedlinburg 37 · Wernigerode 40 · Stolberg 41
Salzwedel 43 · Tangermünde 44
Sachsen 48
Meißen 49 · Torgau 52 · Freiberg 54 · Bautzen 57 · Görlitz 60
Mecklenburg 63
Stralsund 64 · Güstrow 67 · Ludwigslust 69
Mark Brandenburg 70
Potsdam 73 · Neuruppin 75 · Berlin 76

Stadtkernbeschreibungen
Bautzen 82 · Berlin 98 · Erfurt 118 · Freiberg 134
Görlitz 150 · Güstrow 164 · Ludwigslust 176
Meißen 186 · Mühlhausen 202 · Naumburg 214 · Neuruppin 230
Osterwieck 242 · Potsdam 252 · Quedlinburg 270
Salzwedel 286 · Schmalkalden 296 · Stolberg 306 · Stralsund 316
Tangermünde 332 · Torgau 342 · Wasungen 354 · Weimar 364
Wernigerode 380

Sachworterklärungen 394
Zeichenerklärung 400
Personenregister 401
Literaturverzeichnis 410
Bildautorennachweis 414

Kartenanhang
„Sehenswürdigkeiten an Ihrem Reiseweg"

Denkmalpflege
im historischen Stadtkern

Denkmalgeschützte historische Stadtkerne sind bevorzugte Ziele des Tourismus. Sie vereinen Tradition und Gegenwart miteinander und vermitteln anhand ihrer Bauten nachhaltige Eindrücke über geschichtliche Zusammmenhänge. Das Gesicht der historischen Stadtkerne hat sich im Laufe der Jahrhunderte gewandelt, weitgehend original erhalten geblieben sind die Strukturen mittelalterlicher Stadtbaukunst. Die mittelalterliche Stadt war nie ein Zufallsprodukt, im Gegenteil: Dem Bauen in der Stadt lagen ganz bestimmte Prinzipien zugrunde, die von der Erkenntnis ausgingen, daß eine Stadt auch ein Kunstwerk ist und daß sie nur entstehen und weiterentwickelt werden kann, wenn bei jeder einzelnen Baumaßnahme unter Wahrung der Proportionen das Ganze im Auge behalten wird. Und so haben frühere Generationen – gar nicht so unbefangen wie es oft scheint – ihre neuen Bauten an die Stelle der alten gesetzt. Der einheitliche Stadtgrundriß erlaubte in der Regel – bedingt durch die fortschreitende Entwicklung der Produktion, des Handels, des Verkehrs, der Verwaltung und der Kultur – Bauwerke aus allen Stilepochen zu errichten. Sie fügten sich harmonisch in die vorhandenen Stadtstrukturen ein und förderten dadurch wesentlich Ansehen und Reichtum der Stadt.

Grundlagen der Denkmalpflege

Die Altstadt, einst flächenbegrenzt aus Gründen der Verteidigungsfähigkeit, bildet heute als historischer Stadtkern nur noch einen kleinen Teil der Gesamtstadt. Aber dieser Teil ist in der Regel Zentrum geblieben. Hier sind nach wie vor die administrativen, gesellschaftlichen, kulturellen und dienstleistenden Einrichtungen und Produktionsstätten konzentriert. Das Hauptmerkmal des historischen Stadtzentrums ist die Bebauungsdichte, die Aneinanderreihung vieler, häufig kleiner individueller Einzelbauten mit Läden in den Erdgeschoßzonen und Wohnungen, die zur Straße liegen, typisch sind die engen vielgestaltigen Freiräume.

Die Erhaltung der Bausubstanz in Altbaugebieten ist durchweg kompliziert. Die bauwerksgerechte Nutzung der Häuser indessen trägt wesentlich zu ihrem Erhalt bei. Innerstädtisches Bauen, verbunden mit der Wahrnehmung der vielseitigen Nutzungsmöglichkeiten historischer Gebäude und Anlagen im Zentrum der Städte mit ihrem beträchtlichen Wohn-, Erholungs- und Bildungswert, ist deshalb in der DDR ein gesamtgesellschaftliches Anliegen. Es hat als Teil der Kulturpolitik der DDR über das Denkmalpflegegesetz vom 19. 6. 1975 hinaus in den

Durchführungsbestimmungen zum Denkmalpflegegesetz, vor allem detailliert in der Bekanntmachung der zentralen Denkmalliste – Liste der Denkmale von besonderer nationaler und internationaler Bedeutung vom 25. 9. 1979 – die erforderliche gesetzliche Verankerung erfahren.

Unter den 399 Denkmalen der zentralen Denkmalliste der DDR sind 57 Denkmale des Städtebaus und der Architektur registriert, darunter als Flächendenkmale von besonders hohem Rang 23 historische Stadtkerne. Sie bilden den Schwerpunkt der städtebaulichen Denkmalpflege.

Die Denkmalpflege umfaßt alle Maßnahmen, die dem Schutz, der Erhaltung und der Pflege von Denkmalen dienen. Als Denkmal wird jedes Zeugnis der politischen, kulturellen und ökonomischen Entwicklung der Menschheit bezeichnet, das künstlerisch, historisch oder wissenschaftlich bedeutungsvoll ist und dessen Erhaltung in gesamtgesellschaftlichem Interesse liegt. Für die Darstellung historischer Stadtkerne gilt grundlegend die Definition im Denkmalpflegegesetz der DDR über „Denkmale des Städtebaus und der Architektur wie Stadt- und Ortsanlagen, Straßen- und Platzräume, Stadtsilhouetten und Ensembles, Burgen, Schlösser, Rathäuser, Bürgerhäuser, Theater und andere Kulturbauten, Kirchen, Klöster oder Teile von ihnen wie Tore, Erker, Treppen, Innenräume, Decken- und Wandgestaltungen, Kleinarchitekturen und Ausstattungen" in engem Zusammenhang mit den „Denkmalen zur Kultur- und Lebensweise der werktätigen Klassen und Schichten des Volkes wie typische Siedlungsformen, Wohn- und Arbeitsstätten mit ihren Ausstattungen" sowie die „Denkmale der Landschafts- und Gartengestaltung wie Park- und Gartenanlagen, Friedhöfe, Wallanlagen und Alleen". Bemerkenswert ist auch, daß in den Schutz der Denkmale ihre Umgebung mit einbezogen wird, wenn dies die Erhaltung, Wirkung und gesellschaftliche Erschließung rechtfertigt. Gerade auf die ensemblebezogene Erhaltung und Pflege der Denkmale orientiert alljährlich die von der Nationalen Front und vom Kulturbund der DDR getragene Gemeinschaftsaktion „Gepflegte Denkmale und ihre Umgebung", an der sich breite Kreise der Bevölkerung mit einem Ergebnis von mehreren Millionen Mark beteiligen.

Zur Geschichte der Denkmalpflege

Die Werke der Baukunst – und hier besonders die städtebaulichen Anlagen oder Teile derselben – gehören nicht erst seit heute zu den bekanntesten Denkmalen. Bereits im Ägypten nach 1580 v. u. Z. bestand das Bedürfnis, Denkmale zu schützen und zu pflegen, was Ausgrabungen (z. B. der Sphinx) und die Wiederinstandsetzung von Tempeln beweisen. Auch die noch weiter in der Geschichte zurückliegenden Bemühungen um den Wiederaufbau des gestürzten Turmes von Babylon nach der Befreiung des Landes von den Assyrern im 17. Jh. v. u. Z. sind beachtliche Leistungen, die auf die Erhaltung dieses Denkmals gerichtet waren. Mit der römischen Baugesetzgebung unter Kaiser Theodorus (389) wurden erstmalig in der Geschichte denkmalpflegerische Forderungen berücksichtigt. Die Schutzbestimmungen wurden einerseits auf Bauwerke angewendet, die zu Ehren von Persönlichkeiten und historischen Ereignissen errichtet wurden, und andererseits auf Nutzbauten, die aus wirtschaftlichen Gründen nicht aufgegeben werden durften.

Erhöhte Bedeutung kam der Denkmalpflege in der Renaissance zu. Bezogen auf Werke der Antike wurde ein Zusammenhang zwischen Denkmal und Kunstwerk hergestellt. Päpste wie Pius II., Sixtus IV. und Leo X., der 1516 Raffael als ersten Direktor einer Behörde für Altertümer und Ausgrabungen einsetzte, erwarben sich Verdienste bei der Erhaltung antiker Denkmale.

In Frankreich wurden noch während der Französischen Revolution 1790 Verordnungen zur Erhaltung von Denkmalen wirksam. Hier entwickelte erstmals das progressive Bürgertum auf der Grundlage eines wachsenden Bildungsstrebens ein breites Interesse an den Denkmalen der Antike und der nationalen Geschichte. Johann Wolfgang von Goethe schrieb 1799 seinen Appell: „Alle Kunstwerke gehören als solche der gebildeten Menschheit an und der Besitz derselben ist mit der Pflicht verbunden, Sorge für ihre Erhaltung zu tragen."

Die moderne systematische Denkmalpflege in Deutschland im 19. Jh. steht in engem Zusammenhang mit der Traditionspflege. Ihre Entwicklung stand unter dem Einfluß romantischen Gedankengutes mit der Hinwendung zu historisch-patriotischer Haltung. Nach der Zerschlagung der Napoleonischen Fremdherrschaft erwuchs die Forderung, die baukünstlerischen Werke der Vergangenheit im Originalzustand zu sichern und zu erforschen. Der aus der Schule Friedrich Gillys hervorgegangene Architekt Karl Friedrich Schinkel setzte sich nach seiner durch Wilhelm von Humboldt vermittelten Aufnahme in den Staatsdienst 1810 als erster maßgeblich für eine systematische Denkmalpflege ein. In Denkschriften begründete er vor allem den hohen Rang der Denkmalpflege in erster Linie für die Erhaltung eines Stadtbildes. Verdienstvoll waren in der Folgezeit seine Mitwirkung an zahlreichen Gutachten und Rekonstruktionsentwürfen für mittelalterliche, vorwiegend gotische Bauten, wie z. B. für den Kölner Dom, die Marienburg, die Klosterkirchen Berlin, Chorin, Dobbertin, der Umbau der Moritzburg in Halle als Universität und seine ständigen Bemühungen für die Popularisierung des Denkmalgedankens vor allem unter den Baubeamten. Trotz seiner zeitlichen Grenzziehung der Denkmalwürdigkeit von Bauten bis zur Mitte des 17. Jh. verdient sein Eintreten für die Berliner Barockbauten Zeughaus und Schloß, wohl in erster Linie aus Achtung vor dem Werk von Andreas Schlüter, Anerkennung. Schinkel betrachtete die Denkmalpflege als ethische Verpflichtung gegenüber den historischen Kunstwerken und als eine öffentliche Aufgabe. Die Architekten des 19. Jh. und mit ihnen Schinkel blieben jedoch in ihrem Einfluß auf die Entwicklung der Denkmalpflege in den Grenzen der romantischen Auffassungen ihrer Zeit befangen. Man erstrebte eine möglichst einheitliche Gesamterscheinung eines Bauwerks, eine Stilreinheit, die weitgehend den ersten urkundlichen Originalen angeglichen sein sollte. Wertvolle spätere Zutaten wurden dafür mitunter aufgegeben. Nach dem Tod von Schinkel wurde mit Allerhöchster Kabinettsordre vom 1. 7. 1843 der Schinkelschüler Alexander Ferdinand von Quast als Baurat und erster preußischer Konservator der Kunstdenkmale berufen. Unter seiner Leitung wurde mit der Inventarisierung von Bau- und Kunstdenkmalen begonnen. Seine Handschrift tragen die Wiederherstellungsarbeiten u. a. am Erfurter Dom und an den Stiftskirchen in Gernrode und Quedlinburg. Er gilt heute als einer der Wegbereiter der Denkmalpflege und Mitbegründer der modernen Baugeschichtsforschung. 1891 wurden in allen Provinzen Preußens Provinzialkonservatoren eingesetzt. Mit den auf Ferdinand v. Quast folgenden Konservatoren Heinrich v. Dehn-Rotfelser von 1880 bis 1885 und Ernst Ludwig Persius von 1886 bis 1901 endete die Führungsrolle der preußischen Denkmalpflege in Deutschland. Zu den zweifellos wichtigsten Ergebnissen ihrer Arbeit zählen die Institutionalisierung der Denkmalpflege und die Inventarisation des Denkmalbestandes für das Gebiet der heutigen DDR.

Zu Beginn des 20. Jh. verlagerte sich das Schwergewicht der Weiterentwicklung der Denkmalpflege nach Sachsen. Hier wirkte wegbereitend für eine moderne Denkmalpflege der Begründer der Barockforschung in Deutschland, der Dresdner Hochschulprofessor Cornelius Gurlitt. Gemeinsam mit Georg Dehio und Paul Clemen arbeitete er Grundsätze der noch heute gültigen Methodik aus, die seitdem das Wirkungsfeld wissenschaftlich begründeter Denkmalpflege bestimmen. Das von 1905 bis 1912 veröffentlichte fünfbändige „Handbuch der deutschen Bau- und Kunstdenkmäler" ist noch heute als „Dehio" nach mehrfacher Überarbeitung und Aktualisierung ein Standardwerk der Denkmalpflege.

1945 waren als Ergebnis eines furchtbaren Weltkrieges auch unermeßliche Verluste an Baudenkmalen zu beklagen. Schon in der ersten Phase der Enttrümmerung und des Wiederaufbaus wurden nach dem 1. Deutschen Denkmalpflegetag 1946 in Weimar in Anlehnung an die progressiven Traditionen sächsischer Denkmalpflege „Landesämter für Denkmalpflege" gebildet und erste gesetzliche Regelungen wie die „Verordnung zur Erhaltung und Pflege der nationalen Kulturdenkmale (Denkmalschutz)" vom 26. 6. 1952 geschaffen. Eine demokratische Denkmalpflege wurde aufgebaut, die die Forderung erfüllte, alle Denkmale der Kultur und der Geschichte als Zeugnisse des nationalen Kulturerbes zu erfassen und zu erschließen. Die „Verordnung zum Schutz des deutschen Kunstbesitzes und des Besitzes an wissenschaftlichen Dokumenten und Materialien" vom 2. 4. 1953 schloß diese erste Entwicklungsetappe ab. Einen besonderen Anteil daran hatte die Verabschiedung der 16 Grundsätze des Städtebaus durch den 1. Architektenkongreß in Berlin im Dezember 1951, sie trugen wesentlich zur Ausprägung der noch heute gültigen Organisation der Denkmalpflege in der DDR durch die staatlichen Organe bei. 1952 erfolgte die Gründung des Institutes für Denkmalpflege, 1976 entstand die Produktionsleitung Denkmalpflege. Sie ist das wirtschaftsleitende Organ für die Volkseigenen Betriebe Denkmalpflege in Berlin, Erfurt, Schwerin, Dresden und Halle.

Am 3. 6. 1977 wurde die „Gesellschaft für Denkmalpflege im Kulturbund der DDR" gegründet. In ihren Leitsätzen wendet sie sich an alle Werktätigen, den Reichtum der DDR an Denkmalen und historischen Stadtkernen, die vom Schöpfertum und Erfindungsgeist früherer Generationen künden, zu erhalten, zu pflegen und zu nutzen. Stellvertretend für die Vielzahl von Aktivitäten, Mitwirkungsleistungen und Veranstaltungen dieser Kulturbundgesellschaft seien an dieser Stelle die Realisierung der einheitlichen Kennzeichnung der Denkmale mit dem Zeichen der Haager Konvention 1954 zum Schutze des Kulturgutes und die Durchführung der jährlich stattfindenden Tage der Denkmalpflege erwähnt.

Mit den Aufgaben, Ergebnissen und der Entwicklung der Denkmalpflege in der DDR befaßt sich der 1980 vom Ministerrat der DDR berufene „Nationale Rat der DDR zur Pflege und Verbreitung des deutschen Kulturerbes". Die DDR ist seit 1969 Mitglied des Internationalen Rates für Baudenkmale und Kunststätten – ICOMOS (International Council of Monuments and Sites), der 1965 in Warschau gegründet wurde und ebenso unter UNESCO-Patronat steht wie das Studienzentrum für die Konservierung und Restaurierung von Kulturgut in Rom (Centre for study of the Preservation and Restoration of Cultural Property), in dem die DDR durch das Institut für Denkmalpflege als assoziiertes Mitglied seit 1975 vertreten ist.

Städtebauliche Denkmalpflege in der DDR

Historische Stadtkerne sind Denkmale mit Gebietscharakter. Sie gehören zu den Denkmalschutzgebieten in der DDR mit besonderer einheitlicher Kennzeichnung. Unter Zugrundelegung und Beachtung denkmalpflegerischer Zielstellungen, Stadtordnungen bzw. Ortssatzungen für historische Stadtkerne und ihre Umgebung erfolgen städtebauliche Planungen und bauliche Maßnahmen. Städtebauliche Denkmalpflege ist primär auf Bestandserhaltung historisch wertvoller Bausubstanz gerichtet. Lebendige städtebauliche Denkmalpflege vollzieht sich in der Einheit von bauwerterhaltenden Maßnahmen und Neubauten in historischen Stadtkernen, wie es in großer Vielfalt und Differenziertheit in Berlin, Weimar, Quedlinburg, Erfurt, Freiberg und Torgau praktiziert wird. Sie fördert die innerstädtischen Bauprozesse in erster Linie unter dem Gesichtspunkt der Aufrechterhaltung der Funktionsfähigkeit der Baudenkmale im urbanen Zusammenhang.

Die Stadt als Siedlungsform

Als höchste Form menschlicher Siedlung wird die Stadt von einer Vielzahl eng miteinander verknüpfter bzw. sich gegenseitig bedingender politischer, ökonomischer, historischer, sozialer, geographischer, ethnischer, kultureller, technischer und künstlerischer Faktoren bestimmt. Die Stadt bildete sich mit der Entstehung der Klassengesellschaft im Übergang von der Urgesellschaft zur Sklavenhalterordnung heraus. Voraussetzungen dafür waren die Herausbildung der Arbeitsteilung zwischen Landwirtschaft und Handwerk und die Bildung von Mehrprodukt. Seitdem besteht und entwickelt sich die Stadt als sozialökonomische Kategorie in allen Gesellschaftsformationen.

Die Existenz einer Stadt beruht auf dem Vorhandensein eines oder mehrerer sog. städtebildender Faktoren der drei Hauptbereiche menschlicher Tätigkeit: materielle Produktion, Kunst und Wissenschaft sowie staatliche Verwaltung. Ihre Ausprägung bestimmt den Charakter der Stadt. Die Stadt ist nicht nur ein Produkt der sozialökonomischen Entwicklung, sie wirkt wiederum auf diese zurück. Die Konzentration der Produktivkräfte führt auch zur Verschärfung der sozialökonomischen Widersprüche und macht die Stadt zum Brennpunkt gesellschaftlicher Prozesse und Schauplatz der entscheidenden Klassenkämpfe.

Die Stadt in der Geschichte

Die ersten Städte entstanden vor über 9000 Jahren in den frühen orientalischen Sklavenhalterstaaten. Im europäischen Raum begann die Stadtentwicklung in der griechischen Antike und setzte sich im Römischen Imperium fort. Die ersten Städte auf dem Gebiet des späteren Deutschlands waren Gründungen in den römischen Provinzen westlich des Rheins und südlich der Donau, die während der Völkerwanderung, 4. bis 7. Jh., ihre Bedeutung verloren und verfielen, einige blieben als religiöse Zentren (Bischofssitze) bestehen. Seit dem 9. Jh. entstanden, z. T. in Anlehnung an die ehem. römischen Gründungen, eigenständige deutsche Städte, um das Jahr 1000 gab es 200 bis 300 Marktorte. Die Zeit vom 11. bis zum 13. Jh. als Epoche des voll entfalteten Feudalismus war mit etwa 4 000 die 1. Periode massierter Stadtgründungen auf deutschem Gebiet. Die ältesten Städte in der DDR liegen bis auf wenige Ausnahmen westlich der Elbe-Saale-Linie um den Harz und in Thüringen, in der Regel entstanden im Gefolge königlicher Pfalzen an der Ostgrenze des Reiches. Dieses Gebiet gehörte zu den wichtigsten Stützpunkten der Hausmacht Heinrichs IV. In der 2. Etappe der feudalen deutschen Ostexpansion wurden in den vormals slawischen Gebieten massenhaft deutsche Bauern angesiedelt und zur Festigung der Herrschaft mit Unterstützung der Territorialfürsten oder durch sie vom 12. bis zum 14. Jh. zahlreiche Städte gegründet.

Wurzeln städtischer Entwicklungen waren das Dorf als Vorläufer (Görlitz, Mühlhausen, Stralsund, Wernigerode), Kaufmanns- oder Handwerkersiedlungen unter dem Schutz von Burgen (Bautzen, Naumburg, Schmalkalden, Stolberg, Tangermünde), Marktorte an Handelswegen (Osterwieck, Salzwedel) bzw. deren Flußübergängen (Berlin, Torgau), Abbaustätten von Bodenschätzen (Freiberg) sowie Ansiedlungen an Verwaltungssitzen der Zentral- oder Territorialmacht und Zentren kirchlicher Administration (Erfurt, Güstrow, Meißen, Neuruppin, Quedlinburg, Wasungen, Weimar).

Die ursprünglichen, regellos gewachsenen Siedlungskerne zeichnen sich zumeist deutlich von den späteren planmäßigen Stadterweiterungen mit etwa rechtwinkligem Straßenraster ab. In den folgenden Jahrhunderten entstehende Städte hatten überwiegend schon länger existierende Vorläufer, die Stadtgründung als solche bezieht sich dann auf den Akt der Stadtrechtsverleihung. Die planmäßige Anlage völlig neuer Städte, oft in Ableitung der Idealstadtentwürfe der Renaissance und des Barocks, wurde später selten und diente vor allem dem Residenzneubau (Ludwigslust).

Die Stellung einer Stadt wie auch ihre territoriale Entwicklung hing in großem Maße von ihrer wirtschaftlichen Stärke ab. Im Idealfall gründete sich ein ausgeprägter Fern- und Zwischenhandel auf eigenes gewerbliches Potential. Die ökonomische Macht aufgrund der sich herausbildenden Ware-Geld-Beziehungen ermöglichte es den Städten, den Feudalherren Selbstverwaltungsrechte und Privilegien abzukaufen. Der Status der Stadtherren reichte vom kleinen Grundherrn bis zum König (Reichsstädte). Neben der Gerichtsbarkeit waren besonders Handelsprivilegien wie Zollfreiheit, Niederlags- und Stapelrecht sowie Messeprivilegien und das Münzrecht von den Städten angestrebte Freiheiten. Vermögende Städte erwarben ebenso wie einzelne ihrer Bürger, die Patrizier, umfänglichen Landbesitz bis hin zu ganzen Dörfern. Mit diesen Privilegien übte die Kommune für ihre Bürger auch eine weitreichende Schutzfunktion gegenüber den feudalen Ansprüchen und der Willkür kleiner und großer Feudalherren aus. Stadtrecht stand oftmals gegen Landesrecht und mußte deshalb ausdrücklich urkundlich verliehen werden. Bereits praktiziertes und anerkanntes Stadtrecht wurde vielfach unverändert weiteren Städten verliehen, so bekam Leipzig Magdeburger und Hallesches Stadtrecht, Frankfurt (Oder) das von Berlin-Kölln. Dadurch entstanden sog. „Stadtrechtsfamilien".

Die sich seit dem 13. Jh. herausbildenden sozialen Differenzierungen innerhalb der Städte führten zunehmend zu politischen Auseinandersetzungen unter den sozial führenden Gruppen um die Herrschaft im Rat, die gewöhnlich ohne eine Verbesserung der Lage der besitzlosen Schichten endeten. Sie boten aber, beginnend in der Mark Brandenburg mit dem Exempel Berlin-Kölln (1442/48), nicht selten dem Landesherrn den äußeren Anlaß zum Angriff auf die Selbständigkeit der Städte. Sowohl als Zusammenschluß gegen wirtschaftliche Konkurrenten (z. B. Hanse) wie auch gegen den Feudaladel (z. B. Märkischer Städtebund) oder zur Niederhaltung innerstädtischer Opposition (Oberlausitzer Sechsstädtebund) entstanden Städtebündnisse, die bis zu siebzig Städte umfaßten. Je nach Interessen waren diese Bünde regional orientiert (z. B. Dreistädtebund Erfurt−Nordhausen−Mühlhausen), umfaßten große Reichsgebiete (z. B. Rheinischer Städtebund von Erfurt bis Zürich) oder hatten übernationalen Charakter wie die Hanse. Von den hier zu beschreibenden Städten waren Stralsund, Salzwedel, Tangermünde, Berlin, Kölln, Erfurt, Mühlhausen, Quedlinburg und Naumburg Hansestädte. Mit dem Erstarken der Territorialgewalten zerfielen die Städtebünde seit dem 15. Jh. zunehmend, mit dem Dreißigjährigen Krieg auch die Hanse.

Die Herausbildung des Manufakturkapitalismus ermöglichte den Städten einen erneuten wirtschaftlichen Aufschwung. Sie übernahmen auch zunehmend die ehemals höfische Funktion als kulturelle und geistige Zentren. Die in jener Zeit gegründeten Universitäten Erfurt (1392), Leipzig (1409), Rostock (1419), Greifswald (1456), Wittenberg (1502) und Frankfurt (Oder) (1506) trugen wesentlich zur Verbreitung progressiven Gedankengutes bei. So spielten einige Städte eine große Rolle in der volksreformatorischen Bewegung, die im Deutschen Bauernkrieg gipfelte. Aufgrund der fortgeschrittenen Ausprägung frühkapitalistischer Produktionsverhältnisse und der Erhöhung der feudalen Ausbeutung wurde Thüringen zu einem der Zentren der revolutionären Massenbewegung.

Das 17. Jh. brachte den Städten nicht nur den Niedergang durch den Dreißigjährigen Krieg, gravierender noch wirkte sich die Stärkung der feudalabsolutistischen Territorialgewalten und die damit einhergehende Beschneidung der städtischen Freiheiten aus. Allein Residenzstädte profitierten von der landesherrlichen Prachtentfaltung, einige konnten sich zu bedeutenden Kulturzentren entwickeln. Erst die fortschreitende Entwicklung kapitalistischer Produktionsverhältnisse und die damit notwendige und seit Mitte des 19. Jh. einsetzende Beseitigung der territorialen und politischen Zersplitterung befreite die Städte aus der erzwungenen Einengung. Durch die zu Beginn des 19. Jh. einsetzende industrielle Revolution veränderte sich der Charakter der Städte, ihre Größe und Sozialstruktur, völlig. Die entstehenden Industrien führten zu einer lang anhaltenden Urbanisierung des Landes, die wirtschaftliche Führungsrolle ging endgültig vom Land auf die Stadt über. Besonders folgenreich war die Ausbreitung der Eisenbahn für die Herausbildung des nationalen Marktes.

Der Städtebau

Bauten, Bauweisen und Stadtanlagen aus der ottonischen und karolingischen Zeit sind uns im wesentlichen nur durch archäologische und archivalische Forschungen sowie Analogieschlüsse zu erhaltenen Objekten außerhalb unserer Landesgrenzen bekannt. Ebenfalls mit nur einigen Bauten ist uns die Architektur der Romanik überliefert. Zu ihnen gehören die vom 9. bis 12. Jh. errichtete Wiperti-Krypta und die Stiftskirche in Quedlinburg, die Stiftskirche Gernrode, die Liebfrauenkirchen in Magdeburg und Halberstadt, der Dom in Merseburg, die Ulrichskirche in Sangerhausen und die Klosterkirchen in Ilsenburg, Huysburg, Gröningen, Paulinzella, Petersberg, Thalbürgel und Hecklingen.

Die Straßen und Plätze als Umfeld des bürgerlichen Lebens standen in der 1. Periode der Städtegründungen außerhalb einer übergreifenden künstlerisch-ästhetischen Gestaltung. Die ursprüngliche Stadtanlage läßt sich in vielen Fällen noch im heutigen Stadtgrundriß erkennen. Die bewußt geplanten Sakralbauten und Feudalsitze wurden städtebaulich schon nach festen Prinzipien geordnet, bestimmt durch kultische und militärische Zwecke, und prägen noch heute als Dominanten die Stadtsilhouetten (z. B. Erfurt, Meißen, Naumburg, Tangermünde, Quedlinburg).

In der 2. Periode des historischen Städtebaus als der Epoche der Bürgerstädte und vermehrten Stadtgründungen (12./15. Jh.) entwickelte sich die Stadtgestalt aus den Straßen und Plätzen, dem Kommunikationsraum der Bürger. Die Burg rückte an den Rand der Stadt, der Marktplatz mit Rathaus und Stadtkirche wurde städtebaulicher, kommunaler und geistig-kultureller Mittelpunkt. Durch Knicke, Krümmungen oder Versätze an Kreuzungen, z. T. auch verteidigungsbedingt, wurden die Straßen in überschaubare und gestaltete Abschnitte gegliedert, in die die gesellschaftlichen Bauten (Zunfthäuser, Speicher, Kaufhäuser, Spitäler u. a.) als Blickpunkte und Dominanten bewußt einbezogen wurden. Silhouetten- und stadtbildbestimmend waren nunmehr die Bürgerbauten wie Rathäuser und Stadttore. Die Türme der Stadtkirchen wurden bewußt überhöht, wie auch die gesamte Bebauung an Höhe gewann.

Eine Stadtplanung, wie wir sie heute kennen, kam erst in der Renaissance auf. Die deutsche Kleinstaaterei verhinderte aber nennenswerte Neugründungen von Städten. Der Wiederaufbau zerstörter Städte nach Stadtbränden erfolgte mit geringfügigen Veränderungen fast ausnahmslos auf den alten Stadtgrundrissen, so in Stralsund 1271, in Freiberg 1375, 1396, 1471 und 1484, in Berlin-Kölln 1380, in Torgau 1482. Allein die architektonische Gestalt des einzelnen Hauses folgte dem stilistischen Wandel. Die Renaissance hat in unseren Städten kaum geschlossene Straßenanlagen hinterlassen, die stilistische Entwicklung kann aber in der ganzen Vielfalt an mehreren Thüringer Schlössern (Veste Heldburg bei Hildburghausen, Schloß Wilhelmsburg in Schmalkalden) und in Sachsen (Rathäuser Altenburg, Leipzig, Schlösser Merseburg, Augustusburg, Torgau) nachvollzogen werden.

Die Geradlinigkeit und Rationalität der Renaissanceplanungen war die Grundlage für die barocken Stadtanlagen, in deren Mittelpunkt, dem feudalabsolutistischen Charakter der Epoche entsprechend, das Schloß stand. Durch Plätze entlang der Hauptstraßen mit aufwendig gestalteten öffentlichen Gebäuden wurden zentrale Blickachsen geschaffen, in denen Straßen- und Platzbebauung zu einer architektonischen Einheit verschmolzen. Neben den Turm als Höhendominante trat die Kuppel; beide Formen wurden auch kombiniert. Die Anlage einer neu geplanten barocken Stadt läßt sich noch an Ludwigslust ablesen. Wie sehr Bauen im Barock gesteuerte politisch-ideologische Angelegenheit der Territorialmacht war, wird durch den Residenzausbau Berlins, der die vorhandene historische Substanz völlig negierte, oder die Stadterweiterungen Potsdams demonstriert. Eine besondere Stellung nahmen im Barock die Schloßgärten ein, von denen besonders im sächsischen Raum noch zahlreiche Beispiele vorhanden sind.

In der klassizistischen Stadtplanung wurde die geometrische Regelmäßigkeit im Grundriß beibehalten. Das bewußt in einen städtebaulichen Raum gestellte öffentliche Einzelbauwerk gewann an Bedeutung. Im Wohnungsbau setzte sich eine größere Individualität durch, die u. a. zur offenen Bebauung führte. Dadurch kam es aber auch zur regellosen Reihung architektonischer Höhepunkte. Einheitliche Planungen konnten nicht verwirklicht werden, wie Schinkels Entwürfe und die dann ausgeführten Werke in Berlin zeigen. Städtebauliche Prinzipien im Klassizismus waren die großzügige Gestaltung der Platz- und Straßenräume, die Anlage von Grünzonen, breiten Radialen und Ringstraßen; Bezugspunkte der Planung waren nicht unbedingt Schloß und Kirche, sondern bürgerliche Monumentalbauten wie Museen, Verwaltungen und Bildungseinrichtungen. Zunehmend wurde eine geschlossene städtebauliche Planung von den Folgen des privaten Bodenbesitzes behindert bzw. unmöglich gemacht.

Um die Mitte des 19. Jh. begann in den Großstädten der Bau eines neuen Gebäudetyps, des Massenmietshauses. Diese Wohnbauten bestimmten um die Jahrhundertwende vielfach das Gesicht ganzer Stadtviertel. Anfangs durchaus als soziale Verbesserung wirkend, blieb ihre jahrzehntelange Beibehaltung hinter der sozialen, hygienischen, architektonischen und bautechnischen Entwicklung zurück. Derartige Häuser brachten Bodenspekulanten und Hauseigentümern hohe Profite. Massenmietshäuser stellen noch einen Großteil unseres derzeitigen Wohnraumbestandes in den Großstädten dar. Durch umfassende Rekonstruktion der Gebäude und Entkernung der Wohnquartiere wird diese Bausubstanz zeitgemäßen Lebensansprüchen angepaßt.

Kulturlandschaften und ihre Städte

Im 14. Jh. hatten sich – von Norden nach Süden genannt – auf dem Gebiet der DDR das Herzogtum Pommern-Wolgast mit der Insel Rügen, die Mecklenburger Herzog- und Fürstentümer, das Kurfürstentum Brandenburg, das Erzbistum Magdeburg mit Jüterbog und Umgebung, das Fürstentum Anhalt, das Kurfürstentum Sachsen, die Markgrafschaft Lausitz, das Land Bautzen und das Land Görlitz (ab 1320 bzw. 1329 zum Königreich Böhmen gehörend), die Landgrafschaft Thüringen und die Markgrafschaft Meißen herausgebildet. Nordhausen und Mühlhausen mit Umgebung waren reichsstädtische Gebiete, das Erfurter Land gehörte zum geistlichen Kurfürstentum Mainz, ebenfalls unter geistlicher Administration standen die Gebiete um Schwerin und Güstrow. Diese territoriale Zersplitterung erklärt neben den unterschiedlichen topographischen und ethnischen Gegebenheiten und der jeweiligen Stellung zur Zentralmacht auch die folgende differenzierte sozialökonomische Entwicklung und hat Anteil an der Herausbildung typischer Kulturlandschaften.

Thüringen

Die ältesten Städte auf dem Gebiet der DDR liegen in Thüringen, bis 1952 als Land Verwaltungseinheit im Süden der DDR und heute in die Bezirke Erfurt, Gera und Suhl aufgegliedert. Bereits um 400 bildete sich aus dem Stammesverband der Thüringer ein Königreich mit dem vermutlichen Zentrum um Weimar heraus, in seiner größten Ausdehnung von der Altmark bis an die Donau und vom Obermain bis an die Elbe (Riesa) reichend. Von den Franken wurde es 531 zerschlagen und ihrem Reich angegliedert. Unter fränkischer Herrschaft setzte in das nur sehr dünn besiedelte Gebiet die Einwanderung sorbischer Stämme ein, die im entstehenden deutschen Feudalstaat aufgingen. Um die Mitte des 11. Jh. erlangten die vom Main stammenden Ludowinger gegenüber den einheimischen Grafengeschlechtern eine Vormachtstellung, 1130 erhielten sie die Landgrafenwürde. Ihr Landesherrensitz war die ab 1067 angelegte Wartburg bei Eisenach. Nach dem Aussterben der Ludowinger 1247 kam das Land an die Wettiner. Jahrhundertelange Erbteilungen ließen den thüringischen Besitz der ernestinischen Linie in zahlreiche Zwergfürstentümer zerfallen. Daneben existierten selbständige Herrschaften (Fürsten von Reuß und Schwarzburg), freie Reichsstädte (Mühlhausen, Nordhausen) und kurmainzische Gebiete (Erfurt, Eichsfeld). Der Sturz der Dynastien in der Novemberrevolution 1918 ermöglichte die Beseitigung der anachronisti-

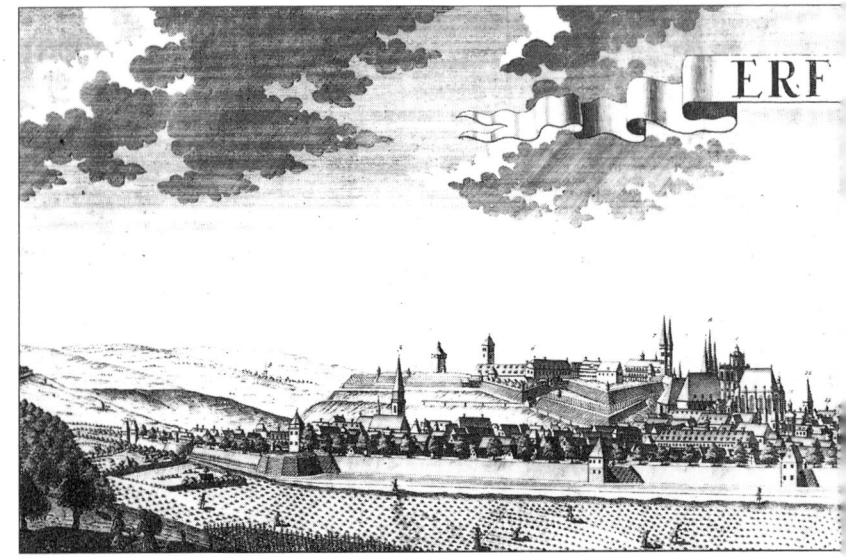

Erfurt

schen, besonders im 19. Jh. die sozialökonomische Entwicklung hemmenden territorialen und politischen Zersplitterung. Die sächsischen und preußischen Gebiete bildeten seit 1920 das Land Thüringen mit der Hauptstadt Weimar. Der kleinere nördliche Teil Thüringens gehörte bereits seit 1815 (Erfurt seit 1802) zur preußischen Provinz Sachsen, preußische Enklaven waren auch Ziegenrück (1815) und Schmalkalden (1866) mit Umgebung.

Aus der Romanik und Gotik sind in Thüringen vorwiegend Burg- und Sakralbauten erhalten, aber auch gotische Bürgerhäuser und Teile von städtischen Befestigungen. Besonders prägten aber zwei Baustile die historische Architektur Thüringens: die Renaissance mit Schloß- und Bürgerbauten und der Barock mit Sakralbauten in der ganzen Breite von monumentalen Anlagen bis hin zu kleinen Dorfkirchen.

Erfurt

Im Schutz des um 706 gegründeten Petersklosters entstand das 729 als befestigter Ort genannte Erfurt im Areal zwischen Petersberg und Gera-Bogen an der Kreuzung der Fernstraßen vom Mittelrhein nach Rußland („Hohe" oder „Königsstraße" genannt) und von Mainfranken in die norddeutsche Tiefebene. Das 742 von Bonifatius gegründete Bistum mit der Bischofsburg auf dem Domberg ging 755 in der Diözese Mainz auf. Unter Karl dem Großen erfolgte 802 die Anlage der Pfalz auf dem Petersberg. Die wasserreiche verzweigte Gera (Erph) begünstigte die Ansiedlung wichtiger Handwerkszweige ebenso wie der fruchtbare Boden die landwirtschaftliche Entwicklung. Der Mainzer Erzbischof als Stadtherr mußte 1244 die Selbstän-

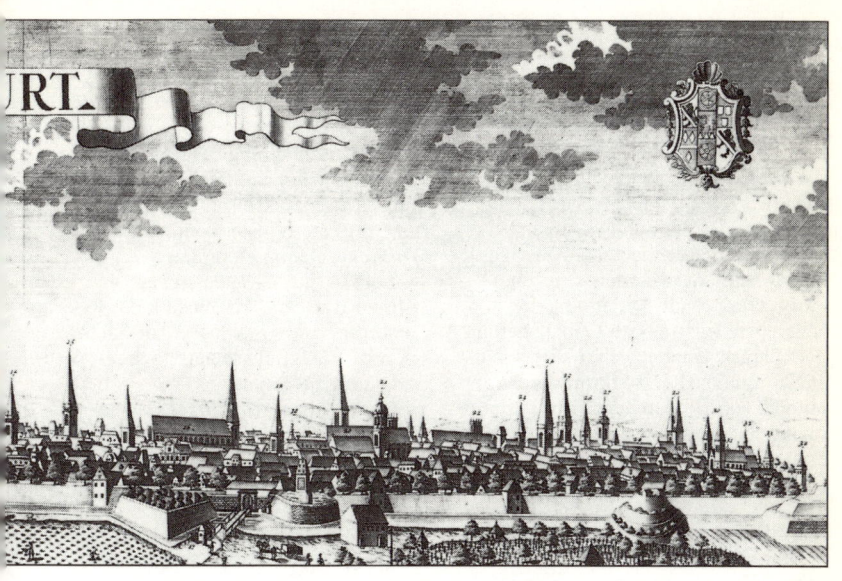

digkeit der Stadt anerkennen und 1250 die Selbstverwaltung zugestehen. Die wirtschaftliche Blüte der mittelalterlichen Stadt, 1331 mit königlichem Messepriveleg ausgestattet, reichte bis weit in das 15. Jh. hinein, getragen vom Fernhandel, Anbau und Verarbeitung von Waid (blauer Farbstoff) und von etwa 90 Handwerksinnungen. Die 1392 gegründete und mit städtischen Mitteln unterhaltene Universität wurde zu einer Wegbereiterin des Humanismus und blieb bis zur Schließung 1816 ein Zentrum progressiver Geistesströmungen. Unter Mainzer Herrschaft durchlief Erfurt bis zur endgültigen Angliederung an Preußen 1815 eine wechselvolle Entwicklung. Mit dem Anschluß an das preußische Eisenbahnnetz 1847 setzte die Industrialisierung ein, die mit der Entfestigung der Stadt 1873 einen neuen Auftrieb erhielt. In der 2. Hälfte des 19. Jh. wurde Erfurt zu einem Zentrum der revolutionären Arbeiterbewegung. Vom zweiten Weltkrieg relativ wenig betroffen, entwickelte sich die Bezirksstadt (1952) zu einem industriellen und geistig-kulturellen Zentrum ganz Thüringens.

Zeittafel
6. Jh. Anlage einer fränkischen Fluchtburg auf dem Petersberg
706 Gründung des Klosters St. Petri
742 erste urkundliche Erwähnung bei Gründung des Erzbistums
805 Bestimmung zum fränkischen Grenzhandelsplatz durch Karl den Großen
1066 Stadtmauer um die Domberg-Siedlung; um 1100 Anlage der Krämerbrücke
1162/68 Bau der Stadtbefestigung um die Ansiedlungen am Fuße des Domberges, am Anger, Wenigemarkt und Krämerbrücke; Erweiterung 1432/46
1217 erste Erwähnung des Rates; vor 1250 Verleihung des Stadtrechtes
1283–1322 innerstädtische Unruhen zwischen Patriziat und Handwerkern; 1309 Gleichberechtigung der Zünfte im Stadtparlament
1289/90 Reichstag Rudolfs I. im Peterskloster
1392 Gründung der Universität
1430 Mitglied des Goslarer Bundes der Handelsstädte
1475 Beginn kurmainzischer Restriktionen; 1483 Anerkennung der

21

kurmainzischen Landeshoheit und Schutzvertrag mit Sachsen, Verpflichtung zu Kontributionen (200 000 Gulden) an beide Gegner

1480 Umbaubeginn des Klosters St. Cyriakus (erbaut ab 1123) zur städtischen Vorburg; städtischer Landbesitz etwa 900 km² mit der Stadt Sömmerda, 82 Dörfern und 6 Burgen

1492 mit der Entdeckung Amerikas Verlagerung der Handelswege zuungunsten der Stadt, Verleihung des Messeprivilegs 1497 an Leipzig behindert Erfurts Handel weiter

1509 finanzieller Bankrott der Stadt mit 500 000 Gulden Schulden; sozialökonomische Auseinandersetzungen enden mit der Festigung der Mainzer Herrschaft

1501/05 Studium M. Luthers in Erfurt; 1505/11 Mönch im Augustinerkloster

1525 am 20. 4. Einzug von 4000 Bauern in die vom Rat geöffnete Stadt und Anerkennung ihrer 28 Artikel, bis 6. 6. Rückkehr zur alten Ratsverfassung und Hinrichtung von vier Anführern

1631/35 und 1637/50 schwedische Besetzung im Dreißigjährigen Krieg

1663/65 Verhängung der Reichsacht wegen Widerstandes gegen Kurmainz; 1664 Belagerung und Kapitulation; 1665 Wiederherstellung der Mainzer Landeshoheit

1664–1726 Bau der Zitadelle Petersberg zur Beherrschung der Stadt und Umgebung

1763 Gründung der Tabakmanufaktur; 1776 führende Gewerbe: Bekleidungs-, Genußmittel- und Textilgewerbe; 1795 erste Schuhfabrik

1772–1802 Amtszeit des Kurmainzischen Statthalters Freiherr v. Dalberg, Förderung von Kunst, Wissenschaft und Gewerbe

1785 Gründung der Zeichen- und Modellierschule von J. G. Wendel, 1804 Umwandlung in Provinzial-Kunst- und Baugewerksschule

1802 nach Separatabkommen mit Frankreich im August Besetzung durch preußische Truppen; 1803 offizielle Angliederung an Preußen

1807 Unterstellung der strategisch günstig gelegenen Stadt unter Napoleons persönliche Verfügung

1808 „Fürstenkongreß" Napoleons mit 24 europäischen Monarchen in Erfurt

1813 Einschließung der französischen Besatzung auf dem Petersberg und in der Cyriaksburg, Teilzerstörung des Petersklosters und von 121 Wohnhäusern am Domplatz; 16. 5. 1814 französischer Abzug

1816 Erfurt wird Hauptstadt des Regierungsbezirkes in der Provinz Sachsen mit 15 000 Einwohnern; Schließung der Universität

1838 Beginn regelmäßiger Gartenbauausstellungen

1846/49 Bau der Thüringischen Eisenbahn Halle−Erfurt−Eisenach−Gerstungen

1848 revolutionäre Straßenkämpfe am 24. 11. mit 20 Toten; anschließend Belagerungszustand

1858/62 Aufbau der königlich-preußischen Gewehrfabrik

1873 Entfestigung mit nachfolgender Bebauungserweiterung und verstärkter Industrieansiedlung; etwa 50 000 Einwohner

1906 100 000 Einwohner

1933 Einrichtung eines der ersten Konzentrationslager in der Feldstr. 18

1939/45 einer der Hauptstützpunkte der Thüringer Neubauer-Poser-Widerstandsorganisation der KPD

1945 12. 4. Einzug amerikanischer Truppen nach massiven Bombardements und Artilleriebeschuß, 1302 Tote und 830 zerstörte Gebäude; Einzug der sowjetischen Truppen am 3. 7.

1946/49 Baunotprogramm: Wiederherstellung von etwa 10 800 beschädigten Wohnungen und aller Schulen sowie zahlreicher Betriebe, Neubau von über 100 Wohnungen

1950 1. 12. Hauptstadt des Landes Thüringen; Ausbau der Elektroindustrie; des Maschinenbaus und der Lebensmittel-/Leichtindustrie

1961 erste internationale Gartenbauausstellung „iga"

1976 Beginn der Altstadtrekonstruktion unter Beachtung denkmalpflegerischer Belange

1984 212 000 Einwohner

Weimar

Bereits im Thüringerreich war Weimar eines der politischen und kultischen Zentren. Die im Schutz einer Burg entstandene Niederlassung und die Siedlung auf dem Jakobshügel in Nachfolge eines altthüringischen Dorfes bildeten die Keimzellen der 1372 an die Wettiner fallenden Stadt, die 1410 Weißenseer Stadtrecht erhielt. Ohne direkte Einbeziehung in das Fernhandelsstraßennetz und ohne andere wirtschaftsfördernde Bedingungen war die Ackerbürgerstadt Weimar bis auf eine vorübergehende Blütezeit (2. Hälfte 16. Jh.) bis zum 18. Jh. eine relativ unbedeutende Residenz der Herzöge bzw. Großherzöge von Sachsen-Weimar. Unter der Regentschaft Anna Amalias von 1758 bis 1775 begann die Stadt ihren Aufstieg zum Zentrum der deutschen Klassik und behielt in Literatur und Musik wie auch zeitweise auf dem Gebiet der Architektur und Malerei bis in das 20. Jh. hinein eine führende Rolle.

Mit dem Bau der Thüringischen Eisenbahn (Anschluß 1846) und ihrer Zweigstrecken bis 1888 wurde die Industrieansiedlung am nördlichen Stadtrand ausgelöst; ebenso zögernd wie diese begann sich das Proletariat herauszubilden. Die politische Rückständigkeit der unbedeutenden ehem. Residenz, aber noch mehr die nationalen Traditionen der Klassikerstadt machten Weimar als Tagungsort der deutschen Nationalversammlung geeignet, die hier am 11. 8. 1919 die Verfassung proklamierte, die einer geschichtlichen Epoche den Namen gab und der Stadt zweifelhaften Ruhm eintrug. Noch mehr aber überschattete den Namen der Kulturstadt das nahegelegene Konzentrationslager Buchenwald, in dem von 1937 bis 1945 56 545 Menschen ermordet wurden, darunter Ernst Thälmann und Rudolf Breitscheid.

Mit dem Aufbau des Sozialismus veränderte sich der Charakter der Stadt entsprechend den gesellschaftlichen Verhältnissen. Unter Bewahrung der geistig-kulturellen Traditionen (Gründung der Nationalen Forschungs- und Gedenkstätten der Klassischen Deutschen Literatur, der Hochschule für Architektur und Bauwesen, der Hochschule für Musik u. a.) entwickelte sich Weimar zu einer bedeutenden Industriestadt. Im Jahr 1981 konnte in Weimar die 10 000. nach Kriegsende neu gebaute bzw. rekonstruierte Wohnung übergeben werden.

Zeittafel
975 erste urkundliche Erwähnung anläßlich eines Hoftages Kaiser Otto I.
Mitte 12. Jh. Übernahme in askanischen Besitz; Ende 12. Jh. Wiederaufbau der Burg nach Zerstörung
1254 erstmalige Erwähnung als Stadt
1299 großer Stadtbrand
1348 zwölfköpfiger Rat anstelle des landesherrlichen Schultheißen
1372 unter Herrschaft der Wettiner
1424 Stadtbrand und Zerstörung der Burg, anschließend Wiederaufbau von Stadt und Burg („Hornstein") und Bau der Stadtbefestigung mit vier Toren und zehn Türmen (Kegelplatz – Graben – Goetheplatz – Theaterplatz – Schiller- und Puschkinstraße)
1431 Recht der niederen Gerichtsbarkeit; 1456 Bestätigung von zwei Jahrmärkten
1485 Teilung der wettinischen Herrschaft, Abstieg der Stadt zur Nebenresidenz
um 1500 etwa 1500 Einwohner
1518 und 1521 M. Luther in Weimar, schnelle Durchsetzung der Reformation; 1525 Verbot aller nichtevangelischen Predigten
1533/34 Säkularisierung der drei Klöster
1547 Niederlage von Kurfürst Johann Friedrich von Sachsen im Schmalkaldischen Krieg und Verlust der Kurwürde, als Herzog von Sachsen-Weimar Residenz in Weimar; 1552 Rückkehr des Herzogs mit seinem Begleiter L. Cranach d. Ä. aus kaiserlicher Gefangenschaft

Weimar

1603 Teilung des Herzogtums in Altenburger und Weimarer Linie

1613 zwölfstündiges Unwetter („Thüringer Sintflut") fordert 65 Menschenleben und zerstört 44 Häuser

1617 Gründung der „Fruchtbringenden Gesellschaft" zur Reinhaltung und Förderung der deutschen Sprache im Schloß mit Sitz in Köthen, ab 1651 in Weimar

1618 Zerstörung des „Hornstein" durch Brand; im Dreißigjährigen Krieg weiterer Zerfall des herzoglichen Gebietes; Entvölkerung der Stadt durch wirtschaftlichen Niedergang und Seuchen (z. B. 1635 Pestepidemie mit 1600 Toten)

1689 Ansiedlung von brandenburgischen Wirkerfamilien, 1694 Gründung der Samtmanufaktur; Anfang 18. Jh. Hugenottenansiedlung; nach kurzer Zeit Scheitern dieser wirtschaftspolitischen Maßnahmen am Widerstand einheimischer Zünfte

1698 4669 Einwohner

1701/04 Neubau Gelbes Schloß, Beginn einer neuen Etappe des Residenzausbaus

1708/14 J. S. Bach Hoforganist und Konzertmeister

1757 Abbruch der Stadtmauer beginnt

1775 Regierungsantritt von Herzog Carl August und Übersiedlung von J. W. Goethe, Beginn der klassischen Epoche in Weimars Geschichte

1791 Gründung des handwerklichen Großunternehmens „Landes-Industrie-Comptoir" durch F. J. Bertuch

1806 Plünderung durch französische Truppen, am 15. 10. Napoleon I. in Weimar

1810 neue Stadtordnung mit bürgerlich-liberalem Inhalt, 1838 bereits wieder eingeschränkt

1815 Gründung des Großherzogtums Sachsen-Weimar-Eisenach mit Hauptstadt Weimar

1816 Eintritt C. W. Coudrays in weimarische Dienste

1848/61 F. Liszt als Hofkapellmeister tätig, seit 1842 in Weimar

1850 neue Gemeindeordnung; etwa 12 800 Einwohner

um 1850 Beginn eines neuen geistig-kulturellen Aufschwunges um den „Neu-Weimar-Verein" (Begründer F. Liszt)

1870 Beginn einer verstärkten Industrialisierung und Anstieg der Einwohnerzahl auf 21 565 (1885)

1886 Eröffnung des Goethe-Nationalmuseums am Frauenplan

1906 Gründung der Kunstgewerbeschule durch H. van de Velde

1919 Proklamierung der Deutschen Verfassung im Deutschen Nationaltheater; Vereinigung der Kunsthochschule und der Kunstgewerbeschule zum Staatlichen Bauhaus durch W. Gropius, 1925 Übersiedlung des Bauhauses nach Dessau

1920 ab 1. 5. Hauptstadt des neuen Landes Thüringen

1921 41 400 Einwohner; am 1. 10. 1922 Eingemeindung von Oberweimar, Ehringsdorf und Tiefurt mit 4500 Einwohnern

1923 16. 10. bis 8. 11. Arbeiter-Landesregierung

1943 schwere Schäden durch amerikanischen Luftangriff am 24./25. 8.

1944 etwa 69 500 Einwohner und 4500 zwangsverpflichtete Ausländer

1945 am 9. 2. und 31. 3. schwere Bombenangriffe, 1254 Einwohner kamen um, 600 Opfer unter den Häftlingen des Konzentrationslagers Buchenwald; 325 zerstörte Häuser; 12. 4. kampflose Übergabe an amerikanische Truppen, 3. 7. Einmarsch der Roten Armee

1950 Übersiedlung der Landesregierung nach Erfurt; Gründung der Hochschule für Architektur und Bauwesen

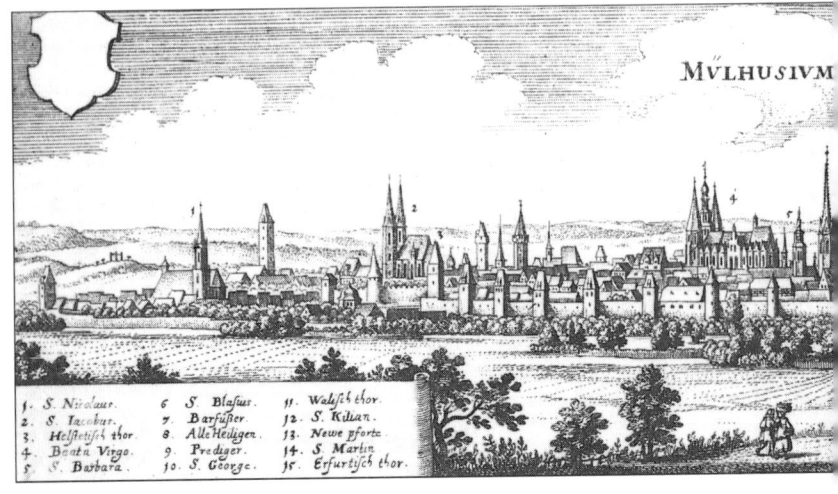

Mühlhausen

1. S. Nicolaur.   6 S Blasius.   11. Walsch thor.
2. S. Iacobus.   7 Barfüsser.   12. S. Kilian.
3. Helsietisch thor. 8. Alle Heiligen. 13. Newe pforte.
4. Beatæ Virgo.   9. Prediger.   14. S. Martin
5. S. Barbara.   10. S. George.   15. Erfurtisch thor.

1952 Bildung des Stadt- und des Landkreises Weimar
1953 Gründung der Nationalen Forschungs- und Gedenkstätten der Klassischen Deutschen Literatur

1958 Einweihung der Nationalen Mahn- und Gedenkstätte Buchenwald
1971 etwa 63 700 Einwohner
seit Mitte der 70er Jahre Rekonstruktion der Altstadt

Mühlhausen

Vermutlich in Nachfolge eines germanischen Dorfes entstand vor 775 eine fränkische Gutssiedlung im Stadtgebiet des heutigen Mühlhausen im Schutz einer Burg an der Kreuzung bzw. Gabelung der wichtigen Handelsstraßen Eschwege-Erfurt bzw. Nordhausen und Erfurt-Braunschweig bzw. Bremen. Der frühstädtische Marktort bei der Kilianikirche und die Altstadt um die Divi-Blasii-Kirche sowie die Neustadt mit der Marienkirche und dem Jakobiviertel wurden ohne Einbeziehung der Feudalsiedlung bis zur Mitte des 13. Jh. mit einer Stadtmauer umgeben und zu einer Stadt vereinigt. Der bis zur Mitte des 15. Jh. während Blütezeit der Freien Reichsstadt auf der Grundlage des Textilgewerbes folgte nach der Verlagerung des Handelszentrums von Erfurt nach Leipzig eine tiefe Krise der mittelalterlichen Wirtschaft bis zur frühbürgerlichen Revolution.

Diese nahm in Mühlhausen einen besonders heftigen Verlauf, die Stadt war von 1523 bis 1525 das revolutionäre Zentrum Thüringens.

Als Umschlagplatz für Thüringer Wolle nahm im 16. Jh. die Stadt wieder einen schnellen Aufschwung. Die Kämpfe zwischen dem absolutistisch regierenden Rat und der Bürgeropposition von 1728 bis 1735 waren Ausdruck der Krise der Feudalgesellschaft und der Überlebtheit der reichsstädtischen Rechtszustände.

Nach dem endgültigen Anschluß an Preußen im Jahre 1815 wurde die Stadt zu einem regionalen Zentrum der die Wasserkraft nutzenden Maschinenspinnerei, die sich bis Ende des 19. Jh. zu einer zersplitterten industriellen Kleinproduktion entwickelte. Sowohl die Textilindustrie als auch die Verarbeitung landwirtschaftlicher Produkte prägen heute die Wirtschaft der Stadt.

Zeittafel

775 erste urkundliche Erwähnung
974 Nachweis des Königshofes, später Kaiserpfalz; im 12./13. Jh. eines der Zentren staufischer Reichspolitik
nach 1000 Entstehung der vorstädtischen Siedlung bei der Kilianikirche
1180 Erwähnung als Reichsstadt; Einäscherung durch den geächteten Heinrich den Löwen; 1220 Erwähnung der Neustadt mit Marienkirche
um 1224 Niederschrift des Mühlhäuser Rechts im ältesten deutschsprachigen Rechtsbuch
1227 Gründung des Magdaleniterinnen-, 1231 des Franziskaner- und 1289 des Dominikanerklosters; nach 1227 Niederlassungen des Deutschen Ritterordens, erst allmählich Einengung seiner Macht durch die Stadt
1231 Nachweis der ersten Zünfte
1256 Zerstörung der Kaiserpfalz und Beginn der städtischen Selbstverwaltung
1348 Erlangung der Rechte einer freien Reichsstadt (bis 1802)
Anfang 14. Jh. Erwerb umfangreichen Landbesitzes mit 19 Dörfern und 43 Wüstungen
1308/09 Städtebündnis mit Erfurt und Nordhausen
1337 Schultheißengericht in Pfandbesitz der Stadt

1418 Mitglied der Hanse
1525 Einsetzung des „Ewigen Rates" am 17. 3.; am 23. 5. Kapitulation vor dem Fürstenheer, Hinrichtung von Th. Müntzer, H. Pfeiffer und 46 anderen Bauernführern
1542 Einführung der Reformation in der Stadt, umfassende Durchsetzung erst 1556/66
1552 Erbschutzvertrag mit Sachsen
1689 letzter großer Stadtbrand
1733 Reichsexekution gegen Bürgeropposition und Hinrichtung der Anführer
1802 Angliederung an Preußen, 1806/13 vorübergehend zum Königreich Westfalen gehörend
1831 11 337 Einwohner
nach 1850 Beginn der Industrialisierung (Textil-, Strickwaren- und Tabakindustrie, Maschinen- und Gerätebau)
1870 Bahnlinie Gotha–Leinefelde über Mühlhausen
1944/45 Tod von über 120 ausländischen KZ-Häftlingen und Zwangsarbeitern in der Rüstungsproduktion
1945 am 4. 4. Besetzung durch amerikanische Truppen, am 5. 7. Einzug der Roten Armee
1975 Verleihung des Ehrennamens „Thomas-Müntzer-Stadt"
1979 etwa 43 500 Einwohner

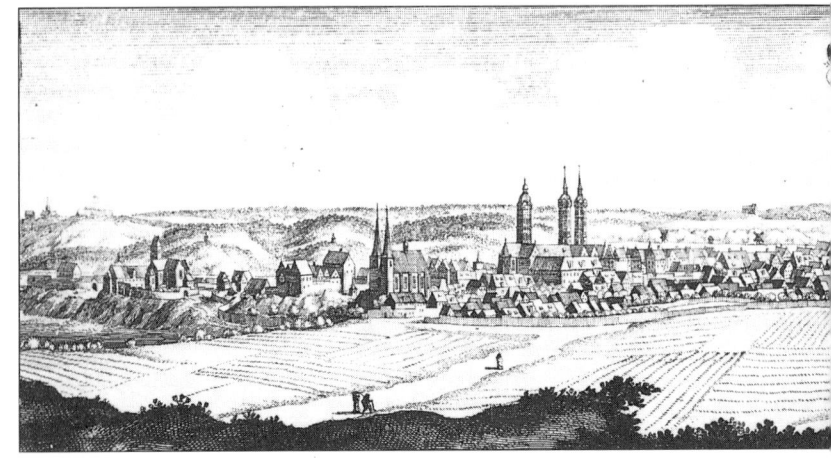

Naumburg

Naumburg

Der Bau der Burg um 1000 durch Ekkehard I. als neuen Stammsitz der Markgrafen von Meißen, die Ausstattung des in ihrem Schutz an einer Handelsstraßenkreuzung entstehenden Ortes Naumburg mit Markt- und Messerecht sowie der Ausbau zu einem kirchlichen Schwerpunkt ließen Anfang des 11. Jh. am rechten Saaleufer ein deutsches politisches Zentrum im slawischen Grenzgebiet entstehen. Ohne große Rückschläge entwickelte sich die Stadt bis zum Dreißigjährigen Krieg – ab um 1500 in Konkurrenz zu Leipzig – als wichtiger Handelsplatz, die dann folgende Stagnation dauerte bis zum Beginn unseres Jahrhunderts. Bedeutung erhielt die 1815 zu Preußen gekommene Beamten- und Garnisonstadt im 19. Jh. durch zahlreiche Verwaltungssitze und Bildungseinrichtungen wie das Oberlandesgericht der Provinz Sachsen (ab 1816) und die Domschule (um 1030, ab 1542 Gymnasium). Erst nach 1945 setzte eine gewisse Industrialisierung, besonders in der Metallwaren- und Schuhproduktion, ein.

Zeittafel
1028 erste urkundliche Erwähnung (Verleihung des Marktrechtes)

1030 Nennung als Stadt (Siedlung am Steinweg); Verlegung des Bischofsitzes von Zeitz hierher und Vorbereitung des Dombaus
1033 Umsiedlung der Kaufleute vom alten Eckehardingischen Stammsitz bei Großjena nach Naumburg
1046 Aussterben der Eckehardinger, Übernahme der Burg in bischöflichen Besitz; bis 1076 Umsiedlung des Benediktinerklosters St. Georg in den Neubau nördlich der Burg, etwa gleichzeitig Gründung des Benediktinerinnenklosters St. Moritz südlich der Burg (ab 1119 Augustiner-Chorherrenstift)
Mitte 11. Jh. rascher Aufschwung von Handel und Handwerk durch bischöfliche Unterstützung; Entstehung der Alt- (Rats-) Stadt als planmäßige Anlage mit Marktplatz
Anfang 14. Jh. Entwicklung zweier Vorstädte nördlich und südlich der Domfreiheit
1314 etwa 2000 Einwohner (Ratsstadt)
1329 innerstädtische Auseinandersetzungen zwischen Handwerkern und Patriziern
1348 Erstürmung der Rudelsburg durch Naumburger Bürger zum Schutz ihres Handels

1374 Erwerb der Obergerichte, 1379 der Zölle

1384 Stadtbrand, Neubau des Rathauses an heutiger Stelle

1432/33 Mitglied der Hanse, Austritt durch Fürsten erzwungen

15. Jh. schrittweise rechtliche Befreiung vom Bischof als Stadtherrn, 1486 Pacht der hohen und niederen Gerichtsbarkeit, zunehmend Machtansprüche der weltlichen Feudalherren

1500 etwa 5000 Einwohner

1541 Einsetzung des ersten protestantischen Bischofs durch Kurfürst Johann Friedrich als Werkzeug antikatholischer weltlicher Macht, 1542/43 Säkularisierung der Klöster

1564 Einsetzung eines sächsischen Administrators als Regent

1618/48 Rückgang der Einwohnerzahl von 7250 auf 4000

1636 Eroberung und Plünderung durch schwedische Truppen

1656–1718 vorübergehend im Besitz der Nebenlinie Sachsen-Zeitz, 1652/63 ihre provisorische Residenz

1806 nach der in der Nähe stattfindenden Schlacht von Jena und Auerstedt im Oktober Pflege von 8000 Verwundeten in der Stadt, bis Januar 1807 Durchzug von 100 000 Soldaten

1809/34 administrative Vereinigung aller Stadtteile zu einer Gesamtstadt

1815 Angliederung an Preußen; 8700 Einwohner in 1140 Häusern

1846 Bahnanschluß nach Halle und Erfurt, 1847 Anschluß an die Saaletalbahn; 13 500 Einwohner

um 1870 Beginn des massiven Ausbaus zur Beamten- und Garnisonstadt

1892 dampfbetriebene, später elektrische Straßenbahn

um 1900 Bau der Kadettenanstalt am westlichen Stadtrand

1928 30 400 Einwohner

1945 am 9. und 11. 4. anglo-amerikanische Luftangriffe, Zerstörung von Militäranlagen, des Alten Friedhofes und von Teilen der südlichen Altstadt; am 12. 4. Einmarsch amerikanischer Truppen, am 2. 7. der Roten Armee

1946 durch Umsiedlerzuzug Anstieg der Einwohnerzahl auf 46 000

1960 Absinken der Einwohnerzahl auf 38 000 durch Abwanderung in industrielle Ballungsgebiete

ab 1970 verstärkte Industrialisierung (Maschinenbau, Metall-, Holz- und Plastverarbeitung, Lebensmittelindustrie), Ausbau als Touristenzentrum

ab 1976 planmäßige Rekonstruktion der Altstadt und der Domfreiheit

1977/79 Ausbau der Straße der DSF und des Holzmarktes zum Fußgängerbereich

1986 etwa 32 000 Einwohner

Schmalkalden

Schmalkalden

In einer Schenkungsurkunde an das Kloster Fulda wird 874 erstmals der fränkische Ort Schmalkalden genannt, entstanden aus einem in der heutigen Hofstadt gelegenen Feudalsitz und 1078 in den Auseinandersetzungen um die deutsche Königswürde völlig zerstört. Der wiedererstandene Marktflecken unterhalb der in der 2. Hälfte des 12. Jh. errichteten Burg Waltaff, an ihrer Stelle befindet sich heute die Wilhelmsburg, wurde in den Kämpfen zwischen Staufern und Welfen 1203 erneut zerstört, 1227 aber schon als Stadt bezeugt. Mit dem Wiederaufbau um Altmarkt und Stadtkirche St. Georg ging eine große Stadterweiterung um den Neumarkt mit dem Amtssitz des thüringischen Vogtes (später Herrenhof) einher. Sowohl aus strategischen Gründen als Feste am Gebirgsübergang wie als wirtschaftliches Zentrum der in der 1. Hälfte des 14. Jh. zur Blüte gelangten Eisenwarenherstellung war Schmalkalden bis zum Dreißigjährigen Krieg für den jeweiligen Stadtherrn von großem Interesse. Mit dem Aufschwung zu Beginn des 14. Jh. setzte auch eine rege Bautätigkeit ein. Von der Mitte des 17. Jh. bis zur Angliederung an Preußen im 19. Jh. stagnierte die Stadtentwicklung. Mit der Industrialisierung verdoppelte sich zwischen 1860 und 1914 die Einwohnerzahl nahezu. Nachdem die Stadt den zweiten Weltkrieg relativ unversehrt überstanden hatte, begann mit dem Zusammenschluß enteigneter Betriebe zu den „Vereinigten Schmalkalder Metallwerken" eine neue Etappe in der wirtschaftlichen Entwicklung. Mit der waldreichen Umgebung, dem historischen Stadtkern und dem Schloß ist die Stadt ein touristischer Anziehungspunkt.

Zeittafel

874 erste urkundliche Erwähnung
1078 Zerstörung des Ortes durch Rudolf von Schwaben
2. Hälfte 12. Jh. Bau der Burg Waltaff (Walrab); Ende 12. Jh. Stadtrechtsverleihung durch den Landgrafen von Thüringen
1203 Zerstörung der Stadt durch Philipp von Schwaben

1247 Inbesitznahme durch die Grafen von Henneberg
1. Hälfte 14. Jh. wirtschaftlicher Aufschwung und Verstärkung der Bautätigkeit (1315 Baubeginn Stadtmauer, 1319 Gründung des Hospitals und 1320 des Augustinerklosters)
1340 erste urkundliche Erwähnung der Eisenwarenherstellung
1347/60 Herrschaft der Hohenzollerschen Burggrafen von Nürnberg
1360–1583 Doppelherrschaft der Grafen von Henneberg und der Landgrafen von Hessen
1408/10 Reichsacht wegen Widerstandes der Stadt gegen die Henneberger Grafen
1521 und 1524 Bürgeraufstände gegen das 1320 gegründete Kollegiatsstift
1525 Öffnung der Stadt und Anschluß an den revolutionären Werrahaufen; nach der Niederlage der Bauern Repressalien gegen die Stadt, Verlust der reichsstädtischen Freiheiten und Durchsetzung der Fürstenreformation
1529/43 Tagungsort der evangelischen Stände: 1537 Teilnahme von M. Luther und Ph. Melanchthon

1537 Gründung des Schmalkaldischen Bundes zum Schutz der Reformation
1547 militärische Niederlage des Bundes gegen den katholischen Kaiser, auf Fürbitte der Henneberger Grafen Verschonung der Stadt vor Sanktionen
um 1550 etwa 4500 Einwohner; etwa 225 eisenverarbeitende Handwerksstätten und zehn Eisenhammerwerke
1566 Pestepidemie mit 1700 Toten
1583–1866 unter hessischer Herrschaft; 1585/89 Bau des Lust- und Jagdschlosses Wilhelmsburg für den Landgrafen von Hessen
1743 Einstellung des Kupferbergbaus
1745–1854 Standort der Hessischen Gewehrmanufaktur
1806/13 zeitweilig zum Königreich Westfalen gehörend
1830 5327 Einwohner
1835 Inbetriebnahme der Neuen Hütte (Happelshütte) in Weidebrunn, nach Umbau und Erweiterung 1870 Stillegung im Jahr 1924
ab 1866 als Kreisstadt in der Provinz Hessen-Nassau zu Preußen
1874 Anschluß an die Werratalbahn

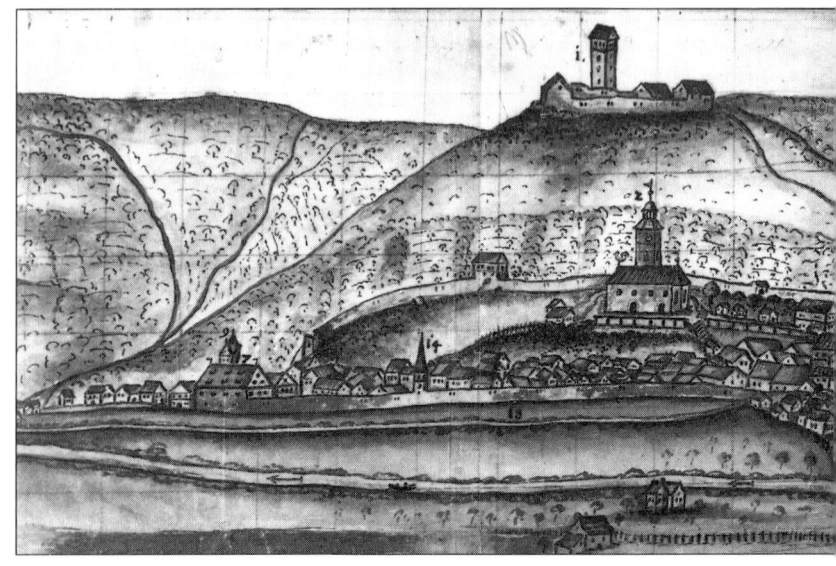

Wasungen

und 1894 an die Strecke Erfurt–Meiningen
1902 Gründung der „Königlich-Preußischen Fachschule" (heute Ingenieurschule für Maschinenbau)
nach 1933 Umstellung der traditionellen Eisen- und Stahlwarenindustrie auf Rüstungsproduktion
1945 nach kampfloser Übergabe an amerikanische Truppen Einmarsch der Roten Armee
1969 Vereinigung des 1948 gegründeten VEB Universalwerk mit anderen Betrieben zum VEB Werkzeugkombinat Schmalkalden
1978 17 300 Einwohner
1984 Beginn der komplexen Altstadtrekonstruktion

Wasungen

Wie Schmalkalden wurde das linksseitig der Werra gelegene Dorf Wasungen erstmals 874 in der Urkunde des Klosters Fulda erwähnt. Vor 1157 entstand auf dem gegenüberliegenden Berg die später „Maienluft" genannte Burg, der zugehörige Burgflecken wurde erstmals 1190 urkundlich erwähnt und 1309 mit Stadtrecht ausgestattet. Wirtschaftliche Grundlage der von den herrschenden Hennebergern geförderten Stadt waren der Nahhandel, die Landwirtschaft und später das Handwerk, Mitte des 17. Jh. gewannen Tabakanbau und -verarbeitung prägende Bedeutung. Ab 1864 entstanden erste Industriebetriebe, die wie die Tubenfabrik (1892), die Dachpappenfabrik und die Holzwarenherstellung noch heute das wirtschaftliche Profil neben Feinmechanik und Glasveredlung bestimmen.

Zeittafel
874 erste urkundliche Erwähnung des Dorfes
1157 erste urkundliche Erwähnung des Burgherrengeschlechtes, 1190 auch des Burgfleckens
um 1250 unter Herrschaft der Grafen von Henneberg
um 1299 Gründung des Wilhelmiterklosters auf dem linken Werraufer
1308 Verleihung des Schweinfurter

Stadtrechts; Erweiterung des Wasunger Zentralgerichts zum Freien Kaiserlichen Landgericht (Appellationsgericht für große Teile Frankens, Thüringens und Hessens)

1325 erstmalige Erwähnung der Stadtmauer

1390 Ersterwähnung des Rates und 1394 der Vorstadt

1472 etwa 600 Einwohner

1496 Empörung der Bürger gegen den Rat, daraufhin 1497 Einschränkung der städtischen Rechte durch die Landesherren

1525 Bündnis mit dem revolutionären Werrahaufen, Auflösung des Klosters

um 1540 Beginn des wirtschaftlichen Aufschwungs

1544 Einführung der Reformation

1583 nach dem Aussterben der Henneberger bis 1660 unter gemeinsamer Herrschaft beider wettinischen Häuser

1619/49 wegen der Lage im Werratal (Fernstraßentrasse) zahlreiche Truppendurchzüge mit Plünderungen und Überfällen; Bevölkerungsrückgang von 354 Familien (1618) auf 130 Familien (1649)

1659 Einführung des Tabakanbaus mit Tabakverarbeitung

1660 Auflösung der wettinischen Gesamtherrschaft, Anschluß an das Herzogtum Sachsen-Gotha, 1672 an das von Sachsen-Meiningen

1708 1389 Einwohner

1745 bewaffnete Aktionen der Stadt gegen sächsisch-weimarische Forstverwaltung zur Durchsetzung des eigenen Forstrechts

1747 „Wasunger Krieg" um den Besitz der Stadt zwischen Sachsen-Gotha und Sachsen-Meiningen; ab Mitte des 18. Jh. Niedergang des Zunfthandwerks unter dem zunehmenden Druck importierter Industrieerzeugnisse; Landwirtschaft fast alleiniger, aber unzureichender Erwerbszweig

1781/87 Abbruch der Marktkapelle, des Ober- und Untertores

1806/13 hohe finanzielle Belastung durch ständige Truppendurchzüge und Einquartierungen

1837 Ablösung der mittelalterlichen Stadtverfassung durch bürgerliches „Provisorisches Regulativ"

1840 erster von drei großen Stadtbränden (weitere 1849 und 1851)

1843 2529 Einwohner
1848 Gründung des Bürgervereins und der Bürgerwehr; Lockerung der landesherrlichen Bevormundung der Städte in Sachsen-Meiningen (Staatsgesetz vom 21. 3.)
1850 mit der Ablösung der Feudallasten (Staatsgesetz vom 5. 5.) Beginn der staatlichen Maßnahmen zur Förderung der kapitalistischen Entwicklung
1858 Bau der Werratalbahn
1863 am 1. 1. Einführung der Gewerbefreiheit, bis 1900 Gründung zahlreicher Kleinbetriebe
1866 Einquartierung bayrischer Truppen im preußisch-österreichischen Krieg
1921 Großfeuer vernichtet Gebiet um Hauptstraße und Turmgasse, beim Wiederaufbau Anlage des Brunnenplatzes

1922/30 Konkurs zahlreicher Betriebe, vor allem der Filialen auswärtiger Firmen
1924 etwa 3350 Einwohner; 1926 325 Erwerbslose und 417 Unterstützungsempfänger
1934 Erklärung der Stadt zum Notstandsgebiet
1945 Anfang April Sprengung der Werrabrücken durch die faschistische Wehrmacht; 8. 4. Einmarsch amerikanischer Truppen, 5. 7. Einzug der Roten Armee
1959 Abschluß der Umgestaltung des „Schöppenwerth" zum Park
1972 Abschluß der Umprofilierung der Kleinbetriebe, z. T. als Zweigwerke großer Kombinate
1984 4282 Einwohner
1985 Werrabegradigung und Verfüllung des Mühlgrabens als Hochwasserschutzmaßnahme

Harz

Der Harz und sein Vorland als nördlicher Teil des ehem. Thüringerreiches kam nach dessen Zerschlagung im Jahr 531 an die Sachsen. Mit der Wahl des sächsischen Herzogs Heinrich (919) zum deutschen König verlagerte sich das politische Zentrum des Reiches hierher. Aus dem Bündnis der königlichen Zentralgewalt mit der Kirche gegen die partikularistischen Bestrebungen der Territorialfürsten und gemeinsamer ostwärts gerichteter Annexionspolitik folgte besonders während der Herrschaft Ottos I. von 936 bis 973 die Gründung zahlreicher Bistümer an der östlichen Reichsgrenze (Magdeburg, Brandenburg, Havelberg, Merseburg u. a.). Dieses politische Bündnis endete mit der Beilegung des Investiturstreites zwischen Papst und Kaiser (1122), in dem sich die deutsche Fürstenopposition zugunsten eigener Machterweiterung gegen den Kaiser auf die Seite des Papstes schlug. Bereits König Heinrich IV. hatte dem Harz zur Festigung der eigenen Hausmacht besondere Bedeutung beigemessen, was sich auch in zahlreichen königlichen Bauten (Königspfalzen u. a.) auswies. In diesem Gebiet sind die einzigen in der DDR vorhandenen romanischen Monumentalbauten (z. B. in Gernrode, Quedlinburg, Jerichow, Magdeburg, Gröningen, Halberstadt) erhalten.

Mit Beginn des 12. Jh. wurde das Gebiet zu einem der Ausgangspunkte der Eroberungszüge der Wettiner, Askanier und der Magdeburger Erzbischöfe nach Osten, die zur Herausbildung der späteren brandenburgischen und sächsischen Kurfürstentümer und der anhaltinischen

Herrschaft führten. Während des Interregnums (1257/72) ohne handlungsfähige Zentralgewalt zerfiel das Gebiet in zahlreiche kleine Territorialherrschaften und spielte in der politischen Geschichte für lange Zeit keine Rolle mehr. Von wirtschaftlicher Bedeutung waren aber die Handels- und Bergbaustädte (z. B. Magdeburg, Naumburg, Stolberg, Elbingerode, Treseburg u. a.) sowie das Mansfelder Kupferbergbaugebiet. Die ab 1134 askanische Nordmark, seit dem 14. Jh. Altmark genannt, nahm trotz der kurzen Regierungszeit von Kaiser Karl IV. (1373/78) unter seiner Herrschaft einen langanhaltenden Aufschwung. Er versuchte, hier ein weiteres Machtzentrum zu schaffen. Die Städte Tangermünde, Stendal und Salzwedel wurden Handelsplätze von internationalem Rang, architektonisch dokumentiert durch zahlreiche erhaltene spätgotische Bauten.

Für kurze Zeit standen Nordostthüringen und der Harz im Brennpunkt europäischer Geschichte. Der Deutsche Bauernkrieg 1524/25, Höhepunkt der frühbürgerlichen Revolution, erfaßte das gesamte Gebiet, hier lagen die wichtigsten Wirkungsstätten Thomas Müntzers und, Halle-Wittenberg eingeschlossen, auch Martin Luthers.

Der Dreißigjährige Krieg traf den Harz und sein Vorland hart, Magdeburg wurde 1631 völlig zerstört. Nutznießer der nachfolgenden Grenzverschiebungen wurde das hohenzollersche Kurfürstentum Brandenburg. Es vereinnahmte das ehem. Bistum Halberstadt mit Aschersleben, die Grafschaft Regenstein und Teile Hohnsteins. Später kamen auch das Erzbistum Magdeburg (1680), Quedlinburg (1697) und Stolberg-Wernigerode (1714) zu Brandenburg-Preußen.

Seit dem 16. Jh., insbesondere nach dem Dreißigjährigen Krieg, verlagerte sich das Schwergewicht der Bautätigkeit von den Kirchen auf die fürstlichen Residenzen. Zahlreiche mittelalterliche Burgen wurden zu Renaissance- bzw. Barockschlössern umgebaut (Bernburg, Stolberg) bzw. es entstanden barocke Neuanlagen (Blankenburg). Städte und Dörfer wurden weitgehend durch die Fachwerkbauweise geprägt.

Im Gefolge der Neuordnung Europas nach dem Wiener Kongreß im Jahr 1815 mußte das mit Napoleon verbündete Sachsen mehr als die Hälfte seines Territoriums an Preußen abtreten. Mit diesem und den im 17. und 18. Jh. erworbenen Gebieten sowie den 1803 erhaltenen kurmainzischen Exklaven (Erfurt und Teile des Eichsfeldes) wurde 1816 die preußische Provinz Sachsen mit der Hauptstadt Magdeburg gegründet.

Während sich Teile des Harzvorlandes im Kapitalismus durch die Industrialisierung besonders stürmisch entwickelten (Mansfeld, Halle, Magdeburg), blieb der eigentliche Harz bis zum Anfang unseres Jahrhunderts eine vergessene Gegend. So hatten in den Stadtbildern der Harzstädte und in der Altmark die kapitalistischen Bodenspekulationen und Industriegründungen fast keine Folgen, historische Bausubstanz und Stadtanlagen sind weitgehend erhalten.

Osterwieck

Osterwieck

Die älteste der am nördlichen Rand des Harzes gelegenen Fachwerkstädte ist das unter Karl dem Großen als Seligenstadt gegründete Osterwieck, ursprünglich Kaufmannssiedlung am Weg von Halberstadt nach Braunschweig, später kirchlicher Verwaltungssitz und nach Verlagerung der Handelswege im späten Mittelalter Handwerkerstadt. Das Aufblühen des Handwerks im 16. Jh. war vor allem durch die Gewerke für Söldnerausrüstungen bestimmt. Die industrielle Revolution beeinflußte die Stadt wenig, auch im 19. Jh. blieben Handwerk und Landwirtschaft bestimmend.

Nach der einschneidenden Reduzierung der Fachwerkbauten durch die Zerstörungen im zweiten Weltkrieg bietet in der DDR Osterwieck neben Quedlinburg den geschlossensten Bestand von Bauten des 16./17. Jh. im niedersächsischen Fachwerkstil, der seit etwa 1960 umfassend instandgesetzt wird.

Zeittafel
um 780 Gründung des Ortes Seligenstadt
nach 800 kurzzeitig Sitz des vor 827 nach Halberstadt verlegten Missionsbistums Ostsachsen
974 erste urkundliche Erwähnung, Verleihung der Markt-, Münz- und Zollrechte
1073 erste Erwähnung der nun Osterwieck genannten Kaufmannssiedlung
1108 Gründung des Augustiner-Chorherrenstiftes (1112 Verlegung nach Hamersleben)
Anfang 13. Jh. Stadterweiterung um die Nikolaikirche
1215 urkundliche Erwähnung des Rates und des Marktes an der Stephanikirche
1353 Anlage des Stadtbuches
1488 Bau der Stadtmauer um beide Stadtteile, von 1506 bis 1646 Erneuerung und Erweiterung
1511 verheerender Stadtbrand mit anschließendem prachtvollen Wiederaufbau bis zum Anfang des 17. Jh.
1595/98 1042 Pestopfer
1648 Angliederung an Brandenburg
1719 Gründung einer Leinwand- und 1723 einer Flanellmanufaktur
1759 2150 Einwohner; Abtragung der Stadtwälle
1806/15 Zugehörigkeit zum Königreich Westfalen, dann zu Preußen
1830 Beginn der Industrialisierung mit Lederfabrikation, es folgen 1847 eine Bleiweißfabrik, um 1850 beginnt die Handschuhfabrikation
1872/73 Abbruch der Stadtmauer
1882 Bahnverbindung nach Wasserleben
1884 4203 Einwohner; Großbrand, 44 zerstörte Häuser und 350 Obdachlose
1886 Streik der Weißgergergesellen und 1891 der Handschuhmacher

rigsvolck Eingenohmen den 6. Augusti Anno 1651.

1895 Bau der Wasserleitung
1945 5987 Einwohner
1958 Umbau des Bartholomäushospitals
1960 Beginn verstärkter Instandsetzungs- und Restaurierungsmaßnah-
men an der historischen Fachwerksubstanz
1971 5710 Einwohner
1974 Gründung des Gemeindeverbandes mit Osterwieck als Zentrum
1983 etwa 4800 Einwohner

Quedlinburg

Nächst Osterwieck ist Quedlinburg die bedeutendste Fachwerkstadt in der DDR. Die Zahl der erhaltenen Bauten ist zwar größer, das Bild jedoch nicht so einheitlich. Im Ursprung ein durch Heinrich I. gegründeter Königshof mit bald bedeutenden kirchlichen Einrichtungen, war die Stadt bis zum Ende des 11. Jh. auch ein Hauptort deutscher Reichspolitik. Die sich im Schutz der Burg am Bodeübergang der Straße Halle–Halberstadt ansiedelnden Kaufleute machten Quedlinburg zu einer wirtschaftlich starken Stadt, deren relative Selbständigkeit 1477 mit der militärisch erzwungenen Unterwerfung unter die Stiftsherrschaft endete.

Einen erneuten Aufschwung nahm die Stadt mit der Einführung von Gartenbau und Saatzucht sowie der Kleinindustrie im 19. Jh.

Neben den traditionellen Saatzuchtbetrieben prägen heute die Meß- und Regelungstechnik, die Metall- und Schmuckwarenindustrie und die pharmazeutische und Farbenproduktion die Wirtschaft der Stadt. Der 1962 zu einem Denkmal von internationalem Rang erklärte Stadtkern, die romanische Stiftskirche (Beisetzungsstätte Heinrichs I.) und die Nähe des Harzes ließen Quedlinburg zu einem vielbesuchten Touristenzentrum werden.

Zeittafel
922 erste urkundliche Erwähnung der Quitilingaburg Heinrichs I.
936 Beisetzung König Heinrichs I. in der Basilika auf dem Burgberg; Gründung des Kanonissenstiftes für Töchter des Hochadels auf dem Burgberg durch Königin Mathilde nach Verlegung des Kanonikerstiftes zum Königshof mit Bau der Wipertikirche; nördlich des Burgberges Entstehung der Burgsiedlung Westendorf
973 einer der bedeutendsten und letzter in Quedlinburg stattfindender Reichstag unter Kaiser Otto I.
986 Gründung des Benediktinerklosters St. Marien auf dem Münzenberg
994 Verleihung des Markt-, Münz-, und Zollrechts durch Kaiser Otto III. an das Stift; in der Folge Entstehung der Altstadt aus den Dörfern Quitlin-

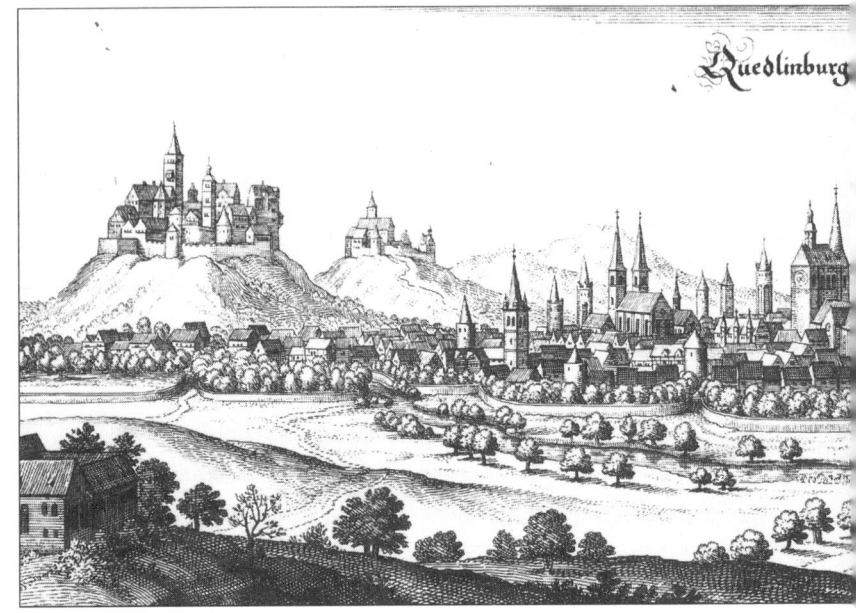

Quedlinburg

gen um die Blasiuskirche und Nördlingen um die Ägidienkirche sowie der Kaufmannssiedlung um St. Benedikti
1070–1129 Wiederaufbau von Burggebäude und Stiftskirche (4. Bau) nach Brand
1179 erste Erwähnung der Stadtbefestigung um die beiden Siedlungskerne der Altstadt
2. Hälfte 12. Jh. Gründung und sofortige Befestigung der Neustadt um die Nikolaikirche; 1333 Vereinigung von Alt- und Neustadt
um 1200 größte territoriale Ausdehnung der Stiftsherrschaft mit Besitz im ganzen Reich
1264 Erwähnung des Rates der Altstadt, 1305 der Neustadt
1326 Städtebündnis mit Aschersleben und Halberstadt
1336 Auflehnung der Stadt gegen den Stiftsvogt Albrecht II. von Regenstein
1384 Mitglied im Niedersächsischen Städtebund
1396 Erwerbung der Vogtei und damit der Obergerichte

1426 Beitritt zur Hanse; Aufstellung des Rolands am Rathaus
1477 mit Hilfe sächsischer Truppen Unterwerfung unter die Stiftsherrschaft mit erzwungenem Verzicht auf alle Bündnisse und Privilegien, Zerstörung des Rolands; sächsische Schutzherrschaft über das Stift bis 1697; etwa 5000 Einwohner
1525 Zerstörung des Marienklosters auf dem Münzenberg und der anderen drei Klöster der Stadt
1539 Einführung der Reformation; Gründung eines evangelischen Freiweltlichen Stifts; 1547 auch Übernahme des Wipertiklosters
ab 1576 Überbauung des Münzenberges mit Wohnhäusern
1577 Pestepidemie mit 1100 Toten
1648 etwa 100 wüste Häuser
1677 letzte Münzprägung des Stiftes
1697 Kauf der Stiftsherrschaft durch Brandenburg
1763 etwa 8000 Einwohner
1802 Auflösung des Stiftes und Säkularisierung des Besitzes, 1803 Angliederung an Preußen (1807/15 vorübergehend westfälisch)

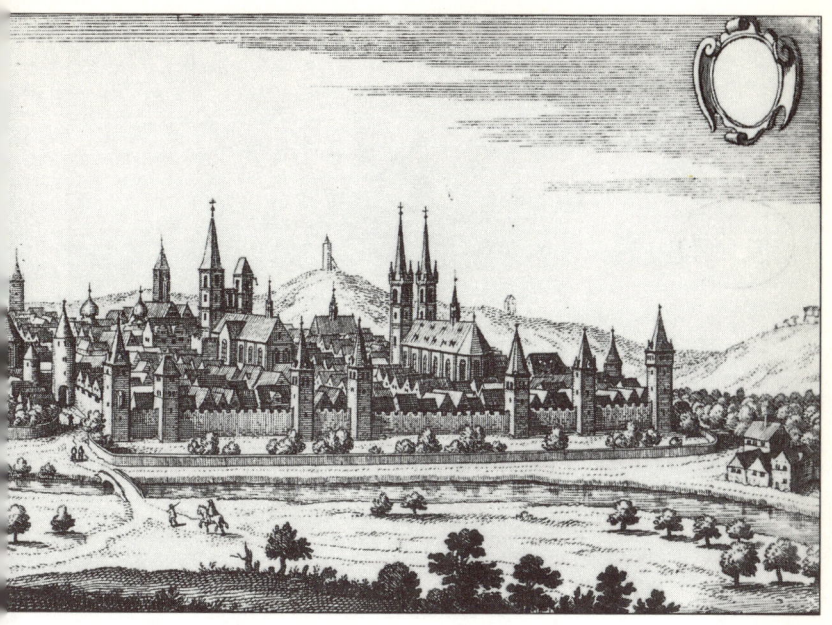

1828 Beginn des Abbruches aller mittelalterlichen Stadttore und teilweise der Stadtmauer

1830 12 000 Einwohner

1850 Choleraepidemie mit 430 Toten, 1866 nochmals mit 436 Toten

1862 Eisenbahnanschluß nach Wegeleben und Thale, 1885 nach Gernrode, 1908 nach Blankenburg

1877 Gründung des Meßgerätewerkes

1877/82 Bau der Haupttürme und umfassende Restaurierung der Stiftskirche

1907 Einweihung des Krankenhauses

1929 Übernahme des Schlosses in städtischen Besitz, Einrichtung eines Museums im Nordflügel

1944 am 20. 4. Einrichtung eines Außenlagers des Konzentrationslagers Buchenwald in Langenstein-Zwieberge, von etwa 10 000 Häftlingen wurden bis April 1945 7000 ermordet

1945 nach Artilleriebeschuß am 19. 4. Besetzung durch amerikanische Truppen; am 1. 7. Einzug der Roten Armee

1947/59 Gesamtinstandsetzung der Stiftskirche, seit 1954 wieder kirchlich genutzt

1953 Neugestaltung des 1899 gegründeten Museums im ehem. Wohnhaus des Dichters Klopstock

1956 Abschluß der Instandsetzung der Wipertikirche

1960 Anschluß der Stadt an die Bode-Fernwasserleitung

1962 30 860 Einwohner

1976 Rekonstruktion des Marktplatzes, Weiterführung der komplexen Rekonstruktion der Innenstadt

1983 28 500 Einwohner

1986 Fertigstellung des 1. Bauabschnittes im Gebiet Schmale Straße (Rekonstruktion und Neubau)

1987 Innerstädtisches Bauen Rosengarten

Wernigerode

Wernigerode

Die „Bunte Stadt am Harz" Wernigerode verdankt ihren Beinamen dem großen Bestand an Fachwerkhäusern. Hervorgegangen aus einem Rodungsdorf, entwickelte sich die Siedlung an der Fernstraße Halberstadt–Goslar im Schutz der Anfang des 12. Jh. begonnenen Burg der Grafen von Wernigerode zu einer Kaufmanns- und Handwerkerstadt, bis 1524 getrennt in bürgerliche Alt- und bäuerliche Neustadt. Als Burgort der Grafen von Stolberg-Wernigerode stand die Stadt bis 1918 unter deren Herrschaft.

Der wirtschaftlichen Blüte durch Fernhandel und Tuchmachergewerbe folgte vom 16. bis 18. Jh. der Niedergang. Erst Ende des 18. Jh. siedelten sich in der Ackerbürgerstadt Manufakturen an, Ende des 19. Jh. kam es verspätet zu einer Industrialisierung, die die Stadt zum Zentrum der Arbeiterbewegung im Nordharz werden ließ. Seit den zwanziger Jahren unseres Jahrhunderts gewann der Fremdenverkehr an Bedeutung. Heute ist Wernigerode sowohl eine Industrie- als auch eine Urlauberstadt; das Schloß beherbergt seit 1949 das größte Feudalmuseum der DDR.

Zeittafel
Mitte 9. Jh. Anlage des Rodungsdorfes auf dem Klint
um 1112 Inbesitznahme des Burgberges durch das Geschlecht der späteren Grafen von Wernigerode (seit 1121) und Bau der Burg
12. Jh. Entstehung einer Kaufmannssiedlung an der Breiten Straße mit der Nikolaikirche und einer Marktsiedlung mit der Liebfrauenkirche an der von Nordhausen kommenden Straße
1229 Stadtrecht nach Goslarer Vorbild und Ummauerung der (Alt-)Stadt
1241 Mitglied des Niedersächsischen Städtebundes
um 1270 Entstehung der bäuerlichen Neustadt um die Johanniskirche mit eigener Stadtmauer
1310 erste Erwähnung der Kupferhütte
1326 Stadtbrand

1343 Annexion großer Gebiete der Grafschaft Regenstein
1381 Auseinandersetzung des Wernigeröder Grafen mit dem Erzbischof von Magdeburg
1382 Städtebündnis mit Goslar, Hildesheim, Hannover, Einbeck, Osterode und Wernigerode
1410 Markt- und Stadtrecht für die Neustadt
1429 Aussterben der Grafen von Wernigerode und Übernahme der Herrschaft durch die Grafen von Stolberg-Wernigerode
ab 1449 unter der Lehnshoheit Kurbrandenburgs
1525 unter der Führung Wernigeröder Bürger stürmen Bauernhaufen Klöster der Umgebung
1527/31 Bau der äußeren Wälle und des großen Walles um die Burg
1528 Großer Stadtbrand, von 554 Häusern brennen 470 ab; Vereinigung von Alt- und Neustadt
1538 Einführung der Reformation
1597 etwa 2500 Einwohner
1618/48 zeitweise Besetzung der Burg durch kaiserliche Truppen, Verfall bis zur Verteidigungsunfähigkeit; 1625/27 1500 Pesttote
1645 Teilung der Grafschaft in die Linien Stolberg-Wernigerode und Stolberg-Stolberg
1714 Anschluß an Preußen
1751 Stadtbrand

1794 3478 Einwohner
1807/15 vorübergehend zum Königreich Westfalen gehörend
1819 Stadtbrand, ebenso 1833 und 1847
1858/83 Umbau des Schlosses als Repräsentationsanlage
1872 Eisenbahnanschluß nach Halberstadt und 1884 nach Ilsenburg
1890 9976 Einwohner
1899 Gesamtinbetriebnahme der Harzquerbahn Nordhausen—Wernigerode
1907 Eingemeindung von Hasserode
1929 Bankrott des Fürstenhauses und Aufgabe des Schlosses als Wohnsitz; teilweise museale Nutzung ab 1930
1944 am 22. 2. amerikanischer Luftangriff, 250 Tote
1945 Einzug der Roten Armee am 3. 7. nach vorausgegangener amerikanischer Besetzung
1945/49 Schloß als Depot für Kunstschätze aus enteigneten sächsischen Herrensitzen genutzt; 1949 Eröffnung als Feudalmuseum
1953 Einweihung des Karl-Marx-Denkmals An der Flutrenne als erstes der DDR
ab 1972 Aufbau des Industriekomplexes am Kupferhammer
1983 etwa 35 000 Einwohner; jährlich 100 000 Feriengäste und 1,5 Mio Besucher

Stolberg

Im Schutz einer Burg entwickelte sich Stolberg an der Fernhandelsstraße Erfurt—Braunschweig als Silber- und Kupferbergbaustadt in vier engen Tälern (Thyra-, Lude-, Kaltes und Wildes Tal). Dem Rückgang des Bergbaus folgte die Ansiedlung der Leineweberei und der Weinbrennerei, auch der Getreidehandel erlangte regionale Bedeutung. Obwohl das Schloß Sitz des Grafengeschlechtes von Stolberg-Wernigerode, ab 1645 des von Stolberg-Stolberg war, blieb die Geburtsstadt von Thomas Müntzer über Jahrhunderte in ihrer wirtschaftlichen Entwicklung stehen. Ende des 19. Jh. etablierte sich der Fremdenverkehr, der noch heute das städtische Leben des Kurortes bestimmt.

Zeittafel
10./11. Jh. Gründung der Burg, 1210 erste Nennung des Grafen von Stolberg aus dem Geschlecht der benachbarten Hohnsteiner
1157 erste urkundliche Erwähnung der Siedlung unterhalb der Burg
vor 1300 Verleihung des Stadtrechts
1316 Erwähnung der Burgkapelle
1462 Gründung der Schützengilde, bestehend bis 1945
1477 Stiftung der Marienkapelle

Stolberg

durch die Gewerke und den Grafen von Stolberg
1485 Pestepidemie mit 800 Toten
1490 Vertreibung auswärtiger Gewandschneider durch einheimische Wollenweber
1485/90 Neubau der Martinskirche unter Einbeziehung mittelalterlicher Substanz, Kirchenhoheit durch das Bistum Mainz
1525 Predigt Luthers am 20. 4. gegen die aufständischen Bauern, am 2. 5. Einnahme der Stadt und Burg durch Bauern und Bürger; nach der Niederlage von Frankenhausen Hinrichtung von neun Aufständischen in der Stadt
1539/47 umfangreicher Umbau der Burg zum Wohnschloß
1626/48 starke Belastung im Dreißigjährigen Krieg; bis 1630 Kriegslasten von 62 754 Gulden und über 600 Pesttote; 1645 Teilung des Grafengeschlechtes
1756/63 im Siebenjährigen Krieg zahlreiche Truppendurchzüge und harte Kontributionen

1803 Ende der kursächsischen Lehnshoheit, ab 1815 unter preußischer Herrschaft
1807 1948 Einwohner, 1833 bereits 2392 Einwohner
1851 Vernichtung des Geburtshauses von Th. Müntzer durch Brand
1866 Überwölbung der Großen Wilde
1885 Beginn des organisierten Fremdenverkehrs
1896 Bau der Wasserleitung
1900 Überwölbung der Lude
1923 Eisenbahnanschluß nach Berga-Kelbra
1945 am 4. 4. anglo-amerikanischer Bombenangriff, acht Tote
1949 staatlich anerkannter Luftkurort
1953 Eröffnung des Schlosses als FDGB-Erholungsheim
1969 Errichtung des Ehrenmals im Kurpark für elf im Kalten Tal ermordete KZ-Häftlinge
1978 etwa 2200 Einwohner; mit vier weiteren Orten Bildung des Gemeindeverbandes „Thyratal"

Salzwedel

Der Name Salzwedel verbindet sich nicht nur mit dem Fachwerkbau, sondern auch mit Jenny von Westphalen, der hier geborenen Frau von Karl Marx. Ohne in der Geschichte eine besondere Rolle zu spielen, entwickelte sich die Stadt auf der Basis des wirtschaftlich dominierenden Fernhandels an der hier im Schutz einer Burg die sumpfige Jeetze-Niederung querenden alten Salzstraße von Lüneburg nach Magdeburg; Bedeutung erlangte im 14./15. Jh. auch die Tuchmacherei. Der Handelsweg zeichnet sich noch heute mit Holzmarkt-, Burg- und Altperverstraße ab.

Die Folgen des Dreißigjährigen Krieges ließen die einstige Hansestadt in ihrer wirtschaftlichen Entwicklung stagnieren. Erst mit dem Eisenbahnanschluß setzte Ende des 19. Jh. eine nennenswerte Industrialisierung ein. Salzwedels heutige Wirtschaft basiert z. T. auf der Erdgasförderung in der näheren Umgebung.

Zeittafel

1112 erste urkundliche Erwähnung der vermutlich im 9. Jh. gegründeten Burg; 11./12. Jh. Sitz der Markgrafen der Nordmark

ab 1134 Besitz der Markgrafen von Brandenburg

vor 1170 Entstehung der Marktsiedlung, bis 1190 eigene Münzprägung

nach 1200 planmäßige Anlage der Altstadt mit Marienkirche

1247 Gründung der Neustadt mit Katharinenkirche

1258–1317 Sitz der ottonischen Linie der Askanier

1263–1514 Mitglied der Hanse

um 1300 Bau der separaten Stadtmauern um beide Städte, Verbindung durch Sieltor (Burgstraße; Abriß Ende 19. Jh.)

1314 Erwerb des Münzrechts und der Gerichtsbarkeit

1488 Unterwerfung durch die Hohenzollern

1541 Einführung der Reformation

Salzwedel

1705 Stadtbrand
1713 Vereinigung von Alt- und Neustadt
1830 6886 Einwohner
1838 Aufnahme der Düngemittelproduktion
1870 Eisenbahnanschluß nach Stendal, 1889 nach Oebisfelde
1872 Gründung der Graugießerei, 1892 der Zuckerfabrik
1912 Umstellung der Gießerei auf die Herstellung von Pumpen
1927 etwa 15 000 Einwohner
1944/45 Außenlager des Konzentrationslagers Neuengamme in der Gardelegener Straße
1945 am 22. 2. anglo-amerikanischer Luftangriff, 314 Tote im zerstörten Bahnhofstunnel; mindestens 255 KZ-Häftlinge und 234 sowjetische Kriegsgefangene und Zwangsarbeiter werden im Stadtgebiet bestattet
1968 Beginn der Erdgasförderung in der näheren Umgebung
1969 Eröffnung der Gedenkstätte für die Familie Marx im Geburtshaus von Jenny von Westphalen
1978 etwa 22 900 Einwohner

Tangermünde

Nach traditionellem Muster entstand Tangermünde als Kaufmannssiedlung im Schutz einer Burg, die sowohl eine Furt an der Mündung der Tanger in die Elbe als auch eine Handelsstraßenkreuzung (von Stendal und Gardelegen nach Jerichow und Genthin sowie Nord-Süd-Elbuferstraße) deckte.

Die Hansestadt erlebte ihre größte Blütezeit im späten Mittelalter, nachdem Kaiser Karl IV., gleichzeitig Kurfürst von Brandenburg, die Burg als

Residenz ausgebaut hatte. Bauten der norddeutschen Backsteingotik bestimmen noch heute das Stadtbild. Nach einer langanhaltenden Stagnation, bedingt vor allem durch die Verlegung der brandenburgischen Residenz nach Berlin-Kölln (1486) und die Folgen des Dreißigjährigen Krieges, begann mit der industriellen Revolution die Entwicklung zur heutigen Industriestadt, die auch ein Verkehrsknotenpunkt ist.

Zeittafel
1009 erste urkundliche Erwähnung einer Grenzburg aus dem 10. Jh.; im 11. Jh. im Besitz der Grafen der Nordmark

1134 Belehnung des Askaniers Albrecht der Bär mit der Nordmark, Tangermünde Hauptort der askanischen Herrschaft

1136 Nennung als Elbzollstätte, Mitte des 12. Jh. Entstehung der Marktsiedlung um die Nikolaikirche

nach 1200 Stadtrecht

um 1275 Gründung der Gewandschneidergilde

um 1300 Herausbildung des patrizischen Rates

Anfang 14. Jh. Gründung der Bäkker-, Schneider- und Schuhmacherzünfte und der Brauer- und der Knochenhauergilde

1368 Hansemitglied

1373/78 Nebenresidenz zum Prager Hradschin Kaiser Karls IV.

Mitte 15. Jh. Höhepunkt der wirtschaftlichen Blüte

15. Jh. Anlage der separat ummauerten Neustadt südwestlich der Altstadt

1478 Erwerbung der Gerichtsbarkeit

1486 Verlegung der kurfürstlichen Residenz nach Berlin-Kölln; 1488 Brechung der Selbständigkeit der altmärkischen Städte durch Kurfürst Johann Cicero, Beginn der Stagnation

Tangermünde

1530 Bürgeraufstand gegen den von Kurfürst Joachim I. gestützten Rat
1538 Einführung der Reformation
1617 Großfeuer mit Einäscherung von zwei Dritteln der Stadt
1618/48 siebenmalige Eroberung bzw. Besetzung der Stadt, u. a. 1626 durch dänische Truppen, 1629 durch Wallenstein, 1631 und 1640 schwedische Truppen; 1645 sind von 623 Häusern noch 228 bewohnbar

1676 und 1678 große Stadtbrände
1699 Beseitigung der Ratsherrschaft und direkte Unterstellung unter kurfürstliche Verwaltung
1806/13 französische Besetzung; 1809 Durchzug der Schillschen Husaren
1816 3070 Einwohner
1826 Gründung der Zuckersiederei, 1866 der Schiffswerft im nahe gelegenen Carlbau

das schloß.

1886 Eisenbahnanschluß nach Stendal; bis 1890 Ausbau der Tangermündung als Hafen
1903 Bau der Obstkonservenfabrik, 1904 der Schokoladenfabrik
1910 11 536 Einwohner
1932/33 Bau der Elbstraßenbrücke
1945 im April Sprengung der Elbstraßenbrücke durch deutsche Truppen, amerikanische Besetzung bis zum Einmarsch der Roten Armee am 1. 7.

1949/50 Brückenneubau über die Elbe
1967 Einrichtung der Kinderklinik im Barockbau der Burg
1968/69 Lückenschließungen in der Altstadt (u. a. Leninstraße)
1974 Gründung des Gemeindeverbandes mit sieben Nachbarorten
ab 1980 umfassende Instandsetzung der Stephanskirche
1984 etwa 12 000 Einwohner

Sachsen

Das Gebiet des ehem. Landes Sachsen – seit 1952 die Bezirke Dresden, Leipzig und Karl-Marx-Stadt (ehem. Chemnitz) – erfuhr wie wenige deutsche Gebiete durch Kriegsfolgen und dynastische Teilungen ständig territoriale Veränderungen. Das ursprüngliche Siedlungsgebiet des germanischen Stammes der Sachsen war die holsteinische Westküste, von wo er in das Gebiet zwischen Elbe und Ems, Nordsee und Harz einwanderte. Im Ergebnis des Krieges der Franken gegen das Thüringerreich erhielten die Sachsen 531 dessen nördliche Territorien. Nach ihrer Einverleibung in den karolingischen Staat entwickelten sich die sächsischen Herzoghäuser zu den mächtigsten des Ostfrankenreiches, 919 wurde mit Heinrich I. ein Sachse deutscher König.

Bereits in der 1. Etappe der feudalen deutschen Ostexpansion, in der slawische Stammesgebiete tributpflichtig gemacht und zur Übernahme des Christentums gezwungen wurden, drangen 928 deutsche Fürsten unter Heinrich I. in das von den Milzenern, Nisanern und Daleminzern besiedelte Gebiet zwischen Saale und Neiße ein. 929 wurde die Burg Meißen als Zentrum der künftigen Mark gegründet. Mit der Einsetzung der Wettiner, einem sächsischen Adelsgeschlecht mit Sitz auf Burg Wettin bei Halle, als Markgrafen im Jahr 1089 wurde Meißen zum Kernland des wettinischen Sachsen. Bis 1485 befand sich fast das gesamte südliche Gebiet in der heutigen DDR in wettinischem Besitz, ausgenommen die böhmischen Länder Bautzen und Görlitz sowie Teile Thüringens. Mit der Erwerbung des Herzogtums Sachsen-Wittenberg 1423 rückte der sächsische Markgraf in die Reihe der Kurfürsten auf. In der „Wettinischen Hauptteilung" von 1485 zwischen den Brüdern Albrecht und Ernst von Sachsen erhielt die ernestinische Linie Kursachsen (Wittenberg), den größeren Teil Thüringens und das Vogtland, die Albertiner erhielten die Markgrafschaft Meißen, das Leipziger Gebiet und das nördliche Thüringen. Nach der Wittenberger Kapitulation im Schmalkaldischen Krieg (1547) ging die Kurwürde mit umfangreichen Gebieten auf die Albertiner über, die Ernestiner blieben auf Thüringen beschränkt und zerfielen in zeitweise elf (!) Linien. Mit dem Prager Frieden bekam Kursachsen 1635 auch die Markgrafschaft Lausitz und erreichte dadurch seine größte Ausdehnung. Die Folgen des Bündnisses mit Napoleon zwangen Sachsen, 1806 zum Königreich erhoben, 1815 zur Abtretung des größten Teiles seines Territoriums an Preußen.

Durch die Silbererzvorkommen im Erzgebirge wurde Sachsen im Mittelalter zu einem der reichsten deutschen Länder und entwickelte kontinuierlich bis Anfang des 18. Jh. eine starke Wirtschaft und rege Handelstätigkeit. Eine sowohl wirtschaftliche wie künstlerische Blüte erlebte Sachsen unter August dem Starken von 1694 bis 1733, der seit 1697 auch König von Polen war. Mit dem durch seinen Nachfolger ausgelösten polnischen Erbfolgekrieg sowie in den Schlesischen Kriegen und im Siebenjährigen Krieg verlor Sachsen bis zur Mitte des 18. Jh. seine politische Bedeutung im Deutschen Reich.

Die relativ kontinuierliche Entwicklung vom 11. bis zum 18. Jh. spiegelt sich auch im Bestand an Baudenkmalen wider. Von der Spätromanik (Schloßkirche Wechselburg) über die Gotik (Dome in Bautzen, Freiberg und Meißen) und Renaissance (Schloß Hartenfels Torgau, Rathaus Altenburg, Schloß Augustusburg) bis zum Barock und Rokoko (Zwinger, Japanisches Palais und Hofkirche in Dresden) sind alle Stilrichtungen vertreten.

Meißen

Bis Ende des 15. Jh. war Meißen bedeutendste Residenz der Wettiner, Bischofssitz und wichtige Handels- und Handwerkerstadt. Die Stadt entstand nach der Gründung der königlichen Burg 928/29 als deutscher Vorposten im Slawengau Glomaci, begünstigt durch die Elbfurt und sich kreuzende Fernhandelsstraßen. Bis Ende des 12. Jh. entwickelten sich mehrere Siedlungskerne im heutigen Stadtgebiet. Die Herausbildung der mittelalterlichen Stadt war gegen Mitte des 13. Jh. im wesentlichen abgeschlossen. Die Konzentration von drei reichsunmittelbaren Gewalten – Bischof, königlicher Burggraf, Markgraf – auf dem Burgberg führte zum gegenseitigen Ausweichen auf andere Standorte. Als wettinische Residenz entwickelte sich das nicht unter königlichburggräflicher Kontrolle stehende verkehrsgünstigere Dresden.

Trotz der überregionalen Bedeutung der Burg spielte die Bürgerstadt nur als wirtschaftliches Zentrum eines kleinen Gebietes eine Rolle. Aufgrund seiner Lage im Mündungskessel der Triebisch mit steil ansteigenden Höhenzügen waren der flächenmäßigen Ausdehnung bereits im 18. Jh. Grenzen gesetzt, so daß sich die Stadt nach der wirtschaftlichen Blüte im 15./16. Jh. bis Mitte des 19. Jh. nicht wesentlich erweiterte. Die um 1830/40 einsetzende Industrialisierung beendete die Stagnation. Mit der Ausdehnung im Triebischtal und der Eingemeindung mehrerer rechtselbischer Dörfer erreichte Meißen zu Beginn unseres Jahrhunderts etwa seine heutige Ausdehnung. Nach Fertigstellung einiger kleinerer Wohngebiete konzentriert sich das Baugeschehen seit Beginn der achtziger Jahre vornehmlich auf die Rekonstruktion der Altstadt und der rechtselbischen ehem. Vorstädte.

Geprägt wird das Stadtbild durch den Burgberg und den geschlossen erhaltenen historischen Stadtkern mit vornehmlich gotischen und Renaissancebauten. Die Wirtschaft der Stadt wird durch die Porzellanmanufaktur, die Keramik- und Konsumgüterindustrie, zahlreiche Bildungseinrichtungen sowie den Tourismus bestimmt.

Zeittafel
928/29 Bau der deutschen Burg „misni" in Nähe einer Elbfurt zwischen den Elbzuflüssen Meisa und Triebisch
965 Einsetzung eines Markgrafen auf der Burg
968 Gründung des Bistums Meißen
983 erste Nennung eines Burgflekkens zwischen Burgberg und Elbe
um 1000 Anlegung der burggräflichen Jahrmarktsiedlung um den heutigen Theaterplatz
1006 Beginn des ersten Dombaus
1064 Weihe der Kirche St. Afra, Herausbildung eines Burglehens um die Kirche, die sog. „Afranische Freiheit"
1123 endgültige Inbesitznahme der Mark Meißen durch die Wettiner

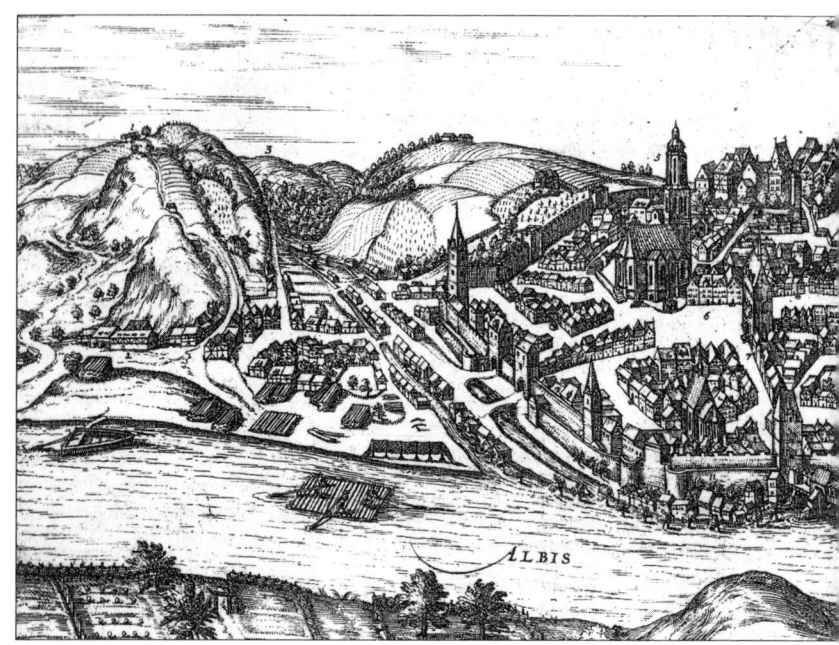

Meißen

1. Hälfte 12. Jh. Anlage der Kaufmannssiedlung außerhalb der späteren Bürgerstadt am Neumarkt
1161 älteste Zeugnisse des Weinan-
baus um Meißen
1205 erste urkundliche Nennung der
um 1200 planmäßig angelegten Kauf-
manns- und Handwerker-(Bürger-)
Stadt um den Markt mit der Marienkapelle (heute Frauenkirche)
13. Jh. Burg Meißen als eines der
Zentren der mittelalterlichen höfischen Kultur, u. a. Wirkungsstätte von
Walter von der Vogelweide und Heinrich Frauenlob von Meißen
1315 erstmalige Erwähnung des Rates und der Ratsverfassung
1349 Zerstörung der Synagoge am
Neuen Markt und Vertreibung der
Juden
1429 vergeblicher Sturm der Hussiten auf Meißen
1471 Baubeginn des Schlosses auf
dem Burgberg als wettinischer Regierungssitz
1485 mit der „Wettinischen Hauptteilung" Verlegung der albertinischen

Residenz nach Dresden; Verlust der
politischen Bedeutung der Burg am
Anfang des 16. Jh.
1525 Erlaß der ersten Bauordnung;
etwa 4500 Einwohner
1539 Gründung der städtischen
Knabenschule im säkularisierten
Franziskanerkloster, 1541 der Mäd-
chenschule
1543 Einrichtung der Sächsischen
Landesschule zur Vorbereitung
von Kindern aller Volksschichten
auf ein Universitätsstudium im
ehem. Augustiner-Chorherrenstift
St. Afra; im 18./19. Jh. elitäre „Fürstenschule", berühmte Schüler: G. E.
Lessing, Ch. F. Gellert, G. W. Rabener,
S. Hahnemann
1581 Amtsniederlegung des Meißner Bischofs
1637 am 6. 6. Einnahme der Stadt
durch schwedische Truppen, nach
Plünderung Zerstörung etwa der
Hälfte der Stadt
1645 Fall der Burg; Einwohnerzahl
unter 2 000
1662 Beginn der Vergabe wüster

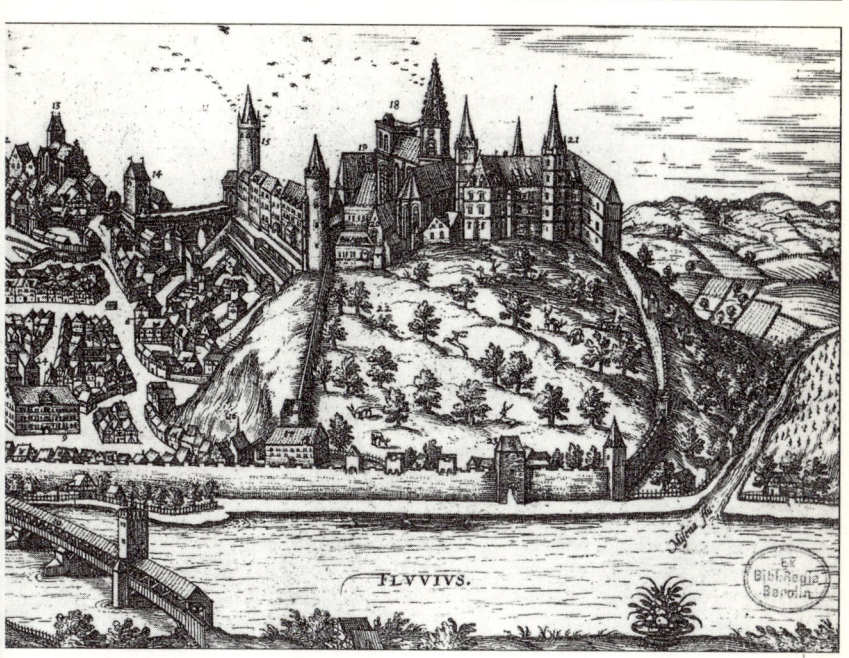

FLVVIVS.

Trümmerstätten zu niedrigen Preisen durch den Rat; Bau von schlichten schmucklosen Bürgerhäusern
1710 Einrichtung der Königlichen Porzellanmanufaktur in der Albrechtsburg unter Leitung von J. F. Böttger
1715 Beginn einer mehrjährigen Finanzrevision, Amtsenthebung des gesamten Rates und Unterstellung unter staatliche Zwangsverwaltung
1765 Höhepunkt in der Produktion der Porzellanmanufaktur (731 Arbeiter), bis zum Ende des 19. Jh. rückläufige Entwicklung
1834 7738 Einwohner; mit der Eisengießerei, der Zuckersiederei und der Klavierfabrik Beginn der Industrialisierung, Standorte vor allem Triebischtal und rechtes Elbufer
1841 erste deutsche Stadt mit Feuerwehr
1848 Gründung des Arbeitervereins; 1849 Einsatz der Meißner Bürgergarde in Dresden zur Unterstützung der bürgerlichen Provisorischen Regierung

1851 Einrichtung des Stadttheaters im ehem. Gewandhaus
1852 Beginn der regelmäßigen Elbschiffahrt
1857 mit der Firma Teichert (Ofenkacheln) Beginn der Entwicklung der keramischen Industrie
1860 Eisenbahnlinie nach Coswig, 1868 Anschluß nach Döbeln und Leipzig
1863/65 Verlagerung der Porzellanmanufaktur zum heutigen Standort Leninstraße
ab 1871 zunehmende Industrieansiedlung, u. a. Schuhfabrik, Papierwarenfabrik und Jutespinnerei und -weberei
1879 Eröffnung der Landwirtschaftlichen Fachschule, 1914 der Gewerbeschule
1901 Eingemeindung der rechtselbischen Industriegemeinde Cölln (11 000 Einwohner)
1928 Inbetriebnahme des neuen Bahnhofes (Architekt W. Kreis)
1929 Fertigstellung des Archiv- und Büchereigebäudes Kleinmarkt 5

Torgau

1945 Sprengung der Elbbrücken am 26. 4.; am 5./6. 5. verhinderten Einwohner die von den Faschisten geplante Zerstörung der zur „Festung" erklärten und mit Flüchtlingen überfüllten Stadt; am 6. 5. Einmarsch der Roten Armee

1946 am 3. 2. Wiederinbetriebnahme der „Brücke der DSF"
1953 Gründung der LPG-Hochschule in der ehem. Landesschule
1971/76 zahlreiche Lückenbauten in der Altstadt und in den Vorstädten
1978 42 790 Einwohner

Torgau

Die Erwerbung des Kurfürstentums Sachsen-Wittenberg durch die Wettiner (1423) ließ Torgau, entstanden Mitte des 12. Jh., im Schutz einer Burg als Kaufmannssiedlung an der Elbfurt der Fernhandelsstraße Leipzig–Frankfurt (Oder), in die Reihe der wettinischen Residenzen aufrücken. Schloß Hartenfels diente seit der Landesteilung von 1485 häufig als ernestinischer Regierungssitz. Nach der Übernahme des Kurfürstentums durch die Albertiner im Jahr 1547 und der Verlagerung der Handelswege nach Süden ging die politische und ökonomische Bedeutung der Stadt zurück, unter August dem Starken wurde Dresden alleinige Residenz. Als Garnisonstadt mit Festungscharakter an strategisch günstiger Stelle wurde 1717 eine auch unter preußischer Herrschaft sich fortsetzende Einengung der Stadt eingeleitet. Nach der Entfestigung Ende des 19. Jh. setzte eine bescheidene Indu-

strialisierung ein, die Garnison und das 1770 eingerichtete Zuchthaus blieben jedoch bestimmend.

Als sich an der zerstörten Elbbrücke am 25. 4. 1945 erstmals sowjetische und amerikanische Fronttruppen trafen, begann auch für Torgau eine neue Zeit. Als Zentrum eines Agrarkreises entwickelte sich die Stadt seit 1953 planmäßig auch zu einem bedeutenden Industriestandort und Verkehrsknotenpunkt. Mit dem Bau des Flachglaskombinates 1960/64 nahm die Wirtschaft der Stadt einen weiteren Aufschwung. Nachdem die Stadt 1967 mit der „Torgauer Initiative" den ein Jahr später vom Nationalrat der Nationalen Front beschlossenen Wettbewerb „Schöner unsere Städte und Gemeinden. Mach mit!" ausgelöst hatte, begann mit der Restaurierung des Rathauses ab 1971 die umfassende Wiederherstellung der historischen Altstadt einschließlich des Schlosses.

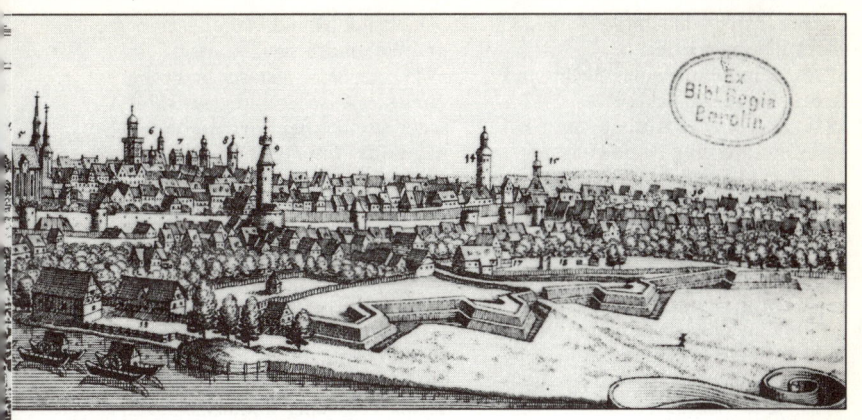

Zeittafel

973 erstmalige Nennung in einer Urkunde Kaiser Ottos II.

1119 Erwähnung der wesentlich älteren Burg

1131 Inbesitznahme durch die Markgrafen von Meißen

vor 1243 Anlage eines 1251 nach Nimbschen bei Grimma verlegten Zisterzienserinnenklosters vor dem Bäkkertor; Gründung des Franziskanerklosters

1267 erstmalige Nennung als Stadt

1379 Erwerb eines Teils, 1444 der vollständigen Obergerichtsbarkeit durch den Rat

1423 nach Erwerb des Herzogtums Sachsen-Wittenberg wird die Torgauer Burg zu einem wettinischen Hauptsitz

1426 und 1429 Belagerung durch die Hussiten

vor 1439 Baubeginn der ersten Elbbrücke

1482 letzter großer Stadtbrand

1485 bei der wettinischen Landesteilung fällt die Stadt an das ernestinische Kurfürstentum

1505 etwa 3000 Einwohner

1522/23 Einführung der Reformation bis 1529

1525/47 Hauptstadt Kursachsens

1526 Torgauer Bund mit Hessen gegen katholische Fürsten

1530 Ausarbeitung der „Torgauer Artikel" durch Luther, Melanchthon und Bugenhagen als Grundlage der Augsburger Konfession

1547 nach der Schlacht bei Mühlberg Bedeutungsverlust als Residenz

1551 Einwohnerzahl etwa 6000, gegenüber 1505 Steigerung der Zahl der Häuser innerhalb der Mauer von 341 auf 497, in den Vorstädten von 131 auf 199

1552 während einer Pestepidemie Gastort der evakuierten Wittenberger Universität

1574 Landtagsbeschluß der „Torgauer Artikel" gegen den Kryptocalvinismus

1591 Residenz des kursächsischen Administrators

1627 Aufführung der ersten deutschen Oper, „Daphne" von H. Schütz, anläßlich einer Hochzeit bei Hofe

1631 4. 9. Kriegsrat König Gustavs von Schweden mit den Kurfürsten von Sachsen und Brandenburg

1637 und 1644 Einnahme durch schwedische Truppen

1697 noch etwa 2800 Einwohner

1711 Begegnung von Zar Peter I. und G. W. Leibniz

1717 Garnisonstadt eines kursächsischen Regiments

1756 Besetzung der Stadt durch Preußen im Siebenjährigen Krieg und Errichtung eines General-Feldkriegs-Direktoriums zur Ausplünderung Sachsens

1760 Sieg Preußens über die Öster-

reicher in der Schlacht bei Torgau im Siebenjährigen Krieg
1770 Einrichtung eines Zucht- und Arbeitshauses im Schloß
1810 Beginn des Ausbaus zur Festung auf Weisung Napoleons; am 11. 10. 1813 Einwohnerzahl etwa 4500, Besatzung 27 000 Mann
1815 nach dem Wiener Kongreß zu Preußen; weiterer Ausbau der Festung bis 1836
1861 Militär- und Beamtenstadt mit 10 706 Einwohnern, darunter rund 2500 „Militärpersonen"
1872 Eisenbahnanschluß durch die Teilstrecke Eilenburg–Falkenberg
1889 Beginn der Entfestigung
1914 mit 4000 Mann Höchststand der Garnison
1926 Gründung einer Steingutfabrik und einer Glashütte
1935 Zentrum faschistischer Rekrutenausbildung und Standort eines großen Wehrmachtsgefängnisses
1945 am 25. 4. historische Begegnung sowjetischer und amerikanischer Streitkräfte. Wiederinbetriebnahme der Eisenbahnbrücke
1946 Errichtung des Denkmals „Begegnung an der Elbe" durch sowjetische Armeeangehörige
1953 Beginn des Ausbaus der örtlichen Industrie
1960/64 Bau des Flachglaskombinates, mit 1500 Beschäftigten der größte Betrieb der Stadt
1961 21 423 Einwohner
1967 „Torgauer Initiative" zur Erhaltung der Stadt und zur Stadtbildpflege
seit 1971 Beginn der Wiederherstellung des historischen Stadtkerns und der Restaurierung denkmalgeschützter Bauten in großem Umfang

Freiberg

Ein wichtiger Teil der wirtschaftlichen Basis Sachsens war über Jahrhunderte der Erzbergbau. Älteste der erzgebirgischen Bergstädte ist Freiberg, in der von 1168 bis 1969 Bergbau betrieben wurde. Zwar entstand die Stadt durch Silbererzfunde in Christiansdorf, sie entwickelte sich aber auch am Kreuzungspunkt zweier Fernstraßen aus mehreren Siedlungskernen zu einer bedeutenden Handelsstadt. Freiberg wurde bergbauliches Verwaltungszentrum des sächsischen Territorialstaates. So fungierte der Rat im Mittelalter in landesfürstlichem Auftrag führend in der Organisation des Bergbaus und bis 1856 als oberstes sächsisches Berggericht (Bergschöppenstuhl), 1542 wurde das Oberbergamt in der Stadt etabliert. Als erste bergbautechnische Hochschule der Welt wurde 1765 die Bergakademie gegründet, mit dieser und folgenden Einrichtungen entwickelte sich die Stadt zu einem europäischen Zentrum der Montanwissenschaft.
Im Gefolge des Bergbaus siedelten sich auch zahlreiche Zweige der Metallverarbeitung an, im 19. Jh. ebenfalls die Lederindustrie. Freiberg war zwar die erste freie Bergstadt Deutschlands und bot der bürgerlichen Entwicklung günstige Bedingungen, sie war aber nie eine besonders reiche Stadt. Durch das Silberaufkaufmonopol und Münzregal war der Landesherr der eigentliche Nutznießer der Erträge. Die Bindung der Stadt an das Silber bedingte aufgrund wechselnder ökonomischer Bedeutung des Edelmetalls und schwankender Ausbeuten zahlreiche Rückschläge in der städtischen Entwicklung. Die frühzeitige Herausbildung kapitalistischer Betriebsformen im Bergbau trug zur schnellen sozialökonomischen Differenzierung bei, bereits 1453 ist der erste Lohnstreik der Häuer nachzuweisen. Höhepunkt sozialer Kämpfe der Bergleute lagen außer im 15. Jh. besonders in den ersten Jahrzehnten und am Ende des 18. Jh. sowie 1830.
Die Bergbautradition Freibergs wird auch nach endgültiger Schließung aller Gruben (1969) weitergeführt. Die Zinn-, Zink- und Bleihütten des 1961 gegründeten VEB Bergbau-

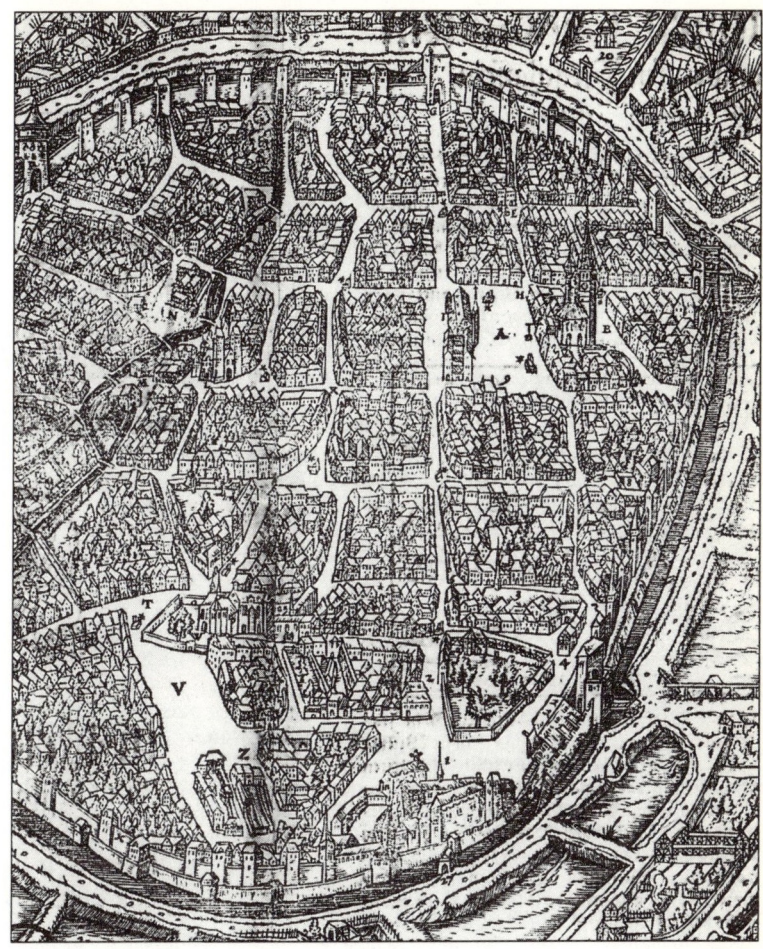

Freiberg

und Hüttenkombinates, die Bergakademie sowie einschlägige Forschungs-
institute ließen Freiberg zu einem
Zentrum der Nichteisenmetallurgie
unseres Landes werden, gleichzeitig
ist die Stadt ein wichtiger Verkehrsknotenpunkt sowie Standort der Konsumgüterindustrie und des Maschinenbaus.

Zeittafel
1162 Schenkung eines Rodungsge-
bietes mit mehreren Dörfern durch
Markgraf Otto an das von ihm gestiftete Zisterzienserkloster Altzella

1168 Silbererzfunde südlich von
Christiansdorf im Rodungsgebiet um
heutige Pfarr- und Donatsgasse; 1170
Rücknahme des fündigen Gebietes
durch Markgraf Otto
1171 Anlage einer Bergmannssied-
lung (sog. „Sächsstadt") um die damalige Jacobikirche etwa nördliche
Pfarrgasse; erste Gruben im Gebiet
der heutigen Berggasse
1181 vermutlich Anlage einer Händlersiedlung mit der Nikolaikirche;
vor 1190 Ummauerung beider
Siedlungen
1185 erste Nennung des zur Burg

ausgebauten markgräflichen Herren-
hofes
1223 Ersterwähnung als Stadt; 1227
Nachweis des Rates
1255 Gewährung der vollen Gerichtsbarkeit der Stadt einschließlich
Bergbaudistrikt; Erwerb der Steuer-
hoheit
1291 etwa 5500 Einwohner in fünf
Kirchengemeinden
ab 1294 erstmalige Aufzeichnung
des Freiberger Stadtrechts
1297–1307 zeitweilig in königlichem
Besitz
1346/75 Aufzeichnung des Freiberger Bergrechts
1375 großer Stadtbrand, ebenso
1396, 1471 und 1484
Mitte 15. Jh. Verlust der Rolle als
ökonomisches Zentrum des wettinischen Staates an Leipzig, neben diesem und Görlitz aber weiter wirtschaftlich führend
um 1500 Beginn eines anhaltenden
Aufschwunges mit zahlreichen Neu-
schürfungen (u. a. 1524 Grube „Alte
Elisabeth"); Einführung von technischen Neuerungen und des Stollen-
baus
1515 Gründung der humanistisch
orientierten Lateinschule in Nachfolge der seit 1260 nachweisbaren
Stadtschule
1537 Einführung der Reformation
1541–1694 Dom als offizielle Begräbnisstätte der Albertiner
1547 erfolgloser Bergarbeiter- und
Bürgeraufstand gegen den patrizischen Rat und Herzog Moritz
um 1550 über 9000 Einwohner, innerhalb der Mauer über 850 Wohngebäude
1572 höchste Silberausbeute des
16. Jh. mit 7867 Kilogramm
1576 Ablösung des alten Stadtrechts
durch Landesrecht
1632 nach viertägiger Belagerung
Einnahme der Stadt durch kaiserliche
Truppen
1693 Gründung der Manufaktur für

Tressen, Litzen und Beschläge für militärischen und kirchlichen Bedarf
1711 Einrichtung der Orgelbauwerk-
statt von G. Silbermann
1755 etwa 9500 Einwohner; Freiberg eine der ärmsten Städte Sachsens
1759/60 30. 11. bis 24. 4. Winterquar-
tier Friedrichs II. im Siebenjährigen
Krieg mit 20 000 Soldaten
1765 Gründung der Bergakademie
und 1777 der Bergschule
1790 Eröffnung des Stadttheaters
1834 11 628 Einwohner
1847 Inbetriebnahme des Gaswer-
kes und der öffentlichen Gasbeleuch-
tung
1849 am 9. 5. Zwischenstation auf
der Flucht der sächsischen revolutionären Provisorischen Regierung und
des Revolutionsheeres
1852 15 302 Einwohner
1862 Eisenbahnanschluß nach Dresden, 1869 nach Chemnitz, 1873 nach
Nossen
1873 Einführung der Goldwährung,
damit Beginn des rapiden Preisver-
falls des Silbers
1884 höchste jemals erreichte Silber-
ausbringung von 34 586 Kilogramm
1913 vorläufige Schließung der Sil-
bererzgruben
1937 Wiederaufnahme der Silberför-
derung für Rüstungsproduktion
1944 Luftangriff (172 Tote); die Altstadt blieb von Zerstörungen weitgehend verschont
1945 am 7. 5. kampflose Übergabe
der Stadt an die Rote Armee, am 2. 6.
Einsetzung der Stadtverwaltung
1946 am 8. 2. Wiedereröffnung der
Bergakademie
1951 Vereinigung der Gruben des
Freiberger Reviers zum VEB Bleierz-
gruben „Albert Funk"
1959 Beginn der Restaurierung des
Domes mit Wiederaufstellung spätgotischer Plastiken
1962/63 erste komplexe Instandsetzung des Obermarktes
1983 51 600 Einwohner

Bautzen

Wie in Meißen bestimmt in Bautzen der markante Burgberg die Silhouette der Stadt, besiedelt bereits in der späten Bronzezeit. Am Übergang der im 9. Jh. entstandenen „via regia" („Hohe" oder „Königsstraße"), Teil eines interkontinentalen Handels- und Pilgerweges von Spanien und Frankreich nach Kiew, Samarkand und Buchara, über die Spree errichteten die Milzener im 10. Jh. auf dem Gelände der späteren Ortenburg einen Burgwall als Stammeszentrum. Nach der militärischen Niederlage der Milzener in der deutschen Ostexpansion um 990 wurden die wichtigsten Burgwälle, so auch die Ortenburg, als deutsche Grenzbefestigungen ausgebaut. Aus mehreren deutschen und slawischen Siedlungskernen entwickelte sich sehr frühzeitig am Straßenkreuz Halle—Breslau und Prag—Brandenburg eine Stadt im Schutz der Burg. Bautzen blieb als politisches, administratives und kulturelles Zentrum der Oberlausitz zumeist im Besitz der Meißener bzw. Dresdner Wettiner oder der böhmischen Krone. Mit Beginn des 19. Jh. bildete sich eine nationale Bewegung der Sorben, heute einzige slawische Minderheit auf dem Gebiet der DDR, heraus. Als Teil vorwiegend des bäuerlichen Klassenkampfes spielte die Minderheitenfrage in der Oberlausitz eine bestimmende Rolle in den politischen Kämpfen bis zum Ende des Faschismus. Erst die neuen gesellschaftlichen Verhältnisse nach 1945 wurden zur Basis der gesetzlich geregelten Gleichberechtigung der sorbischen Bevölkerung. Bautzen wurde Sitz der 1945 neu gegründeten Domowina, der nationalen Organisation der Sorben in der DDR.

Hatte sich die Stadt im Zuge der industriellen Revolution unter Nutzung der vorhandenen Wasserkraft und der günstigen geographischen Lage zu einem Zentrum der Papier- und Textilindustrie, des Waggonbaus sowie zu einem Verkehrsknoten entwickelt, so wurden unter sozialistischen Verhältnissen der Maschinen- und Waggonbau, die Fleischverarbeitung und die Bauindustrie profilbestimmend, der Orgelbau hat internationalen Ruf.

Die von schweren Kriegszerstörungen weitgehend verschonte Altstadt und die Ortenburg bilden heute einen Anziehungspunkt auch für den internationalen Tourismus.

Zeittafel
10. Jh. Errichtung eines slawischen Burgwalls auf der späteren Ortenburg
seit etwa 990 unter der Hoheit des Markgrafen von Meißen Ausbau zur deutschen Grenzbefestigung; unterhalb der Burg slawische Siedlung und deutsche Burglehen
1002/31 als deutsches Lehen unter polnischer Herrschaft, anschließend wieder zur Mark Meißen
1076—1153 als Reichslehen unter böhmischer Herrschaft,
1084—1124 Regierung von Wiprecht I. von Groitzsch
11. Jh. vermutlich Anlage einer Händlersiedlung beidseitig der Schloßstraße
1221 Gründung des Kollegiatsstiftes St. Petri als geistliche Oberinstanz des Milzenerlandes
1240 erste urkundliche Erwähnung Bautzens als Stadt
nach 1250 Einbeziehung der sorbischen Dörfer Broditz (heutiger Taschenberg) und Goschwitz (um heutigen Postplatz) mit riesiger Stadterweiterung, Anlage der Wälle (heutiger Grünzug) als äußere Stadtbefestigung
1245—1319 unter brandenburgisch-askanischer Herrschaft
1268 Teilung der Lausitz in die Länder Görlitz und Bautzen
1282 Marktzoll; 1319 beim Landesherrenwechsel Festschreibung umfangreicher städtischer Rechte; 1339 Stapelrecht
1346 Mitglied im Sechsstädtebund mit Görlitz, Zittau, Kamenz, Lauban und Löbau gegen Raubritterwesen sowie innere soziale und politische Unruhen, formal bis 1886 bestehend
1355 durch Kaiser Karl IV. Übertra-

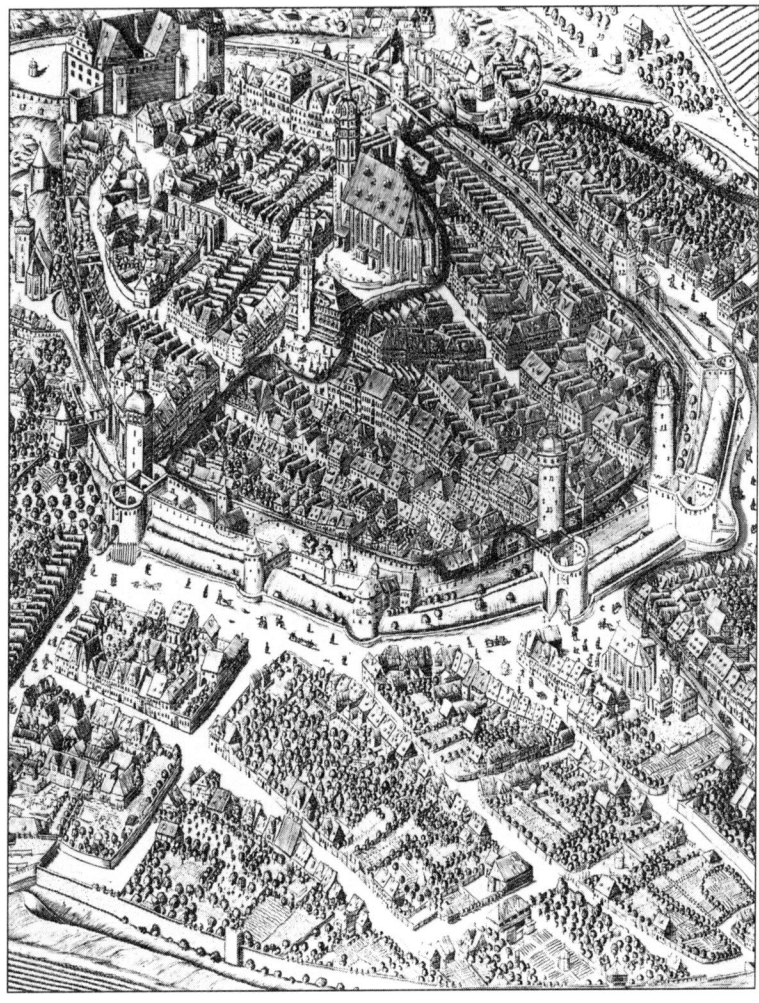

Bautzen

gung quasi hoheitlicher Rechte (Obergericht, Hege des Landfriedens u. a.), Ausübung im Gebiet des Bundes über Femegericht

1391 Recht der freien Ratswahl; um 1400 etwa 5500 Einwohner, davon 36 Prozent Sorben

1405 siegreicher Handwerkeraufstand und Wahl eines neuen Rates, 1408 Niederwerfung und Hinrichtung von 14 Anführern

1429/30 erfolglose Belagerung durch die Hussiten

1483/86 Schloßbau auf der Ortenburg

1. Hälfte 16. Jh. vorübergehende Stagnation in der städtischen Entwicklung wegen der Verlagerung traditioneller Handelswege aufgrund der Entdeckung der Seewege nach Amerika und Indien und wegen der Auswirkungen der türkischen Expansion nach Süd- und Mitteleuropa sowie wegen der königlichen Repressalien nach dem „Pönfall"

1524 Einführung der Reformation

und Einrichtung des Domes als erste deutsche Simultankirche

1558 Ersatz der 1495/96 errichteten hölzernen Alten Wasserkunst durch Massivbau, 1606/10 Bau der Neuen Wasserkunst

1618/48 mehrfache Besetzung der Stadt durch Truppen der beiden kriegführenden Parteien mit hohen Sachschäden und Kontributionszahlungen; am 2. 5. 1634 600 Tote bei der Einäscherung der Stadt

1635 Angliederung an Kursachsen und Sitz der Oberlausitzer Landesverwaltung und der Landstände

1686 großer Stadtbrand, ebenso 1707 und 1720

1694–1703 zusätzlich zu den Steuern Aufwendung von 12 000 Talern für die Machtpolitik August des Starken, nur durch Verschuldung von der Stadt aufzubringen

1706/07 schwedische Besetzung, 29 200 Taler Kontributionen

1745 preußische Besetzung und Brandschatzung der Stadt in den Schlesischen Kriegen

1769 90 Strumpfwirkermeister und 60 Tuchmachermeister

1809/12 erste sorbische Zeitung

1813 am 20./21. 5. in der Schlacht bei Bautzen einer der letzten Siege Napoleons über verbündete preußische und russische Truppen; hohe Belastung der Stadt durch Einquartierungen und Zerstörung zahlreicher Ratsdörfer

1825/27 Beseitigung des äußeren Befestigungsgürtels, bis 1858 Abriß der Torzwinger am inneren Ring, bis 1891 Umgestaltung des äußeren Walls in Parkanlage

nach 1830 Entwicklung der Stadt zum Zentrum des sorbischen politischen und kulturellen Lebens (Landständisches Lehrerseminar mit Ausbildung von Lehrern für sorbische Sprache, sorbische Gesellschaft für Volksbildung und Wissenschaft u. a.)

1834 8387 Einwohner

ab 1835 Ansiedlung erster Industriebetriebe (Maschinenbau und Metallverarbeitung, Leder- und Papierwarenindustrie)

1846 Eisenbahnlinie Dresden–Lö-

bau (1847 bis Görlitz) über Bautzen, Bau des Viaduktes

1849 während der Maikämpfe in Dresden Unterstützung der revolutionären Provisorischen Regierung unter Führung des Bautzener Landtagsabgeordneten S. E. Tzschirner u. a. durch Verhinderung preußischer Truppentransporte

1868 offizielle Namensänderung von „Budissin" in „Bautzen"

1870 etwa 13 500 Einwohner

1897–1904 Bau des „Wendischen Hauses" am Lauengraben, seit 1912 auch Sitz der Domowina

1907/09 Bau der großen Straßenbrücke über das Spreetal

1914 etwa 36 000 Einwohner

1926/27 Gesetzesentwürfe der kommunistischen Landtagsfraktion zur Gleichberechtigung der Sorben gemäß Artikel 113 der Verfassung von bürgerlichen Parteien ignoriert

1937 Verbot der Domowina

1940 erste Aussiedlungsaktionen gegen sorbische Bevölkerung

1943/44 vom 11. 8. bis Mitte August Inhaftierung E. Thälmanns in der Landesstrafanstalt

1945 in den heftigen Kämpfen um die zur Festung erklärte Stadt vom 17. bis 24. 4. Zerstörung aller wichtigen Brücken und von 10 Prozent der Wohnungen, Einnahme der Stadt am 8. 5. durch sowjetische und polnische Truppen, am 10. 5. Wiederzulassung der Domowina als erste politische Organisation

1947 am 28. 8. unter internationaler Beteiligung Grundsteinlegung des neuen „Hauses der Sorben", Eröffnung am 8. 7. 1956 in Nachfolge des von der SS gesprengten Wendischen Hauses

1948 am 23. 3. „Gesetz zur Wahrung der Rechte der sorbischen Bevölkerung"

1953 Einweihung der Ingenieurschule für Maschinenbau Bolesław-Bierut-Straße, Erweiterung 1976/77

1971/76 1. Abschnitt Rekonstruktion der Altstadt, 1980/81 Rekonstruktion der Reichenstraße und Gestaltung des Fußgängerbereiches

1983 49 300 Einwohner

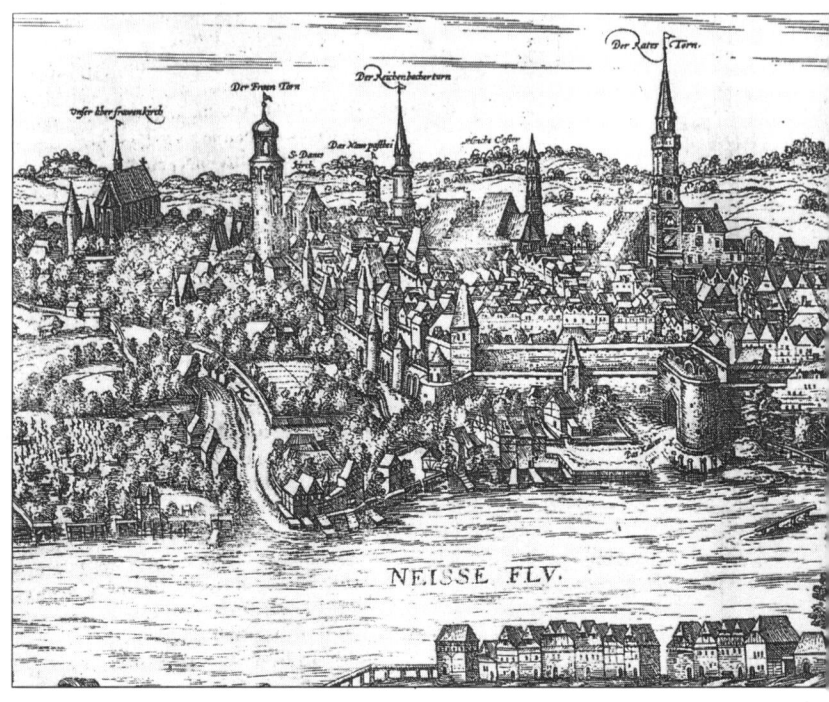

Görlitz

Görlitz

Als Teil der böhmischen Städtepolitik wurde Görlitz am Übergang der „via regia" über die Neiße und an der Kreuzung mit einer Fernhandelsstraße Böhmen–Ostsee planmäßig angelegt. Wirtschaftliche Grundlage wurde neben dem Fernhandel das Tuchmachergewerbe und der Waidhandel. Um 1400 war Görlitz die wirtschaftlich bedeutendste und volkreichste Stadt im Einzugsgebiet der „via regia" zwischen Erfurt und Breslau, Ende des 15. Jh. erreichte die Stadt ihre größte Bedeutung. Beginnend mit Rückschlägen im Handel am Anfang des 16. Jh., den sozialen Konflikten in der 1. Hälfte des 16. Jh. und den Repressalien im „Pönfall" von 1547, als im Schmalkaldischen Krieg die Stadt dem Landesherrn die Gefolgschaft verweigerte, folgte ähnlich wie in Bautzen ein bis zum Ende des Dreißigjährigen Krieges anhaltender wirtschaftlicher Abstieg. Nach kurzem Aufschwung erfolgte ein erneuter Niedergang durch die Schlesischen Kriege. Mit der um 1830 einsetzenden Industrialisierung wurde Görlitz zur mittelbürgerlichen Pensionärsstadt. In den Gründerjahren entstand die heute noch charakteristische Bebauung der Innenstadt.

Der Abschluß des Potsdamer Abkommens stellte die Stadt in eine völlig neue politisch-geographische Situation, sie wurde Grenzstadt zur Volksrepublik Polen. 1950 bestätigten die DDR und die VR Polen im Görlitzer Vertrag die Endgültigkeit der Oder-Neiße-Friedensgrenze.

Mit dem Ausbau vor allem der metallverarbeitenden Industrie sowie dem Bau der Kraftwerke vor der Stadt (Hagenwerder) trat die Stadt nach 1945 in eine neue Entwicklungsetappe.

Die Baugeschichte der Stadt weist einige Besonderheiten auf, wie den Bautyp des spätgotischen Görlitzer Hallenhauses oder die frühesten Renaissancebürgerhäuser nördlich der Alpen. Mit der Verlagerung des Stadtzentrums in das Gebiet zwischen historischem Stadtkern und Bahnhof verlor die Altstadt zwar ihre frühere Bedeutung, blieb aber von der gründerzeitlichen Demontage weitgehend verschont.

Die Oder-Neiße-Grenze brachte neben kulturellen und wirtschaftlichen auch kommunalpolitische Neuorientierungen für die Stadt. Die Ende der fünfziger Jahre begonnene beispielhafte städtebauliche Restaurierung der Altstadt erforderte auch die Lösung zahlreicher kommunalpolitischer Aufgaben, nach deren Abschluß der historische Stadtkern wieder zu einem Zentrum städtischen Lebens werden wird.

Zeittafel

1071   erste urkundliche Erwähnung des slawischen Dorfes Gorelice im Bereich der heutigen Kleinen und Großen Wallstraße als Besitz des Bistums Meißen; 1076 zum Herzogtum Böhmen

1126   anstelle einer slawischen Fluchtburg Errichtung der herzoglichen Burg Yzhorelik

1. Hälfte 12. Jh.   Gründung der Kaufmannssiedlung um den Steinweg mit der Nikolaikirche

1140/65   zur Mark Meißen gehörend

1165–1253   Besitztum des Königreiches Böhmen

um 1200   Entstehung der städtischen Siedlung südlich der Burg um den Untermarkt und die Peterskirche (Stadtrecht um 1220)

um 1250   Stadterweiterung um den Obermarkt und das 1234 gegründete Franziskanerkloster

1253–1319   zur Mark Brandenburg gehörend

1319/29 vorübergehend im Besitz von Herzog Heinrich von Jauer
1329–1635 unter der Herrschaft des Königreiches Böhmen
1282 Erwähnung von Rat und Bürgermeister
1303 Bestätigung des Stadtrechts nach Magdeburger Vorbild
1339 Bestätigung der Waidhandelsmonopols für die Oberlausitz
1346 Gründung des Oberlausitzer Sechsstädtebundes mit Görlitz an der Spitze
1364/96 Anfänge eines königlichen Schloßbaus vor dem Frauentor
1369 Handwerkeraufstand gegen Patrizier, ebenso 1390 und 1405
um 1400 etwa 7500 Einwohner; 1440 mit der Landeskrone und der Herrschaft Penzig Beginn umfangreichen Landerwerbs
1421 Unterstützung für Kaiser Sigismund gegen die Hussiten, die 1429 und 1431/32 die Stadt vergeblich belagern
2. Hälfte 15. Jh. zunehmende Marktverluste an den polnischen und schlesischen Wollhandel
1525 Einführung der Reformation; Stadtbrand mit dem Verlust von 200 Häusern
1527 erfolgloser Tuchmacheraufstand
1547 Brechung der politischen und wirtschaftlichen Macht der Stadt durch kaiserliche Restriktionen nach dem „Pönfall"
1565 Gründung des Städtischen Gymnasiums im ehem. Franziskanerkloster, ab 1570 Wirkungsstätte des Humanisten B. Scultetus
ab 1599 endgültiger Wohnort von J. Böhme
1618/48 ständig wechselnde Besetzungen durch kriegführende Parteien, z. T. nach gewaltsamer Einnahme, führen zum Ruin der Stadt
1635 Anschluß an Kursachsen
1691 großer Stadtbrand, ebenso 1717 und 1726; etwa 1700/30 barocker Wiederaufbau
Anfang 18. Jh. wirtschaftlicher Aufschwung auf Kosten des durch den Spanischen Erbfolgekrieg lahmgelegten niederländischen Handels

1763 nach Niedergang in den Schlesischen Kriegen erneuter Aufschwung von Handel und Tuchmachergewerbe
1779 Gründung der ältesten deutschen regionalen Gelehrtengesellschaft „Oberlausitzer Gesellschaft der Wissenschaften"
1815 mit der östlichen Oberlausitz Anschluß an Preußen
1825 10 724 Einwohner
um 1830 Beginn der Industrialisierung, damit Ruinierung vor allem des traditionellen Tuchmacherhandwerks
1844 mit der Wahl von G. L. Demiani zum Oberbürgermeister Beginn weitsichtiger kommunaler Planungen zur Entwicklung von Industrie, Handel, Verkehr, Bildung und Wohnungswesen
1849 etwa 20 000 Einwohner
1870 etwa 43 000 Einwohner
1871–1914 Entstehung der Innenstadt zwischen Bahnhof und Altstadt als heute geschlossenstes Denkmal gründerzeitlichen Städtebaus in der DDR
1900 etwa 81 000 Einwohner
1921 nach dreijähriger Unterbrechung wieder Garnisonstadt; 1925 Eröffnung des Flugplatzes; Zusammenschluß der beiden größten Metall- und Maschinenbaubetriebe zur „Waggon- und Maschinenbau-AG" („Wumag") unter Angliederung weiterer Betriebe in Cottbus, Uebigau, Regensburg und Landsberg/N.
1933 März–August Errichtung eines Konzentrationslagers durch die SA im heutigen Ortsteil Weinhübel; Umstellung der „Wumag" auf Rüstungsproduktion; 1943/45 konzerneigenes KZ im Biesnitzer Grund
1945 im März Beginn der Massenevakuierung, Reduzierung der Einwohnerzahl von 96 000 auf 20 000 und Sprengung der Brücken und Versorgungseinrichtungen; die von den Faschisten geplante Zerstörung der Stadt wurde durch den erfolgreichen Sturm sowjetischer und polnischer Truppen über die Neiße am 8. 5. verhindert; neue politische Situation als Grenzstadt, ehem. Stadtteil östlich der Neiße wird Kern der polnischen Stadt Zgorzelec

1948 im April in der Stadthalle Prozeß gegen die Hauptverantwortlichen der Zwangsevakuierungen und Zerstörungen von 1945 mit zwei Todesurteilen
1948/50 Eingemeindung der Vororte Weinhübel und Biesnitz, bis 1952 etwa 100 000 Einwohner
1950 am 6. 7. in Zgorzelec Staatsvertrag zwischen DDR und Volksrepublik Polen über die Anerkennung der Oder-Neiße-Friedensgrenze
1954/57 Wiederaufbau des Eisenbahnviaduktes über die Neiße durch polnische Betriebe
1958 Beginn der umfassenden Altstadtrekonstruktion und -restaurierung
1971 Erarbeitung einer Stadtanalyse
1985 etwa 80 000 Einwohner

Mecklenburg

Das ehem. Land Mecklenburg, 1945 mit Vorpommern und der Insel Rügen vereinigt, ging 1952 mit kleineren brandenburgischen Gebieten in den Bezirken Rostock, Schwerin und Neubrandenburg auf.

Zwischen 928 und 1164 versuchten deutsche Feudalheere vergeblich, das Land der Obodriten und Liutizen militärisch zu besetzen, erst mit der Unterwerfung des in der Burg Mecklenburg residierenden Obodritenfürsten Pribislaw (1164 Taufe) gelang die Eingliederung in den deutschen Feudalstaat. Pribislaw erhielt 1167 sein Land als Lehen zurück und wurde Stammvater des bis 1918 regierenden Herzoggeschlechtes. Mit der Unterwerfung der weiter östlich ansässigen Liutizen und der Vertreibung der eingedrungenen Dänen unterstand Mitte des 13. Jh. das gesamte Mecklenburg deutscher Herrschaft. Die Slawen verschmolzen mit den nachfolgenden bäuerlichen Siedlern aus Flandern, Niedersachsen, Westfalen, dem Rheinland, aus Holstein und Friesland. Diese Einwanderer kultivierten das dünnbesiedelte Gebiet in relativ kurzer Zeit und prägten die Kulturlandschaft Mecklenburgs nachhaltig.

Anstelle der slawischen Inselburg Schwerin ließ Heinrich der Löwe eine Burg errichten und statt des slawischen Marktortes eine Stadt gründen, 1171 wurde sie Bischofssitz und 1358 Residenz der Mecklenburger Herzöge. Als erste Stadt Mecklenburgs wurde sie sein politisches und kirchliches Zentrum. Aus slawischen Handelsplätzen an der Küste entwickelten sich im 13. Jh. deutsche Kaufmannssiedlungen (1218 Rostock, 1229 Wismar), von den 60 Städten, die 1945 im Lande existierten, entstanden im 13. Jh. allein 37. Ein Teil davon (u. a. 1234 Stralsund, 1250 Greifswald) lag im damaligen Pommern, einem slawischen Herzogtum, das sich in breitem Streifen vom Darß ostwärts entlang der Küste erstreckte und sich 1181 dem deutschen Feudalreich angeschlossen hatte. Im Dreißigjährigen Krieg wurde Pommern 1630 von Schweden annektiert. Erst 1720 kamen die vorpommerschen Gebiete zwischen Peene und Oder und 1815 zwischen Peene und Darß sowie die Insel Rügen wieder unter preußische Herrschaft. Die dänische Herrschaft auf Rügen (1168–1325) und die Schwedenzeit in Vorpom-

Stralsund

mern hinterließen in der mecklenburgischen Kulturgeschichte ihre
Spuren.

Nach geringen Gebietserweiterungen und zwischenzeitlichen dy-
nastischen Teilungen bildeten sich 1621 die Herzogtümer Mecklenburg-Schwerin und das kleinere Mecklenburg-Strelitz heraus. 1803 erwarb die Schweriner Linie Wismar, Poel und Neukloster von den
Schweden zurück. 1815 verlieh der Wiener Kongreß beiden Linien den
Großherzogtitel.

Die Handelsstädte an der Ostseeküste waren die einzigen ökonomischen Zentren des Landes, bis auf partielle Gewerbezentren war
Mecklenburg bis in das 20. Jh. ein rein landwirtschaftlich genutztes Gebiet. Monumentalbauten sind deshalb von der Gotik bis zum Klassizismus nur in den Residenzstädten oder als Klosteranlagen zu finden.
Charakteristisch für das ländliche Bauen ist die von niedersächsischen
Bauern eingeführte Fachwerkbauweise. Seit der Gotik, romanische
Bauten sind nur in geringen Resten auf dem Lande vorhanden, dominiert in den Städten die landschaftstypische Backsteinbauweise.

Stralsund

Die nach Lübeck wohl bedeutendste deutsche Handelsstadt an der Ostseeküste war Stralsund, auf einem Hügel am Strelasund gegenüber der Insel
Rügen gelegen und landseitig von
Moor und Sumpf – um 1290 zu einer
Kette von Teichen kultiviert – umgeben. Die Backsteinbauten des 13. bis
15. Jh. künden noch heute von der
Macht der Hansestadt, deren Entste-

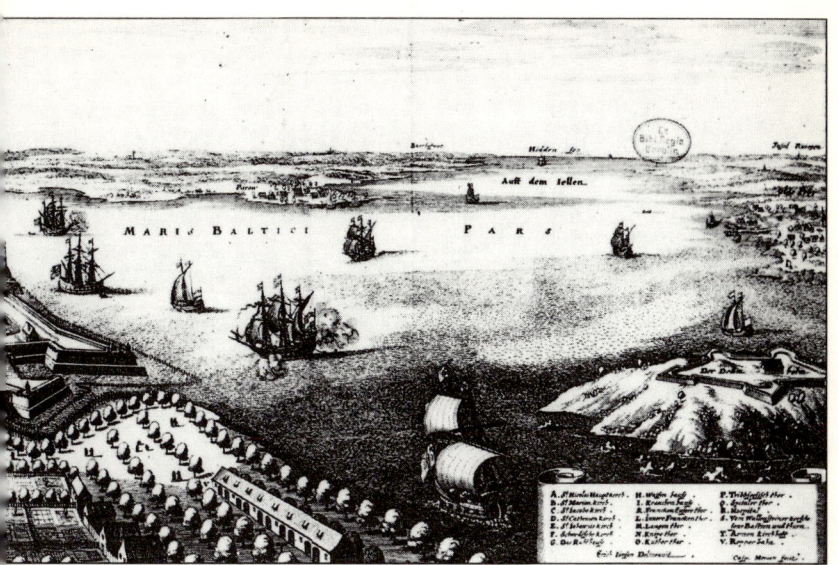

hung zum einen durch die günstigen natürlichen Bedingungen bestimmt war, zum anderen auf der handelsgeograpischen Lage des Siedlungsplatzes an der Kreuzung alter Handelsstraßen (Lübeck–Rostock–Stettin, Demmin–Rügen und Tribsees–Rügen) nahe des Überganges nach Rügen basiert. Mit dem Niedergang der Hanse im 16. Jh. begann auch der wirtschaftliche Abstieg für Stralsund, dem Ende des 18. Jh. ein erneuter Aufschwung folgte, der sich aber durch die geringe Industrialisierung im 19. Jh. nicht fortsetzte. Aufgrund ihrer strategischen Lage war die Stadt vom 17. bis zum 19. Jh. militärisch und politisch hart umkämpft und wechselte mehrfach die Herrschaft. Mit dem Bau der Volkswerft ab 1948 und dem Ausbau des Hafens begann die Entwicklung zu einer modernen Industriestadt.

Zeittafel
vor 1200 Gründung einer deutschen Kaufmannssiedlung am späteren Standort der Nikolaikirche in Nähe des älteren slawischen Fischerdorfes Stralow
1234 Stadtrechtsverleihung nach Lü-bischem Vorbild durch Fürst Witzlaw I. von Rügen
1249 Eroberung durch Lübische Truppen, 1254 Beilegung des Konkurrenzstreites
1250 Entstehung der 1256 erstmals erwähnten Neustadt um die Marienkirche mit baldiger Erweiterung nach Osten um Langen- und Franckenstraße
vor 1256 Beginn des Stadtmauerbaus um Alt- und Neustadt
1256 erstmalige Erwähnung des Rates
vor 1300 Altstadterweiterung um Jacobikirche zwischen Böttcher- und Papenstraße sowie Apollonienmarkt
um 1270 Anlage des ersten Stadtbuches, ab 1319 des ersten Bürgerbuches
1271 großer Stadtbrand
1272 Pacht der Zölle; Brauereigewerbe eines der führenden der Stadt; 1290 als erste Zunft die der Schuhmacher erwähnt
1293 Bündnisvertrag mit Lübeck, Wismar, Rostock und Greifswald – Beginn der Herausbildung der Städtehanse
1311/19 siegreiche bewaffnete Kämpfe der Hansestädte gegen feu-

Güstrow

dale Fürstenkoalition; 1318 Kauf der Zölle, 1319 der Gerichtsbarkeit und des Münzrechts
1390/93 Reformbewegung unter K. Sarnow gegen Patrizierdiktatur, Hinrichtung Sarnows 1393 auf dem Alten Markt
um 1450 etwa 13 000 Einwohner
1488 Gründung der heute noch bestehenden Schifferkompanie
1525 Einführung der Reformation
1616 mit dem „Bürgervertrag" Ende der Patrizierherrschaft
1628/48 Beginn des Festungsbaus, nach 1680 planmäßiger Ausbau; Zwangsbündnis mit Schweden und faktisches Ausscheiden aus der sich auflösenden Hanse; um 1630 etwa 14 000 Einwohner; mit Vorpommern im Westfälischen Frieden an Schweden angegliedert
1678 Belagerung und Einnahme der Stadt durch brandenburgische Truppen mit nachfolgendem großen Stadtbrand; 1680 erneuter Großbrand
1700 etwa 8000 Einwohner
1711/15 Belagerungen im Nordischen Krieg, Kapitulation am 23. 12. 1715
1715/20 vorübergehend unter däni-

scher Herrschaft; ab 1720 Sitz der schwedischen Regierung für Vorpommern
1729 Gründung der Stärkefabrik, 1755 der Fayencemanufaktur (1792 Bankrott), 1765 der Spielkartenfabrik
1807 Besetzung durch französische Truppen am 20. 8.
1808/09 Schleifen der Festungswerke
1809 25. 5. bis 31. 5. Besetzung durch das Schillsche Freikorps, Tod F. v. Schills am 31. 5.
1815 Angliederung Pommerns und Stralsunds an Preußen; Beginn des Wiederaufbaus der Festung
1826 14 745 Einwohner
1851 Eröffnung der ersten Telegraphenlinie nach Stettin
1853 Beginn des Abbruchs der Stadttore
1863 Eisenbahnanschluß nach Berlin über Anklam, 1878 über Demmin, 1889 nach Rostock, 1891 nach Saßnitz mit Fähren
1873 Aufgabe der Festung
1883 Aufnahme der Fährverbindung nach Rügen
1890 28 984 Einwohner
1909/12 Bau der Provinzialheilan-

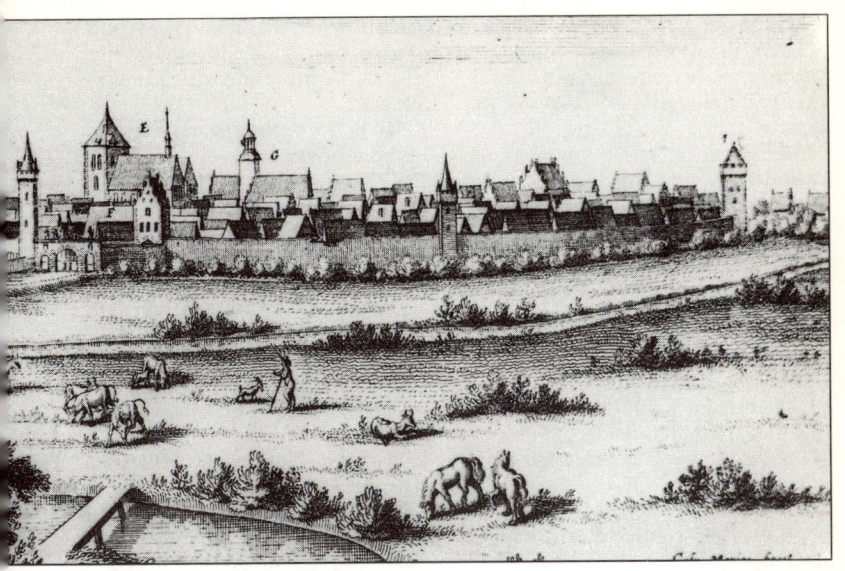

stalt Rostocker Chaussee (heute Krankenhaus West)

1924 Einrichtung des Kulturhistorischen Museums im Katharinenkloster
1933/37 Bau des strategisch wichtigen Rügendammes
1938 Eingemeindung von Andershof, Devin, Freienlande, Grünhufe, Grünthal und Voigdehagen
1939 49 705 Einwohner
1944 im Oktober anglo-amerikanischer Luftangriff mit schweren Zerstörungen von Wohnhäusern und historischen Sakralbauten
1945 kampflose Übergabe der Stadt an die Rote Armee am 1. 5.
1948 Baubeginn der Volkswerft,

1959/61 erste umfassende Erweiterung
1951 Einrichtung des Meeresmusums im Katharinenkloster, 1974 Einbeziehung der Klosterkirche
1960 Beginn der umfassenden Instandsetzung der historischen Bausubstanz
1967 Neugestaltung des 1945 errichteten Sowjetischen Ehrenmales auf dem Leninplatz
1973 dreifache Umschlagsleistung des Hafens gegenüber vor 1945
1977 Übergabe der 12 000. Neubauwohnung seit 1950
1984 750-Jahr-Feier; 75 000 Einwohner

Güstrow

Neben einer slawischen Siedlung aus dem 8. Jh. und in Nähe eines slawischen Burgwalls bei Bölkow gründete der spätere Fürst Heinrich Borwin II. von Mecklenburg ein Kollegiatsstift und eine Stadt am linken Nebelufer, am Kreuzungspunkt der Landstraßen aus der Mark nach Rostock und von Lübeck und Wismar nach Stettin. Als

mittelalterliche Handelsstadt entwikkelte sich Güstrow stetig. Einen besonderen Aufschwung nahm die Stadt im 16./17. Jh. als Residenz der Herzöge von Mecklenburg-Güstrow. Bis zum 19. Jh. amtierten hier noch mecklenburgische Landesbehörden. Mit dem Eisenbahnbau ab 1850 entwikkelte sich die Stadt zum Verkehrsknoten, zahlreiche Industrieunternehmen prägten ihren Charakter. Heute ist Güstrow ein bedeutendes wirtschaftliches und kulturelles Zentrum der Region.

Zeittafel
nach 1200 Gründung mit regelmäßigem, geplanten Grundriß; 1228 Verleihung von Schweriner Stadtrecht; etwa gleichzeitig Anlage der Burg als Vorläufer des Schlosses
1229–1436 Residenz der Fürsten von Werle; 1229 durch Erbteilung Entstehung der Linien Rostock (bis 1314), Parchim (bis 1261), Güstrow (bis 1436) und Mecklenburg (1436 Wiedervereinigung und Gesamtherrschaft)
Mitte 13. Jh. Zusammenwachsen der Kaufmannsstadt und der Domsiedlung; 1248 Einebnung einer dritten, wilden Ansiedlung als unwillkommene Konkurrenz
1293 Bau der Stadtmauer mit vier Toren
1308 erste Erwähnung der um 1230 begonnenen Stadtpfarrkirche St. Marien
Anfang 15. Jh. Bau der Gertrudenkapelle
1503 großer Stadtbrand, Vernichtung des Rathauses mit Archiv; Beginn des Rathausneubaus
1549 Gründung der lutherischen Landeskirche Mecklenburgs; 1552 Abschluß der Reformation in Güstrow mit der Auflösung des Domkapitels
1556–1695 Residenz der Herzöge von Mecklenburg
1558/94 Bau des Renaissanceschlosses in mehreren Etappen
1621 Teilung des Landes in Mecklenburg-Schwerin und Mecklenburg-Güstrow
1627 wegen des Bündnisses mit Dänemark Reichsacht über beide Herzöge; 1628 Belehnung A. von Wallensteins mit den Herzogtümern Mecklenburg, 1631 Rückkehr der Herzöge und 1635 Wiedereinsetzung
1660 2435 Einwohner
1701 nach Aussterben der Güstrower Herzöge (1695) Gründung zweier

neuer Territorialstaaten: Herzogtum Mecklenburg-Schwerin mit dem Fürstentum Güstrow und Mecklenburg-Strelitz
1756–1837 Verlegung der Residenz nach Ludwigslust
1797/98 umfassende Umgestaltung des Rathauskomplexes
1806/13 Besetzung durch französische Truppen; Einrichtung des Schlosses als Lazarett und des Domes als Magazin; Güstrow Zentrum des Widerstandes gegen Napoleon in Mecklenburg
1815 Verleihung des Großherzogtitels an beide Herrscherhäuser auf dem Wiener Kongreß
1817–1945 Nutzung des Schlosses als Landesarbeitshaus
1828 Eröffnung des ersten mecklenburgischen Theaters in der Stadt
1830 8464 Einwohner
1836 Gründung der Maschinenfabrik; um 1840 Beginn der Stadterweiterung über die Wallanlagen
1850 Eisenbahnanschluß nach Bützow, 1862 nach Neubrandenburg, 1882 nach Plau und 1887 nach Schwaan und Plaaz
1880/83 umfassender Umbau der Marienkirche
1883 Gründung der Zuckerfabrik
1890 etwa 13 200 Einwohner
1892 Gründung des Stadtmuseums
1896 Schiffbarmachung der Nebel; um 1900 starke Entwicklung der holzverarbeitenden und der Mühlenindustrie
1910/38 Wohnsitz von E. Barlach, 1930/31 Bau seines Atelierhauses am Inselsee
1918 am 14. 11. Abdankung des Großherzogs; am 17. 5. 1920 Gründung des Freistaates
1934 am 1. 1. Vereinigung beider Mecklenburger Länder
1938 Einrichtung der Gertrudenkapelle als sog. „Ahnenhalle" der Faschisten
1945 am 2. 5. kampflose Übergabe der Stadt an die Rote Armee; am 20. 5. Wiedereröffnung des Güstrower Theaters
1949 Eröffnung des Lehrerbildungsinstitutes

Ludwigslust

1953 Eröffnung der Ernst-Barlach-Gedenkstätte in der Gertrudenkapelle
1954 Beginn umfangreicher Industrialisierung, Konzentration im Industriegebiet Rövertannen
1955 Wiedereröffnung des Stadtmuseums
1964/72 umfassende Restaurierung

des Schlosses als Kulturzentrum des Kreises
1976/80 Einrichtung der Fußgängerzone um den Markt
1978 Eröffnung des restaurierten Atelierhauses von Barlach als Ernst-Barlach-Gedenkstätte der DDR
1983 38 150 Einwohner

Ludwigslust

Die einzige planmäßig errichtete barocke Stadtanlage in der DDR ist Ludwigslust. Sie entstand Mitte des 18. Jh. anstelle des 1399 erstmals erwähnten Dorfes Klenow. Allein als herzogliche Residenz entwickelte die Stadt sich nur wenig, die Wirtschaft diente der Versorgung des Hofes. Mit dem Eisenbahnbau bekam sie zwar die Funktion eines regionalen Verkehrsknotens, doch blieb die Nebenresidenz der Herzöge von Mecklenburg-Schwerin mit ihrer schwach entwickelten Industrie eine vergessene Garnison- und Pensionärsstadt. Erst

in den fünfziger Jahren unseres Jahrhunderts wurde die Industrie planmäßig entwickelt. Heute hat Ludwigslust als administratives, ökonomisches und kulturelles Zentrum eines Landkreises regionale Bedeutung erlangt.

Zeittafel
1724 Errichtung eines herzoglichen Jagdhauses nahe dem Dorf Klenow, später Ausbau zum Jagdschloß; bereits Grundentwurf für Stadtanlage durch Herzog Christian Ludwig
1754 Umbenennung in Ludwigslust

69

1757/96 Bau der barocken Stadtanlage; 1757/61 Bau des 20 Kilometer langen Ludwigsluster Kanals vom Lewitzer Forst zur Speisung der Wasserkünste

1764 Verlegung der herzoglichen Residenz von Schwerin nach Ludwigslust

1772/76 Neubau des Residenzschlosses anstelle des Jagdschlosses

1780–1817 Pappmachéfabrik für den Hofbedarf im Rathaus

1793 Rechte eines Marktfleckens

1809/37 klassizistische Stadterweiterung

1819 2950 Einwohner

1824 Gründung der Brauerei

1837 Rückverlegung der Residenz nach Schwerin

1840 Einrichtung der Taubstummenanstalt

1846 Eisenbahnanschluß nach Berlin und Hamburg

1852/60 Umgestaltung des barocken Schloßparkes in einen Landschaftspark

1876 Verleihung des Stadtrechts; Beginn des planmäßigen Obst- und Spargelanbaus

1880 Eisenbahnanschluß nach Parchim, 1889 nach Schwerin, 1890 nach Dömitz

1890 etwa 6300 Einwohner

1925 Kreisstadt

1944/45 Außenlager „Reiherhorst" des Konzentrationslagers Neuengamme bei Wöbbelin, etwa 5000 Todesopfer

1945 am 22. 2. Luftangriff mit etwa 50 Toten, am 2. 5. kampflose Übergabe an die Rote Armee

1951/52 am Bassin Errichtung des Ehrenmals für 200 nach der Befreiung verstorbene Häftlinge des KZ „Reiherhorst"

1952 Gründung des VEB Meliorationsbau, 1957 des VEB Baustoffmaschinen, 1963 des VEB Landbaukombinat

1969/70 Bau der Straßenbrücke über die Eisenbahntrasse

1983 etwa 13 000 Einwohner

Mark Brandenburg

Relativ spät, erst im 12. und 13. Jh., erfolgte die deutsche Besiedlung der späteren Mark Brandenburg. Ihre Bedeutung erhielt die Mark erst als Kernland des späteren Königreiches Preußen, das im 18. Jh. begann, eine politische Führungsrolle unter den deutschen Staaten anzustreben.

Dem im Winter 928/29 einsetzenden Vordringen der Deutschen in die Hevellergebiete (948 Gründung der Bistümer Brandenburg und Havelberg) setzten die slawischen Stämme einen massiven Widerstand entgegen, 983 wurden die Deutschen vertrieben und die Bischofssitze zerstört. Erst der Askanier Albrecht I., genannt Albrecht der Bär, seit 1134 mit der Nord(Alt-)mark belehnt, gelangte durch einen Erbschaftsvertrag mit dem christlichen Hevellerfürsten Pribislaw-Heinrich nach dessen Tod 1150 in den Besitz Brandenburgs mit Havelland und Zauche, der Prignitz und der westlichen Mittelmark. Nach dem Sieg über den die Erbschaft ebenfalls beanspruchenden Sprewanenfürsten Jaxa von Köpenick nahm Albrecht 1157 den Titel eines Markgrafen von Brandenburg an. Seine Nachfolger vergrößerten durch Kauf, Heirat, Erbschaft und Kriegszüge bis zum Ende des 13. Jh. ihren Besitz um die Uckermark und Stargard, den Barnim und Teltow, das Land Lebus, die Oberlausitz und Teile der östlich der Oder gelegenen Neumark; 1231 erlangten sie auch die Lehnshoheit über Pommern. Damit war die Mark Brandenburg territorial fast eine Großmacht. Bereits Ende des 12. Jh. setzte eine starke Siedlungsbewegung ein. Bis zum Ende des 13. Jh. wurden etwa 100 Städte gegründet (u. a. Bernau, Spandau, Köpenick, Berlin, Wusterhausen, Alt- und Neuruppin, Kölln, Jüterbog, Stolpe, Frankfurt/Oder), zahlreiche, noch heute existierende Dörfer angelegt, Bistümer gegründet und Klöster angesiedelt.

Am Übergang von der Romanik zur Gotik entstanden die vom Landesherrn geförderten Sakralbauten in Brandenburg, Doberlug, Zinna, Lehnin, Chorin, Lebus u. a. Orten; die aufblühenden Städte setzten große Pfarrkirchen als Machtsymbol dagegen (Nikolai- und Marienkirche in Berlin, Marienkirchen in Frankfurt an der Oder und in Strausberg).

Mit dem Aussterben der Brandenburger Askanier im Jahr 1320 setzte ein rascher Verfall des Landes ein, und die Mark wurde zum Spielball ökonomischer und politischer Interessen, das Raubritterunwesen nahm überhand. Die Städte erlangten teilweise fast reichsstädtische Autonomie, und große Gebietsteile wurden verkauft oder verpfändet. Die Ausstattung des Landes mit der Kurwürde 1356 blieb ohne Folgen. In kaiserlichem Auftrag wurde 1411 der Nürnberger Burggraf Friedrich VI. von Hohenzollern Statthalter der Mark, der im Bündnis mit den Städten den märkischen Adel unterwarf und verpfändete Teile des Landes wieder einlöste. Auf dem Konstanzer Konzil erfolgte 1417 seine erbliche Belehnung als Kurfürst Friedrich I. von Brandenburg. Seine Nachfolger brachen mit militärischer Gewalt die gewachsene Autonomie der Städte (1448 Berlin-Kölln, 1488 Salzwedel u. a.) und legten den Grundstein für eine starke Territorialmacht. Vor allem durch Erbverträge wurde das Land weiter vergrößert. Von den rund 81 000 km² im Jahr 1618 entfielen nur 39 000 km² auf das Stammland, das Kurfürstentum umfaßte Gebiete von Litauen bis zu den Niederlanden, ohne jedoch über ein geschlossenes Territorium zu verfügen. Im Dreißigjährigen Krieg war das Land, nicht zuletzt wegen der schwankenden Haltung des Kurfürsten mit wechselnden Bündnissen, einer der Hauptkriegsschauplätze. Es wurde aber im Westfälischen Frieden von 1648 auch zu einem der Gewinner durch eine beinahe Verdoppelung seines Territoriums. Mit der Auflösung des mittelalterlichen Ständestaates auf dem Landtagsabschied 1653 und dem nachfolgenden Aufbau eines stehenden Heeres schuf Kurfürst Friedrich Wilhelm die Grundlagen für den absolutistischen brandenburgisch-preußischen Staat. Mit den überwiegend im Osten, z. T. außerhalb der Reichsgrenzen liegenden Gebietserweiterungen begann sein Aufstieg zur deutschen Großmacht. Künftige Expansionsrichtungen waren damit vorgezeichnet. Äußerlich manifestierte sich diese Entwicklung 1701 in der Königskrönung Friedrichs I. zum König in Preußen, einem außerhalb

Potsdam

der Reichsgrenzen gelegenen Herzogtum. Das Land Brandenburg war zwar Träger der Kurwürde, seine Geschichte ging aber im weiteren in der Preußens auf.

Die Stadt Brandenburg hatte dem Land seinen Namen gegeben, wurde aber nie Residenz. Nach anfänglichem Wechsel zwischen Tangermünde, Stendal und den fränkischen Besitzungen ließen sich die Hohenzollern Ende des 15. Jh. endgültig in ihrer Burg in Kölln nieder. 1709 wurden Berlin und Kölln, bis zum „Berliner Unwillen" von 1448 eine kommunale Einheit bildend, und drei selbständige Schwesterstädte zur Königlichen Residenzstadt Berlin vereinigt, die 1871 zur Reichshauptstadt erklärt wurde.

Die überlieferte Bausubstanz der Mark demonstriert, abgesehen von den kriegsbedingten Lücken, auch architektonisch die Schwerpunkte der politischen Geschichte. Neben den gotischen Bauten des Städtebürgertums und der Geistlichkeit aus der Anfangzeit der deutschen Besiedlung und Staatsgründung stehen vor allem barocke Bauten und Stadtanlagen aus der Ära der brandenburgisch-preußischen Großmachtbegründung, gezielt gerichtet auf die frühkapitalistische Wirtschaftsentwicklung (Ansiedlung in- und vor allem ausländischer Handwerker) und den Aufbau einer Militärmacht (militärstrategisch bestimmte Stadtgrundrisse, Unterbringung großer Garnisonen) und nicht zuletzt der Machtrepräsentation dienend (z. B. Schlösser und Parkanlagen in und um Potsdam). Das geringe Vorhandensein von Bausubstanz der Renaissance weist zum einen die im 15. Jh. begin-

nende politische Entmündigung des brandenburgischen Bürgertums aus, ist zum anderen aber auch auf den rücksichtslosen Stadtausbau in feudalabsolutistischer Zeit sowie Ende des 19. Jh. zurückzuführen. Wesentliche Impulse für die deutsche Architektur gingen von Preußen, vor allem von Berlin, im Klassizismus aus.

Potsdam

Die Gründung von Potsdam geht auf eine slawische Burganlage mit dem Dorf „Poztupimi" auf einer Talsandinsel am Havelufer gegenüber der Nuthemündung (Burg-/Eltesterstraße) zurück. Die in der 2. Hälfte des 12. Jh. folgende deutsche Wehranlage im Zuge des Vordringens von Albrecht dem Bären in das Hevellergebiet wurde bald an den Havelübergang (Lange Brücke) verlagert. Zu seiner Sicherung entstand um 1220 im Gebiet des Alten Marktes eine Burg, in deren Schutz sich eine 1304 erstmals erwähnte Siedlung entwickelte. Ein dritter Siedlungskern war der 1349 erstmals erwähnte slawische Kiez an der Neustädter Havelbucht. Die ungünstige Lage inmitten der Havelseen

und -sümpfe ohne Voraussetzungen für eine schnelle wirtschaftliche Entwicklung (Bodenschätze, Ackerboden, Fernstraßennetz u. a.) ließ die Stadt nur langsam wachsen. Die Entwicklung behinderte auch der Status einer landesherrlichen Amtsstadt, der kein starkes Bürgertum entstehen und die Stadt bis 1660 Gegenstand des Fürstenschachers bleiben ließ. Der Burg folgte 1598/99 ein Renaissanceschloß, das 1662/84 barock um- und ausgebaut wurde und 1744/52 seine endgültige Gestalt erhielt. Mit der Wahl Potsdams zur zweiten brandenburgischen Residenz und zur Garnison begann ein bis zum Ende des 18. Jh. andauernder stetiger militärisch orientierter Aufstieg. Von den

Hohenzollern bewußt gesteuert, blieb Potsdam im 19. Jh. hinter der industriellen Entwicklung zurück und war bis 1945 eine reine Residenz- bzw. Garnison- und Beamtenstadt, Synonym für den preußischen Militarismus. Am 14. 4. 1945 wurden die Alt- und große Teile der Neustadt durch einen englischen Luftangriff völlig zerstört. Die um Potsdam konzentrierten zahlreichen Schlösser, vor allem im Park von Sanssouci, in den Neuen Garten und in Babelsberg, konnten durch die Rote Armee vor der Zerstörung bewahrt werden. Im Schloß Cecilienhof fand Juli/August 1945 die Potsdamer Konferenz statt.

Nach 1945 bekam Potsdam durch die Ansiedlung einer leistungsfähigen Industrie eine wirtschaftliche Basis und entwickelte sich mit 13 Hoch- und Fachschulen sowie 12 wissenschaftlichen Institutionen auch zu einer Stadt der Wissenschaft. Das Zentrum wurde neu bebaut und die Stadt durch Neubauviertel erweitert sowie zahlreiche kriegszerstörte historische Gebäude wiedererrichtet. In den siebziger Jahren begann eine umfangreiche städtebaulich-denkmalpflegerische Sanierung der Innenstadt.

Zeittafel
993 erste urkundliche Erwähnung von „Poztupimi"
vor 1345 Stadtrechtsverleihung
1375–1660 siebzehnmalige Verpfändung der Stadt
1409 erste Handwerkergilde
1536 Vernichtung des Ratsarchivs beim Stadtbrand
1573 192 Häuser; 1623 erst 198 Häuser mit etwa 2 000 Einwohnern
1627/40 Einbeziehung in Kriegshandlungen durch die beiden gegnerischen Parteien führt zum wirtschaftlichen Niedergang
ab 1660 Residenz- und Garnisonstadt
1671 Stadt- und Kirchenordnung
1685 8. 11. Edikt von Potsdam über die Förderung der Hugenottenansiedlung in Brandenburg
1713/42 Ausbau und Stadterweiterungen; 1722 Immediatstadt und Ein-

gemeindung des Kiez; Gründung der Gewehrfabrik und nachfolgend anderer Manufakturen, Beginn der Ansiedlung ausländischer Facharbeiter
1745/47 Bau des Schlosses Sanssouci
1750/51 Gründung der Weberkolonie Nowawes bei Potsdam
1785/99 Verdoppelung der Armenzahl
1806/08 französisches Hauptkavalleriedepot
1808 Sitz der Kurmärkischen Regierung, bis 1836 Etablierung von 17 zentralen Verwaltungs-, Militär- und Jusitzbehörden
1809 erste preußische Stadt mit Stadtverordnetenversammlung
1816 Hungersnot, von 16 000 Einwohnern 6 000 Arme
1830 23 930 Einwohner
1834/49 Bau von Schloß Babelsberg
1838 Eisenbahnlinie von Berlin, 1846 nach Magdeburg
1859 Verlegung der letzten Großbetriebe nach Spandau (Gewehrfabrik) bzw. Berlin (Tabakmanufaktur)
1879/80 Bau einer Pferdestraßenbahn
1890 54 161 Einwohner
1918 10. 11. Besetzung des Schlosses durch Arbeiter- und Soldatenrat
1919/22 Errichtung der Wohnsiedlung Stadtheide
1933 sog. „Tag von Potsdam" zur Eröffnung des nach Ausschaltung der KPD-Fraktion faschistisch beherrschten Reichstages in der Garnisonkirche
1938 Vereinigung von Nowawes und Neubabelsberg zu Babelsberg; 1939 Eingemeindung
1945 27. 4. Befreiung durch Rote Armee; 2. 8. Unterzeichnung des Potsdamer Abkommens im Schloß Cecilienhof
1946 15. 9. Landtagswahl, Hauptstadt Brandenburgs; am 23. 7. 1952 Bezirks- und Kreisstadt
1954/59 Bau des neuen Hauptbahnhofes vor der Stadt
1965/71 Verfüllung des Westteiles der Havelbucht
1982 Abschluß der Rekonstruktion der Wilhelm-Pieck-Straße
1985 etwa 137 000 Einwohner

Neuruppin

Wie Potsdam entstand Neuruppin im Schutz einer in Nachfolge slawischer Befestigungen am Nordufer des Ruppiner Sees angelegten Burg, die Markgraf Albrecht I., Urenkel Gebhardts von Arnstein, Stammvater des Geschlechts der Grafen von Lindow-Ruppin, begründete. Der sich direkt um die Burg entwickelnde Ort Alt-Ruppin blieb auch nach dem Aussterben der Arnsteiner Grafen (1524) Verwaltungszentrum des brandenburgischen Landes Ruppin, erlangte aber keine weitere politische und wirtschaftliche Bedeutung. Unweit dieses Ortes begründeten deutsche Kaufleute zwischen 1215 und 1230 am Ostufer des Sees die 1291 erstmals als „Neu"-Ruppin erwähnte Siedlung. Abseits der Verkehrswege – erst 1791 erfolgte durch den Ruppiner Kanal Anbindung an das Wasserstraßennetz, 1847/49 durch den Bau der Chaussee nach Wusterhausen Anschluß an das Hauptstraßennetz und 1879 Kleinbahnverbindung nach Paulinenaue – durchlief Neuruppin eine wechselvolle Entwicklung, blieb aber bis zu der in den sechziger Jahren unseres Jahrhunderts einsetzenden Industrialisierung eine unbedeutende märkische Handwerker- und Garnisonstadt.

Zeittafel
1238 erste urkundliche Erwähnung von „Rappin"
1246 Gründung des ersten märkischen Dominikanerklosters durch Wichmann von Arnstein
1256 Verleihung des Stendaler Stadtrechts
1315 Bürgerrevolte gegen den Patrizierrat; ab 1382 Vertretung der Viergewerke im Rat
1365 etwa 400 Häuser und etwa 2 000 Einwohner
1524 Aussterben der Grafen von Lindow-Ruppin und Umwandlung in eine kurfürstliche Immediatstadt
1573 fünftgrößte Stadt der Mark
1618/42 im Dreißigjährigen Krieg Rückgang der Einwohnerzahl von 3 500 auf 600; mehrfache Besetzung

und Plünderung bzw. Belagerung durch Truppen verschiedener Mächte; bis 1684 von 613 Häusern noch 266 wüst
1675 schwedische Besetzung
1679 mit Neueinsetzung des Rates durch Kurfürst Friedrich Wilhelm Beendigung der seit 1594 andauernden Bürgerunruhen
1688 Garnisonstadt (bis 1806)
1690 großer Stadtbrand, Wiederaufbau unter Mitwirkung des Baudirektors der Mark M. Grünberg; 1691 Zuzug französischer und schweizerischer Reformierter
1736 Blüte des Brauwesens (Ausfuhr 22 000 Tonnen Bier), bis 1800 Niedergang
1740 133 Tuchmachermeister, d. h. Konzentration von 10 Prozent der kurmärkischen Textilherstellungskapazität in der Stadt ohne Einrechnung der Textilzentren Berlin und Frankfurt (Oder)
1758 schwedische Besetzung
1780 3 900 Einwohner und 2 600 Mann Garnison
1787 Stadtbrand, bis 1806 Wiederaufbauprogramm und Entstehung der klassizistischen Stadtanlage
1800 4 429 Einwohner; 180 Tuchmachermeister, Export der Tuche nach Dänemark, Schweden, Rußland, Holland und Guinea
1806/08 französische Besetzung
1816 Gründung der ersten von bis 1850 drei Tuchfabriken, 1835 erste Dampfmaschine im Einsatz
1820 Garnisonstadt (bis 1919)
1840 738 Häuser, 7 925 Einwohner
1884 14 000 Einwohner
1899 Bau des Eisenbahndammes durch den Ruppiner See und Anschluß an das Normalspur-Eisenbahnnetz
1905 Übersiedlung der Minimax-AG von Schöneberg bei Berlin nach Neuruppin (heute VEB Feuerlöschgerätewerk)
1928 wieder Garnisonstadt
ab 1933 Ausbau des Flugplatzes und Bau großer Panzerkasernen
1939 24 559 Einwohner

Neuruppin

1945 einziger Luftangriff am 14. 4.; Flucht von KZ-Häftlingen des Sachsenhausen-Todesmarsches 21. 4.–1. 5. nach Neuruppin; 1. 5. kampflose Übergabe der Stadt an die Rote Armee
1952 Kreisstadt

1956/58 Trockenlegung des Rhin-Havel-Luchs, Beginn der verstärkten Industrieansiedlung
1983 Ausarbeitung einer denkmalpflegerischen Zielstellung für den Stadtkern
1984 26 700 Einwohner

Berlin

Die Schwesterstädte Berlin und Kölln entstanden etwa gleichzeitig am Ende des 12. Jh. in einem siedlungsarmen Gebiet beidseitig einer Spreefurt, des späteren Mühlendammes, als Kaufmanns- und Handwerkersiedlung am Kreuzungspunkt bedeutender Fernhandelsstraßen. Zeitweilig vereinigt, spielten sie bald in der Mark eine führende Rolle. Nach der Brechung der Selbständigkeit durch Friedrich II. wurde nördlich Köllns bis 1451 eine kurfürstliche Burg errichtet, ab 1486 war die Doppelstadt Residenz. Bis zum Anfang des 19. Jh. regierten die Hohenzollern uneingeschränkt über die Stadt, die Stadtverwaltung war bis dahin das Erfüllungsorgan landesherrlicher Macht. 1709 wurden Berlin und Kölln sowie die Ende des 17. Jh. gegründeten, westlich angrenzenden drei Residenzstädte Friedrichswerder, Dorotheen- und Friedrichstadt zur Königlichen Residenzstadt Berlin vereinigt. Friedrich Wilhelm I. und Friedrich II. ließen Berlin aus Repräsentations- und militärischen Gründen sowie zur Förderung der wirtschaftlichen Entwicklung barock umbauen und beträchtlich erweitern. Nach Preußens Zusammenbruch 1806 wurde die Stadt ein Zentrum des Widerstandes gegen Napoleon und der bürgerlichen Reformen. Mit der industriellen Revolution entwickelte sich Berlin sowohl territorial als auch ökonomisch zu einer der führenden Städte des deutschen Reiches, dessen

politisches und administratives Zentrum die Stadt 1871 wurde. Seit den vierziger Jahren prägten – im Gegensatz zu Potsdam und Neuruppin – zunehmend Klassenkämpfe das öffentliche Leben. Der Ausbau zur imperialistischen Reichshauptstadt und Industriegroßstadt am Ende des 19. Jh. vernichtete große Teile der historischen Bausubstanz.

Nach der Zerschlagung des faschistischen Staates wurde Berlin als Teil der sowjetischen Besatzungszone Sitz der alliierten Verwaltung, die Westmächte erhielten zur Unterbringung ihrer Einrichtungen drei Sektoren, die sie 1948 abspalteten und einer separaten Verwaltung unter westalliierter Kontrolle unterstellten. Mit der Gründung der DDR am 7. 10. 1949 wurde Berlin Hauptstadt des sozialistischen deutschen Staates. Das im zweiten Weltkrieg fast völlig zerstörte Stadtzentrum wurde in mehreren Etappen bis in die achtziger Jahre neu bebaut. Zahlreiche historische Ensembles und Einzelbauten wurden restauriert bzw. originalgetreu wiederaufgebaut. Neben dem Neubau großer Wohngebiete am östlichen und nördlichen Stadt-

rand gewinnt seit Anfang der achtziger Jahre das innerstädtische Bauen – Rekonstruktion vorhandener Bausubstanz und Ersatz- bzw. Lückenbauten – immer größere Bedeutung. Mit der Neubebauung des Nikolaiviertels wurde der Versuch gemacht, am Gründungsort der Stadt durch die Rekonstruktion bzw. Adaption historischer Gebäude und Neubauten in historisierenden Formen geschichtliche Bezüge aufzunehmen. Die Hauptstadt verfügt neben dem größten Industriepotential der Republik auch über eine Vielzahl wissenschaftlicher und kultureller Einrichtungen mit z. T. jahrhundertelanger Tradition.

Zeittafel
um 1180/90 Ansiedlung von Handwerkern und Kaufleuten beidseitig der Spreefurt um den Molkenmarkt (Berlin) und den Köllnischen Fischmarkt
um 1230 Brandenburger Stadtrecht für Berlin und Kölln
1237 erste urkundliche Erwähnung Köllns, 1244 von Berlin
1247 Baubeginn der ersten Stadtmauer

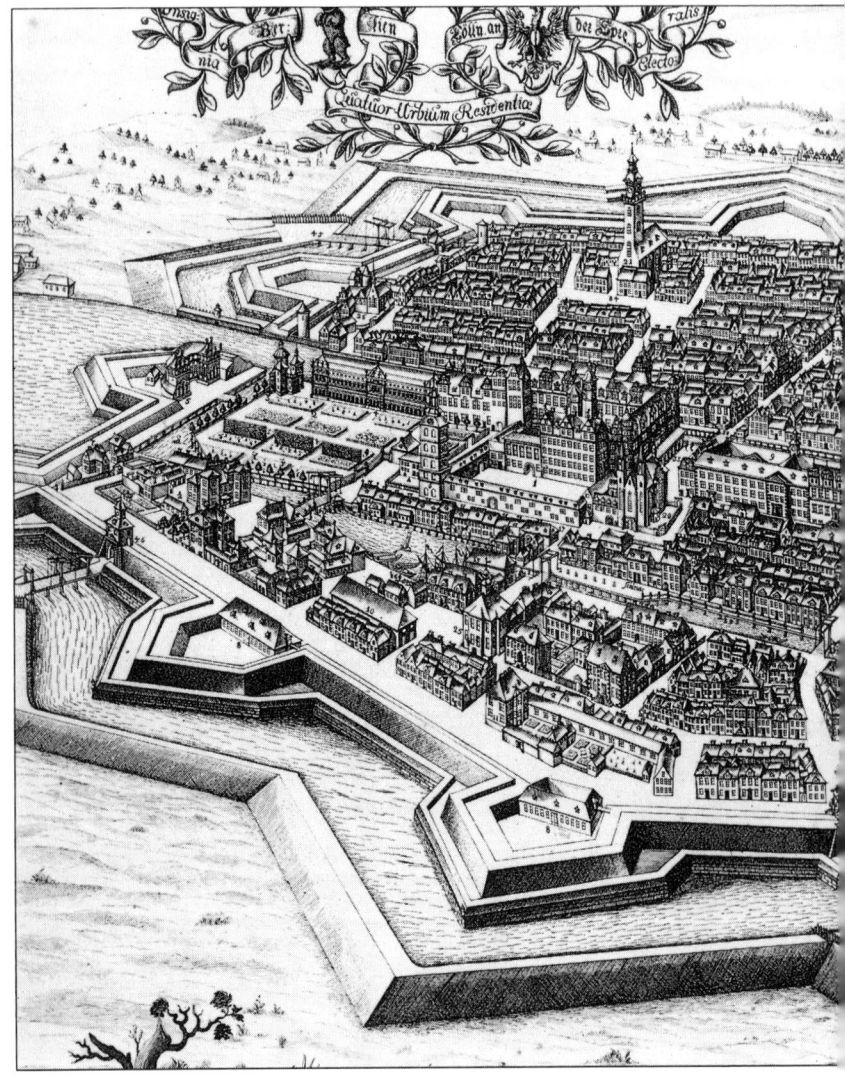

Berlin

vor 1249 Ansiedlung des Franziska-
nerordens und vor 1296 des Domini-
kanerordens
1272 erste urkundliche Erwähnung
einer Handwerkerinnung (Bäcker)
1307 gemeinsamer Rat beider Städte
1308 erster Märkischer Städtebund
unter Führung Berlin-Köllns gegen
das Raubritterunwesen; 1359 Mitglied
der Hanse

1369 Erwerb des landesherrlichen
Münzrechts
1380 Stadtbrand mit Vernichtung
des Ratsarchivs; 1391–1498 Führung
des Stadtbuches als offizielle Urkun-
densammlung und Chronik
1391 Erwerb der landesherrlichen
Gerichtsbarkeit
1432 Vereinigung beider Städte unter gemeinsamen Rat

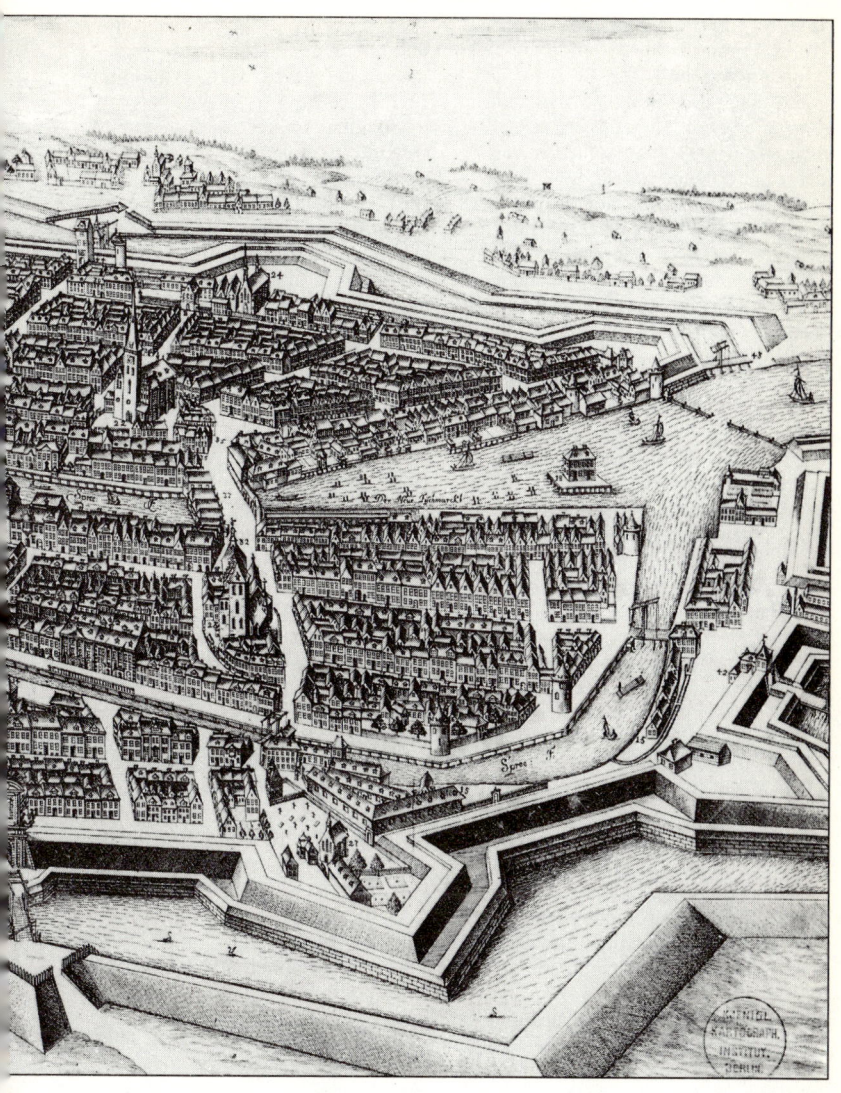

Anfang 15. Jh. etwa 700 Häuser in Berlin und 300 in Kölln

1448 Niederschlagung des „Berliner Unwillens", Brechung der städtischen Selbständigkeit und Trennung der Städte

1574 Gründung des „Berlinischen Gymnasiums zum Grauen Kloster" und der Köllnischen Ratsschule

1615 im „Kalvinistenrummel" letzte öffentliche Empörung der Bürger für fast 250 Jahre

1618/41 Rückgang der Bevölkerungszahl um die Hälfte auf unter 6 000, von über 1 200 Häusern 1648 noch 750 bewohnt; 1641 erste Berliner Bauordnung (gültig bis 1853)

1657 Garnisonstadt, neben etwa 10 000 zivilen Einwohnern 1 500 Soldaten mit 600 Familienangehörigen

1658/83 Festungsbau um Berlin, Kölln, Friedrichswerder und Neukölln am Wasser
1685 nach dem Edikt von Potsdam Ansiedlung von Hugenotten, zeitweise bis 6 000 französische Einwanderer in der Doppelstadt
1694 Stiftung der Akademie der Künste und 1700 der Akademie der Wissenschaften
1698 mit dem Um- und Neubau des Schlosses Beginn der barocken Umgestaltung der Stadt
1709 Zusammenschluß der fünf Städte zur „Königlichen Residenzstadt Berlin" mit über 50 000 Einwohnern
um 1740 Zeugmacherei ist bestimmendes Gewerbe der Stadt; Beginn vermehrter Manufakturgründungen; Einwohnerzahl etwa 100 000
1747 mit dem „Rathäuslichen Reglement" Einsetzung des Magistrats durch den König
1757 Besetzung durch österreichische Truppen im Siebenjährigen Krieg, nochmals 1760 durch russische und österreichische Truppen
1781 Einsatz der ersten englischen Spinnmaschine
1799 Gründung der Bauakademie als erste und bis 1866 einzige Ausbildungsstätte für Baumeister in Preußen
1804 Gründung der Königlichen Eisengießerei vor dem Neuen Tor
1806/08 französische Besetzung; Verkündung der Kontinentalsperre gegen England durch Napoleon am 21.11. im Berliner Schloß
1809 erste gewählte Stadtverordnetenversammlung; bis zu den Befreiungskriegen geistiges Zentrum des Widerstandes gegen die napoleonische Fremdherrschaft
1819 Einwohnerzahl etwa 200 000
1821 Gründung der Gewerbeschule, 1879 als Gewerbeakademie mit der Bauakademie zur Technischen Hochschule vereinigt
1822 erste Berliner Gewerbeausstellung
1837 Gründung der Maschinenbauanstalt A. Borsig
1838 erste preußische Eisenbahnlinie Berlin-Potsdam

1844 erste Deutsche Gewerbeausstellung im Zeughaus
1848 13.3.–19.3. Märzrevolution; 22.3. Beisetzung von 302 gefallenen Barrikadenkämpfern und unbeteiligten Opfern im neuen Volkspark Friedrichshain
1861 Eingemeindung von Wedding, Gesundbrunnen, Moabit, Neu-Schöneberg und des Nordteils von Tempelhof (Vergrößerung des Stadtgebietes um ein Drittel), Einteilung in 16 Stadtbezirke; 500 000 Einwohner
1862 Veröffentlichung des Bebauungsplanes von J. Hobrecht
1865 Abriß der Zollmauer von 1734
1867 Hauptstadt des Norddeutschen Bundes
1871 Hauptstadt des Deutschen Reiches mit etwa 823 000 Einwohnern; mit Inbetriebnahme des ersten Ringbahn-Teilstücks Beginn des S-Bahn-Netzes
1873 Ende der Gründerjahre im „Gründerkrach"; Baubeginn der Kanalisation nach Entwurf von J. Hobrecht
1875 Ausscheiden der Stadt aus dem Bestand der Provinz Brandenburg, Übernahme der öffentlichen Straßen und Plätze in städtisches Eigentum
1881 erste elektrische Straßenbahn der Welt in Lichterfelde; Eröffnung des Fernsprech-Ortsnetzes
1895 mit 72 Einwohnern pro Grundstück dichtestbesiedelte Stadt der Welt
1902 Inbetriebnahme der ersten Untergrund- und Hochbahnstrecke Warschauer Brücke–Zoologischer Garten
1905 Einwohnerzahl überschreitet die Zweimillionengrenze
1914/18 im ersten Weltkrieg Rüstungszentrum; anhaltende Antikriegsdemonstrationen
1918 am 9.11. Sieg der Novemberrevolution und Abdankung der Hohenzollern; Gründungsparteitag der KPD 30.12.1918–1.1.1919
1920 Gründung von Groß-Berlin durch Vereinigung der Städte Berlin, Charlottenburg, Köpenick, Lichtenberg, Neukölln, Schöneberg, Spandau und Wilmersdorf sowie 59 Landgemeinden und 27 Gutsbezirken; mit

878,35 km² flächenmäßig größte, mit 3,86 Millionen Einwohnern bevölkerungsmäßig drittgrößte Stadt der Welt

1933/45 Zentrum des antifaschistischen Widerstandskampfes in Deutschland

1938 Plan der Faschisten, Berlin zur Hauptstadt „Germania" umzubauen, führte zu Abrissen

1943/45 massive anglo-amerikanische Bombardements

1945 am 2. 5. Kapitulation der Berliner Garnison und am 8. 5. Kapitulation der deutschen Wehrmacht vor den Alliierten

1948 Spaltung der Stadt durch rechte SPD- und CDU-Führer sowie West-Alliierte

1949 Hauptstadt der am 7. 10. hier gegründeten DDR

1952 Beginn des Nationalen Aufbauwerkes am 2. 1.

1959 Beginn des komplexen Wiederaufbaus des Stadtzentrums

1961 Sicherung der Staatsgrenze zu Berlin (West) am 13. 8.

1976 Beschluß des Politbüros des ZK der SED zum weiteren Ausbau Berlins als Hauptstadt bis 1990; Gründung des (9.) Stadtbezirkes Marzahn; Beginn umfassender Modernisierung der Berliner Industriebetriebe

1979 Ehrentitel „Stadt des Friedens" durch Weltfriedensrat verliehen

1981/87 Wiederaufbau der Nikolaikirche und Neubebauung des Nikolaiviertels

1986 Einweihung des Marx-Engels-Forums und des Thälmann-Denkmals im Ernst-Thälmann-Park; Gründung der Stadtbezirke Hellersdorf und Hohenschönhausen

1987 750-Jahr-Feier der Stadt Berlin; Einweihung des Zeiss-Großplanetariums im Ernst-Thälmann-Park

Bautzen

Bez. Dresden

 Bautzen-Budyšin-Information
Hauptmarkt 5
Bautzen, 8600

Historischer Stadtkern lt. Bekanntmachung der zentralen Denkmalliste der
DDR:
„Altstadtbereich zwischen Spree–Lauengraben–Platz der Roten Armee–
Wendischer Graben–Vor dem Schülertor, Gerberstraße mit Stadtbefestigung
und -türmen, Petridom, Ortenburg, Rathaus, Michaeliskirche, Alte Wasserkunst, Lauenstraße 2, 4, 6, 8, 10, Reichenstraße 4, 5, 12, Hauptmarkt 6, 7, 8,
An der Petrikirche, Spreeansicht der
Altstadt von der neuen Wasserkunst bis
zum Platz des Friedens."

Der historische Stadtkern von Bautzen hat mehrere Lokalisationspunkte:
Die Burg, im 9. Jh. Burgwall der Milzener, später deutscher Burgward und
Sitz der Burggrafschaft Bautzen; die
östlich davon gelegene sorbische
Handwerker- und Dienstmannensied-
lung, die später zum deutschen Burglehn wird; die sorbische Handwerkersiedlung in der Wendischen Straße;
die deutsche Kaufmannssiedlung des
11. Jh. an der Steinstraße, die sich
Mitte 12. Jh. an den höchsten Punkt
des Stadtkerngebietes verlagert und
zum Zentrum der Stadtentwicklung
wird. An dieser Stelle entstehen der
Hauptmarkt, der Fleischmarkt, Rathaus und Hauptkirche (Petridom).
Das dominierende Gebäude am
Hauptmarkt ist das **Rathaus**. Seit über
750 Jahren ist es Mittelpunkt des städtischen Lebens. Der Legende nach hat
König Ottokar I. von Böhmen 1213
sieben gelehrte Männer und Ratsmei-
ster der Gemeinde als Regimentshal-
ter und Schöppen eingesetzt und diesen Männern „ein sonderlich stattli-
ches steinernes Haus auf dem Markte
erbauen" lassen. Diese Überlieferung
ist der älteste urkundliche Hinweis
auf die Stadt Bautzen, obwohl sie
wahrscheinlich schon in der 2. Hälfte

des 12. Jh. Stadtrecht gehabt haben
dürfte. Der Rathausturm ist wohl zwischen 1489 und 1493 entstanden und
erhielt 1582 einen oberen Abschluß.
Durch den Stadtbrand von 1634
wurde auch das Rathaus völlig zerstört. Nach verschiedenen Bauphasen
und erneuter Brandschädigung (1704)
entstand 1705 der heute noch vorhandene reich gestaltete Abschluß des
rund 54 Meter hohen Turmes. Sein
heutiges Aussehen, u. a. den Anbau
des Treppenhauses an der Nordseite,
erhielt das Rathaus 1729/32 durch
den Akzisebaudirektor J. C. Neumann. Die an drei Seiten angebauten
Läden wurden 1863 abgebrochen, und
an der Südseite wurde der zweigeschossige mit ionischen Pilastern gegliederte Vorbau errichtet. Am Fuße
des Turmes stand lange Zeit die Sandsteinfigur eines römischen Kriegers,
„Ritter Dutschmann" genannt. Sie
war bis zum Abbruch 1855 Teil des
1576 von W. Röhrscheidt d. Ä. errichteten Brunnens am Eingang zur Reichenstraße und steht jetzt in der Mitte
des neuen **Marktbrunnens** (1985). Die
Reliefs des Wasserbeckens stellen
acht Szenen der Bautzener Stadtgeschichte von 1408 bis 1971 dar.
Der **Hauptmarkt**, in den aus allen
Himmelsrichtungen sieben Straßen
und Gassen einmünden, war im Mittelalter Standort des Galgens und somit Richtstätte. König Wenzel IV. von
Böhmen setzte 1408 dem Handwerkeraufstand von 1405 – die Handwerker hatten den Magistrat der Patrizier
beseitigt und selbst Macht ausgeübt –
ein blutiges Ende und ließ hier vierzehn der einhundert zum Tode verurteilten Zunftmeister hinrichten.
Dem Rathaus gegenüber steht links
am Eingang zur Inneren Lauenstraße
das **Gewandhaus**, Innere Lauenstr. 1.
Bautzen erhielt 1284 von der Brandenburgischen Herrschaft das Privileg, das erste Kaufhaus in der Oberlausitz zu errichten. Es soll an dieser
Stelle gestanden haben. 1472 wurde
der Bau eines größeren Kauf- und Ge-
wandhauses begonnen, in dem auch
die Ratswaage und der städtische
Weinkeller untergebracht waren. Das

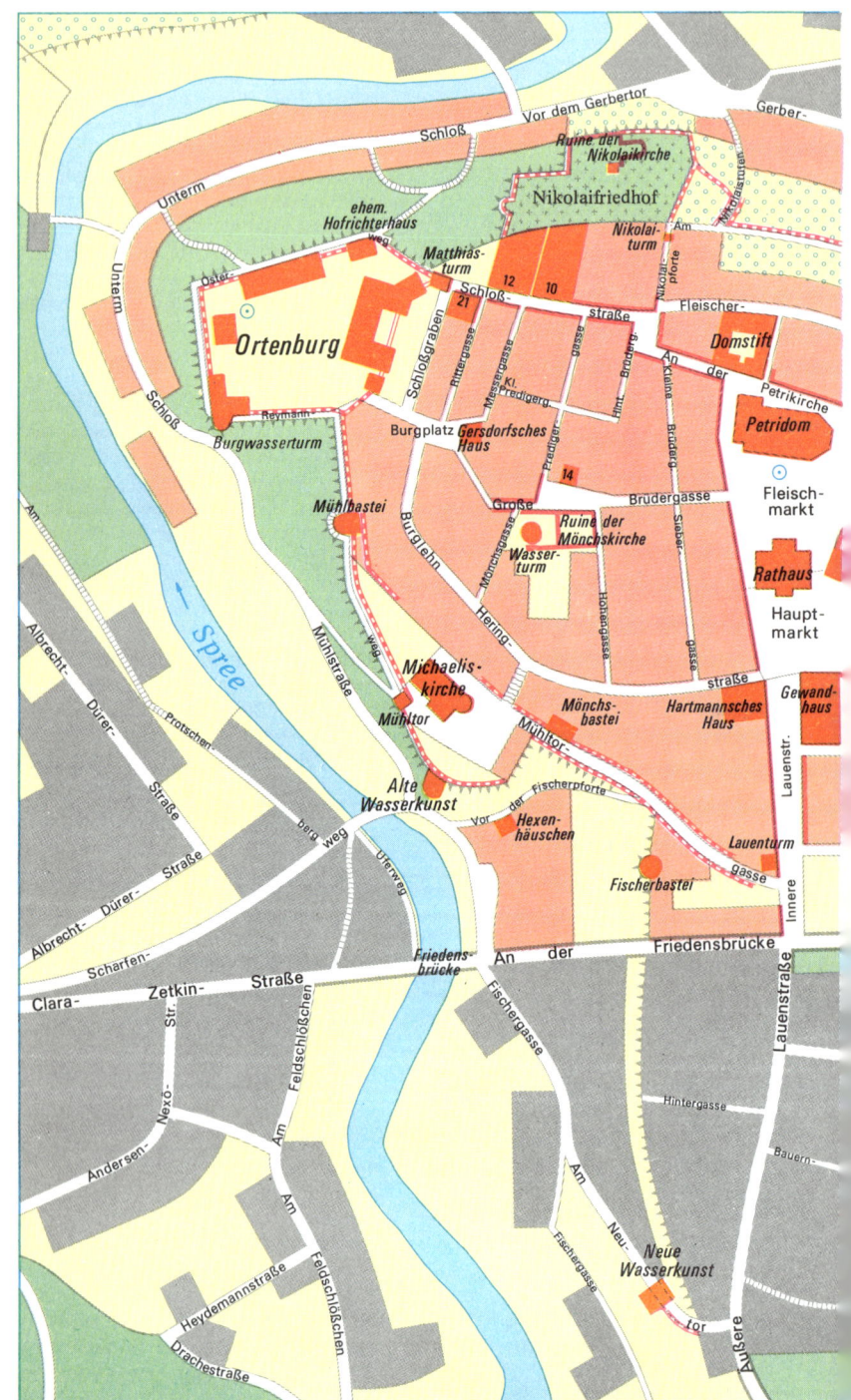

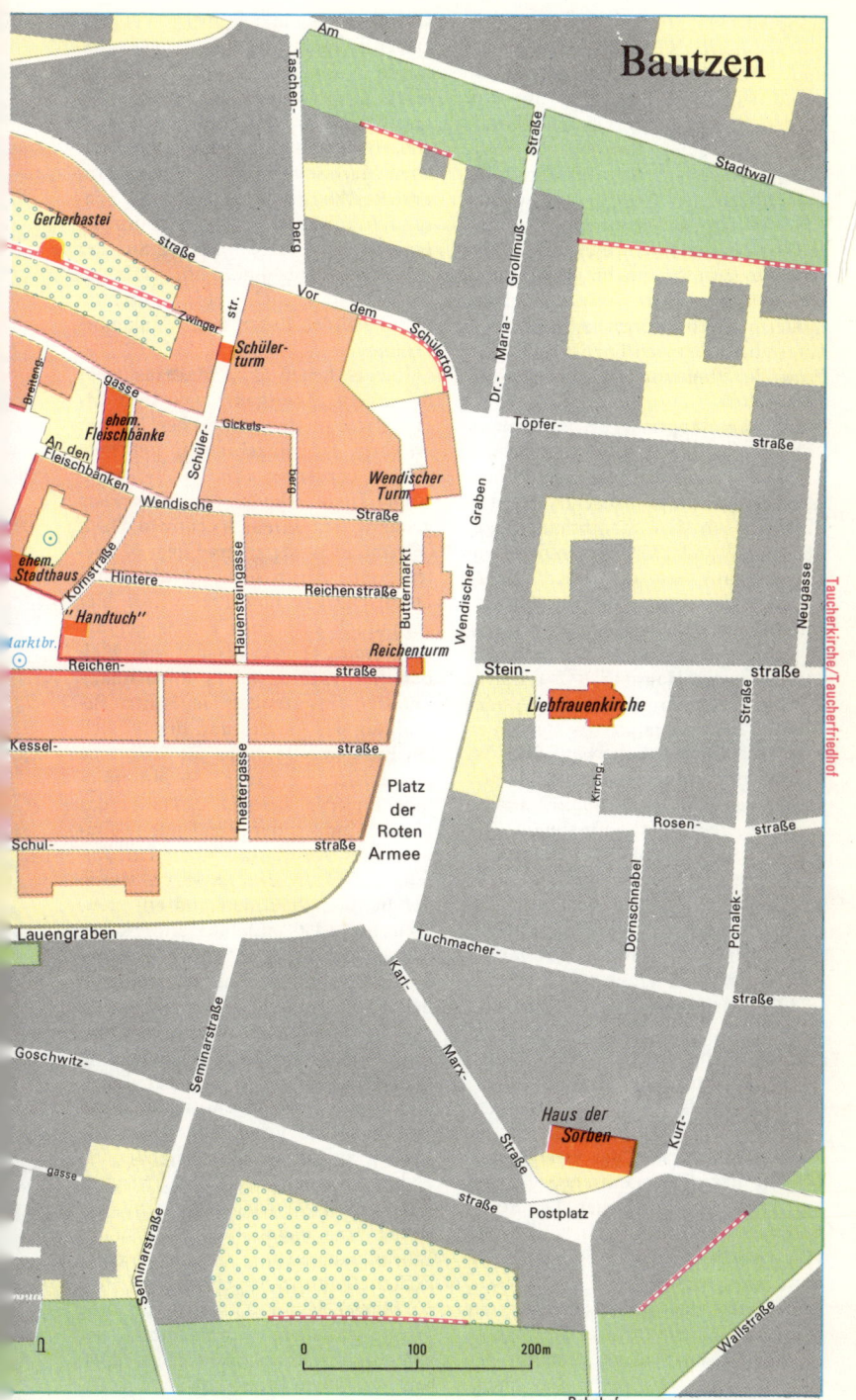

Bautzen

Haus wurde 1519 zur Reichenstraße hin erweitert (Kleines Gewandhaus) und 1597 aufgestockt. Den Stadtbrand von 1634 überstand nur das schöne gotische, von einem Mittelpfeiler getragene Gewölbe des Ratskellers. Nachdem das alte Gebäude 1881 abgetragen worden war, wurde 1882/83 ein Repräsentationsbau im Stil der Neorenaissance errichtet, dessen Wiederaufbau nach dem Brand vom Oktober 1976 in vereinfachter, modernisierter Form erfolgte. Im Hause befinden sich Dienststellen des Rates der Stadt sowie im Erdgeschoß Gaststätten.

Die den Hauptmarkt begrenzenden Häuser sind – wie die Mehrzahl der Gebäude im historischen Stadtkern – geprägt durch den barocken Wiederaufbau nach den Stadtbränden von 1634, 1707 und 1720. Gegenüber dem Gewandhaus, an der Ecke Innere Lauenstraße/Heringsstraße, steht das größte, an den Fassaden reich geschmückte Barockhaus Bautzens, das **Hartmannsche Haus** (1720/24), Innere Lauenstr. 2, auch „Fürstenhaus" oder „Jahreshaus" genannt. Es hat einen dreigeschossigen Eckerker, und im Giebel der Hauptfassade flankieren Putten das „glückhafte Schiff", stolzes Zeichen des Fernkaufmannes. Das Haus diente einst hochstehenden Persönlichkeiten als Nachtquartier, so Friedrich II. von Preußen, Napoleon I. und dem russischen Zaren Alexander I. Es soll wie das Jahr 4 Jahreszeiten – 4 Treppen, 12 Monate – 12 Schornsteine, 52 Wochen – 52 Räume und 365 Tage – 365 Fenster(flügel) haben. Seit 1984 werden denkmalpflegerische Restaurierungsarbeiten durchgeführt. An der Westseite des Hauptmarktes nimmt das Haus Hauptmarkt 8 das Gestaltungsprinzip des Hartmannschen Hauses auf, bleibt aber einfacher. Die Stadtapotheke befindet sich seit 1542 **Hauptmarkt 6**. Das Haus hat im Innern ein spätgotisches Gewölbe und zeigt links das böhmische, in der Mitte das Bautzener und gleichzeitig oberlausitzische sowie rechts das kursächsische Wappen. Die ehem.

Gaststätte „Goldener Adler", **Hauptmarkt 4** (1540) und das daneben stehende „Goldene Buch", **Hauptmarkt 2**, so genannt nach einem 1791 angebrachten Hauszeichen, sind ebenso bemerkenswert. An der östlichen Marktseite steht zwischen Korn- und Reichenstraße das nur zwei Fensterachsen breite sog. „Handtuch", **Hauptmarkt 5** (15. Jh.), heute Sitz der *Bautzen-Budyšin-Information*. **Hauptmarkt 7** (um 1730) hat eine repräsentative Fassade, Erker und Gaubenbekrönung.

Rechts neben dem Rathaus steht das ehem. **Stadthaus**, das 1683 als Hauptwache der städtischen Polizei errichtet, 1855 abgebrochen und neugebaut worden ist.

Die Domkirche St. Peter, **Petridom** genannt, mit ihrem wuchtigen Dach (Firsthöhe 39 Meter) und dem 82 Meter hohen Turm überragt die ganze Stadt. Um das Jahr 1000 wurde hier vermutlich eine erste Kirche gegründet. Bruno II., 21. Bischof von Meißen, ließ 1213/21 im Zusammenhang mit der einsetzenden deutschen Besiedlung des Landes und der offiziellen Erhebung Bautzens zur Stadt eine große Kirche erbauen. Älteste erhaltene Bauteile aus der 2. Hälfte des 13. Jh. sind an der Westfront (Turmunterbau, Westportal) zu finden. Anfang des 14. Jh. und im 15. Jh. wurde der Bauplan verändert und erweitert. Zwischen 1456 und 1463 erfolgte der Anbau des vierten Schiffes an der Südseite. In dieser Zeit entstand auch der Knick in der Kirchenachse mit dem nach Süden abweichenden Chor. Eine schon vorhandene Bebauung (Kapitelhäuser) ließ wahrscheinlich keine gerade Weiterführung zu. Etwa zwischen 1463 und 1480 wurden die südlich an den Chor anschließenden Nebengebäude gebaut und zwischen 1492 und 1497 das einheitliche Gewölbe der spätgotischen Halle unter Einflußnahme von C. Pflüger errichtet (Scheitelhöhe 16 Meter, innere Länge 60 Meter). Um 1500 wurde mit dem zweigeschossigen Turmachteck die spätgotische Bautätigkeit abgeschlossen. Nach dem Brand von 1634 ist bereits 1640 die Kirchenhalle wieder eingewölbt; an den Schlußsteinen sind die Wappen der Städte zu sehen, die den Wiederaufbau unterstützten. Ratsbaumeister M. Pötsch leitete 1664/66 weitere Baumaßnahmen und errichtete zusammen mit dem Zimmermeister J. Herzog das oberste Turmgeschoß mit Türmerwohnung, zu der in 47 Meter Höhe 214 Stufen hinaufführen, die Haube und die Spitze.

Die Kirche ist eine der ältesten Simultankirchen, die durch beide Konfessionen seit Einzug der Reformation in Bautzen 1524 genutzt wird, sie ist die einzige in der DDR. Die Nutzung ist durch mehrere, schon im 16. Jh. abgeschlossene Kirchenverträge zeitlich genau geregelt. 1566 wurde ein 4 Meter hohes Trenngitter eingebaut, das 1952 durch eine nur 1 Meter hohe Barriere ersetzt wurde. Von 1921 bis 1980 war Bautzen Sitz des Bischofs von Meißen und der Petridom Bischofskirche (Kathedrale). Von der Innenausstattung sind bemerkenswert: Der evangelische Schnitzaltar (1644) im Südschiff, das Wandepitaph des G. Mättig und die von ihm gestifteten flämischen Leuchter (17. Jh.), das prächtige Renaissancegitter am Grabmal M. Petschkes in der nördlichen Vorhalle, die 1673/74 errichtete Fürstenloge, das hölzerne Kruzifix von B. Permoser (Rest des 1713/14 entstandenen Kreuzaltars), der marmorne katholische Hochaltar (J. B. Thomae, 1722/24) mit Gemälden (G. A. Pellegrini) und das reich geschmückte Chorgestühl. Die Kriegsereignisse von 1813 machten die Renovierung der Kirche erforderlich, 1817 wurde die Kanzel im protestantischen Teil aufgestellt. Eine historisierende Restaurierung erfolgte Ende des 19. Jh. 1909 erneuerte F. Schumacher den evangelischen Orgelprospekt und die Emporen. Bis 1955 wurden Kriegsschäden beseitigt und der Innenraum einer denkmalpflegerischen Rekonstruktion unterzogen. Der Turm bietet in den Sommermonaten eine eindrucksvolle Sicht über Stadt und Landschaft.

Der größte Platz der Altstadt ist der zwischen Rathaus und Dom gelegene **Fleischmarkt**, der teilweise noch bis um 1800 als Petrikirchhof diente. Hier steht der älteste erhaltene **Stadtbrunnen** (W. Röhrscheidt d. J., um 1611), der 1865 aus Anlaß der 230jährigen Zugehörigkeit Bautzens zu Sachsen mit dem Standbild des sächsischen Kurfürsten Johann Georg I. verändert wurde. Die Ostseite des Fleischmarktes gehört zum ersten Rekonstruktionskomplex in der Bautzener Altstadt (1971/77). In räumlich und zeitlich konzentrierter Baudurchführung wurden alle 60 Wohnungen und die in den Erdgeschossen befindlichen Einrichtungen des Handels, der Gastronomie und der Dienstleistungen nach heutigem Standard ausgestattet. An der Ecke Kornstraße/An den Fleischbänken wurde ein neues Wohnheim für das Staatliche Ensemble für sorbische Volkskultur errichtet und darin ein 500 Jahre altes Gewölbe als Klub „Wjelbik" (Kleines Gewölbe) einbezogen. Anstelle der alten Wachgasse wurde ein Innenhof angelegt und ein Brunnen (1977), Marktszenen darstellend, aufgestellt. Die Häuser am **Fleischmarkt 2** und **4** mit schmalen schlichten Fassaden und auskragenden Obergeschossen stammen noch aus der Zeit um 1600; **Fleischmarkt 6** hat ein Portal mit Kartusche, Hausmarke, Monogramm „J. B.", der Jahreszahl 1670 und schmiedeeiserner Haustür; **Fleischmarkt 8** (1710) hat eine zehnachsige Front mit barock verziertem Mittelrisalit und Giebeldreieck. Es gibt der Platzwand den beherrschenden Akzent.

Hinter dem Dom befindet sich der umfangreiche Gebäudekomplex des **Domstiftes**, An der Petrikirche 6. An Stelle der Stadtpfarrei war 1215 ein Kollegiatstift getreten, das hier seinen Wohnsitz nahm. Ein Neubau von 1507 wurde 1634 zerstört. Die heutigen Gebäude entstanden 1683. Die zunächst schmucklose Straßenfassade (nur die schmiedeeisernen Gitter waren schon vorhanden) wurde 1753/55 mit einer ionischen Pilasterarchitektur versehen, und es entstand das prunk-

Portal am Domstift

volle Hauptportal mit den toskanischen Pilastern und dem Wappen des Domstiftes. Die Gebäude umschließen einen schlichten, aber schönen Innenhof. Im Domstift wird der Domschatz aufbewahrt. **An der Petrikirche 5** ist ein altes Handelshaus mit einem schönen Portal mit acht steinernen Rosen, prachtvoller Schmiedearbeit und geschnitzter Tür; **An der Petrikirche 4** (1722) gehörte ursprünglich dem Kloster Marienstern bei Panschwitz-Kuckau; **An der Petrikirche 3** ist ein Haus mit schönem Treppenaufgang. An den Fleischbänken 1 stand bis zur Kriegszerstörung 1945 das Wohnhaus mit der ältesten Bausubstanz, einer Flurhalle aus der Zeit um 1400 (heute unbebautes Grundstück). Zwischen der Straße An den Fleischbänken und der Fleischergasse steht

ein Ladengebäude, das in der Nachfolge der Fleischbänke des 17. Jh. errichtet wurde (rekonstr. 1986/88).

Die Altstadt von Bautzen war schon im 13./14. Jh. befestigt. **Stadtmauern** wurden erstmals 1282 erwähnt, 1422 verstärkt. Es gab auch äußere Stadtmauern zum Schutz der Vorstädte, aber die Hauptverteidigungslinie bildete die innere Stadtmauer. Sie war durchschnittlich 9 Meter hoch und etwa 2 Meter breit. Auf der Mauer befand sich ein mit Ziegeldach und Schießscharten versehener Wehrgang, der auch Türme und Bastionen miteinander verband. Durch die Befestigung der Städte wurde der Stadtbewohner zum Burgmann, zum Bürger, der seinen festen Platz bei der notwendigen Verteidigung der Stadt hatte und dem der Mauerkranz seiner

Stadt nicht nur Wehr, sondern auch Schmuck des Stadtbildes war. Bautzen hatte um 1750 noch 17 befestigte Tore, Türme und Basteien am inneren Befestigungsring und eine vollständige innere und äußere Stadtmauer. 1825/27 wurde der äußere Befestigungsgürtel beseitigt, bis 1858 die inneren Tore abgerissen und 1859/91 der äußere Wall in Parkanlagen umgestaltet wurden. Erhalten geblieben sind jedoch alle inneren Tortürme und an der West- und Nordseite, wo der steile Hang die Anlage neuer Straßen verhinderte, auch große Teile der alten Stadtmauer. Das gibt dem historischen Stadtkern noch heute sein eindrucksvolles Gepräge.

Der über dem Schülertor errichtete **Schülerturm** hat den wohl ältesten quadratischen Grundriß; zur Abwehr von Kanonenangriffen war ein runder Grundriß, weil er keine Ecken aufwies, allerdings günstiger. Im Dreißigjährigen Krieg (1639) steckten die Schweden den bis dahin unzerstörten Turm in Brand, erst 1673 wurde er wiederhergestellt; 1709 wird erstmalig die schlanke Spitze erwähnt. Das gotische Kreuzigungsrelief (1. Hälfte 15. Jh.) befand sich vorher an der Außenseite des Torzwingers. Die **Gerberbastei** (1503) ist ein fünfgeschossiger, auf 3,5 Meter starken Mauern aufgeführter Rundturm. Zweimal im Dreißigjährigen Krieg ausgebrannt, erhielt er 1703 ein neues Dach. Im 19. Jh. diente das Bauwerk als Waffenschmiede und Turnhalle. Seit 1922 ist in diesem Turm eine Jugendherberge untergebracht. Der **Nikolaiturm** schützte die Nikolaipforte und hat ebenfalls einen quadratischen Unterbau mit Durchgang, auf dem 1522 anstelle eines hölzernen Oberbaus ein Rundturm in Stein gesetzt wurde. An der Südseite ist weit oben ein Stadtwappen in spätgotischer Ausführung angebracht. 1678 erhielt der Turm eine kugelförmige welsche Haube, die 1775 in die heute noch vorhandene Kegelform umgebaut wurde. Der Schlußstein des stadtseitigen Pfortenbogens soll den Kopf des Stadtschreibers Preischwitz darstellen, der als

Sympathisant der die Stadt belagernden Hussiten grausam hingerichtet wurde.

Auf dem einstigen Weinberg eines Bautzener Ratsherrn wurde zwischen 1440 und 1466/67 unmittelbar an der Befestigungslinie der Stadt die **Nikolaikirche** erbaut, deren Nordwand wie ein Wehrgang ausgebildet wurde. Ab 1552 war sie Pfarrkirche der katholischen Sorben. Ein Turm wurde 1614 über der heutigen Begräbniskapelle ausgebaut und mit einem kuppelförmigen Abschluß versehen. Mit der sächsischen Belagerung von 1620 begann die Zerstörung der Kirche. Zum Aufstellen von Kanonen wurde das Kirchendach abgenommen. Seit dem Brand von 1634 ist die Kirche nicht wieder aufgebaut worden und bis heute Ruine geblieben. Der schon 1455 an der Kirche entstandene katholische Friedhof bezieht seit 1745 auch den ehem. Innenraum ein. Hier befinden sich schlichte Grabmäler sorbischer Geistlicher und Bischofsgräber außen an der Kapelle. An der Westseite des Friedhofes sind die Grundmauern des schalenförmigen Pulverturmes erhalten geblieben. Vom Friedhof aus bieten sich schöne Ausblicke auf den im Spreetal liegenden Stadtteil Seidau, ein Suburbium, von dem die sog. „Hohe Straße" oder „via regia" von Kamenz kommend die heutige Gerberstraße hinauf zur Stadt führte, sowie auf die gegenüberliegende Höhe des Protschenberges, einer Burgstelle der Sorben, später auch der Deutschen.

Zwischen Rathaus, Petridom und Ortenburg liegt das zur Burg gehörende und zuerst besiedelte Gebiet des historischen Stadtkerns, auch heute noch an den Straßennamen ablesbar. Die **Schloßstraße** war der Hauptweg zur Burg. Hier errichteten 1668 mit dem Haus **Schloßstr. 10** der geistliche und weltliche Adel der Oberlausitz sowie die Städte ihr Ständehaus, auch Bautzener Landhaus genannt (heute Stadt- und Kreisbibliothek). Zur gleichen Zeit wurde das reicher geschmückte Haus **Schloßstr. 12** als Görlitzer Landhaus für die Ständever-

Friedhof an der Nikolaikirche

treter dieses Oberlausitzer Hauptkreises erbaut. Der Sitz der Bautzener Landstände wurde 1911 mit dem größten Geldinstitut der Oberlausitz, der „Landständischen Bank", und dem großen Oberlausitzer Wappen in den repräsentativen Neubau Ernst-Thälmann-Str. 9 (heute Rat des Kreises Bautzen) verlegt. Das Wohnhaus **Schloßstr. 21** beherbergte die alte Schloßapotheke von 1699. Die von der Schloßstraße nach Süden abzweigenden Gassen führen in die ehem. **Burgstadt** mit den alten einfachen Häusern. Auffallend sind das Haus

Große Brüdergasse 14, mit dem einzigen Renaissanceportal in Bautzen, und das repräsentative barocke **Gersdorfsche Haus**, Burgplatz 6, das eine große · Haushalle, Treppenhaus und Fassade von 1680 hat. An der Großen Brüdergasse sind in der Ruine der Mönchs- oder Klosterkirche und in der Heringsstr. 12 mit einigen Wirtschaftsgebäuden letzte Überreste des einst bedeutenden **Franziskanerklosters** (gegründet 1225) erhalten geblieben. Das Kloster umfaßte die Fläche zwischen Großer Brüdergasse, Hohengasse, Heringsstraße, Burglehn und Mönchsgasse. Es soll bis zu fünfhundert Mönche aufgenommen haben. 1401 und 1441 wurde das Kloster teilweise zerstört, nach der Reformation verließen die Mönche Kloster und Stadt, die Gebäude verwaisten. Nach dem Brand von 1598 wurden die Klosterbauten nicht wieder aufgebaut. Im 19. Jh. wurde das ganze Quartier Wohnstätte der Stadtarmut, bis es 1894 wieder abbrannte. In der Kirchenruine hatte die Stadt schon 1877 einen Wasserturm errichtet, der 1893 erweitert wurde und 1 000 m³ Wasser faßt. In der „Burglehn" genannten Straße stehen schlicht gestaltete Häuser der zur Dienstpflicht auf der Burg weilenden Adligen mit den Wappen der Eigentümer über den Hauseingängen.

Die **Ortenburg** gilt als Keimzelle der Stadt, und ihre Geschichte läßt sich mit Sicherheit bis in das 9. Jh. zurück verfolgen. Sie war Mittelpunkt des sorbischen Gaus (politische Gebietseinteilung) Milsca, im Mittelalter Sitz der Landvögte und bis 1932 Verwaltungszentrum der sächsischen Oberlausitz. Die auch als Schloß bezeichnete Burg war aber nie ständiger Fürstensitz. Sie ist im inneren Stadtbild nicht auffallend, aber vom gegenüberliegenden Spreeufer wird ihre strategisch günstige Lage sowohl zur Stadt als auch zur alten Handelsstraße „via regia" hin, die unterhalb der Burg in Seidau die Spree überquerte, deutlich. Ältester Teil der heutigen Ortenburg ist der Burgwasserturm (um 1400). An seinem Fuß befand sich der Brunnen für die Wasserversorgung der Burg. In dem angrenzenden Gebäude waren seit 1740 Gefängniszellen eingerichtet, in denen auch die Räuber Karraseck von 1800 bis 1803 und der „Böhmischer Wenzel" genannte Kummer von 1813 bis 1815 eingekerkert waren. 1945 wurden das kegelförmige Dach des Turmes sowie die angrenzende Fronfeste und das Magazingebäude vernichtet. Das **Hauptgebäude** der Burg entstand unter der Herrschaft des Matthias Corvinus, König von Ungarn und Böhmen, der die Burg nach den Brandzerstö-

rungen von 1401 und 1441 durch seinen Landvogt Georg von Stein 1483/86 neu aufbauen ließ. Die nach dem Hof gerichtete Schauseite ist für den sächsischen Schloßbau jener Zeit ungewöhnlich, böhmische Einflüsse sind erkennbar. Im Dreißigjährigen Krieg wurde auch die Burg stark zerstört. Erst von 1678 bis 1698 erfolgte der Wiederaufbau, mit dem die fünf hohen, in Putzarchitektur mit Sandsteinbekrönungen aufgeführten Giebeln beendet wurde. Der über dem spitzbogigen Portal angebrachte Balkon ist nach 1697 entstanden, denn er trägt das Monogramm „A R" (Augustus Rex). Die zur Stadt gewandte Rückseite des Gebäudes wurde als Wehrbau ausgeführt. Hervorzuheben ist die durch den Gewölbebau von 1651 bedingte Akustik in der Erdgeschoßhalle. Der einzige künstlerisch bedeutende Raum ist der **Audienzsaal** (17. Jh.) mit der 1662 von italienischen Meistern ausgeführten prachtvollen Stuckdecke. Sie gibt auf neun Feldern in figürlicher Darstellung die wichtigsten Ereignisse der Lausitzer Geschichte aus der Sicht sächsischer Hofgeschichtsschreiber wieder. Die Bilderfolge beginnt an der Westseite mit der Darstellung der sagenhaften Belehnung Widukinds mit dem Land Bautzen durch Karl den Großen im Jahr 806 und endet im Mittelfeld mit der Übergabe der beiden Lausitzen 1635 an den Kurfürsten Johann Georg I. von Sachsen. Die Decke wurde 1813 und 1945 beschädigt, konnte aber wiederhergestellt werden. Das Hauptgebäude beherbergt heute neben staatlichen Dienststellen das Bautzener Stadtarchiv und das Historische Staatsarchiv Bautzen. Das bedeutende Architekturdenkmal der Spätgotik auf der Ortenburg ist der **Schloß- oder Matthiasturm** (15. Jh.) am Nordflügel, der die Schildmauer und den Burgzugang sicherte. In ihm befanden sich Räume für die Schloßwache und hinter den hohen Spitzbogenfenstern die Georgskapelle, der einzige erhaltene spätgotische Raum der Ortenburg. An der Ost- und Stadtseite ist ein 9 Meter hohes, mit Säulen und Giebel umrahmtes **Denkmal** des Bauherrn **Matthias Corvinus** angebracht (B. Gauske, 1486). Im Dreiecksfeld sind die Wappen von Ungarn und Dalmatien sowie die von Böhmen und Mähren zu sehen. An der nördlichen Mauer steht das **Hofrichterhaus** (1649) mit originell gestaltetem Schornsteinkopf. Das **Museum für sorbische Geschichte und Kultur** wurde 1973 in Bautzen gegründet (Vorläufer seit 1959 in Hoyerswerda) und anläßlich des IV. Festivals der Sorbischen Kultur 1976 hier eröffnet. Das Haus war 1869 als Schwurgerichtsgebäude anstelle des früheren Speichers für den staatlichen Salzhandel erbaut worden. Vor dem Gebäude wurde 1980 der Sorbische Brunnen aufgestellt.

Durch die nördliche Ausfallpforte der Burg ist der **Oster-Reymann-Weg** zu erreichen, der, als Gefängniswächterweg angelegt, außen an den Burgmauern entlangführt und Ausblicke in das Spreetal bietet. Die **Mühlbastei**, die mit der Stadtmauer an der Michaeliskirche 1480 entstanden sein mag, erhielt diesen Namen, als sie 1847 an den Besitzer der im Spreetal gelegenen Großen Mühle verkauft wurde. 1945 zerstört, ist sie heute Ruine. Das **Mühltor** (1606) wurde zum Schutz der Mühlen im Spreetal erbaut. Es ist der nördliche Zugang zum Wendischen Kirchhof und zum Michaeliskirchplatz. An der Südwestseite dieses Platzes steht das Wahrzeichen von Bautzen: Die aus dem Spreetal 50 Meter hoch aufragende **Alte Wasserkunst**. Für die Wasserversorgung der auf Felsengrund errichteten Stadt mußte das Wasser auch in Kriegszeiten von der Spree um etwa 30 Meter gehoben werden. Ein Mönch aus Breslau soll 1496 Erbauer einer Wasserkunst gewesen sein, bei der nur der untere Teil aus Stein gemauert war. Als 1515 der hölzerne Oberbau abbrannte, begann der Ratsbaumeister W. Röhrscheidt d. Ä. 1558 für das Pumpwerk einen festen Turm zu bauen. Bei gleichbleibendem Innendurchmesser gibt die nach oben abnehmende Wandstärke dem Bau-

werk die konische Form. Die Turmspitze steht außermittig, zur Stadtseite hin verschoben, um Platz für die Aufstellung einer Kanone zu gewinnen. Der architektonisch gestaltete Wehrgang hat im Fußboden Ausgußlöcher für siedendes Wasser und heißes Pech. Der Turm diente noch bis 1965 der Brauchwasserversorgung. Heute ist er ein Technisches Denkmal und kann als **Museum** besichtigt werden (1983/84 restauriert).

Die schlichte, mit der Alten Wasserkunst ein harmonisches und eindrucksvolles Architekturensemble bildende **Michaeliskirche** ist erst nach der Belagerung Bautzens durch die Hussiten 1429 entstanden und wird 1473 erstmals urkundlich erwähnt. Zuerst nur aus dem heutigen Chor bestehend, wurden zwischen 1621 und 1634, nachdem sie 1619 Pfarrkirche für die protestantischen Sorben geworden war, Langhaus und Turm errichtet. Eine neogotische Umgestaltung beseitigte 1892 die originalen Innenräume, die die jüngste denkmalpflegerische Rekonstruktion zurückzugewinnen suchte. Im Innern sind der eigentlich für den Petridom geschaffene Taufstein (M. Schwenke, 1597) und der Altar (1693) bemerkenswert. Vom Plateau des Kirchplatzes hat man einen schönen Ausblick nach Süden in das Spreetal.

Die Straßenbrücke über die Spree, nach der Sprengung im April 1945 als **Friedensbrücke** im Dezember 1947 wieder dem Verkehr übergeben, wurde erst 1908/09 als Kronprinzenbrücke (181 Meter lang, 23 Meter hoch, Spannweite des Mittelbogens 35 Meter) errichtet. Bis zu dieser Zeit führte die Dresdner Straße über die im Spreetal liegende Heilig-Geist-Brücke bzw. über die Seidauer Brücke. Von der Friedensbrücke hat man ein beeindruckendes Bild von der Bautzener Altstadt. Unterhalb des Plateaus liegt das sog. **Hexenhäuschen**, Vor der Fischpforte, die Wände verbrettert, mit spitzem Giebel und Schindeldach, ist es das kleinbürgerliche Haus einer Fischerfamilie aus der Zeit vor dem Stadtbrand von 1634.

Barockfassade Innere Lauenstr. 6

Die **Mönchsbastei** tritt in der Mühlentorgasse nur wenig aus der Stadtmauer hervor und gehörte zum Franziskanerkloster, mit dem sie durch eine Brücke über die Heringsgasse verbunden war. Sie wurde durch die Mönche verteidigt. Neben der Fischerpforte, einem einst verschließbaren Stadtzugang, wo die äußere Stadtmauer (16. Jh.) und die innere (14. Jh.) fast zusammentreffen, steht der runde mit einem Kegeldach bedeckte sog. „Schlaraffenturm" der **Fischerbastei**.

Der **Lauenturm** (1400/03) gilt als ältester Stadtturm und gehörte zum 1858 abgebrochenen Lauentor, durch das die von Süden heranführenden Straßen, auch die von Nürnberg über Dresden kommende Frankenstraße, die Stadt erreichten. In dem 65 Meter hohen Turm wurde 1543 ein Gefängnis für Schwerverbrecher eingerichtet. In den fünfziger Jahren ist der 1945

ausgebrannte Turm denkmalpflegerisch rekonstruiert worden. Das Reiterstandbild des Königs Albert von Sachsen wurde 1913 aufgestellt.

Die **Innere Lauenstraße** eröffnet einen imposanten Blick auf Lauenturm, Rathaus und Petridom. Mit den schönen Barockfassaden ihrer Häuser ist sie auch heute noch eine sehenswerte Hauptstraße des historischen Stadtkerns. Diese Pracht entfaltende Architektur entstand nach dem Stadtbrand von 1720 und stand unter dem Einfluß der Dresdner Architekten Karcher und Neumann, die die Bautzener Maurer- und Zimmermeister berieten. Das Haus **Innere Lauenstr. 4** enthält noch bedeutende Bauteile aus der Zeit vor 1720; **Innere Lauenstr. 6** ist in seinen Plastiken von Permoser und in den naturalistischen, vegetabilen Schmuckformen vom Dresdner Baumeister Starcke beeinflußt worden. Die

Altstadtsilhouette

allegorischen Frauengestalten bedeuten: Liebe (rechts oben); Frömmigkeit (rechts unten); Glauben (links oben); Hoffnung (links unten). Das Haus **Innere Lauenstr. 8** zeigt Anklänge an die zerstörten Dresdner Bauten Palais de Saxe und British Hotel. Zwischen Lauenturm und Friedensbrücke im ehem. Bürgergarten hat das 1952 gebildete Staatliche Ensemble für Sorbische Volkskultur (Chor, Ballett, Orchester) seine Heimstatt gefunden. An der gegenüberliegenden Ecke Lauengraben/Äußere Lauenstraße, wo sich jetzt Grünanlagen befinden, stand bis zur Zerstörung durch die faschistische SS 1945 das erste Wendische Haus. Es wurde von 1897 bis 1904 von der sorbischen wissenschaftlichen Gesellschaft „Macica Serbska" und mit Un-

terstützung der gesamten sorbischen Bevölkerung errichtet. In diesem Haus waren kulturelle und gesellschaftliche Einrichtungen der Sorben untergebracht: Zeitung, Bank, Museum, Café und Festsaal. Das neue **Haus der Sorben** (1947/56) steht am Postplatz.

Am südlichen Ende der äußeren Lauenstraße, an den Wallanlagen der ehem. äußeren Stadtmauer, von der noch Reste erhalten geblieben sind, steht am Spreetal die **Neue Wasserkunst** (W. Röhrscheidt d. J., 1606/10). Nach 1709 wurde sie mit dem Neutor verbunden. Das Wasser wurde aus dem Mühlgraben durch einen schräg hochführenden ummauerten Gang in den Turm geleitet. Im Südosten und Osten des historischen Stadtkerns

sind keine Stadtmauern erhalten geblieben. Die ehem. Bastei am Lauengraben, die aus einem Rundturm und sich anschließendem Langhaus bestand, wurde 1795/96 zu einem Theater umgebaut. 1868/71 wurde es durchgehend erneuert, 1905 und 1938 weiter umgestaltet. Wegen Baufälligkeit mußte es 1969 abgerissen werden. Das heutige **Deutsch-Sorbische Volkstheater** wurde 1975 in den Schilleranlagen am äußeren Stadtwall eröffnet; daneben steht das Thälmann-Denkmal (1960). Die früher gegenüber der Tuchmacherstraße am ehem. Kornmarkt, dem heutigen Platz der Roten Armee, befindliche Schulbastei beherbergte in einem Anbau seit 1541 das städtische Gymnasium (1527) und wurde nach dem Schulneubau von

1865/67 (heute Ernst-Thälmann-Oberschule) abgerissen. Das **Städtische Museum** (1869) erhielt 1884 den Neubau am heutigen Platz der Roten Armee und 1930/31 den Erweiterungsbau. Das städtebauliche Ensemble des historischen Stadtkerns wird durch das 1972 fertiggestellte Wohnhochhaus mit 175 Wohnungen, Kindergarten und Kaufhaus beeinträchtigt, besser gelungen ist die Adaption an die historische Umgebung wenige Schritte weiter entfernt durch den Neubau für Café und Hotel „Lubin".

Der eigenartigste unter den Bautzener Türmen ist der sog. „Schiefe Turm zu Bautzen", der **Reichenturm**, der mittelalterliche Wehrhaftigkeit und barocke Schmuckfreude vereint. 1490/92 wurde der runde Unterbau errichtet, 1593 die hölzerne Spitze erneuert. Mehrfach zerstört, 1620, 1639, 1686 und 1709, wurde er 1715/18 ganz in Stein von der Türmerwohnung bis zur Spitze aufgeführt und erhielt damit seine heutige Form. Schon vor dieser steinernen Aufstockung war der Turm schief, und er neigte sich nun noch mehr. 1953/54 wurden Kriegsschäden beseitigt und auch die Standsicherheit wiederhergestellt. Der 55 Meter hohe Turm hat reich gestaltete schmiedeeiserne Brüstungsgitter an der Aussichtsplattform und an der Ostseite ein Denkmal für Kaiser Rudolf II., der 1577 in Bautzen weilte. Auch dieser Turm bietet eine weite Aussicht über Stadt und Land. Die an den Turm angrenzenden Häuser sind 1945 zerstört worden. Die beiden Tore zum ehem. Kornmarkt wurden schon 1858 beseitigt, die beiden noch erhaltenen inneren Tore mußten 1968 einer notwendigen Verkehrsumleitung weichen.

Mit der Verlegung der Kaufmannssiedlung von der Steinstraße zum Hauptmarkt im 12. Jh. wurde die **Reichenstraße** neben der Wendischen Straße zur zweiten und bald auch zur bedeutenderen Hauptstraße. Der Name deutet auf die hier einst wohnenden Reichen und ihre Prachtentfaltung hin. Ursprünglich wohl auf das Burgtor ausgerichtet, ist sie jetzt zwischen Reichentor und Hauptmarkt eingespannt und geprägt von der Architektur der Barockzeit. Viele Fassaden sind reich geschmückt, einige durch Erker hervorgehoben. **Reichenstr. 3** mit Erker stammt im Kern noch aus der Renaissance. Ein aufwendig gestaltetes Bürgerhaus ist **Reichenstr. 4**, das sich vor 1750 der Oberkämmerer Prentzel erbauen ließ, es trägt die Inschrift „Zur alten Post". In der Gründerzeit wurde das Erdgeschoß umgestaltet. Das viergeschossige Haus **Reichenstr. 5** weist eine akzentlose Reihung der Schmuckformen auf, die nur von dem älteren, mit Bildreliefs verzierten Erker unterbrochen wird. Wegen der Ähnlichkeit der Fassade mit dem Dresdner Taschenbergpalais wird hier der Einfluß Karchers

vermutet. Eine schlichte, wenn auch veränderte Fassade aus dem 15. Jh. hat **Reichenstr. 11**. Das Haus **Reichenstr. 12**, auch viergeschossig, ist 1634 und 1709 entstanden, die Dekorformen der Fassade mit Fruchtgehängen aus Kalkstuck wurden nach 1720 ausgeführt. Das Haus hat zwei Erker und im rundbogigen Haustor (um 1600) eine geschnitzte Haustür im Knorpelstil (1660). Die Fassade **Reichenstr. 14** ist sehr aufwendig gestaltet und wirkt daher überladen. **Reichenstr. 27** trägt das Bild eines goldenen Ritters und **Reichenstr. 29** das einer Kogge an der barocken Fassade. Seit Jahrhunderten ist die Reichenstraße eine Hauptgeschäftsstraße, deren Häuser immer wieder neuen, veränderten Funktions- und Gestaltungsanforderungen angepaßt wurden. Die Umgestaltung zur Fußgängerstraße ist 1981 abgeschlossen worden, das Äußere der Häuser wurde nach denkmalpflegerischer Zielstellung instand gesetzt.

Am Wendischen Graben, eingebaut in die 1842/44 nach Entwürfen von G. Semper errichtete Kaserne (heute Einrichtungen des Rates des Kreises), befindet sich als Rest des zweiten östlichen Stadttores der **Wendische Turm**. Der viereckige Unterbau stammt aus der Zeit um 1400, der runde Oberbau entstand zwischen 1478 und 1492. Die hölzerne Spitze wurde 1566 durch eine steinerne ersetzt. Das schmale Wendische Tor wurde 1834 abgetragen.

Östlich vom Reichenturm steht an der Südseite der Steinstraße, auf dem ehem. Salzmarkt, die katholische **Liebfrauenkirche**, die erstmals 1293 urkundlich erwähnt wurde. Die Kirche wurde im Hussitenkrieg 1429/30 völlig zerstört. Der Neubau von 1443 brannte mehrmals ab. 1647 wird sie Pfarrkirche der katholischen Sorben anstelle der aufgegebenen Nikolaikirche. In der Bauzeit 1686/91 entstanden auch das oberste Stockwerk und die Kuppelhaube des Turmes. An der Nordwestecke der Kirche steht das granitene „Tetzelkreuz", das sich auf den Besuch des Ablaßhändlers im

Jahr 1508 beziehen soll. Vor der äußeren Stadtmauer, am äußeren Reichentor (heute Bolesław-Bierut-Straße) wurde 1523 ein Friedhof angelegt, der nach einer aus dem Taucherwald bei Uhyst umgesetzten Kapelle den Namen „Zum Taucher" erhielt. Nach den Plänen Röhrscheidts d. J. wurde 1598/99 die **Taucherkirche** errichtet. Nach dem Dreißigjährigen Krieg wurden mit der Wiederherstellung ein Dachreiter aufgesetzt und 1677 die Fenster in die Nordwand eingebrochen. Im Bayrischen Erbfolgekrieg 1778/79 und während der Schlacht bei Bautzen 1813 wurde die Kirche erneut verwüstet. Erneuerungen des späten 18. und 19. Jh. gaben dem Kircheninnenraum das kühle Gepräge des Klassizismus. 1926 wurden die Vorhalle an der Friedhofsseite und das Westportal hinzugefügt. Der **Taucherfriedhof** ist ein historischer Friedhof aus dem 16. Jh. und reich ausgestattet mit künstlerisch wertvollen Grabmälern wohlhabender Bürgerfamilien des 17./18. Jh., aber auch aus der jüngeren Vergangenheit. Am Hauptweg steht eine zweigeschossige Gruft, das Obergeschoß diente als Gedächtnisraum. Der Kaufmann Franke ließ das Bauwerk 1745 errichten. Da-

hinter steht das älteste Denkmal des Friedhofes, das an den 1404 ermordeten Martin Bischoffswerde und seine beiden Söhne erinnert: ein achteckiger Pyramidenstumpf, von dessen Flächen sich nach unten gabelnde Kreuze abheben. An der Nordostecke des ältesten Friedhofes steht das Tietzesche Erbbegräbnis in klassizistischer Architektur. Ein polnischer Künstler gestaltete für seine in Kriegsgefangenschaft gestorbenen Kameraden nach dem ersten Weltkrieg ein Denkmal. Die Gruft des Starkschen Erbbegräbnisses ist Gedenkstätte an die letzten Opfer des zweiten Weltkrieges in Bautzen. Die Taucherkirche war seit 1587 mit einem Hospital verbunden; der Neubau von 1899 wurde 1945 zerstört und dort 1954 die Ingenieurschule für Fördertechnik, jetzt Maschinenbau, errichtet.

An der Kreuzung Wallstraße/Am Ziegelwall weisen noch zwei Denkmale auf die sorbische Stadt Budissin hin: die Büste des in dieser Stadt wirkenden sorbischen Patrioten Jan A. Smoler, der Verleger und Buchhändler war, und eine 1985 aufgestellte Stele für den 1912 gegründeten Bund der Lausitzer Sorben „Domowina" (Heimat).

Berlin

ⓘ Berlin-Information
Informationszentrum
am Fernsehturm
Berlin, 1020

Historischer Stadtkern lt. Bekanntma-
chung der zentralen Denkmalliste der
DDR:
„Straße Unter den Linden mit Marx-
Engels-Brücke, Museum für Deutsche
Geschichte, Palais Unter den Linden,
Operncafé und den Denkmälern:
Scharnhorst, Blücher, Gneisenau und
York; Neue Wache, Maxim Gorki
Theater, Staatsoper, Altes Palais, Hum-
boldt-Universität mit den Denkmälern:
Alexander und Wilhelm von Humboldt, Mitscherlich, Helmholtz,
Mommsen, Staatsbibliothek, Brandenburger Tor, Bebelplatz mit Hedwigs-
kathedrale, Alte Bibliothek, Friedrichs-
werdersche Kirche, Platz der Akademie
mit Schauspielhaus, Deutsche und Französische Kirche. Marx-Engels-Platz
mit Staatsratsgebäude, Marstall,
Dom, Lustgarten mit Granitschale, Museumsinsel mit Altem und Neuem Museum, Nationalgalerie mit Denkmal
Friedrich Wilhelm IV., Pergamonmuseum, Bodemuseum. Platz vor dem Roten Rathaus mit Rotem Rathaus, Marienkirche, Neptunbrunnen, Nikolaikirche. Hochhaus Weberwiese."

Im engeren Sinne hat Berlin zwar keinen baulich geschlossenen Stadtkern
mehr, in der Summe der Einzelbau-
werke, Ensembles und in Teilen der
überlieferten Stadtstruktur ist er aber
ablesbar. Stadtbrände im Mittelalter,
der Umbau zur barocken Residenz
und Flächenabrisse beim Ausbau zur
Reichshauptstadt im 19. Jh. dezimierten den historischen Bestand beträchtlich. Stammten schon zu Beginn des
20. Jh. die Bauten der Innenstadt zumeist aus dem späten 19. Jh., so vernichtete der zweite Weltkrieg den historischen Kern Berlins weitgehend.
Ihm fielen 48 Prozent aller Bauten der
Stadt zum Opfer, der Zerstörungsgrad
im Zentrum war weitaus höher.
Berlin entstand seit dem Ende des
12. Jh. beidseitig des Mühlendammes

mit den selbständigen Kommunen
Berlin um die Nikolaikirche und
Kölln um die Petrikirche (heute Park-
platz Scharrenstraße). Gab es für
Kölln aufgrund seiner Insellage keine
Erweiterungsmöglichkeiten, der Norden der Insel (heute Marx-Engels-
Platz und Museumsinsel) war Sumpf,
so erweiterte sich Berlin schnell bis
hin zur Klosterstraße und um die Berliner Neustadt mit der Marienkirche.
Die nach J. G. Memhardts Entwurf
1658/83 angelegte Festung lehnte sich
um Berlin eng an die mittelalterliche
Stadtmauer an, auf Köllner Seite
schloß sie auch den (Friedrichs-)Wer-
der – seit 1662 dritte Residenzstadt –
sowie den schmalen Streifen von
Neu-Kölln am Wasser (Wallstraße)
ein.
Die Lage der ab 1734 wieder einge-
ebneten Wälle markiert sich noch
heute deutlich im Stadtgrundriß. Neben der S-Bahn-Trasse zeugen noch
Straßenführung und -namen (Nieder-,
Ober- und Wallstraße, Am Festungsgraben) vom Verlauf der Wälle, unre-
gelmäßige Plätze, wie Köllnischer
Park, Spittelmarkt, Hausvogteiplatz,
markieren ehem. Bastionen. Schon
während des Festungsbaus begann in
westlicher Richtung die planmäßige
Stadterweiterung mit der Dorotheenstadt (Stadtrecht 1674) nördlich der
1647 angelegten Lindenallee bis zur
heutigen Schadowstraße und südlich
davon mit der Friedrichstadt (Stadtrecht 1692), begrenzt von der heutigen
Mauer- und Zimmerstraße. Um 1732
wurden beide Städte im Westen bis
hin zur heutigen Staatsgrenze und die
Friedrichstadt nach Süden bis hin
zum Rondell, heute Mehringplatz in
Berlin (West), erweitert. Die durch die
Vereinigung der fünf Städte 1709 entstandene königliche Residenzstadt
Berlin wurde ab 1734 mit einer Zollmauer umgeben. Dieses Gebiet ist in
den genannten Grenzen als der historische Stadtkern zu betrachten.
Im Bereich der beiden Altstädte haben Stadtentwicklung und Kriegsfolgen kaum etwas von der historischen
Stadtstruktur übriggelassen. Nur wenige Straßen haben ihren Verlauf in

etwa beibehalten, wie z. B. die Burg-, Post-, Spandauer, Stralauer, Litten-, Gontard- und Rathausstraße in Berlin; die Friedrichsgracht, Brüder-, Breite Straße, Neumanns- und Sperlingsgasse in Kölln; die Unterwasser-, Oberwasser-, Kur- und Kleine Jägerstraße auf dem Werder. In der Dorotheen- und der Friedrichstadt dagegen besteht das historische Straßenraster des 18. Jh. mit geringfügigen Veränderungen noch heute. Die überlieferten Bauten in der Berliner Altstadt markieren sowohl die ursprünglichen Siedlungskerne wie auch die historischen städtebaulichen Dominanten, in Alt-Kölln wurden sie ein Opfer des zweiten Weltkrieges (Petrikirche und Rathaus). Die erste Bebauung ging von Dünenhügeln in der sumpfigen Spreeniederung aus (Petri- und Nikolaikirche). Der Bau des zweiten Berliner Rathauses (Ende 13. Jh.) am heutigen Standort, das erste befand sich am Molkenmarkt in der Nähe der Nikolaikirche, wie auch der Marienkirche erfolgte auf den zwei weiteren hier vorhandenen Dünenhügeln.

Die **Nikolaikirche**, begonnen um 1220 auf einem älteren Friedhof, ist der wahrscheinlich erste Steinbau der Stadt. Von der romanischen dreischiffigen kreuzförmigen Feldsteinbasilika ist nur das Westwerk als Turmunterbau erhalten. Die noch im 13. Jh. zu einer gotischen Halle umgebaute Kirche wurde, beginnend vor 1460, bis 1480 durch die heutige Backsteinhalle mit dem nördlichen Anbau (Sakristei und Bibliothek) ersetzt. Bereits 1452 war die Liebfrauenkapelle südlich des Turmes errichtet worden. Der nördliche Turm endete, wie bei der etwa gleichzeitig errichteten Petrikirche, als Stumpf in Höhe des Kirchendaches. Diese unsymmetrische Fassade blieb bis in das 19. Jh. unverändert. Der Innenraum wurde mehrfach umgestaltet, so 1817 durch K. F. Schinkel und F. W. Langerhans. Massive Bauschäden, u. a. ein Riß im Turmunterbau, erforderten eine durchgreifende Rekonstruktion, vorgenommen 1877/79 durch H. Blankenstein. Der Umbau der Turmfront in eine neogotische Zwillingsturmfassade rief in der Fachwelt heftige Diskussionen über den Umgang mit der historischen Substanz bzw. dem überlieferten Erscheinungsbild eines Baudenkmals hervor. Er veränderte die Silhouette der Altstadt beträchtlich. Nach Bombentreffern brannte die Kirche 1944/45 aus. Witterungseinflüsse ließen 1949 das Gewölbe einbrechen, erhalten blieben nur die Umfassungsmauern, die südliche Pfeilerreihe und die Turmstümpfe. Sichtbares Zeichen der 1980 begonnenen und 1987 abgeschlossenen Rekonstruktion war am 20. 8. 1982 die Montage der gegenüber dem Original leicht veränderten Turmhelme. Neuer Nutzer der Kirche ist das Märkische Museum. Die Nikolaikirche beherbergte auch plastische Werke von europäischem Rang, geschaffen vor allem von A. Schlüter und J. G. Glume d. Ä. Sie überstanden teilweise den Krieg wegen ihrer Auslagerung nach der 1938 erfolgten Schließung der Kirche für einen nicht ausgeführten Umbau in eine Konzerthalle. Außer Begräbnisstätte bedeutender Persönlichkeiten der Berlin-brandenburgischen Geschichte ist die Nikolaikirche auch der historische Ort des Übertritts der Stadt zur Reformation am 2. 11. 1539 und der Einsegnung der ersten gewählten Stadtverordnetenversammlung am 6. 7. 1809.

Wie die Hospitäler lagen die Klöster am Rande der mittelalterlichen Stadt. Vom Dominikanerkloster, angelegt bis 1296 (etwa Standort des Staatsratsgebäudes), kündet heute nur noch der Name Brüderstraße; vom ehem. *Franziskanerkloster* (begonnen etwa 1250/65) ist die Kirchenruine Kloster-/Ecke Grunerstraße erhalten. Die Ruinen des im Frühjahr 1945 zerbombten Klosters wurden abgetragen, die Umfassungsmauern der Kirche gesichert und für Ausstellungen zugänglich gemacht. Das im wesentlichen bis 1519 fertiggestellte Kloster wurde mehrfach umgebaut und erweitert. Im 19. Jh. erfolgten massive „denkmalpflegerische" Eingriffe, die 1926/36 zurückgenommen wurden.

Ephraimpalais

Eine besondere Bedeutung erlangte das nach der Reformation säkularisierte Kloster als Wirkungsstätte des vielseitigen Gelehrten und Unternehmers L. Thurneysser sowie als Heimstatt des „Berlinischen Gymnasiums zum Grauen Kloster" (1574/1945). Prominente Schüler waren u. a. K. F. Schinkel, G. Schadow, O. v. Bismarck und E. Rathenau.

Die östliche Begrenzung des Klosters bildete im Mittelalter die um 1250 errichtete und im 14. Jh. verstärkte **Stadtmauer**, die einheitlich Berlin und Kölln umschloß. Reste haben sich an der Waisenstraße einschließlich der vier, im Kern mittelalterlichen, barock umgebauten Wohnhäuser, heute **Gaststätte „Zur letzten Instanz"**, erhalten. Bis zum allmählichen Abbruch der Mauer waren an der Stadtseite fast durchgängig Wohnhäuser und Wirtschaftsgebäude angebaut.

Unweit des Klosters künden drei barocke Bauwerke vom Wirken J. de Bodts. Unter Verwendung vorhandener Substanz errichtete er 1701/04 in der Klosterstr. 68 das **Palais Podewils**, 1875/81 Domizil des Märkischen Museums (heute Haus der Jungen Talente). Das schwer zerstörte Gebäude mit den 1881/96 an der Parochial- und Waisenstraße errichteten Erweiterungsbauten wurde 1952/54 und nach einem Brand 1966/70 wiederhergestellt, dabei wurden die Veränderungen aus dem 19. Jh. (Putzquaderung, Mittelrisalit) zurückgenommen. Die benachbarte **Parochialkirche** wurde von J. A. Nering begonnen und 1703 von M. Grünberg vollendet. Nach de Bodts Entwurf errichtete Ph. Gerlach 1713/14 den Glockenturm über der von Grünberg 1705 angefügten Vorhalle. Wie in der Nikolai- und der Marienkirche sind auch hier bekannte Persönlichkeiten bestattet. Die im

Mai 1944 ausgebrannte Kirche erhielt 1950/51 wieder die originale Schieferdeckung, der Wiederaufbau des Turmes ist geplant. Die Autorenschaft de Bodts für das **Palais Schwerin**, Molkenmarkt 3, wird angenommen. Bis 1704 ließ der Politiker Otto v. Schwerin unter Verwendung vorhandener Substanz hier seinen Alterssitz errichten. Berühmt-berüchtigt wurde das Palais mit den Häusern Molkenmarkt 1/2, später Münze und wie Molkenmarkt 3 heute Ministerium für Kultur, von 1794 bis 1889 als Polizeipräsidium, Stadtgericht und -vogtei. Mit Verlängerung der Leipziger Straße als Magistrale bis zum Molkenmarkt wurde das Palais 1937 mehrere Meter zurückgesetzt und um die seitlichen Anbauten ergänzt, gleichzeitig wurde der Eingang in die Mitte zurückverlegt. Diesem städtebaulichen Vorhaben fiel 1935 mit der Verbreiterung der Mühlendammbrücke auch das **Ephraimpalais**, Poststr. 16, zum Opfer, 1761/65 von F. W. Diterichs für den Hofbankier Friedrichs II., V. H. Ephraim errichtet. Der als schönstes Rokokopalais geltende Bau wurde abgetragen, wichtige Fassadenteile aber geborgen. Im Winter 1983/84 begann etwa 20 Meter nördlich des alten Standortes der Wiederaufbau des 1892/95 erweiterten Gebäudes, die Erweiterungsbauten in der Poststraße und am Mühlendamm wurden weggelassen. In dem vom Märkischen Museum genutzten Palais erhielt die Kopie einer Stuckdecke aus der 1889 abgerissenen Alten Post (A. Schlüter, 1702/04) ihren Platz. Ebenfalls vom Märkischen Museum mitgenutzt wird das 1759/61 erbaute **Knoblauchhaus**, Poststr. 23, Geburtshaus des Unternehmers und Gewerbepolitikers Carl Knoblauch, bei dem u. a. W. v. Humboldt, P. Beuth, K. F. Schinkel und C. D. Rauch verkehrten. 1835 wurde das Haus sowohl innen als auch außen (Rankenfries) klassizistisch überarbeitet. Nach der Restaurierung in den achtziger Jahren wurden die „Historischen Weinstuben" (Gaststätte) wiedereröffnet und das *Knoblauchmuseum* eingerichtet.

Ab Mitte des 13. Jh. entstand mit regelmäßigem Straßenraster die planmäßige Stadterweiterung um den Neuen Markt mit der **Marienkirche**. Der Bau der gotischen dreischiffigen Halle begann um 1270. Anfang des 14. Jh. war sie fertiggestellt, um 1340 erfolgte der Sakristeianbau im Süden. Seit 1418 belegt, wurde die Kirche um ein Joch, die Turmhalle, erweitert; etwa 1490/1500 war der Turm vollendet. Wegen häufiger Blitzeinschläge und Brände mußte der Turmhelm ständig erneuert werden, erst der neogotische Turmaufsatz von K. G. Langhans (1789/90) hatte Bestand. Während der Renovierung 1817/19 durch Langerhans erfolgten ein Neubau der Emporen und die Trennung der Turmhalle vom Schiff durch eine Glaswand. Weitere Veränderungen nahm H. Blankenstein 1893/94 vor: Neuwölbung der Turmhalle, Einbau einer massiven Trennwand zum Schiff, Abriß der Seitenemporen und Neubau der Orgelempore sowie Angleichung der südlichen Anbauten an die mittelalterliche Sakristei. Bei der Wiederherstellung von 1945 bis 1950 des durch Bombentreffer schwer beschädigten Baus wurde die berühmte, von A. Schlüter 1703 vollendete Kanzel nach Beseitigung der Schäden vom vorletzten an den zweiten Nordpfeiler versetzt und um 90° gedreht. Neben der Kanzel besitzt die Marienkirche weitere bemerkenswerte Ausstattungsstücke, wie den Altar (J. B. Rode, A. Krüger; 1757/62) und zahlreiche Grabmale und Votivtafeln bekannter Persönlichkeiten, z. T. aus der Kloster- und Nikolaikirche stammend. In der Turmhalle befindet sich der um 1484 entstandene und als einziger am Ort erhaltene „Totentanz", ein 22,60 Meter mal 1,98 Meter großes Fresko, 1730 übertüncht, 1860 von A. Stüler wiederentdeckt. Das 1726 neben das Portal versetzte Sühnekreuz war Teil der von der Kirchenobrigkeit der Stadt auferlegten Buße für den Mord am Bernauer Propst vom 16. 8. 1325 vor der Marienkirche während der Machtkämpfe zwischen dem Kaiser, dem die Stadt anhing, und dem Papst.

Von den Hospitälern ist nur die Kapelle vom **Heilig-Geist-Hospital**, 1272 erstmals urkundlich erwähnt, erhalten. Die Gebäude wurden 1818/25 abgerissen und statt dessen 1828 ein Städtisches Obdach errichtet, das 1905/06 der Handelshochschule von Cremer & Wolffenstein (heute Lehrgebäude der Humboldt-Universität) weichen mußte. Die Ende des 13. Jh. errichtete Kapelle selbst wurde erstmals 1313 urkundlich erwähnt, 1476 erhielt sie das Sterngewölbe und 1752 die großen Südfenster. K. F. Langhans leitete 1835 eine die gotische Gestalt wahrende, umfassende Instandsetzung. Der Turm mußte nach der Explosion des benachbarten Pulverturmes (Spandauer Tor) am 12. 8. 1720, die 72 Menschenleben forderte, abgerissen werden.

Von den mittelalterlichen Rathäusern und ihren barocken Nachfolgebauten hat sich keines erhalten. Das **Rote Rathaus** (H. F. Waesemann, 1861/69; Ausstattung B. Kolscher, Statik und Konstruktion J. W. Schwedler) entstand anstelle des baufälligen und aus verschiedenen Epochen stammenden Berliner Rathauskomplexes. Das fast quadratische, um drei Innenhöfe gruppierte Gebäude (99 Meter mal 87,9 Meter) im Rundbogenstil mit Neorenaissance-Elementen und dem 73,75 Meter hohen Turm ist eine der städtebaulichen Dominanten. Den roten Klinkerbau schmücken 36 Terrakottatafeln (6 Meter mal 1 Meter) mit Darstellungen aus der Berlin-brandenburgischen Geschichte, geschaffen 1876/79 von A. Calandrelli, L. Brodwolf, O. Geyer und R. Schweinitz. Der Name „Rotes Rathaus" läßt sich auch aus der Geschichte ableiten. Trotz Sozialistengesetz zogen unter Führung Paul Singers 1883 erstmals fünf sozialdemokratische Abgeordnete in das Stadtparlament ein; 1912 waren es schon 43, ab 1902 geführt von Karl Liebknecht. Seit 1929 vertraten 56 kommunistische Abgeordnete mit Wilhelm Pieck an der Spitze die Arbeiterinteressen. Ältester Teil des abgerissenen Baus war die **Gerichtslaube** aus dem 13. Jh. an der Spandauer/Ecke Rathausstraße, ein fast quadratischer zweigeschossiger offener Bau. Im Erdgeschoß tagte im Mittelalter öffentlich das Schöffengericht, im Obergeschoß der Rat. Am südlichen Eckpfeiler befand sich der Pranger mit dem „Kaak", einem Fabelwesen als Spottfigur. Anfang des 16. Jh. wurde der Bau zugemauert, und 1555 erhielt das Obergeschoß ein Sterngewölbe, später wurde die Renaissancefassade barock überarbeitet. Die Kreuzgewölbe im Erdgeschoß stützten sich auf eine Mittelsäule mit einem Kapitellfries, der die menschlichen Untugenden symbolisierte. Eine Kopie schmückt heute die Säule im Turmzimmer der Ratskellergaststätte. Fehlendes bürgerliches Geschichtsbewußtsein ließen den Magistrat den Abriß des symbolträchtigen ältesten Bürgerbaus verfügen. Ausgerechnet ein kaiserliches Angebot zur Umsetzung in den Schloßpark Babelsberg (1871/72; Bauleitung R. Persius) rettete wenigstens Teile des Originals. Mangels gründlicher bauarchäologischer Untersuchung (Abbruch innerhalb von sechs Tagen) und entsprechend dem damaligen Denkmalpflegeverständnis entwarfen Blankenstein und Strack für den Wiederaufbau eine Gerichtslaube im Stil zeitgenössischer Gotikauffassung ohne nachweisbare Authentizität. In der Poststraße entstand am dritten Ort bis 1987 eine ebensowenig authentische Gerichtslaube (Gaststätte) in Anlehnung an den Zustand von vor 1871.

An das Nationale Aufbauwerk erinnern die 1958 vor dem Rathaus aufgestellten **Bronzestandbilder** der Aufbauhelferin und des Aufbauhelfers von F. Cremer. In der Freianlage erhielt 1969 der **Neptunbrunnen** von R. Begas (Entwurf 1886, Guß 1889/91) seinen neuen Platz. Als Geschenk der Stadt an Wilhelm II. war er 1891 in der Achse der Breiten Straße auf dem Schloßplatz aufgestellt worden. Wegen schwerer Kriegsschäden mußten das kleeblattförmige Brunnenbecken (Durchmesser 18 Meter) aus rotem Granit neu angefertigt und die Bronzefiguren restauriert werden.

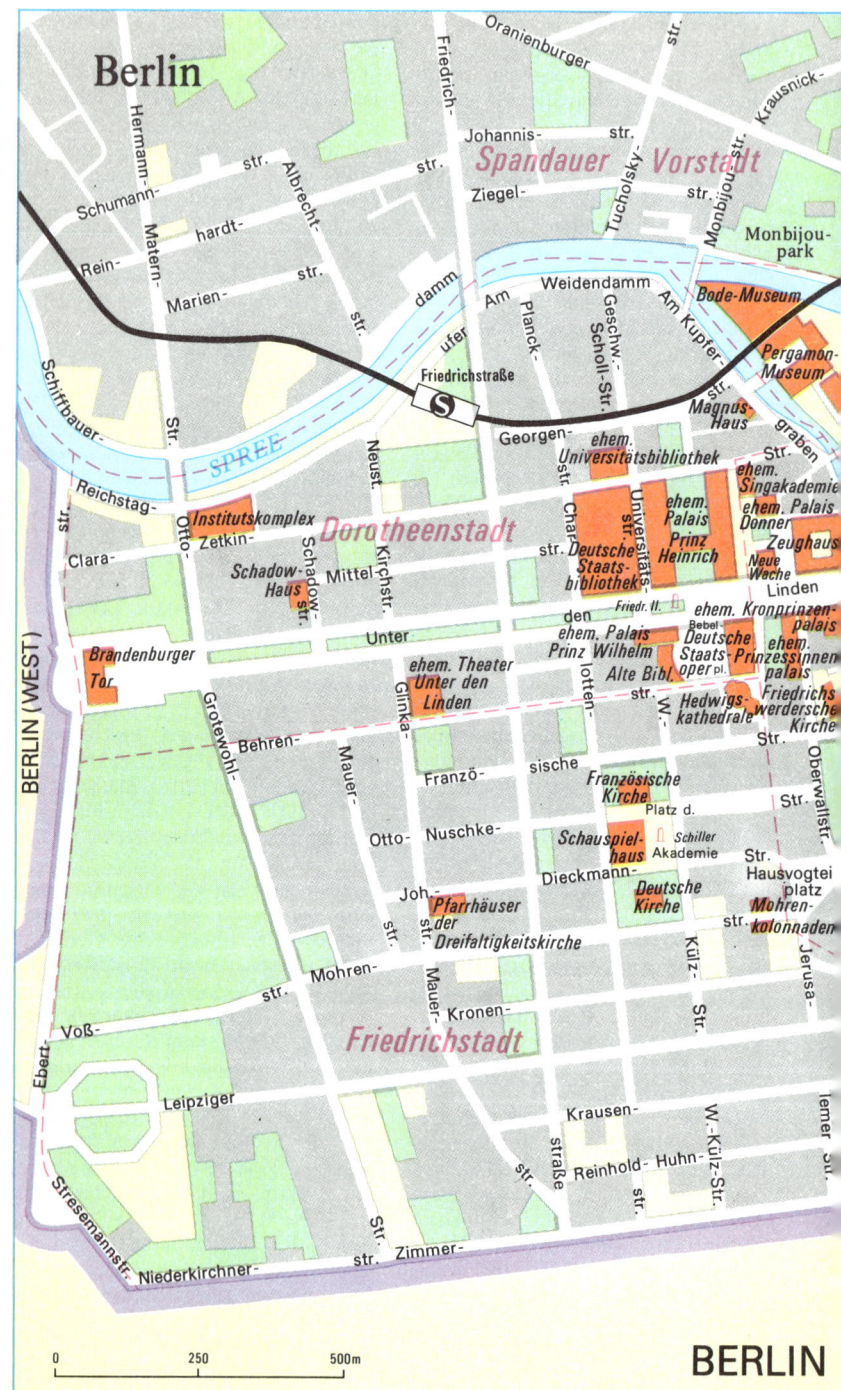

Berlin

Spandauer Vorstadt

Monbijou-park

Bode-Museum

Pergamon-Museum

Friedrichstraße

SPREE

Institutskomplex

Dorotheenstadt

ehem. Universitätsbibliothek

ehem. Singakademie

ehem. Palais Donner

ehem. Palais Prinz Heinrich

Zeughaus

Schadow-Haus

Deutsche Staats-bibliothek

Neue Wache

Universitäts-str.

Linden

Friedr. II.

ehem. Kronprinzen-palais

Brandenburger Tor

ehem. Theater Unter den Linden

Unter

den

ehem. Palais Prinz Wilhelm

Deutsche Staats-oper

ehem. Prinzessinnen-palais

Alte Bibl.

Friedrichs-werdersche Kirche

Hedwigs-kathedrale

Behren-

Franzö-

sische

Französische Kirche

Schauspiel-haus

Schiller Akademie

Platz d.

Dieckmann-

Deutsche Kirche

Hausvogtei-platz

Mohren-kolonnaden

Pfarrhäuser der Dreifaltigkeitskirche

Mohren-

Kronen-

Friedrichstadt

Leipziger

Voß-

Krausen-

Reinhold- Huhn-

Stresemannstr.

Niederkirchner-

Zimmer-

BERLIN (WEST)

0   250   500m

BERLIN

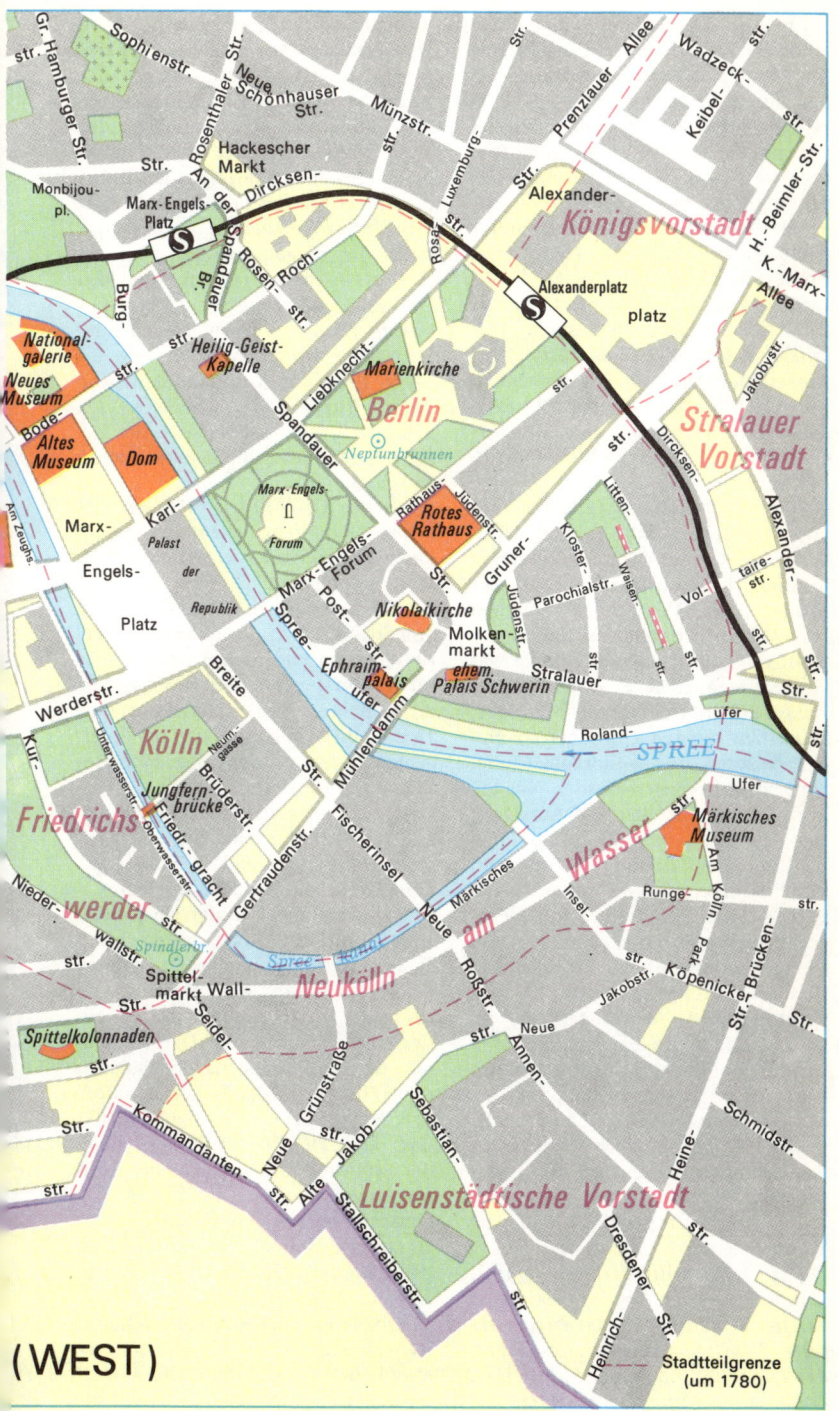

(WEST)

Im ehem. Kölln sind vier bedeutende Bauten erhalten. In der Breiten Str. 35 steht der einzige Renaissancebau der Hauptstadt, das von B. Benzelt 1624 unter Verwendung zweier vorhandener Gebäude errichtete **Ribbeckhaus**. 1803/04 erfolgte unter Beibehaltung der Firsthöhe mit veränderter Dachneigung eine stilistisch angepaßte Aufstockung. Das Nebenhaus, Breite Str. 36, erbaute M. M. Smids 1667/70 als **Marstall**, das einzige frühbarocke Haus der Stadt. Das kriegszerstörte Gebäude wurde 1953 wiederaufgebaut und 1964/65 wurden wie vom Ribbeckhaus auch die Fassadenzutaten (1865/66) entfernt. Das Giebelrelief konnte nicht rekonstruiert werden.

Seit dem Mittelalter, erhalten sind noch die Kellergewölbe, war die Brüderstr. 13 bebaut, heute **Nicolaihaus** und Sitz des Institutes für Denkmalpflege. Das Vorderhaus entstand 1670, 1709/10 durch den linken Seitenflügel und das Quergebäude mit Festsaal ergänzt. K. F. Zelter verlegte 1803 die Tordurchfahrt in die Mitte, baute den rechten Hofflügel an und den Festsaal zu Wohnräumen um. Unter dem Besitzer Friedrich Nicolai, Verleger, Schriftsteller und Aufklärer, war das Haus von 1787 bis 1811 ein Zentrum der Berliner Geisteswelt. Von besonderem Reiz ist die heute seltene barocke Hofanlage und die geschnitzte Haupttreppe (um 1710). Im Quergebäude wurde ab 1977 die klassizistische Treppe aus dem 1935/36 abgebrochenen Weydingerhaus rekonstruiert. In Teilen ebenfalls vom Institut genutzt wird das sog. **Galgenhaus**, Brüderstr. 10. Die um 1688 erbaute ehem. Petrikirchen-Propstei wurde 1805 klassizistisch überarbeitet, der Schlußsteinkopf und die Gitter stammen wie die reiche Stuckdecke im rechten Erdgeschoß und die Treppe aus der Erbauungszeit.

Der Marx-Engels-Platz, einst Standort des im Krieg zerstörten Schlosses, wird neben den Bauten unserer Zeit, Staatsratsgebäude, Palast der Republik und Außenministerium, durch zwei Monumentalbauten der wilhelminischen Ära geprägt. E. v. Ihne errichtete von 1897 bis 1901 zwischen Spree und Breite Straße den **Neuen Marstall** als Ersatz für den seinem Bibliotheksneubau weichenden alten Marstall, Unter den Linden. Nach schweren Kriegsschäden wurde die Spreefront des neobarocken Baus bis 1968 originalgetreu wiederhergestellt, die Eingangsfassade aber um den plastischen Schmuck und den Dreiecksgiebel reduziert. Der Marstall ist auch ein Geschichtsdenkmal: Hier hatte vom November 1918 bis März 1919 die Volksmarinedivision ihren Sitz, hier scheiterte am 23./24. 12. 1918 der Versuch der Reaktion, diese revolutionäre Formation zu liquidieren.

Als der 1747/50 in Nachfolge der ersten Domkirche, ehemals Dominikanerklosterkirche, errichtete (Entwurf J. Boumann, G. W. v. Knobelsdorff und Friedrich II.) und 1817/22 von Schinkel umgebaute **Dom** den Repräsentationsansprüchen des Hofes nicht mehr genügte, setzte in den vierziger Jahren eine jahrzehntelange Dombaubewegung ein, die aus unterschiedlichen Gründen – fehlende Motivation, Revolution 1848, Wirtschaftskrisen, stilistische Probleme – erst mit dem Neubau von J. Raschdorff (1894/1905) endete. Er war das Hauptwerk des wilhelminischen Barock, exemplarisch in der Übersteigerung von Größe und Form. Nach Bombentreffern brannte die Kuppel am 20. 5. 1944 aus, die Laterne stürzte bis in den Keller und verursachte zusätzliche Zerstörungen. Der Einrichtung der Gruftkirche als Gottesdienstraum (1945) und der Sicherung durch eine Notkuppel (1951) folgte 1967/71 und 1979/80 die Wiederherstellung der Tauf- und Traukirche an der Karl-Liebknecht-Straße. Die äußere Rekonstruktion des Bauwerkes mit vereinfachten Haupt- und Eckturmkuppeln wurde 1975/81 vorgenommen. Der im einzelnen wenig wertvolle, als Ensemble aber bedeutende bildkünstlerische Schmuck wurde wie die Fassade komplett restauriert. Die Restaurierung der Haupt-(Predigt-)kirche be-

Blick auf den Dom

gann im Anschluß, der nördliche Anbau wurde beseitigt. Der Dom birgt zahlreiche z. T. noch aus den Vorgängerbauten stammende Kunstwerke. Unter den 95 Sarkophagen befinden sich solche von P. und H. Vischer, J. M. Döbel, A. Schlüter, J. Glume d. Ä. und R. Begas; zur Ausstattung gehören u. a. Werke von C. D. Rauch, F. Tieck und K. F. Schinkel. Das Geläut stammt von 1471, 1532 und 1685.

Die Nordseite des Lustgartens — das frühere Sumpfgebiet wurde im 16. Jh. zum kurfürstlichen Küchengarten kultiviert und im 17. Jh. als Lustgarten mit zahlreichen Gartenarchitekturen (u. a. von J. G. Memhardt) ausgestattet — begrenzt das von Schinkel erbaute **Alte Museum** (1825/30). Es war vorläufiger Höhepunkt der Bemühungen, u. a. von A. v. Heinitz und W. v. Humboldt, für eine bürgerliche Öffnung des Kulturlebens. Schinkel stellte das bürgerliche Museum dem königlichen Schloß gegenüber und setzte sich damit gegen Versuche einer direkten Bindung der Kunstsammlungen an den Hof durch. Die 28,5 Meter breite Freitreppe führt in die von 18 ionischen Säulen getragene Vorhalle

auf hohem Sockelgeschoß. Durch das anschließende offene Treppenhaus betritt der Besucher die dem römischen Pantheon nachempfundene 22,8 Meter hohe Rotunde, den einzigen original wiederhergestellten Innenraum. Mit dieser Anlage wird ein allmählicher, klassisch schöner Übergang vom Außen- zum Innenraum erreicht. Die Bauplastiken schufen bis 1861 A. Wolff, A. Kiß, F. Tieck, H. Hagen und H. Schievelbein, z. T. nach Entwürfen von C. D. Rauch; das zweiflügelige Bronzetor (1860) ist ein Werk A. Wolffs nach Stülers Entwurf. Am 30. 4. 1945 brannte das schon schwer beschädigte Museum aus. Nach der ersten Aufbauetappe 1951/66 wurde es wiedereröffnet, bis hinein in die achtziger Jahre erfolgte die Restaurierung der Rotunde, des Treppenhauses und der Vorhalle. Die 1841/47 nach Schinkels Entwürfen geschaffenen Wandmalereien in der Vorhalle konnten nicht rekonstruiert werden, die heutige Fassung folgt einer Zwischenlösung von 1830/41. Die **Granitschale** (1827/29) vor dem Museum, von G. Ch. Cantian nach Schinkels Entwurf aus einem der Fürsten-

Nationalgalerie

walder Markgrafensteine gefertigt, konnte wegen des von Cantian eigenmächtig vergrößerten Durchmessers (knapp 7 Meter) nicht wie geplant in der Rotunde aufgestellt werden. Sie erhielt ihren Platz im 1830 von P. J. Lenné umgestalteten Lustgarten, der seit Friedrich Wilhelm I. als Exerzierplatz gedient hatte. 1934 wurde der Lustgarten als Aufmarschplatz wieder zur Einöde, die Schale verschwand hinter dem Dom. Im Krieg beschädigt, kehrte sie restauriert 1981 auf ihren Platz zurück. Der Lustgarten wird schrittweise wieder eine Grüngestaltung erhalten.

Nach dem Bau des Alten Museums entstand die Idee, den Nordteil der Köllner Insel zur „Freistätte für Kunst und Wissenschaft" (Kronprinz Friedrich Wilhelm, 1835) zu machen. Der weiteren Bebauung lag trotz entsprechender Entwürfe kein einheitlicher Plan zugrunde. Der am Kupfergraben von C. L. Schmid und K. F. Schinkel errichtete Neue Packhof

(1826/32) wich schrittweise den Museumsbauten, als letztes fiel 1938 das als Direktionsgebäude der Museen genutzte ehem. Salzsteuergebäude zwischen Neuem Museum und Kupfergraben. Das **Neue Museum**, Bodestr. 4, Hauptwerk A. Stülers, wurde 1843/46 errichtet, wegen der aufwendigen Innenausstattung aber erst 1856 eröffnet. Der dreigeschossige, 1885 von R. Cramer um die beiden Innenhöfe aufgestockte Bau ist sowohl museumsgeschichtlich mit der erstmals völligen Abstimmung der Raumausstattung auf die Exponate wie auch bautechnisch (Leichtbauweise der Decken mit Topfziegeln, unterspannte gußeiserne Deckenträger, Anwendung hochfester Zemente) interessant. Das dreiläufige Treppenhaus mit dem offenen Dachstuhl als doppeltes Hängewerk war mit sechs 1847/68 von W. Kaulbach in der von ihm entwickelten Technik der Wasserglasmalerei ausgeführten monumentalen Wandgemälden geschmückt und stellte eine der imposantesten Raumschöpfungen des 19. Jh. dar. Die Zinkgußreliefs an den Giebeln des überhöhten Mitteltrakts schufen A. Kiß und F. Drake, die Bronzegreife der Dachbekrönung A. Wolff und den plastischen Schmuck der von Flachkuppeln gekrönten Eckrisalite G. Bläser, F. Drake, K. H. Möller und H. Schievelbein. Nachdem bereits 1943 das Treppenhaus ausgebrannt war und die Kaulbach-Fresken vernichtet wurden, zerstörten im Februar 1945 Bomben den westlichen Trakt und beschädigten den restlichen Bau schwer. Mit Sicherungsarbeiten begann Ende 1985 die Wiederherstellung des bedeutendsten Werkes des Klassizismus nach Schinkel. Ebenfalls nach einem Entwurf Stülers, basierend auf Skizzen Friedrich Wilhelms IV. und durch den ausführenden J. H. Strack verändert, wurde 1866/76 die ursprünglich als Universitätsfesthalle konzipierte **Nationalgalerie**, Bodestr. 1/3, errichtet. Als römischer Tempel erhebt sie sich auf hohem Sockelgeschoß über einer monumentalen Freitreppe, die vom Reiterstandbild Friedrich Wilhelms IV. (1886 von A. Calandrelli, Entwurf G. Bläser) – Begründer der Museumsinsel – gekrönt wird. Das plastische Bildprogramm konzipierte M. Schulz. Dorische Säulengänge schließen Nationalgalerie und Neues Museum zu einem Ensemble zusammen. Nach Beseitigung der schwersten Kriegsschäden eröffnete am 18. 6. 1949 die erste Ausstellung, 1951/52 wurde das am 3. 2. 1945 eingestürzte Treppenhaus wiederaufgebaut, und 1963 waren die Schäden im wesentlichen beseitigt. Eine umfassende Restaurierung begann 1985.

In enger Zusammenarbeit mit dem Kunsthistoriker und späteren Generaldirektor der Staatlichen Museen Wilhelm v. Bode entwarf E. v. Ihne das museumstechnisch vorbildliche, 1897/1904 auf der Nordseite der Insel erbaute damalige Kaiser-Friedrich-Museum, heute **Bodemuseum**, mit der Monbijou-Brücke. Die Arkaden der abgerundeten Eingangsfassade

des neobarocken Baus führen in die überkuppelte Vorhalle mit der Kopie (1896) des Reiterstandbildes Friedrich Wilhelms von A. Schlüter (1697 bis 1703) auf originalem Sockel. Die schweren Kriegsschäden wurden ab 1952 in mehreren Etappen beseitigt. Vollendet wurde das Ensemble mit dem **Pergamonmuseum**, entworfen von A. Messel und nach dessen Tod von L. Hoffmann mit häufigen inflations- und kulturpolitisch bedingten Unterbrechungen 1909/30 erbaut. Es folgte einem 1901 von F. Wolff und R. Cramer errichteten Interimsbau am gleichen Ort. Die Anlage blieb unvollendet, vorgesehen waren noch ein eingeschossiger Verbindungsbau am Kupfergraben, ein Eingangsbau (in moderner Gestaltung 1980/82 errichtet), der Übergang zum Bodemuseum sowie ein dem Neuen Museum vorgelagerter Erweiterungsbau. Damit blieb Messels Absicht, die relativ regellose Bebauung am Kupfergraben zusammenzufassen, ebenso unausgeführt wie die städtebauliche Verbindung mit der Dorotheenstadt durch eine neue Straßenachse zwischen Ehrenhof und Hegelplatz.

Vom Schloßgelände führte seit dem 17. Jh. über die Hundebrücke der Reitweg in das kurfürstliche Jagdgebiet des Tiergartens. Mehrfach umgebaut oder erneuert genügte die Brücke sowohl den Verkehrs- wie auch den Repräsentationsanforderungen als Beginn der Prachtstraße Berlins nicht mehr. 1821/24 erfolgte nach Schinkels Entwurf der Bau der neuen Schloß-, heute **Marx-Engels-Brücke**, zwischen Kölln und dem Friedrichswerder. Der mittlere Bogen wurde erst Ende des 19. Jh. nach dem Bau der Mühlendammschleuse anstelle der bis dahin notwendigen Schiffsklappen eingebaut. Die Figurengruppen, wonach sie auch „Puppenbrücke" genannt wurde, sind nach Motiven der griechischen Mythologie in veränderter Form und in Marmor statt Kupfer erst 1842/57 von G. Bläser, F. Drake, K. H. Möller, H. Schievelbein, L. Wichmann, A. und E. Wolff und A. Wredow geschaffen worden.

1960 war die Brücke wieder aufgebaut, die im Krieg ausgelagerten Figuren kehrten 1983/84 auf ihre Podeste zurück, gleichzeitig erhielt die Brücke einen passenden Gehwegbelag und historisch nachempfundene Laternen.

An der Brücke nimmt das historische Ensemble der Straße **Unter den Linden** seinen Anfang, früher erst ab Neustädtischen Tor, etwa in Höhe der Neuen Wache, so genannt. Die Bebauung der heutigen „Linden" begann auf dem Werder 1653 mit dem Haus des kurfürstlichen Baumeisters und späteren werderschen Bürgermeisters J. G. Memhardt gegenüber dem Zeughaus. Das 1981 an diese Stelle versetzte **Denkmal** des preußischen Reformers **Karl Freiherr vom und zum Stein**, entworfen von H. Schievelbein und vollendet nach dessen Tod von H. Hagen (1867), stand seit 1875 auf dem heute nicht mehr existierenden Dönhoffplatz (Leipziger Str.). Ältestes erhaltenes Gebäude Unter den Linden ist das ehem. **Zeughaus**, heute *Museum für Deutsche Geschichte,* Unter den Linden 2. Geplant schon während des Festungsbaus, begann sein Bau erst 1695. Nach J. A. Nerings Tod im gleichen Jahr übernahm M. Grünberg die Leitung. Zugrunde lag vermutlich ein Entwurf von N. F. Blondel, 1657/58 französischer Gesandter in Berlin. Geprägt wurden die architektonische Gestalt und der plastische Schmuck des Zeughauses aber durch A. Schlüter (1698/99) und J. de Bodt (1699/1706). Ab 1696 entstanden in Schlüters Atelier die über 100 Schlußsteine und die berühmten 22 Masken sterbender Krieger, nach de Bodts Entwürfen modellierte G. Hulot die Giebelreliefs und die Attikatrophäen, von ihm stammen auch die allegorischen Frauengestalten beidseitig des Portals. Die nach Nutzung durch französische Truppen notwendige Instandsetzung – ohne äußere Veränderung – leitete 1817/21 Schinkel. Einschneidender war nach Aufgabe des Baus als Arsenal (1871) der Umbau durch F. Hitzig und R. Cramer 1877/81 zur „Ruhmeshalle für die preußischen Armee". Durch schwere Kriegsschäden bedingte konstruktive Veränderungen führten während der Wiederherstellung zu einer völligen Neugestaltung im Innern, die Umbauten des 19. Jh. wurden beseitigt. 1967 war das Zeughaus, bereits 1953 als Museum eröffnet, völlig wiederhergestellt.

Die gegenüberliegenden Palais wurden im Krieg total zerstört. Unter Leitung R. Paulicks erstanden das **Kronprinzenpalais** (1968/69) als Gästehaus und das **Prinzessinnenpalais** (1963/64) als Operncafé im Äußeren originalgetreu wieder. Das Kronprinzenpalais entstand 1732 durch Umbau eines Bürgerhauses als Stadtwohnung für Kronprinz Friedrich II. Mit dem Seitenflügel, dem Attikageschoß und dem Fassadenumbau erhielt das Palais 1856/58 durch J. H. Strack seine heutige Gestalt. Auch das Prinzessinnenpalais war kein Neubau. F. W. Diterichs vereinte 1733 durch Umbau zwei Wohnhäuser, H. Gentz erweiterte das Palais 1810/11 durch den klassizistischen Kopfbau mit Übergang zum Kronprinzenpalais.

Zwischen Operncafé und Staatsoper erhielten 1963/64 die **Denkmäler der Generale der Befreiungskriege** – Gerhard v. Scharnhorst (1819/22; ursprünglich neben der Wache), Gebhard Leberecht v. Blücher (1819/24), Hans York v. Wartenburg und Neidhard v. Gneisenau (1855; wie das Blücherdenkmal ursprünglich an der Straße) ihren Platz, sie wurden sämtlich nach Entwürfen Schinkels von C. D. Rauch ausgeführt. Wie die Neue Wache und die Schloßbrücke waren sie Teil der Konzeption Schinkels zur Gestaltung der östlichen „Linden" als „via triumphalis" der Befreiungskriege. Die Aufstellung des Steindenkmals und die geplante Rückkehr der Feldherrenstatuen einschließlich der von Friedrich Wilhelm Bülow v. Dennewitz (C. D. Rauch; 1819/22) an die originalen Standorte folgt diesem Gedanken.

Der exponierte Standort und die geforderte Repräsentationswirkung ermöglichten Schinkel für die **Neue Wache** (1816/18) eine der Memorialkonzeption gemäße Gestaltung. Der einem römischen Kastell nachempfundene relativ kleine Bau mit dorischem Portikus anstelle der alten Kanonierwache behauptet sich gleichwertig zwischen Zeughaus und Universität. Den Zinkgußschmuck nach Entwürfen Schinkels schufen G. Schadow (1818; Victorien) und A. Kiß (1842/46; Giebelrelief). Als Wache diente der Bau bis 1918. H. Tessenow baute 1930/31 das Innere zum Gefallenenehrenmal um. Die schweren Kriegsschäden wurden von 1951 bis 1957 beseitigt, unter Leitung H. Mehlans wurde die Wache bis 1960 als Mahnmal für die Opfer des Faschismus und Militarismus eingerichtet und 1969 durch L. Kwasnitza in der heutigen Form umgestaltet.

Th. Ottmer errichtete 1825/27 für die 1791 von Carl Friedrich Fasch begründete Singakademie in Anlehnung an einen Schinkel-Entwurf ein eigenes Gebäude Am Festungsgraben 2. Unter Carl Friedrich Zelters Leitung war die Singakademie 1800/32 zu einer der bedeutendsten Einrichtungen des Berliner Musiklebens und der deutschen Bachpflege gewachsen. Nach dem Wiederaufbau beherbergt es seit 1952 das **Maxim Gorki Theater**. Für die Preußische Nationalversammlung gestaltete H. Bürde 1848 das Innere neu, ab 1865 bauten M. Gropius u. a. das Gebäude umfassend um. Links neben ihm senkt sich als Rest des 1916 eingeweihten Straßenbahntunnels eine Rampe zu den „Linden", gebaut nicht aus verkehrstechnischen Gründen, sondern aufgrund eines kaiserlichen Vetos gegen die unerwünschte Querung seines Reitweges. Neben der Singakademie hat seit dem 28. 2. 1947 das **„Zentrale Haus der Deutsch-Sowjetischen Freundschaft"** in dem 1751/53 von C. F. Feldmann erbauten und 1787 als Behördensitz um den Seitenflügel Am Gießhaus erweiterten Palais Donner sein Domizil. Später war es auch Dienstwohnung des preußischen Finanzministers, u. a. von 1804 bis 1807 des Freiherrn vom und zum Stein. H. Bürde und H. v. d. Hude bauten es 1861/63 zum Finanzmini-

sterium um; es wurde ein neues Treppenhaus angelegt, der Eingang durch die Säulenvorhalle betont, der Marmorsaal eingerichtet, die Fassade überarbeitet und das Steildach durch ein Flachdach mit Attika ersetzt. Im Erdgeschoß wurde in den dreißiger Jahren ein vermutlich von Schinkel gestalteter Festraum des Weydingerhauses (↗ Nicolaihaus) rekonstruiert.

Mit dem heutigen Bebelplatz läßt sich das von 1737 bis 1740 von Kronprinz Friedrich und G. W. v. Knobelsdorff konzipierte, aber aufgrund der späteren Verlegung des Wohnsitzes Friedrichs II. nach Potsdam-Sanssouci und finanzieller Zwänge nur in reduzierter Form ausgeführte **„Forum fridericianum"** erahnen. Die geplante Anlage sollte über ihre Hauptachse (heute Wilhelm-Külz-Straße) die „Linden" und das auf ihrer Nordseite neuzuerrichtende Schloß städtebaulich mit dem Gendarmenmarkt (heute Platz der Akademie) verknüpfen. Der einzige vollendete Bau nach dem ursprünglichen Entwurf v. Knobelsdorffs war das 1741/43 erbaute und im Dezember 1742 voreingeweihte Opernhaus, die heutige **Deutsche Staatsoper**. Als erstes baulich freistehendes Theater war es für seine Zeit revolutionär. Original erhalten ist nur die Eingangsfront Unter den Linden, zahlreiche Um- und Anbauten wandelten es von einem Langhaus in einen Zentralbau mit vorgelagertem Eingangsbau. K. F. Langhans zog beim Wiederaufbau 1843/44 nach einem Brand die Seitenrisalite vor und fügte 1867 dem Bühnenhaus einen Neorenaissanceanbau hinzu, 1910 folgte ein Schnürbodenaufbau und 1926/28 eine Verbreiterung des Bühnenhauses. Bereits im April 1941 zerstört, wurde die Staatsoper aus Propagandagründen zum 200jährigen Jubiläum 1942 wiedereröffnet. Nach der abermaligen Zerstörung im Februar 1945 konnte durch Neuordnung der räumlichen und funktionellen Zusammenhänge beim Wiederaufbau von 1952 bis 1955 unter der Leitung R. Paulicks eine Annäherung an das ursprüngliche Aussehen erreicht wer-

Alte Bibliothek

den. Original erhalten bzw. wiederhergestellt sind u. a. der Apollosaal in fridericianischem Rokoko, das Giebelrelief der Eingangsfront (E. Rietschel, 1844) und das der Rückfront (B. Giese). Nach Skizzen Friedrichs II. und dem Vorbild des römischen Pantheons entwarf Knobelsdorff die Hedwigskirche, heute **St.-Hedwigs-Kathedrale** als erste katholische Kirche nach der Reformation in Berlin. Sie wurde mit wirtschaftlich bedingten Unterbrechungen von 1747 bis 1778 von J. Boumann erbaut und später von M. Hasak von 1884 bis 1887 mit der krönenden Laterne vollendet. Den bildkünstlerischen Schmuck schufen W. C. Meyer (Giebelbekrönung; 1773), T. W. Achtermann (Supraportenreliefs; 1837) und N. Geiger (Giebelrelief; 1897). Der 1930/32 zur Bischofskirche (Kathedrale) umgestaltete Rundbau brannte im März 1944 völlig aus. Beim Wiederaufbau 1952/63 wurde die Kuppel in der Höhe verändert und auf die Laterne zugunsten des Kreuzes verzichtet, die Krypta wurde zur Unterkirche umgewandelt und wie das gesamte Innere modern gestaltet. Für die Maßstäblichkeit der Platzbebauung war die beim Wiederaufbau der Kirche erfolgte Rücknahme der 1923 durch L. Hoffmann vorgenommenen Aufstockung des benachbarten Bankgebäudes von großer Bedeutung.

Die westliche Platzfront begrenzt die wegen ihrer Form „Kommode" genannte **Alte Bibliothek** (1775/80), heute Sektionen der Universität. Als erstes Bibliotheksgebäude Berlins wurde es von G. F. Boumann nach einem Entwurf G. C. Ungers errichtet, der auf Weisung Friedrich II. das Projekt für den Michaelertrakt der Wiener Hofburg von J. E. Fischer v. Erlach zugrunde legte. Da dieser erst 1889/93 modifiziert fertiggestellt wurde, ist die Berliner Kopie älter als das Wiener Original. Der Bibliothek mit der Innenausstattung von C. v. Gontard stand der 1. Stock zur Verfügung, das Erdgeschoß war bis 1814 Montierungsdepot und dann Magazin der Oper. Die Fassadengliederung täuschte vier Geschosse nur vor. Nach einem Schinkelentwurf richtete H. Krahmer 1840/41 mit einer Zwischendecke im Erdgeschoß den ganzen Bau für die Bibliothek ein. Das bis auf Teile der Fassade im Krieg zerstörte Gebäude wurde von 1965 bis 1969 wiederaufgebaut und im Innern modern gestaltet. Die bekrönenden Plastiken von W. C. Meyer erhielten in reduzierter Form wieder ihren alten Platz.

In Anlehnung an den Schloßentwurf entstand durch J. Boumann Unter den Linden 6 das ehem. **Palais Prinz Heinrich** (1748/53), heute **Hauptgebäude der Humboldt-Universi-**

tät. Aus Geldmangel konnte das Palais erst 1764/66 durch C. L. Hildebrandt vollendet werden. 1809 erhielt es die von W. v. Humboldt begründete Universität, die am 29. 10. 1810 in den von H. Gentz umgestalteten Räumen den Lehrbetrieb aufnahm. Durch mehrfache Umbauten und Kriegszerstörung blieb von der historischen Ausstattung nichts erhalten. Die ursprüngliche Dreiflügelanlage, mit ihrem Ehrenhof und dem Bebelplatz eine räumliche Querachse zu den „Linden" bildend, erweiterte L. Hoffmann von 1913 bis 1919 durch die nördlichen Flügelanbauten. Das schwer zerstörte Gebäude wurde in Etappen bis 1962 wiederhergestellt, bereits im Januar 1946 konnte der Lehrbetrieb wieder aufgenommen werden. Anstelle der zerstörten Attikafiguren wurden vom Potsdamer Stadtschloß geborgene aufgestellt. Den Eingang zum Ehrenhof flankieren seit 1883 die **Denkmäler Alexanders und Wilhelms v. Humboldt** (M. P. Otto bzw. R. Begas). Selbst Jahrzehnte nach ihrem Tod waren die beiden Gelehrten der preußischen Reaktion als Demokraten noch suspekt genug, den Denkmalvorschlag mit den von J. H. Strack gewählten Standorten jahrelang zu verschleppen. In der Universitätsstraße haben vor dem Westflügel die ursprünglich bis 1935 im Ehrenhof aufgestellten **Denkmäler** für **Theodor Mommsen** (A. Brütt; 1909), 1951 an der Universitätsstraße nochmals umgesetzt, und **Hermann v. Helmholtz** (E. Herter; 1899) ihren Standort. Beide Gelehrte waren wie **E. Mitscherlich**, sein Denkmal (G. F. Hartzer, 1894) mußte dem Bau des Ostflügels weichen und erhielt nach 1920 seinen jetzigen Platz im Vorgarten an der Universität. Professoren an der Universität. Westlich der Universitätsstraße nimmt die **Deutsche Staatsbibliothek** (E. v. Ihne, 1903/14) den ganzen Block bis zur Charlottenstraße ein. Hinter der zweigeschossigen neobarocken Fassade Unter den Linden 8 verbergen sich, um mehrere Innenhöfe gruppiert, bis zu 13geschossige Flügel, die auch Bereiche der Akademie der Wissenschaften und die Universitätsbibliothek an der Clara-Zetkin-Straße beherbergen. Der überwiegende Teil des Bauschmucks stammt von O. Lessing. Dem Bibliotheksbau vorausgegangen war der von 1687 bis 1704 in mehreren Etappen durch J. A. Nering und M. Grünberg errichtete Marstall, auch Sitz der Akademien der Künste und der Wissenschaften. Der abgebrannte Lindenflügel war 1747 von J. Boumann neuerrichtet worden. Nicht nur der Bau, auch die Bestände trugen schwere Kriegsschäden davon. Bereits 1946 öffnete die notdürftig instandgesetzte Bibliothek ihre Pforten, 1954 erhielt sie ihren heutigen Namen. Eine umfassende Fassadenrestaurierung erfolgte von 1983 bis 1985, gleichzeitig begann der Wiederaufbau der zerstörten Hofflügel. Mit 6,7 Mio bibliographischen Einheiten (1984), weitere 1,8 Mio befinden sich durch die kriegsbedingte Auslagerung noch in der BRD, und zahlreichen Spezialsammlungen ist die Deutsche Staatsbibliothek die größte Allgemeinbibliothek der DDR.

Der letzte Teil des einst den ehem. Opernplatz (heute Bebelplatz) westlich begrenzenden Grundstücks der Markgrafen von Schwedt ging mit dem Stadtpalais 1829 in königlichen Besitz über. Der Umbau durch Schinkel zur Wohnung für den Prinzen Wilhelm genügte dessen Ansprüchen bald nicht mehr. K. F. Langhans errichtete statt dessen das heutige **Alte Palais** (1834/37), Unter den Linden/ Ecke Bebelplatz, eines der bedeutendsten klassizistischen Palais. Das 1854 von Strack künstlerisch bemerkenswert neu ausgestattete Gebäude brannte 1943 ab. 1963/64 erhielt das Palais als Institut der Universität, im Inneren modern ausgebaut, sein historisches Äußere mit dem plastischen Schmuck von L. Wichmann zurück. Ebenfalls als Institutsgebäude dient das ehem. **Gouverneurshaus**, Unter den Linden 11, eine Kopie des wegen der Neubebauung der Rathausstraße dort abgetragenen Originals (M. H. Böhme/F. W. Dieterichs; 1721) anstelle des kriegszerstörten Niederlän-

Denkmal Friedrich II.

dischen Palais. Für 'die modifizierte
Kopie wurden die originale Bau-
schmuck und statt der Tordurchfahrt
die Freitreppe des Niederländischen
Palais wiederverwendet.

Bis hin zum ↗ Brandenburger Tor
hatten die Barock- und klassizistischen Bauten bis zum Ende des 19. Jh.
Bank-, Hotel- und Verwaltungsneu-
bauten weichen müssen. Die wenigen
Ausnahmen (u. a. Palais Arnim Boyt-
zenburg, Pariser Platz 4, von E. Knoblauch; Französische Botschaft, Pariser
Platz 5, Artillerie- u. Ingenieur-
Schule, Unter den Linden 72, von
K. F. Schinkel) wurden im zweiten
Weltkrieg zerstört. Den Abschluß des
historischen Ensembles bildet das
Denkmal Friedrichs II. von C. D.
Rauch (Entwurf 1830/39, Modell
1839/46, Guß 1846, Aufstellung
1851). Mit ihm endete eine seit dem
Frühklassizismus andauernde intensive künstlerische Auseinandersetzung mit dieser Aufgabe. Das 1950
demontierte und 1962 im Hippodrom
bei Schloß Charlottenhof in Potsdam
aufgestellte Denkmal kehrte 1980 auf

die Lindenpromenade zurück, wenige
Meter östlich von seinem ehem.
Standort. Mit diesem Werk, Höhepunkt im Schaffen Rauchs, vollzog
sich der Umschwung von der klassizistischen Heroisierung zu einer realisti-
schen Darstellung. Versteckter Realis-
mus drückt sich in der Plazierung der
Geistesgrößen unter dem Pferde-
schwanz aus ...

Das **Brandenburger Tor** (1789/91)
von K. G. Langhans anstelle des 1736
in der Akzisemauer eingerichteten
einfachen Durchlasses erbaut,
schließt die hauptstädtische Prachtstraße ab und ist das einzige erhaltene
Stadttor. Bei den Kämpfen im Stadtzentrum April/Mai 1945 schwer zerstört, wurde die Ruine 1946 und
1951/52 gesichert und von 1956 bis
1958 wiederaufgebaut. Die von
G. Schadow geschaffene Quadriga
(1790/93) wurde nach dem erhaltenen
Originalgipsmodell neu getrieben.
Das Attikarelief „Zug des Friedens"
war programmatisch für die von Schadow entworfene bildkünstlerische
Konzeption des ersten nicht römi-
schem, sondern griechischem Vorbild
folgenden Prachttores. Die größte
Veränderung erfuhr das Tor 1867/68,
als es nach dem Abriß der Zollmauer
städtebaulich neu eingeordnet werden
mußte. Nach einem Entwurf Blanken-
steins und unter Stracks Leitung wurden die Westfassade der Torhäuser
umgestaltet und in diesen Fußgänger-
durchgänge geschaffen.

Mit Beginn der Bebauung der
Friedrichstadt wurden unmittelbar
vor der westlichen Glacis drei Karrees
ausgespart, anfangs ohne geplante
Funktion. Auf dem Friedrichstädter
oder Mittel-Markt errichteten
M. Grünberg die **Neue (Deutsche) Kirche** (1701/08) und L. Cayart, nach
dessem Tod weitergeführt von
A. Quesnay, die **Französische Kirche**
(1701/05). Sie legten damit den
Grundstein zu einem bemerkenswerten städtebaulichen Ensemble. Mit
dem Abriß der die Kirchen umschließenden Ställe des Regiments Gens
d'Armes (1774/82) entstand durch
J. Boumann zwischen den Kirchen

Französische Kirche

das Französische Komödienhaus (1774/76), dessen Portikus G. C. Unger entwarf. Damit war die spätere Gestalt des Platzes vorgegeben. Aufgewertet wurde seine Bedeutung durch den von Friedrich II. befohlenen Bau der architektonisch identischen Kuppeltürme (1780/85) an den beiden Kirchen nach Entwürfen von C. v. Gontard, der 1781 nach Einsturz des Turmes der Deutschen Kirche die Bauleitung an Unger abgeben mußte. Beide hatten auch den überwiegenden Anteil an der Neubebauung der Platz-fronten. Die Türme gaben der einförmig bebauten Friedrichstadt nun auch die städtebaulichen Dominaten und prägten die Silhouette der ganzen Stadt. Das bildkünstlerische Programm entwarfen J. B. Rode und D. Chodowiecki. Die Türme, wegen ihrer Gestalt im Volksmund auch als „Dome" bezeichnet, waren weltliche Bauwerke (königlicher bzw. Staatsbesitz), hatten im Innern keine Verbindung zum Kirchenraum und blieben, außer im Erdgeschoß, bis zur 2. Hälfte des 19. Jh. ungenutzt. Eine umfas-

Friedrichswerdersche Kirche

sende Instandsetzung der Französischen Kirche durch O. March (1905) hatte Umbauten im Innern und den Anbau des dreiachsigen Westrisalits zur Folge, die Neue Kirche blieb nach dem neobarocken Umbau durch H. v. d. Hude und J. Hennicke (1881/82) nur im Grund- und äußeren Umriß erhalten.

Nach dem Brand des Nationaltheaters (K. G. Langhans 1800/01) am 29. 7. 1817, erbaut in Nachfolge des Französischen Komödienhauses, errichtete Schinkel von 1818 bis 1821 auf seinen Grundmauern das **Schauspielhaus**. Wie sein Vorgänger ist es in Nord-Süd-Richtung orientiert, erzielt aber durch den auf den Platz gerichteten überhöhten Mittelbau mit zwei Giebeln eine den Kirchen und Türmen adäquate platzgestaltende Wirkung. Sowohl in der Funktionslösung als auch in der architektonischen Gestaltung war das Schauspielhaus im 19. Jh. bahnbrechend für den Theaterbau. Die Entwürfe für den plastischen Schmuck schufen nach Schinkels Angaben Tieck und Rauch. Verschleißerscheinungen, besonders durch die militärische Besetzung 1848, zwangen 1851/52 zu einer durchgreifenden Renovierung, die von A. Stüler gemein-

sam mit H. Bürde einfühlsam vorgenommen wurde. 1883/84 wurde die
aus Kostengründen eingesparte Sand-
steinverkleidung des ganzen Baus
nachgeholt, 1888/89 erfolgte durch
R. Persius und R. Cramer eine Modernisierung der Bühnenmaschinerie und
Beleuchtung. Mit der Umgestaltung
in wilhelminischem Stil 1905 durch
O. Launer ging die klassizistische Innengestaltung fast völlig verloren.
1935 wurde dies weitgehend rückgän-
gig gemacht, gleichzeitig aber über die
Charlottenstraße eine störende
Brücke angefügt. Auch das Ensemble
auf dem im Volksmund „Gendarmenmarkt" genannten Platz fiel dem
Krieg zum Opfer. Die Platzumbauung
aus dem 19. Jh. blieb nur z. T. erhalten, die Kirchen und Türme wurden
durch mehrere Bombenangriffe zwischen dem 23. 11. 1943 und dem 30. 1.
1945 zerstört, das Schauspielhaus zün-
deten SS-Einheiten in den letzten
Kriegstagen an. Nach einer kompli-
zierten Rekonstruktion war die Französische Kirche am 17. 4. 1983 wiederhergestellt, wegen des Einbaus einer
Zwischendecke zur Gewinnung von
Büro- und Ausstellungsräumen für
das Hugenottenmuseum innen wie außen (Freitreppe) verändert. Das
Schauspielhaus erstand äußerlich wieder original, die Innenräume wurden
der Nutzung als Konzerthalle angepaßt und klassizistisch nachempfun-
den ausgestaltet (Entwurf M. Prasser),
am 1. 10. 1984 wurde es wiedereröffnet. Im Anschluß daran begann die
Wiederherstellung der Neuen Kirche
als Ausstellungszentrum für Bildende
Kunst. Mit der historisierenden Gestaltung der Platzbebauung wurde
dem wiedererstandenen bedeutenden
architektonischen Ensemble ein maß-
stabgerechter Rahmen gegeben.
Unweit des Platzes der Akademie
sind zwei der drei **Pfarrhäuser** an der
Ecke Johannes-Dieckmann-Straße/
Glinkastraße erhalten, erbaut 1738/39

von T. Favre und J. K. Stoltze, die von
1737 bis 1739 auch die zugehörige
Dreifaltigkeitskirche (kriegszerstört)
erbaut hatten. Sie sind das letzte
Zeugnis einer barocken Wohnbebau-
ung in der Friedrichstadt.
Die **Friedrichswerdersche Kirche** ist
nach dem Zeughaus das bedeutendste
Architekturdenkmal auf dem Gebiet
des ehem. Werders. Anstelle einer aus
dem kurfürstlichen Reithaus hervor-
gegangenen barocken Simultankirche
nach Schinkels Entwurf von 1824 bis
1830 am Werderschen Markt gebaut,
war sie städtebauliche Dominante
zwischen Marienkirche und Gendarmenmarkt. In der Formensprache als
erste neogotische Kirche Berlins an
englische Architekturtraditionen an-
knüpfend, setzte sie im Material die
märkische Backsteinbauweise fort.
Die gußeisernen Türen mit jeweils
zehn Medaillons schuf F. Tieck, der
darüber schwebende Erzengel Michael von L. Wichmann wurde in der
Tonwarenfabrik T. Feilner hergestellt
und später durch eine Kopie in Kupfer ersetzt. Die Fialen, höher als von
Schinkel geplant, setzten erst 1843
A. Stüler und Th. Stein auf. Der bereits beschädigte Bau wurde noch am
29. 4. 1945 durch Artilleriebeschuß im
Innern weitgehend zerstört, große
Teile der bildnerischen Ausgestaltung
gingen verloren. Nach der originalge-
treuen Wiederherstellung von 1982 bis
1987 fand hier das *Schinkelmuseum*
seinen Platz.
In den Grenzen der barocken königlichen Residenzstadt Berlin sind
noch zahlreiche bedeutende architektonische Denkmale, vor allem aus
dem späten 19. Jh. und der Gegenwart, zu finden. Genannt seien hier
nur die Backsteinbauten der Sektionen der Humboldt-Universität in der
Clara-Zetkin-Straße, die monumentalen Bankbauten um die Behrenstraße
sowie das Staatsratsgebäude und der
Palast der Republik.

Erfurt

Bez. Erfurt

ⓘ Erfurt-Information
Bahnhofstr. 37
Erfurt, 5020

Historischer Stadtkern lt. Bekanntmachung der zentralen Denkmalliste der
DDR:
„Altstadt innerhalb des ehem. inneren
Mauerringes: Juri-Gagarin-Ring, Huttenstraße, Große Ackerhofgasse, Petersberg, Brühler Garten, Lutherstraße
mit Festung Petersberg und Ruine der
ehem. Statthalterei, Krämerbrücke.
Angermuseum, Haus „Zur hohen Lilie", Haus „Zum Roten Ochsen", Haus
„Zum breiten Herd", Haus „Zum
Stockfisch"."

Der erhaltene historische Stadtkern
Erfurts mit teilweise noch mittelalterlichem Baubestand macht das Zentrum der Stadt zu einem Geschichts-
und Flächendenkmal der Architektur
von nationaler und internationaler
Bedeutung. Erfurt ist keine künstliche
Gründung. Die Stadt entstand seit
dem 8. Jh. in einer nach Norden hin
offenen, hufeisenförmigen, von Höhenzügen umgebenen Talmulde der
seit vorgeschichtlicher Zeit besiedel-
ten Geraaue. Bis zur Mitte des 11. Jh.
entwickelte sich eine unbewehrte
Stadt mit ovalem Grundriß. In ihrem
Zentrum, dem Fischmarkt, befanden
sich Rathaus, Kaufhaus, Waage und
Münze. Die Wasserläufe wurden re-
guliert. Es entstand der Wenigemarkt
am Ostufer der Gera und der Kohlenmarkt westlich des Domberges. Zwischen dem Petersberg und der Gera,
um die Andreaskirche, siedelten flä-
mische Weber, Färber und Gerber
und prägten das nach ihnen benannte
Viertel. In der 1. Hälfte des 12. Jh.
wurden die Flächen zwischen Futter-
straße und Johannisstraße (Leninstraße) besiedelt und der Anger als
größter Markt für Waid – das natürli-
che Blaufärbemittel der Zeit – in
Deutschland angelegt. Die gesamte
Stadt war in den sechziger Jahren des

12. Jh. durch eine etwa 8 Kilometer
lange (später innere) Mauer umfrie-
det. Mit dem 13. Jh. begann die etwa
zwei Jahrhunderte lang anhaltende
wirtschaftliche Blütezeit der Stadt.
Die Bettelorden errichteten ihre ersten und größten thüringischen Niederlassungen in der Stadt. Davon zeugen heute noch Prediger-, Franziska-
ner- (Barfüßer-) und Augustinerkir-
che. Bereits Ende des 13. Jh. durch die
Bildung geistlicher Lehranstalten vorbereitet, wurde 1392 die Erfurter Universität durch Antrieb und aus Mitteln des Stadtrates gegründet. Das
Verteidigungssystem der Stadt wurde
erweitert und wuchs über die frühere
(jetzt innere) Ummauerung hinaus.
Um 1374 waren die vorgeschobenen
Torbogen bereits mit leichten Wällen
verbunden.

In den siebziger Jahren des 14. Jh.
entstanden davor die Wallgräben
(heute Flutgraben), in den dreißiger
bis siebziger Jahren des 15. Jh. wurde
die Gesamtwehranlage mit einfacher
äußerer und doppelter innerer Mauer
sowie acht Toren abgeschlossen.
Gleichzeitig wurde bis 1528 der Bau
der ↗ Cyriaksburg als wichtige Vorburg – wehrhaft auch gegen die auf-
kommenden Feuerwaffen – beendet.
Im Übergang zum 15. Jh., Höhepunkt
der frühen Geschichte der Stadt,
wurde das Landgebiet bei unerschüt-
terter Handelsmachtstellung weiter
ausgebaut. Der Reichtum der Bürger
und ihrer Stadt wurde durch Gründung von Hospitalen und Armenhäu-
sern, Bau und Umbau zahlreicher
Pfarrkirchen, ihre Ausstattung mit
Altären, Plastiken und Malereien belegt. Die Zahl
der Klöster und der geistlichen Institute wuchs weiter. Erfurt hatte mehr
als 20 000 Einwohner und zählte zu
den größten Städten Deutschlands.
Erst durch die Entdeckung Amerikas
und die daraus folgende Verlagerung
der Handelswege verlor die für Erfurt
wichtige Nord-Süd-Handelsstraße an
Bedeutung. Die politischen Kämpfe
des 16. Jh. hatten auf die Bautätigkeit
in der Stadt insofern einen Einfluß,

daß statt der immer wieder Bränden zum Opfer fallenden Holzgebäude mehr massive Steinbauten, insbesondere Bürgerhäuser, im Übergangsstil von der Gotik zur Renaissance und dann in voller Pracht des neuen Stils errichtet wurden. Die Straßen wurden gepflastert, die Straßen- und Kanalreinigung wesentlich verbessert. Im Dreißigjährigen Krieg, 1631, zog der schwedische König Gustav II. Adolf in die Stadt ein. Er wollte die befestigte, ihm persönlich unterstehende Stadt zum Angelpunkt seiner Politik in Deutschland machen und ließ die Verteidigungsanlagen instand setzen bzw. erneuern. Einige der durch den Erzbischof von Mainz eingesetzten Statthalter förderten die wirtschaftliche und geistige Entwicklung der Stadt tatkräftig, so P. v. Boineburg (Amtszeit 1702/17), F. A. v. Warsberg (Amtszeit 1732/60) und im besonderen K. Th. v. Dalberg (Amtszeit 1772–1802). Der Gründer des Erfurter Erwerbsgartenbaus J. Ch. Reichart brachte 1753/55 sein Werk „Land- und Gartenschutz" heraus. Nach der 1802 verfügten Säkularisierung der geistlichen Territorien, so auch des Kurfürstentums Mainz, das mit dem Stuhl des Erzbischofs verbunden war, wurde Erfurt bis 1945 preußisch. Im Zuge der kapitalistischen Industrialisierung entstanden mehrere Industriebetriebe. 1873 wurde die Stadt entfestigt. In der Altstadt entstanden neue Bauten wie das neogotische Rathaus, die Hauptpost, ein Kaufhaus und weitere Geschäftshäuser am Anger in den Neostilen. Im Bereich des inneren Mauerringes wurde die Gera zugeschüttet und der heutige Juri-Gagarin-Ring angelegt, die ehem. Glacisflächen wurden mit Miethäusern bebaut und der Flutgraben geschaffen. Die historische Altstadt Erfurts in den Grenzen Juri-Gagarin-Ring – Huttenstraße – Große Ackerhofsgasse – Petersberg – Brühler Garten – Lutherstraße ist das größte bebaute Flächendenkmal auf dem Territorium der DDR und sichtbarer Ausdruck des Zusammenhangs von Geschichte und Stadtbaukunst.

Der ursprünglich wegen der etwa siebzigstufigen, sich verjüngenden Treppenanlage zum Domberg „An den Geraden" bezeichnete **Domplatz** wird vom monumentalen sechstürmigen Ensemble des ↗ Domes und der ↗ Severikirche im Westen und der zweiten Stadtkrone, dem ↗ Petersberg, im Nordwesten beherrscht. Der repräsentative Freiraum diente als Hauptmarktplatz, als Raum für Prozessionen, für die Gerichtsbarkeit und war Standort des Galgens. Der Westteil war bis 1813 kleingliedrig bebaut. Im Nordosten schließt sich das Andreasviertel um die gleichnamige Kirche (Ende 12. Jh.) mit kleinen Gassen, Häusern der Handwerker (u. a. Glocken-, Weber-, Pergamenter-, Ackerhofsgasse mit gotischem Kornspeicher) und denen der Stadtarmut des Mittelalters an. Im Osten wird der Domplatz durch das Quartier ↗ Große Arche begrenzt. Hervorzuheben sind die tiefen Fachwerkhäuser **Andreasstr.** 11 und 13, „Weinhiepe" und „Haus Sichelstiel" (16. und 17. Jh.). Im Süden des Domplatzes stehen wertvolle Renaissancegebäude: die **Grüne Apotheke** (18. Jh.) mit erhaltener Stuckdecke im Erdgeschoß und das **Haus zur „Hohen Lilie"** (1538), ein an der Stelle eines gotischen Baus errichtetes repräsentatives Patrizierhaus mit reich gestaltetem Eingangsportal (heute Weinrestaurant). Hier stieg Martin Luther 1522 als Junker Jörg ab, hier nahm Gustav II. Adolf 1631 Quartier, und ab 1817 wohnten hier die preußischen Stadtkommandanten. Die Fachwerkhäuser „Zum Propheten", hier soll der Schwedenkönig als Ehrengeselle in die Riemerinnung aufgenommen worden sein, und **Domplatz 35** dienten als Handelshäuser, Nr. 35 war später Sitz des Marktmeisters. Auf dem Platz stehen ein konischer **Obelisk** (1777) mit quadratischem Grundriß, errichtet zu Ehren des Mainzer Kurfürsten von Erthal und eine die Marktfunktion symbolisierende **Statue der Minerva** (18. Jh.).

Auf dem **Domhügel** wurde bereits 742 ein romanischer Kirchenbau unter Bischof Bonifatius begründet, der 1153 zum Einsturz kam. 1154 wurde der romanische Neubau der Stiftskirche Beatae Mariae Virginis, des **Domes**, begonnen, 1201 waren der Südturm, 1237 der Nordturm fertiggestellt. 1253 wurde die Basilika, deren Chorhals heute noch erhalten ist, geweiht. Südlich der Treppenanlage – dreigeschossig – unterhalb des hohen Chores wurden die 1283 erwähnten Kavaten als künstliche Erweiterung des Domberges errichtet. Um 1320 folgten die Erhöhung des Chorhalses und des Querschiffes und seine bereits gotische Einwölbung sowie der Bau des Triangels. 1353 war die Krypta fertiggestellt, 1349 der Grundstein für den Hohen Chor gelegt, der zu Beginn der siebziger Jahre des 14. Jh. gleichzeitig mit dem Ostflügel des Kreuzganges beendet wurde. 1416 brannten alle drei Türme des Domes aus, und 1452 stürzte das Langhaus der Basilika ein. Nach Wiederherstellung der Türme 1454 wurde 1555 mit dem Neubau der dreischiffigen gotischen Halle, der größten im Thüringer Raum, auf erweitertem Grundriß begonnen. 1813 wurde das Innere des Domes verwüstet, und es folgten von 1828 bis 1835 Instandsetzungsarbeiten, die, allerdings ohne geschichtliches und künstlerisches Verständnis durchgeführt, zu unvertretbaren Eingriffen in die historische Substanz führten. In weiteren Restaurierungsphasen des 19. Jh. wurden u. a. die gedrungene Form des Mittelturms mit seiner neogotischen Laterne begründet, das ehemals schlichte Chordach um eine Galerie mit Fialen ergänzt sowie das mächtige Walmdach der Hallenkirche in ein Satteldach mit erhöhtem Westgiebel umgewandelt und über den Gesimsen durch Galerien, Fialen und Jochgiebel nachteilig verändert. Von 1967 bis 1969 konnte dies durch Abbau des Westgiebels und Rückführung auf das Walmdach korrigiert werden.

Der Dom hat eine reiche Ausstattung. Die 1497 vom Meister G. Wou v. Kampen gegossene „Gloriosa" (Reparatur 1985) ist mit etwa 12 Tonnen Masse eine der größten europäischen Glocken. Älteste Stücke der Ausstattung sind der farbige Stuckaltaraufsatz „Madonna mit Kind auf dem Thron" und der sog. „Wolfram", eine vollplastische, in Bronze gegossene und ziselierte Leuchterfigur (beide um 1160). Zwischen 1350 und 1360 entstand das zweireihige Chorgestühl mit bedeutenden Schnitzereien, so Blendmaßwerk, Kielbögen, Kreuzblumen und prächtigem figürlichen Schmuck an den Baldachinen und Rückenlehnen. Der Zyklus von 13 mittelalterlichen Glasfenstern (1370–1420) zeigt Themen aus dem Alten Testament (Genesisfenster, Patriarchenfenster), aus dem Neuen Testament (Passionsfenster, Apostelfenster) sowie aus der Kirchengeschichte. Bemerkenswert sind das Triptychon des Einhornaltars (um 1460) und ein Christophoruswandbild (1499). Das Sakramentenhaus (um 1590), ein epitaphartiger Aufbau im Renaissancestil, z. T. farbig gefaßt und vergoldet, zeigt figürliche Darstellungen der sieben Sakramente. Der Hochaltar (1697), im Mittelteil zweigeschossig mit Bekrönung, trägt in den Sockelbereichen an Säulen und Architraven vollplastischen Fruchtbündel- und Arkantusblätterschmuck und ist mit verschiedenen Figuren besetzt. Die Altargemälde (18. Jh.) „Anbetung der Könige" (1. Stock) und „Dreifaltigkeit" (2. Stock) stammen vom Erfurter Maler S. Beck. Man verläßt den Dom durch das im Tympanon mit einer Figurengruppe „Christus zwischen Maria und Johannes" bekrönte und mit den zwölf Aposteln besetzte Nordostportal des Triangels. Die Nordecke des Domes ist mit Plastiken von Adolar, Bonifatius und Eoban, das Nordwestportal mit einer Kreuzigungsgruppe und der Darstellung der klugen und törichten Jungfrauen im breiten gegliederten Gewände (um 1330) geschmückt.

Die zweite Dominante des Domberges, die **St.-Severi-Kirche** (1121 erwähnt), geht auf das gleichnamige Stift (9. Jh.) zurück. Im Osten der Kirche wurde zwischen 1110 und 1120 die erzbischöfliche Burg, das **Krummhaus**,

Erfurt

Nordhäuser straße

straße

Auen-

str.

Leopoldstraße

Boyneburg-

Schlüterstr.

Pfeiffers-

Mühlhauser straße

Veilchenstraße

Nelkenstr.

Albrecht-

straße

Straße

Berg-

Mittel-

Moritzwall-

Moritz-

str.

Gera

Grün-

Hutten-

Blumen-

weg

Straße

Straße

Andreas-

Gr.

Ackerhofsg.

Kornspeicher

Borntal-

Albrecht-

Gutenberg-

Gutenberg-
platz

straße

Glockengasse

gasse

Venedig

Fröbelstr.

str.

Festungs-

Andreaskirche

Weber-

Gasse Mich.

Pestalozzistr.

Zitadelle

mauer

Weiße

Marbacher

Gasse

Stolze-

Petersberg

Stolze-

Biereye-

straße

ehem.
Peterskirche

Pergamenter-

Turmier-

straße

Hs. Z.
Turnier

str.

Petersberg

Hs. Großer Pflug u.
Siebenbürgen

Kommandanten-
haus

Dom-

Hs. Sichelstiel

Obelisk

Waid-
speicher

Lauen-

tor

Lauen-

Lauen-

tor

Lauentor

Wagen-
haus

Peters-

Krumm-
haus

Severi-
kirche

Dom

platz

Minerva

Grüne
Apothek

Hs. Zum Hs.
Propheten Hohe Lilie

Sack-
pfeiffen
mühle

Rudolf-

Bergstrom

Mainzerhofstr.

Dom-

str.

Mainzer-
hof-
platz

Holzheienstr.

Dom-
propstei

Stiftsgasse

Fischer-

Walkstrom

sand

Brunnen-
kapelle

Martinsgasse

Straße

Brühler
Garten

Herrmanns-
platz

Martinikirche

Gorki-

Brühler-

Melanchthon-

W.

Külz-Str.

straße

straße

Regierungs-

Luther-

Klostergang

Kirchgang

Lilienstr.

Neuwerks-
kirche

Neuwerk-

Karl-Marx-
Platz

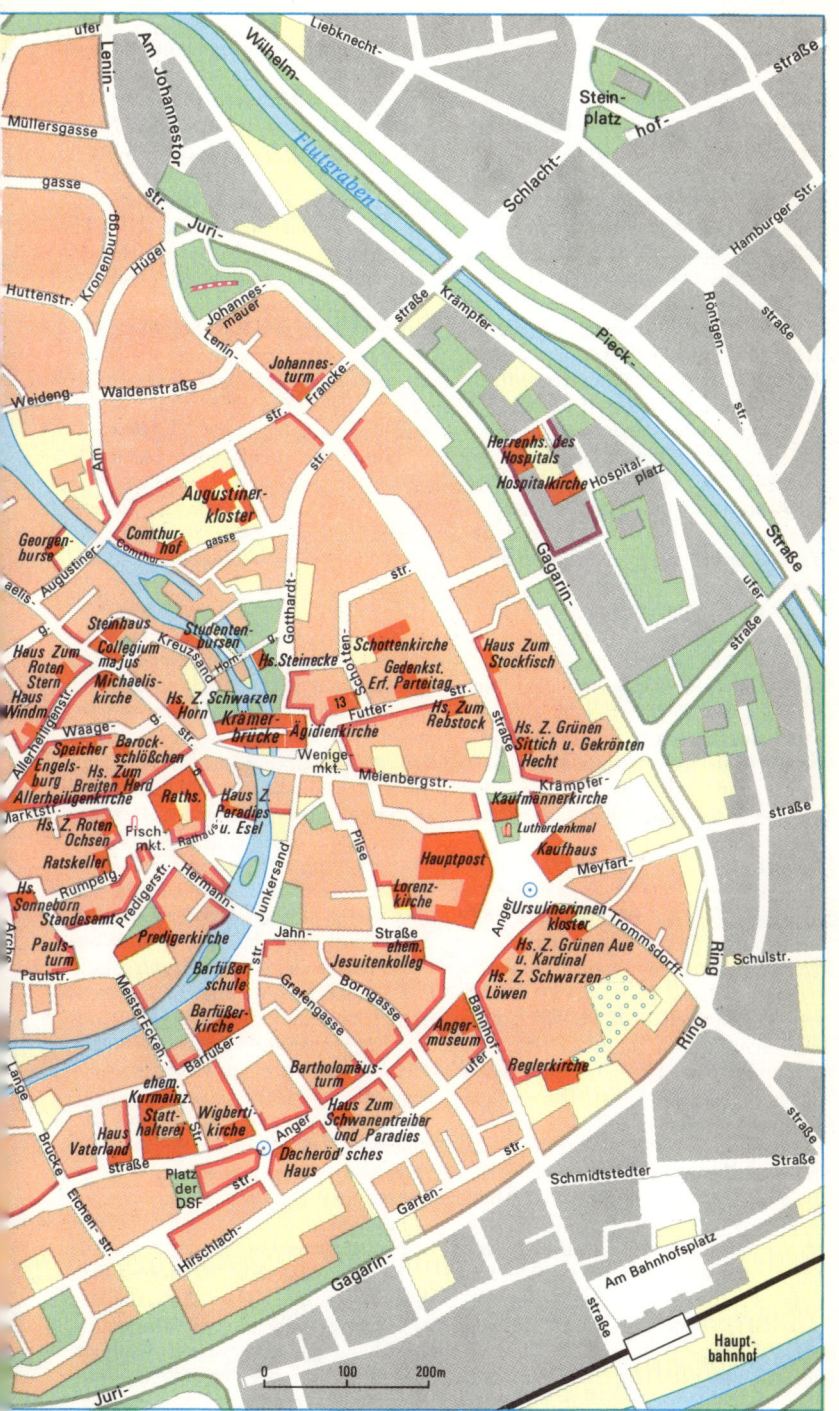

errichtet. 1142 wurden Burg, Stift und Kirche durch Brand zerstört, letztere jedoch bereits 1148 neu geweiht. Nach der Hochaltarweihe (1308) entstanden die Untergeschosse der Osttürme, Langhaus und Querschiff (um 1325), die zweigeschossige Marienkapelle (Nordseite) und die Blasiuskapelle (1363; Südseite) folgten. 1472 brannten Dachstuhl und Turmhelm aus. Noch vor Ende des 15. Jh. wurden die spitzen Helme der Osttürme und das allseitig abgewalmte Hauptdach der fünfschiffigen, vierjochigen spätgotischen Hallenkirche wiedererrichtet. Der Ostchor ist in Fünfachtelform geschlossen und über ein Vorjoch mit dem östlichen Querhaus verbunden, das eine zwanzigblättrige Maßwerkrose ziert. Sämtliche Kreuzgittergewölbe sind mit reich gestalteten und farbig gefaßten Schlußsteinen geschmückt. Im Innern sind der Sarkophag des Hl. Severius mit reichem figürlichen Schmuck (um 1365), das spätgotische Alabasterrelief (1467), das Michael im Kampf mit dem Teufel zeigt, der 15 Meter hohe gotische Taufstein, gekrönt von einer Marienfigur (1467), die Renaissancekanzel (1576) und der barocke Orgelprospekt, einschließlich Empore (1714), beachtenswert.

Westlich des Domhügels, vom Domplatz über eine Treppenanlage zu erreichen, liegt die zweite Stadtkrone, der **Petersberg**. Durch das vom Kommandantenhaus überbaute, barocke wappenbekrönte Portal (1673) betritt man die **Zitadelle**, die einzige erhaltene Stadtfestung in der DDR und hervorragendes Denkmal der deutschen Festungsbaukunst. Die Anlage wurde ab 1664 nach Plänen des Festungsbaumeisters A. Petrini bis 1702 im neuitalienischen System mit Bastionen im wesentlichen fertiggestellt und von 1707 bis 1726 durch M. v. Welsch im Vaubanschen System mit Grabenscheren, Kasematten, Kaponieren und durch Ausbau der Minen, Glacis, Ravelins und Lünetten vervollkommnet. Ihren Grundriß bildet ein unregelmäßiges Polygon mit ehemals acht, heute sieben vorsprin-

genden Bastionen (Martin, Michael, Johann, Franz, Philipp, Leonhard und Kilian) und einer maximalen Ausdehnung von 640 Metern in Nord-Süd- und 440 Metern in Ost-West-Richtung, vorgelagert sind zwei weitere Ravelins (Anselm und Lothar) im Westen bzw. Nordwesten. Die mehr als 2 000 Meter langen Mauern (etwa 12 Meter hoch, aus 1,20 Meter starkem Füllmauerwerk) tragen einen wulstartigen Gesimsabschluß. Ein Großteil der Bastionen und Ravelins ist zu Kaponieren, Wehrgängen und Kasematten ausgebaut. Während der französischen Besetzung (1806/14) wurde eine Grabenanlage zur Cyriaksburg, während der preußischen (1814/73) die Defensionskaserne ergänzt. Die dem Domplatz zugewandte Bastion Leonhard bietet gute Sicht über die Altstadt und in die umgebende Landschaft.

Zur ehem. Benediktinerkloster-Kirche St. Peter und Paul, der **Peterskirche**, einer dreischiffigen romanischen Pfeilerbasilika mit flach endendem Haupt- und zwei Nebenchören, wurde 1103 der Grundstein gelegt. Sie ist 1147 geweiht und im wesentlichen Ende des 12. Jh. (mit Ausnahme der Türme) fertiggestellt worden. Der monumentale, vornehm gegliederte Bau ist der größte der Hirsauer Schule in Mitteldeutschland und künstlerisch der wenig jüngeren Klosterkirche in Paulinzella ebenbürtig. Die Westfront und Teile der Nordfront, an die die Klausurgebäude angebaut waren, sind schmucklos gestaltet. Das südliche Langhausschiff ist etwa ab halber Höhe durch vorgelegte Dreiviertelsäulen gegliedert. Darüber liegt ein kräftiges dreischichtiges Hauptgesims aus einem Bogen- und einem Schachbrettfries sowie einer ausladenden Hohlkehle. Die Quaderung der Umfassungsmauern ist in regelmäßiger Schichtfolge ausgeführt und zeigt eine hohe Meisterschaft der technischen Steinbehandlung. Das Südportal des Querhauses trägt ein mit Maria und dem Kind bemaltes halbkreisförmiges Tympanon. Rechts, neben dem Portal, ist später eine gotische Kreuzigungs-

Kurmainzische Statthalterei

gruppe mit Petrus (um 1370) einge-
führt worden. Am Südostturm befindet sich ein gotisches Strichrelief mit
Christus als Schmerzensmann (um
1360). Säkularisation von 1803 und
Beschuß von 1813 dezimierten die
Ausstattung bzw. zerstörten Dach und
Türme; bis 1820 wurde das Kloster
abgerissen. Beim folgenden Kirchenumbau zu einem bombensicheren Magazin wurden die erhaltenen Außenmauern bis zur Höhe der Seitenschiffarkaden, die Mauern der Türme und
der Mittelschiffarkaden bis zur Ge-
simshöhe abgetragen und Lang- sowie
Querhaus mit einfachen Satteldächern
abgedeckt.

Vom Petersberg hinab führt der
Weg vorbei am klassizistischen **Wa-
genhaus** (19. Jh.), Petersstr. 2, mit Blick
zum historischen **Lauentor** und über
den mittelalterlichen Kohlenmarkt
der Stadt zum Mainzerhofplatz. In
der Brühler Straße befinden sich die
gotische **Martinikirche** (13. Jh.) mit
der ehem. Klosteranlage und der Eingang zum **Brühler Garten**, einem ruhi-
gen Park mit Musikpavillon und

Kleinarchitekturen am Verlauf der historischen Stadtmauer. Der Her-
mannsplatz mit Brunnenanlage wird
vom wappengeschmückten ehem.
Haus auf dem Roßmarkt (1667), der
Dompropstei, dem Blick durch die
Stiftsgasse zum Domhügel und den
Lauf des Walkstromes, entlang dem
Fischersand geprägt. Die gotische
Brunnenkapelle (→252), die den Wasserlauf überspannende Fußgänger-
brücke zur Farbgasse sind Indizien
für die stark vom Wasser bestimmte
Stadtstruktur. Typische Erfurter **Fachwerkhäuser**, z. B. Fischersand 45, „Zu
den Rosenkränzen", „Zum Heiligen
Christoph" und „Zur Schwarzen
Henne" (16. Jh.) sowie das repräsentative barocke Bürgerhaus an der Ecke
„Zu den Geraden" (Anfang 18. Jh.)
liegen an Straße und Wasser. An der
Langen Brücke 53 steht die **Sackpfeif-
fenmühle** (1260 vom Rat gekauft) mit
auf einem Stiel aufgeständertem Erker (1736), sie ist ein Beleg der ersten
Erfurter Mühlenordnung von 1136.
Lange Brücke 36, im **Haus „Zum Bür-
gerstreit"**, wohnte 1791 Friedrich
Schiller (Gedenktafel). Gegenüber
dem neuen „Haus der Kultur" steht
das ehem. Weimarer Geleithaus (um
1540), **„Haus Vaterland"**, ein dreigeschossiges Handels- und Logierhaus
mit Marstall im Hofbereich.

Gleichzeitig mit dem Bau der Festung Petersberg mußte die kurmainzische Regierung repräsentativ untergebracht werden. Den an österrei-
chisch-süddeutsche Beispiele erinnernden Barockbau der **Kurmainzischen Statthalterei** (heute Rat des
Kreises) schuf M. v. Welsch, unter
Nutzung des Renaissancehauses
„Zum stolzen Knecht" (1540) mit seinem auf einem Männerkopf ruhenden
Erker. Das 1720 vollendete Gesamt-
bauwerk mit Wachhäuschen, barok-
kem Hermenportal und Balkon im
Mittelrisalit sowie dem mit Blüten
und Fruchtwerk verzierten Fassadenschmuck (G. Gröninger) birgt den
prächtigen zweigeschossigen Erfurter
Barocksaal mit reichen Stukkaturen
und großem Deckengemälde. Der
Prachtfassade gegenüber mußten –

Fischmarkt

als erster Eingriff in die gotische Stadtstruktur – Bürgerhäuser zur Anlage des „Hirschgartens" (Platz der DSF) weichen. Das Ensemble war Tagungsort des sog. Fürstenkongresses von 1808 und Treffpunkt Napoleons I. u. a. mit Zar Alexander I. und J. W. v. Goethe.

Die gotische **Wigbertikirche** (13. und 15. Jh.), ehem. Hofkirche der Mainzer Statthalter, zeigt im Innern Netzgewölbe, reich geschnitztes Chorgestühl im Rokokostil und eine schlichte Orgel.

Der Straßenraum des westlichen Teils des **Angers** beginnt mit dem Gartenbau und Gewerbe symbolisierenden Angerbrunnen (1889). Im ehem. Haus „Zum güldenen Hecht" und „Zum großen und Zum neuen Schiff" (1558), einem stattlichen Renaissancedoppelhaus mit Erker und pilastereingefaßtem Portal, Anger 37/38, (heute Sitz des Kulturbundes), auch **Dacherödensches Haus** genannt, waren um 1800 u. a. Herder, Schiller und

W. v. Humboldt Gäste der Familie v. Dacheröden (Gedenktafel). Neben dem feingegliederten Barockhaus **„Zum Schwanentreiber und Paradies"** (1706) befinden sich eine Sparkasse (1926), Anger 26, mit figürlichen Plastiken an den Eckpfeilern sowie u. a. die repräsentativen Geschäftshäuser **Anger 23** (heute Café Györ) mit neogotischem ornamentalen und figürlichen Schmuck und maßwerkgeschmückter Eingangszone mit breitem Erker sowie **Anger 24** (1898) mit hochsitzendem Giebel und Merkurplastik. Gegenüber, **Anger 55** (1905), steht ein ehem. Bankhaus mit Erker, Jugendstilornamenten und dekorativen Sandsteinstukkaturen sowie der quadratische, gequaderte, gotische **Bartholomäusturm** (1513), Rest der Hauskirche der Grafen von Gleichen, mit Glockenspiel im Obergeschoß. Neben der **Barfüßerschule** (1836), einem dreigeschossigen klassizistischen Putzbau des Schinkel-Schülers Stadtbaumeister Schulze erhebt sich der

hohe Chor der ehem. Franziskaner-
kloster-Kirche, der **Barfüßerkirche**.
Die um 1230 begonnene dreischiffige,
gotische Pfeilerbasilika mit einem fia-
lenbesetzten kleinen Turmstumpf, mit
weiten Arkadenbögen, aber ohne
Dachreiter, wurde 1944 Opfer der
Bomben. Das zerstörte Langhaus wird
als Lapidarium für Baufunde und
Epitaphe sowie als Freiraum für kulturelle Veranstaltungen genutzt. Der
restaurierte Chor, zu betreten über die
spätgotische Annenkapelle (15. Jh.),
wird als *Museum für mittelalterliche
Kunst* und Orgelkonzertsaal genutzt.
Aus dem bedeutenden Bestand von
Kunstwerken ist auf den Hochaltar
mit Marienkrönung (1445/46), den
sog. Färberstein, einem erhaltenen
Schlußstein mit Darstellung der Arbeit der Innung (1410/25), die noch
spätromanische Formen aufweisen-
den farbigen Glasfenster mit Motiven
aus dem Neuen Testament und die
künstlerisch wertvollen Grabplatten
(um 1370) der Zinna von Vargula und

des Bischofs von Beichlingen hinzu-
weisen.

Den kleinen Platz der Prediger-
straße prägen der gotische **Pauls-
turm** (Rest der ehem. Kirche, 1465),
das heutige **Standesamt**, Predigerstr. 7,
mit Rokokofassade (1768) und die
Westfassade der **Predigerkirche**. Die
langgestreckte, hallenartige, dreischiffige, gewölbte Pfeilerbasilika mit besonders hohen Seitenschiffen und an-
gebautem Turm ist mit dem im Süden
anschließenden erhaltenen Konvents-
gebäude eine der kunsthistorisch bedeutendsten Anlagen der Bettelorden
im mitteldeutschen Raum. Das ehem.
Dominikanerkloster wurde – nach
Vorgängerbauten aus der 1. Hälfte des
13. Jh. – um 1270 begonnen. Der
Chor wurde um 1280, das östliche Kapitelgebäude zu Beginn des 14. Jh.
vollendet. Um 1400 wurde der Lettner
mit vier Altarnischen eingefügt und
zwischen 1447 und 1488 der Glockenturm errichtet. An Kunstwerken soll-
ten die hochgotische Schmedestedt-

sche Madonna (Mitte 14. Jh.), das spitzbogige Kalvarienberggemälde (1350/60), der Verkündigungsengel (um 1375) und der doppelflügelige Altar mit der Dornenkrönung Christi (1470/80; ursprünglich aus der Paulskirche) besondere Beachtung finden. Das reichgeschnitzte Chorgestühl dokumentiert sie als Hauptkirche des Rates der Stadt von 1559 bis 1802, 1806 als französisches Gefangenenlager und Heumagazin benutzt, litt der Bau erhebliche Schäden, die erst in der Gegenwart endgültig beseitigt werden konnten.

Auf dem **Fischmarkt**, dem alten Zentralplatz der mittelalterlichen Marktsiedlung, steht das monumentale neogotische **Rathaus** (A. Thiede, T. Sommer, 1869/75) an Stelle des 1275 urkundlich erwähnten gotischen Vorgängerbaus. Im Innern sind der Festsaal, die Treppenhäuser und Foyers mit Wandbildern (P. Jansen, E. Kämpfer) zu Geschichte und Legenden der Stadt und der Region ausgestaltet. Der **Ratskeller**, Fischmarkt 5, sog. „Steinlöwe", schon im 15. Jh. als „Torgauischer Hof" erwähnt, liegt benachbart zu dem dreigeschossigen Renaissancebau **„Zum Roten Ochsen"** (1562) mit Figurenfries und bekröntem Zwerchgiebel (heute Galerie am Fischmarkt). Neben der barocken Fassade von Fischmarkt 12, **„Goldener Löwe"**, befindet sich das **Haus „Zum Breiten Herd"** (1584), ein repräsentatives, mit figürlichen Fruchtformen und Beschlagwerk verziertes Renaissancegebäude und seine kopierende Erweiterung von 1892 (heute Handwerkskammer, Gaststätte Gildehaus). Besonderer Schmuck des an niederländische Vorbilder erinnernden Gebäudes sind der die fünf Sinne symbolisierende Fries und die differenzierte Farbigkeit. Im Hof des Ensembles steht eingebaut das sog. **Barockschlößchen „Solitudo"** (Anfang 18. Jh.). Auf einer Säule in Platzmitte der bewaffnete **Erfurter Roland** (I. v. d. Milla, 1591) als Symbol der städtischen Machtbehauptung und „Beweistum der Freiheit" gegenüber der kurmainzischen Oberherrschaft.

Im Ensemble mit der ehem. Stadtmünze steht das Fachwerkwohn- und Lagerhaus Fischmarkt 27 **„Zum Paradies und Esel"** (1489), an der Südseite durch ein Doppelwappen geschmückt. Am Eintritt in den **östlichen** Platzbereich des **Anger** bilden die gotische **St.-Lorenz-Kirche**, eine der bereits um 1300 existierenden Pfarrkirchen mit zwei Schnitzaltären (1. Hälfte 15. Jh.), und gegenüber der Barockbau des ehem. **Jesuitenkollegs** (1737) mit Renaissanceportal (1612) die Nordfassung des sich erweiternden Platzes, der durch den im Stil des Historismus errichteten Sandsteinklinkerbau der **Hauptpost** (1892/95) sowie das 1979 neugestaltete **Angereck** gefaßt wird. Nördliche Platzdominante ist der ehem. **Kurmainzische Packhof** (1705/11), die neue Waage, seit 1883 *Angermuseum*, ein prachtvoller Barockbau mit reichem Fassadenschmuck sowie Balkon, Wappen und Martinsplastik im Mittelrisalit (G. Gröniger). Im Innern verdienen eine umfangreiche Sammlung mittelalterlicher Kunst, u. a. der Augustineraltar (14. Jh.), die sog. Hirschmadonna (um 1370), die Rebstockmadonna (um 1450) sowie eine Fayancesammlung und Sammlungen zeitgenössischer Kunst Thüringens Aufmerksamkeit.

Noch aus der Romanik stammen der **Südturm** wie auch einige Schmuckformen des Hauptportals (12. Jh.) der dreischiffigen **Reglerkirche**. Nach einem Brand von 1291 wurde der Bau um 1300 fortgesetzt und vermutlich 1352 beendet. Diese gotische Bauphase ist, mit Ausnahme des Mitte des 18. Jh. neuaufgeführten Nordturms, bis heute überkommen. Bedeutendstes Ausstattungsstück der Basilika ist der Regleraltar (um 1460) in gotischem Schnitzwerk mit bemalten Flügelrahmen. Am östlichen Anger sind die Bürgerhäuser **„Zum schwarzen Löwen"** (1566/77), hier erfuhr die schwedische Königin 1632 vom Tod Gustav II. Adolf in der Schlacht bei Lützen, und **„Zur Grünen Aue und Kardinal"** (1731) dem Konvent der Ursulinerinnen (13./14. und 17./18. Jh.) benachbart. Den Anger

Angermuseum und Angereck

begrenzt das Kaufhaus (1908; heute Centrum-Warenhaus). Die **Kaufmännerkirche**, bereits Mitte des 8. Jh. als „ecclesia mercatorum" erwähnt, ist eine gotische Basilika des späten 14. Jh. Ihr 9 Meter hoher Altar (1625), die Kanzel (1598) und der Taufstein (1608) stammen aus der Renaissance. Das **Lutherdenkmal** vor der Kirche (Scharper, 1889) zeigt den Reformator und Wegbereiter der frühbürgerlichen Revolution mit dem Neuen Testament. An der ehem. Johannisstraße, der heutigen **Leninstraße**, stehen repräsentative Waidhändler- und Bürgerhäuser des 15. bis 18. Jh. Neben den Häusern **„Zum Grünen Sittich und Gekrönten Hecht"** (Ende 15. Jh.), **„Zum Mohrenkopf"** (um 1607) und **„Zur Mühlaue"** (Anfang 16. Jh.), mit gotischen Resten, ist der prächtige Renaissancebau **„Zum Stockfisch"** (G. Ziegler, 1607; heute Museum für Stadtgeschichte) mit zweigeschossigem Erker hervorzuheben. Das feingliedrige Portal und die den Sockel-

und Erdgeschoßbereich umfassende, mit Beschlagwerk verzierte Sandsteinquaderung verraten niederländischen Einfluß. Das gotische Haus **„Zum Rebstock"**, (1451), Futterstr. 2, trägt ein Wappen mit Hirschgeweihstangen neben dem spitzbogigen Haustor. Im ehem. Universitätsballhaus, Futterstr. 15/16, fanden anläßlich des Erfurter Fürstenkongresses Theateraufführungen der Comédie Française statt. Nach dem Umbau (1833) in einen klassizistischen Putzbau (Kaisersäle) tagte hier im Oktober 1891 der II. Parteitag der Sozialdemokratischen Partei Deutschlands und beschloß das „Erfurter Programm", heute **Gedenkstätte Erfurter Parteitag 1891** (Gedenktafel). Die benachbarten Bürgerhäuser (1. Hälfte 18. Jh.), Futterstr. 12, auch **„Zum Aronstab und Würzgarten"** genannt, Futterstr. 13/13a, **„Zum gekrönten Löwen und kleinen Wachsberg"**, bilden eines der wenigen barokken Ensembles der Stadt (heute Sitz des VEB Denkmalpflege Erfurt).

Haus „Zum Stockfisch" – Museum für Stadtgeschichte

Der dreieckige **Wenigemarkt** wird von Bürgerhäusern des 16. bis 19. Jh. gefaßt. Unter dem Kirchenschiff der gotischen **Ägidienkirche** (1110 erwähnt) mit hohem, quadratischem Turm und reichem Chorerker (1312/24) liegt der Ostaufgang zur **Krämerbrücke**. Neben der Furt durch die Gera (Erph) entstand vermutlich im 9./10. Jh. eine Holzbrücke (1117 erwähnt) mit der Benediktiner- und Ägidien-(Brücken-)kapelle an den Zugängen. Nach Brandzerstörung im 12. und 13. Jh. und nach Erlangung des Brückenzinses ließ der Erzbischof von Mainz 1325 die sechsbögige Brücke in Stein neu errichten. Zu dieser Zeit

wurden beide Kirchen wieder mit Schiffen über dem Brückenweg aufgebaut, die Benediktinerkirche wurde im 19. Jh. abgebrochen. Der intensive Handel mit Gewürzen, Arzneien, Geschmeide und Stoffen wurde durch die Krämerbrückenzunft in Krambuden beidseitig auf der Brücke getätigt. Die Bebauung mit bis zu 62 kleinen aber festen Häusern begann nach dem Stadtbrand von 1472. Durch Grundstückserweiterungen sind heute noch 32 z. T. mit Galerien versehene Fachwerkhäuser, zumeist aus dem 16. bis 18. Jh., vorhanden. Südlich der Krämerbrücke befinden sich die z. T. über den Flußlauf gebauten **Studentenbur-**

sen, Kreuzsand 9/10, sowie die Bauten der **Schildchens-** (1199) und **Weidenmühle** (1291), sie sind Zeugen der Prosperität dieses Gewerbes. An der Horngasse 4/5 befindet sich einer der ältesten Profanbauten: Das Haus „Steinecke" ist ein gotisches Gebäude (etwa 13./15. Jh.), das später als Badehaus und Studentenhospital genutzt wurde. Im Gasthof **„Zum Alten Schwan"** (15./18. Jh.) mit wappenbekröntem Renaissanceportal und einem seinen Hausnamen symbolisierenden Ausleger wohnte von 1769 bis 1772 C. M. Wieland während seiner Lehrtätigkeit an der Universität.

Die im Kern noch romanische **Schottenkirche St. Jacob** (Klostergründung angeblich 1036) wurde 1136 als dreischiffige fünfjochige Pfeilerbasilika begonnen, 1150 im wesentlichen einschließlich des Südportals beendet, um 1200 wurden die Westturmfront und der westliche Teil der Obergadengliederung ergänzt. Nach dem Stadtbrand von 1472, der die Gesamtanlage stark zerstörte, erfolgte bis zum Anfang des 16. Jh. ein Wiederaufbau in vereinfachten gotischen Formen (K. Kolben). Nach Neuerrichtung des Klostergebäudes (1711), dem Aufsetzen der barocken Turmhaube (1718) und dem Vorbau der Westfassade (vermutlich M. v. Welsch) wurde die derzeitge Orgel einschließlich Empore eingefügt. Durch Tieferlegung des Fußbodens in den sechziger Jahren wurden die spätromanischen Pfeilerbasen freigelegt. Weitere Architekturdetails weisen auf regionale Einflüsse der Hirsauer Schule hin. Der **Johannisturm** (12. Jh., Rest der ehem. Kirche) ist von neuem innerstädtischen Wohnungsbau (1984) umgeben. Gegenüber dem Gebäude der Sozialversicherung, Augustinerstr. 38, einer Lückenschließung im Stil der sog. Neuen Sachlichkeit (1930) liegt die Kirche des **Augustinereremiten-Klosters**, eine langgestreckte gotische Basilika (ab 1290). Der Chor war um 1320, das Langhaus um 1350 vollendet, der niedrige helmlose Glockenturm bis 1444 fertiggestellt. Das Innere birgt wertvolle Glasfenster (Au-

gustinuslegende) aus der 1. Hälfte des 14. Jh. Die Klausurgebäude um den gotischen Kreuzgang stammen aus dem 14. Jh., das Priorat aus dem 15. Jh., Gästehaus und Bibliothek vom Anfang des 16. Jh. Die symbolische Lutherzelle und der repräsentative Kapitelsaal weisen auf den Klostereintritt (1505) und die Priesterweihe (1507) des späteren Reformators (Lutherpforte 19. Jh.) hin. Ab 1669 wurde das evangelische Waisenhaus mit zweigeschossigen Renaissancearkaden und Treppenturm errichtet.

Der Memorialstätte benachbart liegt der **Comthurhof** (1573) mit Renaissancefassade und Treppenturm. Der ursprünglich gotische Bau der Studentenunterkunft Luthers, die **Georgenburse**, Augustinerstr. 37/39, wurde nach barockem Umbau in die Form des 16. Jh. zurückgeführt. In der Michaelisstraße sind noch die Baureste des **„collegium majus"** (Anfang 15. Jh.) der Erfurter Universität erhalten. Erstmals in Deutschland bestanden an ihr die vier klassischen Fakultäten. Hier studierte Luther von 1501 bis 1505, legte das Bakkalaureat ab und erhielt den Magistertitel. Nach Kriegszerstörung 1944 und Restaurierung 1982 sind das stark profilierte spätgotische Kielbogenportal sowie Gewände in den Erdgeschoßmauern zu sehen. Im sich anschließenden **Steinhaus**, der ehem. „Liberei" (Bibliothek) der Universität, mit dem eingefügten Boineburgportal von 1723 (heute Wissenschaftliche Allgemeinbibliothek) liegt die weltbekannte mittelalterliche Handschriftensammlung „Amploniana" (4 000 Bände). Im Haus **„Zum Schwarzen Horn"** wurden u. a. Luthers Schriften, die sog. „Dunkelmännerbriefe" des Erfurter Humanistenkreises und das erste Rechenbuch von A. Ries gedruckt. Haus- und Zunftzeichen auf Auslegern, so am Gasthaus **„Zum Goldenen Schwan"** (15. Jh.), Michaelisstr. 9, der spitze Torbogen (1534) und das mit Muschelornament verzierte Fachwerk sowie das Renaissanceportal (1561) des Doppelhauses **„Zum Güldenen Krönbacken"** prägen die Straße. Im

Gasthaus „Zum Goldenen Schwan"

Straßenbogen, dem „collegium majus" schräg gegenüber, steht die **Michaeliskirche** (1183/1200). Die ehem. Universitätskirche, auf unregelmäßigem, trapezförmigem Grundriß (Nebenschiffererweiterung 1451) errichtet, ist mit einem kunstvollen Renaissancealtar ausgestattet. Im Obergeschoß des Turmes (Ende 13. Jh.) eine nach Bischof J. B. v. Laasphe benannte Dreifaltigkeitskapelle mit figürlich reich geschmücktem Erker (um 1500).

In der **Allerheiligenstraße** – Abbild der städtischen Baugeschichte – die Häuser „Zum Roten Stern", ein massives, zweigeschossiges gotisches Haus mit Spitzbogenportal, Hauszeichen und spätgotischem Konsolerker (1459) und **„Zum Güldenen Sternberg"**, spätestes der gotischen Wohnhäuser der Stadt, das auf den Sitznischenportal- und Fenstergewänden die Jahreszahlen 1519, 1533 und 1537 trägt. Die repräsentativen Renaissancehäuser „Windmühle", Allerheiligenstr. 6, und Haus „Blumenstein", Allerheiligenstr. 5, zeigen reichprofilierte Fenster- und Portalgewände (16. Jh.) sowie noch gotische Bаureste. In der **Waagegasse** stehen stattliche, drei- bis viergeschossige Fachwerkhäuser, die **Speicher** aus dem 16. Jh.

Die sich konisch erweiternde **Turniergasse** ist durch gotische Elemente, so die Portale der dreigeschossigen Bürgerhäuser Turniergasse 18, **Haus „Zum Turnier"** (16. Jh.) und „Hirschsprung" (Ende 15. Jh.), Turniergasse 16, geprägt. Das Ensemble **„Engelsburg"**, Allerheiligenstr. 20/21, aus einer Klosteranlage des 12. Jh. hervorgegangen, besteht aus zwei- bis dreigeschossigen Fachwerkhäusern (15. Jh.).

Im einbezogenen Haus **„Zum Schwarzen Roß"**, in der Bohlenstube, traf sich der humanistische Kreis um E. Hessus, U. v. Hutten und C. Rubeanus zwischen 1516 und 1524 (heute Studentenklub der Medizinischen Akademie). In der spitzwinkligen Straßengabelung zur Marktstraße prägt die **Allerheiligenkirche** (1125 erwähnt), als zweischiffiger gotischer Bau auf dreieckigem Grundriß am Ende des 13. Jh. auf Resten eines Vorgängerbaus neu errichtet, die städtebauliche Situation durch ihren schlanken Turm mit hoher spitzer Haube. Im Hof des stattlichen, mit dem Mainzer Rad, dem Stadtwappen Erfurts, geschmückten gotischen Bürgerhauses **„Güldenes Rad und Roter Hirsch"** (16. Jh.), Marktstr. 50, ist eine historische Tabakmühle (einschließlich Teile ihrer Ausstattung) zu sehen.

Im Quartier **Große Arche** wurden **„Haus Sonneborn"** (1536) mit Renaissanceportal und Bohlenstube (Hochzeitshaus), **Große Arche 14** (16. Jh.; heute Naturkundemuseum) und der **Große Waidspeicher** (heute Kabarett und Puppentheater) mit sichtbarer innerer Holzkonstruktion in den letzten Jahren restauriert. Das Haus **„Großer Pflug und großer Siebenbürgen"**, Marktstr. 21, zeigt im Erdgeschoß schlanke gotische Gewölbe, während sich die Fassade (1677) in barocken Formen präsentiert (heute Kinder- und Jugendbibliothek).

Außerhalb der Erfurter Altstadt sind für einen Besuch zu empfehlen: Die ehem. städtische **Cyriaksburg** (1480; iga-Gelände), sie geht auf das zwischen 1123 und 1480 existierende Nonnenkloster St. Cyriakus zurück.

Die Zitadelle wurde 1631 nach Plänen von C. Vogel von vermutlich O. v. Guericke ausgebaut. Während der preußischen Besetzung erfolgte ein Umbau zwischen 1824 und 1830. Erhalten sind Kaponieren (heute Gaststätte), Festungsturm (heute Sternwarte) sowie das Haupt- und Torgebäude (heute Gartenbaumuseum) mit einer historischen Waidmühle als Symbol für die Grundlage der ökonomischen Blütezeit Erfurts im Mittelalter auf dem Vorplatz.

Ausgehend von der noch innerhalb der Stadtmauer (Karl-Marx-Platz) gelegenen **Neuwerkskirche** (1731/33), eines unter Verwendung gotischer Bauteile (vermutlich G. Gröniger) errichteten Baus mit Portal, Ausstattung und Stukkaturen in barocken Formen, den Bereich der ehem. Befestigungsanlagen überquerend, führt der Weg zum ehem. **Kartäuserkloster** (heute Tanzschule), Karthäuserstr. 13. Die 1375 errichtete Klosteranlage mit Kirche, Kreuzgang und Kapitelgebäude im gotischen Stil wurde zwischen 1702 und 1728 durch M. v. Welsch umgebaut und mit einer an süddeutsche Formen erinnernden, figurengeschmückten Barockfassade versehen. Trotz weiterer Überbauung ist die Gesamtanlage einschließlich erhaltener gotischer Innenräume heute noch sichtbar.

Östlich der inneren Stadtbefestigung, Juri-Gagarin-Ring 140, liegt der Komplex des ehem. Hospitals. Neben dem großen **Herrenhaus** (1540/47), einem mächtigen Bau (heute Museum für Thüringer Volkskunde) mit Eingangsportal und repräsentativer Eingangshalle im Renaissancestil werden auf dem Vorplatz in einem Lapidarium Architekturreste aus der Baugeschichte der Stadt gezeigt. Der Hofraum wird von der gotischen **Hospitalkirche** (1328) mit barocker Turmhaube begrenzt. In der fruchtbaren Aue des Gerabogens zwischen dem Steigerwald im Süden und der Cyriaksburg im Norden liegt das **Dreibrunnenfeld** (Motzstraße), Ausgangspunkt des Erfurter Erwerbsgartenbaus. J. Ch. Reichart legte hier in der 2. Hälfte des 18. Jh. Musterflächen für moderne Bearbeitungsmethoden und sog. Klingen, wasserüberflutete Bekken für den Anbau von Brunnenkresse, an.

Freiberg

Bez. Karl-Marx-Stadt

ⓘ Freiberg-Information
Weingasse 9
Freiberg, 9200

Historischer Stadtkern lt. Bekanntmachung der zentralen Denkmalliste der DDR:
„Altstadtbereich innerhalb von Hornstraße, Platz der Oktoberopfer, Schillerstraße, Karl-Liebknecht-Platz, Beethovenstraße, Leipziger Straße, Ernst-Thälmann-Ring und Donatsfriedhof mit Dom, Stadt- und Bergbaumuseum, Nikolai- und Petrikirche, Rathaus, Kornhaus, Schloß Freudenstein, Stadtbefestigung und Bürgerhäusern: Obermarkt 16, 17, Kirchgasse 11, Korngasse 1, Karl-Marx-Straße 27."

In Verbindung mit der Besiedlung des Waldgebietes zwischen Freiberger Mulde und Striegis von 1156 bis 1161 entstand am Münzbachtalhang östlich der Wasserturmstraße Christiansdorf als ein einreihiges Waldhufendorf. Hier wurden um 1168 silberführende Erze entdeckt. Der daraufhin einsetzende Bergbau führte wohl zu einer eigenen Bergleutesiedlung, die aber auf Herrenland außerhalb der Flur von Christiansdorf bei der einstigen Donatskirche zu suchen ist. Zugleich wurde zum Schutz und zur Kontrolle des Bergbaus an der Stelle des Schlosses Freudenstein eine Burg errichtet, etwa um 1171/75, neben der entlang der Brennhausgasse eine Burglehnsiedlung herauswuchs, für deren Ausdehnung die West-Ost-Straße von Chemnitz zum Dresdner Elbübergang maßgebend war. Im Kreuzungsbereich mit der von Süden herangeführten böhmischen Straße bildete sich der Alte oder Untermarkt heraus. Hier wurde um 1180/85 mit dem Bau der Marienkirche, dem späteren Dom, begonnen. Die Mitteilung zur Stadtgründung 1181 wird mit der Anlage einer wahrscheinlich umwallten, etwa 150 mal 150 Meter großen, durch Markgraf Otto planmäßig angelegten Siedlung mit der Nikolaikirche in Ver-

bindung gebracht, die durch sich rechtwinklig schneidende, sehr enge Gassen bestimmt ist.

Die Entwicklung der Oberstadt mit ihrem rechtwinkligen, auf die Burg orientierten, breiten Straßennetz, mit dem Obermarkt und der Petrikirche erfolgte zwischen 1210 und 1218 unter Markgraf Dietrich. Es wurde eine Stadtmauer im Verlauf der heutigen errichtet, während bis dahin ältere Siedlungskomplexe nur umwallt waren oder einzelne befestigte Höfe aufwiesen. Die Stadtrechtsverleihung war wohl erst an die Gründung der Oberstadt geknüpft. Damals wird der Stadt ihr erstmals 1218 überlieferter Name „Friberch" gegeben worden sein. Im 13. Jh. hatten viele Plätze noch nicht ihre heutigen Begrenzungen. Der Obermarkt umfaßte eine 120 Meter mal 140 Meter große Fläche zwischen der heutigen Karl-Marx-Straße und dem Petriplatz. Auch der Untermarkt hat sicher eine andere Form gehabt. Städtebauliche Ergänzungen im 13. Jh. brachte die Gründung von drei Klöstern innerhalb der Stadt, die bis ins 17. Jh. hinein fast vollständig verschwanden. Westlich der Stadt entstanden zwei Hospitale. Das bedeutendste Bauwerk des 15. Jh. ist das Rathaus. Gleichzeitig erfuhren die Kirchen Erweiterungen. Auch der Neubau der Stadtmauer gehört in diese Zeit. Die noch heute weitgehend erhaltene Wohnhausbebauung entstand nach 1484. Die Häuser stellen durchweg im Laufe des 16. Jh. veränderte und vergrößerte Gebäude dar. Steinerne Gebäude mit hohen Traufdächern, mit profilierten Fenstergewänden und nur noch z. T. vorhandenen Rundbogenportalen beherrschen das Stadtbild. Seltener ist der ältere Typ des Giebelhauses. Häufig lassen die Fensteranordnungen die innere Raumstruktur erkennen. Als ursprünglich sind drei- bis vierachsige Häuser zu bewerten, wobei ein meist isoliertes Fenster der kleineren Kammer, die anderen einer großen Stube zugehören. Die meist zweigeschossige Wohnhaussubstanz bildet noch heute das damalige soziale Gefüge ab. Grö-

Schönlebe-Haus – Portal

ßere Wohnhäuser finden sich in der Oberstadt. Sie gehörten dem Stadtpatriziat, Kaufleuten und gehobenen Bergbeamten. Das Domviertel (Burglehn) weist u. a. Wohnstätten des Landadels, nach 1480 auch die Gebäude des Domkapitels auf. Das Nikolaiviertel war das Wohngebiet der Handwerker. Im Jakobiviertel wohnten insbesondere Berg- und Hüttenarbeiter. Vor 1500 erfolgte unter Führung des Domkapitels der herausragende Neubau des Domlanghauses. Der Aufbau der anderen Stadtkirchen fiel dagegen äußerst bescheiden aus. Nach 1550 fällt der Neubau des Schlosses.

Während bis zum Ende des 17. Jh. noch eine gewisse Bautätigkeit zu verzeichnen ist, hört sie im 18. Jh. fast völlig auf. Aus der 2. Hälfte des 19. Jh. stammt die Gestaltung der Ringanlagen anstelle der Befestigung. Parallel wurden einige beachtenswerte staatliche oder kommunale Großgebäude in Nachbarschaft der Altstadt errichtet.

Leider wurden gleichzeitig große Teile der Stadtmauer, insbesondere das Erbische Tor, und die alte Jakobikirche abgebrochen.

Den historischen Hauptzugang zur Altstadt bildet der südliche Teil der heutigen **Karl-Marx-Straße**, der 1396 „Erbische Gasse" genannte Straßenzug. Hier befand sich seit 1607 der ehem. **Gasthof „Zum Goldenen Löwen"** (Hausschild von 1678), Karl-Marx-Str. 3. Von November 1800 bis März 1801 wohnte hier mit seinem Vater der 14jährige C. M. v. Weber und komponierte seine erste Oper (Gedenktafel). Das frühbarocke **Klemm-Haus** (1668/69) mit seinem abgenommenem, in manieristischen Formen gehaltenen Erker war das Wohnhaus des Goldschmiedes S. Klemm, des Schöpfers des im Grünen Gewölbe zu Dresden ausgestellten Bergmannsschmuckes des Kurfürsten Johann Georg II. von 1677. Durch seine geschlossene Umbauung von drei- und viergeschossigen Bürgerhäusern meist aus dem 16. Jh., die mit ihren überhohen Dächern wirkungsvolle Gruppen bilden, ist der **Obermarkt** einer der städtebaulich bedeutendsten Marktplätze in der DDR. Den Zugang markiert der manieristische Giebel des **Schönlebe-Hauses**, Obermarkt 1. Das Anfang des 16. Jh. errichtete große Patrizierhaus wurde nach 1624 durch Bürgermeister J. Schönlebe umgestaltet. Damals erhielt es sein repräsentatives, 1862 vernichtetes und 1976/77 rekonstruiertes Portal. Im Innern konnten bis 1981 wertvolle bemalte Decken des 17. Jh. freigelegt und restauriert werden. Die Verkaufsstelle im 1. Stock enthält im Vorraum eine mit Diamantquadern und Flechtwerk bemalte Putzfelderdecke, der folgende Raum eine profilierte Balkendecke vom Anfang des 16. Jh. mit einer üppigen Frühbarockbemalung. Hervorzuheben ist ein Saal im 2. Stock. Er hat eine einfache Holzdecke mit Bergbaumotiven nach Agricola (um 1630) sowie mit gleichalten Figuren an den Fensterpfeilern, die fast lebensgroße Bergleute darstellen. Dem Schönlebe-Haus gegenüber befindet sich ein kleiner Brunnen mit der Plastikgruppe „Klatschweiber" (G. Kohl, 1979).

An der Ostseite des Obermarktes steht das **Rathaus**, im Mittelalter eines der größten einer sächsischen Stadt, errichtet anstelle eines älteren Gründungsbaus 1410/14. Der Turm, nach einem Brand 1471 neu erbaut, wurde 1618 erhöht. Über dem Hauptportal von 1775 ist ein Stadtwappen von 1510 angebracht. An der Südecke befinden sich drei z. T. mit Bleiglanz ausgelegte Kreuze. Sie sind ein Wahrzeichen der Stadt. Von den ursprünglich zwei Erkern ist noch der größere von 1578 mit der wiederhergestellten ursprünglichen Farbfassung erhalten. Die Rückseite des Rathauses ist in frühbarocken Architekturformen von 1672 gestaltet. Das ehemals fast turmhohe Satteldach wurde 1857 erniedrigt und mit neobarocken Seitengiebeln versehen. Die Dachaufbauten stammen von 1920. Im Ergeschoß befanden sich die Ratswaage, hinter den vermauerten Arkaden die Brotbänke sowie an der Südseite die Gerichtsstube. In der Eingangshalle werden heute ein Teil der beim Raub der Kurfürstlichen Prinzen Ernst und Albrecht durch den Ritter Kunz von Kaufungen in Altenburg 1455 benutzten Strickleiter sowie zwei Prangersteine aufbewahrt. Die Diele des Obergeschosses ist ein Teil des einstigen zweischiffigen Rathaussaales mit ursprünglich sechs Spitzbogenarkaden. Sie enthält Teile der Fürstengalerie der Stadt. Im Turm befindet sich die frühere, 1514 geweihte Lorenzkapelle mit einer reichen spätgotischen, ab 1984 freigelegten und restaurierten, figürlichen und ornamental-vegetabilen Ausmalung. Sie wurde um 1510 in den Altan der bis dahin außen geführten Rathaustreppe eingebaut. Ein reichgestaltetes gotisches Portal (um 1475) bildete den früheren Rathauszugang. Durch das Abgeordnetenkabinett, die frühere Ratsstube, mit einer 1876 erneuerten, spätgotisch profilierten Balkendecke erhält man Zugang zum oberen Ratsarchiv, der sog. Ratssilberkammer, mit einer Kästchenausstattung von 1635. Hier wird ein reicher Urkundenbestand aufbewahrt, u. a. mit den Handschriften des Freiberger Stadtrechts um 1300, des Bergrechts um 1350, der Stadtbücher ab 1378 sowie der Bürgermatrikel ab 1404. Im Südteil ist in der ehem. Kommissionsstube, dem heutigen Ratssitzungszimmer, eine beachtliche barocke Schrankwand erhalten. Das sich an das Rathaus anschließende spätgotische Haus Obermarkt 23 beherbergt seit 1631 die seit 1279 nachweisbare, damals zum „Schwarzen Elephanten" genannte Apotheke. In Marktmitte befindet sich das große Brunnendenkmal mit der Figur des Markgrafen Otto der Reiche (G. Gröne, 1897). Östlich davon markiert ein ins Pflaster eingelassener dunkler Block die Enthauptungsstelle des Prinzenräubers Kunz von Kaufungen am 14. 7. 1455. Im frühbarocken Kaufmannshaus **Obermarkt 4** (1681), dessen gequadertes Rundbogenportal 1972 rekonstruiert wurde,

Rathaus am Obermarkt

Ensemble am Obermarkt

weilte am 16. 5. 1812 vor seinem Einfall in Rußland für wenige Stunden Kaiser Napoleon, der hier vom sächsischen König empfangen wurde. Von 1829 bis 1846 besuchten hier Clara Wieck und Robert Schumann mehrfach ihren Freund Ernst Adolf Bekker. Bestimmt wird die Südseite des Marktes von dem hohen, mit einem knorpelverzierten Erker versehenen Haus **Obermarkt 6** (1696), das einst einen Dachreiter trug. Das sich anschließende spätgotische **Alnpeck-Haus**, Korngasse 1, gehörte der vermögendsten Freiberger Patrizierfamilie. Unter Andreas Alnpeck befand sich hier bis zu ihrer Verlegung 1556 nach Dresden die Münze. Anläßlich eines Fürstentreffens von Kurfürst Moritz mit Ferdinand I. 1599 diente das Haus, damals das vornehmste der Stadt, als königliche Residenz. Bei der 1985/86 erfolgten Rekonstruktion konnten im 1. Stock profilierte Balkendecken vom Anfang des 16. Jh., darüber jüngere bemalte Decken, freigelegt werden. Ursprünglich folgte dem mit Vorhangbogenfenstern versehenen, massiven 2. Geschoß ein 3. Fachwerkgeschoß, das bald durch ein Ziegelgeschoß mit einem Erker ersetzt wurde. Erst in der Mitte des 16. Jh. wurde der bis dahin wohl verbretterte Giebel massiv hochgezogen. Das Giebelhaus **Obermarkt 10** von 1542 ist das einzige Freiberger Bauwerk im ↗ Görlitzer Renaissancestil, dessen Fenster anstelle profilierter Gewände durch Pilaster gerahmt sind. Von 1690 bis 1714 wohnte hier Oberberghauptmann C. v. Carlowitz, der Verfasser des ersten forstwissenschaftlichen Buches. Das Bürgerhaus Obermarkt 12 aus der Mitte des 16. Jh. bewohnte von 1641 bis 1660 der Stadtchronist A. Möller und bis zu seinem Tod, 1744, Bergrat J. F. Henckel (Gedenktafel). Das Haus August-Bebel-Str. 1a ist eines der wenigen Barockhäuser der Stadt. Das heutige Konsumentwarenhaus war einst als „Oberhof" einer der größten Freihöfe der Stadt. Der ehem. Gasthof „Schwarzes Roß", August-Bebel-Str. 5, war 1873 Gründungslokal des Ortsvereins der Sozialdemokratischen Arbeiterpartei (Gedenktafel). **August-Bebel-Str. 13** (1516), mit stabwerkgeschmücktem Rundbogenportal, zeigt alle Merkmale der Freiberger Architektur des 16. Jh. Gegenüber steht die anläßlich der 800-Jahrfeier 1986 aufgestellte Brunnenplastik „Der von Fortuna begünstigte Lebensbaum der Stadt" (B. Göbel, 1986). August-Bebel-Str. 29 mit dem königlich-sächsischen Wappen beherbergte in der 1. Hälfte des 19. Jh. die Posthalterei. Das spätgotische Haus August-Bebel-Str. 40 zeigt in dem verstümmelten Rundbogenportal den Wappenbär der Glockengießerfamilie Hilliger. Einen reichen Stabwerkrundbogen weist das im Erdgeschoß rippengewölbte **Mohnhaupt-Haus** (Anfang 16. Jh.) auf. Die große Schrifttafel (um 1530) mit den Anfangsbuchstaben der Einsetzungsworte des biblischen Abendmahls in der Übersetzung Luthers erinnert an die erste reformatorische Abendmahlfeier 1529, acht Jahre vor Annahme der Reformation in Freiberg, in der einst im Erdgeschoß befindlichen Hauskapelle.

Einige für die Stadtgeschichte wichtige Häuser befinden sich in der parallelen, um 1396 Fischergasse genannten **Lomonossowstraße**. In der Lomonossowstr. 6 befand sich die Wohnung des Chemikers W. A. Lampadius, der hier 1811 die erste Gaslaterne auf dem Kontinent mittels Steinkohle betrieb (Gedenktafel mit Nachbildung der originalen Laterne). Das 1880 umgestaltete Barockhaus Lomonossowstr. 21 (Stadtpark-Kino) war als Wohnhaus des Bürgermeisters S. Tzschöckel mehrfach Quartier des preußischen Königs Friedrich II. während des Winterlagers vom 30. 11. 1759 bis 24. 4. 1760, königliche Residenz und Ort europäischer Politik (Gedenktafel). In Lomonossowstr. 14 (Ende 19. Jh.), der ehem. Gaststätte „Zum Pfeil", wurde im Januar 1919 die Ortsgruppe Freiberg der KPD gegründet (Gedenktafel). Im Hof von Lomonossowstr. 41 (um 1840) befand sich ab 1733 das Laboratorium von Bergrat J. F. Henckel, der hier von

1739 bis 1740 u. a. die russischen Studenten M. W. Lomonossow, Forscher und Dichter, und D. I. Winogradow, Erfinder des russischen Porzellans, unterrichtete (Gedenktafel).

Das Zentrum des in den letzten Jahren sanierten Petriplatzes nimmt die **Petrikirche** ein, deren Gestalt noch weitgehend von dem etwa 1215/30 errichteten Bau bestimmt wird. Von damals stammen u. a. der hintere runde Hahnenturm, der Faule Turm sowie der untere Teil des Petriturmes. Im oberen Teil zeigt er vermauerte Schallfenster der Zeit um 1240. Im 13. Jh. war er dadurch mit über 50 Metern der höchste Turm in Sachsen. Seine heutige Höhe beträgt 71,2 Meter. Er trägt die Stundenglocke sowie das vor Schichtbeginn läutende Bergglöckchen und diente als Stadtturm. Um 1300 erfolgte eine Chorvergrößerung, von 1401 bis 1410 wurde vermutlich eine spätgotische Halle neu errichtet. Veränderungen brachte nach einem Brand der barocke Wiederaufbau von 1728/34 und 1749. Die Turmhauben stammen von J. G. Ohndorff. Das Innere wurde seit 1976 eingreifend verändert und mit Plastiken von F. Press ausgestattet. Von der alten Ausstattung ist noch die große Sandsteinkanzel (1733) von J. Ch. Feige d. Ä. und die zweimanualige Silbermann-Orgel von 1733/35 zu nennen, ferner ein Abendmahlsrelief um 1515 aus der ehem. Nikolaikirche (vermutlich Ph. Koch). Der **Petriplatz** weist eine Reihe beachtenswerter Häuser auf. Das Haus Petriplatz 3 (16. Jh.) war um 1520 im Besitz des Gelehrten und Humanisten U. Rülein von Calw, des Verfassers der ersten deutschsprachigen montankundlichen Schrift und Entwerfers der Stadtgrundrisse von Annaberg und Marienberg. Das Eckhaus, das **Hilliger-Haus**, Waisenhausstr. 12, ist eine 1984 errichtete Kopie des 1555 für den Glockengießer H. Wolf erbauten Gebäudes. Im Erdgeschoß ist die originale Lehmfelderdecke (Bemalung um 1600) erhalten. Die eingebauten Renaissancefenstersäulen entstammen dem 2. Stock des Altbaus. Das gegen-

überliegende **Gellert/Breithaupt-Haus,** das das *Naturkundemuseum* beherbergt, befindet sich in einem großen Patrizierhaus vom Anfang des 16. Jh. mit einem Stabwerkrundbogenportal. An der Rückseite weist das im Innern 1882 als Logenhaus veränderte Gebäude einen um 1620 aufgesetzten Giebel auf. Ab 1751 befand sich hier die Wohnung des Hüttenkundlers Ch. E. Gellert, von 1833 bis 1851 die des Mineralogen F. A. Breithaupt (Gedenktafeln). Waisenhausstr. 20 bewohnte ab 1865 der Mitentdecker des Elements Indium, der Physiker und Hüttenkundler F. Reich (Gedenktafel). Petriplatz 5 (Mitte 16. Jh.) war als ehem. Petridiakonat von 1635 bis 1639 das Wohnhaus des Kirchenkomponisten A. Hammerschmidt. Neben einem Haus mit spätgotischen Vorhangbogenfenstern stand das große spätgotische Haus **Petriplatz 7**, dessen Wiederaufbau beabsichtigt ist. Das markante Gebäude des ehem. **Kaufhauses**, am nördlichen Obermarkt, des heutigen Ratskellers, mit seinem reich gestalteten Renaissanceportal wurde von 1545 bis 1546 von S. Lorentz d. Ä. auch als städtischer Repräsentationsbau errichtet. Das Erdgeschoß diente dem Ratsweinschank. Die sog. Kastenstube im 1. Stock, im 17. Jh. Sitzungsraum der Vorsteher des Almosenkastens, errichtet als „Trinkstube für besondere Personen", zeichnet sich durch eine stark profilierte Balkendecke, eine reich geschnitzte Mittelsäule sowie ein ornamentiertes Türgewände aus. In der großen Anschnittstube des 2. Obergeschosses nahm das Bergamt die Abrechnung der Bergbauergebnisse mit der Schichtmeistern vor. Die zweischiffige, z. T. verbaute Erdgeschoßhalle mit toskanischen Mittelsäulen des 1683/87 neu errichteten Saalanbaus nahm früher die Fleischbänke auf. Die Erneuerung des Ratskellers 1984/86 gab dem Festsaal, einst Raum für die Verkaufsstände der Tuchmacher, Gewandschneider und Kürschner, durch Wiederherstellung der marmorierenden Wandbemalung vom Anfang des 18. Jh. und Aufhängung eines großen Barockgemäldes (S. Bottschild, um 1680) seinen festlich barocken Charakter wieder. Im Festsaal trat 1727 die Schauspielergruppe der Neuberin auf, um 1835 fanden wiederholt Konzerte von Clara Wieck statt.

Das benachbarte **Lißkirchner-Haus** (um 1530), ein großes Patrizierhaus, war bis 1980 mit 32 Metern das höchste Wohngebäude der Stadt. Sein bemerkenswertes gleichaltes, triumphbogenartiges Portal (P. Speck, 1965 ergänzt) wurde 1986 durch eine Kopie ersetzt. Es zeigt im Giebelfeld eine wertvolle Darstellung des Bergbaus. Hervorzuheben ist der Treppenturm mit offener Spille. Am Haus Obermarkt 18 ist ein Gottvaterrelief (F. Maidburg, um 1525) als Rest des einstigen Portals hervorzuheben.

Der Kreuzungsbereich Weingasse/ Karl-Marx-Straße, der früheren Burggasse, stellt das städtebauliche Zentrum der Altstadt dar. Das Eckhaus **Karl-Marx-Str. 27** hat einen reich gestalteten, manieristischen Eckerker, dessen Giebel für die Zeit typische plastische Formen aufweist. Es wurde, wie auch die Erker der Nachbarhäuser, 1616/18 durch S. Hofmann errichtet. Karl-Marx-Str. 29 (Mitte 16. Jh.) befindet sich seit 1651 die 1595 gegründete Apotheke „Zum goldenen Löwen". Karl-Marx-Str. 31 (Mitte 16. Jh.) bewohnte J. F. W. Toussaint v. Charpentier, dessen Tochter sich 1797 mit dem an der Bergakademie studierenden Dichter der deutschen Romantik Friedrich v. Hardenberg (Novalis) verlobte (Gedenktafel). Gegenüber liegt der Gebäudekomplex der 1693 gegründeten ehem. **Manufaktur Thiele und Steinert** für „Leonische Waren". Sie war 1801 mit 1 500 Arbeitskräften außerhalb des Textilgewerbes eine der größten Manufakturen in Sachsen. Das Wohnhaus stammt von 1776, die Produktionsgebäude lagen in der Thielestraße und im Muldental bei Halsbach. In der einmündenden Akademiestraße befindet sich das **Stammgebäude der Bergakademie**. Sie wurde 1765 auf Veranlassung des Generalbergkommissars

Erker – Karl-Marx-Str. 27

A. v. Heynitz gegründet und gilt als älteste montanwissenschaftliche Hochschule der Welt. Bis zu seinem Tode 1817 bewohnte das Haus ihr wohl bedeutendster Lehrer A. G. Werner, der erstmalig ein System der Geowissenschaften schuf. Berühmte Lehrer waren u. a. ihr Reorganisator von 1871 G. Zeuner, der Mechaniker und Markscheider J. Weisbach, zu den berühmten Schülern gehörten A. v. Humboldt, F. v. Hardenberg, Th. Körner und der spätere preußische Staatsmann Freiherr vom und zum Stein, der Geologe L. v. Buch (Gedenktafeln, Traditionskabinett in der Nonnengasse).

Nonnengasse 15 stellt die Kopie eines spätgotischen Hauses mit einem Blendnischengiebel dar. Nonnengasse 17 (1553) ist das Geburtshaus des Geodäten F. R. Helmert. Der untere Teil der Karl-Marx-Straße weist eine Reihe Häuser des 16. Jh. auf, darunter den ehem. **Gasthof „Zum Schwarzen Adler"** (um 1500). In Karl-Marx-Str. 43 (Mitte 16. Jh.) befand sich die Wohnung des für den sächsischen Bergbau wichtigen Maschinendirektors Ch. F. Brendel (Gedenktafel). Den Bereich zwischen der Prüferstraße und dem heutigen Otto-Nuschke-Platz nahm das 1243 ersterwähnte, schon im 17. Jh. abgebrochene Dominikanerkloster ein. Hier begann im 13. Jh. der Weg Dietrichs von Freiberg, eines Wegbereiters der deutschen Mystik. Im ehem. „Kaffee Vogel" wurde am 17. 5. 1848 der Freiberger Arbeiterverein gegründet. Von hier aus erfolgte am 3. 5. 1849 der Aufruf zur Beteiligung am Dresdner Aufstand (Denkmal, G. Kohl, 1949). Im **Silbermann-Haus**, der 1830 umgebauten Schloßwache, befand sich von 1711 bis 1753 die Werkstatt des Orgelbauers Gottfried Silbermann (Gedenktafel). Hier wirkte auch dessen bedeutendster Schüler Z. Hildebrandt.

Das **Schloß Freudenstein** (H. Irmisch, 1566/79) wurde anstelle der um 1171 begründeten markgräflichen Burg errichtet. Seine heutige Gestalt als Getreidemagazin resultiert aus dem nach weitgehendem Verfall vorgenommenen Umbau um 1800, der zur Beseitigung der vielen Giebel und der gesamten Ausstattung führte. Heute sind im Schloß ein Jugendklub und eine Kellergaststätte, die vom Kreuzteich aus zugängig ist, untergebracht. Der östlich vom einst von einem sehr reich gestalteten Giebel bekrönten Hauptportal hervorspringende Gebäudeteil, der sog. Große Turm, beherbergte die kurfürstlichen Wohngemächer. An der Ostseite des Hofes schließt sich der früher niedrigere Kirchenflügel an. Im hohen Nordflügel befanden sich die Fest- und Gasträume. Das rückwärtig zum Kreuzteich vorspringende sog. Neue Haus wurde 1987 in seiner einstigen Gestalt wiederhergestellt. 1986 konnte im Hofbereich vor dem Nordflügel der untere Teil des romanischen, bereits im Mittelalter wieder abgebrochenen Bergfriedes ergraben werden. Die mittelalterliche Burg war ein wichtiger Aufenthaltsort der Markgrafen von Meißen, von 1503 bis 1539 Residenz Herzog Heinrichs des Frommen und Geburtsort der späteren

Kurfürsten Moritz und August. 1537 erfolgte von hier aus die Reformation in den ersten Gebieten der Albertiner, den Ämtern Freiberg und Wolkenstein. 1711 übernachtete hier der russische Zar Peter I. anläßlich eines Besuches der Freiberger Bergwerke und Hütten.

In der zum Dom führenden **Kirchgasse** diente das stattliche spätgotische Freihaus Kirchgasse 11 (Anfang 16. Jh.) seit 1679 als **Oberbergamt** der zentralen Bergbehörde Kursachsens. Hervorzuheben sind im Erd- und Obergeschoß Hallen mit Rippengewölben. Der ehem. **Schönbergische Hof** (um 1670) war um 1700 Wohnsitz des bedeutenden Oberberghauptmanns A. v. Schönberg, ab 1800 des hervorragenden Organisators des sächsischen Bergbaus Oberberghauptmann v. Trebra. Bei ihm weilte 1806 Herzog Carl August von Weimar und 1810 dessen Freund Goethe (Gedenktafel). Die **Alte Superintendentur,** ein vielleicht noch vor 1500 errichtetes Gebäude mit spätgotischen Vorhangbogenfenstern, war ein Kuriengebäude des 1480 an der Marienkirche gestifteten Kollegiatsstiftes. Im sich anschließenden Kantorhaus wohnte von 1744 bis 1756 der spätere Thomaskantor J. F. Doles. In der Brennhausgasse 5 steht die einstige Hofjägerei oder das sog. **Silberbrennhaus** (um 1570), es beherbergte von 1831 bis 1954 das Chemische Institut der Bergakademie. 1886 entdeckte hier C. Winkler das Element Germanium (Gedenkstätte, Gedenktafel). Im Abraham-Gottlob-Werner-Bau (1912/16) der Bergakademie, Brennhausgasse 14, sind die mineralogisch-lagerstättenkundlichen Sammlungen der Bergakademie, darunter die 1814 erworbene Mineraliensammlung A. G. Werners, untergebracht. Gegenüber sieht man den Neorenaissancebau der EOS „Geschwister Scholl", errichtet 1874/75 als Gymnasium Albertinum, restauriert 1986.

Der den **Untermarkt** bestimmende **Dom „Unser lieben Frauen"** wurde um 1180 bis 1185 als Pfarrkirche des Burglehns begonnen. Von der damaligen großen, bereits mit einer Rippenwölbung versehenen Basilika sind noch Mauerteile in den Ostbereichen erhalten. Einem um 1225 aufgerichteten Lettner gehörte die heute über der Ostempore aufgestellte Triumphkreuzgruppe an. Um 1230 entstand als Westportal die Goldene Pforte, „eines der frühesten und reichsten Figurengewändeportale" (Dehio) Mitteleuropas. Sie wurde um 1490 an die Südseite versetzt und danach in den Kreuzgang einbezogen. Die nach dem Brand von 1386 erfolgte Chorerweiterung geschah unter Einfluß der Prager Parler-Hütte. Die Gründung des Kollegiatsstiftes 1480 führte zur Bezeichnung „Dom", der nach dem Brand 1484 zwischen 1490 und 1501 seine durch eine Empore gekennzeichnete, noch deutlich gotisch empfundene Halle, „in Sachsen einer der ersten einheitlichen künstlerischen Entwürfe eines Architekten" (Magirius), vielleicht durch die Brüder J. und B. Falkenwald erhielt.

Mit dem Bau des Kreuzganges ab 1507 und der Weihe der Annenkapelle 1514 – sie hat das erste von Böhmen und Sachsen übertragene Schlingrippengewölbe – kam das Baugeschehen am Dom vorerst zum Abschluß. Anstelle der Türme wurde nur ein breitgelagerter, im 18. Jh. beseitigter Fachwerkaufbau aufgesetzt. Von der einst überreichen spätgotischen Ausstattung sind noch beachtliche Teile erhalten, so die einmalige Tulpenkanzel (H. Witten, um 1510), der Apostelzyklus (Ph. Koch, um 1505), der verschiedenen Meistern zuzurechnende Jungfrauenzyklus, ferner als Reste ehemals z. T. monumentaler Altäre die Plastiken des Christophorus, des Hl. Wolfgangs sowie Johannes des Täufers (vermutlich Ph. Koch), ferner eine große Pietà um 1430 und die steinerne Mohnhaupt-Madonna (F. Maidburg, 1513). Meist späterer Zeit gehören die zahlreichen Epitaphe an. Mit dem Tod Herzog Heinrich des Frommen 1541 wurde der seit Auflösung des Kollegiatsstiftes 1537 funktionslose Chor schrittweise zur Begräbnisstätte der prote

stantischen albertinischen Wettiner umgestaltet, die hier bis zum Tode Johann Georgs IV. 1694 ihre letzte Ruhestätte erhielten. 1563 erfolgte die Aufstellung des nach dem Entwurf der Italiener B. und G. de Thola und von A. v. Zerroen in Antwerpen ausgeführten Freigrabes für Kurfürst Moritz. Mit der Ausgestaltung 1589/94 durch G. M. Nosseni unter Mitwirkung des Florentiner Bildhauers C. de Cecare erhielt Freiberg eines der Hauptwerke des italienischen Manierismus in Mitteleuropa. Beachtenswert sind die Bronzegrabplatten aus der Zeit von 1541 bis 1643 mit vorzüglichen Gravierungen aus der Freiberger Gießhütte der Hilliger. 1638 wurde als neue Werktagskanzel die Bergmannskanzel (H. Fritzsche) aufgestellt. Wesentliche Ausstattungsstücke bekam der Dom noch 1711/14 mit der großen Silbermann-Orgel sowie 1811 durch die Überführung der „Schwesterngruft" aus Prettin mit Plastiken B. Permosers (1703/04). 1861 wurde der Kreuzgangteil von der Goldenen Pforte abgebrochen und diese freigestellt. Der Jugendstilschutzbau wurde 1902 (R. Schilling, J. Gräbner) erforderlich. Ein monumentaler Turmbau kam nicht mehr zur Ausführung. 1939 erfolgte die Überführung der kleinen Silbermann-Orgel (1719) aus der Hospitalkirche St. Johannis. Das heutige Bild des Domes wird von den in den letzten Jahrzehnten durchgeführten Restaurierungsarbeiten bestimmt. Die ursprüngliche Farbigkeit wurde wiederhergestellt, Trennwände beseitigt, die erhaltene plastische Ausstattung neu- bzw. wiederaufgestellt. Die Gruftkapelle erhielt wieder ihren obeliskartigen Dachreiter. Jahrhunderte hindurch diente der Dombereich als Begräbnisstätte. Unter den hier Beigesetzten sind A. Möller, A. v. Schönberg und A. G. Werner zu nennen.

Das Gebäude des Stadt- und Bergbaumuseums am Untermarkt, der ehem. **Domherrenhof** oder die sog. „Thümerei", war das noch vor 1500 errichtete Repräsentationsgebäude des Kollegiatsstiftes, das von 1541 bis

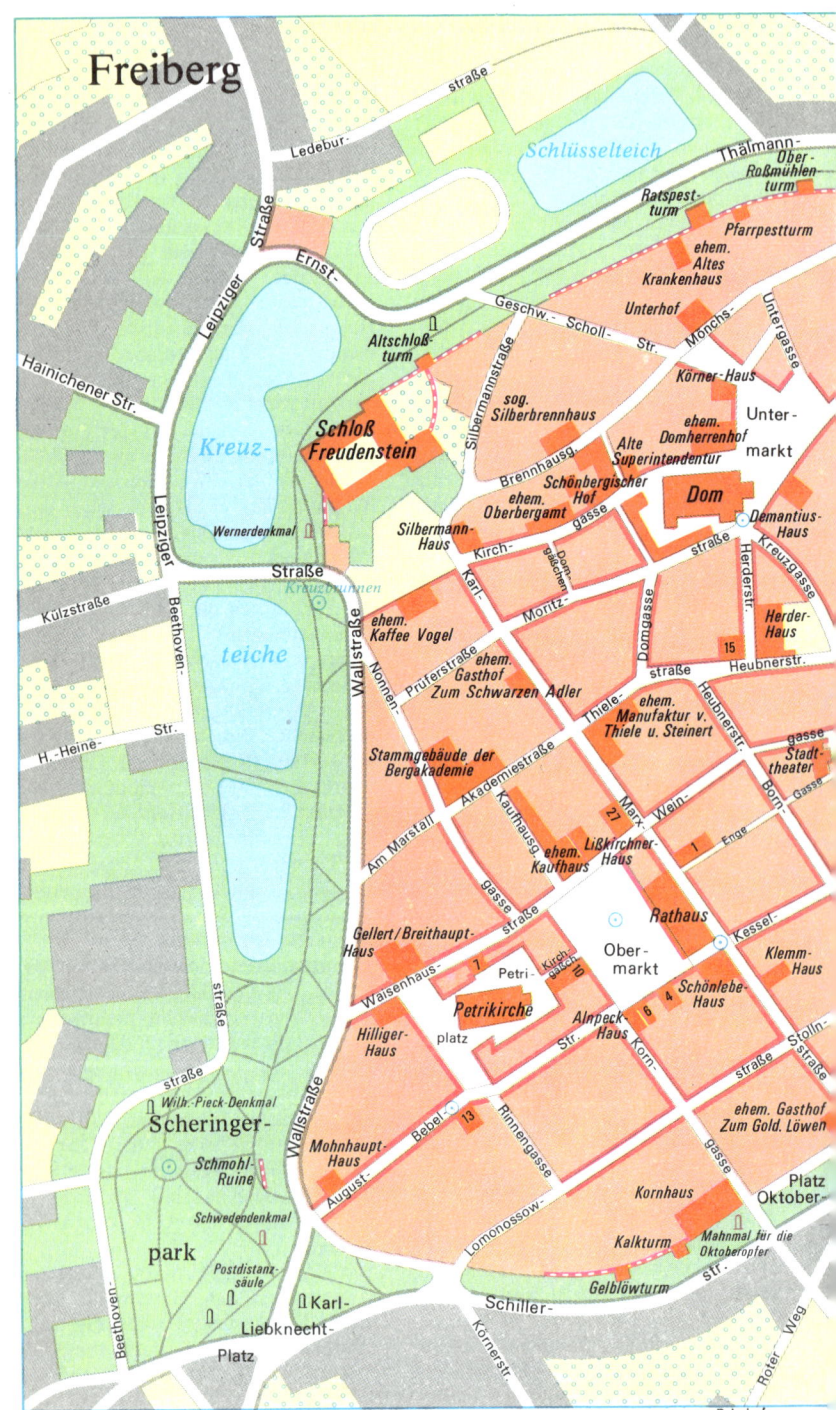

Freiberg

Schlüsselteich

Thälmann-

Ledebur- straße

Ober-
Roßmühlen-
turm

Leipziger Straße

Ernst-

Ratspest-
turm

Pfarrpestturm

ehem.
Altes
Krankenhaus

Geschw.- Scholl-

Str.

Mönchs-

Untergasse

Altschloß-
turm

Unterhof

Hainichener Str.

Silbermannstraße

sog.
Silberbrennhaus

Körner-Haus

Unter-
markt

Schloß
Freudenstein

ehem.
Domherrenhof

Alte
Superintendentur

Brennhausg.

Schönbergischer
Hof

Kreuz-

ehem.
Oberbergamt

Dom

Wernerdenkmal

Silbermann-
Haus

gasse

Demantius-
Haus

Leipziger

Straße

Kirch-

Karl-

Domgäßchen

straße

Herderstr.

Kreuzgasse

Kreuzbrunnen

Moritz-

Domgasse

Herder-
Haus

Külzstraße

Wallstraße

ehem.
Kaffee Vogel

15

Heubnerstr.

teiche

Beethoven-

Nonnen-

Prüferstraße

ehem.
Gasthof
Zum Schwarzen Adler

Thiele-

straße

ehem.
Manufaktur v.
Thiele u. Steinert

Heubnerstr.

H.-Heine- Str.

Stammgebäude der
Bergakademie

Akademiestraße

Markt-

Wein-

gasse

Born-

Gasse

Stadt-
theater

Am Marstall

Kauthausg.

27

ehem.
Kauthaus

Lißkirchner-
Haus

Enge

1

gasse

straße

Rathaus

Kessel-

Gellert/Breithaupt-
Haus

Waisenhaus-

7

Petri-

Kirch-
gäßchen

6

Ober-
markt

Klemm-
Haus

Petrikirche

platz

Alnpeck-
Haus

8

4

Schönlebe-
Haus

straße

Stollnstraße

Hilliger-
Haus

Str.

Korn-

Wilh.-Pieck-Denkmal

Scheringer-

August-

Bebel-

13

Rinnengasse

ehem. Gasthof
Zum Gold. Löwen

gasse

Schmohl-
Ruine

Mohnhaupt-
Haus

Platz
Oktober-

Schwedendenkmal

Lomonossow-

Kornhaus

park

Postdistanz-
säule

Kalkturm

Mahnmal für die
Oktoberopfer

str.

Karl-

Gelblöwturm

Liebknecht-

Schiller-

Platz

Körnerstr.

Roter Weg

Bahnhof

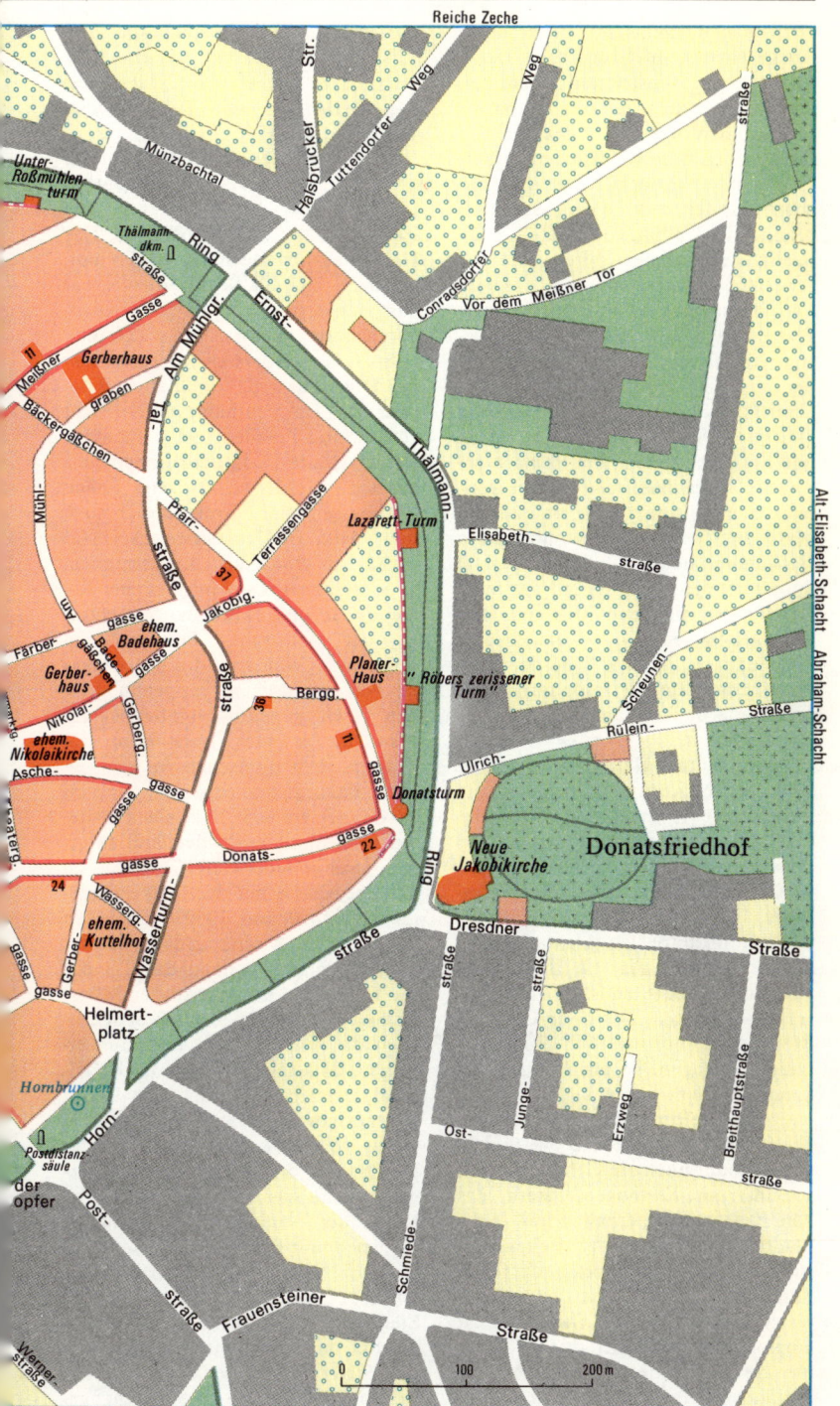

Reiche Zeche

Münzbachtal

Unter-
Roßmühlen-
turm

Thälmann-
dkm.

Ring

straße

Gasse

Gerberhaus

Meißner

graben

Bäckergäßchen

Mühl-

straße

Am

Färber

gasse

Gerber-
haus

Nikolai-

ehem.
Nikolaikirche

Asche-

gasse

24

gasse

gasse

ehem.
Badehaus

Bade

gasse

Gerber-

gasse

Donats-

Wassertg.

ehem.
Kuttelhof

Helmert-
platz

Hornbrunnen

Horn-

Postdistanz-
saule

der
opfer

Post-

straße

Werner-
straße

Halsbrucker

Str.

Turtendorfer

Weg

Weg

straße

Ernst-

Conradsdorfer

Vor dem Meißner Tor

Thälmann-

Am Mühlgr.

Tal-

Pfarr-

Terrassengasse

Lazarett-Turm

Elisabeth-

straße

Jakobig.

37

Planer
Haus

" Röbers zerissener
Turm "

35

Bergg.

gasse

Donatsturm

gasse

22

Ring

Ulrich-

Rülein-

Scheunen-

Straße

Abraham-Schacht

Alt-Elisabeth-Schacht

Neue
Jakobikirche

Donatsfriedhof

Dresdner

straße

straße

straße

Junge-

Erzweg

Breithauptstraße

Straße

straße

Ost-

Schmiede-

Frauensteiner

Straße

0   100   200 m

1875 das Gymnasium beherbergte. Ausgezeichnet im Erdgeschoß durch Vorhangbogenfenster und reiche Zellengewölbe, steht es architektonisch in der Nachfolge der ↗ Meißner Albrechtsburg. Sein Refektorium gilt als Freibergs schönster profaner spätgotischer Innenraum. Veränderungen brachte der Umbau von 1902 (A. Roßbach), insbesondere durch eine falsche Wiederherstellung des Giebels. Das Museum verwahrt spätgotische Plastiken von P. Breuer und dem Meister von Geyer, Goldschmiedearbeiten aus dem Besitz der Berg- und Schmelzerknappenschaften sowie eine reiche Sammlung von Bergbarten und Steigerhäckchen, bei Paraden getragene bergmännische Berufsattribute. Ebenfalls zum Kollegiatsstift gehörte Untermarkt 1, die Wohnung des Dechanten, heute auch Teil der ↗ Superintendentur. Während der linke Gebäudeteil ein spätmittelalterliches, viergeschossiges, oft umgebautes Haus darstellt, konnte 1986 der niedrigere rechte Teil als Ende des 15. Jh. veränderte Bausubstanz des 13. Jh. erkannt werden.

Im sog. **Körner-Haus** (16. Jh.) wohnte 1809/10 Th. Körner als Bergstudent. Untermarkt 7 (um 1545) war das Wohnhaus des Studienfreundes von A. v. Humboldt, des Berghauptmanns J. C. Freiesleben. Das **Demantius-Haus** (16. Jh.) bewohnte von 1610 bis 1643 Domkantor Ch. Demantius, in der 1. Hälfte des 17. Jh. neben H. Schütz bedeutendster kursächsischer Komponist. Das hohe Gebäude Mönchstr. 1, nordwestlich des Untermarktes gelegen, ist ein Freihof, der **Unterhof**. Neben ihm lag das gleich nach der Reformation abgebrochene Franziskanerkloster (1233 begründet), von dem nur noch ein Gebäude (Ende 15. Jh.) mit Kielbogenfenstern, das **Alte Krankenhaus**, erhalten und in die Stadtmauer eingebaut ist. Sehenswert ist die vom Untermarkt nach Osten führende **Meißner Gasse** (1396 Meißnische Gasse). **Meißner Gasse 11** zeigt einen frühbarocken Erker (1670, Kopie 1967). Meißner Gasse 22 hat ein beachtenswertes, 1984 durch eine Ko-

pie ersetztes Rundbogenportal (um 1540). Meißner Gasse 8 war eine Lohgerberei, zu der am Mühlgraben das sog. **Gerberhaus** mit Trockenböden von 1775 gehört.

Die Pfarrgasse ist das Zentrum des alten Christiansdorfs. Der Weg dorthin führt über die Herderstraße, die Heubnerstraße und Jakobigasse. Das **Herderhaus**, Herderstr. 2, ein Freihof, der nach 1848 als Schule diente, war das palaisartige Wohnhaus des Oberberghauptmanns S. W. v. Herder, Sohn J. G. Herders und hervorragender Organisator des Freiberger Bergbaus. Das Haus enthält zwei vielleicht vom Schloß Freudenstein stammende Portale (Mitte 17. Jh.) mit Bergmannshermen. Herderstr. 3 zeigt einen Rundbogen mit Groteskenschmuck (um 1540). In **Heubnerstr. 15** (1842) wirkte ab 1843 als Kreisamtmann O. L. Heubner, 1849 bürgerlicher Revolutionär und führender Angehöriger der sächsischen Provisorischen Regierung. Während des Rückzuges des von preußischen Truppen in Dresden geschlagenen Revolutionsheeres versuchte er hier gemeinsam mit S. Born, dem russischen Anarchisten M. A. Bakunin und dem Komponisten R. Wagner am 8. 5. 1849 einen weiteren revolutionären Widerstand zu organisieren (Gedenktafel). Vorbei an der Kreuzgasse mit der 1830 errichteten, um 1890 und 1960 veränderten katholischen Kirche „Johannes der Täufer" gelangt man in das Tal des seit Ende des 19. Jh. verrohrten Münzbaches. Hier befand sich am Badegäßchen das frühere, 1441 erstmalig erwähnte **Badehaus**, daneben in der Nikolaigasse ein wohl noch dem 16. Jh. zugehöriges **Gerberhaus** mit Inschrifttafeln von 1608 und 1675. An der platzartigen Erweiterung der **Pfarrgasse** steht das 1606 errichtete Gebäude der heutigen Klosterschänke. Daneben fällt **Pfarrgasse 37**, ein höheres, wohl noch romanisches kemenatenartiges Gebäude, auf. An dieser Stelle wird das Erbgericht von Christiansdorf angenommen. Gegenüber, an der Stelle der Dürerschule, befand sich bis 1890 die alte Jakobikirche; gegründet als Dorfkirche von Christiansdorf, ihr angeschlossen war das Magdalenen-Nonnenkloster (angelegt vor 1248). Wesentliche Teile ihrer Ausstattung bewahrt die an der Dresdner Straße befindliche ↗ Neue Jakobikirche. Zwischen der Jakobigasse und der südlich gelegenen Berggasse wird im Kreuzungsbereich des im Zuge der oberen Wasserturmstraße verlaufenden Hauptstollenganges mit dem Talhang die erste Fundstätte der Freiberger Silbererze von 1168 vermutet – Gedenktafel am Haus **Wasserturmstr. 36**. Im **Planer-Haus** (16. Jh.), Pfarrgasse 20, wohnte 1556/68 M. Planer, die bedeutendste Persönlichkeit des sächsischen bergmännischen Ingenieurwesens des 16. Jh. **Pfarrgasse 11**, eines der wenigen Giebelhäuser der Stadt vom Anfang des 16. Jh., besitzt eine Hausmarke mit Zeichen eines Hüttenmannes (1534) sowie ein gleichaltes Sitznischenportal. Das unterhalb des Donatsturmes gelegene zweigeschossige Haus **Donatsgasse 22** ist ein für das 16. Jh. geradezu typisches Gebäude. Über einem Bruchsteinerdgeschoß weist es ein verputztes Fachwerkgeschoß mit einer Bohlenstube auf. Kesselgasse 24 ist ein Haus mit Rundbogenportal (Schlegel und Eisen 1534) und Fachwerkobergeschoß aus dem 17. Jh. In der Gerbergasse ist noch ein Kuttelhof von 1564 sehenswert.

Durch die Aschegasse gelangt man zu der nicht mehr kirchlich genutzten ehem. **Nikolaikirche**, dem Mittelpunkt der wohl 1181 planmäßig angelegten, kleinen Nikolaistadt. Dem romanischen Gründungsbau gehören noch die beiden Türme an. Der Chor wurde um 1400 oder Mitte des 15. Jh., das Langhaus Anfang des 16. Jh. errichtet. Das Westportal sowie das Innere wurden 1750/52 nach Entwürfen des sächsischen Oberlandbaumeisters J. Ch. Knöffel umgestaltet. Gegenüber befindet sich am Buttermarkt das bis 1990 rekonstruierte **Stadttheater**. Eingebaut 1790 in ein Bürgerhaus von 1623, stammen sein Zuschauerraum von 1880, die Fassade von 1951/52. Seit 1791 in städtischem Besitz, erlebte hier 1811 C. M. v. Webers erste Oper ihre Uraufführung (Gedenkschrift). Der Weg zum Obermarkt führt durch die **Weingasse**, die in ihrer Erweiterung den Anschluß der Oberstadt an die Nikolaistadt mit ihren engen Gassen erkennen läßt. Weingasse 9 ist ein zweigeschossiges Giebelhaus aus der 1. Hälfte des 16. Jh., im Eckhaus Weingasse 2 (2. Hälfte 16. Jh.) wohnte 1791/92 während seines Studiums A. v. Humboldt (Gedenktafel). Hinter dem Rathaus ist am spätgotischen Eckhaus **Enge Gasse 1** die 1988 durch eine Nachbildung ersetzte Figur der Hl. Anna Selbdritt von 1515 hervorzuheben.

Der die Altstadt umgebende **Grüngürtel** mit den Resten der ehem. Befestigungen stellt ein wesentliches Zeugnis bürgerlicher Parkgestaltung des 19. Jh. dar. Eine **Stadtmauer** entstand erst mit Anlage der Oberstadt Anfang des 13. Jh. Zunächst mit Lehm gemauert, wurde sie nach 1397 weitgehend mit Kalk neuerbaut. Sie wies fünf Stadttore, alle 40 Meter Türme, Wighäuser (woanders auch Wiek genannt) oder Erker auf. Vor der Stadtmauer lagen die mannshohe Zwingermauer, der nur abschnittsweise mit Wasser füllbare Stadtgraben und abschließend die Futtermauer. Verstärkt wurde der westliche Teil der Befestigung durch 1331 erstmalig genannte zehn Teiche (1643). Zwischen Peterstor und Schloß wurden 1644/45 Wälle und Schanzen angelegt. Ab 1754 erfolgte zwischen Kreuz- und Peterstor die Pflanzung von Alleen, 1791 die Verwandlung der Schanze vor dem Peterstor zum Schneckenberg (heute Kinderspielplatz). Es entstand eine „Esplanade zum Lustwandeln und Ausruhen". 1820 gestaltete man Bereiche zwischen dem Kreuz- und Donatstor im sog. Stil der Empfindsamkeit. Ihr heutiges Bild als „Promenade" erhielt der Grünring mit Beseitigung der Stadtmauer ab 1842, wobei auch benachbarte Bürgergärten ebenso wie der Donatsfriedhof in die Gestaltung einbezogen wurden. Entsprechend bürgerlichem Bildungsstreben erfolgte die Aufstellung von

Denkmälern. Mit der neobarocken Anlage des heutigen Scheringer Parkes fanden nach 1894 die Ringanlagen ihre abschließende Formgebung.

Am **Platz der Oktoberopfer** befand sich bis 1846 das nach den Zerstörungen von 1639 ab 1670 wiederhergestellte Erbische Tor, das Haupttor der Stadt. Von ihm sind Wappenreste im Hof Karl-Marx-Str. 6 eingelassen. Vor dem Tor stand die erhaltene **Postdistanzsäule** (1723), gegenüber die 1888/89 errichtete Hauptpost. Am Anfang der Schillerstraße befindet sich der schlichte **Gedenkstein für die Oktoberopfer 1923** (1945). Am 27. 10. 1923 schoß hier die Reichswehr bei zwei Feuerüberfällen in eine Ansammlung unbewaffneter Menschen und ermordete 29 von ihnen. Den Hintergrund der Gedenkstätte bildet das Ende des 15. Jh. erbaute, spätgotische **Kornhaus**, von dessen flankierenden beiden Türmen der **Kalkturm** erhalten ist. Westlich von diesem der **Gelblöwturm** oder Dixturm (um 1400). Beherrschend am Karl-Liebknecht-Platz, dem Ort des 1839 abgetragenen Peterstores, ist das neogotische turmartige **Schwedendenkmal** (E. Heuchler, 1843), „Monument der Bürgertreue" zur Erinnerung an die abgewehrte schwedische Belagerung unter General Torstensson während des Dreißigjährigen Krieges vom 27. 12. 1642 bis 17. 2. 1643. Westlich des Denkmals befindet sich der Schneckenberg, daneben eine Postdistanzsäule (1723), unweit der obere Teil einer spätgotischen Betsäule (1489) mit verwitterten Passionsreliefs. Das um 1925 expressionistisch gestaltete Kriegerdenkmal bekrönten zwei um 1935 von den Nazis als „entartete Kunst" bewertete und deshalb vernichtete Plastiken sterbender Krieger. Über eine einst neobarocke Freitreppe gelangt man zum unteren Teil des Scheringer Parkes mit dem **Wilhelm-Pieck-Denkmal** (J. Rogge, 1972). Das benachbarte Cotta-Haus (E. Heuchler, um 1870) war Wohnhaus des Geologen B. v. Cotta (Gedenktafel; heute Sitz des Kulturbundes). Die **Schmohl-Ruine** an der Wallstraße ist ein Rest des Preß- oder Gießturmes, der, vom Defensionär-Leutnant P. Schmohl verteidigt, 1642/43 im Mittelpunkt der Kämpfe stand. Gegenüber dem oberen Kreuzteich befindet sich das 1875/79 im Stil der Semperschen Neorenaissance erbaute Kreisgericht, 1886 Stätte des sog. Geheimbundprozesses gegen A. Bebel, I. Auer und acht weitere Sozialdemokraten. Am Anfang der Leipziger Straße steht der **Kreuzbrunnen** (E. Heuchler, 1850), gegenüber das **Denkmal für A. G. Werner**, gestiftet 1850 u. a. von seinem Schüler L. von Buch (E. Heuchler, mit einer Büste von E. Rietschel). Bis 1816 befand sich hier das nach einer im 16. Jh. abgebrochenen Kapelle benannte Kreuz- oder Roßweiner Tor. Hinter dem Schloß Freudenstein liegt der 1743 durch Zusammenlegung von zwei Teichen entstandene Untere Kreuzteich. Zum Schloßbereich gehörte als Teil der Stadtmauer der **Altschloßturm** (um 1400), vor ihm das stark veränderte Denkmal für C. Winkler (C. L. Seffner, 1910). Jenseits der Geschwister-Scholl-Straße beginnt an dem nach der Schlüssel-Fundgrube benannten Teich ein größerer erhaltener Abschnitt der Stadtmauer. Eingebaut ist der Giebel des spätgotischen, einst dem Franziskanerkloster zugehörigen **Alten Krankenhauses**. Neben ihm befindet sich der **Ratspestturm** (um 1400), weiter östlich der **Pfarrpestturm**, ein mittelalterliches Wohnhaus, das während Pestepidemien bewohnt wurde. Anschließend folgt der **Ober-Roßmühlenturm** (um 1400), weiterhin der Stumpf des **Unter-Roßmühlenturms**. Bemerkenswert ist das Ernst-Thälmann-Denkmal (G. Kohl, 1974). Benachbart war der Standort des 1877 abgebrochenen Meißner Tores. 1988 wurde hier wieder die Distanzsäule (1723) aufgestellt. Gegenüber dem 1928/29 im Sinne der sog. Bauhaus-Architektur erbauten Kreiskrankenhaus mit dem Huthaus des Löffler-Schachtes aus der Mitte des 18. Jh. beginnt mit dem Lazarett-Turm um 1400 der am besten erhaltene Teil der Freiberger Stadtbefestigung, die hier noch Stadtgraben und Futtermauer aufweist. Im Zuge von Restaurierungsarbeiten wurden einst vorhandene Türme, darunter **„Irbischens Turm"**, wieder erkennbar gemacht sowie am Donatsturm die Mauer in ihrer ursprünglichen Höhe von etwa 8 Meter aufgemauert. Der **Donatsturm** wurde um 1455 als Torturm an herausragender Stelle der Stadtbefestigung errichtet. Im Innern als Getreidemagazin genutzt, wurde er 1842 stark verändert. Am Turm sind vor dem Torbogen (1923) die Ansätze des gotischen Tores, über dem früher der Zugang erfolgte, sowie des Rondells, eines halbkreisförmigen Vorbaus mit einem Vortor, zu sehen.

Der **Donatsfriedhof** war der Kirchhof der 1225 genannten, um 1550 abgebrochenen Donatskirche, der 1521 zur Begräbnisstätte für die Gesamtstadt bestimmt wurde. Im 19. Jh. mehrfach erweitert, stellt er in seinem vorderen alten Teil mit einer Vielzahl alter Grabmäler (ab 1676) einen der besterhaltenen historischen Friedhöfe der DDR dar. Von den hier Ruhenden sind zu nennen: im alten Teil – F. W. H. v. Trebra, W. A. Lampadius, E. Heuchler; in den neueren Teilen – J. C. Freiesleben, C. F. Brendel, B. v. Cotta, J. Weisbach, Th. Richter und die Opfer des Massakers von 1923.

Die 1890/92 von Th. Quentin errichtete neogotische **Neue Jakobikirche** enthält wesentliche Ausstattungsstücke der alten Kirche. Zu nennen sind der Altar von B. Ditterich (1610),

eines der Hauptwerke des sächsischen Manierismus, der Taufstein von Johannes Walther II (1555), die 1706 veränderte Renaissancekanzel von A. Lorentz (Mitte 16. Jh.) sowie die Silbermann-Orgel (1716/17).

Der nördliche Bereich der **Hornstraße** ist der einzige Teil der einstigen Befestigung, der um 1900 geschlossen bebaut wurde. Hornstr. 29 wohnte der bekannte Erzlagerstättenkundler K. H. Müller, Hornstr. 27 der Mitentdecker des Elementes Indium Th. Richter. Am Helmertplatz befand sich bis 1872 das Stadtstollenhaus sowie über dem Münzbach der Obere Wasserturm, durch den 1297 die Truppen des deutschen Königs Adolf von Nassau in die Stadt eindrangen. Der **Hornbrunnen** wurde als großes neogotisches Denkmal für den Bürgermeister Ch. S. Horn geschaffen (E. Heuchler, 1857).

Als wichtige Denkmalobjekte außerhalb der Altstadt sind zu nennen das Bergbaugebiet östlich der Altstadt mit den Übertageanlagen des Schachtes „Alte Elisabeth" (Gebäude von 1848 und 1854 mit Dampfmaschine von 1848, Hängebank und Betstube), die Gebäude des Abraham-Schachtes (Ende 18. Jh. bis 1846), der Förderturm der Reichen Zeche, Stollenmundlöcher im Muldental und der mittelalterliche Haldenzug des Hauptstollenganges, in der Nähe der Anton-Günther-Straße ist der wiederhergestellte Freibergsdorfer Hammer (um 1840) zu besichtigen.

Görlitz

Bez. Dresden

(i) Görlitz-Information
Leninplatz 29
Görlitz, 8900

> Historischer Stadtkern lt. Bekanntma-
> chung der zentralen Denkmalliste der
> DDR:
> „Altstadtbereich zwischen Elisabeth-
> straße, Jacob-Böhme-Straße, Berg-
> straße, Neiße (Staatsgrenze), Nikolai-
> graben, Hugo-Keller-Straße, Grüner
> Graben, Demianiplatz und die Einzel-
> objekte: Stadtbefestigung mit Kaiser-
> trutz, Reichenbacher Turm, Nikolai-
> turm, Dickem Turm, Stadtmauer von
> Nikolaiturm bis Bergstraße, Peterskir-
> che mit Ausstattung, Rent- und Waid-
> haus, Brüderstraße 8 (Schönhof), Brü-
> derstraße 11, Dreifaltigkeitskirche mit
> Ausstattung, Neißstraße 29, 30, Peter-
> straße 8, 14, Untermarkt 2 bis 8 (Rat-
> haus) und 25, Nikolaikirche mit Niko-
> laifriedhof und Heiliges Grab."

Rathaustreppe – Säule der Justitia

In Görlitz liegt der historische Stadtkern, die um 1220 und 1250 entstandene Altstadt, nordöstlich am Rande
des heutigen Stadtzentrums.

Mittelpunkt der Altstadt ist der **Untermarkt**, der schon bei der Stadtgründung um 1220 mit der ersten Stadtanlage seine heute noch vorhandene
Grundrißform erhielt. Die Westseite
dieses alten Marktplatzes, der mit seinen Arkadengängen den böhmischen
und schlesischen Marktanlagen ver-
wandt ist, wird von vier Gebäuden
eingenommen, die zusammen das
Rathaus, Untermarkt 6 bis 8, 17/18,
bilden. Ältester Teil ist das aus einem
Freihof und Geschlechterturm hervorgegangene Eckgebäude, 1369 als Rathaus erwähnt, mit dem Rathausturm
und dem Flügel zur Brüderstraße, in
dem 1378 anstelle eines hölzernen
Festsaales ein steinerner Gerichtssaal
entstand. Der Turm wurde 1511/16
durch Steinmetz A. Stieglitzer mit einem oktogonen Aufbau auf 60 Meter
erhöht. 1743 wurde die barocke Turmhaube aufgesetzt. Die Uhr mit zwei
Zifferblättern, unten Stunden-, oben

Monduhr, geht auf das Jahr 1524 zurück. Ein Kriegerkopf klappt nach jeder Minute mit der Kinnlade; der
Löwe im darüber befindlichen Spitzbogenfenster gab früher durch Brüllen
den Mondwechsel an. Heute kann
ihm der Rathauspförtner nur noch ein
gutmütiges Brummen entlocken. Als
Zugang zum Rathaus wurde 1537/38
von W. Roskopf d. Ä. die geschwungene Treppe mit der Verkündkanzel
errichtet, die 1591 durch die Säule mit
der Justitia, Göttin der Gerechtigkeit
und Wahrzeichen der vom Rat ausgeübten hohen Gerichtsbarkeit, ergänzt
wurde (Original Kriegsverlust, Kopie
von 1952). Auch das Wappen des Königs Matthias Corvinus von Ungarn
wurde 1488 als Zeichen der Rats-
macht angebracht. Um 1450 kamen
das Haus Untermarkt 7, in dem sich
die Görlitzer Münze befand, und 1847
das Haus Untermarkt 8 mit der Renaissancefassade von 1556 und dem
heutigen Rathauseingang dazu.

1902/03 wurde der die Proportionen des Platzes sprengende, gewaltige Bau des Neuen Rathauses anstelle der Pilzlauben und in Anlehnung an Gestaltungsprinzipien der Roskopf-Epoche errichtet. An der Fassade sind die Wappen der Städte des 1346 gegründeten Sechsstädtebundes zu sehen, zu dem neben Görlitz noch die Städte Bautzen, Zittau, Löbau, Kamenz und Lauban (Luban, VR Polen) gehören. Im Innern des Rathauses sind bemerkenswert: der Rathaushof mit dem Archivflügel (W. Roskopf d. Ä.; 1534) und dem Gerichtserker (W. Roskopf d. J., 1564); die hölzerne Decke (H. Marquirt, 1568) im Ratsarchiv, dem ehem. Prätorium; der Ratssaal mit einem spätgotischen Portal und dem Prunkportal (H. Marquirt) sowie Decken- und Wandvertäfelung (1564/66) und barocker Deckenstuck (1670) im Zimmer des Oberbürgermeisters. In direkter Korrespondenz zur Rathaustreppe wurde ebenfalls von W. Roskopf d. Ä. nach dem Stadtbrand von 1525 der 1526 errichtete **Schönhof**, Brüderstr. 8, angelegt, der mit Gebäudeversatz und Erker die Einmündung der Hauptstraße und Verbindung mit dem zweiten Marktplatz der Altstadt betont. Er ist das älteste datierte Bürgerhaus im Stil der Renaissance in Deutschland. Nach 1700 wurden ein Türmchen über dem Erker und der Giebel zum Untermarkt entfernt und das schwere barocke Traufgesims angebracht. Das prächtige Haus war bis ins 17. Jh. hinein Quartier fürstlicher Gäste. Untermarkt 1 bis 5 und Schönhof bilden mit ihren Arkaden die **„Langen Lauben"**. 1853 wurde die wohl schönste Görlitzer Renaissancefassade mit Doppelgiebel, Untermarkt 1, der verkehrsbedingten Verbreiterung der Weberstraße geopfert. Die Häuser Untermarkt 2 bis 5 sind schöne Beispiele für den Typ des Görlitzer Hallenhauses, eines Großkaufmannshauses mit repräsentativer Treppenhalle. Untermarkt 2 (1533) hat eine eigenartige Säulenreihe und eine hölzerne Merkurfigur im 2. Obergeschoß; Untermarkt 3 zeigt ein gotisches Netzgewölbe (1535) in der Halle, wurde 1716 innen und außen barock umgestaltet und 1959 sowie 1976/77 restauriert und modernisiert. Untermarkt 4 ist der historische **Gasthof „Goldener Baum"** mit Renaissancefassade von 1538 und dreiachsigem Netzgewölbe in der Halle. Bei der Rekonstruktion und Modernisierung 1971/76 wurden andernorts geborgene bemalte Holzdecken und Portal eingebaut. **Untermarkt 5**, jetzt funktionell mit Nr. 4 verbunden, ließ sich der reiche Görlitzer Großkaufmann H. Frenzel um 1500 vom Werkmeister A. Stieglitzer mit gotischem Dreieckgiebel und reichem Figurenschmuck errichten, später 1790 erfolgte die barocke Fassadenveränderung. Das Haus birgt im Innern ein einmaliges Prunkgewölbe („Schatzkammer") mit Ausmalungen (1515). Die sog. **„Zeile"** in der Mitte des Platzes ist über Jahrhunderte hinweg aus den schon im 13./14. Jh. vorhandenen eingeschossigen Kramläden entstanden. An der Südseite ist die ursprüngliche Einteilung für neun Reichkramer, die Gewürze und Luxuswaren verkauften, noch erkennbar. An der Südostecke befindet sich die ehem. **Waage** (J. Roskopf, 1600), auf einem gotischen Erdgeschoß von 1453 errichtet. In den Bildniskapitellen verweisen Initialen auf den Baumeister J(onas) R(oskopf), auf den Maurermeister E(lias) E(bermann) und den Waagemeister A(ndreas) A(lart). Das Innere hat bemalte Holzdecken und im Erdgeschoßraum einen Schlußstein mit Zeichen und Monogramm von B. Scultetus. Vor der „Zeile" steht der **Neptunbrunnen** (J. G. Mattausch, 1756). Mit dem 1704 anstelle der nördlichen Kramläden errichteten **Neuen Kaufhaus** (auch Börse), Untermarkt 16, begann die barocke Bauepoche in Görlitz. Das Portal von C. G. v. Rodewitz wurde 1714 eingefügt. Die Ostseite des Untermarktes hat nur zwei Gebäude, die zusammen die **„Hirschlauben"** bilden, deren Netzrippengewölbe 1486 und 1539 datiert ist. **Untermarkt 25** hat eine schöne Halle mit gotischen, Renaissance- und barocken Bauformen. Der **Gasthof**

„Schatzkammer" – Untermarkt 5

„Brauner Hirsch", Untermarkt 26, 1722 im Barockstil errichtet, diente im 18./19. Jh. als Quartier für privilegierte Gäste und bildete den kulturellen Mittelpunkt der Stadt. An der nördlichen Platzseite befindet sich im Haus Untermarkt 19 eine *Informationsstelle zu Stadtplanung und Bauwesen* in Görlitz. Am Haus **Untermarkt 22** ist ein spätgotisches Portal sehenswert, das aufgrund seiner akustischen Besonderheit als „Flüsterbogen" bezeichnet wird. Der Renaissancebau **Untermarkt 23** (1536) hat

noch den ursprünglichen Giebel, den bis zum 18. Jh., als die Traufdächer aus Gründen des Brandschutzes Vorschrift wurden, noch die meisten Häuser der Stadt hatten.

Das Eckhaus der ehem. **Ratsapotheke** hat noch Giebel zur ↗ Peterstraße. Die Renaissancefassade mit Erker von 1550, Sonnenuhr, Solarium (Sonnenweiser) und Arachne (Spinnennetz), damals wesentliche Hinweisgeber für die Zeit und das Leben der Menschen, betont den Übergang zur **Peterstraße**, die den Marktplatz mit der Stadtkirche verbindet. Das schmale Haus **Peterstr. 17** hat eine Renaissancefassade von 1560. Sehenswert ist das Hallenhaus **Peterstr. 14** mit Bauteilen aus der Gotik, der Renaissance und einmaliger barocker Treppenanlage (1963 als Wohnhaus rekonstruiert). Das Innere läßt die Funktion eines Tuchhandelshauses deutlich erkennen. Hervorzuheben ist der Neubau Peterstr. 11/12, der 1959 anstelle zweier abgebrochener Häuser in vorbildlicher Gestaltungsweise in die Altstadt eingefügt wurde. **Peterstr. 3** ist ein reich ausgestattetes Bürgerhaus mit einem Erker der Spätrenaissance (1685) und Barockportal. Das Haus **Peterstr. 4** wurde in der 2. Hälfte des 16. Jh. erbaut. Hier wohnte der Universalgelehrte und Bürgermeister von Görlitz Bartholomäus Scultetus von 1570 bis 1614. Eine architektonische Besonderheit ist der Hof mit steinernen Umgängen. Das Haus wurde 1691 barock umgebaut und erhielt 1880 eine neobarocke Fassade. An **Peterstr. 7** wurde 1984/86 die Fassadengestaltung von 1544 wiederhergestellt und einmalig ein gotischer Laden freigelegt. Giebel und Ecktürmchen sind von 1895. **Peterstr. 8** wurde 1528 von W. Roskopf d. Ä. für den Kaufmann und Bürgermeister F. Schneider (Porträtbüste im Innern) erbaut. Es hat ein spätgotisches Gewölbe und bemalte Holzdecken. Mit der Rekonstruktion wurden 1963/65 Wohnungen und Räume für die Stadtbibliothek geschaffen. **Peterstr. 10** hat eine Renaissancefassade mit schönem Portal (1578); 1978 wurde das Haus rekonstruiert.

Die **Nikolaistraße** führt zum ehem. nördlichen Stadttor, dem Nikolaitor. Das Haus Nikolaistr. 14 hat noch ein spätgotisches Portal, die Häuser Nikolaistr. 5 (1564) und 10 (1583 mit schönem Portal) sind im Renaissancestil erbaut. Nikolaistr. 2, 3, 7 und 13 haben barocke Fassaden. Sie sind als Wohnhäuser rekonstruiert worden. Im Eckhaus Nikolaistr. 6 wurde 1985 die kleine Gaststätte „Destille" eröffnet. Der zum ehem. Stadttor gehörende, 45 Meter hohe **Nikolaiturm**

wurde 1348 urkundlich erwähnt und erhielt 1717 eine barocke Haube. Die Toranlage wurde 1848 beseitigt. Seit 1971 hat der Zirkel Görlitzer Heimatforscher beim VEB Waggonbau Görlitz die Wiederherstellung durchgeführt und die Betreuung des Turmes übernommen.

Nördlich von Nikolaigraben und Lunitz liegt die **Nikolaivorstadt**, ältestes Siedlungsgebiet von Görlitz. Hier verlief vor der Stadtgründung die „Hohe oder Königsstraße" („via regia"). Hier soll zwischen Großer und Kleiner Wallstraße, die zusammen im Grundriß die Form eines Rundlings ergeben, eine frühe slawische Siedlung bestanden haben, möglicherweise das in der Urkunde Heinrich IV. 1071 erwähnte „villa gorelice", bevor am Steinweg eine erste deutsche Kaufmannssiedlung entstand. An der Bogstraße, am Stein- und Obersteinweg sind die ursprünglichen baulichen Gliederungen, vereinzelt sogar noch Giebelhäuser, erhalten geblieben. Vom Nikolaiturm aus führt jenseits des Nikolaigrabens die Bogstraße zur **Nikolaikirche**. Als älteste Görlitzer Kirchengründung soll sie schon seit 1100/1150 bestehen. Bis zur Fertigstellung der Peterskirche war sie die Hauptpfarrkirche der Stadt, danach Begräbniskirche. Der heutige Bau entstand nach 1452 allmählich über Jahrhunderte, behindert durch konstruktive Bauprobleme und betroffen von den Stadtbränden 1642 und 1717. Ende 1722 wurde der Bau der Kirche mit einer hölzernen bemalten Flachdecke zum Abschluß gebracht. Das Südportal von 1517 zeigt eine Kreuzigung Christi mit den Schutzheiligen der Kirche, Nikolaus und Katharina. 1925 wurde die Kirche als Gedächtnisstätte für die im ersten Weltkrieg gefallenen Görlitzer Bürger in einer expressionistisch aufgefaßten Pseudogotik mit schlanken trichterförmigen Pfeilern und Rabitzgewölbe umgestaltet. Das Bauwerk wurde Anfang der siebziger Jahre konstruktiv gesichert und rekonstruiert. Es dient jetzt kirchlichen Ausstellungen. Gegen Norden schließt sich der 1310 erstmals genannte **Nikolai-friedhof** an, heute eine barocke Anlage mit Gruftkapellen und Grabdenkmalen des 17. bis 19. Jh., die von Reichtum und Repräsentationsbedürfnis der hier bestatteten Kaufleute, Ratspersonen und Akademikern zeugt. Berühmteste Grabstätte ist die des Görlitzer Bürgers, Schuhmachers und des „Philosophus teutonicus" (Hegel) Jakob Böhme nördlich der Nikolaikirche, mit einem Grabstein des 19. Jh. und einer Marmorplatte von 1922. Weitere sehenswerte Grabstätten befinden sich auf dem angrenzenden Alten Friedhof. Nordöstlich der Kirche ist als einziges der Vorstadttore das **Finstertor** (1455 als Tor bei den Totengräbern bezeichnet) erhalten geblieben. Ursprünglich war es ein Kammertor mit Fallgatter. Es hieß auch Armesündertor, weil auf diesem Weg die Verurteilten zum Galgen gebracht wurden. Für Wohnzwecke ist es 1981/82 instandgesetzt worden. Seit 1571 stand vor dem Tor das Haus des Scharfrichters (seit 1983 als Jugendklub genutzt).

Wer den Ziegeleiweg hinaufgeht und oberhalb des Hanges nach Osten zur Neugasse und weiter hinüber zur Rothenburger Straße am steilen, hohen Ufer der Neiße läuft, dem bieten sich an verschiedenen Stellen eindrucksvolle Blicke auf das bauliche Ensemble der Altstadt.

Ein Stations- oder Leidensweg („via sacra") führt vom Westportal der Peterskirche (Richthaus des Pilatus) über Nikolaistraße, Bogstraße, Steinweg bis zur **Kapelle zum Heiligen Kreuz** und zum **Heiligen Grab**, Heilig-Grab-Str. 79, den im 18. und 19. Jh. meistbesuchten Sehenswürdigkeiten von Görlitz. Die Kreuzkapelle mit der schlanken Turmspitze wurde 1480 bis 1504, auch unter Mitwirkung des Werkmeisters C. Pflüger, errichtet. Nach der Situation der Stätten in Jerusalem stellt der untere Raum die Adamskapelle und der obere Raum die Golgathakapelle dar. Ein künstlicher Mauerspalt an der östlichen Giebelwand weist auf das beim Tode Christi eingetretene Erdbeben, drei Pfostenlöcher in der oberen Kapelle markieren die drei Kreuze von Golgatha. Das nordwestlich gelegene Heilige Grab ist eine originalgetreue Nachbildung der gleichen Stätte in der Grabeskirche zu Jerusalem in ihrer mittelalterlichen Gestalt vor ihrer Veränderung von 1555. Zwischen den beiden Kapellenbauten befindet sich in einer Mauernische eine Salbungsgruppe (Pietà), wahrscheinlich von H. Olmützer, aber barock überarbeitet. Heiliges Grab und Salbungsgruppe sind von dem einflußreichen Görlitzer Patrizier G. Emerich auf eigene Kosten errichtet worden. Eine religiöse Erinnerungsstätte ist als Denkmal und Kunstwerk in die Stadt und die Landschaft eingeordnet worden. Neben Architektur und Plastik wurde auch die Landschaft dem Thema entsprechend gestaltet und eine Jüngerwiese, ein Ölberg und ein Bach „Kidron" angelegt, so daß man von einem ersten allegorischen Landschaftsgarten der deutschen Kulturgeschichte sprechen kann.

In der Nikolaivorstadt ist auf zwei Gedenkstätten der Görlitzer Arbeiterbewegung zu verweisen: das ehem. Versammlungslokal **„Pilgerschenke"** der KPD-Ortsgruppe, Heilig-Grab-Str. 85 und das einstige **Gasthaus „Goldener Löwe"**, Nikolaigraben 14, in dem 1920 die Vereinigung der Görlitzer KPD mit dem linken Flügel der USPD stattfand (Gedenktafel). Durch den **Nikolaizwinger**, einer 1953/54 zwischen den Stadtmauern angelegten Grünanlage, sind Vogtshof und Peterskirche zu erreichen, die mit ihren Baumassen auf dem höchsten Punkt der Altstadt die „Stadtkrone" bildeten. Dieses Ensemble ist aus dem Neißetal und von den Höhen nördlich der Nikolaivorstadt eindrucksvoll zu erleben. Der ehem. **Vogtshof** wurde 1811/26 als Zucht- und Armenhaus an der Stelle errichtet, an der schon vor der Stadtgründung eine Burg zur Sicherung der Verkehrswege im Tal der Neiße und Lunitz stand und die seit 1268 Sitz eines Landvogtes war. Von hier nahm die Bebauung der mittelalterlichen Stadt ihren Anfang.

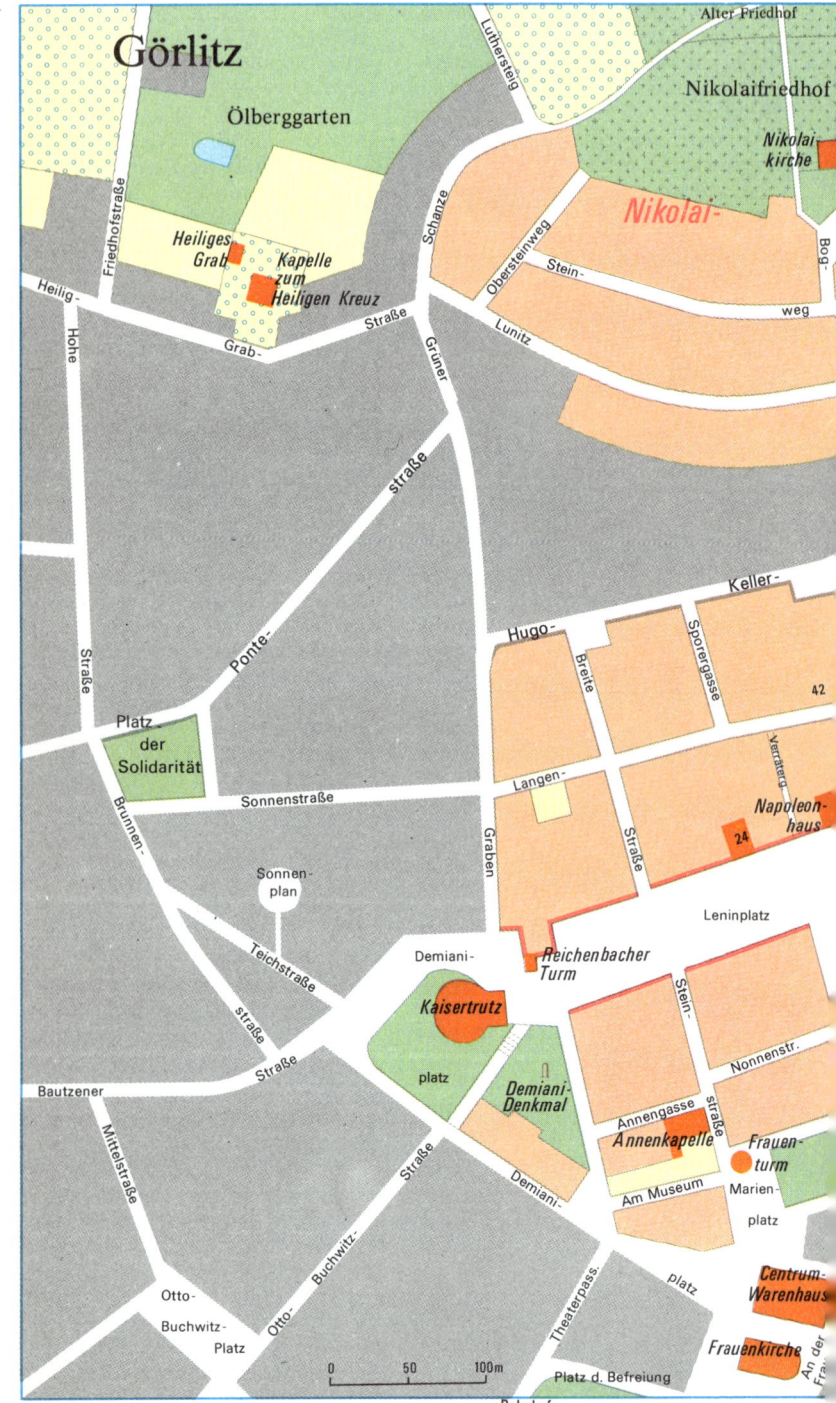

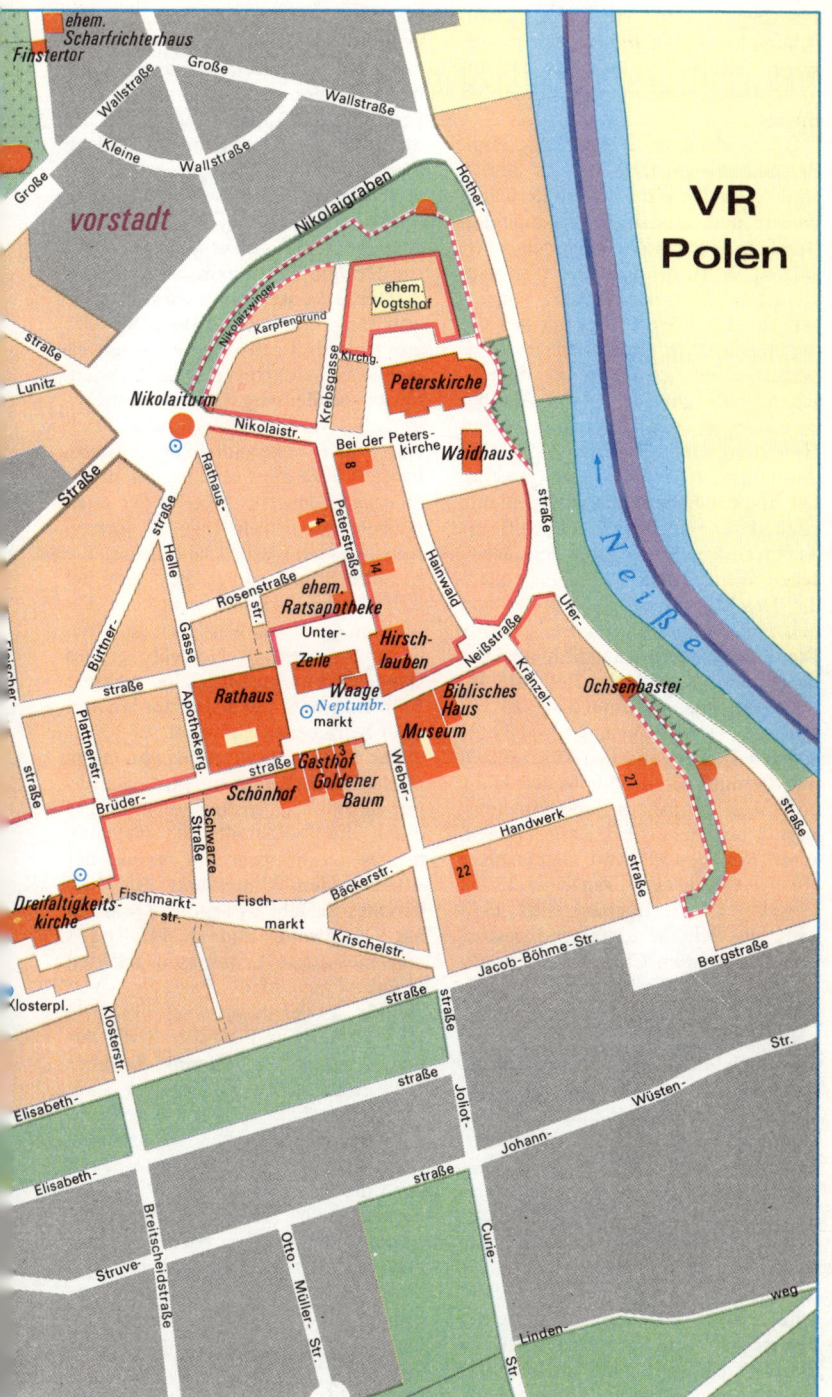

1965 begann der Umbau des Gebäudekomplexes zum Internat für die Ingenieurschule für Elektronik und Informationsverarbeitung „Friedrich Engels".

Die Stadtkirche St. Peter und Paul, **Peterskirche** genannt, ist das bedeutendste Bauwerk des mittelalterlichen Görlitz und gehört zu den prächtigsten Stadtkirchen der sächsisch-schlesischen Kulturlandschaft. Von dem kleineren spätromanischen Vorgängerbau ist der Westriegel mit den oktogonen Türmen und Teilen des Westportals erhalten. Mit dem spätgotischen Bau begann man 1423. Als Parliere werden 1426 H. Knoblauch und H. Baumgarten genannt. 1457 wird die Unterkirche St. Georg geweiht. Die ursprünglich dreischiffig geplante Hallenkirche wurde auf fünf Schiffe erweitert und 1490/97 durch den sächsischen Werkmeister C. Pflüger vollendet. Das Mittelschiff ist 62 Meter lang und 27 Meter hoch, die gesamte Breite der Halle beträgt 38 Meter. Ein Stadtbrand vernichtete 1691 die Innenausstattung, darunter 30 (!) Altäre, und die Turmhauben. Erst 1889/91 wurden die neogotischen Turmspitzen aus Betonteilen bis 90 Meter Höhe aufgesetzt. Im Innern sind bemerkenswert: Taufgitter (1617), Kanzel (1693), Altar, Ratsgestühl und Beichtstühle (1695), Orgel (E. Casparini, 1703), Prospekt (J. C. Büchau). Seit 1973 wird die Kirche umfassend restauriert. Hinter dem Chor auf der Stadtmauer ist ein Wichhäuschen (woanders auch Wiek genannt) von 1539 erhalten geblieben.

Südlich von der Kirche steht der älteste Görlitzer Profanbau, das **Waidoder Renthaus**, so genannt nach dem im 16. Jh. hier gestapelten Färbemittel Waid bzw. nach dem im 18. Jh. hier aufgeschütteten Zinsgetreide, der „Rente" für den Landesherrn. Das Gebäude, vorher als ein zur Burg gehörender Freihof errichtet, stammt aus dem 15. Jh. Es war ab 1447 Lateinschule, Ende des 15. Jh. Bauhütte der Peterskirche und 1565 Druckerei. An dieses Gebäude schließt sich das Pfarrhaus an, Bei der Peterskirche 9.

Der zur Neißstraße führende Hainwald gilt als älteste Straße der Stadt. Wo Neißstraße und Aufgang zur Peterskirche von der Uferstraße abzweigen, stand bis 1836 das schon mit der Stadtgründung errichtete östliche Stadttor mit dem Neißturm, der auf viereckigem Schaft eine barocke Spitze von 1737 trug. Auf dem östlichen Neißeufer gab es noch ein äußeres Neißtor. Die dazwischenliegende Neißebrücke soll schon vor der Stadtgründung bestanden haben. Sie war aus Holz und zeitweilig auch mit einem Schindeldach versehen. Als wichtigster Neißeübergang im West-Ost-Verkehr wurde sie erst 1875 durch eine neue Brücke südlich der Altstadt, heute Brücke der Freundschaft an der Stadthalle, ersetzt. Anstelle der alten Neißebrücke wurde 1906/07 eine eiserne Bogenträgerbrücke errichtet, die wie alle Brücken über die Neiße bei Kriegsende 1945 von deutschen Faschisten gesprengt wurde. In unmittelbarer Nähe dieses Neißeüberganges standen schon im Mittelalter mehrere Mühlen, später die ersten mit Wasserkraft betriebenen Fabriken.

Die **Neißstraße** führt den von Osten in die Stadt Kommenden, bogenförmig den steilen Anstieg mildernd und durch die Dominante des Rathausturmes betont, zum Mittelpunkt der Altstadt, dem Untermarkt. Auf halber Strecke gibt es an der Kreuzung mit Hainwald und Kränzelstraße eine platzartige Erweiterung mit den raumbestimmenden Fassaden von **Neißstr. 7**, der „Neidecke" (1985/87 rekonstruiert) und Neißstr. 8 mit Arkaden. Das Haus **Hainwald 1** wurde 1848 als erste Mietskaserne der Stadt für 44 Haushalte erbaut (heute Internat der Medizinischen Fachschule). Bemerkenswerte Fassaden haben auch die Häuser Neißstr. 5 (1973 wiederhergestellt), **Neißstr. 19** mit Mittelrisalit und Giebel in barocker Form von 1727, **Neißstr. 20**, von hier aus nahm am 30. 4. 1726 der zweite große Stadtbrand des 18. Jh. seinen Ausgang. 1953 wurde die einzige bemalte Fassade eines Stadthauses, die in der Oberlausitz erhalten blieb (Ende

17. Jh.), entdeckt und wiederherge-stellt. **Neißstr.** 23 befand sich schon im 17. Jh. eine Färberei in diesem nach 1525 noch spätgotisch errichte-ten Haus. Ein Reliefbild ist Hinweis auf einen Brauhof. Die Häuser **Neißstr.** 24 mit Barockportal von 1727, **Nr. 26**, in dem von 1820 bis 1847 ein Theater war, und **Nr.** 27 (Gast-stätte „Bürgerstüb'l") mit Barockfas-sade von 1728 sind ebenfalls erwäh-nenswert. Das sog. **„Biblische Haus"**, Neißstr. 29, hat seinen Namen vom Bildschmuck der in einer schlesischen Renaissancerichtung gestalteten Fas-sade von 1570. Gegenübergestellt sind Szenen aus dem Alten Testament (un-ten) und dem Neuen Testament (oben), von links nach rechts zu be-trachten. Erdgeschoß und Treppen-halle folgen zwar noch dem Prinzip des Görlitzer Tuchhandelshauses, die-nen aber nur noch dem Zugang zum Haus. Das heutige **Museum**, Neißstr. 30, ist das geräumigste und repräsentativste Wohnhaus der Alt-stadt. Es wurde 1726/29 auf den Brandstellen von vier älteren Häusern für den reichen Leinen- und Damast-händler Ch. Ameis nach dem Vorbild des Leipziger „Durchhauses" mit zwei Höfen nach Plänen des sächsischen Oberlandbaumeisters J. F. Karcher er-richtet. 1803 erwarb es der Stifter der Oberlausitzischen Gesellschaft der Wissenschaften K. G. v. Anton, der 1806 die Portalinschrift anbringen ließ und das Haus 1807 der Gesell-schaft als Museum schenkte. In die-sem Haus befindet sich die berühmte Oberlausitzische Bibliothek der Wis-senschaften. Das nach denkmalpfle-gerischer Rekonstruktion 1951 hier eingerichtete kunst- und kulturge-schichtliche Sammlungsgebäude der Städtischen Kunstsammlungen bietet das unverfälschte Bild eines Görlitzer Großkaufmannshauses des 18. Jh.

Südlich der Hauptachse Neiß-straße–Untermarkt–Brüderstraße la-gen Handwerkerviertel, worauf Stra-ßennamen wie Handwerk, Weber-straße, Bäckerstraße hinweisen. **Kränzelstr.** 27 ist ein wuchtiges Renais-sancegebäude mit dem Hauszeichen eines goldenen Ankers (Symbol der Hoffnung) und einem sehenswerten Portal (um 1550), im Innern 1730 fast völlig umgebaut. Die mit Loggien ver-sehene Rückseite des dominanten Hauses ist vom Zwinger der **Ochsen-bastei**, dem zweiten noch erhaltenen Teil der mittelalterlichen Stadtum-mauerung, zu erblicken, wenn man die schmale Treppe an der inneren Stadtmauer hinaufsteigt. Durch die Pforte an der Ochsenbastei wurde das Vieh aus der Stadt auf die Weiden an der Neiße gebracht. **Handwerk 22** ist ein außen und innen reich verziertes Haus, das nach dem Stadtbrand von 1717 entstand und einen schönen Hof hat (1979/82 rekonstruiert).

Zwischen Rathaustreppe und Schönhoferker führt die **Brüderstraße** zum Leninplatz. Sie hatte vor der ersten Stadterweiterung bis um 1250 am westlichen Ausgang ein Stadttor. Schönhof und Rathausturm geben der Straße an der Ostseite einen pracht-vollen Abschluß. **Brüderstr.** 9 wurde 1981 nach denkmalpflegerischer Kon-zeption die „Galerie am Schönhof" des Staatlichen Kunsthandels einge-richtet. Das Portal ist eine Nachbil-dung. **Brüderstr.** 10 mit einer für das Mittelalter typischen großen Haus-tiefe wurde 1964 rekonstruiert und da-bei zur statischen Sicherung mit mo-dernen Loggien an der Rückseite ver-sehen. **Brüderstr.** 11 ist ein Haus aus der Blütezeit der Görlitzer Renais-sance, 1547 von W. Roskopf d. Ä. für den Görlitzer Bürger H. Schmidt (Mo-nogramme am Portal) erbaut. Bei der 1983 abgeschlossenen Rekonstruktion wurde der im 1. Stock liegende Re-naissancesaal mit der in floralen Mo-tiven schön bemalten Holzbalken-decke restauriert (heute Stadtkabinett für Kulturarbeit). Die Bauten Brü-derstr. 12 und 13 haben barocke Fas-saden und umrahmen den maleri-schen Blick in die Schwarze Straße. **Brüderstr. 16** wurde schon im 16. Jh. als ein Privathaus ohne Braurecht er-baut. Es hat einen schönen inneren Treppenaufgang und wird heute wie-der als Einfamilienhaus genutzt. Bei der Rekonstruktion wurde 1969 in der

Ensemble Brüderstraße

Eingangshalle eine bemalte Holzdecke von 1720 aus dem Haus Rathausstr. 15 eingebaut, die phantasievolle Görlitz-Motive zeigt. An der Nordseite ist **Brüderstr. 3** das größte Haus mit reich geschmückter barokker Fassade, nach 1717 entstanden und 1982 restauriert. Bei der Instandsetzung von **Brüderstr. 6** 1982 wurden ebenfalls Teile gotischer Fenster freigelegt.

Mittelpunkt der um 1250 erfolgten ersten Stadterweiterung und zweiter Hauptplatz der Altstadt ist der ehem. Obermarkt, der heutige **Leninplatz**. Bis 1851 stand im westlichen Bereich des etwa ein Hektar großen Platzes, östlich der Verbindung Steinstraße–Breite Straße, das Salzhaus, ein Markt- und Tanzhaus, zweigeschossig mit Freitreppen und hohem Walmdach, und westlich davon bis 1847 die Hauptwache. Auf dem Obermarkt wurde am 18. 5. 1893 in Anwesenheit Kaiser Wilhelms II. ein Denkmal für Kaiser Wilhelm I., der 1882 Görlitz besucht hatte, enthüllt. 1939 wurde es auf den Wilhelmsplatz (heute Karl-Marx-Platz) versetzt und 1942 als „Rüstungsschrott" eingeschmolzen. Heute ist der Leninplatz auch eine Kundgebungsstätte der Görlitzer.

Städtebaulich dominiert an diesem Platz das Gebäude der **Dreifaltigkeitskirche** (bis 1715 Oberkirche), die Kirche des 1234 gegründeten Franziskanerklosters. Frühester erhaltener Gebäudeteil ist der zwischen 1371 und 1381 errichtete Chor, das älteste gotische Bauwerk in Görlitz. Der spätgotische Westgiebel ist von 1508. Im Kircheninnern gibt es noch spätgotische Ausstattungsgegenstände: Mönchsgestühl, eine Grablegungsgruppe (H. Olmützer, 1492) und der Schnitzaltar „Goldene Maria" in der Barbarakapelle. Der seitlich stehende Glockenturm der Kirche, „Mönch" genannt, setzt mit dem Rathausturm die Akzente der östlichen Platzansicht. 1527 soll das vorzeitige Schlagen dieser Kirchturmuhr mit nur einem Zeiger zur Aufdeckung des Tuchmacheraufstandes geführt haben. Zur Erinnerung an dieses Ereignis geht sie auch heute noch sieben Minuten vor. Der Kunstbrunnen am Fuße des Turmes ist aus dem 16. Jh. Die südlich von der Kirche gelegenen Klostergebäude, in denen sich schon seit 1565 Räume des städtischen Gymnasiums befanden, wurden 1854 durch einen Schulneubau ersetzt (Johannes-Wüsten-Oberschule). Die Straßenverbindung zur Elisabethstraße wurde 1855 hergestellt. Die Verbindung zwischen der Kirche und den Häusern in der Brüderstraße bildet das Haus mit dem Durchgang, „Schwibbogen" genannt, 1533 erbaut. Die Südseite des ehem. Obermarktes war wenig von Stadtbränden betroffen worden, so daß sich hier noch in der 1. Hälfte des 19. Jh. die aus dem Anfang des 16. Jh. stammenden, allerdings sehr baufällig gewordenen Häuser befanden. In der 2. Hälfte des 19. Jh. wurden sie durch die jetzt vorhandenen Gebäude ersetzt. Im Haus **Leninplatz 8** begann 1830 der Sattlermeister J. C. Lüders sein Wagenbaugeschäft, aus dem sich der Eisenbahn-Waggonbau in Görlitz (heute VEB Waggonbau Görlitz) entwickelte. Die Nordseite erhielt ihre Gestalt im wesentlichen nach dem Stadtbrand von 1717, im westlichen Teil erst am Ende des 19. Jh. **Leninplatz 14** war früher eine Schmiede und ist mit der Sage des Görlitzer Nachtschmiedes verbunden, der, vom Teufel überlistet, jede Nacht am Amboß den Hammer schwingen muß. **Leninplatz 17** ist der ehem. Gasthof zum Weißen Roß, seit der Rekonstruktion 1986 Internat der Ingenieurschule „Friedrich Engels"; im hinteren Grundstück bis 1911 die alte Synagoge, jetzt Theaterwerkstatt. Im Haus **Leninplatz 18** befindet sich seit 1988 die Gaststätte „Zum Nachtschmied". **Leninplatz 22**, früher ein Gasthof, erhielt 1862 anstelle einer Barockfassade ein neoklassizistisches Aussehen. **Leninplatz 24** hat die seltene Fassade mit zwei Portalen und wurde 1982 als Wohnhaus mit einer Schulspeisungseinrichtung im Erdgeschoß rekonstruiert. Zwischen den Häusern Leninplatz 26 und 27 befindet sich das Por-

Verrätergasse

tal zur **Verrätergasse**, die zur Langenstraße führt. Im Eckhaus Langenstr. 12 wohnte P. Liebig, ein Initiator des Tuchmacheraufstandes von 1527. Nachdem die Verschwörer entdeckt und grausam bestraft worden waren, ließ der Rat zur Abschreckung am Hinterausgang des Hauses zur Gasse den Stein mit der Inschrift „D. V. R. T. 1527" anbringen, die als „Der Verräterischen Rotte Tür" gedeutet wird. Daher kommt auch der Name der Gasse. Das **Napoleonhaus**, Leninplatz 29, ist ein prächtiges Bürgerhaus, 1718 als barockes Dielenhaus mit einem in Görlitz einmaligen balkonbekrönten Portal errichtet. In den Befreiungskriegen diente es als fürstliches Quartier; am 20. 8. 1813 hielt sich Napoleon hier auf und soll Heeresschau gehalten haben. 1976 wurde das Gebäude als Wohnhaus rekonstruiert, in der Treppenhalle wurden bemalte, aus anderen Häusern geborgene Holzdecken eingebaut und im Erdgeschoß die Räume von *Görlitz-Information* eingerichtet. **Lenin-**

platz **30** wurde anstelle der durch Kriegsfolgen zerstörten Häuser Nr. 30 und 31 (Löwenapotheke) 1953/54 neu erbaut. Am westlichen Ausgang des Platzes stand das wichtigste Stadttor, früher Budissiner, später Reichenbacher Tor genannt, von dem das als ↗ Kaisertrutz bezeichnete Rondell und der **Reichenbacher Turm** erhalten geblieben sind. Der heute 50 Meter hohe Turm wird zuerst 1376 erwähnt. 1485 erhielt er seine heutige Form, 1782 die barocke Haube und 1869 den Durchgang. Er wird von den Städtischen Kunstsammlungen, Abteilung Stadtgeschichte, genutzt und kann besichtigt werden. Die 12 Wappen geben die Territorien an, zu denen Görlitz in seiner 900jährigen Geschichte gehörte (obere Reihe), und die Städte des Sechsstädtebundes (untere Reihe). Der **Kaisertrutz** wurde 1490 zum Schutz des Tores erbaut und erhielt diesen Namen 1641, als die Schweden in der Stadt den belagernden Kaiserlichen und Kursachsen „trotzten". Seine jetzige Gestalt mit dem Vorbau entstand 1848, 1850 zog die Hauptwache hier ein. Seit 1932 wird auch der Kaisertrutz als Museum genutzt (Städtische Kunstsammlungen).

Vor dem Reichenbacher Tor lag der alte Rademarkt, seit 1846 **Demianiplatz** genannt. G. L. Demiani war 1844 zum ersten Görlitzer Oberbürgermeister ernannt worden. Sein zwischen Kaisertrutz und Theater stehendes Denkmal schuf 1861 J. Schilling. Den Platz umstanden noch im 18. Jh. hölzerne und Fachwerkhäuser mit den „Radelauben" im Erdgeschoß. 1850 wurde das Görlitzer Stadttheater errichtet, 1927 umgebaut. Seit 1946 trägt es den Namen Gerhart Hauptmanns. Südlich der Steinstraße befand sich das Stein- oder Frauentor, zu dem der **Frauen-** oder **Dicke Turm** (seit 1974 Studentenklub) gehörte. Der 45 Meter hohe Turm ist schon um 1250 erbaut worden. 1856 wurde das 1477 geschaffene und vorher am Frauentor befindliche Stadtwappen mit dem Wahlspruch „Invia virtuti nulla est via" – „Der Tapferkeit ist kein Weg ungangbar" –, 1433 von

Kaiser Sigismund verliehen, hier am Turm angebracht. An der Stelle der **Annenkapelle** begann 1364 Kaiser Karl IV. einen Schloßbau für seinen Sohn Johann, der aber nach dessen Tod 1396 wieder eingestellt und 1474 abgebrochen wurde. Das sakrale Bauwerk ließ sich der Görlitzer Großkaufmann H. Frenzel (↗ Untermarkt 5) 1508/12 vom Werkmeister A. Stieglitzer als Privatkirche erbauen. Seit 1900 ist der Bau zweigeschossig und dient der angrenzenden Schule als Turnhalle und Aula. Das Äußere schmückt ein spätgotischer Statuenzyklus, von Süd nach Nord: Joachim – Anna selbdritt – Maria mit dem Kinde – Joseph – Johannes der Täufer – segnender Christus – Laurentius. Über dem Nordportal ist die Verkündigung des Engels Gabriel an Maria dargestellt. Neben der Kirche stand anstelle des heutigen Schulgebäudes der Juri-Gagarin-Oberschule von 1730 bis 1900 das städtische Armen-, Zucht- und Waisenhaus.

Vom Frauenturm verläuft nach Osten die Elisabethstraße, die 1853/55 nach Abriß der Stadtmauern und Verfüllung der Gräben als breite Allee angelegt wurde. Seit 1864 wird der vorher auf dem Untermarkt befindliche Wochenmarkt hier abgehalten. Vor dem ehem. Frauentor wurde zwischen 1459 und 1486 als Sühnestiftung von 1349 die **Frauenkirche** errichtet. Sie ist eine dreischiffige spätgotische Hallenkirche mit einschiffigem Chor. Die Westfassade ziert ein Doppelportal mit Verkündigungsgruppe und ein großes Maßwerkfenster. Der Turm erhielt 1696 sein Glockengeschoß und 1735 die Barockhaube. Von der Innengestaltung ist die spätgotische Maßwerkbrüstung der Westempore und das „Schwalbennest" (früherer Orgelstandort) nördlich des Triumphbogens erwähnenswert. Die Kirche gehörte zu dem gegenüberliegenden Frauenhospital, das Ende des 15. Jh. als Herberge und Krankenhaus errichtet worden war und bis 1863 bestand. Danach wurde auf diesem und den angrenzenden Grundstücken das große Wohn- und Geschäftshaus

Platz der Befreiung 19/21 erbaut. Neben der Frauenkirche steht am Demianiplatz das heutige **Centrum-Warenhaus**. Der Bau wurde 1912/13 in nur einem Jahr anstelle des früheren Gasthofes „Zum Strauß" und weiterer Flächen nach dem Vorbild des Berliner Kaufhauses Wertheim errichtet. Es ist das einzige in der DDR original erhaltene Kaufhaus mit einem zentralen Lichthof, der 1986 restauriert wurde.

In der Mitte des 19. Jh. begann für Görlitz eine zweite bedeutungsvolle Entwicklungsphase, die eine Stadt mit über 100 000 Einwohnern anstrebte und mit umfangreicher Bautätigkeit verbunden war, die bis kurz vor dem ersten Weltkrieg anhielt. Es entstand die Gründerzeitbebauung der Görlitzer Innenstadt, die sich bis heute in ihrer stadtbildprägenden Originalität so wie hier in keiner anderen Stadt erhalten hat und deshalb auch als Kultur- und Baudenkmal national und international an Bedeutung und Wert gewinnt.

Plätze und Straßen, die besonders eindrucksvoll diese Periode widerspiegeln, sind: der Platz der Befreiung, der Karl-Marx-Platz, der Lutherplatz, der Brautwiesenplatz, die Stuvestraße, die Joliot-Curie-Straße, die Herbert-Balzer-Straße, der Mühlweg, die Dr.-Külz-Straße, die Hartmannstraße und die Löbauer Straße.

In dieser Zeit entstand zwischen Altstadt und Bahnhof ein neues Stadtzentrum, der historische Stadtkern wurde bis auf die Stadtverwaltung im Rathaus und kulturelle Einrichtungen von den zentrumsbildenden Funktionen entblößt und kam in eine Randlage. Dadurch blieb die Altstadt von Görlitz von strukturzerstörenden baulichen Eingriffen verschont und gehört heute zu den weitgehend original erhaltenen Stadtkernen.

Güstrow

Bez. Schwerin

(i) Güstrow-Information
Gleviner Str. 33
Güstrow, 2600

> Historischer Stadtkern lt. Bekanntma-
> chung der zentralen Denkmalliste der
> DDR:
> „Altstadtbereich, umgrenzt durch die
> Straßen Am Wall, Hageböker Mauer,
> Schnoienstraße, Am Berg, Kleine und
> Große Gleviner Mauer, südliche Be-
> bauung des Franz-Parr-Platzes und die
> Grundstücke südlich der Philipp-Bran-
> din-Straße mit Schloß, Dom, Rathaus
> und Stadtpfarrkirche."

Am rechten Ufer des Nebelflusses, in
einer sumpfigen Niederung gelegen,
erhielt die seit dem 8. Jh. bestehende
ursprünglich slawische Siedlung
durch Fürst Borwin im Jahr 1228 das
Stadtrecht. Die günstige Lage der
Stadt am Schnittpunkt der Handelsstraßen aus der Mark nach Rostock
und von Lübeck nach Pommern begünstigte die Entwicklung zu einem
Marktort, der als Wohnsitz der Fürsten von Werle und der Herzöge von
Mecklenburg bald Residenzcharakter
erhielt.

Die planmäßig angelegte Stadt, in
ihrem Grundriß annähernd kreisför-
mig mit gitterförmigem Straßennetz,
zentral gelegenem Markt und dominierenden Bürgerbauten besaß am
Ende des 13. Jh. eine Stadtmauer mit
vier Toren, die aber schon vor 1800
abgebrochen wurden. Die Mauer ist
heute nur noch in Resten erhalten
(Hageböker Mauer, Reste Kleine Gleviner Mauer, Reste Wachsbleicher-
straße, Schnoienstraße, hinter der
Südseite der Philipp-Brandin-Straße,
Wallanlagen und Schanze), die im
Wallbereich angelegten Grünanlagen
sowie der Straßenverlauf in diesem
Bereich lassen jedoch die historische
Ausdehnung der Altstadt erkennen.
Dieser umgrenzte Altstadtbereich ist
der sowohl geschichtlich bedeutende
als auch städtebaulich und architekto-

nisch wertvolle Teil der Güstrower Innenstadt. Die mittelalterliche Burg,
die am südlichen Stadtrand entstand
und im frühen 13. Jh. als fürstlicher
Herrschaftssitz diente, ist nicht erhalten und auch ihr äußeres Bild – die
Anordnung der Gebäude und Höfe –
sind nicht überliefert. Bei der späteren
Errichtung des Schlosses wurden
Teile der Fundamente und Mauern
überbaut bzw. einbezogen.

Der Stadtkern Güstrows erschließt
sich dem Besucher besonders reizvoll
durch mehrere Straßen, die so angelegt sind, daß sie zum Zentrum der
Stadt, dem rechteckigen **Markt**, führen. Er ist der zentrale Platz mit Rathaus und Stadtkirche. Der Güstrower
Markt gilt als einer der schönsten
Marktplätze Mecklenburgs. Acht Straßen gehen vom Markt ab, von denen
vier die alten Ausfallstraßen sind: die
heutige Straße des Friedens, die Wilhelm-Pieck-Straße, die Gleviner
Straße und die Mühlenstraße.

Im 16. Jh. haben mehrere Stadtbrände die mittelalterliche Bausubstanz stark reduziert und verändert.
Aus der Zeit vor 1500 sind lediglich
die Kirche, Reste der Stadtmauer und
einzelne Bauteile in einigen Bürgerhäusern erhalten geblieben. Mit dem
Ausbau der herzoglichen Residenz
entstanden mehrere massive Bauten
bzw. Fachwerkgebäude, die etwa aus
der Zeit von 1580 bis 1630 stammen.
Ihre Bauweise ist durch niederländische Einflüsse geprägt, eine in Mecklenburg oft anzutreffende Erscheinung. Charakteristisch ist das in Backstein ausgeführte Äußere, Details aus
Naturstein oder Ornamente in Putz
beleben die Fassaden. Neben den bemerkenswerten Bürgerhäusern der
Renaissance, die sich in vielen bedeutenden Güstrower Gebäuden darstellt,
prägt der Klassizismus das Stadtbild.
Zahlreiche klassizistische Neubauten
bzw. Fassadenverblendungen im klassizistischen Stil mit großem Formen-
reichtum, phantasievoll und aus-
drucksstark, erfreuen den Betrachter,
ihre heitere Anmut zeigt sich wohl am
einprägsamsten in den Empirehäu-
sern am Markt mit ihren beschwing-

Marktensemble mit Rathaus

ten, abwechslungsreichen Giebeln. Diese Gebäude entstanden etwa in der Zeit von 1800 bis 1830 und sind nicht nur im Marktbereich, sondern auch in den angrenzenden Straßen anzutreffen.

Das ursprüngliche **Rathaus** wurde 1503 bei einem der zahlreichen Stadtbrände zerstört. Danach entstanden fünf aneinanderstehende Gebäude mit Satteldächern, das mittlere mit einem Turm. Nach mehreren Reparaturen und Umbauten wurde es 1798 durch den Ratszimmermeister D. A. Kufahl unter Verwendung der vorhandenen vier zweigeschossigen Giebelhäuser mit aneinanderliegenden Traufen durchgehend umgebaut. An der Westseite sind die vier Giebel noch erkennbar, vor die Ostseite setzte Kufahl eine hervorragend komponierte 13achsige Schaufassade im Louis-Seize-Stil mit Pilastern und Girlandenschmuck. Die langgestreckte frühklassizistische Fassade wird von einem durchlaufenden Horizontalgesims betont. Der zweigeschossige Aufsatz mit Dreieckgiebel und Attika über den mittleren fünf Achsen wird

von zwei seitlichen Aufsätzen als Verblendung der Satteldächer flankiert. Im Innern ist die figürliche Stuckdecke zu erwähnen (J. Metz, 1754), in deren Mittelfeld „Frieden" und „Gerechtigkeit" dargestellt sind. Am Rathaus erinnert eine Gedenktafel an die Arbeiter, die im Kampf bei der Abwehr des Kapp-Putsches 1920 ihr Leben gaben.

Die gotische **Pfarrkirche St. Marien** (1308) steht gemeinsam mit dem Rathaus inmitten des Marktes. Das Gebäudeensemble korrespondiert in harmonischer Weise mit den umliegenden Platzwänden der Bürgerhäuser, es gliedert und beherrscht den Platz. Der Backsteinbau wurde als dreischiffige Basilika begonnen, später aber mehrfach verändert. Nach dem großen Stadtbrand von 1503 wurde sie zur fünfschiffigen Hallenkirche umgebaut, wobei jedes Schiff ein eigenes Satteldach erhielt. Der quadratische Westturm ist von einer barocken Haube gekrönt. Im Innern sind die vier Joche durch Achteckpfeiler getrennt und mit einem geraden Chor abgeschlossen. Das Gewölbe ist als

Sterngewölbe ausgebildet. Dem Stadtbrand fiel auch die reiche Innenausstattung zum Opfer. Die Neuausstattung erfolgte verhältnismäßig schnell, in den Jahren vor der Reformation, auch durch den Handel mit Ablaßbriefen finanziell unterstützt. Im Pfarrkirchenregister sind aus dieser Zeit zwei bedeutende Erwerbungen zu finden: die fünfteilige Triumphkreuzgruppe mit Adam und Eva als Außenfiguren und den vier Evangelistensymbolen an den Kreuzenden (1516) sowie der Hauptaltar (1522), eine Stiftung der Katharinenbruderschaft, einer Kaufmannsvereinigung. Der Altar ist ein Werk des Bildhauers J. Bormann und des Malers B. v. Orley aus Brüssel. Zu den bedeutenden Kunstwerken gehören auch die steinerne Kanzel (1583) von R. Stockmann und der barocke Orgelprospekt (1764) von P. Schmidt. Beachtenswert ist auch das große hölzerne Ratsgestühl mit Intarsien, Schnitzereien und Beschlagwerk (1599) von M. Meyer. Die Wendeltreppe zur Orgelempore, eine hölzerne Madonna aus dem 16. Jh., Kronleuchter aus Messing (16. und 17. Jh.) sowie mehrere Epitaphe und Grabsteine vervollständigen die reiche Ausstattung der 1880/83 wieder dreischiffig umgebauten Pfarrkiche.

Güstrows **Bürgerhäuser** des 14. und 15. Jh. sind durch die verheerenden Stadtbrände von 1503, 1508 und 1512 zerstört worden. Der bemerkenswerte Bestand an Bürgerhäusern, der dem Altstadtbereich das heutige Aussehen verleiht, stammt aus der Zeit der Renaissance und des Klassizismus. Die Bürgerhäuser **Markt 10** und **Markt 12** (1691) sind nach dem Vorbild der großen Schloßgiebel abgetreppt und reich verziert. Für die schmalen Fassaden der klassizistischen Bürgerhäuser sind die Pilasterordnung, halbkreisförmige Fenster oder Nischen und abgetreppte flache Giebel charakteristisch. Diese Merkmale sind den Werken Berliner Klassizisten entlehnt, doch zeigen einige Häuser einmalige Lösungen. **Markt 13** ist ein dreigeschossiges Haus mit fünf Achsen und schlichtem Dreieckgiebel mit rundem Fenster. **Markt 17** zeigt sich als großes klassizistisches Traufenhaus mit schönen Ornamenten. Die Tür mit Schmiedeeisen ist jünger als das Gebäude. **Markt 22** ist wohl das interessanteste klassizistische Bürgerhaus im Bezirk Schwerin, vor allem wegen seiner reichen und sonst für Mecklenburg ganz ungewöhnlichen Fassadendekoration. Das Gebäude entstand zu Beginn des 19. Jh. in seiner heutigen Gestalt und ist wohl ein wesentlich älteres Bürgerhaus, das nach 1800 umgebaut wurde. Abweichend von der traditionellen Fassadengliederung der übrigen Gebäude ist es mit aufwendigen Stuckornamenten aus figürlichen und pflanzlichen Motiven versehen. Im Fries zwischen Erd- und Obergeschoß zeigen sich neben einer Maske greifenähnliche Tiere, aus deren Schwanz eine schön geschwungene Girlande herauswächst. Eine Etage höher wird eine Rosette von palmettenartigen Mustern eingefaßt. Der Giebel verdeckt das abgewalmte Dach und wird durch drei Lünettenfenster gegliedert, wiederum mit Ornamenten und Rankenwerk versehen. Das Erdgeschoß ist durch Schaufenstereinbauten beeinträchtigt, hat jedoch in der mit figürlicher Schnitzerei versehenen Haustür eine besondere Kostbarkeit aufzuweisen, sie wird als wertvollste klassizistische Tür Güstrows angesehen. **Markt 28** ist ein wertvolles kleines Wohnhaus mit hohem Giebel und schönen Stuckornamenten. Im Erdgeschoß befindet sich das Anrechtsbüro des Ernst-Barlach-Theaters. **Markt 29**, die „Markt-Drogerie", ein zweigeschossiges Fachwerkhaus mit spitzem Giebel, ist vermutlich eines der ältesten erhaltenen Häuser Güstrows aus dem 15. Jh. An der Südwand des Gebäudes, in der Straße Grüner Winkel, ist die Konstruktion des Ständerbaus zu erkennen. Bei dieser im 15. Jh. angewandten Bauweise wurden die Deckenbalken durch die senkrechten „Ständer" durchgesteckt und befestigt (↗ Quedlinburg und Wernigerode). **Markt 30**, ein dreigeschossiges Wohnhaus zeigt eine interessante und eigen-

Borwin-Brunnen

willige Fassade mit durchgehendem Hermenpilaster und Rundbogenfenster. Über dem um 1900 veränderten Erdgeschoß des Hauses **Markt 32** (D. A. Kufahl, 1804) sind zur Marktseite hin vier kannelierte Pilaster zu sehen, die über zwei Geschosse führen und im ionischen Stil enden. Das siebenachsige Traufenhaus mit stark ausgeprägtem Traufenfries, Pilastern und Figurenmedaillons beherbergt heute den Georg-Friedrich-Kersting-Klub. Das nebenstehende Eckhaus, **Markt 33**, ein ebenso wertvolles klassizistisches Giebelhaus, ist reich gegliedert und mit Stuckarbeiten, orientalisierenden Ornamenten und Medaillons versehen.

Die heutige **Straße des Friedens**, eine der vier vom Markt abgehenden Verkehrswege nach Norden, ist eine der ältesten Hauptstraßen der Stadt. Ehemals Pferdemarkt und bereits 1720 das erste Mal erwähnt, wurde sie 1972 als attraktiver Fußgängerbereich gestaltet. Am Schnittpunkt mit der Baustraße, vor dem **Postamt** (1895), steht der **Borwin-Brunnen** (G. Daniel, 1889), der aus Anlaß der Fertigstellung des Wasserwerkes errichtet wurde. Die Figur (R. Thiele, 1889)

stellt den Verleiher des Stadtrechts, Fürst Borwin II., dar. Am nordwestlichen Abschluß der Straße befindet sich der **John-Brinckman-Brunnen** (W. Wandschneider, 1908), so genannt nach dem Güstrower Lehrer und Dichter Brinckman. Der Brunnen zeigt die Hauptfiguren seiner ersten Novelle „Voß und Swinegel". Südlich des Brunnens sind in der Straße **Hageböker Mauer** noch einige Gebäude vorhanden, die an die ehem. Stadtmauer erinnern. **Hageböker Mauer 3**, eine Art Wiekhaus, ein kleines Fachwerkhaus, steht mit der Rückseite auf der Stadtmauer. **Hageböker Mauer 6** und **Hageböker Mauer 9** sind ebenfalls Fachwerkhäuser, das Obergeschoß leicht überkragend, bilden sie mit ihrer Rückseite die Stadtmauer. Die historische Originalität dieser Gebäude ist umstritten.

In der **Mühlenstraße**, dem Hauptstraßenzug in Richtung Osten, stehen ebenfalls mehrere bedeutende Bürgerhäuser. Das Haus **Mühlenstr. 48** (1539), im Stil der Frührenaissance erbaut, ist ein schöner Backsteinbau, zweigeschossig mit hohem Giebel, die vorgeblendeten Vorhangbögen und Fialen sind prachtvoll gegliedert. Se-

Mühlenstr. 17

henswert sind auch die eichene Rokokotür mit bronzenem Türklopfer sowie die Stuckdecke im Erdgeschoß.
Von 1628 bis 1631 residierte hier Herzog Wallensteins Statthalter für Mecklenburg, Oberst Julian. Diesem Haus
gegenüber steht **Mühlenstr. 17**, ebenfalls ein Backsteinbau mit schlichtem
Renaissancegiebel und erkerartigem
Vorbau. Dem Hauptgiebel seitlich
vorgelagert sind giebelgeschmückte
schmale Vorbauten mit seitlicher Be-

lichtung, sog. „Utluchten"; bemerkenswert auch die Sandsteintafel mit
Inschrift (Psalm CXXI). Die Giebelfassade wurde 1966 restauriert,
ebenso wie das aus dem Anfang des
17. Jh. stammende Haus **Mühlenstr. 43**
mit einem rekonstruierten Renaissancegiebel und schöner Barocktür
(um 1750).

Die **Hollstraße** ist ein ebenfalls vom
Markt in Richtung Osten abgehender
Verkehrsweg sowohl von historischer

Barockportal – Mühlenstr. 43

als auch städtebaulicher Bedeutung. Auf der Nordseite steht das Fachwerkhaus **Hollstr. 6**, das Geburtshaus des Malers Georg Friedrich Kersting. Der künstlerische Mitarbeiter der Porzellanmanufaktur Meißen und bedeutende Maler der Romantik zeichnete sich in den Befreiungskriegen gegen Napoleon als Lützower Jäger mehrfach aus. Sein Geburtshaus wurde 1985 nach umfangreicher Rekonstruktion als **Georg-Friedrich-Kersting-Museum** eingerichtet.

Von der Südostecke des Marktes geht die **Gleviner Straße** ab. Das mächtige Giebelhaus an der Ecke, **Gleviner Str. 1**, stammt aus der ersten Hälfte des 17. Jh. Das Backsteingebäude mit Volutengiebel, Gesimsen und Zieranker war 1712 im Nordischen Krieg das Wohnhaus von August dem Starken, Kurfürst von Sachsen und König von Polen (Gedenktafel). Das Haus **Gleviner Str. 32** hat eine schlichte Fassade mit Renaissancegiebel aus dem 16. Jh., es war 1712 der Wohnsitz des Fürsten Alexander D. Menschikow, Minister und Feldmarschall, einflußreichster Ver-

trauter und Vormund des russischen Zaren Peter I. Der Zar selbst wohnte 1712 im Haus **Gleviner Str. 6** (um 1700). Die Fassade dieses Hauses wurde um 1820 klassizistisch erneuert. Im Erdgeschoß befindet sich eine wertvolle barocke Stuckdecke. Die Eingangstür ist spätklassizistisch. **Gleviner Str. 30** ist ein Wohnhaus des frühen 16. Jh. mit elfachsiger Traufseite. Der Giebel ist stark gegliedert und stammt aus dem 19. Jh., ebenso die spätklassizistische Haustür.

Die **Heiliggeistkapelle**, Gleviner Str. 1/3, ist ein schlichter Bau des 14. Jh. mit blendengeschmücktem Giebel und wird heute vom Kuratorium der evangelisch-lutherischen Landeskirche genutzt. Unmittelbar daneben steht der klassizistische Altbau der heutigen **Goethe-Oberschule** (1834). Am südlichen Ende der Gleviner Straße stehen die klassizistischen **Torhäuser** des abgetragenen ehem. Gleviner Tores. Es sind Wohnhäuser mit einer Säulenordnung nach der Art dorischer Tempel.

Das **Schloß**, am südöstlichen Rand des Altstadtbereiches gelegen, war mit der Stadt nie direkt durch eine Straße verbunden und ist auch heute noch von der Innenstadt aus nicht sichtbar. In der Silhouette Güstrows und von südöstlichem Standort jedoch ist seine erhabene Schönheit erkennbar. Das herzogliche Schloß wurde im Stil der italienischen Renaissance errichtet. Auf dem Gelände der ehem. mittelalterlichen Burg begannen die Arbeiten 1558, nachdem die Brandreste der ohnehin nicht mehr den gewachsenen Anforderungen genügenden Burg beseitigt worden waren. Herzog Ulrich III. schloß 1558 mit dem Baumeister F. Parr den Bauvertrag für den Wiederaufbau des „Hauses Güstrow" ab. In den folgenden fünf Jahren leisteten die Bauleute unter Parr mit der Errichtung der Vierflügelanlage eine gewaltige Arbeit: West- und Südflügel wurden im Rohbau fertiggestellt. Der Nordflügel wurde von 1587 bis 1591 von dem Niederländer Ph. Brandin erbaut. 1795 wurden der Ostflügel wegen

Georg-Friedrich-Kersting-Museum

Baufälligkeit und ein Teil des Nordflügels bis auf den heutigen Zustand
abgetragen. Kräftige Horizontalge-
simse sind für den Westflügel sowohl
an der Außen- als auch an der Hof-
front charakteristisch, ebenso wie eine
in Putz ausgeführte Quaderung, die in
der Struktur geschoßweise wechselt.
Türme und Risalite sind symmetrisch
angeordnet, die Dachzone wird durch
Giebel, Erker und Türme belebt. Erwähnenswert sind auch die verschiedenen Formen der teilweise recht
skurril ausgeführten Schornsteine. Im
Hofraum sind die dreigeschossige Ga-

lerie, Arkadengänge, der runde Treppenturm und der von Brandin erbaute
Nordturm mit deutlich niederländischem Einfluß bestimmend. Der
Schloßbau wurde 1670 durch den Bau
des Torhauses und der Brücke von
dem Architekten Ch. Ph. Dieussart beendet. Das Schloß verfiel, nachdem
das Güstrower Fürstengeschlecht aus-
gestorben war bzw. seit 1695 hier nicht
mehr residiert wurde. Von 1628 bis
1630 diente es während des Dreißigjährigen Krieges dem kaiserlichen
Heerführer Wallenstein als Residenz.
Nach dem Abbruch des Ostflügels

Festsaal im Schloß

war es Lazarett der französischen Armee, im frühen 19. Jh., 1813, Kaserne der Mecklenburgischen Freiwilligen Jäger. 1817 wurde im Schloß ein Zwangsarbeitshaus mit zuchthausähnlichem Charakter eingerichtet. Diese Ereignisse beschleunigten den Verfall, besonders der Innenräume und der Ausstattung. Bei der intensiven Restaurierung (1963) wurden auch wertvolle innenarchitektonische Details freigelegt. Heute ist das Schloß geistig-kulturelles Zentrum u. a. mit Museum, Bibliothek, Klubräumen, einem Studiokino und Gaststättenräumen. Im Innern sind einige Stuckdecken erhalten geblieben. Wohl einmalig ist der Festsaal im 1. Obergeschoß mit dem umlaufenden Rotwildfries (C. Parr, 1577) und der phantasievollen und originellen Kassettendecke aus Stuck, die aus 43 Bildfeldern besteht (D. Anckermann, 1620).

Der **Schloßgarten**, an der Südseite des Schlosses gelegen, wurde im 16. Jh. als Renaissancegarten angelegt und sehr bald 300 Jahre lang vernachlässigt. Einzige Grundlage der

1974 begonnenen und Anfang der achtziger Jahre im wesentlichen abgeschlossenen, äußerst aufwendigen Wiederherstellung dieses sehr seltenen Renaissancegartens war ein Stich von M. Merian d. Ä. aus dem Jahr 1653. Die farbige Ornamentik des Gartens kommt dann am besten zur Geltung, wenn man sie von einem der Fenster des Festsaales aus betrachtet.

Unweit des Schlosses, zwischen Franz-Parr-Platz und Schloßstraße, steht das heutige **Ernst-Barlach-Theater** (G. A. Demmler, 1828). Der eingeschossige rechteckige Putzbau hat einen dreiachsigen Mittelrisalit mit Pilastergliederung und schlichtem Dreieckgiebel. Der Bau war so konzipiert, daß er im Sommer – während der Theaterpause – als Wollmagazin genutzt werden konnte, denn Güstrow hatte im 19. Jh. den bedeutendsten Wollmarkt in Mecklenburg. Im Winter stand er den Theaterleuten wieder zur Verfügung. Der Güstrower Theaterbau ist das älteste bürgerliche Theatergebäude in Mecklenburg und reiht sich mit seinen spätklassizistischen Formen harmonisch in das Stadtbild ein. 1951 wurde sein Inneres unter Beibehaltung der äußeren Erscheinung tiefgreifend umgestaltet.

Das **Stadtmuseum**, Franz-Parr-Platz 7, ist ein schlichtes Bürgerhaus aus dem 18. Jh. Über der profilierten Eingangstür wird die barocke Fassade durch ein schmiedeeisernes, korbähnliches Balkongitter geschmückt. Das Museum wurde bereits 1892 gegründet und zeigt in seiner umfangreichen Sammlung insbesondere Exponate zur Kultur und Lebensweise des mecklenburgischen Bürgertums. Der **Franz-Parr-Platz**, der Platz der ehem. Schloßfreiheit, trägt seit 1953 den Namen des Schloßbaumeisters. Bis zum 18. Jh. diente er als Turnier-, Reit- und Exerzierplatz. In der Mitte steht jetzt ein **Denkmal für die Befreiungskriege 1813**, das 1865 eingeweiht wurde und den Freiheitskämpfern gegen die napoleonische Fremdherrschaft gewidmet ist. Die Eckfiguren, die „Krieg", „Sieg", „Friede" und „Trauer" darstellen, die Medaillons, das Wappen und die beiden großen Reliefbilder „Auszug" und „Heimkehr" gestaltete der Schweriner Bildhauer M. Wiese.

Der **Dom** (13. Jh.) ist der älteste Backsteinbau der Stadt. Die Kollegiatkirche wurde am 3. 6. 1226 an dem Ort „Guztrowe" vom Fürsten Heinrich Borwin II. gestiftet und 1335 geweiht. Das Stift wurde 1552 aufgehoben und danach als protestantische Schloßkirche genutzt. Das Bauwerk ist eine dreischiffige kreuzförmige Pfeilerbasilika im gebundenen System mit zweijochigem Chor und läßt den Übergang vom romanischen zum gotischen Baustil erkennen. Auch das Langhaus hat nur zwei Joche. Im ersten Drittel des 14. Jh. wurde der Chor polygonal erweitert und das Langhaus sowie die Querschiffjoche eingewölbt. Danach wurde das nördliche Seitenschiff zur zweischiffigen Pfeilerhalle erweitert, der Westturm errichtet und dem südlichen Seitenschiff drei Seitenkapellen angefügt. Der barocke Dachreiter wurde 1705 errichtet. Die gotischen Teile des Lang-

hauses, des Chorschlusses, der Nordhalle und die unter einem gemeinsamen Satteldach liegenden Südkapellen sind nur sparsam dekoriert, ebenso die Untergeschosse des Turmes, der von einem Krüppelwalmdach bekrönt wird. Das Innere des Domes wirkt weiträumig und doch gedrungen, da das Langhaus nur zwei Joche hat, die Seitenschiffarkaden sehr tief angesetzt sind, und weil sich Mittelschiffbreite und -höhe nur wie 1:1,45 verhalten. Das westliche Chorgewölbe ist ein achtteiliges Kuppelgewölbe, alle übrigen Joche besitzen Kreuzrippengewölbe. In den Jahren von 1865 bis 1870 fand eine umfassende Restaurierung der Kirche statt. Der Reichtum und der hohe künstlerische und historische Wert der Ausstattung ist beeindruckend: der große Flügelaltar (Werkstatt H. Bornemann, um 1500), im Mittelschrein eine figurenreiche Kreuzigungsgruppe, die von Heiligen- und Kirchenväterfiguren umgeben ist, während die Apostelfiguren in den Flügeln stehen. Nach den Wandlungen werden auf den Flügeln sechzehn Passionsdarstellungen sichtbar bzw. vier Heilige inmitten einer Renaissancearchitekturdarstellung, unter ihnen die Schutzheiligen der Kirche: Maria, Johannes und die Hl. Cäcilie. Die zwölf Domapostel, spätgotische Eichenholzfiguren aus der Zeit um 1530, über die Landesgrenzen hinaus berühmt geworden, sind wahrscheinlich Arbeiten des Bildhauers C. Berg. Besonders beeindruckend sind an der Nordwand des Chores die Wandgräber der mecklenburgischen Herzöge und ihrer Gemahlinnen (Werkstätten von C. Parr, C. Midow, Ph. Brandin, B. Berninger) aus der Renaissance. Ein bronzener Türklopfer mit einem Christuskopf und einer umgebenden Weinranke, das Kruzifix des ehem. Triumphkreuzes (1370), der Levitenstuhl (um 1430), der Taufstein, eine Arbeit aus Sandstein mit Alabaster (C. Midow, B. Berninger, 1591), zahlreiche dem Angehörigen des Hofes gewidmete Epitaphe sowie die Gedächtnistumba für den Kirchengründer Borwin II.

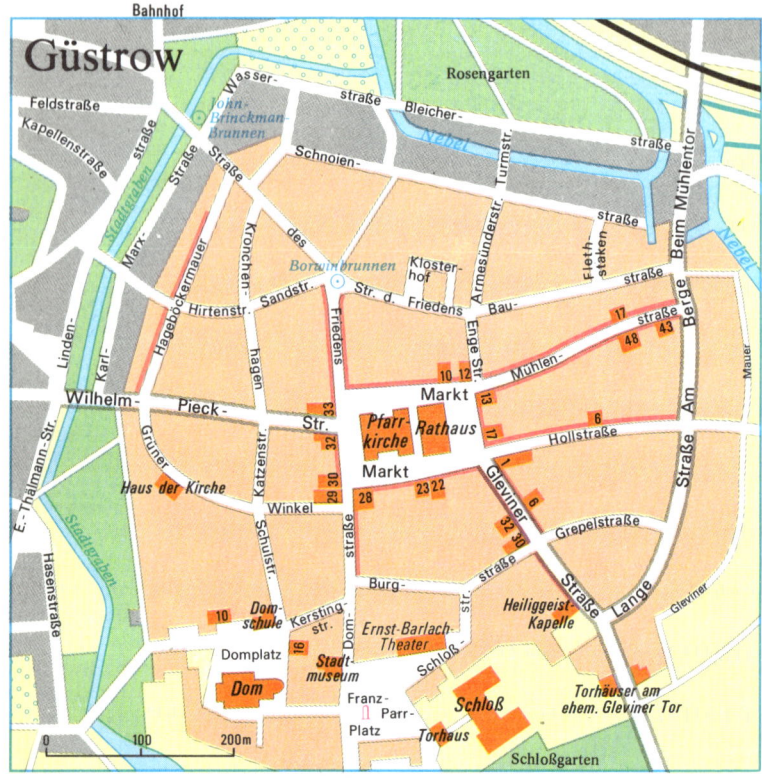

sind noch weitere Kostbarkeiten. Im 20. Jh. wurde der Dom um zwei Kunstwerke bereichert, die der seit 1910 in Güstrow ansässige Bildhauer Ernst Barlach schuf. 1918 entstand das Modell eines Kruzifixes, von dem ein Guß im Dom hängt, 1927 schuf Barlach den „Schwebenden", ein Ehrenmal für die Opfer des ersten Weltkrieges. 1937 wurde der „Schwebende" von den Faschisten als „entartete Kunst" bezeichnet und aus dem Dom entfernt und eingeschmolzen. Das nach dem Krieg wieder im Dom befindliche Exemplar ist ein Nachguß nach dem in der Kölner Antoniterkirche aufbewahrten Zweitguß.

Auch die **Gertrudenkapelle**, ein 1430 erstmalig erwähnter einschiffiger Backsteinbau mit verblendetem Fachwerkkern, Balkendecke und polygonalem Chorabschluß, gelegen auf dem seit 1486 erwähnten Gertruden-

friedhof, ist seit 1953 eine Stätte des Gedenkens an den bedeutenden Künstler. Im Obergeschoß der Kapelle wohnte bis zu ihrem Tod 1969 die Lebensgefährtin Barlachs, Marga Böhmer. Das Wohnhaus mit der Werkstatt des Künstlers (A. Kegebein, 1931), **Am Heidberg**, liegt außerhalb des historischen Stadtkerns und beherbergt den Nachlaß, es wird seit 1978 als *„Ernst-Barlach-Gedenkstätte der DDR"* museal genutzt.

Das Haus **Domplatz 16** (Ph. Brandin, 1583), ein zweiachsiges Giebelhaus an der Ostseite des Platzes, zählt zu den ältesten Backsteinbauten Güstrows. Das Haus wurde für den Hofmarschall Herzog Ulrichs, Joachim von der Lühe, erbaut. Hier tagte von 1629 bis 1631 Wallensteins Hofgericht (Gedenktafel). Die ehemals berühmte **Domschule** (Werkstatt Ph. Brandin, 1579 eröffnet) ist der älteste erhaltene

Schulbau in Mecklenburg. Nach dem Vorbild sächsischer Fürstenschulen arbeitete diese humanistische Bildungsanstalt nach einer Schulordnung, die von Ph. Melanchthon begutachtet und als die beste des Landes gerühmt wurde. Der Bau ist dreigeschossig mit Ziegelverblendung und Verputz. Bis 1974 wurde das Gebäude als Schule genutzt, danach als Magazin des Museums. Unter den berühmten Schülern, die in der Domschule ihre Ausbildung erhielten, sind der Schweriner Baumeister G. A. Demmler zu nennen, sowie der später bekannte Altertumsforscher und Archivar G. C. F. Lisch, der hier zur gleichen Zeit wie Demmler lernte.

Das Haus **Domplatz 10** (1839), ein zweigeschossiges Traufenhaus mit Mezzaningeschoß und Rundbogenfenstern, beherbergt heute das Internat der Erweiterten Oberschule „John Brinckman". Einst war hier das Domizil der Güstrower Freimaurerloge „Phöbus Apollo". Die originale Innenarchitektur ist weitgehend erhalten geblieben.

Das heutige **Haus der Kirche,** Grüner Winkel 10 (um 1760), ist einer der wenigen erhaltenen Barockbauten Güstrows. Das ehem. „Majoratshaus Krüger-Hansen" hatte eine gleich gestaltete Barockfassade. Am westlichen fünfachsigen Teil wurde 1975 die Putzgliederung entfernt, der frühere Zustand wiederhergestellt und eine bedeutende, in Mecklenburg einmalige illusionistische Fassadenmalerei freigelegt.

Ludwigslust

Bez. Schwerin

 Kulturbund der DDR
Schweriner Str. 20
Ludwigslust, 2800

Historischer Stadtkern lt. Bekanntmachung der zentralen Denkmalliste der DDR:
„Altstadtbereich, umgrenzt durch Schloßfreiheit, Straße der DSF (ehem. Kanalstraße), Schweriner Straße, Käthe-Kollwitz-Straße, Mauerstraße, Friedhof, Schlachthofweg, Am Bassin (Westseite) und Schloßplatz, einschl. Schloßpark, Schloß und Stadtkirche."

Die in einem flachen, dem südlichen Moränenzug vorgelagerten Landstrich zwischen Lewitz und Grieser Gegend liegende Stadt Ludwigslust ist im Norden der DDR die bedeutendste und einzige einheitlich konzipierte Stadtanlage der Barockzeit. Der im wesentlichen in der 2. Hälfte des 18. Jh. entstandene Ortskern ist in seiner historischen Bebauung weitgehend erhalten und wird durch Erweiterungen aus der 1. Hälfte des 19. Jh. ergänzt. Seit der Verlegung der Residenz der mecklenburgischen Herzöge 1757 von Schwerin in das ehem. Dorf Klenow, das im genannten Jahr in Ludwigslust umbenannt wurde, arbeitete der herzogliche Hofbaumeister J. J. Busch an der Konzipierung der neuen Stadtanlage. Mit der Realisierung wurde um 1765 begonnen. Durch das Verbot des ungenehmigten Ansiedelns und die damit verbundene Errichtung privater Bauten blieb bis zum Anfang des 19. Jh. die Geschlossenheit der von Busch begonnenen und in der ersten Etappe um 1780 vollendeten Barockanlage gewahrt. Unter J. G. Barca erfolgte ungefähr ab 1815 eine städtebauliche Erweiterung in Ergänzung des Buschschen Planes durch mehrere Straßen und einige Einzelbauten. Mit der Rückverlegung der Residenz nach Schwerin 1837 kam die städtebauliche Entwicklung ins Stocken. Ludwigslust wurde Garnison- und Beamtenstadt. Der Anschluß an das Eisenbahnnetz 1846 hatte eine Erweiterung in Richtung Bahnhof zur Folge. Erst 1876 wurde Ludwigslust das Stadtrecht verliehen. Die Vergrößerung des Stadtgebietes durch Wohn- und Industriebauten beeinträchtigte jedoch das historische Zentrum kaum.

Das **Schloß** (heute Verwaltungssitz, museale Nutzung geplant) ist der bedeutendste barocke Schloßbau Mecklenburgs. Er ist Bezugspunkt der wichtigsten städtebaulichen Achsen in der Stadt. An der Stelle eines herzoglichen Jagdhauses (1724/36) wurde der Neubau nach Entwürfen J. J. Buschs von 1772 bis 1776 als sandsteinverkleideter Backsteinbau von drei Voll- und einem Mezzaningeschoß über E-förmigem Grundriß errichtet. Nach dem ↗ Schloßplatz ist die Fassade mit ihren 17 Achsen nur durch den erhöhten Mittelbau, die mit einem Säulenvorbau gedeckte Vorfahrt und die schwach angedeuteten einachsigen Seitenrisalite gegliedert, zum Park hin zeichnen sich Mittelbau und Seitenflügel deutlicher ab. Besonderer Schmuck des Gebäudes sind die vierzig Figuren auf der Attika, Personifizierung der Künste und Wissenschaften, die der aus Böhmen stammende Bildhauer R. Kaplunger wohl nach einem von Herzog Friedrich selbst entworfenen ikonographischen Programm zusammen mit den Ziervasen schuf. Im Innern, wo sich die Ausgestaltung der Räume bis zum Anfang des 19. Jh. hinzog, ist die ursprüngliche Raumaufteilung erhalten geblieben. Im Mitteltrakt führen neben dem mit toskanischen Säulen ausgestatteten quergelagerten Vestibül zwei Treppenhäuser in die ehem. Gesellschafts- und Wohnräume. Die historische Ausstattung des hinter dem Vestibül liegenden Gartensaales, auch Jagdsaal genannt, stammt aus dem Jahr 1880. Besonders im 1. Obergeschoß mit seinen reich ausgestatteten Räumen sind wesentliche Teile der Innenarchitektur erhalten geblieben: die Supraporten mit Berliner und venezianischen Veduten, Darstellungen

Schloß

von Vögeln und antiken Persönlichkeiten; Kamine, verziert mit Umrahmungen aus Berliner Porzellan oder in der Schweriner Schleifmühle hergestellten, steinernen Einfassungen; Spiegel; unterschiedliche Parkettfußböden und Teile des aus dem 18. und 19. Jh. stammenden Mobiliars. Der Festsaal im Obergeschoß, der über zwei Geschosse reichende sog. Goldene Saal, zeigt in seinem Dekor bereits Elemente des Zopfstils. Für Figuren, Vasenkörper und ornamentale Auflagen wurde Pappmaché verwendet, ein in Ludwigslust produziertes, vielseitig anwendbares Material, das Holz, Stuck und Stein ersetzte. Im 2. Obergeschoß des Westflügels sind mehrere Räume erst um 1820 unter der Leitung J. G. Barcas eingerichtet worden.

Dem Schloß ist der weiträumige **Schloßplatz** vorgelagert. Der mit Kopfsteinen gepflasterte Platz wird im Westen von einer Zeile aus niedri-

gen schlichten Fachwerkbauten begrenzt. An der Ostseite setzt er sich in die Schloßfreiheit bzw. über die den Kanal überspannende Brücke mit ihren vier Ziervasen an den Enden der steinernen Brüstung in die ↗ Wilhelm-Pieck-Straße, die ehem. Schloßstraße, fort. Die wichtigste Blickbeziehung ergibt sich aber zu der etwa 500 Meter entfernt liegenden, axial auf das Schloß ausgerichteten Schloßkirche, der heutigen ↗ Stadtkirche, die in ihrer direkten Beziehung zum Schloß auch das feudale Verhältnis zwischen Thron und Altar zum Ausdruck bringt. Busch hat es vorzüglich verstanden, die beträchtliche Entfernung zwischen den beiden Gebäuden durch die rhythmische Aneinanderreihung von drei im Grundriß unterschiedlich ausgebildeten Plätzen zu überbrücken.

Der Schloßplatz wird an der Südseite von der **Kaskade** begrenzt, einem breiten steinernen Wehr mit figürli-

Stadtkirche

chem Schmuck von R. Kaplunger, 1780 fertiggestellt. In der Mitte wird das mecklenburgische Wappen von zwei die Flüsse Rögnitz und Stör symbolisierenden Flußgöttern gerahmt, seitlich sind Gruppen von im Schilf spielenden Putten aufgestellt. Die Anlage ersetzte eine ältere hölzerne Konstruktion aus der Frühzeit des Ortes. Hinter der Kaskade und einer Wiese mit einer ebenfalls von Kaplunger geschaffenen Sonnenuhr – eine von Löwe und Lamm getragene horizontale Sandsteinplatte – erstreckt sich ein künstlicher Teich, das **Bassin**. Als Wasserfläche übernahm es in dieser Hauptachse die für die Barockzeit typische Aufgabe zu gliedern und zu betonen. Die Umbauung des Platzes folgt dem Oval der Wasserfläche und besteht aus zweigeschossigen, konkav gekrümmten Backsteinbauten einfacher Gliederung. Nur der Mittelbau der Ostseite besitzt einen flachen übergiebelten Mittelbau.

Südlich des Bassins steht das **Ehrenmal** für die Opfer des Faschismus (H. Bartholomäus, 1951), ein sandsteinverkleideter Würfel mit einem den unteren Rand umziehenden Klinkerrelief. Die Grabstätte von 200 Häftlingen aus dem bei Ludwigslust gelegenen ehem. Konzentrationslager „Reiherhorst", einem Außenlager des Konzentrationslagers Neuengamme, befindet sich unmittelbar vor dem Denkmal.

Der südliche Teil des Platzes **Am Bassin** besitzt eine geringere Breite als der nördliche Teil und ist an seiner West- und Ostseite mit schlichten, in der Mehrzahl eingeschossigen Fachwerkhäusern bebaut. Diese Bebauung greift über die Clara-Zetkin-Straße hinweg auf den **Kirchenplatz** über, der sich dort zu einem quadratischen Platz von etwa 150 Metern Seitenlänge entfaltet. Nur die in der Mitte der Ostseite des Kirchenplatzes stehende Superintendentur und ein

Schulgebäude gegenüber sind zweigeschossig, ansonsten rahmen den großen Platz eingeschossige Fachwerkgebäude ein. Durch diesen kleinteiligen Maßstab erlangt die an der südlichen Platzseite stehende **Stadtkirche** (J. J. Busch, 1765/70) eine Monumentalität, die durch die überdimensionierte Fassade noch gesteigert wird. Die Kirche wurde als erster Großbau der Residenz errichtet. Wer die aus dem sechssäuligen Portikus mit kräftigem Architrav, Dreieckgiebel, den vier Evangelistenfiguren und dem bekrönenden Christogramm gebildete Schaufront genauer betrachtet, wird dahinter den wesentlich kleineren,

schlichten und polygonal geschlossenen Baukörper der eigentlichen Kirche entdecken. Das Innere ist ein rechteckiger Saal mit kassettiertem Tonnengewölbe, seitlichen Säulenstellungen und erhöhtem Altarbereich mit einem die Verkündigung der Geburt Christi an die Hirten darstellenden Altarprospekt (D. Findorff, J. H. Suhrland, 1772–1803). Unter dem Altar befindet sich die herzogliche Gruft. Der aus geschliffenem Granit hergestellte Sarkophag des Bauherrn und Gründers von Ludwigslust, Herzog Friedrich, steht jedoch im Mittelgang der Kirche. An der Eingangsseite erhebt sich ein mehrgeschossiger

Logenaufbau, zu seiner Dekoration wie auch am Altar fand Pappmaché Verwendung. Im Eingangsbereich erinnert ein Renaissanceepitaph an die abgebrochene alte Dorfkirche von Klenow. Die Kirche besitzt wertvolles liturgisches Gerät aus dem 14. und 16. Jh. Da der von Busch in Säulenform geplante Glockenturm nicht zur Ausführung kam, wurde 1782 ebenfalls nach seinem Entwurf der 200 Meter östlich der Kirche gelegene Friedhofseingang mit dem Glockenturm kombiniert. Das eigentliche Tor zum Kirchhof rahmen zwei pylonenartige Türme mit kräftig ausgebildeter Voute und flachem Zeltdach ein. Das

von Backstein eingefaßte Mauerwerk besteht wie das der Kirchhofsmauer aus Raseneisenstein (Klump), der in der Lewitz häufig als Baumaterial verwendet wurde. Auf dem **Friedhof** sind mehrere barocke und klassizistische Grabsteine erhalten und einige z. T. ebenfalls in Raseneisenstein errichtete Grabkapellen sowie das Grab des mecklenburgischen Schriftstellers J. Gillhoff. Im südwestlichen Teil steht ein Denkmal für die Opfer des Faschismus.

Unweit des Friedhofseinganges steht an der Clara-Zetkin-Straße das klassizistische Gebäude der **Pestalozzi-Schule**, entstanden um 1815 als

eingeschossiger verputzter Backsteinbau mit übergiebelter Mittelachse und
vorgelegter Freitreppe. Schräg gegenüber befinden sich an der Nordseite
der Straße noch zwei wohl auf J. G.
Barca zurückgehende Gebäude mit
klassizistischen Fassaden und Stuckdekor. Sie gehörten zum Bereich der
Garnison, ebenso wie die Häuser der
nach Norden abgehenden **Nummer-
straße**, deren nördlichster Abschnitt
noch die eingeschossigen Fachwerkhäuser besitzt, in denen die Soldatenfamilien wohnten. Um die sozialen
Unterschiede zwischen den hier Wohnenden und den Bewohnern der angrenzenden ehem. Schloßstraße zu
verschleiern, wurde die Straße nach
wenigen Metern um 90° abgeknickt
und an das Ende des einsehbaren
Straßenabschnitts ein zweigeschossiges Backsteingebäude gesetzt.

Die ehem. Schloßstraße, die heutige
Wilhelm-Pieck-Straße, ist die Magistrale der Stadt und folgt mit ihrer
schrägen Anbindung an den Schloßplatz dem Verlauf der alten Klenower
Dorfstraße. Die etwa 300 Meter lange
Straße endet im Osten am heutigen
↗ Karl-Marx-Platz, war aber ursprünglich in doppelter Länge geplant, dabei
sollte der runde Platz ihre Mitte markieren. Durch Fuß- und Reitwege, einem gepflasterten Fahrdamm sowie
doppelte Lindenreihen erfuhr die
Straße eine Aufwertung, die sich auch
in mehreren platzartigen Ausweitun-
gen bzw. Straßeneinmündungen nie-
derschlug. Die Bebauung wurde nach
Buschs Entwürfen aus ein- und zweigeschossigen Backsteinhäusern errichtet, wobei die schlichten Fassadenglie-
derungen mit rustizierten Gebäude-
kanten, kleinen Giebeln und meist
rechteckigen Fenstern an zeitgenössi-
sche holländische und Hamburger
Vorbilder erinnern. Nur wenige Gebäude wurden aufwendiger gestaltet,
darunter die an der ersten platzartigen
Erweiterung liegenden beiden ehem.
Gasthöfe, von denen der südliche, das
ehem. **Hotel „Weimar"**, Nr. 15, noch erhalten ist (heute Schulhort).

Die siebenachsige Fassade des
zweigeschossigen Baus besitzt einen
flachen dreiachsigen Mittelrisalit, den
ein gedrückter Volutengiebel bekrönt.
Das Haus **Wilhelm-Pieck-Str. 16**, ein
langgestrecktes, zur Straße hin fünf-
achsiges und ebenfalls zweigeschossiges Gebäude mit Walmdach, wurde
um 1815 durch die Erneuerung von
Portal und Balkon in zeitgenössischen
Formen und das Aufsetzen eines kleinen flachen Giebels klassizistisch umgestaltet. Zum Grundstück gehört ein
zur gleichen Zeit errichteter Pferde-
stall mit hohem Lünettengiebel und
kleiner, von Säulen gestützter, nach
innen gezogener Vorhalle am Nord-
ende der östlichen Längsseite.

Das Gebäude der ehem. Pappmachéfabrik ist heute das **Rathaus**, Wilhelm-Pieck-Str. 38. Der siebenachsige zweigeschossige Backsteinbau
mit dem dreiachsigen übergiebelten
Frontispiz dürfte um 1780 zur Blütezeit der Pappmachémanufaktur entstanden sein. In ihr wurden Dekora-
tionselemente für herzogliche Bauten,
aber auch Nachbildungen von Plastiken und Geschirr hergestellt, die sich
durch Bemalung als Porzellan, Marmor oder Terrakotta gestalten ließen.
In mehreren großen Städten Deutschlands besaß die Manufaktur, die bis
etwa 1815 arbeitete, Niederlassungen.
Gegenüber, **Wilhelm-Pieck-Str. 41**,
steht das in neogotischen Formen gehaltene Postamt (Ende 19. Jh.). Den
Abschluß der Straße bilden zwei Eckgebäude, deren leicht gekrümmte Sei-
tenfronten dem heutigen **Karl-Marx-
Platz** zugewandt sind. Der Platz erreichte im 19. Jh. durch den Bau einander ähnlicher Gebäude an den Einmündungen der ehem. Schulstraße
bzw. Sandstraße eine relative Geschlossenheit. Ein Karl-Marx-Denkmal, eine Büste des großen deutschen
Philosophen und Klassikers,
schmückt heute den Platz.

Dort, wo der südliche Abschnitt der
Ernst-Thälmann-Straße in die nach
Grabow führende Allee übergeht,
steht als Zeugnis der 1826 abgeschlossenen Chaussierung der Straße von
Berlin über Ludwigslust und Boizen-
burg nach Hamburg ein **Hauptmei-
lenstein** in Obeliskform.

Ensemble Straße der DSF

Von den aus der Zeit der Stadterweiterung nach 1815 neu angelegten
und bebauten Straßen hat neben der
↗ Straße der DSF nur die **Schweriner
Straße** zumindest in einzelnen Abschnitten ihr ursprüngliches Gesicht
wahren können. J. G. Barca ließ hier
mehrere einheitliche eingeschossige
Wohnbauten als Typenprojekte errichten. Die Gebäude waren einge-
schossig mit verputzten Fassaden und
durch eine mittig liegende Tür zu betreten. Die beiden seitlichen Fenster
wurden durch gemeinsame aus Holz
gefertigte Sohlbänke und Stürze zusammengefaßt; die Häuser Schweriner Str. 14 und 16 repräsentieren diesen Bautyp. Aufwendiger gestaltete
Barca die vier sog. Offiziantenhäuser
im Kreuzungsbereich der Schweriner
Straße mit der Seminarstraße und der
Kleinen Bergstraße. Von diesen zweigeschossigen verputzten Backsteinbauten sind allerdings nur die westlichen Häuser in der **Schweriner Str. 30**
und **32** ohne größere Veränderungen
erhalten. Sie entstanden 1821/26 und
zeigen den für Barcas Bauten typischen
aufgelegten Stuckdekor mit stark stilisierten vegetabilen Motiven.

Zahlreiche Häuser an der Ostseite
der parallel zum Kanal verlaufenden
Straße der DSF, der ehem. Kanalstraße, stammen ebenfalls von Barca.
Für sie sind geputzte Fassaden und
einfache, meist geometrische
Schmuckformen charakteristisch. Sie
finden sich auch am ehem. **Wohnhaus
von Barca**, Straße der DSF 20, einem
siebenachsigen zweigeschossigen Bau
mit Putzrustika im Erdgeschoß, mitt-
lerem Portal mit kleiner Freitreppe
und Putzspiegeln mit filigraner geo-
metrischer Stuckornamentik zwischen
Erd- und Obergeschoß. Barca entwarf
auch die eingeschossigen seitlichen
Anbauten, für die linke Achse mit der
Durchfahrt zum Hof setzte er als Pen-
dant rechts ein Zimmer mit einem
Fenster an. Ob der Entwurf für das
ehem. Wohnhaus des Hofmalers
Suhrlandt, Straße der DSF 22, ebenfalls von Barca stammt, ist nicht sicher. Dominierende Elemente der
Fassadengestaltung sind hier die flachen Halbkreisnischen über den Erdgeschoßfenstern. Bereits auf Barcas
Nachfolger, den Baumeister J. F.
Groß, geht Straße der DSF 26, die
Fritz-Reuter-Schule, zurück, die einst

Louisenmausoleum

mehrfach abgestuften Sockel sitzenden Lünettengiebel wird von seitlichen, niedrigeren Anbauten mit den
Wagenremisen eingefaßt.

Unweit des Spritzenhauses liegt einer der Zugänge zum etwa 120 Hektar
großen **Schloßpark**, der noch auf den
Garten des in der 1. Hälfte des 18. Jh.
errichteten Jagdhauses zurückgeht.
Um 1760 wurde der Garten unter
Busch erweitert und nach 1785 noch
einmal durch Neuanlagen vergrößert,
bevor Mitte des 19. Jh. unter dem Einfluß von P. J. Lenné erneut Veränderungen vorgenommen wurden. Den
Eingang neben dem Schloß flankieren
insgesamt vier, von Kaplunger geschaffene Laternenträger, die heute
durch Kopien ersetzt sind und deren
Originale sich im Depot befinden.
Hinter der Hainbuchenhecke, die das
Parterre beim Schloß östlich begrenzt,
ragt der kleine Fachwerkbau des **Fon-
tänenhauses** auf. Die ebenfalls wohl
nach der Mitte des 18. Jh. entstandene
Kegelbahn nördlich davon ist nur
noch in Resten vorhanden. Gegenüber dem Fontänenhaus liegt die älteste Allee des Parkes, die 1985/86 rekonstruiert wurde. Die axial vom
Schloß in nördlicher Richtung nach
Schwerin weisende Hofdamenallee ist
wohl erst im späten 18. Jh. entstanden.
Rechts von ihr hat Busch nach 1785
Parkteile im sog. „Stil der Empfindsamkeit" angelegt; von den Bauten ist
die aus Raseneisenerz errichtete
künstliche Ruine erhalten. Etwas weiter nördlich steht das noch von Kaplunger geschaffene **Denkmal für Herzog Friedrich**. Seinen Unterbau bekrönt eine Vase mit dem Bild des Herzogs, flankiert von zwei klagenden
Gestalten, von denen eine zum Zeichen der Trauer die brennende Fackel
nach unten senkt. Der gleichen Stilrichtung gehört auch das westlich der
Hofdamenallee gelegene **Schweizer-
haus** an (heute Gaststätte). Den rohr-
gedeckten Fachwerkbau, der heute
durch die verglasten Veranden bestimmt wird, errichtete J. J. Busch
1789. Unweit davon steht das **Louisenmausoleum** (J. G. Barca, 1808), ein
blockhafter Bau mit gebößchten Wän-

als Seminar für Lehrerbildung diente.
Der langgezogene Bau ist in seiner
19achsigen Front durch einen übergiebelten flachen Mittelrisalit gegliedert.

Wer dem Kanal folgt, erreicht bald
die **Schloßfreiheit**, ein kurzes Straßen-
stück nahe dem Schloß. Zwei historische Gebäude verdienen hier Beachtung: Das ältere ist das zur Unterbringung fürstlicher Gäste gedachte **Kava-
lierhaus** an der Schloßfreiheit, ein von
Busch um 1780 geschaffener zweigeschossiger neunachsiger Backsteinbau
mit Walmdach, das jüngere ist der
1814/15 nach Barcas Entwurf errichtete Bau des **Spritzenhauses**, eine der
schönsten Schöpfungen klassizistischer Architektur in Ludwigslust. Der
betonte Mittelbau mit dem auf einem

den, die bis zur halben Höhe Putzquaderung besitzen und im oberen Teil kleine Lünettenfenster aufweisen. Das Portal flankieren zwei liegende Löwen. Auf dem Weg vom Louisenmausoleum zur ↗ Katholischen Kirche durchquert der Besucher jenen Teil des Parkes, der nach 1852 durch P. J. Lenné umgestaltet wurde; aus dieser Zeit stammt die Form der aneinandergrenzenden Teiche und auch die große, in nordwestlicher Richtung verlaufende Sichtachse, die den Blick entweder zum Schloß oder in die umgebende Landschaft freigibt. Die **Katholische Kirche St. Helena** (J. H. Seydewitz, 1803/09), auf einer Insel im südwestlichen Teil des Parkes gelegen, entstand als erster neogotischer Kirchenbau Mecklenburgs. Der jenseits des Teiches stehende Glockenturm (J. G. Barca, 1817) wurde in neogotisch-klassizistischen Mischformen errichtet. In der Nähe der Kirche beginnt der lange **Ludwigsluster Kanal**, der zu den um 1760 von Busch geschaffenen Parkteilen gehört und über die „Steinerne Brücke" (R. Kaplunger, 1780) führt. Ebenfalls auf Busch gehen die Wasserspiele zurück, u. a. der einzelne Springerstrahl „Mönch" und die von viertelkreisförmigen Wällen umgebenen „24 Wassersprünge"; die Klappschleuse und der mit Pappmachébüsten ausgestattete Kaisersaal sind noch nicht rekonstruiert.

Im Innern des im südöstlichen Parkabschnitt gelegenen **Mausoleums** für die 1803 verstorbene Erbgroßherzogin **Helene Paulowna** (J. Rammeé,

1806) mit viersäuligem Portikus befindet sich heute ein Depot des Museums für Ur- und Frühgeschichte Schwerin, von der Ausstattung ist nur das Marmordenkmal von P. Rouw erhalten.

Schon außerhalb, am Weg zum Schloßpark gelegen, steht der ehem. **Marstall** (J. G. Barca, 1821/22), seit 1965 Außenstelle des Staatsarchivs Schwerin. Der langgestreckte eingeschossige Bau mit den übergiebelten Seitenrisaliten betont im Gegensatz zu den meisten Marstallbauten die Mitte nicht, sondern deutet sie lediglich durch einen niedrigen Giebelaufsatz über der Traufe an.

Auf dem Weg von der Stadt zum Bahnhof ist am Beginn der Neustädter Straße ein kleiner Abschnitt der um 1780 vollendeten **Stadtmauer** sichtbar, die aus Raseneisenerz mit Backsteinlisenen errichtet wurde. Im Dreieck zwischen Neustädter Straße, Bahnhofstraße und Eisenbahntrasse liegt der Komplex des **Kreiskrankenhauses Stift Bethlehem**, dessen älteste neogotische Bauten 1867 nach Entwürfen des Schweriner Architekten H. Willebrand entstanden (Kirche und das nördlich davon gelegene Johanniterhaus), 1888 kam der dreigeschossige Krankenhausbau hinzu. Das zweigeschossige **Bahnhofsgebäude**, ein 13achsiger verputzter Backsteinbau in spätklassizistischen Formen mit Putzbänderung im Erdgeschoß, ist im Kern ein Bau aus der Mitte des 19. Jh. mit mehreren Erweiterungen.

Meißen

Bez. Dresden

 Meißen-Information
Willy-Anker-Str. 32
Meißen, 8250

Historischer Stadtkern lt. Bekanntmachung der zentralen Denkmalliste der DDR:
„Altstadtbereich zwischen Maisatalstraße, Am Lommatzscher Tor, Nossener, Jüdenbergstraße, Görnische Straße und Straße der Befreiung, Elbe mit Resten der Stadtbefestigung, Burgberg mit Dom und Albrechtsburg, Afrakirche, Frauenkirche, Stadtmuseum, Rathaus, Stadtapotheke, sog. Brauhaus, Markt 9 und Kloster Heilig-Kreuz, Elbansicht zwischen Kloster Heilig-Kreuz und Siebeneichen."

Unterhalb der um 929 gegründeten Burg „Misni" wird 983 ein Burgflecken, wohl an der Elbfurt nördlich der Jakobskapelle gelegen, erwähnt. Das 1015 bezeugte Suburbium, dessen Marktherr der Burggraf war, bildet der Theaterplatz. Die verstärkte Ansiedlung königlicher, später markgräflicher Dienstadliger führte zur Herausbildung eines Burglehens um St. Afra. Auf eine erste Kaufleutesiedlung im frühen 12. Jh. am Neumarkt mit der Nikolaikirche und eine Judengemeinde folgte um 1200 die planmäßige, nun zur Elbbrücke orientierte Bürgerstadt mit dem Markt. Die Gründung des Franziskanerklosters um 1258 kennzeichnet den Abschluß des Stadtwerdungsprozesses. Ein weiterer Stadtausbau erfolgte erst nach Abbruch der Stadtmauer mit den sechs Toren 1832/33.
Die große Zeit der Meißner Architektur beginnt mit dem Domneubau um 1260. Mit dem Bau der Albrechtsburg wurde ab 1471 die erste schloßartige Residenz Mitteleuropas errichtet, Ausdruck der zunehmenden wirtschaftlichen Stärke Sachsens und Ergebnis eines neubegründeten, landesherrlich zentral gesteuerten Landbauwesens. Daß schließlich Dresden und nicht Meißen Landeshauptstadt wurde, ist durch die Rivalität der anderen am Burgberg ansässigen Feudalgewalten, Burggraf und Bischof, aber auch durch die besseren Möglichkeiten Dresdens zum Aufbau einer erweiterten Hofhaltung zu erklären.

Das Meißner Stadtbild prägen noch heute zahlreiche Bürgerhäuser vom Ende des 15. Jh. bis zum Dreißigjährigen Krieg, einer Zeit, in der hier die Tuchmacherei eine besondere Blüte erlebte. Die Architekturformen entsprechen, mit Ausnahme der aufgesetzten Zwerchhäuser, denen von ↗ Freiberg. Bedeutendster bürgerlicher Bau ist das spätgotische Rathaus. Im Vergleich zum Dom erscheinen die anderen sakralen Bauwerke der Stadt bescheiden.
Bis 1870 entstanden in Meißen keine herausragenden baukünstlerischen Leistungen. Danach bilden die Ausgestaltung der Albrechtsburg als Traditionsstätte des Hauses Wettin und die heute als selbstverständlich empfundenen Domtürme beachtenswerte Höhepunkte der sächsischen Kunstgeschichte.
Günstigsten Ausgangspunkt für einen Stadtrundgang bietet die heutige **Brücke der DSF**, sie ist die 1291 erstgenannte Elbbrücke. Die alte, mehrfach veränderte Straßenbrücke wurde 1932/35 vollständig abgebrochen und durch das heutige, am 26. 4. 1945 gesprengte und schon am 31. 1. 1946 wieder aufgebaute Bauwerk ersetzt. Diese Elbbrücke ermöglicht einen eindrucksvollen Blick auf die Altstadt. In einer Grünfläche, im Bereich des 1945 teilweise zerstörten Brückenkopfes, befindet sich der 1960 anläßlich der 250-Jahr-Feier der Porzellanmanufaktur gestiftete **Kändler-Brunnen** mit einer Porzellanplastik eines Kasuars, eines der bekanntesten Schöpfungen des Porzellangestalters J. Kändler. Durch die nördlich von der ehem. Großen Elbstraße, der heutigen **Willy-Anker-Straße,** abzweigende Leipziger Straße, gelangt man zu dem ab 1446 als „Jahrmarkt" bekannten, bis dahin noch burggräflichen **Theaterplatz**. Die Mitte des Platzes nimmt das schon 1287 erwähnte ehem. Ge-

wandhaus (A. Ottenbach, 1545/47) ein, es wurde nach seiner Einäscherung (1637) ohne Renaissancegiebel wiederhergestellt. 1851 zum Theater umgebaut, dient es nach den Umgestaltungen der fünfziger Jahre als Kreiskulturzentrum. Von 1545 stammen die beiden großen Wappenschilde der Ostseite, die das Stadtwappen und das herzoglich-sächsische Wappen zeigen. In dem Hotel „Goldener Ring" (17. Jh.), Willy-Anker-Str. 9, übernachtete J. W. v. Goethe im April 1813 auf seiner Reise nach Teplitz (Gedenktafel). Der ehem. Gasthof **„Zur Goldenen Sonne"** (Rundbogenportal von 1561), abgebrannt 1678, zeigt eine Inschrifttafel mit einem Sonnenrelief vom Wiederaufbau 1705. Um 1820 übernachtete hier der romantische Dichter F. de la Motte-Fouqué (Gedenktafel). Ein hohes Mansarddach bestimmt das unterhalb des Burgberges gelegene ehem. **Getreideschütthaus** (18. Jh., im 19. Jh. verändert), Schloßberg 9. Weiter nördlich befindet sich die 1221/22 ersterwähnte ehem. **Jakobskapelle** (Ende 15. Jh.), eine Hospitalkapelle. Beim Bau des ehem. Logengebäudes (1889/90; heute Altersheim) fand das Bauwerk als Eingangshalle Verwendung. Es nimmt den Platz der ehem. Wasserburg vom Anfang des 11. Jh. ein. Am Rathenauplatz steht der Heinrichsbrunnen (R. Henze, 1863). Die Südseite des Platzes wird vom Stadt- und Kreismuseum in der ehem. **Franziskanerkirche** beherrscht. Ihre dreischiffige Halle gehört dem 14./15. Jh. an und wurde nach einem Brand 1457 wiederhergestellt. Nach der Reformation diente die Kirche als Begräbnisstätte und Speicher. Ihr Chor wurde 1826 weitgehend abgebrochen, seit 1901 dient die Kirche als Museum. In ihm werden Grabmäler aus Meißner Kirchen, darunter Arbeiten von J. Kändler, aufbewahrt. Von den südlich angrenzenden Gebäuden des 1258 gegründeten Klosters sind seit 1856 nur noch Teile des Kreuzganges – sein Nordflügel ist dem Südschiff der Kirche eingefügt – erhalten. Hier befindet sich die neogotische

ehem. „Neue Bürgerschule" (C. A. Schramm, 1855/57). Rathenauplatz 1 war die ehem. Posthalterei (Ende 19. Jh. umgestaltet), in der Napoleon am 22. 7. 1807 und im Jahr 1812, kurzzeitig nach dem verlorenen Rußlandfeldzug, weilte. Das Haus Willy-Anker-Str. 9 trägt eine Inschrifttafel, auf der von der Niederbrennung des Hauses durch schwedische Truppen unter Banér (1637) und dem Wiederaufbau von 1661 berichtet wird. Das Haus **Rathenauplatz 7** (1900) erinnert mit seinem Segmentbogengiebel an den Vorgängerbau des 16. Jh., von dem der Erker mit den bedeutenden Bildnismedaillons Karls V. und Georgs des Bärtigen (Ch. Walther, 1533) übernommen wurde. Die Reliefbildnisse von Herzog Moritz und seiner Gemahlin Agnes wurden erst nach 1541 eingefügt. Am **Kleinmarkt** ist das kleine Haus **Kleinmarkt 10** (1607) mit einem Volutengiebel und einem Rundbogen-Sitznischenportal hervorzuheben. Die einstige Jüdengasse, die heutige Marktgasse, stellte die Verbindung vom Jüdentor zum Markt her. Am Neumarkt lag die Judensiedlung, die in der Fastnacht 1349 durch aufgehetzte Bürger zerstört wurde. Am Haus **Marktgasse 1** ist das Sitznischenportal (um 1550) erwähnenswert, an dem erstmalig am Kämpfer das Muschelmotiv, wenn auch auf dem Kopf stehend, auftritt. Infolge der topographischen Situation ist der Meißner **Marktplatz** recht klein, er besitzt durch seine enge Umbauung, die Frauenkirche und das Rathaus, einen besonderen städtebaulichen Reiz. Die Nordseite des Marktes nimmt das **Rathaus** (u. a. A. v. Westfalen, 1472) ein. Es hat ein sehr hohes Satteldach (18 Meter Dachhöhe gegenüber 11 Meter Mauerwerk) mit drei spätgotischen Zwerchgiebeln. Das Stadtwappen stammt von 1865. Eine Gedenktafel erinnert an den Aufruf des Arbeiterfunktionärs Willy Anker vom 6. 5. 1945. Die Keller des Rathauses und das mit Zellengewölben versehene Erdgeschoß enthielten einst die Salzniederlage und die Brotbänke, ferner

Rathaus

die Trinkstube. Im Obergeschoß befinden sich der Große Saal und die durch eine stark profilierte Balkendecke ausgezeichnete Ratsstube, die seit 1894 mit den zellengewölbten „Steinernen Kämmerlein" verbunden ist. **Willy-Anker-Str. 1** besitzt zur Hofseite noch einen sehenswerten zweigeschossigen Galeriegang (nach 1662). Das **Hirsch-Haus**, Markt 2, enthält das große Spätrenaissanceportal des ehem. Gasthofes „Zum Roten Hirsch", ein von Diamantquadern gefaßter Rundbogen mit flankierenden Säulen, im Giebel mit einem Diana-Relief versehen. Hier übernachtete Friedrich II. vor der Schlacht bei Kesselsdorf (1744). An Markt 3 (um 1550) erinnert eine Inschrift an die Übernachtung Napoleons am 7. 10. 1813, kurz vor der Völkerschlacht bei Leipzig. Die **Marktapotheke** (um 1555/60), Markt 4, stellt eines der herausragendsten Bürgerhäuser der Stadt dar. Sie befand sich einst im Besitz des Stadtarztes, Dr. Ch. Leuschner. Der dreigeschossige Bau zeigt zur Marktseite zwei Zwerchhäuser, zur Gasse einen größeren dreigeschossigen Giebel.

Über dem Portal (um 1560) erhebt sich ein Erker (1717) mit einem Koggenrelief (16. Jh.). Das durch ein großes Volutenzwerchhaus gekennzeichnete Haus Markt 5 (1548) entspricht trotz des Umbaus von 1897 noch wesentlich dem Ursprungsbau. Markt 7 (16. Jh., 1849 verändert) wurde 1833 der sächsische Historienmaler A. Dietrich geboren.

Die **Frauenkirche** (1205 Ersterwähnung) war bis zur Reformation dem ↗ Stift St. Afra unterstellt. Die kurze, dreischiffige Hallenkirche mit einem Chor in Mittelschiffbreite und einem Mittelturm entstammt in wesentlichen Teilen einem Neubau (um 1460). Der Turm weist auf einem frühgotischen Unterbau ein abschließendes spätgotisches Geschoß auf, darüber liegt ein achteckiger Oberbau (1549) mit dem Aufsatz, in dem sich die Türmerwohnung befand. Das Porzellanglockenspiel, das erste der Welt, wurde 1929 eingefügt. Am Eingang befindet sich ein steinerner Opferstock mit den Wappen von Sachsen und der Mark Meißen. Das Innere wurde 1884, 1928 und zuletzt 1978/83 restauriert. Die Kirche birgt wertvolle Ausstattungs-

An der Frauenkirche 12

stücke: der Marienaltar (Ende 15. Jh.) mit Seitenflügeln (1928), ein gemalter kleiner Flügelaltar (um 1480) aus der Nikolaikirche, das Gemälde „Christus als Schmerzensmann", eine alte Kopie des im Dom befindlichen Originals von L. Cranach d. Ä., ferner die Epitaphe (Ch. Walther) für H. Schauwalt und J. Kölbinger, außerdem das ehem. Altarbild von 1846.

Im Fachwerkhaus **An der Frauenkirche 12** (17. Jh.) befindet sich seit 1873 die durch ihre historische Ausstattung bekannte Weingaststätte „Vincenz Richter". Das Türmchen

stammt von 1921. Der das Marktbild mitbestimmende Giebel am Haus Markt 8 wurde erst 1874 aufgesetzt. Hier wurde ein Verkaufssalon für das weltberühmte Meißner Porzellan eingerichtet. (Außerhalb der Altstadt, in der Leninstr. 9, befindet sich heute die Staatliche Porzellanmanufaktur, der eine sehenswerte Schauhalle angeschlossen ist.) Das sich anschließende sog. **Bennohaus**, Markt 9, gehört zwar in seiner Fassade dem 16. Jh., im Innern auch dem 15. Jh. an, weist aber noch Reste eines Baus aus der Zeit um 1100 auf. Sein Sitznischenportal (Ende 16. Jh.,

Schlußstein 1772; 1972 restauriert) wird von einer jüngeren Pilasterarchitektur (nach 1640) gerahmt. Das Innere zeigt im Erdgeschoß Zellengewölbe sowie Wandmalereien vom Ende des 15. Jh., im 1. Stock freigelegte Holzdecken mit einer Bemalung aus der Mitte des 17. Jh. Das Haus diente häufig Meißner Bürgermeistern als Wohnsitz, so dem Revolutionär von 1848/49 K. H. Tzschuke, der 1841 in Meißen eine Freiwillige Feuerwehr gründete (Gedenktafel).

Die **Burgstraße** bildet über den sich anschließenden Hohlweg die Hauptzufahrt von der Stadt zur Burg. Überragt vom Burgberg mit den aufstrebenden Domtürmen stellt sie eine der eindrucksvollsten historischen Straßen auf dem Gebiet der DDR dar. **Burgstr. 3** zeigt im 1. Stock Fenstergewände aus der Mitte des 16. Jh., im Sturz des Mittelfensters die Reliefs eines Mannes und einer Frau, darüber Gewände aus der Zeit um 1600. Von **Burgstr. 8** (um 1680) ist die frühbarocke Fassade mit einer 1982 rekonstruierten illusionistischen Bemalung und Stuckornamenten, ferner der von einer zweigeschossigen Holzgalerie umgebene Hof hervorzuheben. Das der Frührenaissance zuzurechnende Rundbogenportal von Burgstr. 9 zeigt im Scheitel einen Krebs, Hinweis auf den Bauherrn, den Weinmeister K. Krebs, darüber das sächsische Rautenwappen mit der Jahreszahl 1536 zwischen Voluten. Burgstr. 27 weist alle Merkmale eines Handwerkshauses der Zeit um 1600 auf: ein Sitznischenportal (Inschrift 1605), die typische Fensterprofilierung, eine Anordnung der Fenster, die auf die innere Raumaufteilung hinweist, sowie das überhöhte Satteldach. Das Gebäude Baderberg 2 ist das **Geburtshaus von Louise Otto-Peters**, Schriftstellerin und Führerin der bürgerlichen Frauenbewegung (Gedenktafel). Den nördlichen Abschluß der Lorenzgasse bildete der jetzt abgebrochene Schwibbogen zum **„Winkelkrug"**, Schloßberg 13, ein in einem Haus des 16. Jh. untergebrachter Weinausschank. **Burgstr. 17** (um 1600), ein kleines Bürgerhaus, liegt an einer

platzartigen Straßenkreuzung, an der sich seit frühgeschichtlicher Zeit unterhalb der Burg die von Osten über den „Schloßberg" und von Süden über die Burgstraße herangeführten Straßen im Hohlweg unterhalb der Burg vereinten. Hier lag die Begrenzung der Bürgerstadt gegenüber dem Burglehen. Der Löthainer oder **Taubenheimer Hof**, Schloßberg 2, war ursprünglich das Grundstück eines dem Markgrafen verpflichteten Dienstadligen. 1459 wurde damit ein Herr von Taubenheim belehnt. Über dem Torbogen befindet sich das Wappen der Familie von Heynitz mit der Jahreszahl 1524. Das Nachbarhaus Schloßberg 3 mit Fachwerk (um 1600) im Obergeschoß demonstriert eine Bauweise, wie sie im 16. und auch noch im 17. Jh. relativ häufig üblich für die sächsischen Städte war. **Hohlweg 6** (um 1500) zeigt im Obergeschoß reich profilierte gotische Fenstergewände. Hohlweg 2 war wohl 1524 bis 1536 das Wohnhaus des Bildhauers Christoph Walther, eines der frühesten Vertreter der sächsischen Frührenaissance. Den schnellsten Zugang zum **Burgberg** ermöglichen die vom Hohlweg abzweigenden, zur Schloßbrücke aufsteigenden **Schloßstufen** (früher „An den Klappen" genannt, d. h. an den Zugbrücken). Zu dem mit dem sog. Burglehen verbundenen **Vordertor** der Burgbefestigung führen die **Roten Stufen**. Hervorzuheben sind die spätgotischen Blendnischengiebel von **Rote Stufen 3** (1513; wobei die Abtreppung des Ostgiebels eine Rekonstruktion darstellt). Dem zum Schutz der Schloßbrücke errichteten Vordertor war ein Graben vorgelagert. Das turmartige Torgebäude läßt noch deutlich Schlitze und Falze der Zugbrücke erkennen, an deren Stelle 1738 eine Steinbrücke trat. Das neben dem Tor befindliche **Burglehen**, Freiheit 2, mit sechs Stockwerken eines der höchsten Gebäude der Stadt, war Sitz des burggräflichen Vogtes. Seine heutige Gestalt wird u. a. durch Baumaßnahmen aus der Mitte des 16. Jh., die auch das Vordertor mit einbezogen, von 1743 und zuletzt von 1916 be-

Dachlandschaft

stimmt. Während das Rundbogenportal mit seiner originalen Haustür mit dem Schleinitzschen Wappen dem 16. Jh. angehört, wurde der Volutengiebel am Vordertor erst um 1649 aufgerichtet. Von 1831 bis 1836 bewohnte der Maler Adrian Ludwig Richter das Anwesen (Gedenktafel). Er leitete ab 1828 die Zeichenschule der Porzellanmanufaktur. In vielen Werken hat er ein biedermeierlich verklärtes Meißen und seine ländliche Umgebung dargestellt.

Die Schloßbrücke (um 1221/28) überspannt in zwei mächtigen Rundbögen den Hohlweg und stellt die Verbindung zwischen der Afranischen Freiheit und dem Burgberg her. Auf ihr fanden die „Brückengerichte", die burg- und markgräflichen Gerichtsverhandlungen statt. Der Zugang zum Burgbergplateau erfolgt durch das Mitteltor, das seine heutige historisierende Gestalt dem Umbau von 1875 verdankt. Erst 1890 erhielt es die Mosaikdarstellungen des Hl. Georg und des Evangelisten Johannes. Den fol-

genden sog. Zwinger begrenzte einst das Hintere Burgtor. Das hier befindliche Steinkreuz aus dem 13. Jh. wird als einstiges Giebelkreuz des romanischen Domes gedeutet. An seiner Ostseite befand sich an der Stelle des heutigen, 1928 errichteten „Burgkellers" die Burg des Burggrafen, des königlichen Beauftragten zur Sicherung des Burgberges und wohl auch des Meißner Marktes, dessen Reichsamt sich die Kurfürsten 1456 aneigneten.

Das **Burgbergplateau** bestimmen nördlich das sog. ↗ Kornhaus, dahinter als markgräfliches bzw. kurfürstliches Schloß die ↗ Albrechtsburg, südlich von ihr der ↗ Dom mit der vorgebauten Fürstengruft, daneben im Hintergrund das ↗ ehem. Bischofsschloß. Die Südseite rahmen Gebäude des Domkapitels. Ausgrabungen von 1959 bis 1964 konnten zwischen Burgkeller und Dom einen Bohlenweg mit Resten von Blockhäusern als Teile der ersten Höhensiedlung des 10. Jh. freilegen. Direkt südwestlich der Fürsten-

gruft stand ein um 1100 errichteter quadratischer Wehrturm, wohl der Rote Turm, der wahrscheinlich beim Bau der Domwesttürme abgebrochen wurde. Die einstige markgräfliche Burg erstreckte sich bis nördlich der Fürstengruft, wo die Reste eines Burggrabens und eines Wohnturmes festgestellt wurden. Das ursprüngliche Bischofshaus ist südlich des Domkreuzganges zu suchen, in dem der Verbindungsbau zum Dom noch Teile des romanischen Tores enthält. Das sog. **Kornhaus** (15. Jh.) wurde zeitgleich mit der Albrechtsburg als Wirtschaftsgebäude und Stallung errichtet. Der Umbau von 1897 gab ihm seine neogotische Gestalt. Der Kornhaus und Albrechtsburg verbindende Galeriebau entstand nach 1871 an der Stelle des Brennhauses der Porzellanmanufaktur.

Der Bau der **Albrechtsburg** (1471/98, letzte Ausbauten 1521/25) kennzeichnet in der mitteleuropäischen Architekturgeschichte den Wendepunkt von der mittelalterlichen Burg zum wohnlichen Renaissanceschloß. Vorgesehen sowohl als Repräsentations- und Verwaltungszentrum eines durch die Silbererzfunde von Schneeberg zu Reichtum gelangten deutschen Territorialstaates, als auch für die Hofhaltungen der Gebrüder Ernst und Albrecht, diente sie aber infolge der Teilung von 1485 und Verlagerung der Hauptresidenz durch Herzog Georg nach Dresden nie ihren geplanten Zwecken. Weil sie nicht genutzt wurde und leicht abschirmbar war, wurde hier aus Sicherheitsgründen die Porzellanmanufaktur eingerichtet (1710). Nach dem Umzug der Manufaktur von 1863 in das Triebischtal erfolgte bis 1870 die Rekonstruktion, die mit der Ausgestaltung zu einer Weihe- und Traditionsstätte des Hauses Wettin zum Abschluß gebracht wurde (1873/81). Etwa 600 000 Mark aus der französischen Kriegsentschädigung bildeten dazu die finanzielle Grundlage. Nach dem zweiten Weltkrieg fanden in der Albrechtsburg die Reste der Plastik-

sammlung des Dresdner Altertums-
museums Aufstellung. Denkmalpflegerische Bemühungen galten dem Außenbau und seiner ursprünglichen Gestaltung, der Bewahrung der heute als
kunsthistorisch bedeutend eingestuf-
ten Ausmalung im Stil des Historismus
sowie der Wiederherstellung der ursprünglichen Farbfassung in neutralen
Räumen.

Noch in eine mittelalterliche Archi-
tekturtradition eingebunden, war die
deutsche Architektur des 14./15. Jh.
nicht denkbar ohne europäische, insbesondere französische Einflüsse.
Neue Zeitbedürfnisse verlangten jedoch nach neuen funktionellen und
architektonischen Lösungen beim Bau
der Albrechtsburg. Zahlreiche architektonische Formen, die später nicht
nur in Sachsen, sondern auch in Böhmen und besonders in Brandenburg
bis zur Mitte des 16. Jh. nachwirkten,
fanden hier erstmalig ihre künstlerisch ausgereifte Darstellung, so das
Zellengewölbe, das Vorhangbogenfenster, ferner bestimmte Profilabfol-
gen und -durchsteckungen an Fenstern, Türen und Gesimsen. Als
Schöpfer der Albrechtsburg wirkte die
herausragende Architektenpersönlich-
keit Arnold von Westfalen. Mit seiner
Tätigkeit war auch ein Wandel der
territorialen Bauorganisation ver-
knüpft.

Anstelle des von mittelalterlichen
Bauhütten und städtischen Zünften
gesteuerten Bauwesens trat zunehmend ein solches unter Aufsicht landesherrlicher Amtleute und einem
Landbaumeister, zu dem 1471 als erster Arnold von Westfalen berufen
wurde. Dem Bau der Albrechtsburg
liegt eine in ihrer Konsequenz bisher
im deutschen Raum ungebräuchliche
Planung zugrunde, die bereits vor
1470 ausgeführt worden sein muß.
1473 führte man Bauarbeiten an den
Kellern durch, ab 1477 wurde im
1. Obergeschoß gewölbt. 1485 wurde
der Süd- und Mittelbau, 1489 der
Westgiebel fertig, nachdem nach Ar-
nolds Tod (1481) C. Pflüger an die
Spitze der Bauausführung getreten
war. Nach 1498 blieb der Bau liegen,

um erst ab 1521 unter J. Heilmann
zum Abschluß gebracht zu werden.
Als Bildhauer wirkte hier Ch. Walther.

Der Umfang der aufzunehmenden
Funktionen forderte einen mehrgeschossigen Bau, dessen unregelmä-
ßige, vielgliedrige Gestaltung noch
spätmittelalterlichen Raumvorstellun-
gen verhaftet ist. Zur Aufnahme des
mächtigen Baukörpers wurden unter
Verwendung älterer Fundamente drei-
stöckige Kellersubstruktionen angelegt, auf denen sich ein niedrigeres
Erdgeschoß und zwei Hauptge-
schosse, alle gewölbt, sowie ein bal-
kengedecktes Obergeschoß aufbauen.
Türme, aufstrebende Vorhangbogenfenster und schlanke Dachaufbauten
betonen die Vertikale, die von Simsen
unterbrochen wird. Die für die Wölbung erforderlichen Strebepfeiler sind
nach innen gezogen und ermöglichten
kahle, mit Graupelputz versehene,
grau abgefärbte Außenflächen, deren
glatte dunkelgraue Architekturglieder
weiße Fugen tragen, die aber nirgends
Baufugen sind. Im Innern bewirken,
durchaus noch mittelalterlich empfun-
den, komplizierte Wölbungen über oft
irregulären Grundrissen und tiefe
Fensternischen, im Dachgeschoß
stark profilierte Balkendecken eine
ausgeprägte Rustizität der Räume, deren eindringliche Architektur durch
eine schlichte, meist in Ocker gehaltene Ausmalung hervorgehoben
wurde.

Hauptakzent der Hoffassade bildet
der **Große Wendelstein**, ummantelt
von offenen Loggien, die in den beiden unteren Geschossen Renaissance-
reliefs tragen. In seinem Innern win-
den sich um eine in Stäbe aufgelöste
Spindel geschwungene Treppenstufen.
Die z. T. noch den Vorgängerbauten
entstammenden Kellerräume dienten
zur Verteidigung und zur Vorratshaltung. Wirtschafts- und Wohnräume enthielt das **Erdgeschoß**. Im Gegensatz zu
älteren Burgen liegen in der Albrechtsburg die Repräsentationssäle bereits im
1. Obergeschoß. Der Eingangssaal
(Große Saal) diente Empfängen. Aus
Bündelpfeilern entwachsen, der Zellen-

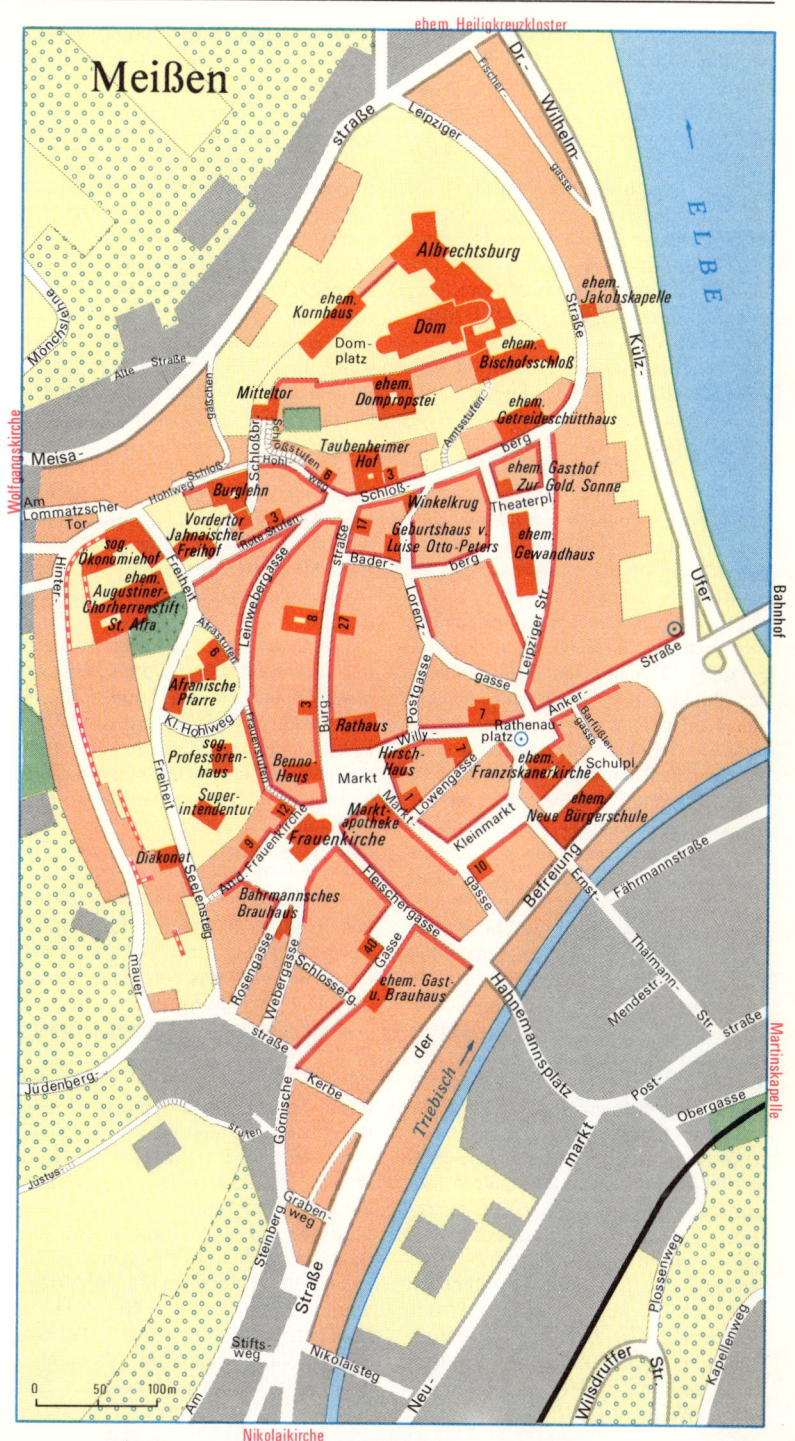

Meißen

ehem. Heiligkreuzkloster

E L B E

Albrechtsburg

ehem. Kornhaus

Domplatz

Dom

ehem. Bischofsschloß

ehem. Jakobskapelle

Mitteltor

ehem. Dompropstei

ehem. Getreideschütthaus

Taubenheimer Hof

Burglehn

Winkelkrug

ehem. Gasthof Zur Gold. Sonne

Vordertor Jahnaischer Freihof

Geburtshaus v. Luise Otto-Peters

Theaterpl.

ehem. Gewandhaus

sog. Ökonomiehof

ehem. Augustiner-Chorherrenstift St. Afra

Afranische Pfarre

sog. Professorenhaus

Rathaus

Rathenauplatz

Franziskanerkirche

Schulpl.

Superintendentur

Benno-Haus

Hirsch-Haus

Markt

ehem. Neue Bürgerschule

Diakonat

Markt-apotheke

Frauenkirche

Kleinmarkt

Bahrmannsches Brauhaus

ehem. Gast- u. Brauhaus

Martinskapelle

Obergasse

Nikolaisteg

Wolframskirche

Nikolaikirche

0   50   100m

wölbung angesetzt, bilden graue Rippen das Sterngewölbe. Die Wandgemälde von A. Dietrich, noch geprägt von der Schönlinigkeit der überhöhten Romantik der Nazarener und vom historischen Pathos J. Schnorrs, zeigen früheste Ereignisse der Meißner Geschichte. Als kleiner Chor angesetzt, befindet sich an der Elbseite die Hauskapelle. Jenseits des Trompeterstuhls schließt sich der ornamental reich ausgemalte Große Bankettsaal (Große Hofstube) mit Malereien zur Geschichte der Kurfürstensöhne Ernst und Albrecht an (A. Diethe und E. Oehme). Die heute sichtbare Wölbung stellt eine Rekonstruktion (1864/70) dar, nachdem die ursprüngliche 1773 einem Brand zum Opfer gefallen war. In dem sich anschließenden Kleinen Bankettsaal (Tafelstube) befindet sich ein überlegt aufgebautes Gemälde, das die Verlobung Albrechts zeigt (H. Hofmann). Hervorzuheben sind auch die Landschaftsgemälde von F. Preller. Die neun Gemälde (J. Scholz) der südlich des Eingangssaales gelegenen Kurfürstenzimmer stellen Ereignisse aus dem Leben Herzog Albrechts dar. Das 2. Obergeschoß umfaßte Verwaltungs- und Wohnräume. Von der früher zum Großen Wendelstein hin offenen Eingangshalle führt ein kleiner Vorraum in den Kleinen Gerichtssaal (Kleine Appellationsstube) mit Wandgemälden zur Meißner Geschichte des 16. Jh. (A. Spiess). Die im angrenzenden Raum befindlichen Gemälde, gekonnte Leistungen der Historienmalerei (T. Kießling) haben J. F. Böttger und die Porzellanerfindung zum Inhalt. Der nördlich der Eingangshalle liegende Große Gerichtssaal (Große Appellationsstube), dessen Zellengewölbe völlig von neogotischen ornamentalen Malereien überzogen sind, enthält Wandgemälde (J. Marshall) mit Themen zur Geschichte des Kurfürsten Moritz. Der große Ofen ist einem Original des 15. Jh. nachgebildet. Die durch den schmalen Gang erschlossenen einstigen Wohnräume zeigen z. T. die restaurierte ursprüngliche Ausmalung. Von besonderer Bedeutung ist der erst 1524 eingewölbte Wappensaal. Mit seinen kurvierenden Rippen (J. Heilmann) und derben Wappenhalterinnen (Ch. Walther) ist er ein charakteristisches Beispiel der sächsischen Frührenaissance. Er war, wie auch der Vorraum (Wandmalerei von L. Gey), nach dem 24. 4. 1557 Aufenthaltsraum des bei Mühlberg von Kaiser Karl V. in Haft genommenen ernestinischen Kurfürsten Johann Friedrich. Das im Dachbereich gelegene, balkengedeckte 3. Obergeschoß enthielt vorrangig Wohnräume. Südlich des großen Wendelsteins liegt die sog. Rätestube. Durch die zum Hof gelegenen Räume sind das Obere und Untere Gefängnis zugängig. Von dem im mittleren Teil befindlichen sog. Herrengemach erfolgt der Zugang zu dem gewölbten „Nachtigallenstübchen" im Kapellenturm. Die Räume des Nordtraktes werden als Frauengemächer bezeichnet. Das oberste Dachgeschoß war vielleicht für Räume der Bediensteten vorgesehen.

Der Dom war bis zur Einführung einer protestantischen Gottesdienstordnung (1546) bzw. bis zum Rücktritt der Bischöfe (1581) Kathedrale des Bistums Meißen. Seitdem steht er unter Verwaltung des lutherischen Domkapitels. Der Dom weist eine jahrhundertelange Baugeschichte auf. Von den Vorgängerbauten aus der Zeit nach der Bistumsstiftung (968) und vom Anfang des 12. Jh. ist nur wenig bekannt. Der Baubeginn des heutigen Bauwerkes liegt um 1260. 1268 waren der Chor, 1287 das Querhaus benutzbar. Die Errichtung des Langhauses erfolgte bis 1410. Während bis zum Ende des 14. Jh. für den Baufortgang die Bischöfe bestimmend waren, traten in der 2. Hälfte des 15. Jh. als Ausdruck der veränderten Machtverhältnisse auf dem Burgberg die Markgrafen als Bauherren auf. Nach Erlangung der Kurwürde 1423 ließen die Wettiner vor dem Hauptportal ihre Begräbnisstätte aufführen, nach 1470 das dritte Turmgeschoß. Bilderstürmer zerstörten 1539 das Grab des erst 1523 heiliggesprochenen Bischofs Benno. Anstelle der 1547 abgebrannten Turmspitzen wurde im selben Jahr ein breiter Fachwerkaufbau aufge-

Dom

setzt, der 1860 einer neogotischen
Brüstung weichen mußte. Um 1670 erfolgte eine Umgestaltung der sog. Fürstenkapelle. Mit der Erneuerung
1902/12 erhielt die Turmfront ihre
heutigen Abschlüsse. Die seit 1974
laufenden Restaurierungsarbeiten galten bisher insbesondere dem Innern
der Fürstenkapelle und dem Westportal. Das Äußere des Domes bestimmt
die 81 Meter hohe Turmfront, deren
blockhaftes Untergeschoß nach 1350
errichtet wurde. Dem 2. Geschoß
folgten zwei 1413 eingestürzte Türme,
an deren Stelle A. von Westfalen ein
hohes, breitgelagertes 3. Geschoß

aufsetzte, das von 1497 bis 1547 drei
hölzerne Spitzen trug. Erst der heutige Turmabschluß, entworfen von
K. Schäfer in Anlehnung an die Magdeburger Domtürme unter Zugrundelegung eines schon vom Jugendstil her
geprägten Historismus, gab dem Dom
1908 die heutige beherrschende Gestalt. Als Westchor ist der Turmfront
die Dreikönigskapelle, die sog. Fürstenkapelle vorgesetzt (um 1425/46),
bis 1539 Grablege der in Dresden regierenden Wettiner, mit der 1520/24
angefügten kleinen Grabkapelle für
Herzog Georg. Das Langhaus (Ende
13. Jh./Anfang 15. Jh.) zeigt in der

Fensterausbildung einen Baufortschritt von Ost nach West. Geplant als Basilika mit niedrigen Seitenschiffen, erfolgte ab Ende des 13. Jh. eine Ausführung als Halle, die ursprünglich nicht das hohe spätgotische Dach, sondern über den Seitenschiffen Querdächer mit Zwerchgiebeln aufwies (↗ Marienkirche in Mühlhausen). Das in der Südwand vorhandene Portal wurde Anfang des 14. Jh. als Hauptportal eingefügt, die Figuren wurden erst Ende des 14. Jh. (hier Kopien, Originale in der ↗ Allerheiligenkapelle) aufgestellt. Die Ostteile, Hoher Chor, Querhaus, einschließlich des dem Südquerhaus angelehnten Achteckhauses, gehören zu der unter Einfluß des ↗ Naumburger Domwestchores in der 2. Hälfte des 13. Jh. aufgeführten Bausubstanz. Eingespannt zwischen zwei Osttürmen, von denen nur der südliche „höckerige Turm" vollendet ist (2. Hälfte 14. Jh./ 1. Hälfte 15. Jh., Helm nach 1909 erneuert), liegt der langgezogene Chor mit einem zweigeschossigen äußeren Umgang. Nördlich des Chores befindet sich die neue Sakristei (Anfang 16. Jh.), südlich der Kreuzgang (Nordseite frühgotisch unter Einbeziehung des Chorumganges, Flügel neu errichtet 1470/71) mit der Allerheiligenkapelle (heute Maria-Magdalenen-Kapelle), fertiggestellt 1296 als Kapitelsaal. Der älteste Zugang zum Dom erfolgte durch den Achteckbau (um 1280/90), dessen Halle durch eine reiche Innenarchitektur und Plastiken (Diakon, Maria, Johannes der Täufer) aus der Werkstatt des Naumburger Meisters ausgezeichnet ist.

Das Innere wird heute durch das ursprünglich schon vorhandene Westportal der Fürstenkapelle betreten. Für die Fürstenkapelle sind ein an einer Tonne angehängtes reiches Maßwerkgewölbe (M. von Altenburg, 1443/46) und der in die Wand eingefügte Zyklus hölzerner Plastiken bestimmend. Unter den Grabmälern ragt die Bronzetumba des Kurfürsten Friedrich des Streitbaren hervor. Die bronzenen Grabplatten stellen z. T. vorzügliche Arbeiten der Vischer-

Werkstatt dar. Die beiden jüngsten werden der ↗ Hilligerschen Gießhütte in Freiberg zugerechnet. Den Zugang zur Georgskapelle vermittelt das von Serpentinitsäulen flankierte Frührenaissanceportal (Entwurf und Beweinungsrelief H. Daucher). In der Kapelle mit ihrer reichen Stuckausstattung (1677) ist das Altartriptychon (L. Cranach d. Ä., 1534), auf den Flügeln mit Darstellungen von Herzog Georg und dessen Frau Barbara, hervorzuheben. Den Zugang zum Langhaus vermittelt das zugleich mit den Turmuntergeschossen um 1370 aufgeführte, nach 1423 nur verlängerte Hauptportal, für das jetzt wieder die ursprüngliche Farbigkeit bestimmend ist. Durch ein breites Mittelschiff, schmale Seitenschiffe und Bündelpfeiler hat man einen einheitlichen Eindruck von der Halle – trotz langer Bauzeit. Das östliche Südschiff zeigt noch das zuerst niedriger konzipierte Seitenschiff, das später durch einen Emporenraum auf die Höhe der Halle gebracht wurde. Im Südschiff stehen die bei der Renovierung um 1910 gehobenen insgesamt 164 Grabplatten, u. a. von Bischöfen und Burggrafen. Hervorzuheben ist dabei das Frührenaissance-Epitaph des Dechanten J. Hennig (Ch. Walther, 1524). Die schlichte Kanzel wurde 1591 aufgestellt. Das Querhaus (um 1270/90) wird von dem einst der Geistlichkeit vorbehaltenen Hohen Chor durch den unter Einfluß der Naumburger Werkstatt errichteten, z. T. noch die originale Farbigkeit bewahrenden Lettner (um 1270, im 14. Jh. seitlich erweitert) getrennt. Vor dem Lettner aufgestellt ist der Kreuzaltar (Cranach-Werkstatt, um 1526). Kruzifix und Leuchter sind aus Meißner Porzellan (J. Kändler, 1760). Die Taufschale sitzt in einem romanischen (um 1120), vierfüßigen, vielleicht einst dem Lesepult dienenden Ständer. Das ähnlich gestaltete Lesepult ist eine Kopie des 16. Jh. Der langgestreckte Hohe Chor (um 1260/68) läßt eine Dreiteilung erkennen. Während der östliche, in Fenster aufgelöste Teil für den Hochaltar bestimmt ist, der westliche vor frühgoti-

schen Blendarkaden und unter Baldachinen das Chorgestühl der Domherren enthält, besitzt der mittlere Teil
mit den der Werkstatt des Naumburger Meisters entstammenden Stifter-
und Patronatsfiguren (Kaiser Otto I.
und Kaiserin; Johannes der Evange-
list und Bischof Donatus), die zu den
bedeutendsten Werken deutscher Plastik des 13. Jh. gehören, den Charakter eines Gedächtnisraumes; das Mit-
telfenster zeigt noch Glasmalereien
der Erbauungszeit. Der Hauptaltar,
ein Dreikönigsaltar, ist eine niederländische Arbeit (um 1500) und war für
die Fürstenkapelle bestimmt. Das
nördlich des Altars befindliche Sakra-
mentshaus wurde um 1490 eingefügt,
die daneben liegende Tür (1504) führt
zur Sakristei. Die Allerheiligenkapelle
ist als Lapidarium gestaltet. Hervorzuheben ist hier der Aufsatz eines An-
nenaltars (Anfang 15. Jh.). Schlußsteine und Konsolen zeigen Beziehun-
gen zur Naumburger Werkstatt.

Südlich des Domkreuzganges liegt
das als Kreisgericht genutzte ehem.
Bischofsschloß (um 1480– nach 1518),
am Eingangsportal mit dem Wappen
des Bischofs Johann v. Weißenbach.
Das Medaillon mit dem doppelköpfi-
gen Reichsadler und dem Hinweis auf
Kaiser Karl V. weist auf Schutzfunktion des Kaisers gegenüber den Meißner Bischöfen als unmittelbare
Reichsfürsten hin. Die Südseite des
Burgberges begrenzen die Domher-
renhäuser. Domplatz 4 (1609) nahm
nach der Reformation das kurfürstliche Prokuratoramt, im 19. Jh. Amts-
fronfeste, auf. Domplatz 5 (1526), hervorgehoben durch ein Sitznischenportal mit einer Plastik des Evangelisten
Johannes, war die Dechantei. Domplatz 6 (1726/28) zeigt Wappen evan-
gelischer Domherren von 1726. Domplatz 7, die ehem. Dompropstei und
Sitz des Hochstiftes (1497–1503), ist
eines der interessantesten spätgotischen Gebäude Meißens. Versehen
mit Vorhangbogenfenstern und einer
von drei Sitznischen flankierten Por-
talgruppe, weist es über der Haustüre
das Wappen des Bauherrn Propst
Melchior v. Meckau auf, der 1498 Bi-

schof von Brixen (Tirol) und 1503
Kardinalpriester geworden war (Engel mit Kardinalshut, darunter das
Meckauische Wappen, untersetzt
durch die Stiftswappen von Brixen
und Frascati). Den stimmungsvollen
Hof umschließt eine früher offene Galerie. Zellengewölbe bestimmen die
Erdgeschoßräume. Domplatz 8 (1745),
die ehem. Domschule, ließ sich
J. Kändler als Wohnhaus errichten
(beachtenswerter sandsteinerner Trep-
penhof). In Domplatz 10 (1746)
wohnte 1813/45 der Maler und Male-
reivorsteher der Porzellanmanufaktur
G. F. Kersting (Gedenktafel; ↗ Güstrow); 1762 fanden hier Vorverhand-
lungen zum Hubertusburger Frieden
statt.

Vor dem Vorderen Burgtor liegt der
einst dem Rittergut Jahna zugeordnete **Jahnaische Freihof**, Freiheit 1,
mit hervorragenden Sitznischenporta-
len. Hervorgegangen aus Einzelhöfen,
entstand die jetzige Bebauung um
1610 unter H. v. Schleinitz. Das in der
Hofmauer eingelassene Portal (1616,
Kopie) zeigt im bekrönenden Aufbau
die Wappen derer v. Schleinitz und
v. Ende. Eine ausgesprochen dyna-
misch-plastische, manieristische Dekoration zeichnet das sog. Löwenportal (1610, Kopie) am Treppenturm mit
den Schleinitzschen und Sundthau-
senschen Wappen sowie der bemalten
Haustür von 1609 aus. Die illusionistische Gebäudebemalung des 18. Jh.
wurde 1987 wiederhergestellt.

Festungsartig ragt der Chor der **Kirche** des ehem. **Augustinerchorherren-
stiftes St. Afra** gegenüber der Einmündung der Schloßstraße in die
„Freiheit" auf. Als Zentrum des nicht
zur Bürgerstadt gehörenden Burglehens, des Gebietes der Adels- und
Domherrenfreihöfe in der sog. Afranischen Freiheit, stellt der einstige Klosterbereich mit einer über tausendjäh-
rigen Geschichte einen der historisch
interessantesten Bereiche Meißens
dar. 1205 wurde bei St. Afra ein Stift
Regulierter Augustinerchorherren angelegt und in der Folgezeit die heutige
Kirche erbaut. Nach Aufhebung des
Klosters 1540 infolge der Reforma-

Burgberg

tion gründete Herzog Moritz 1543 hier die sog. Fürstenschule, eine Landesschule zur Ausbildung des erforderlichen Beamtennachwuchses. Ihr Rektor, G. Fabricius, Humanist und Freund Melanchthons, begründete Mitte des 16. Jh. den Ruhm der Schule. Prominente Schüler waren Ch. F. Gellert (1729/33) und G. E. Lessing (1741/46), ferner der Satiriker G. W. Rabener (1728/34) und der Homöopath S. Hahnemann (1770/75). Nach Auflösung der Schule 1943 nahm in ihren Räumen 1953 die Hochschule für Landwirtschaftliche Produktionsgenossenschaften ihre Tätigkeit auf. Der Zugang zur Kirche erfolgt durch die spätgotische Vorhalle; sehenswert das Portal mit großem sächsischen Wappen (1670/80). Die Kirche ist eine flachgedeckte Basilika (1. Hälfte 13. Jh.), ihr Chor wurde um 1285–1326 erhöht. Die Einwölbung des Chors erfolgte 1380/90, des Nord-

schiffes um 1460, des Hauptschiffes um 1480. Danach erhielt die Kirche ihre jetzt rekonstruierte Ausmalung. Die Begräbniskapelle der Schleinitz-Familie, mit Renaissanceepitaphen, wurde der Kirche 1408 südlich, die Taubenheim-Kapelle 1454 nördlich neben der Sakristei angefügt, der Turm 1765 aufgesetzt. Die ab 1963 durchgeführte Restaurierung beseitigte die im 19. Jh. eingebauten Emporen. Von der Ausstattung sind die hölzerne Kanzel (V. Otte, 1657), der manieristisch-frühbarocke Altar (V. Otte, 1660), die barocke Jonasdarstellung aus dem 18. Jh. (vermutlich J. Kändler) und der Serpentinit-Taufstein (1647) hervorzuheben. Nördlich von St. Afra liegt der erneuerte sog. **Ökonomiehof**, dessen ältester Bau die von der „Hintermauer" aus sichtbare Propstei (Hoferker um 1660/70) mit dem Pönitzenturm der Stadtmauer und mit einem reizvollen spätgotischen Backsteinpfeilergiebel ist. Neben dem Ökonomiehof befand sich bis 1823 das Lommatzscher Tor.

Westlich der Kirche liegen die zur Hochschule gehörenden ehem. Klausurgebäude des Klosters mit dem restaurierten Kreuzgang und der Barbarakapelle (Mitte 15. Jh.). Anstelle älterer Schulbauten entstand 1877/79 das blockhafte Gebäude der Landesschule. **Freiheit 6** ist ein ehem. Domherrenhof, der zur Gartenseite über einem mittelalterlichen Rundturm einen Fachwerkerker (16. Jh.) aufweist. Vor der Abzweigung des Kleinen Hohlweges liegt die **Afranische Pfarre,** auch ein ehem. Domherrenhof. Unter Verwendung eines befestigten Adelshofes, auf den noch die schlitzartigen, frühgotischen Fenster des Erdgeschosses zurückzuführen sind, ließ ihn einschließlich des Frührenaissance-Erkers (1535, Kopie) J. v. Pflug, der spätere Naumburger Bischof, errichten. An dem kleinen Hohlweg, einem Weg des 11. Jh., liegt der Waltersbrunnen (1476) mit Brunnenschacht aus dem 11. Jh. Das sog. **Professorenhaus** (18. Jh., verändert 19. Jh.) wurde anstelle eines alten Domherrenhofes erbaut. Gegenüber lag das Alte Rektorat, das Freihaus des Abtes vom Kloster Altzella. Daneben befinden sich die Reste des früheren Rektorenbrunnens. Seit 1564 liegen hier die **Superintendentur** (im 19. Jh. verändert) und das **Diakonat** (15. Jh.), Freiheit 12. Freiheit 11 (um 1630) zeigt im Obergeschoß eine steinerne Kanonenkugel aus dem Dreißigjährigen Krieg, im Garten ist noch eine spätgotische Pforte (1485) erhalten. Der Seelensteig, genannt nach dem einstigen Haus der Beginen,

einer Gemeinschaft alleinstehender Frauen, die sich u. a. der Krankenpflege widmeten, führt zur Straße „An der Frauenkirche". **An der Frauenkirche 9** ist ein rekonstruiertes gotisches Giebelhaus mit einer Bohlenstube. Die gegenüberliegende Grünfläche war ein Stadtfriedhof. Der Zugang erfolgte durch das große, um 1600 von der Tuchmacherzunft gestiftete Tor (Kopie 1956). Gegenüber befindet sich ein Renaissancehaus, das **Bahrmannsche Brauhaus** (1569/74, erneuert 1983/84) mit reicher Fassadenarchitektur (H. Köhler d. Ä.). Das Eingangsportal zeigt als Bekrönung ein Simsonrelief. Die Fleischergasse führte zu dem Fleischertor (1853 abgebrochen). Am sog. Hundewinkel zweigt die Görnische Gasse ab, an deren Ende bis 1837 das gleichnamige Tor lag. Görnische Gasse 4 ist ein ehem. **Gast- und Brauhaus** (um 1580). Sehenswert sind die Sitznischenportale von **Görnische Gasse 40** (1603) und das von Görnische Gasse 39 (1598).

Außerhalb der Altstadt, im Triebischtal am Ende der Straße der Befreiung (Neumark) gelegen, sind die Kleine Nikolaikirche (um 1100, verändert im 13. und 15. Jh., Dachreiter 1695), 1921/29 gestaltet durch E. P. Börner als eine in Porzellan ausgeführte Gedenkstätte für die Toten des ersten Weltkrieges, am Plossenweg die Martinskapelle (um 1200) und in Obermeisa die Wolfgangskirche (1471). Von besonderer Bedeutung sind nördlich von Meißen, am linken Elbufer gelegen, die Ruinen des Benediktinerinnenklosters „Heiligkreuz" (1. Hälfte 13. Jh.).

Mühlhausen

Bez. Erfurt

 Mühlhausen-Information
Görmarstr. 57
Mühlhausen, 5700

Historischer Stadtkern lt. Bekanntma-
chung der zentralen Denkmalliste der
DDR:
„Altstadtbereich innerhalb und einschl.
der Stadtmauer mit Divi-Blasii-Kirche,
Marienkirche, Kornmarktkirche und
Rathaus."

In einem Talkessel am rechten Ufer
der Unstrut liegt Mühlhausen am
Fuße des Hainichs. Die Stadt bildet
das Tor zum reizvollen Eichsfeld.
Hier kreuzten sich wichtige Handelsstraßen, der „Hessenweg" von
Eschwege nach Erfurt bzw. Nordhausen sowie die „Thüringer Straßen"
von Erfurt nach Braunschweig bzw.
von Mühlhausen nach Bremen.

Der Ort Mühlhausen war vermutlich fränkischen Ursprungs, wird 775
als Gutssiedlung bezeichnet und bestand anfänglich aus einem karolingischen Königshof und einem fränkischen Dorf. Nördlich der Ansiedlung
entwickelte sich ein Königsgut zur
Kaiserpfalz. Im 10. und 11. Jh. wird
das fränkische Dorf zur mit „Altstadt"
bezeichneten Marktsiedlung mit
wehrhafter Ummauerung. Die südlich
des Baches Schwemmnotte entstandene Unterstadt „St. Kiliani" war mit
eigenem Status bis ins 14. Jh. hinein
selbständig. Bereits im 11. Jh. wurde
der erste Bau der Kirche Divi Blasii
begonnen. Nördlich der Schwemmnotte wurde in der 2. Hälfte des 12. Jh.
unter Kaiser Friedrich I., genannt Barbarossa, eine Pfalzstadt, die „Neustadt" (Oberstadt), gegründet. Ende
des 12. Jh. verschmolzen beide Teil-
städte zur „Civitas Imperii", zur
Reichsstadt, deren Areal im wesentlichen mit dem heutigen, durch den
Mauerring begrenzten Altstadtkern
identisch war. Die Stadtbefestigung
mit sieben Toren wurde bis zur Mitte
des 13. Jh. abgeschlossen.

Die beiden Hauptpfarrkirchen,
Divi Blasii und St. Marien, beherrschten bereits die Unter- und Oberstadt,
die Kirchen St. Jakobi, die Allerheiligenkirche und St. Antoni waren im
Bau, die Kirche des Franziskanerklosters (Kornmarktkirche) entstand zu
eben jener Zeit. Die Stellung und
Macht des Rates spiegelte sich in der
Errichtung des ersten Rathauses um
1300 wider. Die Zünfte wurden Anfang des 14. Jh. in den Rat aufgenommen. Gleichzeitig entstanden durch
die wirtschaftliche Entwicklung Vorstädte außerhalb des inneren Mauerringes, die nach den dort gegründeten
Kirchenbauten St. Petri (14. Jh.),
St. Nicolai (Anfang 14. Jh.), St. Georgi
(Anfang 14. Jh.) und St. Martini bezeichnet wurden. Um 1400 wurde die
äußere Ummauerung der Vorstädte
mit neun Außentoren abgeschlossen.

Durch das Wirken Thomas Müntzers stand Mühlhausen im Mittelpunkt der Kämpfe des Großen Deutschen Bauernkrieges. Nach der Niederlage des „Ewigen Rates", 1525,
verlor die Stadt zeitweise die Reichs-
freiheit und an politischer, wirtschaftlicher und kultureller Bedeutung.

Die weitere Stadtentwicklung vollzog sich nun vorrangig außerhalb des
Stadtkerns. Die Stadtmauer ist auf
etwa 2,7 Kilometer erhalten bzw.
noch erkennbar. Die in Ost-West-
Richtung verlaufenden Hauptstraßen
gliedern mit ihren Querverbindungen
den ovalen Grundriß, die Türme der
gotischen Kirchen prägen die Silhouette des städtebaulich geschlossenen
Stadtkerns.

Der Blobach, Platz der mittelalterlichen Flachsröste (heute größter Park-
platz in Altstadtnähe), liegt auf dem
höchsten Punkt der historischen
Stadt. Er wird im Westen durch den
Torturm des Äußeren Frauentores,
Zeugnis der Stadterweiterung durch
die Johannisvorstadt und ihrer Befestigung des 14. Jh. – die 1324 erwähnte Johanniskirche ist nicht mehr
vorhanden –, begrenzt. Nach der ver-
lustreichen Schlacht vom 15. 5. 1525
wurden auf dem Blobach Müntzer,
Pfeiffer und andere Anführer des Auf-

Inneres Frauentor

ständischenheeres hingerichtet. Hier steht heute das **Thomas-Müntzer-Denkmal** (W. Lammert, 1957), das den Führer der frühbürgerlichen Revolution aufrecht, mit Schwert und Evangelium als zukunftsweisenden Denker und wehrhaften Verteidiger seiner Ideale zeigt. Auf der Südseite des Platzes befindet sich die **Bonifatiuskapelle**. Nördlich angrenzend an die Wall- und Grabenanlagen liegt das Gebiet der ehem. Petrivorstadt um die gotische **St.-Petri-Kirche** (14. Jh.) am Petristeinweg. Die ursprünglich dreischiffige Hallenkirche wurde nach einem Brand 1422 zu einer flachgedeck-

ten Saalkirche umgestaltet. Der Turm steht im südwestlichen Winkel zwischen Schiff und Chor, freie ornamentale Maßwerkformen aus der 2. Hälfte des 14. Jh. zieren die Langhausfenster. Die Altstadtsilhouette im Osten prägen der neogotische Turm der Kirche St. Marien und die Stadtbefestigung mit Wehrtürmen und Stadttor. Das dreibogige **Innere Frauentor**, einziges noch erhaltenes Tor der inneren Stadtmauer, wurde nach dem Brand von 1656 im Renaissancestil mit barocker Turmhaube wiedererrichtet. Vom Tor ausgehend, ist der Wehrgang der Stadtmauer zum Raben- und

Hospitalturm, einschließlich der Turmhauben, begehbar.

Die **Holzstraße** beginnt mit dem Ensemble des **Antoniusstiftes** (Ende 13. Jh.), Holzstr. 13. Die Antoniuskapelle, ein einschiffiger gotischer Bau mit ebener Holzbalkendecke, wird durch das Portalgewände von 1302 und einen kleinen Turmreiter mit barocker Haube geziert. Den Innenhof bilden zweigeschossige Fachwerkgebäude mit massiven gotischen Erdgeschossen, er ist öffentlich zugänglich (heute Sitz des VEB Denkmalpflege). Das Bürgerhaus **Holzstr. 12** (heute Feierabendheim) ist ein typisches Beispiel für die Beiträge verschiedener Bauepochen zu seiner heutigen Gestalt. Auf dem massiven Erdgeschoß mit Renaissanceportal, Sitzsteinen und geschnitzter Eingangstür trägt es ein Fachwerkobergeschoß (1650) und ist durch einen gotischen Torbogen mit der Sakristei der Antoniuskapelle verbunden. Bemerkenswerte Türen und Tore am Haus **Holzstr. 21** stammen aus klassizistischer Zeit, **Holzstr. 25** ist aus dem Barock, hier fällt die starke Profilierung auf. Die Barocktür von **Holzstr. 18** mit geschnitztem Blütenmotiv prägt ebenso die Straße wie das 1762 entstandene Bürgerhaus **Holzstr. 7** mit seinem barocken Tür- und Torgewände. Der ehem. **Wirtschaftshof des Klosters Zella**, Holzstr. 1, zeigt ein Fachwerk aus der 2. Hälfte des 17. Jh. auf einem ursprünglich gotischen, massiven Erdgeschoß. Das Gebäude diente in der Folge u. a. als Thurn- und Taxischer Posthof.

Im Südwesten des Platzes, **An der Marienkirche**, befindet sich das wappenbekrönte Eingangsportal des 1689 nach einem Stadtbrand wiedererrichteten Gebäudes der ehem. oberstädtischen Commende, der heutigen **Thomas-Müntzer-Gedenkstätte**, in dem der Prediger und revolutionäre Führer 1525 während seines Wirkens in der Stadt lebte. In diesem Haus wurde 1800 auch der Architekt Friedrich August Stüler geboren. Das dreigeschossige klassizistische Gebäude **An der Marienkirche 6** mit sechsstufiger Vortreppe und mit einem geschmückten Eingangsportal mit schlichter, zweiflügeliger Eingangstür sowie die Patrizierhäuser **An der Marienkirche 5** (1693) mit klassizistischer Eingangstür und fischgrätenartig gestaltetem Hoftor im Nischengewände und die benachbarte **Nr. 4** mit frühbarockem, in Putz gestaltetem Scheinportal und zweiflügeliger Eingangstür bilden die Nordwestfassung des Platzes. Das Renaissanceportal am ursprünglich gotischen Bürgerhaus **An der Marienkirche 17** ist reich mit Bandelwerk und Quaderungen gestaltet. Im Innern des Baus sind noch gotische Gewölbe erhalten.

Die **Marienkirche** (Thomas-Müntzer-Gedenkstätte) ist die nach dem Erfurter Dom zweitgrößte gotische Hallenkirche Thüringens. Bauarchäologische Untersuchungen haben einen romanischen Vorgängerbau (etwa 10./11. Jh.) nachgewiesen. Nach 1180 wurde der dreitürmige Westbau begonnen. Die fünfschiffige Halle, das Querschiff, einschließlich der polygonalen Haupt- und Nebenchöre, folgten zwischen 1317 und 1380, der Mittelturm (Anfang 16. Jh.) wurde 1560 vollendet. 22 schlanke Bindepfeiler sowie die Außenwände tragen 38 Kreuzrippengewölbe mit kunstvoll gearbeiteten und farbig gefaßten Schlußsteinen. Über dem ganz aus Muschelkalkstein errichteten Bau erheben sich über den Seitenschiffen quergestellte Satteldächer mit Treppengiebeln und Fialen. An der südlichen Querhausfassade ist der künstlerisch bedeutendste äußere Schmuck des Baus zu sehen. Das zweiflügelige, mit einer Anbetungsgruppe bekrönte Südportal wird von vier Evangelistenfiguren gefaßt, der Mittelpfeiler trägt eine Marienplastik. Auf einem darüberliegenden, unzugänglichen Scheinaltar stehen, über die Brüstung geneigt, die überlebensgroßen Porträtplastiken Kaiser Karls IV., seiner Gemahlin sowie zweier Höflinge (Schule P. Parlers, 1360; Restaurierung 1967). Vor dem Südportal des Querhauses leistete der Rat der Freien Reichsstadt Mühlhausen den Eid auf Kaiser und

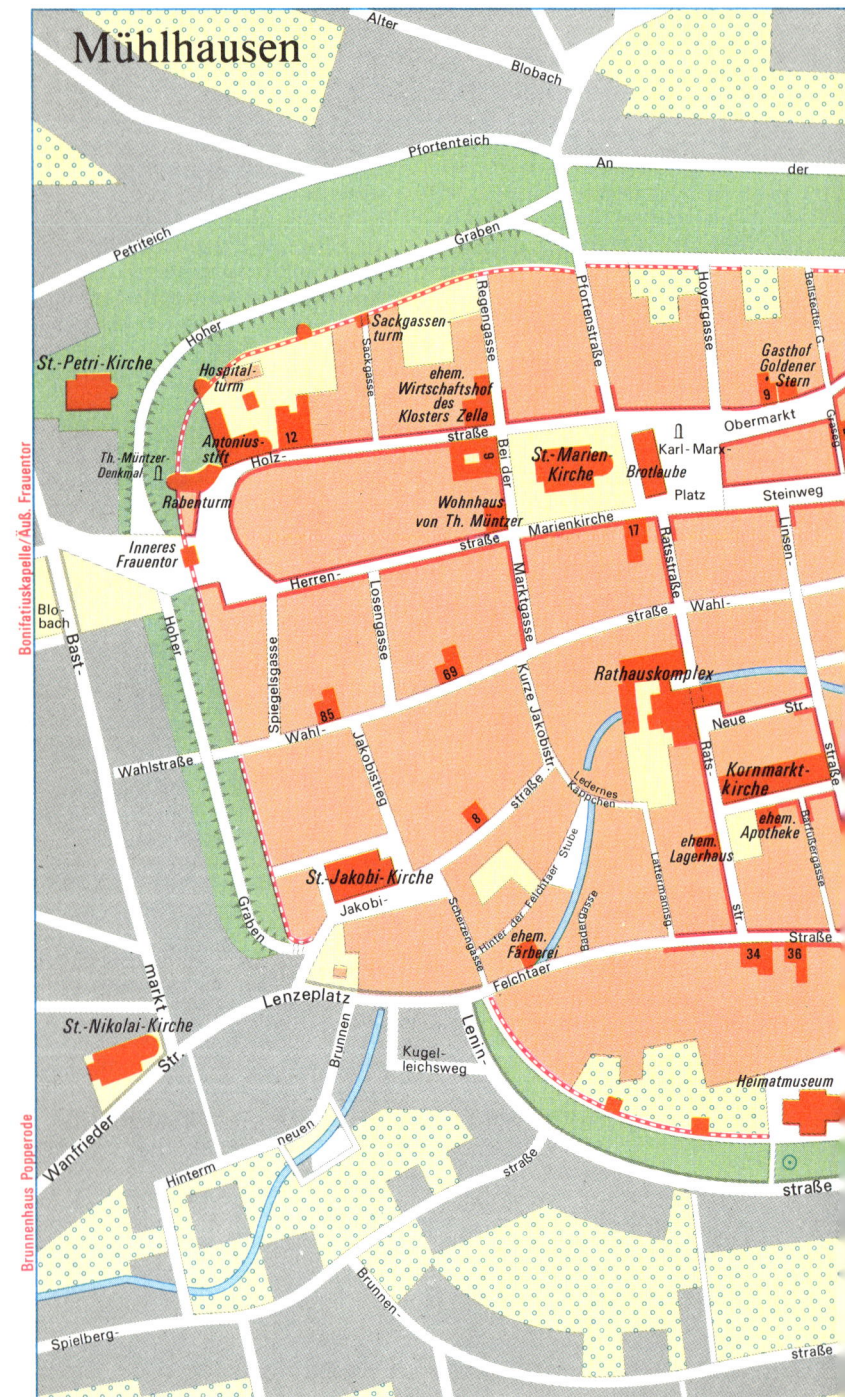

Mühlhausen

Alter
Blobach

Pfortenteich

An der

Petriteich

Graben

St.-Petri-Kirche

Hoher

Sackgassen-
turm

Regengasse

Pfortenstraße

Hovergasse

Bellstedter G.

Gasthof
Goldener
Stern

Hospital-
turm

Sackgasse

ehem.
Wirtschaftshof
des
Klosters Zella

9

Obermarkt

Th.-Müntzer-
Denkmal

Antonius-
stift

12

Holz-

straße

Bei der

St.-Marien-
Kirche

Brotlaube

Karl-Marx-

Platz

Steinweg

Linsen-

Gasse

Rabenturm

Wohnhaus
von Th. Müntzer

Marienkirche

straße

17

Ratsstraße

Wahl-

Inneres
Frauentor

Herren-

Losengasse

Marktgasse

straße

Spiegelsgasse

Kurze Jakobistr.

Rathauskomplex

Neue

Str.

Blo-
bach

Bast-

Hoher

69

Wahl-

85

Jakobisteig

straße

Ledernes
Kirchlein

Rats-

Kornmarkt-
kirche

straße

Wahlstraße

8

ehem.
Apotheke

ehem.
Lagerhaus

Bei der Brücke gasse

St.-Jakobi-Kirche

Graben

Jakobi-

Schwanenteich

Hinter der Felchtaer Stube

Badergasse

Lattermannsg.

str.

Straße

34

36

ehem.
Färberei

Felchtaer

Lenzeplatz

Lenin-

markt

St.-Nikolai-Kirche

Str.

Brunnen

Kugel-
leichsweg

Heimatmuseum

Wanfrieder

Hinterm

neuen

straße

straße

Spielberg-

Brunnen-

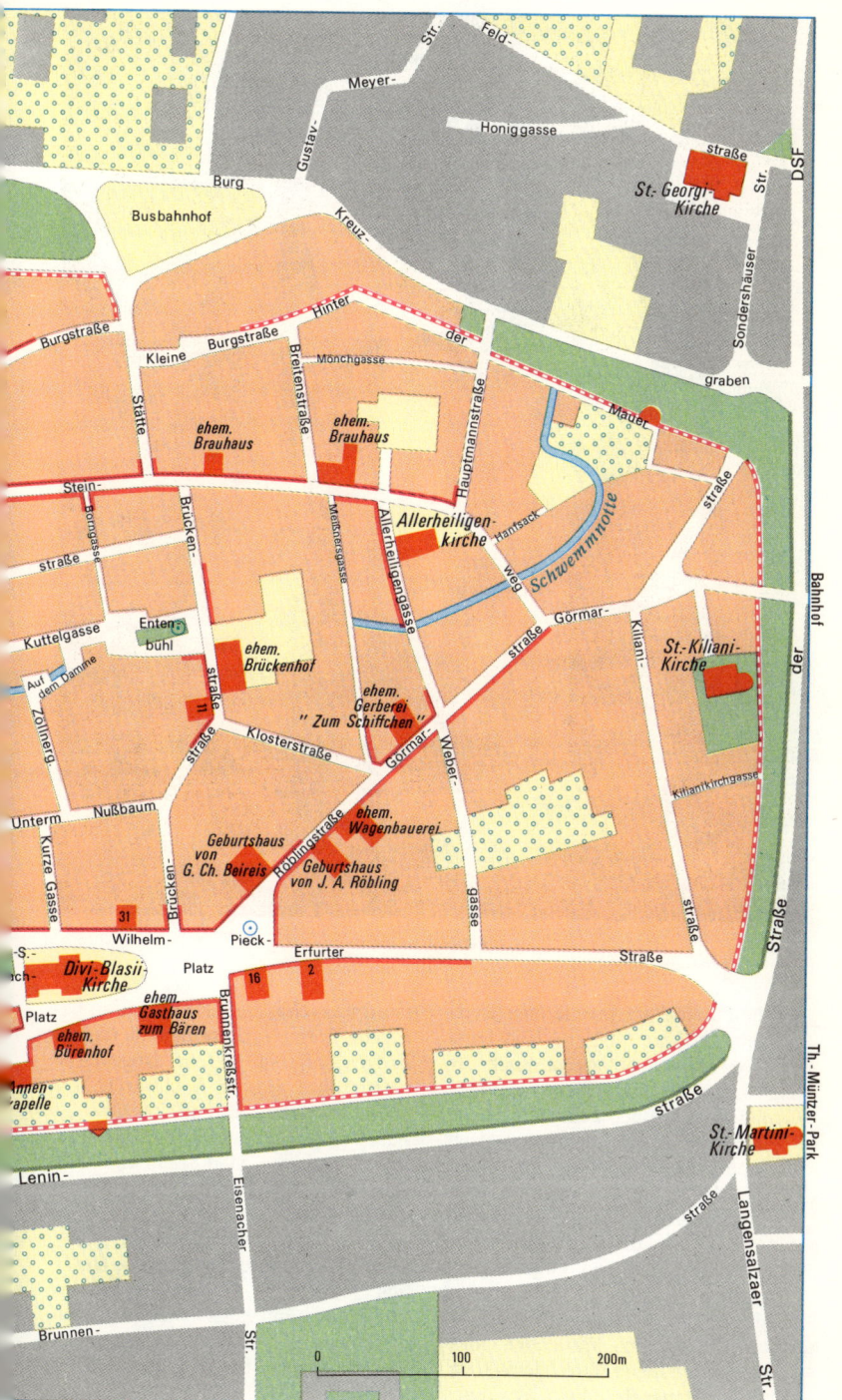

In der Marienkirche

Reich. Für die entsprechenden Zeremonien der Jahre 1708 und 1709 komponierte Johann Sebastian Bach die sog. Ratswechselkantate. Die ehem. Predigtstätte Thomas Müntzers (heute Konzert- und Ausstellungsraum) zeigt im Innern Epitaphe aus dem 14. bis 18. Jh., Altar, Kanzel und Ratsstuhl im Renaissancestil, gotische Glasfenster aus dem 14. und 15. Jh. sowie eine neogotische Orgel und Orgelempore vom Ende des 19. Jh. Gleichzeitig wurde der 86 Meter hohe Hauptturm errichtet. Am ehem. Markt der Oberstadt, dem heutigen Karl-Marx-Platz, steht die **Brotlaube** (1375 erwähnt),

ein dreigeschossiger Massivbau in barocken Formen. Ursprünglich war im Erdgeschoß eine offene Bogenhalle eingeordnet, in der Backwaren verkauft wurden, während im Obergeschoß das Stadtgericht seinen Sitz hatte. Nach dem Stadtbrand von 1689 wurde, bei Beibehaltung des Namens, das Gebäude zwischen 1714 und 1722 wiedererrichtet. Der heutige Karl-Marx-Platz mit dem **Karl-Marx-Denkmal** (1964) ist Ausgangspunkt des Fußgängerboulevards **Steinweg**. Bemerkenswert ist **Obermarkt 9** (1590) und die historische Gaststätte „**Goldener Stern**" (1552), Obermarkt 8.

208

In der 2. Hälfte des 19. Jh. kam es insbesondere am Steinweg zur Veränderung in den Baustrukturen. Es entstanden meist um ein bis zwei Geschosse höhere, den wirtschaftlichen Interessen von Gründerzeitunternehmern dienende Gebäude mit Öffnung der Erdgeschoßzonen. Architekturbeispiele aus der Zeit des Historismus sowie des Beginns des 20. Jh. beeinträchtigen den räumlichen und stadtstrukturellen Gesamteindruck kaum. Der Platz des **Entenbühl** mit Brunnenanlage über der Schwemmnotte wird durch den ehem. **Brückenhof** geprägt, der Ende des 17. Jh. unter Nutzung von Resten des Augustinerinnenklosters (Anfang 13./Anfang 14. Jh.) als Armenversorgungsanstalt und Schulgebäude errichtet wurde. Schräg gegenüber, am Haus **Brükkenstr. 11,** befindet sich eine wertvolle Barocktür (1690). Am östlichen Steinweg stehen **zwei Brauhausgebäude** (1690), Steinweg 75 und 63. Die Fußgängerzone endet an der gotischen **Allerheiligenkirche** (13./14. Jh.). Die bereits 1287 bestehende Kapelle wurde nach der Zerstörung der Reichsburg und ihrer Kapelle als deren Ersatz genutzt und mit schlichten gotischen Formen (2. Hälfte 14. Jh.) erweitert. Nach 1689 wurde die Kirche mit einer hölzernen Tonne versehen, barock ausgestattet und ausgemalt. Der hohe, oben achteckige Turm trägt eine barocke Haube mit Laterne.

Hinter der Mauer, durch eine Öffnung in der Befestigungsanlage, sieht man, vorbei am Rundturm, das Areal der Georgivorstadt (Anfang 14. Jh.), mit der gleichnamigen Kirche. Die **St.-Georgi-Kirche,** eine um 1300 errichtete rechteckige gotische Saalkirche mit reich profilierten Portalgewänden an den Längsseiten hat einen quadratischen Turm mit barocker Haube in der Mitte der Westfront. Die östliche Giebelwand wird durch drei hohe Fenster mit geometrischem Maßwerk bestimmt. Südöstlich ist eine zierliche, feingegliederte, sechseckige Kapelle (2. Hälfte 14. Jh.) angebaut. Die umwallte Stadt betritt man wieder auf der **Görmarstraße** durch das ehemals gleichnamige Tor. Görmarstr. 57, an der Ecke zum Steinweg, befindet sich die *Mühlhausen-Information.*

Durch Überqueren der Schwemmnotte gelangt man zur Unterstadt. Im Osten kommt die Kirche **St. Kiliani** (13. Jh.), Unter der Linde, ins Bild. Um 1250 wurde St. Kiliani in einfacher gotischer Formensprache ohne Strebepfeiler und Gewölbe errichtet. Der oben achteckige Turm neben dem Chor trägt eine barocke Haube. Beim Blick durch die Stadtmauer am Ende der Kilianikirchgasse ist im Süden die **St.-Martini-Kirche,** der erhaltene Mittelpunkt der gleichnamigen südöstlichen Vorstadt, Langensalzaer Straße, erkennbar. Ihr Bau war 1360 beendet und wurde nach einem Brand in der Mitte des 15. Jh. wieder aufgenommen. Das Kirchenschiff, das Westportal und der Unterbau stammen aus der ersten Bauphase, während der Chor der Periode des Wiederaufbaus zuzuordnen ist. Der Oberbau des Turmes wurde 1735 durch J. G. Kötze neu errichtet und mit einer zopfigen, barocken Turmhaube versehen.

Auf dem Weg durch die Görmarstraße zum ehem. Untermarkt liegt die einstige **Gerberei „Zum Schiffchen"** (1600, Umbau 1747), ein Zeugnis der stark vom Wasser bestimmten Handwerksstruktur der Stadt. Der ehem. **Wagenbauerei** (1685), Röbelingstr. 7, benachbart steht das **Geburtshaus** (1800) **des Brückenbauers J. A. Röbeling** (Gedenktafel).

Das Ensemble des ehem. Untermarktes, des heutigen **Wilhelm-Pieck-Platzes,** wird überwiegend von dreigeschossigen Patrizierhäusern des späten 17. und frühen 18. Jh. bestimmt und von der frei stehenden gotischen ↗ Pfarrkirche Divi Blasii beherrscht. An der Ostseite des historischen Freiraumes entstand 1967 das siebengeschossige Hotel „Stadt Mühlhausen". Ein historisches Backhaus, **Wilhelm-Pieck-Platz 15** (1631), sowie die Patrizierhäuser des 18. Jh., **Wilhelm-Pieck-Platz 16** und **Erfurter Str. 2,** bilden mit weiteren Barockbauten, dem ehem. **Gasthaus „Zum Bären"** (1700),

Ensemble Wilhelm-Pieck-Platz

Wilhelm-Pieck-Platz 12 sowie der 1725 in die Superintendentur eingebauten **Annenkapelle** (2. Hälfte 13. Jh.), Johann-Sebastian-Bach-Platz 5, die Platzfassung im Süden. Der **Bürenhof** (um 1300), Wilhelm-Pieck-Platz 7, der ehem. Wirtschaftshof des Zisterzienserklosters Beuren hat im Innern eine prächtig gestaltete Renaissancediele. Die Nordfassade des neoklassizistischen **Heimatmuseums** (1869), Leninstr. 61, schließt das Ensemble des Johann-Sebastian-Bach-Platzes ab. Die benachbarte Stadtmauerlücke läßt den Blick auf einen fünfeckigen Wehrturm in östlicher und zwei wuchtige Stadtmauertürme in westlicher Richtung frei. Der frühere Wall- und Grabengürtel wurde zur Grünanlage umgestaltet.

Die Nordseite des Wilhelm-Pieck-Platzes prägen die barocken Patrizierhäuser **Wilhelm-Pieck-Platz 31** (1695) und das **Geburtshaus des Gelehrten G. Ch. Beireis** (1729). Die freistehende gotische **Pfarrkirche Divi Blasii** (13./14. Jh.) bildet an ihrer West- und Südseite die bauliche Fassung des Jo-

hann-Sebastian-Bach-Platzes. Dieser auch Untermarktkirche genannte Bau wird 1227 als Schenkung an den Deutschritterorden erwähnt. Der achteckige dreigeschossige Nordturmaufsatz (1240) und der gleichhohe zweigeschossige Südturmaufsatz (1260) lassen deutlich den Übergang von der Spätromanik zur Frühgotik erkennen. Steht der kastenartige Westbau unter den beiden Türmen noch in der Tradition der Romanik, so zeigt die Ende 13./Anfang 14. Jh. angebaute dreischiffige Hallenkirche eindeutig gotischen Stil. Hervorzuheben sind die vierzehnblättrige Maßwerkkrone über dem Wimpergportal am Nordgiebel, der Kreuzblumenschmuck der großen Querschiffgiebel und die Querdächer über den fünf Jochen der Seitenschiffe mit Maßwerk und Fialen. Im Innern der Kirche sind die Bogen- und Gewölbeansätze, der Schmuck der Konsolen im östlichen Bereich sowie die mit Blattwerk und Blütenformen verzierten Gewölbeschlußsteine bemerkenswert. Zu den Kostbarkeiten gehören die farbenprächtigen gotischen Glasfenster (14. Jh.). Von 1707 bis 1708 wirkte hier Johann Sebastian Bach als Organist. Nach seinen Plänen entstand 1959 die heutige Orgel.

Entlang der **Felchtaer Straße** passiert man die barocken Bürgerhäuser **Felchtaer Str. 16** (Anfang 17.) und **Felchtaer Str. 34** (Anfang 18. Jh.). In der Ratsgasse 6 a belegt ein ehem. **Lagerhaus** (um 1500) die wirtschaftliche Struktur der Stadt im ausklingenden Mittelalter.

Der langgestreckte **Kornmarkt** mit der Renaissancefassade der ehem. **Apotheke** (1625) wird durch den schlichten Bau der **Kornmarktkirche**, der ehem. Franziskanerklosterkirche (13./15. Jh.), räumlich gefaßt. Die einfache langgestreckte gotische Saalkirche endet mit einem plattgeschlossenen Altarhaus mit großem Fenster im Osten und bezieht, Chor und Schiff abgrenzend, den quadratischen Grundriß des sich oberhalb des Firstes achteckig fortsetzenden, schlanken Turmes ein. Seine hohe barocke Zopfhaube mit Turmuhr und Schlagglocke trägt einen Kupferbelag. Die 1307 errichteten Klostergebäude nördlich des Kirchenschiffes wurden nach der Reformation abgetragen. Nach dem Stadtbrand von 1689 wurde die Kirche wiederhergestellt und eine mit pflanzlichen Schmuckformen der Renaissance bemalte flache Decke, teilweise erhalten, eingebaut. Später wurde der Bau zu einem Mehlmagazin umfunktioniert, und Anfang des 19. Jh. wurden Wohnungen eingebaut. Seit 1975 – anläßlich des 450. Jahrestages des Großen Deutschen Bauernkrieges – wird die Kornmarktkirche als Gedenkstätte genutzt. In ständigen Ausstellungen zu Ursachen und Auswirkungen der Klassenkämpfe im Umfeld der frühbürgerlichen Revolution, des Deutschen Bauernkrieges und der Reformation wird insbesondere das Wirken Müntzers verdeutlicht.

Der **Ratsstraße** nach Norden folgend, schließt sich der **Rathauskomplex** mit dem gotischen Kernbau (um 1300) und dem Schwibbogen der Straßendurchfahrt an. Die Grenze zwischen Unter- und Oberstadt, den Bach Schwemmnotte überbauend, wurde in der Mitte des 14. Jh. nach Westen hin erweitert. In der 2. Hälfte des 16. Jh. wurden der Ostflügel (1568) und der Südflügel (1595) des Rathauses in Renaissanceformen sowie Anfang des 17. Jh. (1606/09) Nord- und Westflügel in einfachem Barockstil ergänzt. Der historisch und künstlerisch bedeutendste Innenraum, die Ratsstube, ist mit Wandmalereien der Gotik und Renaissance (u. a. Stadtansicht von 1623) ausgestattet. Hier wurden die „Elf Mühlhäuser Artikel" durch Müntzer verkündet; in diesem Raum tagte 1525 der „Ewige Rat". Die Ratshalle mit der Ausstattung aus der 1. Hälfte des 17. Jh. repräsentiert die Bedeutung der Freien Reichsstadt, das umfangreiche Stadtarchiv (älteste Urkunde von 1139) belegt in Dokumenten ihre Geschichte.

In der **Wahlstraße** befinden sich eine Reihe von historischen Bürgerhäusern mit prächtig gestalteten Portalen und Türen, insbesondere das Patrizierhaus **Wahlstr. 69** (1605) und das Handwerkerhaus **Wahlstr. 85** (1. Hälfte 17. Jh.). Im südlichen Teil der Oberstadt steht die gotische **St.-Jakobi-Kirche** (13./14. Jh.). Sie wurde 1296 als Filiale der Oberstadtkirche erwähnt. Über einem rechteckigen Vorbau in Breite des Langhauses stehen zwei gleichhohe Westtürme. Der zuerst errichtete nördliche trägt über der Firstlinie des Langhauses zunächst zwei Etagen mit kleinen Lichtöffnungen, bevor er erst in der dritten, obersten Turmetage in einen achteckigen Grundriß übergeht. Der danach errichtete südliche Westturm mit späteren gotischen Formen zeigt in der obersten Turmetage zweiteilige Maßwerkfenster. Beide sind mit schlanken Spitzen – von jeweils vier sechseckigen Türmchen umgeben – bedeckt. Nach dem Brand von 1592 stürzten Gewölbe und Pfeiler der ursprünglich dreischiffigen Anlage ein, und der Bau wurde zu einer Saalkirche umgestaltet. Der Chor hat diagonalstehende Eckstreben mit Giebeldächern

Ratsstraße mit Rathaus

und in der Ostwand ein großes vierteiliges Fenster mit feingliedrigem Maßwerk. Auf der Nord- und Südseite des Langhauses befinden sich, einander gegenüberliegend, zwei reichgeschmückte Portale. Ihre Doppeltüren sind durch mittige Dreiviertelsäulen getrennt, die angrenzenden Wandvorlagen durch Baldachine mit Fialen geschmückt, darüber sitzen vierteilige Fenster mit Maßwerk. Unweit der Kirche steht ein weiteres mittelalterliches Handwerkerhaus (1571), **Jakobistr. 8**, mit Muschelornamenten am Fachwerk und mit geschnitzter barokker Eingangstür (1768). Das Fachwerkhaus **Jakobistr. 22** (1629) und die ehem. **Färberei** (1577), Felchtaer Str. 31, an der Schwemmnotte gelegen, sind weitere erhaltene Beispiele der Produktions- und Lebensweise im historischen Stadtkern.

Vor dem ehem. Felchtaer Tor im Südwesten der Altstadt, am Südende des Bastmarktes, liegt die größte vorstädtische Kirche, **St. Nikolai.** Der Ende des 13. Jh. zunächst vom Deutschen Orden begonnene Bau wurde als dreischiffige, nicht überwölbte Hallenkirche mit einem in Form eines halben Achtecks gestalteten Chor durch die Gemeinde der Unterstadt

212

im 14. Jh. beendet. Der den Südteil des Querhauses über der Sakristei einnehmende schlanke Turm zeigt in den Untergeschossen einen quadratischen Grundriß, der oberhalb einer auf einem Spitzbogenfries sitzenden Zwischenetage in eine achteckige Form mit aufgesetzten massiven Rundtürmchen übergeht. Abgeschlossen wird der Turm mit einer kegelförmigen Spitze über einem mit Maßwerkgalerie und Eckfialen bekrönten Geschoß mit zweiteiligen Maßwerkfenstern. Ein lohnenswerter Blick über die historische Stadt bietet sich vom Hohen Graben, einem Fußweg auf dem äußeren Wall entlang der Mauer- und Grabenanlage auf dem Weg zum inneren Frauentor am Blobach. Außerhalb der historischen Altstadt liegen zwei Grünanlagen: Im Südwesten des Stadtkerns ist über die Wanfrieder Straße das **Naherholungszentrum am Schwanenteich** zu erreichen. Hier entspringt eine der schönsten Erdfallquellen im mitteldeutschen Raum, die Popperöder Quelle. Das benachbarte **Brunnenhaus Popperode** (1614), ein Fachwerkbau mit stark differenzierten Dachformen auf einem massiven Erdgeschoß mit dreibogiger Halle, ist als Museum eingerichtet.

Im Südosten, von der Altstadt über die gleichnamige Straße zu erreichen, liegt der **Thomas-Müntzer-Park**. Ein Gedenkstein bezeichnet die Stelle, an der die fürstlichen Sieger den Leichnam des hingerichteten Müntzer als Abschreckung der unterlegenen Bürger und Bauern aufspießen ließen.

Naumburg

Bez. Halle

 Naumburg-Information
Lindenring 38
Naumburg, 4800

Historischer Stadtkern lt. Bekanntmachung der zentralen Denkmalliste der
DDR:
„Altstadt mit ehem. Befestigungsring
einschl. Domfreiheit, Moritz- und Oth-
marvorstadt mit Dom, Wenzelskirche,
Rathaus, Marientor."

Naumburgs Lage auf einer vorgeschobenen, von Hochflächen umgebenen
Terrasse im Saaletal gestattet eine
Vielzahl von Blicken auf den historischen Stadtkern mit den beiden Dominanten Dom und Wenzelskirche. Sie
markieren gleichzeitig die Zentren der
beiden geschichtlich und städtebaulich bedeutendsten Bereiche, aus denen die Altstadt besteht. Keimzelle
des ältesten Teils, der **Domfreiheit** —
und damit der Stadt überhaupt — ist
die um das Jahr 1000 errichtete neue
Burg. An ihrer Stelle erhebt sich heute
das von 1914 bis 1917 erbaute ehem.
Oberlandesgericht. Östlich daran
schloß sich die in ihrem Schutz angelegte erste Siedlung mit Propstei an.
Im 11. Jh. entstand der erste Vorgängerbau des Naumburger Domes. Der
Dom bildet mit der sich südlich anschließenden Klausur, der Dreikönigskapelle und der Marienkirche das
Zentrum der im Umriß nahezu ellipti-
schen Domfreiheit. Um den Dom
gruppieren sich die Kurien der Domherren. Der in seinen äußeren Begrenzungen den topografischen Verhältnissen folgende Grundriß der Domfreiheit ist fast unverändert erhalten
geblieben. Er zeigt ein unregelmäßiges gitterförmiges Straßennetz mit einer von Nordwesten nach Südosten
verlaufenden Hauptachse Domplatz
– Steinweg. Reste der Befestigungsanlagen sind nur unmittelbar südlich des
Domes, im Norden an der Georgen-
straße und Georgenmauer sowie an

der Neumauer im Nordosten der
ehem. Freiheit erkennbar. Von den ursprünglich vier Toren existiert keines
mehr.

Die planmäßige Ansiedlung von
Kaufleuten und Handwerkern vollzog
sich östlich der Domfreiheit in einem
besonderen Stadtteil der Bürger. Vermutlich bereits gegen Ende des 11. Jh.
gründeten die Bürger ihre eigene Siedlung um einen großen rechteckigen
Markt, der noch heute den Mittelpunkt der späteren **Ratsstadt**, einer
planmäßigen Stadtanlage, darstellt.
Seit dem 13. Jh. ist das Befestigungs-
recht für die Stadt urkundlich bestä-
tigt. Symbol für die immer größer werdende wirtschaftliche und politische
Selbständigkeit der Bürger waren die
eigenen Wall- und Maueranlagen, die
auch die Grenze zur Domfreiheit
deutlich markierten. Der ursprünglich
doppelte, im Nordwesten dreifache
Mauerring ist an einigen Abschnitten
(Marienring, Maxim-Gorki-Ring,
Wenzelsring) noch gut erkennbar.
Vollständig verschwunden sind die
Befestigungsanlagen im Norden und
Westen der Altstadt. Seit Mitte des
15. Jh. wurde fast die gesamte Stadtbefestigung massiv erneuert. Ein Anlaß dafür war u. a. der sächsische Bru-
derkrieg (1446/51), der Naumburg
mehrfach berührte. Von den fünf Toren blieb nur das wehrhafte Marientor
erhalten. Ähnlich ausgeführt waren
Jakobs-, Salz- und Wenzelstor, während das Herrentor auf dem heutigen
Lindenring an der Grenze zwischen
Domfreiheit und Ratsstadt ohne Befestigung blieb, da hierfür an dieser
Stelle keine unmittelbare Notwendigkeit bestand.

Bereits in der 1. Hälfte des 12. Jh.
waren die beiden Klöster auf den
etwa gleichweit von der nunmehrigen
bischöflichen Burg entfernten Anhöhen gegründet worden. Vom nördlich
gelegenen Benediktinerkloster St. Georg auf dem gleichnamigen Hügel sind
keine Reste erhalten. Das Moritzkloster
im Süden geht vermutlich noch auf eine
Gründung der Ekkehardinger zurück.
Anfang des 14. Jh. entstanden die Dom-
propstei-Vorstadt nördlich der Dom-

freiheit und die Ratsvorstadt, südwestlich zwischen Domfreiheit und
Ratsstadt gelegen.

Ihre bedeutendsten Bauten errichteten die Bürger am Markt oder in seiner Nähe. Nach 1385 erhielt auch das
ursprünglich am Topfmarkt gelegene
Rathaus hier seinen Platz. Seit Mitte
des 17. Jh. beherrscht die ehem. Residenz des Herzogs Moritz von Zeitz
neben der Stadtkirche die Südostseite
des Marktes. Die Kirche (Wenzelskirche) der Bürgerschaft entstand auf einem Nebenplatz (Topfmarkt) südlich
des Marktes auf dem höchsten Punkt
innerhalb der Ratsstadt.

Der ausgedehnte Handel und die
Entwicklung des Handwerks begünstigten den raschen Aufschwung der
Stadt. Es entstand die Peter-Pauls-
Messe, die Naumburg großen Einfluß
und eine relative Unabhängigkeit sicherte. In der Folgezeit befreiten sich
die Bürger mehr und mehr aus der
Abhängigkeit der Bischöfe und des
Domkapitels. Während die Ratsstadt
wuchs, stagnierte die Entwicklung der
Domfreiheit. 1514 erhielt Naumburg
schließlich das kaiserliche Meßprivi-
leg, so daß die Peter-Pauls-Messe
bald ihre größte Blüte erlebte. In der
2. Hälfte des 16. Jh. entstand eine Reihe
repräsentativer Bürgerhäuser.

Durch den Dreißigjährigen Krieg
stagnierte die Entwicklung der Stadt
in der 1. Hälfte des 17. Jh. fast völlig.
In der Folgezeit errichtete man nur
wenige größere Bauten wie die neue
↗ Othmarskirche und die ↗ Marien-
Magdalenen-Kirche. Kriege, Seuchen
und verheerende Stadtbrände (1714,
1716) sowie die Belastungen aus den
Befreiungskriegen verlangsamten das
wirtschaftliche und räumliche Wachs-
tum Naumburgs. Nachdem die Stadt
1815 preußisch wurde, entwickelte sie
sich von nun an vor allem durch die
Ansiedlung von Verwaltungsfunktio-
nen (Oberlandesgericht) und den Ausbau der Garnison. 1819/36 brach man
Mauern und Tore der Altstadt größ-
tenteils ab und legte an deren Stellen
Promenaden (Linden-, Post- und
Wenzelring) an. Die Stadterweiterung und die gegen Ende des 19. Jh.

zögernd einsetzende Industrialisierung hatten auf die historischen Bereiche keinen nennenswerten Einfluß, so
daß bis auf den 1945 zerstörten Abschnitt zwischen Salz- und Neustraße
Struktur und Bebauung weitgehend
erhalten geblieben sind.

Die Baugruppe des **Naumburger
Domes** stellt sich dem Betrachter als
ein geschlossenes Ensemble dar, bestehend aus der doppelchörigen Domkirche mit ihren beiden Turmpaaren,
dem Kreuzgang und der Klausur, der
Dreikönigskapelle sowie der Marienkirche. Das Kunst- und Baudenkmal
von nationalem und europäischem
Rang dient heute auch vielfältigen
kulturellen Zwecken der Stadt. Von
den Vorgängerbauten des Domes sind
durch den unter Bischof Engelhard
noch vor 1213 begonnenen und unter
Dietrich II. fortgesetzten Neubau nur
noch wenige Teile erhalten. Von der
ersten Naumburger Kirche, der Stiftskirche der Ekkehardinger, stammen
die zum Innern des Westchores zeigenden unteren Wände des westlichen
Turmpaares. In der Nordwand des
Südwestturmes findet sich ein frühro-
manisches Rundfenster (Okulus) dieses ältesten sakralen Baus. Ebenso
wie die Stiftskirche ist der vermutlich
1042 geweihte frühromanische Dom
im 13. Jh. weitgehend abgetragen worden. Nur die 1170 unter dem Ostchor
eingebaute Krypta – in der Längs-
achse in beiden Richtungen erweitert
– wurde in den spätromanisch-goti-
schen Dom des 13. Jh. übernommen.
Bis 1242 waren der Ostchor – noch
ohne polygonalen Abschluß –, die
darunterliegende verlängerte Krypta,
Querschiff mit südlicher Vorhalle, das
Langhaus und die östlichen Türme bis
zu den oberen rundbögigen Fenster-
paaren sowie die quadratischen Un-
terbauten der beiden Westtürme fertiggestellt. In diese Zeit fällt auch der
Bau des ehem. nördlichen Kreuzganges, von dem nur noch die Schildbö-
gen der Gewölbe zeugen. 1244 bis um
das Jahr 1250 folgte der Bau von
Kreuzgang und Klausur auf der Südseite der Domkirche. Die Anlage von
zwei Kreuzgängen war im Zusammen-

hang mit dem Neubau des Domes notwendig geworden, um die dadurch verdrängte Klausur der Stiftskirche zu ersetzen. Die spätromanischen Bauteile sind am Äußeren des Domes durch Lisenen und Rundbogenfriese deutlich erkennbar. Im Südgiebel des Querschiffes befindet sich ein Rhombenfenster mit kräftig profilierten Rahmen und „Lebensbaum". An den südlichen Querschifflügel schließt sich die spätromanische Vorhalle an, die den Haupteingang des Domes, ein mehrstufiges Säulenportal mit Adler- und Blattrankenkapitellen, schützt. 1250 beschloß das Domkapitel den Bau des frühgotischen Westchores an der Stelle der Stiftskirche. Vermutlich war dies auch der Zeitpunkt, zu dem der sog. Naumburger Meister in Entwurf und Ausführung der weiteren Arbeiten hinzugezogen wurde. Der Westchor ist durch ein Polygon geschlossen. Sein Gewölbe wird durch sechs einfache Strebepfeiler gestützt, die in tabernakelartigen Aufsätzen enden. In Höhe des blattfriesgeschmückten Traufgesimses trägt jeder Pfeiler drei figürliche Wasserspeier aus der Werkstatt des Naumburger Meisters. Das unterste der gotischen Geschosse des Nordwestturmes stammt aus den Jahren nach 1260, die beiden oberen sind Ergänzungen aus dem 14. und 15. Jh. Alle darüberliegenden Teile einschließlich Helm sowie den Südwestturm oberhalb des quadratischen Unterbaus fügte man im Zuge von Restaurierungen gegen Ende des 19. Jh. hinzu. Um 1330 erhielt der Ostchor durch Verlängerung mit polygonalem Schluß seine endgotische Form. Neun Strebepfeiler stützen die Gewölbe, zwei davon tragen über dem Traufgesims die überlebensgroßen Standbilder der Patrone des Domes, St. Peter und St. Paul. Vermutlich nach dem Brand von 1532 erhöhte man die Osttürme durch die oberen Geschosse mit ihrem spätgotischen Maßwerk. Die barocken Hauben mit Laternen stammen von 1711/12. Unter Bischof Gerhard v. Goch entstand an der Stelle eines romanischen Vorgängerbaus südöst-

lich der Vorhalle um 1415 der spätgotische Neubau der zweigeschossigen **Dreikönigskapelle.** Die untere Kapelle (Patrozinium Nikolaus) ist mehrfach verändert worden. Die obere Kapelle (Patrozinium Hl. Drei Könige) wurde nach ihrer Profanisierung Anfang des Jahrhunderts in den sechziger Jahren restauriert. Beachtenswert sind die Dreistrahl-Springgewölbe auf schlanken Wandsäulen sowie das gemalte Altarretabel. Das schlichte Äußere ist durch Strebepfeiler gegliedert. An der Ostfassade ist die Anbetung der Hl. Drei Könige in Einzelstatuen mit Prophetenbüsten erhalten. Südlich des Domes lag ursprünglich die Marien-Pfarrkirche. Die 1343 gegründete **Kollegiatstiftskirche St. Marien,** die ihren Standort an dieser Stelle bekam, hatte die Geistlichen der ehem., für den Domneubau abzutragenden, Stiftskirche aufzunehmen. Von diesem hochgotischen Bau blieben nach dem Brand von 1532 nur der Chor mit zwei querrechteckigen kreuzrippengewölbten Jochen und Polygon sowie Reste der Süd- und Westwand des Langhauses erhalten. Anstelle des Langhauses errichtete man um die Jahrhundertwende für das damalige Domgymnasium eine Turnhalle, jetzt Winterkirche (1970/71 restauriert). Das Innere der **Domkirche** zeigt ein basilikales Langhaus im gebundenen System mit einem Mittelschiff aus drei quadratischen Jochen, für die die Vierung ebenso Maßgrundlage ist wie für die Kreuzarme und das Chorjoch. Lang- und Querhaus besitzen Kreuzgratgewölbe. Im Ostchor sind u. a. spätromanische Baudekor von hoher Qualität aus der Zeit seiner ersten Erweiterung (Portal um 1230), Glasmalereien aus der Zeit um 1330 und aus dem 1. Drittel des 15. Jh., Gestühl von 1260 (Viersitz an der Südwand), aus der Zeit um 1400 und Chorgestühl aus dem späten 15. Jh. erhalten. Die Bischofstumba ist um 1260 aus der Werkstatt des Naumburger Meisters hervorgegangen. Bereits um 1170 war unter dem Ostchor eine Krypta errichtet und als einziger Bauteil in den Domneubau des frühen 13. Jh. über-

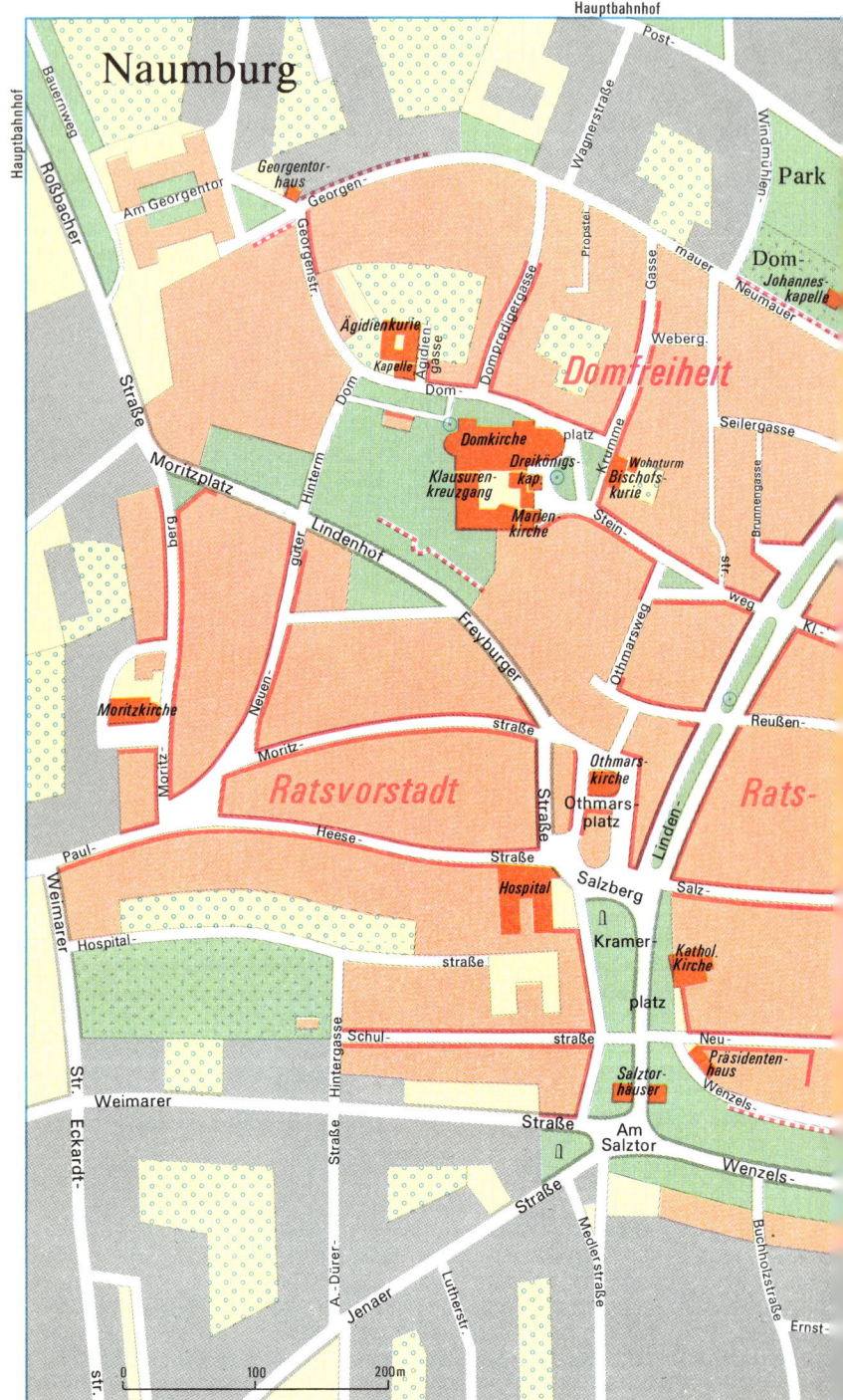

Naumburg

Hauptbahnhof

Bauernweg

Roßbacher

Hauptbahnhof

Am Georgentor

Georgentor-
haus

Georgen-

Wagnerstraße

Post-

Windmühlen-

Park

Straße

Georgenstr.

Propstei

mauer

Gasse

Dom-

Johannes-
kapelle

Neumauer

Ägidienkurie

Kapelle

Dompredigergasse

Ägidien-
gasse

Weberg.

Domfreiheit

Dom

Dom-

platz

Krumme

Seilergasse

Moritzplatz

Hinterm

Domkirche
Dreikönigs-
kap.

Klausuren-
kreuzgang

Wohnturm
Bischofs-
kurie

berg

Lindenhof

guter

Marien-
kirche

Stein-

str.

weg

Freyburger

Othmarsweg

Kl.

Moritzkirche

Neuen-

straße

Moritz-

Reußen-

Othmars-
kirche

Moritz

Ratsvorstadt

Straße

Othmars-
platz

Linden-

Rats-

Heese-

Paul-

Straße

Salzberg

Salz-

Weimarer

Hospital-

Hospital

Kramer-

Kathol.
Kirche

straße

platz

Schul-

straße

Neu-

Präsidenten-
haus

Salztor-
häuser

Wenzels-

Weimarer

Str.

Eckardt-

Straße

Hintergasse

Straße

Am
Salztor

Wenzels-

A.-Dürer-

Jenaer

Lutherstr.

Medlerstraße

Buchholzstraße

Ernst-

str.

0   100   200m

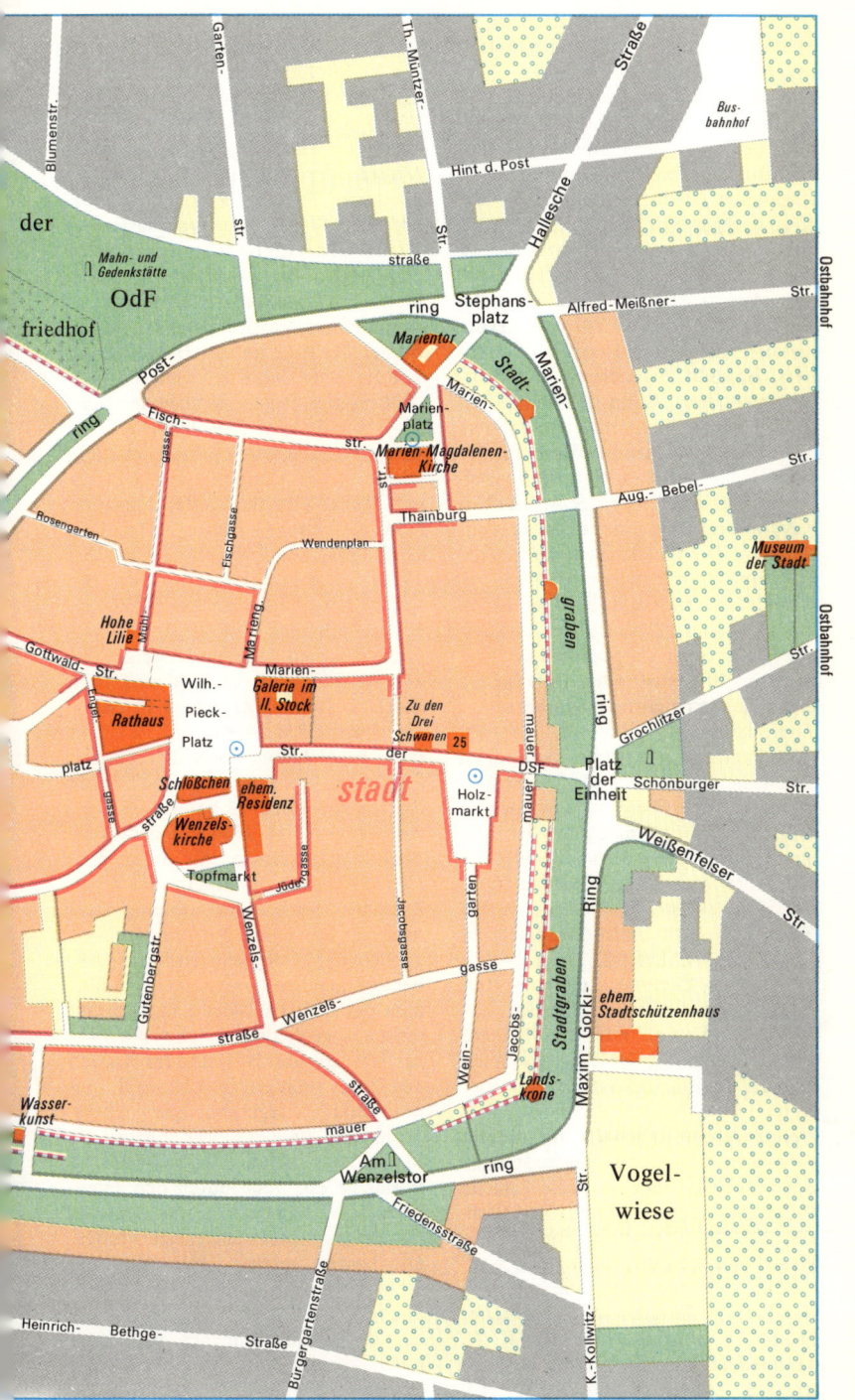

nommen worden. Die so erhalten gebliebene hochromanische Mittelkrypta ist östlich durch einen ebenfalls dreischiffigen zweijochigen Abschnitt mit Apsis verlängert. Besonders bemerkenswert sind die unterschiedlichen Freistützen mit schönen Kapitellen (Palmettendekor), die die Kreuzgratgewölbe tragen. Der westliche Vorraum unter der Vierung ist durch eine Wand mit Portal abgesondert. Aus den baugeschichtlichen Besonderheiten von Ostchor und Krypta resultiert die seltene Form des Ostlettners. Er stellt zugleich das auf deutschem Boden älteste erhaltene Beispiel eines Krypten-Hallenlettners dar. Eine kreuzgratgewölbte dreijochige Halle auf Bündel- und doppelten Wandsäulen vor der westlichen Kryptawand trägt eine Blendarkadenbrüstung. Die geraden seitlichen Treppen zum Chor besitzen plastisch geschmückte Handläufe (H. Apel, 1985). Der Westchor (Naumburger Meister, um 1250/60) ist als planmäßiger Bau der Frühgotik entstanden und eine für diese Zeit einzigartige Synthese von Architektur und Skulptur. Bekannt sind Dom und Westchor vor allem durch die zwölf lebensgroßen **Stifterfiguren** an den Diensten und vor den seitlichen Chorwänden geworden. Die Standbilder verkörpern die 150 bis 200 Jahre vorher lebenden Markgrafen und deren Gemahlinnen; von Nordosten nach Südosten: Dietrich, Gepa, Uta, Ekkehard, Thimo, Wilhelm, Syzzo, Dietmar, Reglindis, Hermann, Konrad, Gerburg. Gezeigt werden Individuen als typische Vertreter der herrschenden Schicht einschließlich der Mode aus der Zeit, als der Naumburger Meister sie schuf. Der Zyklus vereinigt bewußt im räumlichen Zusammenhang gegensätzliche Charaktere in einer für diese Epoche kaum zu übertreffenden Natürlichkeit. In drei der fünf Fenster des Westchores befinden sich noch weitgehend originale Scheiben, die zum wertvollsten Bestand mittelalterlicher deutscher Glasmalerei gehören. Zu den bedeutendsten Werken mittelalterlicher Architektur und Plastik gehört der Westlettner, vor dem das Langhaus des Domes endet. Hier ist die Verbindung von Architektur, Ornamentik und Skulptur in großartiger Weise gelungen. Im Gegensatz zum Ostlettner handelt es sich um einen Mauerlettner mit einer kunstvoll gegliederten Fassade. Das mittig angeordnete Portal mit vollplastischer Kreuzigungsgruppe führt in den Westchor und bildet gleichzeitig den thematischen Abschluß der eindrucksvoll erzählenden Passionsreliefs (Naumburger Meister) an der Brüstung der Lettnerbühne. Von der weiteren Ausstattung des Domes sind wesentliche Teile von hohem künstlerischen und kunstgeschichtlichen Wert erhalten wie z. B. der Hauptaltar im Ostchor mit Mensa (13. Jh.) und Schauwand (1567), weitere Altäre, Plastiken, Grabsteine und Epitaphe des 14. bis 18. Jh.

Das Torgebäude an der Stelle des ehem. Rathauses der Domfreiheit zwischen Marienkirche und Dreikönigskapelle wurde erst 1936/40 eingefügt. Das Haus **Domplatz 1**, die sog. Bischofskurie (heute Rat des Kreises), verdankt seine Bezeichnung der Wiederherstellung nach dem Brand von 1532 durch Bischof J. v. Pflug. Er hatte es 1556 erworben und ließ 1564 mit dem Wiederaufbau beginnen. Als er im gleichen Jahr starb, übernahm der Domherr J. v. Krakau die weiteren Baumaßnahmen. Unter Nutzung erhalten gebliebener Teile entstand bis 1581 der zweigeschossige Hauptbau in Formen der Spätrenaissance mit charakteristisch gegliederten Schweifgiebeln zur Straßen- und Hofseite. Im Norden des Hofes steht ein im Grundriß quadratischer viergeschossiger ehem. Wohnturm, im Kern aus der Mitte des 11. Jh. stammend. Das spätgotische Portal ist erst 1505 durch den Domherrn V. v. Schleinitz in die Südwand des Erdgeschosses eingesetzt worden. Die beiden unteren Geschosse sind kreuzgratgewölbt, die oberen haben flache Decken. Der Wohnturm ist der einzige geschlossene, in der Stadt noch erhalten gebliebene Baukörper aus dem 11. Jh.

Am Domplatz 7/8 befindet sich die **Ägidienkurie** (Katechetisches Oberseminar). Von der ursprünglichen Anlage der „Curia Aegidii" sind lediglich in den ehem. Wirtschaftsgebäuden romanische und spätgotische Teile vorhanden. Den Brand von 1532 überstand nur der Kapellenanbau im Südosten. Die danach wieder errichteten Hauptgebäude wurden 1890 abgebrochen und erneuert. An der Ostseite ist ein Portal aus der Zeit kurz nach 1832 mit Sitzkonsolen und Baldachinen erhalten. Die Kapelle der Ägidienkurie entstand etwa gleichzeitig mit dem ältesten spätromanischen Teil des Domes zu Anfang des 13. Jh. und diente ursprünglich einem Domkapitular als Andachtsraum. Das quadratische Untergeschoß ist von vier Kreuzgratgewölben auf Mittelpfeiler mit Ecksäulchen überdeckt. Die eigentliche Kapelle im Obergeschoß geht im Innenraum in ein Achteck mit steilem Kuppelgewölbe über. Die Apsis an der Ostseite ist durch Fresken hervorgehoben. In der Nordwand befindet sich ein einstufiges Säulenportal, in der Westwand ein Vierpaßfenster. Das spätgotische Vorhangbogenfenster ist anstelle eines romanischen Rundbogenportals, vermutlich des ersten Eingangs, an der Südseite eingefügt. Die übrigen Kurien und Freihäuser am Domplatz mit ihren überwiegend schlichten Fassaden stammen aus dem 18. Jh., so **Domplatz 21** (1724), **Domplatz 3** (1698/1700) mit dem Wappen eines W. D. v. Werthern im Giebel, **Domplatz 4** (1785) und **Domplatz 6** (1722/24) mit dem Vitzthumschen und Hopfgartenschen Wappen im Risalitgiebel. Vermutlich noch mittelalterlichen Ursprungs ist das schmucklose Brunnenbecken westlich der Domkirche. Der „**Ekkehardbrunnen**" auf dem östlichen Domplatz stand bis 1856 vor dem Grundstück Domplatz 21 („Curia Trutwini"). Das achteckige Becken wurde nach 1532 erneuert und erhielt sein spätgotisches Vierpaßmaßwerk. Der hohe Achtecksockel mit einer Nachbildung der Skulptur des Markgrafen Ekkehard II. kam erst 1858 hinzu.

Der **Steinweg**, die Verbindung zur Ratsstadt, verdankt seine Bezeichnung vermutlich dem Umstand, die erste gepflasterte oder befestigte Straße Naumburgs gewesen zu sein. Er ist mit schlichten zwei- und dreigeschossigen Traufenhäusern des 18. Jh. bebaut. Im Erdgeschoß von **Steinweg 13/14** befindet sich das *Informationszentrum für Städtebau, Architektur und Denkmalpflege* der Stadt. Seine Fortsetzung auf ratsstädtischer Seite findet der Steinweg in der heutigen Klement-Gottwald-Straße, der ehem. Herrenstraße, nach Überschreiten der im 19. Jh. zur Promenade umgestalteten Befestigungsanlagen zwischen den beiden Stadtteilen. An der Nahtstelle stand das Herrentor.

Die Klement-Gottwald-Straße mündet mit einer nördlichen Aufweitung in die Nordwestecke des ehem. Marktes, des heutigen **Wilhelm-Pieck-Platzes**. Er ist eine der schönsten historischen Platzanlagen der DDR. Die festsaalartig geschlossene Wirkung beruht auf der geschickt versetzten Mündung der vier Hauptstraßen und den kaum wahrnehmbaren Öffnungen in die Nebenstraßen. In das Bild des 70 Meter mal 85 Meter großen Marktes hinein wirkt die südlich davon erhöht auf dem Topfmarkt stehende ↗ Stadtkirche St. Wenzel mit ihrer aufstrebenden Baumasse als Dominante hinter dem nur zweigeschossigen ↗ Schlößchen. Die beherrschenden Gebäude des Platzes sind das ↗ Rathaus und die ↗ ehem. Residenz. Gesteigert wird der Eindruck des räumlichen Zusammenhangs durch die rundbogigen Zwerchgiebel des Rathauses, die an zwei Gebäuden wiederkehren.

Das **Rathaus**, am Wilhelm-Pieck-Platz 1, hat seinen Standort an dieser Stelle seit 1385. Mehrere Vorgängerbauten fielen Bränden zum Opfer, der letzte 1517. Unter Nutzung erhaltener Teile desselben entstand im wesentlichen die heutige dreigeschossige Dreiflügelanlage (H. Witzleube) mit einem dem Markt zugewandten repräsentativen Hauptbau, der ursprünglich aus drei Teilen bestand. Das einheitliche

Rathaus

Kl.-Gottwald-Str.
Hohe Lilie
Engel-
gasse
Rat-
Schuhhof
haus
Ratskeller
Wilhelm-
Pieck-
Platz
Mariengasse
Marienstraße
Marienstr.
Galerie im
II. Stock
Hirschpassage
Marktbrunnen
J.-Heinemann-
Gasse
Löwen-
apotheke
Straße
der
Zu den Drei
Schwanen
DSF
Holz-
markt
Holzmarkt-
brunnen
Schlößchen
ehem.
Residenz
gasse
Topf-
markt
Wenzels-
turm
Wenzelskirche
Salzstraße
Jüden-
Gutenbergstr.
Wenzelstr.
Jacobs-
gasse
Weingarten
0
50
100m

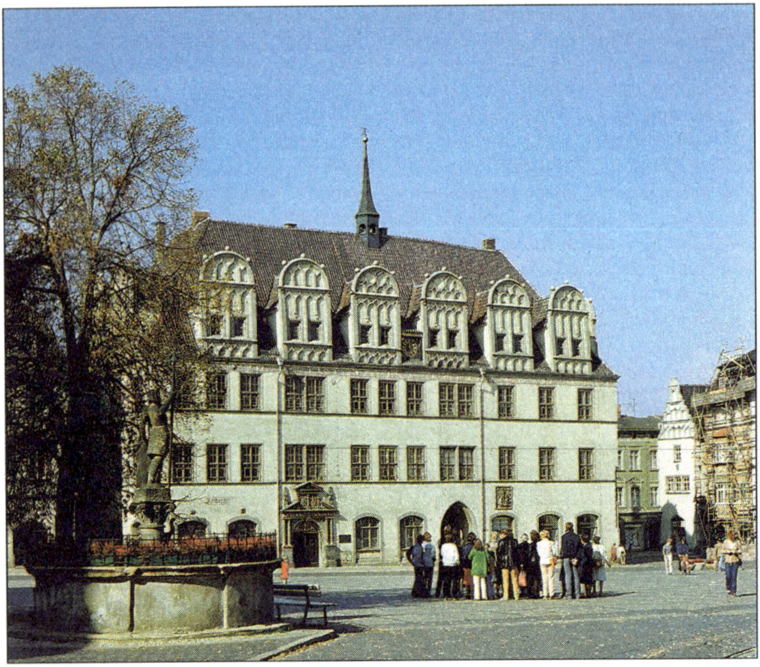

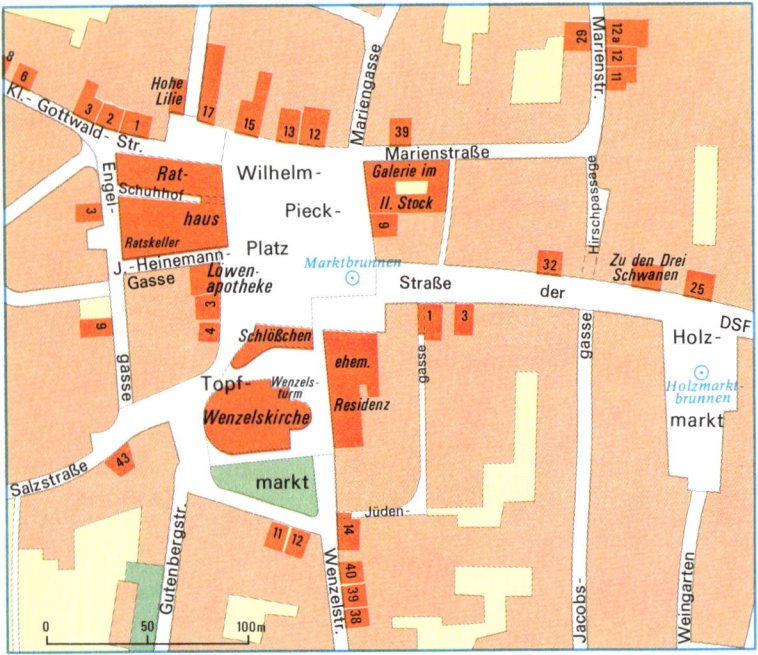

Gepräge wurde durch die Fenster der Obergeschosse, durchlaufende Gesimse, ein übergreifendes hohes Dach mit Dachreiter und die Zwerchgiebel mit spätgotischem Maßwerk erreicht. Das Erdgeschoß wurde mehrfach verändert, nur der spitzbogige Durchgang zum Schuhhof gehört zum alten Bestand (Wappentafel von 1482 von der Freitreppe des Vorgängerbaus). Ursprünglich bestand das gesamte untere Geschoß aus Verkaufshallen. Die Räume im Südflügel und im südlichen Teil (Gaststätte Ratskeller) besitzen Kreuzgrat- bzw. Zellengewölbe auf Pfeilern. Das reiche Hauptportal (C. Steiner, 1612) entstand nach Beseitigung der Freitreppe. Das Innere des Hauptbaus wurde vielfach verändert. Vom 1. zum 2. Obergeschoß führt neben einer geschnitzten Holztreppe von 1920 eine Wendeltreppe von 1556 mit einem Frührenaissanceportal (vermutlich H. Witzleube, 1557). Im Haupttreppenhaus fällt ein monumentales Gemälde (F. Martersteig) auf. Einige Räume im 1. Obergeschoß erhielten zu Beginn des 17. Jh. eine neue Gestaltung, u. a. Wandsäulen mit Beschlagwerk (C. Steiner). Zwei Zimmer besitzen Stuckdecken (1655 und 1710). Im Jahr 1853 errichtete man im 1. Obergeschoß den Ratskellersaal, der von 1864 bis 1884 gleichzeitig als Theater diente.

Kurfürst Johann Georg I. kaufte 1650 vier Häuser am Markt, um an deren Stelle in der Südostecke des Platzes eine **Residenz** (1652) für seinen Sohn, den Herzog Moritz von Zeitz, errichten zu lassen (heute Verwaltungen, Gaststätten). Die Marktfront des Hauses verläuft leicht geknickt und zeigt zwei einander ähnliche Gebäudeteile in den Formen der Spätrenaissance mit stabwerkgeschmückten Volutengiebeln. Das 1560 datierte Sitznischenportal an der schlichten Westfassade (Topfmarkt) stammt von einem der Vorgängerbauten. Das erste Geschoß der Residenz hatte hier auch eine Brücke zum Fürstenstuhl der Wenzelskirche. Die Naumburger Residenz besaß nur Übergangscharakter bis zur Fertigstellung des Zeitzer Schlosses. Von 1663 an diente sie vor allem als fürstliches Gästehaus und Sitz des Amtsverwalters, seit 1816 als Gerichtsgebäude. An der Stelle des **Schlößchens** (H. Witzleube, 1541), Wilhelm-Pieck-Platz 6, befand sich seit 1379 das Städtische Kaufhaus, später Borten-, Bänder- und Brothaus. Der Neubau besaß im Erdgeschoß Messestände. Auf dem südwestlich angrenzenden Grundstück ließ der Rat der Stadt die Amtsräume (H. Witzleube, 1543; 1950 restauriert) des ersten und einzigen evangelischen Naumburger Bischofs, N. v. Amsdorf, errichten. Charakteristisch für die beiden zusammenhängenden Gebäude sind die sieben rundbogigen Dacherker nach dem Vorbild des Rathauses. Der kleine Komplex dient heute als Bibliothek und Reisebüro.

Charakteristische Wohn- und Handelshäuser, vorwiegend des 16. bis 18. Jh., teilweise mit mehreren Dachspeichergeschossen, runden das Erscheinungsbild des Marktes ab. Dem Rathaus gegenüber wurde um 1525 das stattliche Haus **Wilhelm-Pieck-Platz 10** (heute Sitz des Kulturbundes der DDR, Galerie im II. Stock) erbaut. Es besitzt ebenfalls sieben spätgotische Maßwerkgiebel. Die dreigeschossige Marktfassade mit sieben Achsen ist durch einfache Gesimse in Fensterbrüstungshöhe horizontal betont. Das Portal mit flachen Seitennischen und Supraporte rahmt eine schwere geschnitzte Eichentür (um 1680). Im Innern sind zahlreiche Details erhalten, u. a. Stuckdecken in der Diele und den ehem. Wohnräumen. Ebenfalls noch vorhanden sind die Hofgebäude. Das barocke ehem. Bürgerhaus **Wilhelm-Pieck-Platz 9** fällt durch einen flachen dreiachsigen Mittelrisalit und den dekorierten Mansardgiebel darüber auf. Als eines der ältesten erhaltenen Gebäude Naumburgs besitzt die „Hohe Lilie", Wilhelm-Pieck-Platz 16, einen spätgotischen Staffelgiebel mit Maßwerkblenden (2. Viertel 16. Jh.). Der zweigeschossige Erker am benachbarten Haus **Wilhelm-Pieck-Platz 17** mit reichem barocken Dekor (Frucht- und

Blick auf den Wilhelm-Pieck-Platz

Blumengehänge) stammt aus dem 18. Jh., das Sitznischenportal am Nebengebäude in der Mühlgasse ist 1674 datiert. An weiteren Häusern finden sich sehenswerte Bauteile oder Einzelheiten, so an **Wilhelm-Pieck-Platz 15** das Relief der Taufe Christi (1568) und Gewände. Im Haus **Wilhelm-Pieck-Platz 13** wohnte 1542 Luther einige Tage (Gedenktafel), Wilhelm-Pieck-Platz 12 besitzt neben dem Hauszeichen – „Goldener Anker" – eine flache Pilastergliederung und Schmuckfelder. Das älteste datierte Portal (1542) befindet sich im Gebäude **Wilhelm-Pieck-Platz 4**. Wil-

helm-Pieck-Platz 3 beherbergte Luther 1521 auf seiner Reise nach Worms (Gedenktafel). Der **Marktbrunnen** (1459 erstmalig erwähnt) gehörte zu einer Wasserversorgung, die die Stadt in der Mitte des 15. Jh. anlegte. Das Becken stammt von 1535, das Gitter von 1550. Die Brunnensäule wurde 1579 mit einem „Steinernen Manne" (Kopie 1949), vermutlich den Hl. Wenzel als Patron der Stadt darstellend, geschmückt.

Auf dem trapezförmigen **Topfmarkt** erhebt sich das Wahrzeichen der Ratsstadt, die **Wenzelskirche** (1228 erstmalig erwähnt, Neubau nach 1426) mit ihrem 67 Meter hohen Turm – er ist heute noch bewohnt und bietet von seiner Plattform aus lohnende Aussichten auf Stadt und landschaftliche Umgebung; im Helmgeschoß befindet sich eine Ausstellung zur Turmgeschichte. Nach Fertigstellung der östlichen Teile der Kirche und des Schiffes vernichtete 1473 ein Brand wesentliche Teile des Gebäudes. Nach der Weihe von 1511 brannte die Kirche 1517 erneut, bis 1523 erfolgte dann die Wiederherstellung. 1724 wurde das Innere barock umgestaltet, die Restaurierung von 1891 hat Teile davon wieder beseitigt. Der Grundriß der Wenzelskirche mußte auf die städtebauliche Situation Rücksicht nehmen. Das dreischiffige hohe Langhaus ist deshalb eine extrem kurze und breite Halle mit einem flachen Kreissegment als westlichem Abschluß. Die Breite des Schiffes bedingte die ungewöhnliche, am besten vom Turm aus einzusehende Dachform mit teilweiser innerer Entwässerung über Rinnen und ein Zwischenbecken im Bodenraum. Der langgestreckte Chor mit Polygon ist ebenso wie die Nordwand des Schiffes (Seite zum Markt) reich gegliedert. Von den beiden geplanten Türmen ist nur der nördliche von 1426 bis 1473 ausgeführt worden. Oberhalb des Dachgesimses geht seine Grundrißform in ein Achteck über. Die barocke Haube mit Erkern, Laterne und Obelisk (1706), Kugel und Kreuz (1868) bildet den oberen Abschluß. Das Portal am Turm ist in seiner Ausbildung für das 2. Viertel des 15. Jh. charakteristisch. Das Westportal (um 1510/20) in der Mitte des Langhauses ist als Kielbogenportal mit hoher Kreuzblume gestaltet. Die seitlichen Figurennischen enthalten die Standbilder von Maria und Hl. Wenzel. Das Innere der Wenzelskirche ist in seinem spätgotischen Raumeindruck durch die einheitlichen Spiegeldecken von 1724 entscheidend verändert. Durch Höhe, Weite und Lichtfülle der Halle entsteht eine zentralraumähnliche Wirkung, auf die auch die Lage der Kanzel (1725/29 und 1765) gerichtet ist.

Beherrscht wird der Gesamtraum jedoch von dem reichen Orgelprospekt (J. Göricke, 1695/97). Das Werk (1743/46) stammt vom Silbermann-Schüler Z. Hildebrandt, es wurde 1746 von J. S. Bach und G. Silbermann geprüft und abgenommen (1962/64 rekonstruiert). Gegenüber steht im Chor der barocke Hauptaltar mit dreigeschossiger Altarwand (H. Schau, um 1680) und dem Altarbild (J. O. Harms, 1683), die Kreuzigungsgruppe mit Stiftern darstellend. Unter dem leicht erhöhten Chor befindet sich die Krypta mit Stichkappengewölbe und einem Schlußstein (sog. „Gotteslamm") aus der Zeit nach 1426. Neben anderen wertvollen Ausstattungsstücken besitzt die Kirche eine Sammlung bedeutender Gemälde, u. a. von L. Cranach d. Ä. Der historisch interessante Grabstein ist der des Pagen A. v. Leubelfing, gefallen 1632 in der Schlacht bei Lützen.

Am **Topfmarkt** und in der bis zum ehem. Wenzelstor führenden **Wenzelstraße** sind kleine Bürgerhäuser, überwiegend des 18. Jh., zum Teil mit Schmuckelementen oder Hauszeichen erhalten. Dazu gehören u. a. die Gebäude Topfmarkt 1 mit dreigeschossigem schlichten Erker, Topfmarkt 11, 12, 14 und 16, Wenzelstr. 39 u. a. **Wenzelstr. 38** ist das Geburtshaus des Ägyptologen C. R. Lepsius (Gedenktafel). Neben der Einmündung der Wenzelstraße in den Wilhelm-Pieck-Platz befindet sich der südwestliche der beiden Zugänge zum ehem. jüdischen Viertel, nach rechtwinklig geknicktem Straßenverlauf mit zweitem Eingang an der heutigen Straße der DSF. Die Straßenbezeichnung **Jüdengasse** weist noch auf diesen bis 1393 abschließbaren Bereich hin.

Die repräsentativste der auf den Markt führenden Straßen ist die Verbindung zum ehem. Jakobstor, die frühere Jakobstraße – heute **Straße der DSF**. Sie ist seit 1978 mit dem ↗ Holzmarkt Fußgängerzone. Die drei- bis viergeschossige Bebauung stammt aus dem 16. bis 19. Jh. Unter dem Haus **Straße der DSF 1** mit flachem Mittelrisalit, zurückhaltendem

Holzmarkt

Dekor und dem Hauszeichen „Goldene Rose" mündet die Jüdengasse. **Straße der DSF 2** bis **4** tragen ebenfalls Hauszeichen oder sichtbare Schmuckelemente. **Straße der DSF 32** besitzt einen dekorativen zweigeschossigen Erker (1. Hälfte 17. Jh.) mit verspätetem Renaissanceschmuck. Das Gasthaus **„Zu den Drei Schwanen"** an der Stelle der ehem. Jakobskapelle zeigt eine schlichte Renaissancefassade mit Schweifgiebel. Das Gebäude besteht aus zwei Teilen, der linke entstand 1544, der rechte 1553. Über dem ehem. Portal ist ein Auferstehungsrelief (1553) erhalten. Der Gastraum besitzt Kreuzgratgewölbe auf einem Mittelpfeiler und kleine Reliefs. Bedeutendstes Gebäude ist **Straße der DSF 25** (heute Kaufhaus). Mit seinem Bau begann Ritter Lamprecht von Altensee 1574. Nach 1600 bis in die Mitte des 19. Jh. hinein war es einer der größten Gasthöfe der Stadt, „Zum güldenen Harnisch" genannt, seit 1804 gleichzeitig Post. Das repräsentative dreigeschossige Gebäude mit hohem Dach ist nahezu symmetrisch angelegt. Betont wird dies durch einen Erker in Spätrenaissanceformen über dem mittigen Sitznischenportal. Die unteren Brüstungsfelder des Erkers tragen die Wappen des Erbauers und seiner Gemahlin. Der Gasthof beherbergte u. a. Napoleon und Goethe (Gedenktafel). Die Fassade des Hauses ist gleichzeitig Platzwand für den sich südlich anschließenden **Holzmarkt**, der erst nach 1384 bebaut wurde. Bemerkenswert ist der Brunnen (R. Schultz, 1978) mit stilisierten Keramikblumen. Der Platz geht in den Straßenzug **Weingarten** über, an dessen Ende das klassizistische Haus **Weingarten 8** steht. Es war häufiger Aufenthalt F. Nietzsches von 1890 bis 1897 (Gedenktafel).

Zu den ältesten Teilen der Stadt gehört die rechtwinklig geknickte **Marienstraße** (1. Hälfte 12. Jh.). Ein Teil der Bebauung vom 16. bis 18. Jh. ist erhalten. Seit 1985 entstanden Neubauten anstelle von historisch unbedeutenden und baufälligen Häusern (Marienstr. 30/31 und 40). **Marienstr. 39** besitzt eine bemerkenswerte hohe Giebelfassade. Der obere Teil mit Schweifgiebel zwischen flankierenden Wappenlöwen stammt vermutlich erst aus dem 17. Jh., das ehem. Kielbogenportal von 1530. Erhalten ist eine Reihe von Gebäuden des ausgehenden 16. Jh. bis zum Anfang des 17. Jh., u. a. **Marienstr. 11** mit Sitznischenportal (1615), **Marienstr. 12** mit Portal und Hauszeichen über der Kartusche (1603) und **Marienstr. 29** mit Sitznischenportal und Elefantenrelief (1618). Besonders hervorzuheben ist das Portal von **Marienstr. 12a** (1574) mit den Hochreliefs, Peter und Paul darstellend, am Bogengewände sowie Simson mit dem Löwen in der Supraporte. An den Fassaden weiterer Häuser, auch in der **Fischstraße**, befinden sich Portale und Hauszeichen.

Die **Marien-Magdalenen-Kirche** am Marienplatz geht auf die Stiftung eines Hospitals durch Bischof Udo I. zurück, das bis 1544 bestand. 1712 mußte die zugehörige Kapelle einem zunächst als Friedhofskirche dienenden Neubau weichen, der sich bis 1730 hinzog. Seit 1752 war sie auch Pfarrkirche. Der Profanisierung während der Befreiungskriege folgte 1821 die Neuweihe. Das Äußere der Kirche ist durch einfache barocke Formen bestimmt. An der Westseite befindet sich ein dreiteiliger Eingangsvorbau mit zweigeschossigen Seitentrakten. Auf der Westfassade symmetrisch steht der quadratische Turm mit Haube und Laterne mit Engelsköpfen. Der Raumeindruck ist ausgewogen und einheitlich durch Spiegeldecke, Stukkaturen (C. B. Brentani, 1714) und Gemälde – im Zentrum das „Jüngste Gericht" (W. Rössel, 1727). Auf der klassizistischen Hufeisenempore befindet sich die Orgel (F. Hoppe, 1705).

Ursprünglich hatte die Marienstraße ab Höhe Fischstraße ihren Verlauf entlang der westlichen Seite des Marienplatzes und führte direkt zum südlichen Torhaus des **Marientores** (V. Weise, 1455/56). Das Marientor (heute Wohnungen, Puppentheater-Sommerbühne) ist als einziges der fünf Stadttore erhalten geblieben und stellt ein hervorragendes Beispiel einer Fangtoranlage dar. Der Komplex besteht aus zwei Torhäusern und dem gekrümmten Fanghof, der sowohl Verteidigungs- als auch Kontrollzwecken diente. Anstelle einer älteren und weniger wehrhaften Anlage wurde der noch erhaltene Bau errichtet. Die steinerne Grabenbrücke entstand 1531. Zum malerischen Erscheinungsbild des Tores trägt der viergeschossige quadratische Turm mit Kegeldach und Zinnen am stadtseitigen Torhaus maßgeblich bei. Die beiden Torhäuser sind durch einen kreisbogenförmigen Wehrgang mit Schußmöglichkeiten nach beiden Seiten verbunden. Er ist auf Konsolen und Stichbögen vorgekragt und mit Kielbögen aus Backstein gegliedert. Dieses Motiv setzt sich am äußeren Torhaus fort. Schmuckformen finden sich auch am Giebel des stadtseitigen Torhauses (Rautenblenden) sowie am Giebel des östlichen Wehrganges (Kreuzbogenblenden). In einer Nische des östlichen Torhauses steht das Steinbild der Maria mit dem Jesusknaben (P. Hummelshain, 1456). Von der übrigen **Stadtbefestigung** sind Reste von Mauern, Bastionen und des Grabens im Osten und Süden der Altstadt erhalten. Die nördliche, ehemals sogar dreifache Ummauerung und der westliche Abschnitt sind völlig verschwunden. Seit der 1. Hälfte des 19. Jh. wurden an ihrer Stelle Ringpromenaden (Postring, Lindenring) angelegt. Im Osten ist die äußere Mauer mit zwei Stümpfen von Bastionen einschließlich Graben zwischen Marientor und ehem. Jakobstor (Platz der Einheit) deutlich erkennbar. Im südwärts folgenden Abschnitt sind sowohl äußere Mauern, Graben und Reste von Bastionen als auch Teile des inneren Mauerringes zu sehen. An der Südostecke entstand 1463 die **Landskronenbastion** (heute Kindergarten). Zwischen ehem. Wenzelstor (Südausgang der Wenzelstraße) und ehem. Südwestecke der Ratsstadt (Kramerplatz) blieb ebenfalls ein Teil der Mauern erhalten. Von den ursprünglich 19 Türmen der inneren Mauer existiert nur noch die sog. **Wasserkunst** (heute Klub) am Wenzelsring, ein viergeschossiges, nahezu quadratisches Türmchen von 1480, das von 1697 bis 1698 zu einem Hochbehälter für die städtische Wasserversorgung ausgebaut wurde. Bei einer Reparatur 1764/65 setzte man ein Fachwerkgeschoß auf (1986 erneuert). Auf den ehem. Wallanlagen südwestlich der Altstadt schuf man im 2. Viertel des 19. Jh. die Anlage **Kramerplatz/Am Salztor**. Nachdem 1834 auch das am stärksten befestigte ehem. Salztor geschleift worden war, erbaute die Stadt dafür außerhalb des ehemaligen Mauerringes die beiden klassizistischen **Salztorhäuser** als Zollstation und Wache in der Form des Prostylos. Schmale Säulenhallen mit je vier dorischen Säulen tragen flache Giebeldächer. Unmittelbar daneben steht die sog. **Präsidentenhaus** (1829), ursprünglich als Wohnhaus für den Präsidenten des Oberlandesgerichts errichtet. Das Gebäude **Am Salztor 1** (Gaststätte, Puppentheater) ist eng mit der Geschichte der örtlichen Arbeiterbewegung verbunden (Gedenktafel). Ihm gegenüber befindet sich die Gedenkstätte für die Opfer des Faschismus. Im Haus **Kramerplatz 13** (17. Jh.) hielt sich der schwedische König Gustav II. Adolf kurz vor seinem Tode in der Schlacht bei Lützen auf (Gedenktafel). Die **Katholische Kirche** (1956) entstand anstelle eines kleineren Vorgängerbaus. Das **Hospital**, Kramerplatz 6, wurde 1835 als Dreiflügelanlage mit Kapelle errichtet.

Zu den ältesten Straßen gehört die bogenförmig verlaufende, den Topfmarkt berührende und südwestlich auf den Wilhelm-Pieck-Platz mündende **Salzstraße**. Sie weist nur noch wenige nennenswerte Gebäude, wie das Haus „Goldener Löwe" (heute Hotel) mit einer schlichten Renaissancefassade aus der 2. Hälfte des 16. Jh. oder die barocken Häuser **Salzstr. 31, 32, 33** und **43** auf. Hinter dem Rathauskomplex verläuft die **Engelgasse**

mit einigen bemerkenswerten Bauten. **Engelgasse 9** (heute Glasbläserwerkstatt) hat ein Sitznischenportal, während **Engelgasse 3** (1517 erwähnt) einen reich geschmückten dreigeschossigen Rokokoerker aus Holz trägt.

Ebenso wie die Engelgasse gehört die **Klement-Gottwald-Straße** zur Fußgängerzone der Stadt. Als Verbindung zur Domfreiheit hieß sie ursprünglich „Herrenstraße". Am Gebäude **Klement-Gottwald-Str. 1** befindet sich der vermutlich älteste erhaltene Erker an einem Naumburger Wohnhaus, ein eingeschossiger Halbrunderker auf einer Löwenkonsole (1. Hälfte 16. Jh.). Nur wenig jünger ist das Haus **Klement-Gottwald-Str. 2** (heute Apotheke) mit stattlichem Sitznischenportal und einem zweigeschossigen Erker auf einer Mohrenkopfkonsole. Die Relieftafel mit Lorbeerbaum zwischen zwei Giganten wurde erst 1645 angebracht. Der Renaissanceerker des Hauses **Klement-Gottwald-Str. 8** (heute Café) zeigt sparsamen barokken Dekor (18. Jh.). Die Gebäude Klement-Gottwald-Str. 3, 6, 11 und 15 sind ebenfalls Denkmale der Baugeschichte des 17. und 18. Jh.

Auf einem kleinen Platz zwischen ehem. Domfreiheit und der westlichen Ratsstadtgrenze liegt am gleichnamigen Platz die **Othmarskirche**. 1259 erstmalig erwähnt, hat sie ihren Ursprung vermutlich aber schon in einer um 1160 erfolgten Stadterweiterung an dieser Stelle, die sich später zur Ratsvorstadt entwickelte. Der schlichte rechteckige Bau (1691/99) mit hohem Walmdach und einem vom Quadrat in ein Achteck übergehenden Turm im Osten ist äußerlich durch Pilaster und Segmentbögen gegliedert. Der Altarraum ragt als Rechteck an der östlichen Querseite heraus. Das Innere wurde von 1976 bis 1979 u. a. durch das Einziehen einer Geschoßdecke umgebaut, hier ist heute auch die bedeutende theologische Bibliothek des Katechetischen Oberseminars untergebracht.

Die **Moritzkirche**, auf einer Anhöhe westlich der Ratsvorstadt gelegen, ist auf eine Klosterstiftung der Ekkehardinger aus dem 11. Jh. zurückzuführen (Benediktinernonnen, seit 1119 Augustinerchorherren). 1260 vernichtete ein Brand Teile der Kirche und Klosteranlage. Erst Propst N. v. Langenberg ließ nach mehr als 200 Jahren Verschuldung und Verarmung des Klosters den Bau beenden. Durch ihn wurde im 1. Viertel des 16. Jh. der spätgotische Kirchenneubau mit nördlichem Seitenschiff aufgeführt. Das Kloster bestand bis 1532. 1544 ließ die Stadt die Klosteranlagen abbrechen, die Kirche war von nun an Pfarrkirche der Vorstadt. Das Hauptschiff geht in einen langgestreckten Chor mit Polygon über. Die Strebepfeiler weisen auf die ursprüngliche Wölbungsabsicht hin. Zwei quadratische schlanke Türme mit spitzen Helmen flankieren im Westen Vorhalle und spätgotisches Kielbogenportal, ein weiteres befindet sich auf der Südseite. Die Untergeschosse des südlichen Turmes stammen vom romanischen Vorgängerbau.

Das Innere der flachgedeckten Kirche ist schlicht gestaltet. Kanzel, Gestühl, Orgel und Balkendecke sind Arbeiten des 19. Jh., erhalten ist die mächtige Altarmensa (1504) sowie eine Kopie der Triumphkreuzgruppe (um 1230). Daneben sind einige Grabsteine und Epitaphe erhalten, z. B. die des Bischofs Richwin, des N. v. Langenberg und des A. Kirchner mit Frau. Die Kirche ist auch mit Pastorenbildnissen des 17./18. Jh. ausgestattet. Nördlich an Domfreiheit und Ratsstadt grenzend, erstreckt sich der ehem. Wenzelsfriedhof. Der nördliche Teil (1945 zerstört) wurde zu einem **Park** und einer **Gedenkstätte für die Opfer des Faschismus** mit Figurengruppe und Bronzereliefs an Betonobelisken (G. Lichtenfeld, M. Wetzel, 1963) umgestaltet. Der erhalten gebliebene Teil des **Domfriedhofes** be-

wahrt eine Reihe wertvoller Grabmäler des 16. Jh. Die südliche Friedhofsmauer gehörte z. T. zur mittelalterlichen Stadtbefestigung. Die ursprünglich zur Kurie südöstlich der Marienkirche am Dom gehörende **Johanneskapelle** (2. Hälfte 13. Jh.) übertrug man 1866 hierher. Das spitzbogige Portal führt in das durch drei Kreuzgewölbe bedeckte Innere. Das Baudekor weist die späten Formen der Naumburger Werkstatt auf.

Im Südosten der Ratsstadt, an der Vogelwiese, steht das Haus des FDGB, das ehem. **Stadtschützenhaus** (1805). Der rechteckige dreigeschossige, verputzte Fachwerkbau besitzt eine Pilastergliederung und einen kräftigen Mittelrisalit auf vier Säulen. Von hier aus fand das jährliche Vogelschießen statt, wonach der Platz seinen Namen hat. Heute wird auf der Vogelwiese u. a. das „Kirschfest" gefeiert, dessen Tradition auf die sagenhafte und nicht den historischen Tatsachen entsprechende Belagerung der Stadt durch die Hussiten und ihre wunderbare Rettung auf Bitten der in Leichengewänder gehüllten Kinder im Jahr 1432 zurückgeht. Prokop, der Heerführer der Hussiten, soll durch den Anblick der bittenden Kinder so gerührt gewesen sein, daß er ihnen Kirschen schenkte und die Stadt verschonte.

Unmittelbar nördlich der ehem. Burg außerhalb der alten Befestigungen steht die Wohnanlage „Am Georgentor" (F. Hoßfeld, 1926/28), eine zwei- bis viergeschossige gut gegliederte Gebäudegruppe um einen sich zur Saaleaue öffnenden Innenplatz. Das **Museum der Stadt Naumburg**, östlich der Ratsstadt in der Grochlitzer Str. 49/51 gelegen, ist ein ehem. klassizistisches Wohnhaus mit großem Garten, es vermittelt Informationen zur Geschichte der Stadt und ihrer Umgebung.

Neuruppin

Bez. Potsdam

 Rat der Stadt
Wichmannstr. 8
Neuruppin, 1950

Historischer Stadtkern lt. Bekanntma-
chung der zentralen Denkmalliste der
DDR:
„Klassizistische Stadtanlage innerhalb
der Zollmauer und der mittelalterlichen
Stadtmauer mit Karl-Marx-, Friedrich-
Engels-, August-Bebel-, Schiffer- und
Rudolf-Breitscheid-, Wilhelm-Pieck-,
Wichmann-, Friedrich-Ebert-, Schinkel-,
Virchow-, Rosen- und Steinstraße, Bern-
hard-Brasch-Straße (ehem. Am Gericht),
Kommissionsstraße und Ernst-Thäl-
mann-, OdF-, Karl-Kurtzbach- und
Kirchplatz. Mittelalterliches Viertel zwi-
schen Erich-Mühsam-, Berg- und Leine-
weberstraße, Klosterkirche, Siechen-
hauskapelle, Uphus, ehem. Fontane-
Schule, Pfarrkirche, mittelalterliche
Wallanlagen zwischen Tempelgarten
und Rheinsberger Tor, Tempelgarten mit
Knobelsdorff-Tempel und Gartenplastiken."

Neuruppin besitzt eine in dieser Originalität in der DDR einzigartige klassizistische Stadtanlage, umzogen von
Teilen des Grüngürtels der seit dem
Mittelalter ausgebauten Wälle und
der Stadtmauer. Die Kontinuität städtischer Entwicklung wird in den mittelalterlichen Bauten des Seeviertels
sichtbar.

Obwohl Stadtbrände im 18. Jh.
nicht selten waren, ist der Brand von
1787 wegen der Folgen für die Stadtgeschichte und das heutige architektonische Antlitz besonders bedeutsam.
Der Brand vom Sonntag, dem 26. 8.
1787, entstanden im Scheunenviertel
vor dem Bechliner Tor (Nordecke des
heutigen Ernst-Thälmann-Platzes),
vernichtete neben 30 Scheunen und
etwa zwei Drittel der zumeist Fach-
werk-Wohnbebauung auch das Zentrum der Stadt mit dem Rathaus (ehem.
linker Teil des heutigen Volkspolizei-
kreisamtes, Karl-Marx-Str. 18/18a),
erbaut von 1715 bis 1718 von P. W.

Nuglisch, der Nikolaikirche (Schiff
von 1699 bis 1702, Turm 1709) anstelle eines verfallenen romanischen
Baus (etwa südlicher Platzraum gegenüber dem späteren Gymnasium),
der Marienkirche (spätgotisch; vollendet 1505) mit Türmen von 1754 östlich
des heutigen Standortes, dem Heilig-
Geist-Hospital (1321 erstmals erwähnt) am Ruppiner (Rheinsberger)
Tor und der Stadtschule (1365 gegründet), die nach der Reformation 1541 mit
der zwischen 1246 und 1270 gegründeten Schule am Dominikanerkloster
(südlich der Marienkirche) vereint worden war.

Hilfe für die Stadt setzte umgehend
ein. Aus vielen märkischen Städten
kamen Sach- und Geldspenden, die
Regierung stellte sofort die Reste der
1783 und 1785 zur dringend notwendigen Stadtsanierung gewährten
130 000 Taler Retablissementsgelder
für wirtschaftliche Hilfsmaßnahmen
bereit. Schon am 9. 9. 1787 besuchte
der Verwalter der kurmärkischen
Kriegs- und Domänenkammer
O. v. Voß die Unglücksstätte; er leitete
auch die Anfang 1788 gegründete Retablissementskommission. Als Architekt wurde B. M. Brasch, der u. a. für
Oranienburg, Kremmen, Alt- und
Neuruppin zuständige Bauinspektor,
in die Kommission entsandt, der er
bis 1802 angehörte.

Brasch war seit Mai 1783 in der
Stadt tätig und mit ihr vertraut. Sein
Entwurf sah ihre Erweiterung von 46
Hektar auf knapp 61 Hektar bei Beseitigung der Wälle zwischen Tempelgarten und See vor. Die beiden eng
zusammenliegenden Nord-Süd-Stra-
ßen wurden zu einer Achse (heutige
Karl-Marx-Straße) vereinigt, die Wie-
deraufbaugebiete erhielten ein raster-
förmiges Straßennetz mit durchgängig
zweigeschossigen Traufenhäusern.
Unter teilweise direkter Einflußnahme des Oberbaudepartements in
Berlin in Person des Geheimen Ober-
baurates Ph. B. Berson, einem Taufpa-
ten K. F. Schinkels, der zur Unterstützung zeitweise die Kondukteure
F. Gilly und C. L. Engel entsandte,
konnte Brasch ein neuartiges bürgerli-

Ehem. Fontane-Oberschule

ches Stadtbauprogramm verwirkli-
chen. Es gründete sich auf zeitgenös-
sische Ideen, den gesellschaftlichen
Fortschritt durch Aufklärung, humanistische Bildung und menschenwür-
dige Lebens(Wohn-)bedingungen
durchzusetzen. Noch heute sind diese
städtebaulichen Reformprinzpien erkennbar, mit denen der Klassizismus
Ende des 18. Jh. das feudal-barocke
Erbe überwand – bemerkenswert für
das noch rückständige Brandenburg-
Preußen.

Den Mittelpunkt der Stadtanlage
bildete gemäß der humanistischen
Gesamtkonzeption weder die Kirche
noch das Rathaus, sondern die
Schule. Sie wurde von 1976 bis 1982
restauriert und ist heute städtisches
Kulturzentrum, an der Magistrale zwi-
schen Platz der OdF und Friedrich-
Ebert-Straße gelegen, mit Stadt- und
Kreisbibliothek, Musikschule und
Hochzeitszimmer. Die 1790 begon-
nene und am 24. 11. 1791 eingeweihte
Schule wurde 1817 Gymnasium und
schloß 1972 als Fontane-Oberschule

ihre Pforten. Der zweigeschossige
Putzbau von 25 Achsen trägt über
dem vorgezogenen Mittelrisalit einen
laternenartigen Turmaufsatz und im
Giebelfeld um die Uhr ein allegori-
sches Relief der Zeit: Die Bauin-
schrift „Civibus aevi futuri" („Den
Bürgern der kommenden Zeit") steht
für Braschs gesamte Stadtkonzeption.
Gegenüber wurde am 26. 8. 1829 ein
von C. F. Tieck geschaffenes Denkmal
für König Friedrich Wilhelm II. enthüllt – in Erinnerung an den staatlich
gelenkten und finanzierten Wiederaufbau. Der von Schinkel entworfene
Sockel dient heute im „Stadion der
Freundschaft" als Basis für die Lenin-
Statue.

Die bedeutendsten Schüler der
ehem. Neuruppiner Friedrich-Wil-
helm-Schule bzw. des Gymnasiums
waren Karl Friedrich Schinkel und
dessen Bruder Wilhelm (1792/94), der
erste Denkmalkonservator Preußens,
Ferdinand v. Quast (1821/22), die
Brüder Wilhelm (Maler) und Alexander Gentz (Textilfabrikant), ihr Ju-

gendfreund Theodor Fontane (1832/33) sowie der Architekt Ludwig Runge. An den Musiklehrer des Gymnasiums (1845/73), den Komponisten Franz Möhring, erinnert in seinem Geburtsort Alt-Ruppin ein Denkmal von M. Wiese.

Wahrscheinlich von der Anlage des ↗ Berliner Gendarmenmarktes beeinflußt, gestaltete Brasch die Hauptachse der Stadt, die ehem. Friedrich-Wilhelm-Straße – heute **Karl-Marx-Straße**. Symmetrisch zum Schulplatz (Platz der OdF und Karl-Kurzbach-Platz) liegen die beiden anderen zentralen Plätze. Innerhalb der dreifachen Platzfolge wird eine Steigerung des Raumeindruckes von Süden nach Norden erzielt, indem die westliche Platzbegrenzung beim Ernst-Thälmann-Platz die Bauflucht der Magistrale bildet, gegenüber der Schule sich der Platz leicht erweitert (Standort des Karl-Marx-Denkmals) und der Kirchplatz sogar einen halben Baublock über die Achse nach Westen reicht. Diese Raumfolge ist heute durch den späteren Monumentalbau des Gerichtsgebäudes anstelle des Rathauses nicht mehr klar ablesbar.

Ursprünglich waren von Brasch auf beiden Seitenplätzen Kirchen geplant: mittig auf dem Königsplatz (später Paradeplatz) und heutigen Ernst-Thälmann-Platz die neue reformierte Nikolaikirche, auf dem Kirchplatz, nach Osten zurückgerückt, die Marien(Stadt-)kirche. Diese Konzeption wurde vom Oberbaudepartement revidiert, die Nikolaikirche entfiel, auf dem Kirchplatz entstand die **Marienkirche** (1801/04) als Simultankirche nach dem Entwurf von Ph. B. Berson und C. L. Engel, eingeweiht am 23. 3. 1806. Der quergelagerte Saal mit seinen zweigeschossigen Emporen basiert noch auf barocker Tradition, die klassizistische Formensprache und die einem Profanbau entsprechende Außengestaltung zeugen dagegen vom Einfluß der Aufklärung. Der Saal ist als schlichte Tonne gewölbt (verputzte Holzkonstruktion). Der Kanzelaltar im Osten wurde im 19. Jh. verändert, die West(Ratsherren-)empore

schmückt das Gemälde „Fußwaschung Christi" von W. Gentz (1853). Über den drei Portalen beherrschen Supraportenreliefs (Moses und die Gesetzestafeln, Abendmahl, Taufe Christi) die schlichte Fassade. Gekrönt wird der im Umriß mit dem alten Dom in Berlin vergleichbare Bau über dem westlichen Mittelrisalit mit der silhouettenbestimmenden Kuppel. Auf dem rückwärtigen Kirchplatz erhebt sich das am 28. 10. 1883 enthüllte **Schinkeldenkmal** von M. Wiese.

Das gegenüberliegende ehem. Rathaus (Ph. B. Berson, C. L. Engel, 1801/04) ließ durch seine auf den Platz abgestimmten Dimensionen diesen voll zur Wirkung kommen. Nachdem bereits 1871 hier das Kreisgericht eingezogen war, wurde von H. Herrmann von 1881 bis 1883 für das nunmehrige **Amts- und Landgericht** der seitdem im Äußeren etwas veränderte Neubau errichtet (heute u. a. Kreisgericht). Als Rathaus dient heute das Bürgerhaus Wichmannstr. 8.

Die **Bürgerhäuser** von Brasch sind in einer Vielzahl, z. T. stark verändert, erhalten. Die im Original zweigeschossigen Traufenhäuser zeichnen sich durch eine klare, meist fünfachsige und streng symmetrische Gliederung aus. Bemerkenswert sind die an vielen Fassaden erhaltenen Schmuckelemente: Festons, Medaillons, Pilaster, Putten, Büsten u. a. Die gleiche Trauf- und Firsthöhe der Blockrandbebauung wurde bei unterschiedlicher Gebäudetiefe durch unterschiedliche Dachneigung zum Hof hin erzielt. Die Hausgröße sowie Grundriß- und Fassadengestaltung richtete sich außer nach hygienischen Forderungen hauptsächlich nach dem konkreten sozialen Status und den Berufen der Grundstücksinhaber. Die funktionelle Zuordnung der Räume, die Anordnung der Hof- und Nebengebäude und die Lage und Ausbildung der Grundstückszufahrt waren für die jeweils ausgeübten Gewerke festgelegt. Die Gebäude wurden als massive Putzbauten ausgeführt, ein Teil des Materials stammte aus der ruinösen Burg Alt-Ruppin.

Charakteristisch für die klassizistische Konzeption ist auch die außermittige Anordnung repräsentativer Fassaden als Straßenabschluß, zwar Blickfang, aber keine den Raum beherrschende Dominante. Außer der zentralen Achse und der heutigen Wilhelm-Pieck-Straße gab es keine die Stadt durchgängig querende Straße. Dieses städtebauliche Prinzip wurde erst ab 1875 nach dem Abriß der Tore und von Teilen der Zollmauer von 1788 durchbrochen. Hervorragende Beispiele sind die August-Bebel-Str. 14/15 (Kreisheimatmuseum) als westlicher Abschluß der Wichmannstraße, die Breitscheidstr. 16 als südlicher und die Steinstr. 19 als nördlicher Abschluß der Friedrich-Engels-Straße, aber auch die Nutzung der schon vorhandenen Kaserne Friedrich-Engels-Str. 39 als östlicher Abschluß der Schinkelstraße. Die Betonung von Straßenkreuzungen erzielte Brasch durch eine leichte Überhöhung der Eckhäuser (z. B. Schinkel-/Ecke Friedrich-Engels-Straße).

Die Stadt besitzt über 250 denkmalgeschützte und weitere erhaltenswerte Wohnhäuser. Die Bauten der späten 19. Jh. stören das charakteristische Straßenbild kaum, sie verschieben höchstens die Akzente. Störend und z. T. entstellend sind aber spätere Umbauten der Erdgeschoßzonen oder Aufstockungen (Karl-Marx-Straße zwischen Kommunikation und Wilhelm-Pieck-Straße) und Dachumbauten. Nur wenig beeinträchtigt durch Um- oder Ersatzbauten sind die Fronten der drei Plätze. Die meisten Häuser besitzen noch unverändert erhaltenen Fassadenschmuck. Neben Bauten von historischer Bedeutung sind solche erhaltenswerten Bauten zu finden, ohne die die Ensemblewirkung gemindert bzw. die geschützten Bauten in ihrer Wirkung beeinträchtigt würden.

Mit 31 Wohnhäusern stammt der Bestand der heutigen **Karl-Marx-Straße** weitgehend aus der Erbauungszeit. In der väterlichen **Löwen-Apotheke**, Karl-Marx-Str. 84, wurde 1819 Theodor Fontane (Denkmal von

M. Wiese am Südende der Straße) geboren. Er wohnte hier bis kurz vor dem Umzug der Familie 1827 nach Stettin. Schräg gegenüber steht das ehem. **Geschäftshaus der Firma Kühn.** Hier wohnte in einem Mitte des 19. Jh. aufgestockten Brasch-Bau Fontanes Jugendfreund B. Kühn. Er war Inhaber des hier ansässigen und vom Großvater J. B. Kühn 1775 gegründeten Verlages, der seit 1810 den „Neuruppiner Bilderbogen" herausgab. Mit den Firmen Oehmigke & Riemschneider (1835) und F. W. Bergemann (1859) beteiligten sich weitere Druckereien an diesem Geschäft. Die ehem. Villa Gentz (heutige Karl-Marx-Straße), Geburtshaus der Gebrüder Gentz, wurde 1916 abgerissen. Die geborgenen, zwischen 1857 und 1861 geschaffenen Deckengemälde des Vestibüls von W. Gentz wurden 1925 in die Eingangshalle des damaligen Landratsamts, Virchowstr. 14/15, übertragen.

In der **Rosenstraße**, an der Ecke Baustraße (westliche Seite der Karl-Marx-Straße), stand bis 1787 das von Kronprinz Friedrich von 1732 bis 1736 bewohnte Palais, umgebaut aus zwei Bürgerhäusern. Die schlichten Bauten Rosenstr. 9 und 10 sind von Brasch. Die Häuser **Robert-Koch-Str. 1, 3** und **6** haben schöne Details (Torbogen, Festons), die übrigen Häuser stammen meist aus der Zeit des Wiederaufbaus. Eine Reihe sehenswerter Häuser finden sich in der **August-Bebel-Straße**. August-Bebel-Str. 1 mit der schönen Freitreppe schließt die Perspektive der Robert-Koch-Straße nach Westen, Nr. 1A ist eines der wenigen Backsteinwohnhäuser. Der große Bau August-Bebel-Str. 5/6 auf der vom Brand verschonten Westseite der Straße, in der Fassade heute völlig unkenntlich, war die 1767/68 errichtete **Ludwigkaserne**.

Das bekannteste Gebäude der Straße aber ist das hinter einer einheitlichen 16achsigen Fassade zusammengefaßte Doppelhaus August-Bebel-Str. 15/16, das ehem. **Wohnhaus Noeldchen**, heute Kreisheimatmuseum mit einer einzigartigen Sammlung der Neuruppiner Bilderbogen, den Schin-

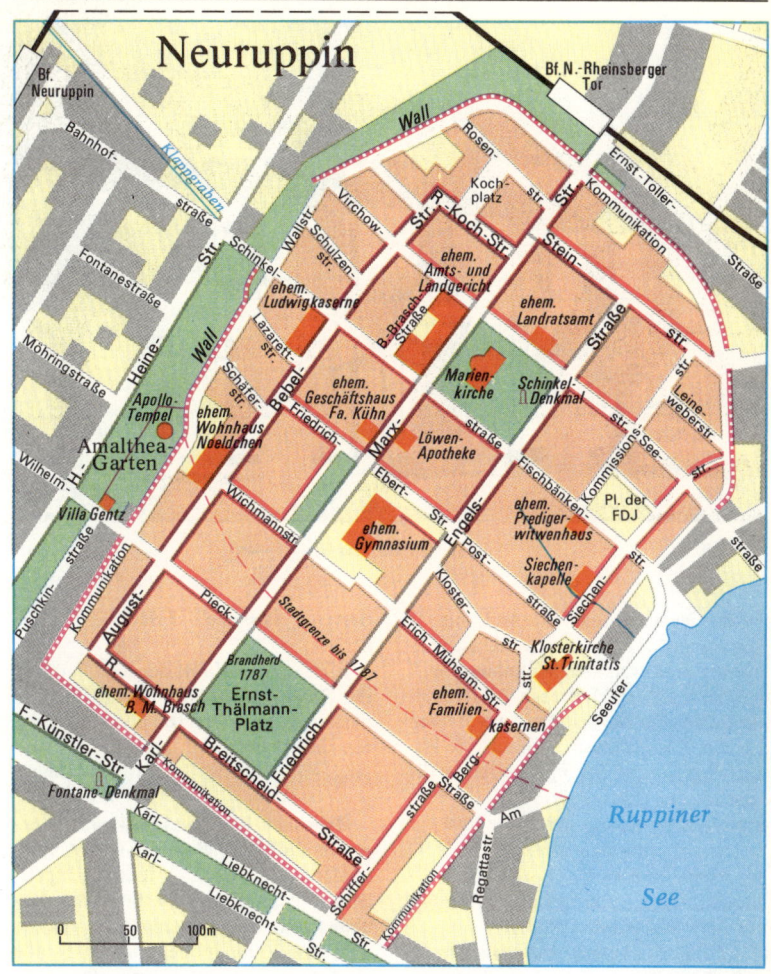

kel- und Fontanezimmern sowie Teilen des Nachlasses von M. Wiese, verstorben in Neuruppin. Das Museum entstand aus der 1865 an das Gymnasium gekommenen Zieten-Sammlung. Es zog 1910/11 in die Gentzsche Villa im Tempelgarten und ist seit 1954 in diesem von Brasch 1790 für den Justizrat und Bürgermeister D. H. Noeldchen im Bereich des ehem. südlichen Stadtwalls erbauten Haus untergebracht. Noeldchen leitete – unter Mitarbeit von Schinkels Vater – 1776/77 die bürgerlich-liberale Reorganisation des Gymnasiums und war

Mitglied der Retablissementskommission.

August-Bebel-Str. 33/34 ist ein ebenfalls typisches Neuruppiner Doppelhaus. August-Bebel-Str. 30 A ziert im Rundbogenportal aus dem späten 19. Jh. eine kunstvolle Tür. Eines der wenigen Beispiele für die gotisierende Gestaltung ist die August-Bebel-Str. 45. Am Haus August-Bebel-Str. 49 kündet eine Gedenktafel von der hier im August 1920 vollzogenen Gründung der KPD-Ortsgruppe.

Die den Ernst-Thälmann-Platz südlich begrenzende **Rudolf-Breitscheid-**

Rudolf-Breitscheid-Str. 7

Straße ist in ihrem Bestand mit 27 Bauten aus der Zeit um 1800 fast vollständig erhalten. Das **Wohnhaus Nr. 7** (1795) erbaute B. M. Brasch für sich, verkaufte es aber bei seinem Ausscheiden aus der Kommission. Ähnlich wie Rudolf-Breitscheid-Str. 7 gegliedert ist die Fassade des Hauses Nr. 10 mit der risalitartigen Betonung der Mitte und der Seiten. Erbaut wurde die sog. „Freiheit" als Altersheim in Nachfolge des 1787 abgebrannten Heilig-Geist-Hospitals vor dem Ruppiner Tor.

In der **Friedrich-Engels-Straße**, östlicher Rand des Brandgebietes, sind noch 20 Bauten aus dem 18. Jh. erhalten. Friedrich-Engels-Str. 39 wurde als Kaserne zeitgleich mit der ↗ Ludwigkaserne erbaut und später als Landwehrzeughaus genutzt. Im Eckhaus Friedrich-Engels-Str. 22 (B. M. Brasch) am Ernst-Thälmann-Platz, mit figürlichen Medaillons über den Erdgeschoßfenstern, ist auch die Treppenanlage original erhalten. Der an der schräg gegenüberliegenden Ecke 1983/84 aufgeführte Neubau Friedrich-Engels-Str. 28 ist ein Beispiel denkmalpflegerisch gelungener Lückenschließung. Ein weiteres Doppelhaus, durch Ladeneinbauten beeinträchtigt, befindet sich hinter der lisenengegliederten Fassade Friedrich-Engels-Str. 46.

Eine große Zahl der Gebäude in der **Steinstraße** wurde im 19. Jh. stark verändert oder ersetzt, original erhalten sind noch zwölf. Steinstr. 4 ist wie August-Bebel-Str. 1 A ein hier seltener Backsteinbau.

Zwischen Kommissionsstraße – benannt nach der Retablissementskommission – und Friedrich-Engels-Straße stammt der Bestand der **Virchowstraße** fast ausschließlich aus der Zeit um 1790, in der ganzen Straße sind es noch zwölf Häuser. Das Eckhaus Virchowstr. 13 mit betontem Mittelrisalit an der Platzfront bewohnte später der Superintendent J. L. Bientz, bei dem Fontane während seines Gymnasienbesuches 1832/33 lebte. Das 1894/95 erbaute ehem. **Landratsamt**, Virchowstr. 14/15, beherbergt heute den Rat des Kreises. An der Fassade Virchowstr. 23 ist über der Tür ein bemerkenswertes Stuckrelief angebracht.

Die ehem. Straße Am Gericht, die heutige **Bernhard-Brasch-Straße**, begrenzte einst hinter dem Rathaus den Raum des Kirchplatzes nach Westen. Auf den fünf Grundstücken sind drei Brasch-Bauten erhalten, Bernhard-

Brasch-Str. 4 ist die einzige Bomben-lücke (14. 4. 1945) Neuruppins. Das 1928 erbaute Haus Bernhard-Brasch-Str. 5 fügt sich gut in das Ensemble ein. Mit dem Bau des Gerichtsgebäu-des verlor die Straße ihre städtebauli-che Bedeutung als Platzbegrenzung.

An der **Schinkelstraße** wird die ge-schlossene Front am Kirchplatz durch den die ganze Platzanlage beeinträch-tigenden Busbahnhof gestört. Hervor-zuheben sind die Häuser Schinkelstr. 9 mit ornamental geschmückten Putzfel-dern und Schinkelstr. 12 mit den Por-trätplastiken als Schlußsteinen über den Erdgeschoßfenstern und der hori-zontalen Putzgliederung. Aus der Ära Brasch stammen auch Schinkelstr. 3, 5/6, 7 und 11.

In der relativ kurzen **Friedrich-Ebert-Straße** sind noch elf Häuser ori-ginal erhalten, weitere zwei gehören zum Karl-Kurzbach-Platz. Das Haus Friedrich-Ebert-Str. 8, ehem. „Frei-haus", beherbergte von 1838 bis 1890 das Lyzeum, das dann in das gegen-überliegende, 1889/90 erbaute Ge-bäude am heutigen Karl-Kurzbach-Platz umzog. Mit diesem und den an-deren auf dem östlichen früheren Schulplatz errichteten Bauten verlor die Platzanlage ihren Charakter als räumliches Zentrum der Stadt. Wie der Karl-Kurzbach-Platz ist der heu-tige **Platz der OdF** Teil des ehem. Schulplatzes, überliefert sind noch sieben Bürgerhäuser. Bemerkenswert ist Platz der OdF 13 mit der geschnitz-ten Rokokotür. Bis auf fünf Häuser wurde die Bebauung in der **Wichmann-straße** Ende des 19. Jh. erneuert.

Die Bebauung der fast parallel zum ehem. südlichen Wall außerhalb des mittelalterlichen Stadtkerns verlaufen-den **Wilhelm-Pieck-Straße** gehört mit 29 Häusern fast ausschließlich der Zeit um 1800 an. Hervorstechend ist Wilhelm-Pieck-Str. 60 mit den figürli-chen Puttenreliefs.

In der südlichen Stadterweiterung gelegen, ist das Straßenbild der **Schif-ferstraße** mit 18 Bauten aus der Zeit um 1800 weitgehend erhalten. Beson-ders beachtenswert sind Schifferstr. 2 mit den Festonmedaillons im Mittelri-salit und Schifferstr. 20. Das Gebäude Schifferstr. 5 A/5 B, erbaut 1801, diente wahrscheinlich als Kaserne, das Quergebäude wurde um 1922 an-gebaut.

Die Häuser Nr. 1 bis Nr. 9 in der **Kommissionsstraße** sind vollständig aus der Zeit um 1800 erhalten, zwi-schen Kommissionsstr. 12 und 13 be-findet sich ein originales Torhaus. Charakteristisch für die klassizisti-schen Neubauten am Rande des mit-telalterlichen Seeviertels sind die zwei bis vier Freitreppen-Granitblockstu-fen.

Östlich des eigentlichen Zentrums, etwa begrenzt durch Friedrich-En-gels-, Fischbänken- und Kommis-sionsstraße, blieb die mittelalterliche bzw. barocke Bausubstanz vom Brand verschont, bauliche Veränderungen wie Um- und Ersatzbauten resultier-ten im Seeviertel aus dem normalen materiellen und moralischen Ver-schleiß.

Der älteste noch aus der Stadtgrün-dungszeit stammende Bau ist die **Klo-sterkirche St. Trinitatis** am Niemöller-platz. Als eine der ältesten märki-schen Hallenkirchen ist sie auch die Kirche des ersten Klosters der Domi-nikaner (1246) in der Mark. Der spät-romanische einschiffige flachgedeckte Backsteinsaal der Gründungszeit wurde um 1270 durch die heutige frühgotische Backsteinhalle, dreischif-fig über fünf Joche mit Kreuzrippen-gewölbe, ersetzt. Der Vorgängerbau, wesentlich kleiner als der gotische, wurde bis 1300 zum Chor umgebaut, romanische Baureste sind in den Chorlängswänden erkennbar. Die südöstliche Chorwand trägt noch Spuren des sich anschließenden zwei-geschossigen Kreuzganges. Bis 1488 muß die 1465 teilweise abgebrannte Anlage wieder aufgebaut worden sein. Das 1541 säkularisierte Kloster wurde von Kurfürst Joachim II. 1564 der Stadt als Spital für alte Bürger überge-ben. Nach der Erstürmung durch schwedische Truppen im Dreißigjäh-rigen Krieg (4. 3. 1641) wurde das Kloster geplündert – mit der Fami-liengruft der Herren von Lindow und

Klosterkirche St. Trinitatis

Ruppin auch die Grabstätten des Stadtgründers Gebhardt v. Arnstein und seines Bruders, des Klostergründers Wichmann v. Arnstein. Ein Teil der baufälligen Klostergebäude lieferte 1715 dem Neubau des Rathauses das Material, die freigewordenen Flächen und Teile des Klostergartens im Bereich der Berg- und der ehem. Karlstraße (Erich-Mühsam-Straße) ließ Friedrich II. 1740 mit Familienkasernen überbauen.

Nachdem von 1806 bis 1808 Kirche und Klostergebäude der französi-schen Besatzung als Lazarett, Mehllager und Feldbäckerei gedient hatten, wurden 1816 alle Gebäude bis auf die Kirche abgebrochen. Sie wurde von 1836 bis 1841 nach einem Schinkel-Entwurf umfassend mit neogotischer Ausstattung und zusätzlicher Westempore instand gesetzt und der 1693/94 erneuerte Dachreiter durch einen dreistöckigen Holzturm ersetzt, der aber 1882 abgerissen werden mußte. Gleichzeitig wurde im Klosterbereich die Stadtmauer abgebrochen und der zum See hin offene Platz von P. J.

Lenné 1841 gärtnerisch gestaltet. Zwar unpassend für eine Bettelordenskirche, aber der Wiedergewinnung der mittelalterlichen Silhouette dienlich, war der Bau der Zwillingstürme zwischen Chor und Langhaus (L. Dihm, 1904/07). Die umfassende Restaurierung von 1974 bis 1978 hielt sich an Schinkels Fassung, der Orgelprospekt von 1844 und die Westempore wurden beseitigt und das südwestliche Joch durch eine Glaswand abgetrennt. Neben der Sandsteinstatue des „Pater Wichmann" (um 1380) ist vom Ende des 14. Jh. das Altarretabel (sechs Sandsteinreliefs „Leben Christi") erhalten, aus gleicher Zeit stammen die in die Chorwände eingelassenen vier Reliefs mit biblischen Themen. Das „Gleichnis vom verlorenen Sohn" wurde 1754 von C. B. Rode gemalt.

Unweit der Klosterkirche steht in der Siechenstr. 4 die **St.-Lazarus-Siechenkapelle** (Neuapostolische Kirche) des ehem. Siechenhospitals, gestiftet 1490 von einem Neuruppiner Bürger. Die 1541 erstmals schriftlich erwähnte spätgotische, einschiffige Backsteinkapelle, 1491 vollendet, mit Netzgewölben in beiden Jochen, bekam 1750 einen barocken Dachreiter. Die Anfang des 17. Jh. eingebaute Westempore wurde 1910 verändert, der Kanzelaltar stammt von 1715. Das Gewände des südlichen Portals trägt einen reichen Schmuck von z. T. noch originalen Terrakottatafeln, in mehrfacher Wiederholung die Motive „Christus an der Martersäule" und „Hl. Franziskus". Das **Siechenhaus** (1730) ist nur wenig jünger als das älteste erhaltene Haus, das um 1700 errichtete benachbarte „Uphus" im Hospitalhof, ein zweistöckiger Fachwerkbau mit auskragendem Galeriegeschoß.

Neben Siechenhaus, Klosterspital und Heilig-Geist-Hospital verfügte Neuruppin über zwei weitere Hospitale, das Georgenhospital, Straße des Friedens 8, vor dem Rheinsberger (Ruppiner) Tor (1478 erste Erwähnung), dessen 1362 erstmals erwähnte Kapelle erhalten ist, und das 1433 erstmals beurkundete Gertraudenhospital vor dem Bechliner Tor, das mit der Stadterweiterung 1788 abgerissen wurde.

Entwicklungsgeschichtlich interessant für den Bautyp der Kaserne, ein Produkt des 18. Jh., sind die ehem. **Familienkasernen** als erste Form. Sie dienten der Unterbringung von Soldatenfamilien. In Neuruppin wurden 1740 die ersten Familienkasernen erbaut. Da sie sich nicht bewährten, wurden sie bereits 1743 der Stadt zur Nutzung übergeben, im 19. Jh. waren sie billige Arbeiterwohnungen. In unterschiedlicher Form sind sie in der Bergstr. 1 bis 3 und 5 bis 8 erhalten, ebenso in der Erich-Mühsam-Str. 17, 18, 22 und 23 und in der Leineweberstr. 2 bis 4.

Aus der Zeit von vor 1787 sind zahlreiche **Wohnhäuser**, die z. T. aber stark verändert wurden, überliefert. So am Platz der FDJ, früher Neuer Markt, die Häuser Nr. 1, 2 und 7 (mittelalterlich), Klosterstr. 1 bis 3, 5 bis 15, 19 bis 25 und 29 bis 32 und Poststr. 1 bis 8, 10 bis 12 und 22 bis 29 (meist Anfang 18. Jh.), Seestr. 7 bis 9, 16 bis 18 und 22 (um 1700) und Siechenstr. 7, 14 und 21 (1. Hälfte 18. Jh.). Die Siechenstraße mit einem Baufluchtabstand zwischen 5,4 Meter und 8,6 Meter, zahlreichen erhaltenswerten Häusern und dem historischen Straßenbelag ist von besonderem Ensemblewert. Hervorzuheben ist Siechenstr. 21 mit Rokokotür.

Historisch sehr bedeutsam ist das ehem. **Predigerwitwenhaus**, Fischbänkenstr. 8, 1735/36 von B. Feldmann erbaut. Feldmann war kein Architekt, sondern Stadtchirurg. Als Urkundensammler hatte er unzählige Archivalien in Abschriften bewahrt, die nach der Vernichtung des Stadtarchivs 1787 zur wichtigsten Stadtgeschichtsquelle wurden. Hier wohnte 1787/94 die Familie Schinkel, die durch den Brand den Familienvater und ihren Besitz verloren hatte (Gedenktafel). Emilie Fontane, Mutter des Schriftstellers, wohnte hier ab 1850, seit 1859 oft besucht vom Sohn, der Neuruppin zum Ausgangspunkt seiner literarischen „Wanderungen durch die Mark Brandenburg" nahm.

Apollo-Tempel im Amalthea-Garten

Kurz vor ihrem Tod übersiedelte sie in den Vorgängerbau der heutigen Karl-Marx-Str. 7.

Umgeben war Neuruppin bis zum Anfang des 18. Jh. auf drei Seiten von einer dreifachen **Wallanlage** vor der Stadtmauer, unterbrochen nur durch die beiden Stadttore. Auf der vierten Seite mit dem Seetor wurde die Stadtmauer durch den Ruppiner See geschützt. Die Mauer war zeitweise mit bis zu 46 Wiekhäusern besetzt. Auf Befehl König Friedrich Wilhelms I. wurden ab 1723 die Wälle vom Seeufer bis zum Rheinsberger Tor eingeebnet. Das weitere Schleifen stoppte Kronprinz Friedrich in seiner Neuruppiner Zeit ab 1732. Der westliche Wall zwischen Rheinsberger Tor und Tempelgarten zieht sich heute als Grüngürtel um diesen Teil der Stadt.

Die auf königlichen Befehl ab 1752 prachtvoll umgestalteten Stadttore fielen dem Brand zum Opfer. Bereits 1788 wurden das geplante Erweiterungsgebiet im Süden und die offenen Teile der alten Stadt von einer Zollmauer umgeben, die 1831 verstärkt wurde. Gleichzeitig wurde im Westen das Tempel-(Wall-)Tor und am Seeufer das Scheunen-(Neues)Tor an den Enden der heutigen Wilhelm-Pieck-Straße neu erbaut. 1875 wurden alle Tore der seit 1870 merklich über ihre Grenzen hinaus gewachsenen Stadt abgetragen. Die Stadt- und Zollmauer ist bis auf wenige Lücken (westlicher Wall, Seeufer, Karl-Liebknecht-Straße, zwischen Schifferstraße und Kommunikation) erhalten.

Für einen standesgemäßen Aufenthalt ließ sich Kronprinz Friedrich auf dem südwestlichen Wall, unter Hinzunahme eines Gartengrundstückes, von 1732 bis 1736 durch G. W. v. Knobelsdorff einen Miniaturpark auf engstem Raum anlegen, den **Amalthea-Garten** (auch Tempelgarten, Wilhelm-Pieck-Str. 64). Darin verwirklichte v. Knobelsdorff 1735 seinen programmatischen ersten Bau, den **Apollo-Tempel**. Der ursprünglich offene achtsäulige Monopteros mit flachem Kuppeldach auf einem künstlichen Hügel mit Grotte wurde 1791 – seit 1786 in Privatbesitz – wegen Baufälligkeit umfassend instand gesetzt und entstellend zugemauert, darunter wurde eine Küche eingerichtet. 1796 wurde die Anlage durch den Garten des Bürgermeisters Noeldchen erweitert. Der Fabrikant J. Ch. Gentz erwarb den Besitz 1853 und ließ ihn zu einer Gedächtnisstätte für Friedrich II. umgestalten. Die gärtnerischen Arbeiten führte der spätere Berliner Gartenbaudirektor G. Meyer aus. Zu dieser Konzeption gehörte auch 1856 der Kauf barocker **Gartenplastiken** durch den Sohn des Fabrikanten, A. Gentz. Erhalten sind u. a. die Statuen Karls V. und Philipps II. von Spanien, Sultan Solimans III. (um 1718/19) und zwei Satyrn (Chr. Kirchner, um 1719), alle aus dem ehem. Türkischen Garten in Dresden, sowie die Figuren „Flora" und „Bacchus" (G. Knöffler, 1764 bzw. 1769) und neun Putten eines Jahreszeitenzyklus. Außerdem wurde eine Jupiterstele (um 1850) aufgestellt. Der Tempel erhielt in dieser Zeit das Dekkengemälde „Venus von Najaden und Amoretten begleitet" von W. Gentz. Die Türkische Villa (Wohnhaus Gentz), das Gärtnerhaus und die Umfassungsmauer mit Terrakotten der Berliner Firma T. Feilner Nachf. erbaute von 1853 bis 1856 K. v. Diebitsch.

Die Anlage der Kolonie Gentzrode (1855/58) nördlich Neuruppins mit der Kultivierung von 750 Hektar Sandland (Kornspeicher 1861 von K. v. Diebitsch, Herrenhaus 1876/77 von Gropius & Schmieden), Fehlspekulationen, die Ruinierung des von Gentz in großem Stil betriebenen Torfabbaus durch die Kohle sowie die Kosten für den Tempelgarten hatten 1880 die Familie zum Konkurs getrieben. Die Stadt kaufte das Grundstück und machte es öffentlich zugänglich. Das Heimatmuseum hatte von 1910 bis 1954 in der Villa seinen Sitz, die bis 1965 zum Café umgebaut wurde und 1969 einen wenig passenden Saalanbau erhielt. Mitte der achtziger Jahre wurden Tempel und Parkanlage gründlich restauriert.

Osterwieck

Kr. Halberstadt, Bez. Magdeburg

 Museum
Markt 1
Osterwieck, 3606

Historischer Stadtkern lt. Bekanntmachung der zentralen Denkmalliste der
der DDR:
„Altstadt innerhalb des ehem. Befesti-
gungsringes – Vogteiplatz – Wall-,
Mauer-, Garten- und Schulzenstraße."

Im nördlichen Harzvorland liegt die
5 000 Einwohner zählende Fachwerkstadt Osterwieck an der Ilse. Ihr mittelalterliches Erscheinungsbild ist
auch heute noch gut erhalten.

Osterwieck hat einen dichten Bestand wertvoller, vorwiegend niedersächsischer Fachwerkbauten aus dem
16. und 17. Jh. Der besondere kulturhistorische Wert dieses städtebaulichen Flächendenkmals der Volksar-
chitektur findet seinen Ausdruck in
dem nur hier in der DDR anzutreffenden Detailreichtum hervorragender
Holzschnitzereien als Fassadenschmuck. In dem historischen Stadtkern konzentrieren sich in zwölf Straßen von insgesamt 328 Gebäuden der
Stadt 118 Einzeldenkmale von hohem
denkmalpflegerischen Rang. Bemerkenswert sind die geschlossen erhaltenen Straßenzüge mit Häusern aus vier
Entwicklungsperioden des Fachwerkbaus in Osterwieck: die sparsam orna-
mentierten gotischen Bauten (bis
1520), die typisch vorgekragten niedersächsischen Bauten (bis 1580), die
mit Blendarkaden, Band- und Beschlagwerk verzierten Renaissancebauten und die weitgehend dekor-
freien Barockbauten.

Das **Alte Rathaus** (1554), Markt 1,
ist seit 1930 als *Heimatmuseum* eingerichtet. Die massive Ausführung dieses zweigeschossigen, mit Steildach
versehenen Rechteckbaus belegt den
Wohlstand der Osterwiecker Bürgerschaft im 16. Jh. Das Rathaus steht in
Nord-Südrichtung annähernd im

rechten Winkel zur Bebauung des
ehem. Stephanikirchplatzes, heute
Hermann-Matern-Platz, nordwestlich
am unregelmäßig geformten Marktplatz im Blickfeld der Kapellenstraße.
Mit dem 1267 erstmals als „theatrum"
genannten Rathaus ist das Renais-
sancegebäude in der heutigen Gestalt
nicht identisch. Das Rathaus hat
durch mehrfache Umbauten sein ursprüngliches Aussehen eingebüßt. Zu
den originalen Bauteilen der Fassade
gehören noch heute der kleine, zwei
Fensterachsen breite, mit Osterwiek-
ker Wappen dekorierte Renaissanceerker auf hoher Konsolvorkragung
und das gekoppelte Fensterpaar des
einstigen Bürgermeisterzimmers. Zwischen den beiden rechten Obergeschoßfenstern sind links das preußische Wappen und rechts das Osterwiecker Wappen eingelassen. Die
Wappenfarbe Osterwiecks stimmt mit
der des Bistums Halberstadt überein.
Das Wappensymbol wird als Luther-
rose gedeutet und steht im Zusammenhang mit der Einführung der Reformation in Osterwieck. Dem aufmerksamen Betrachter entgeht nicht,
daß an der Rathausrückseite eine Tafel mit Bürgermeisterinitialen angebracht ist. Im Rathausinnern sind die
großen Flure, die Kreuzgewölbedek-
ken, die originale eichene Wendeltreppe zwischen Erd- und Obergeschoß im achteckigen hölzernen Treppenturm (1607) an der Gebäuderück-
front und das Bürgermeisterzimmer
mit Nebengelaß bemerkenswert. Die
Schnitzereien an einigen Türen stammen aus der 1. Hälfte des 17. Jh.
Schmale und verwinkelte Straßen wie
die Mittelstraße, die Tralle, die Karl-
Liebknecht-Straße, die Schulzenstraße und der Schling münden auf
den ebenfalls verwinkelten Marktplatz. Eine Ausnahme bildet die auffallend breite Kapellenstraße. Sie ist
die bedeutendste, in Ost-West-Richtung auf den historischen Marktplatz
zulaufende Verkehrsader. Repräsentative Fachwerkhäuser in der typischen
Traufstellung, überwiegend zwei- und
dreigeschossig, begrenzen den leicht
geschwungenen Straßenraum.

Altes Rathaus

Rechtwinklig schließt sich dem Alten Rathaus, an der Südseite freistehend, das ehem. **Gefängnis** (16. Jh.) an. Das Gebäude mit massivem Erdgeschoß begrenzt den südlichen Teil des Marktplatzes, an dem das Haus **Markt 14** (1570), eines der schönsten Fachwerkhäuser Osterwiecks, steht. Es ist ein Wohn- und Geschäftshaus, das ursprünglich ein Brauhaus war. Die beiden vorkragenden oberen Stockwerke sind mit schmückenden Holzplatten verkleidet. Alle Brüstungsflächen zeigen sauber geschnittene, gleich hohe und gleich breite Palmettenverzierung. Die Halbkreise sind von Sternbändern umgeben, sie wiederholen sich auf dem Schwellholz. Am Eckpfosten ist ein Familienwappen zu sehen. Auffallend reich und vielseitig gestaltet sind die zum Teil mit unterschiedlichen Ornamenten und mit Schnürrollen geschmückten Schiffskehlen. Die lange Saumschwelleninschrift ist beachtlich, sie lautet: „Allein Gott baut, wacht und behüt das Haus, wie Salmo leeren thut. Drum las Gott im Haus halten Dein, den Anfang und das Ende sein. Der kann die Arbeit segnen wol, das

all Dein Erbe werden Freuden voll. – Henric Winkelius P. O. cum Caterina Cotuge Haeredib Extrnabat per Ulrica Heiligendorf. An. 1570."

Gegenüber diesem Haus steht am Straßenbeginn der Tralle das dreigeschossige Eckhaus **Markt 10** (um 1650). Sehenswert sind die Masken als Verzierung der Balkenköpfe. Die oberen Balkenenden sind im Diamantschnitt ausgearbeitet, eine aus der Harzstadt ↗ Quedlinburg stammende Schmuckform, die dort in reichem Maße auftritt.

Das Doppelhaus **Kapellenstr. 1** (um 1540 und 1612) steht auf hohem Fundament. Die Brüstungsfelder sind mit verzierten Platten verkleidet. Im niedersächsischen Stil präsentiert sich die linke Seite der Hausansicht mit Fächerrosetten und tiefen Schiffskehlen zwischen den Balkenköpfen. Profilierte Knaggen tragen die Vorkragung des Obergeschosses. Über den Fenstern befinden sich Reste spätgotischer Gardinenbögen, dicht neben ihnen sind Überbleibsel von Inschriften zu finden. Dieser ungewöhnlich reiche holzbildhauerische Fassadenschmuck ähnelt auffallend den Häusern Neukirchstr. 19 und 20, die schon an der Peripherie des historischen Stadtkerns liegen. Die rechte Hausseite der Kapellenstr. 1 zeigt alle Merkmale der Renaissance, wie die aus der Steinarchitektur entlehnte Beschlagornamentik auf den Brüstungsplatten, Bandornamente, feingliedrige Kerbschnitzereien auf den Pfosten in Höhe der Brüstungen sowie Renaissanceinschriften auf der gekehlten Saumschwelle und Familienwappen der Erbauer. Auf der gegenüberliegenden Straßenseite steht das große Haus **Kapellenstr. 42** (1610). Besonders interessant ist hier die Wiedergabe niederdeutscher Schriftzeichen in unterschiedlicher Gestaltung. Unmittelbar vor dem Stadtgraben an der Ecke zum Hagen befindet sich das älteste Haus der Stadt, **Kapellenstr. 4** (um 1480). Dieses Haus mit der spätgotischen Giebelseite zum Hagen hat vermutlich als einziges der großen Stadtbrand von 1511 überstanden. Der acht Achsen breite Originalgiebel zeigt sparsame Ornamentik. Die weit vorkragenden einfachen Knaggen sind profiliert. Typisch gotisch ist das Motiv des Treppenfrieses, der schwach profiliert auf der Saumschwelle neben den Balkenköpfen ansetzt. Sichtbar ist die Verblattung der Balkenkonstruktion und die Verwendung von Holznägeln zur Sicherung. Die giebelseitige Eingangstür mit Oberlichtfenster stammt aus späterer Zeit. Von der Kapellenstraße aus ist das schöne Eckhaus **Stobenplatz 2** (1550) zu sehen. Es zeigt bis unter das Dach Schiffskehlen, die mit Schiffstauen ausgefüllt sind. Die Konsolen sind quergerillt, die Ecken ausgekehlt. Die Sonnenräder haben Taustabverzierung, die Saumschwellen sind mit Sprüchen geschmückt. Unter dem Dach läuft ein doppelt gebundenes Band. Durch Umbau völlig verändert ist das Haus **Kapellenstr. 9** (16. Jh.). Über dem heutigen Klinkerunterbau zeigt sich das 2. Geschoß noch in gotischer Form. Der Fries wurde in und zwischen den Sonnen bearbeitet. Das Muster läuft willkürlich über Ständer und Brüstungsplatten. Von den bei-

den sehr langen Traufhäusern **Kapellenstr. 11** und **12** ist das letztere das bedeutendere. **Kapellenstr. 12** (1551) war ein Brauhaus. Der Fries zeigt gotische Sonnen, unter denen auf der Saumschwelle mit verschiedenartigen Zierformen ausgefüllte Vierecke angebracht sind. Links steht neben der Jahreszahl der Name des Erbauers, Tile Kerkhoff, eines Osterwiecker Bürgermeisters. Ein besonders schöner Barockbau ist der auf der gleichen Straßenseite gelegene Stockwerksbau **Kapellenstr. 15** (1672). Er zeigt den Ausklang der Fachwerkbaukunst an. Schmückende Elemente sind die konstruktiven Hölzer. Geschweifte und durchkreuzte Rauten in den Brüstungsfeldern, die von einem geschoßhohen Rautenfeld unterbrochen bzw. seitlich von gleichgohen Rautenfeldern flankiert werden, deuten auf fränkischen Einfluß hin. Engstehende Doppelstiele im Erdgeschoß über dem hohen massiven Haussockel sind Anzeichen der Entwicklung zur Imitation von Massivbauten. Die Hausmitte wird durch ein Zwerchhaus betont, beidseitig davon wird das Dach um je eine Schleppgaupe bereichert. Die typische Nachblüte des gotischen Stils zeigt die Fassadenplastik am Haus **Kapellenstr. 29** (1561). Sehr reizvoll sind hier Fächermuster und die Formgebung der Schiffskehlen. Von dem danebenstehenden Haus **Kapellenstr. 30** mit der ungewöhnlichen Länge von 26 Gefachachsen ist die barocke Türgestaltung mit schön verschlungenen Initialen im Türoberlicht beachtenswert. Das Grundstück Kapellenstr. 28 ist **Schäfers Hof**. Er ist der einzige erhaltene Ackerbürgerhof aus dem 16. Jh., in dessen Mitte ein zehneckiger Taubenturm mit massivem Schaft (1702) steht. Dieses in seiner Grundstruktur unveränderte mittelalterliche Gehöft inmitten des historischen Stadtkerns hat eine Größe von 30 Metern mal 45 Metern.

Die **Mittelstraße** ist die Hauptgeschäftsstraße Osterwiecks. Hier und in den auf die Mittelstraße einmündenden Straßen stehen auf engem Raum die schönsten Bürgerhäuser der

Stadt. Ein Musterbeispiel eines restaurierten Fachwerkhauses ist **Mittelstr. 1** (1559). Um normale Geschoßhöhen zu erreichen, wurde das Zwischengeschoß entfernt. Das gegenüberliegende Haus **Mittelstr. 27** (1590) zeigt eine reiche Schmuckgestaltung. Hervorhebenswert ist davon die unter den Blendarkaden auf den Saumschwellen angebrachte hohe Schrift. Der große Löwe ist das Symbol des Braurechts, es tritt an mehreren Häusern in Osterwieck auf. Das Haus **Mittelstr. 26** (1578) ist voll verplattet, auch hier ist wie auf der Hausansicht des Nachbarhauses das Löwensymbol zu finden. Zu den verschiedensten Schmuckformen treten auf den Ständern in Brüstungshöhe geometrische Figuren. Für die geschlossene Erhaltung des Straßenzuges Mittelstraße war der Instandsetzungskomplex **Mittelstr. 25, 24** und **23** städtebaulich besonders bedeutungsvoll. Mit Zurückhaltung und Sensibilität erfolgte deswegen die Gestaltung der drei Häuser, damit unmißverständlich diese Häuser als Neubauten unserer Zeit erkannt werden können. Von den besonders wertvollen Häusern **Mittelstr. 22, 21** und **20** sind der Fries des Hauses Mittelstr. 21, die Darstellung einer Schrotsäge auf dem Haus Mittelstr. 20 (1622) und auf dem Haus Mittelstr. 22 (1796) der Hinweis auf das Wohnhaus des Osterwiecker Polizeireiters interessant. Auf dem Renaissancehaus **Mittelstr. 17** sind Handwerkerwappen und Innungszeichen angebracht. Schnürrollen über den Obergeschoßfenstern schmücken die Ansicht ebenso wie die arabeske Gestaltung der Brüstungsplatten im 2. Obergeschoß. **Mittelstr. 16** zeigt eine ungewöhnlich kräftige Holzbearbeitung. Das Nachbarhaus **Mittelstr. 15** gehört zu den Häusern, die nach notwendig gewordenem Totalabbruch aus städtebaulichen Gründen wiederaufgebaut wurden. Am Ende der Mittelstraße, gegenüber der einmündenden Tralle, zieht das Haus **Mittelstr. 13** (Anfang 16. Jh.) mit weiter Vorkragung, Dreiecksverbänden und profilierten Konsolen die Auf-

merksamkeit auf sich. Dieses Haus mit einem Zwerchgiebel mit Tür für die Lasteneinbringung zeigt noch typische Merkmale gotischer Fachwerkbaukunst. Die erhaltenen alten Saumschwellen und die Füllhölzer vom Haus **Neukirchenstr. 1** tragen die einfachste Form der Auskehlung und zeigen damit die gewaltige Stärke der alten Eichenbalken. Das linke Nachbarhaus ist ihm gleich. Beide Gebäude waren einst offenbar vereinigt, nur die Dächer haben sich geändert. Sie haben das gleiche Straußenfächermuster als Palmette. Rechts ist ein ehem. Rundbogeneingang. Am gegenüberliegenden Haus **Neukirchenstr. 37** (1580) befindet sich beidseitig über der Ecke ein geflügelter Löwe, das Erkennungszeichen eines Brauhauses. Am Haus **Neukirchenstr. 35** sind die Symbole eines Drechslermeisters angebracht (Taster, Stechbeitel). Neben einem Mann mit Dudelsack ist eine auf einem Drudenfuß sitzende Eule zu sehen. Der Fries des Hauses **Neukirchenstr. 4** ist durch das Symbol der durch den Himmelsraum eilenden Sonne unterbrochen. Das Eckhaus **Neukirchenstr. 24** (1588) ist ein spätgotisches Haus, der obere Giebelteil wird durch einen Krüppelwalm abgeschlossen. Das gegenüberliegende Eckhaus **Rössingstr. 9** (1584) ist eine historische Gaststätte. Auf der Giebelseite ist die Brüstungsverplattung durch Blendarkaden gestaltet. Hervorragende Schmuckgestaltung zeigen die Häuser **Neukirchenstr. 19, 20** und **21**. Die tiefe und breite Auskehlung der Saumschwellenbereiche hat große Gestaltungsverwandtschaft mit der linken Hausseite des Hauses Kapellenstr. 1. Sehr schön sind die Straußenfächer am Haus **Neukirchenstr. 19**.

Der **Bunte Hof** (1579) befindet sich in der Rössingstr. 5, seine Bezeichnung ist eine volkstümliche Wortschöpfung für den ehem. Bundeshof. Dieser war ursprünglich eine stark befestigte Burg. Im Streit zwischen dem Sächsischen Ritterbund unter Otto von Nordheim und Kaiser Heinrich IV. war Osterwieck Stützpunkt der Anhänger Ottos. Die von ihnen

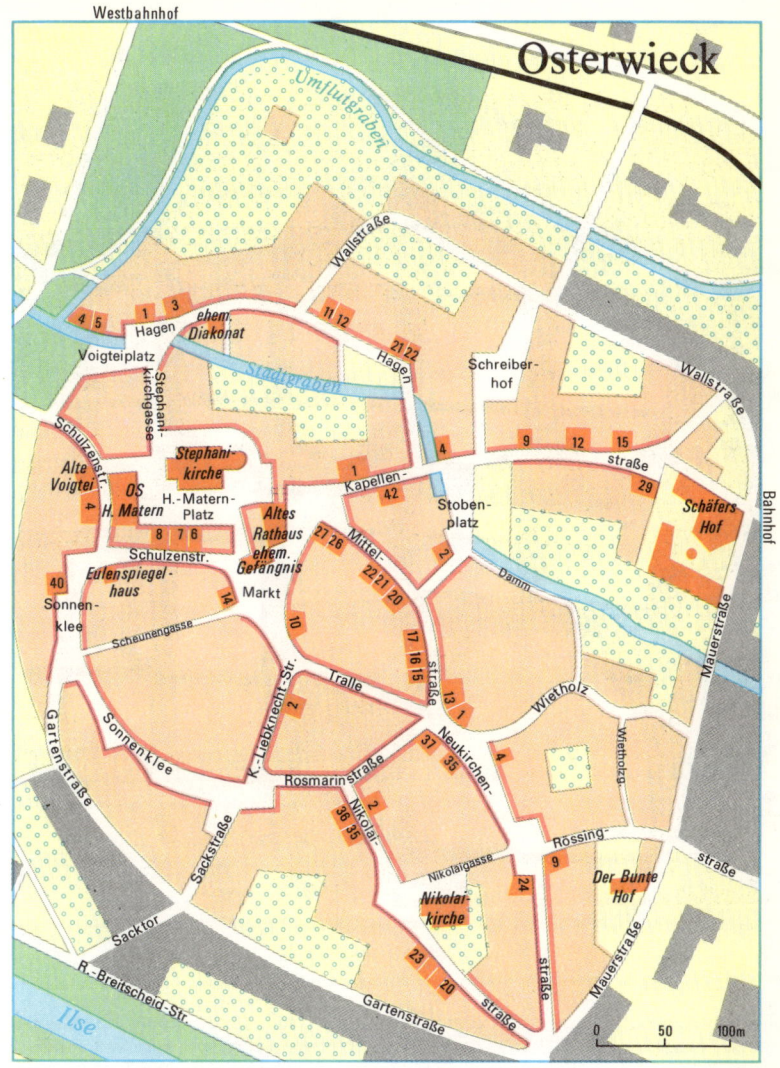

Osterwiek

besetzte Burg war geschützt durch Wälle, Gräben, Mauern und einen 14 Morgen großen Teich, noch heute heißt eine Osterwiecker Straße deshalb Teichdamm. Nach wechselvollen Kämpfen wurde die Burg von den Kaiserlichen gestürmt und zerstört. Die Ritter von Rössing errichteten auf den Grundmauern der kaiserlichen Burg ihren Herrensitz, die einst stattlichste Renaissanceanlage Osterwiecks. Von den beiden dreigeschossi-

gen, unterschiedlich langen Flügeln ist nur noch der größere mit dem einst eingebauten Treppenturm vorhanden. In ihm befindet sich im Obergeschoß der ehem. Rittersaal, der in seiner ganzen Länge von einem einzigen Balken getragen wird. Noch heute zeigt die Gebäudeansicht eine Vollverkleidung der Brüstungsfelder mit durchgehenden Blendarkaden.

Die St.-Nikolai-Kirche wird als „ecclesia nova" zuerst 1262 erwähnt. Aus

Eulenspiegelhaus

romanischer Zeit ist die Tür erhalten. Das Langhaus und der gerade geschlossene Chor haben zusammen eine Länge von 22,70 Metern und sind 10,40 Meter breit. Sie sind mit einer geraden Balkendecke versehen. Dem frühgotischen Turm schließt sich das Schiff (2. Hälfte 16. Jh.) an. Die Glokkenstube öffnet sich nach allen vier Seiten mit je einem gekuppelten Spitzbogenfenster mit zierlichen Zwischensäulen. Vom Mobiliar ist der breite Altarschrein (Ende 14. Jh.) erwähnenswert. Sehr reizvoll ist das mittelalterliche Stadtbild in der Nikolaistraße, in deren Blickfeld der Turm

der Nikolaikirche steht. Zu den bemerkenswertesten Häusern dieser Straße gehören u. a. die **Nikolaistr. 1, 2, 34, 35, 36.** Sehr hübsch ist die in sich verwinkelte Häusergruppe **Nikolaistr. 20, 21, 22** und **23.** Am Haus **Nikolaistr. 2** (1618) befindet sich ein Spruch des römischen Philosophen Seneca, er lautet in der Übersetzung: „Ein Leben ohne Bücher ist ein totes Leben oder wie das Leben der Sklaven". Zu den großen repräsentativen Bürgerbauten Osterwiecks gehört das Haus **Karl-Liebknecht-Str. 2** (ehem. Schützenstraße). Das zweifellos bekannteste Haus Osterwiecks ist das sog. „Eulenspiegelhaus" (1534) in der Schulzenstr. 8. Es trägt als einziges Haus des nordöstlichen Harzvorlandes so reichen figürlichen Schmuck. Vermutlich war das Gebäude ursprünglich eine Schneiderherberge, was die Darstellung der herausgeschnitzten Schere begründet. Die volkstümliche Deutung, daß der mit einer Trinkkanne in der Hand dargestellte Mann in unmittelbarem Bezug zu der neben ihm abgebildeten Eule stünde und deshalb der seinerzeit weithin bekannte Eulenspiegel wäre, führte fälschlicherweise zur Namensgebung des Hauses. Die künstlerische Gestaltung des linken Teils der Saumschwelle, der gotische Laubstab auf der rechten Seite und die symbolische Bildergeschichte über dem Portal werden dem Braunschweiger Bildschnitzer S. Stappen zugeschrieben. Das Schwellholz mit Hausdatierung ist nicht mehr vollständig erhalten. Fächerrosetten über den Balkenköpfen und durchweg gotische Vorhangbögen über den Obergeschoßfenstern bzw. -feldern zeugen von der Schmuckfreudigkeit der Besitzer und ihrer Handwerker. Das bemerkenswerteste Detail am Haus ist die spitzbogige Tür mit ihrem Bilderschmuck. Das geschnitzte Gewände ist im Stil der gleichalten Portale gehalten. Es ist in so gedrücktem Verhältnis konstruiert, daß ihr Spitzbogen einem Halbkreis nahekommt. Das Haus Sonnenklee 40 (1620) weist eine sehenswerte Giebelgestaltung auf. Das Haus steht frei und zeigt seine Schauseite zur Schulzenstraße. Schulzenstr. 4 (1719) ist ein typisches Osterwiecker Ackerbürgerhaus mit großem Tor. Die Alte Voigtei (1533), Schulzenstr. 3, ist ein dem konvexen Straßenverlauf angepaßtes 16 Gefachachsen langes Patrizierhaus mit festungsartigem Charakter, einst Sitz des bischöflichen Vogtes. Die vornehme Fassadengestaltung reiht es ein in die besten Vertreter des niedersächsischen Baustils. Über einem hohen massiven Sockelgeschoß mit einer kleinen rundbogigen Schlupftür sind auf der schmucklosen Wandfläche des 1. Obergeschosses

asymmetrisch Fenster bzw. Fensterpaare verteilt. Über dem linken Fensterpaar sind spätgotische Vorhangbögen zu sehen. Die eigentliche Zierde des Hauses sind die tief ausgeschnittenen Sonnenpalmetten, sie haben ihren Mittelpunkt jeweils auf der Mitte eines Ständers und füllen das durch die Fußstreben gebildete Dreieck. Die Anordnung der gerollten Konsolen unter dem Sonnenfries entspricht konsequent dem axialen Gestaltungsprinzip. Unter den Fenstern läuft eine fein profilierte Leiste entlang. Saumschwelle, Balkenköpfe und Konsolen tragen Pentagramme, jene Fünfsterne, die im Aberglauben verwurzelt sind, als Hexenzeichen zum Schutz des Hauses.

Dem Arbeiterführer Hermann Matern ist an dem historischen Schulgebäude, das heute als Polytechnische Oberschule seinen Namen trägt, ein Denkmal gesetzt worden. Die Gebäudegruppe Hermann-Matern-Platz 6, 7 und 8 von 1606, ehem. Stephanikirchhof, ist eine zweigeschossige, 19 Felder lange Häuserzeile. Die Saumschwelle trägt einen in hohen Schriftmajuskeln angebrachten langen Sinnspruch: „Ein Mensch formiert auß asch undt staub verdort felt ab wie Gras undt laub vermodert und zur Erden wirdt Darauß ein neuen leib Godt Zierdt durchsichtig wie ein klares glas Der stets wirt grünen wie ein graß Der glauben wirdt nicht leichten fein Glück wie der helle Sonnenschein Henning Otten Eva Heine 1606".

Die St.-Stephani-Kirche (1. Hälfte 16. Jh.) ist eine einfache dreischiffige Hallenkirche. Bereits im frühen 12. Jh. hatte der 1111 nach Hamersleben verlegte Augustinerorden mit dem Bau einer Klosterkirche begonnen, von der nur die in niedersächsischer Bauart errichtete romanische Doppelturmfassade nach dem Stadtbrand von 1511 erhalten geblieben ist. Der 54 Meter hohe Kirchturm zeigt unten ein rundbogiges Portal. Die Ecken des Turmbaus (16,20 Meter mal 16,42 Meter) zeigen je zwei halbrunde Lisenen, die bis zum Hauptgesims emporsteigen. Kleinere Fenster beleben

Hagen 3

die Wandgestaltung. Im oberen Geschoß zeigen beide Türme gekuppelte Rundbogenfenster, die Basen der Zwischensäulen sind mit Eckblättern verziert. Der mit einem Pultdach gegen das Dach des Langhauses anlaufende Zwischenbau hat zwei dreiteilige Rundbogenfenster. Die Pyramidenhelme und die dazwischen befindliche Brücke sind jüngeren Datums. Der Chor von 1516 ist vom Langhaus durch einen großen Gurtbogen abgetrennt. Er hat ein Netzrippengewölbe und hochgotische Fenster. Nach der Einführung der Reformation datiert der Baubeginn des 30,80 Meter langen Kirchenschiffs. Die kreuzgewölbten Haupt- und Seitenschiffe sind gleichhoch, sie sind voneinander getrennt beiderseits durch je vier achteckige Pfeiler und dazwischen liegende Spitzbogen. Beachtenswert ist der Schmuckfries in den Arkadenbögen. Kräftige Außenpfeiler sichern gegen den inneren Gewölbeschub. Spätgotisch sind die Portale und die schlanken Spitzbogenfenster, die zwei- bzw. dreifache Felderteilung aufweisen.

Stilgleich sind die Portale, von denen eins an der Nordseite und zwei an der Südseite angeordnet sind. Von den beiden letzteren ist die sog. „Brauttür" mit verschiedenen Ornamenten umrahmt, in dem drachen- und chamäleonartige Tiergestalten zu sehen sind. Oben rechts und links sind über diesem Portal zwei schön gestaltete Rosetten angebracht. Vom Kirchenmobiliar verdienen der bronzene Taufkessel (13. Jh.) und der gotische Schnitzaltar (um 1480) Beachtung.

In malerischer Umgebung, in der Nähe der Stadtmauer am Stadtgraben, stehen die beiden kleinen Häuser **Voigteiplatz 4** und **5**. Ihre schräg eingebauten Saumschwellen rufen wie bei dem skurril anmutenden Haus **Hagen 1** Verwunderung hervor. Gerade bei der über alle Maßen schräg eingebauten Saumschwelle am Haus Hagen 1 wird wegen der dadurch entstandenen Verschrobenheit der Hausansicht immer wieder mit Schmunzeln diese „eigenwillige" Hauskonstruktion betrachtet. **Hagen 3** (1560) ist das ehem. Bartholomäushospital (heute

Fachwerkdetail

Kinderhort). Das zweigeschossige Haus ist 23 Gefachachsen lang. Die eingebauten Hölzer sind kräftig dimensioniert. Einen schönen Schmuck bilden der als Fries durchlaufende doppelte Laubstab und die mit Knöpfen besetzten Schiffskehlen. Diesem großen langgestreckten Bau gegenüber steht mit der Giebelseite zur Straße das Haus **Hagen 45** (1569), das früher der Sitz des Diakonats war. Es ist das größte Giebelhaus Osterwiecks und zeigt eine Fülle von beeindruckendem Holzschmuck. Zur Straßenseite nur schwach vorkragend, ist es zur Ostseite weit ausgekragt. Zwischen zwei Fenstern ist die Darstellung eines kleinen Lebensbaumes zu finden. Alle Brüstungsfelder sind verplattet und mit bemerkenswert guten Kerbschnittarbeiten verziert. In der Reihe kleiner Traufhäuser Hagen 15, 14, 13, 12, 11 und 10 fallen **Hagen 11** durch klare Gliederung und Darstellung doppelter Schnürrollen und **Hagen 12** mit Sonnenplastiken in den durchgehenden sechs Brüstungsfeldern auf. Das heute nur noch teilverkleidete, dreigeschossige Haus **Hagen 21/22** (1580) mit einem zweieinhalbfach breiten Tor zeigt feingeschnitzten Holzschmuck wie die verzierten Taustäbe in den Schiffskehlen.

Bei einem Gang durch das historische Stadtzentrum Osterwiecks sind an vielen Häusern Schmuckzeichen in Gestalt verschlungener Linienzüge zu sehen. Am schönsten sind sie auf den Brüstungsplatten im 2. Obergeschoß am Haus ↗ **Kapellenstr. 42.** Diese in vielfältigen Formen anzutreffenden Linienzüge sind nur in Osterwieck zu finden. Sie sind im Zeitraum von 1570 bis 1681 von Osterwiecker Handwerkern verwendet worden. Die Verknotungen stellen Abwehr- und Heilszeichen dar. Im Volksmund werden sie Zauber- und Teufelsknoten genannt, von denen in der Fachwerkstadt Osterwieck noch etwa dreißig Stück vorhanden sind.

Potsdam

Bez. Potsdam

 Potsdam-Information
Friedrich-Ebert-Str. 5
Potsdam, 1500

Historischer Stadtkern lt. Bekanntmachung der zentralen Denkmalliste der
DDR:
„Zweite Stadterweiterung mit Holländi-
schem Viertel, umgrenzt durch Hegelallee – Straße der Jugend – Hebbelstraße
– Gutenbergstraße – Am Bassin –
nördliche Wilhelm-Pieck-Straße –
Schopenhauerstraße mit Jäger-, Brandenburger und Nauener Tor, ehem.
Großer Stadtschule, ehem. Kommandantenhaus. Alter Markt mit Kulturhaus „Hans Marchwitza" (ehem. Rathaus) und sog. Knobelsdorffhaus, Nikolaikirche und Obelisk, Neuer Markt
mit ehem. Kutschstall und Ratswaage,
Schloßstraße mit ehem. Marstall und
Bauhofstraße. Südliche Wilhelm-Pieck-
Straße mit angrenzenden Nebenstraßen: Otto-Nuschke-Straße, Wilhelm-
Staab- und Dortustraße mit ehem. Alter
Wache, ehem. Großen Militärwaisenhaus und Max-Dortu-Oberschule,
Kiez-Viertel und Wilhelm-Külz-Straße
mit Hiller-Brandtschen-Häusern, Predigerwitwenhaus, Kopfbau des ehem.
Langen Stalls und Wasserwerk Sanssouci an der Leninallee."

Das 933 erstmals urkundlich erwähnte „Poztupimi", fern der Handelsstraßen an einem Havelübergang
gelegen, war bis nach dem Dreißigjährigen Krieg völlig unbedeutend. Von
198 Häusern (1623) waren 1660 noch
50 erhalten, 20 beschädigt, der Rest
wüst. Im gleichen Jahr erklärte Kurfürst Friedrich Wilhelm Potsdam zur
zweiten Residenz und zur Garnison.
Bestimmend dafür war u. a. die völlige Abhängigkeit der wirtschaftlich
schwachen Stadt vom königlichen
Amtmann. Vom bedeutungslosen bürgerlichen Rat war kein Widerstand zu
erwarten. König Friedrich Wilhelm I.
sicherte diesen Zustand auch „de
jure" durch die Umwandlung der
Amts- in eine Immediatstadt. Die
Bautätigkeit setzte zögernd ein und
konzentrierte sich auf den Schloßneu-
bau und seine Umgebung sowie den
Ersatz vorhandener Wohnhäuser
durch Neubauten mit Soldatenstuben.
Mit Regierungsantritt Friedrich
Wilhelms I. setzte 1713 mit der Modernisierung der **Altstadt** um den Alten Markt der eigentliche Ausbau der
Stadt ein, ausgerichtet auf die Unterbringung größerer Armee-Einheiten.
Noch im gleichen Jahr mußten die
1 500 Einwohner 560 Soldaten auf-
nehmen. Die Altstadt wurde ungefähr
begrenzt durch Schloßstraße, heutige
Heinrich-Rau-Allee (Stadtkanal) und
heutige Joliot-Curie-Straße; nach Westen in Richtung Havelbucht und
nach Osten bis zum ehem. slawischen
Burgwall (Burgstraße) gab es um 1710
bereits eine lockere Vorstadtbebau-
ung. Heute ist dieses Gebiet kaum
noch als ehemals geschlossener Stadtkern erkennbar. Die Kriegszerstörung,
besonders das schwere Bombarde-
ment vom 14. 4. 1945, vernichtete 47
Prozent der historischen Bauten Potsdams. Betroffen waren besonders die
Altstadt und die Neustadt, auf derem
Gebiet die historische Bausubstanz
nur punktuell erhalten blieb. Nach
1945 wurde der historische Altstadtgrundriß weitgehend überbaut.
Die bis zur Lindenstraße (heute
Otto-Nuschke-Straße) und Charlottenstraße (Wilhelm-Pieck-Straße) reichende **Neustadt** als **1. Stadterweiterung** entstand von 1721 bis 1735 unter
Leitung P. de Gayettes. Sie wurde einschließlich der Friedrichstadt um die
heutige Albert-Klink-Straße und dem
Kiez mit einer Mauer umgeben. Die
Anlage der nach Westen führenden
Ausfallstraße, später Breite Straße,
heute Wilhelm-Külz-Straße, war bereits 1668 erfolgt. 1671 wurde sie mit
den parallel angelegten, bis zum Kanal
(Dortustraße) führenden Straßen als
„Kurfürstliche Freiheit" mit 38 Häusern bebaut. Wie die Wilhelm-Külz-
Straße gehörte auch die nach Norden
abzweigende heutige Otto-Nuschke-
Straße zu einem Wegenetz, das zu den
kurfürstlichen Lusthäusern und Jagd-
revieren führte. Eine Voraussetzung
für die Stadterweiterung war die Trok-

kenlegung des versumpften Baugeländes, der auch der 1673 angelegte Stadtkanal (etwa Dortu-, Yorkstraße, Heinrich-Rau-Allee) diente. Dieser langwierige Prozeß konnte bis zum Baubeginn nicht zum Abschluß gebracht werden. Ausgesparte Baublöcke, später Plätze oder gestaltete Teiche, markieren Restsumpflöcher (ehem. Plantage Yorkstraße/Dortustraße, Wilhelmsplatz/Platz der Einheit, Bassin). Für Pfahlgründungen und Fachwerke wurden umliegende Eichenwälder abgeholzt. Seitdem wird die Umgebung durch die schnellwachsende Kiefer geprägt. Ungenügend tiefe Gründungen führten im 18. Jh. wiederholt zu Neubebauungen der Platzränder. Viele Häuser des alten Potsdam waren wegen des hohen Grundwassers teilunterkellert.

Nördlich der Neustadt folgte unter Leitung Bergers von 1733 bis 1738 als planmäßige Anlage im Rastersystem die **2. Stadterweiterung.** Sie wurde begrenzt von der Neustädter-, Brandenburger- und Jäger-Communikation (Teile der Schopenhauerstraße und gesamte Hegelallee) und der Nauener Straße (Teile der Friedrich-Ebert-Straße) mit dem ↗ „Holländischen Viertel" nördlich vom Bassin(-platz) bis zur Nauener Communikation (südlich von der Hebbelstraße), wiederum umgeben von einer Zollmauer. Eine nach 1740 geplante 3. Erweiterung blieb unausgeführt. Der Baugrund der 2. Stadterweiterung war nicht ganz so sumpfig wie der in der Neustadt. Planungsgrundlage waren die bereits vorhandenen Landstraßen, damit erhielten die Quartiere einen trapezförmigen Grundriß. Die Straßenfronten wurden nach einheitlichen architektonischen und städtebaulichen Prinzipien gestaltet, u. a. Spiegelbildlichkeit gegenüberliegender Fronten, Drei-Häuser-Gruppen mit betonter Mitte, strenge Einzel- oder Gruppensymmetrie, Zusammenfassung der Blockfronten unter einheitlichem Walmdach, Brandgassen (Toreinfahrten) als Quartierzufahrten in den Ost-West-Straßen jeweils neben dem Eckhaus. Einziges erhaltenes Brandgassenbeispiel ist die Front Gutenbergstr. 100/102. Die Bebauung wurde mit fünf- oder siebenachsigen, generell zweigeschossigen Fachwerk-Typenhäusern in Traufenstellung mit Zwerchhäusern als Soldatenstuben für zwei bis sechs Personen vorgenommen. In den Höfen legten die Besitzer später ein- bis zweigeschossige Wirtschaftsgebäude an, die Hof-Wohnbebauung kam erst nach 1850 auf. Etwa 66 Prozent der vorhandenen Bausubstanz stammt aus dieser Zeit. Störungen des einheitlichen Bildes durch Nachfolgebauten seit Ende des 19. Jh. treten vor allem in der Klement-Gottwald- und der Friedrich-Engels-Straße auf. Die Typisierung war für jene Zeit ein großer Fortschritt und ermöglichte erst das schnelle Bautempo. In den 21 Karrees wurden von 1734 bis 1742 etwa 600 Gebäude errichtet. Ungeklärt ist – ausgenommen das Holländische Viertel –, ob schon vor 1740 massive Fassaden errichtet oder erst später vorgeblendet wurden. Mit der Rekonstruktion der Klement-Gottwald-Straße als Fußgängerbereich von 1975 bis 1978 begann die aufwendige städtebauliche und denkmalpflegerische Instandsetzung des Gebietes einschließlich angepaßter Lückenschließungen.

Bei Regierungsantritt Friedrichs II. zählte Potsdam bereits 11 708 Einwohner in 1 154 Häusern, hinzu kamen 4 294 Soldaten. Der Ausbau der Stadt und die Versorgung der Garnison begünstigten die Ansiedlung von Handwerkern und die Gründung von Manufakturen. Die Stadt blühte wirtschaftlich auf, war aber völlig vom Militär abhängig und administriert. Es erfolgte zwar – außer einer geringfügigen Korrektur der Stadtgrenze im Osten – keine Erweiterung des Stadtgebietes, dafür aber eine umfassende Erneuerung des vorhandenen Fachwerks in Massivbauweise bzw. die Vorblendung massiver Fassaden. Unter den Militärbauten nahmen die Kasernen eine besondere Stellung ein. Wenngleich die Soldatenunterbringung in den Dachstuben bei weitem überwog, begann man noch unter

Friedrich Wilhelm I. die Soldatenquartiere vom eigentlichen Wohnhaus zu lösen und sie in einem separaten Anbau unterzubringen. Die sog. „Kasernen für Beweibte", im Prinzip Typenwohnhäuser, wurden immer schmuckloser. Die Verlegung des Treppenhauses an die Seite und die Anordnung eines Mittelganges führte zu dem Jahrhunderte hindurch gültigen Kasernentyp, nunmehr für die unverheirateten Soldaten bestimmt. Erste Bauten dieser Art entstanden nach dem Siebenjährigen Krieg (↗ Neuruppin).

Die heutige Wilhelm-Külz-, Klement-Gottwald- und Friedrich-Ebert-Straße waren Hauptstraßen und durchzogen die ganze Stadt, abgeschlossen durch Stadttore. Eine bevorzugte Stellung nahm wegen der reizvollen Lage auch die Bebauung beidseitig des Kanals ein. Straßenführung, Platzanlagen, Stadtmauerbau u. a. lassen den Schluß zu, daß beide Stadterweiterungen nicht auf einer gemeinsamen Planung beruhten. Jede Etappe hatte typisierte Wohnbauten zur Grundlage, die Einheitlichkeit ging vom Grundriß über die Fassadengestaltung bis zur Farbgebung. Geistiger Vater beider Stadterweiterungen wie auch der Typenentwürfe war wahrscheinlich Ph. Gerlach, preußischer Oberbaudirektor. Die barokken Fassaden sind von einer großen Formenvielfalt. Neben Fassaden aus der Knobelsdorff-Schule und solchen nach italienischen Vorbildern (A. Palladio und Nachfolge) sind zahlreiche Fassaden des Zopfstils von G. Ch. Unger und C. v. Gontard erhalten.

Die 2. Stadterweiterung ist sowohl in ihrer Struktur wie auch mit der überwiegend barocken Bebauung als geschlossene städtebauliche und architektonische Einheit erhalten. Als Flächendenkmal prägt sie das Erscheinungsbild der Innenstadt nachhaltig. Wenngleich im Rückblick die drei historischen Bereiche sich deutlich voneinander abheben, tritt diese Abgrenzung in der Gegenwart weit weniger deutlich hervor. Ursachen dafür sind u. a. der Verlust der historischen Bausubstanz und des Grundrisses der Altstadt, die umfassende Zerstörung der Neustadt und die diese und die 2. Stadterweiterung weitgehend vereinheitlichende Neugestaltung Ende des 18./Anfang des 19. Jh.

Altstadt: Vom Mittelalter bis 1945 war der **Alte Markt** städtischer und architektonischer Mittelpunkt der Stadt. Nach 1750 ließ Friedrich II. die 1715/24 neu entstandenen Platzfronten durch palastartige Bauten nach italienischen Vorbildern ersetzen und das Terrain 1754 um etwa ein Meter auf die Höhe der einmündenden Straßen abtragen. Durch Kriegszerstörungen (Palais Barberini, C. v. Gontard, 1771/72; Schloß, Um- und Neubau, G. W. v. Knobelsdorff, 1744/52) hat der Platz seinen Charakter als städtebaulich geschlossener Raum völlig verloren. Nach drei Vorgängerbauten entstand 1753/55 das ehem. **Rathaus** (J. Boumann/C. L. Hildebrandt; Vorbild: Palazzo-Entwurf von A. Palladio) – heute Kulturhaus „Hans Marchwitza" – als dreigeschossiger siebenachsiger Bau. Die Fassade in Kolossalordnung krönt über der figurengeschmückten Attika eine Tambourkuppel mit vergoldetem Atlas (B. Giese). Die ursprüngliche Bleifigur stürzte 1776 herab und wurde 1777 von F. Jury in Kupfer kopiert. Der 1945 ausgebrannte Bau wurde 1963/66 wiederhergestellt, der Kartuschenaufsatz und die Attikafiguren sind Kopien bzw. vom Schloß gerettete Plastiken. Zum Kulturhaus gehört auch das durch einen modernen Zwischenbau angeschlossene, seit 1922 nach seinem Erbauer **„Knobelsdorff-Haus"** (1750/51) genannte Eckhaus an der ehem. Brauergasse. Bei diesem zweieinhalbgeschossigen einfach gegliederten Putzbau wurden die originalen Attikaplastiken von J. P. Benckert bereits 1912 als schadhaft entfernt, beim Wiederaufbau wurden Kopien aufgestellt. Die Karyatiden des Balkons schuf F. Ch. Glume. Teile der **Reitstallkolonnade** (G. W. v. Knobelsdorff, 1745/46) wurden 1970 im Freigelände des Hotels, wie das Ernst-Thälmann-Stadion auf dem

Ehem. Rathaus mit „Knobelsdorff-Haus"

Areal des ehem. Lustgartens errichtet, aufgestellt. Die Kolonnade verband einst über die heutige Friedrich-Ebert-Straße Schloß und **Marstall** (heute Filmmuseum), Schloßstr. 15, miteinander als nördliche Lustgarten-begrenzung. Ursprünglich von J. A. Nering 1685 als Orangerie errichtet, wurde der Bau nach Anlage des Exerzierplatzes im Lustgarten 1714 Pferde-stall und Schmiede und 1746/48 durch A. Krüger nach Knobels-dorffs Entwurf von 21 auf 33 Achsen nach Westen verlängert sowie um das Attikageschoß aufgestockt. Die beiden südlichen Risalite werden von Reitergruppen (F. Ch. Glume) be-krönt. Ab 1923 beherbergte das Ge-bäude ein Militärmuseum, ab 1927 auch eine Galerie und von 1946 bis 1955 wurde es als Stadtmuseum ge-nutzt. Von 1976 bis 1980 wurde der Marstall unter Rücknahme der Um-bauten von 1895 (Nordfront, Dach) in der Form von 1748 wiederhergestellt, nur der östliche Giebel wurde als Fußgängerdurchgang umgebaut.

Der Burg gegenüber stand seit dem 13. Jh. die Marienkirche, die, mehr-fach umgebaut, seit 1602 Katharinen-kirche hieß. Der an ihrer Stelle errich-tete Neubau der **Nikolaikirche**

Schloßstr. 9a/11

(Ph. Gerlach, 1721/24) mit der Knobelsdorffschen Schaufassade (1752/54) brannte 1795 ab. Nach einem – anfangs reduzierten – Schinkel-Entwurf führte L. Persius 1830/37 den quadratischen Zentralbau mit flachem Dach und übergiebeltem Portikus aus. Die Tambourkuppel und die aus statischen Gründen zusätzlich notwendigen Eckglockentürme errichteten 1843/49 L. Persius, E. Prüfer und A. Stüler. Die schwer beschädigte Kirche wurde in Etappen 1955/81 wiederhergestellt, die Innenraumgestaltung (u. a. P. Cornelius, Ch. F. Tieck und A. Kiß) folgte bei Erhaltung von Originalteilen und notwendigen baulichen Veränderungen den Schinkelschen Vorstellungen. Der **Obelisk** (G. W. v. Knobelsdorff, 1753/55) war als Bekrönung des Fortuna-Portals (J. de Bodt, 1701) des Schlosses vorgesehen, mußte aber auf Befehl Friedrichs II. in reduzierter Höhe (23,19 Meter) auf dem Markt aufgestellt werden. Er war nur granitverkleidet und schon im 19. Jh. baufällig. 1969 wurde der Obelisk abgebaut und bis 1979 mit neuen Medaillons von R. Böhm wiedererrichtet, die anstelle der Porträts der Hohenzollern die der Architekten Gontard, Knobelsdorff, Schinkel und Persius zeigen.

Neustadt: Am 1670 angelegten Neuen Markt vor dem Kieztor wurde als Marstall der spätere **Kutschstall** (1671) errichtet. A. L. Krüger ersetzte ihn auf gleicher Grundfläche 1787/89 durch den frühklassizistisch beeinflußten Neubau mit triumphbogenartigem Portalrisalit, gekrönt von Quadriga und Skulpturengruppen (J. Ch. und M. Ch. Wohler, J. Eckstein). Der kriegszerstörte linke Flügel wurde in alter Form rekonstruiert. Das Ensemble **Neuer Markt** wurde bis auf Am Neuen Markt 5 restauriert. Die vorhandenen Häuser entstanden als Ersatz für die bis 1685 errichteten Gebäude. Auf engem Raum ist hier ein Stilwandel sichtbar, der sich in wenigen Jahren vollzogen hat: die prächtigen, unter Knobelsdorffs Oberbauleitung geschaffenen Häuser Am Neuen Markt 1/2 (vermutlich F. W. Dieterichs, 1753) und Am Neuen Markt 10/11 (J. Boumann nach Knobelsdorff-Entwurf, 1752) neben den in der Ära Gontard/Unger gebauten nüchternen Häusern Am Neuen Markt 3, 4 und 6 bis 8 (G. Ch. Unger, 1773). Den plastischen Schmuck schufen vor allem F. Ch. Glume, M. Müller, C. J. Sartori, J. M. Merck und J. G. Haymüller. Auf dem Platz wurde 1785 die Königliche Kornwaage errichtet. Sie wurde 1836 durch den heutigen Bau (vermutlich Ch. H. Ziller), seit 1875 **Ratswaage** genannt, ersetzt. Auch um den Neuen Markt sind einige Barockhäuser erhalten: **Schloßstr. 9a/11** als Teil der Blockbebauung mit Am Neuen Markt 10/11, Schloßstr. 12 (G. W. v. Knobelsdorff, 1751) mit bemerkenswerter Ornamentik, ehem. Schloßstr. 13 und 14, heute **Am Karl-Liebknecht-Forum 2** und **3** (G. W. v. Knobelsdorff, 1748; heute Jugend- bzw. Künstlerklub) als repräsentative „Tor"-Bauten der ehem. Breiten Straße am Lustgarten, **Schwertfegerstr. 7 a** (Teil von Am Neuen Markt 3/4) und **Schwertfegerstr. 8** (H. L. Manger, 1765), 1766 mit Am Neuen Markt 1/2 zum Palais des Kronprinzen vereinigt (Geburtshaus Friedrich Wilhelms III.) und ab 1833 Sitz des Königlichen Kabinetts.

Auf der Nordseite der **Werner-Seelenbinder-Straße** stehen noch drei barocke Häuser: Nr. 1 und 2 (1753) und Nr. 3 (1776). Den Krieg überstand auf dem Grundstück Werner-Seelenbinder-Str. 7 auch der 1781 von G. Ch. Unger dem Reit- und Exerzierhaus **Langer Stall** (P. de Gayette, 1734) vorgesetzte massive Kopfbau mit plastischem Schmuck (J. Ch. Wohler, C. Ph. Sartori, J. M. Kambly). Die eigentliche Fachwerkhalle ist kriegszerstört.

Zwischen Langem Stall und Kanal stand die **Hof- und Garnisonkirche „Zum Heiligen Kreuz"** (Ph. Gerlach, 1731/35), heute Standort des Rechenzentrums. Der bedeutendste Sakralbau des preußischen Barocks und eines der Hauptwerke der Schlüter-Nachfolge mit dem 90 Meter hohen Glockenturm wurde im April 1945 bis auf die Umfassungsmauern zerstört; als letzter Teil der Ruine wurde 1968 der 64 Meter hohe Turmstumpf abgetragen. Historisch unrühmlich bekannt wurde die Kirche durch den hier am 21. 3. 1933 öffentlich besiegelten Pakt zwischen Hindenburg und Hitler.

Die Zerstörung der südlichen Bebauung der ehem. Breiten Straße, mit den Hintergebäuden Nordseite der **Bauhofstraße**, ließ die Südfront der Bauhofstr. 1 bis 13 zur neuen Straßenbegrenzung werden. Nur die beiden Bauten Am Liebknecht-Forum markieren die alten Baufluchten. Auf den späteren Grundstücken Nr. 9/10 befand sich von 1486 bis 1679 das Gertrauden-Hospital, nach mehrfachen Bränden vor das Berliner Tor verlegt. Die Straße wurde ab 1720 bebaut, die meisten Häuser später erneuert. Das Eckhaus Bauhofstr. 13 am ehem. Lustgarten (G. W. v. Knobelsdorff, 1752), zweieinhalbgeschossig mit plastischem Schmuck (M. Müller, C. J. Sartori, J. G. Heymüller), wurde mehrmals verändert und die ehemals offene zweigeschossige Galerie, errichtet unter Einbeziehung der Lustgartenmauer (G. W. v. Knobelsdorff, 1745), zum Seitenflügel umgebaut. 1809 wurde der Bau **Regierungsgebäude**, ab 1912 Sitz des Oberpräsidiums. Das Nachbarhaus Bauhofstr. 12 mit elf Achsen in einfacher Gliederung (G. Ch. Unger, 1777) entstand eventuell als Umbau des Vorgängerhauses (F. W. Diterichs, 1736). Die Bauhofstr. 11 mit plastischer Gliederung und Segmentbogengiebel wurde um 1722 erbaut und beherbergte ab 1786 die Garnisonschule. Der neuen Nutzung angepaßt, wurde der Fachwerkbau unter Beibehaltung der Fassade 1787 massiv erneuert; 1938 erfolgte eine umfassende Rekonstruktion. Wie den Vorgängerbau als **Hofpredigerhaus** errichtete A. L. Krüger 1805 das zweigeschossige Haus Bauhofstr. 10 mit dem Ornamentfries über dem Erdgeschoß. Bauhofstr. 9 entstand als erstes Hofpredigerhaus (Lutherische Feldpropstei) zwischen 1727 und 1736 (eventuell nach Entwürfen F. W. Diterichs oder Ph. Gerlachs) als Fachwerkbau mit massiver Fassade. Im Garten existiert noch ein Mauerrest des ehem. Hospitals. Der Block Bauhofstr. 1 bis 8, in spätklassizistischen Formen durch drei Risalite gegliedert, wurde 1879 als **Kaserne** errichtet. Der frühere Nutzer, der Bauhof Potsdam (heute VEB Stadtbau Potsdam), gab der Straße ihren Namen.

Zur Kaserne gehörten auch die Gebäude Hoffbauerstr. 2 bis 5, nach 1864 entstanden unter Einbeziehung der ehem. **Gewehrfabrik** (G. Ch. Unger, 1778), von der der Mittelrisalit mit allegorischer Figurengruppe erhalten blieb. Die Potsdamer Gewehrmanufaktur war 1722 auf königlichen Befehl hin gegründet worden. Sie zog 1880 nach Spandau um.

Die Neustadt schloß auch den **Kiez** mit ein, eine 1349 erstmals erwähnte slawische Fischersiedlung an der Neustädter Havelbucht. Nach der Eingemeindung von 1722 erfolgte eine Neubebauung um die bis zum Kanal verlängerte und begradigte Kiezstraße, 1777 begann die massive Erneuerung der Häuser. Bis auf wenige Veränderungen des 19. Jh. (z. B. Aufstockung Kiezstr. 7 und 9) blieb die Kiezstraße als typische Straßenanlage des 18. Jh. bis in unsere Zeit hinein erhalten. Unter Wahrung des Straßenbildes, einschließlich Bepflanzung und Erhaltung der Fassaden, wurde der Komplex von 1976 bis 1980 rekonstruiert, zur Hofseite hin wurden die Häuser z. T. aufgestockt. Die Häuser Kiezstr. 1/4 und 26 errichtete 1777 G. Ch. Unger, vermutlich auch Nr. 5/8. Die Häuser Kiezstr. 10 (1782), 11/13 (1782/83), 16, 20/22 (1786), 24 und 24a (vermutlich 1788) stammen von J. R. H. Richter. Kiezstr. 10a (1828), 17 und 18 (1. Haus) und 25 (1802) sowie hinter dem Wohnhaus Kiezstr. 10 der Saalbau für die Freimaurerloge Minerva (L. Persius, 1844/45) sind Bauten des 19. Jh. Die original zweigeschossigen fünf- oder siebenachsigen Traufenhäuser mit betonter Mittelachse haben einfache Rokokoornamente um Fenster und Türen und stehen am Übergang zum Zopfstil.

Gegenüber dem Kiez, in der Brandenburger Vorstadt, steht auf dem Gelände des 1745 angelegten ehem. Königlichen Baudepothofes am Ufer der Havelbucht das **Pumpwerk** (Dampfmaschinenhaus) für die Fontänen von Sanssouci (L. Persius, K. v. Diebitsch, 1841/42). Bereits 1748 hatte G. W. v. Knobelsdorff auf dem nördlich von Sanssouci gelegenen Ruinenberg ein Bassin für die Versorgung der Fontänen, dekoriert mit künstlichen Ruinen, erbaut. Friedrich II. gab bis 1780 vergeblich Unsummen für eine Pumpanlage zum Füllen aus, erst der Einsatz der Dampfmaschine machte dies möglich. Am 22. 10. 1842 begann die Füllung des Bassins, am Mittag des 23. 10. nahmen die Fontänen ihren Betrieb auf. Die von der Firma

A. Borsig hergestellte technische Einrichtung projektierte A. Brix. Der zeitgenössischen Architekturauffassung entsprechend wurde der technische Zweckbau in einem frei gewählten Stil als maurische Moschee gestaltet. Ab 1980 wurde das Pumpwerk als technisches Denkmal mit der 1936 außer Betrieb genommenen Dampfmaschine wieder instandgesetzt. Durch die völlige Veränderung der Umgebung und die Verfüllung des Nordteiles der Havelbucht bei der Durchlegung der Wilhelm-Külz-Straße zur Leninallee von 1977 bis 1980 hat sich auch die städtebauliche Funktion der „Moschee" gewandelt.

Zur Neustadt hin wird der Kiez durch die historischen Bauten **Dortustr. 37/44** (zumeist G. Ch. Unger, 1770/82), teilweise im 19. Jh. verändert, und **Wilhelm-Külz-Str. 25/27** begrenzt. Das 1864 aufgestockte Haus Dortustr. 39 war Wohnstätte des Architekten L. F. Hesse, der unter Friedrich Wilhelm IV. an zahlreichen Hofbauten um Potsdam tätig war (Neue Orangerie, Friedenskirche, Schloß Lindstedt u. a.). Das älteste Potsdamer Wohnhaus, das **Predigerwitwenhaus** (um 1674), Wilhelm-Külz-Str. 25, verbirgt sich hinter einer 1826/27 von C. W. Redtel umgestalteten Fassade. Der palastähnliche Bau der **Hiller-Brandtschen Häuser** (G. Ch. Unger, 1769) hatte auf Befehl Friedrichs II. den Entwurf von I. Jones für das Londoner Schloß Whitehall (1619) zum Vorbild. Hinter der Prachtfassade von 56,6 Meter Länge als einzigem erhaltenen Beispiel des palladianischen Klassizismus verbergen sich zwei Bürgerhäuser. Der zweigeschossige Zwischenbau (Galerie) diente zur Einquartierung von Soldaten.

Die historischen Bauten der Nordseite der Wilhelm-Külz-Straße wurden von 1980 bis 1983 umfassend restauriert. Den westlichen Abschluß bildete einst das **Neustädter Tor**, 1722 als Fachwerkbau an der neuen Stadtgrenze (Otto-Nuschke-Straße) errichtet und 1753 durch G. W. v. Knobelsdorff neu erbaut. Bomben zerstörten am 14. 4. 1945 die Anlage völlig, er-

In der Dortustraße

halten blieb nur der südliche der beiden, die Durchfahrt flankierenden Obelisken, auf der Nordseite 1980 ohne den krönenden Adler wiederaufgestellt und das Ende der früheren Breiten Straße markierend. Das ehem. Ständehaus (G. Ch. Unger, 1770) Wilhelm-Külz-Str. 11/Ecke Otto-Nuschke-Straße beherbergt wie auch Nr. 10 (1770) das bis 1984 rekonstruierte **Bezirksmuseum** (allegorische Giebelfiguren von R. Kaplunger, Ornamentik von C. J. Sartori). Wilhelm-Külz-Str. 9 (vermutlich P. de Gayette, 1724) war das erste Landschafts-(Stände-)Haus, als **Predigerhaus des Waisenhauses** wurde es 1770 diesem angegliedert. Das ehem. **Große Militärwaisenhaus**, Otto-Nuschke-Str. 34a und Dortustr. 36, 1945 teilweise zerstört, geht bis in die Gründerzeit der Neustadt zurück (heute Institut für Lehrerbildung und Haus der Gewerkschaften). Vermutlich J. F. Grael errichtete

1722/24 eine Dreiflügel-Fachwerkanlage zwischen Wilhelm-Külz-, Dortu- und Spornstraße, 1739/42 ergänzt durch einen Flügel in der Otto-Nuschke-Straße. Im Karree ausgespart blieben nur die Häuser Wilhelm-Külz-Str. 9 bis 11. Die Zunahme der Anzahl von Waisen im Siebenjährigen Krieg machte eine Vergrößerung notwendig, 1771/77 entstand nach Gontards Entwurf die bestehende viergeschossige Anlage z. T. auf den massiven Erdgeschossen des Vorgängerbaus (Otto-Nuschke-Str.) als eines seiner Hauptwerke. Die Front an der Wilhelm-Külz-Straße mit 17 Achsen ist durch Seitenrisalite und einen Mittelrisalit mit reich geschmücktem Giebel gegliedert, das hohe Mansarddach steigert die Monumentalität erheblich. Architektonischer Blickpunkt war das 1945 zerstörte Belvedere über dem eindrucksvollen Treppenhaus in der Otto-Nuschke-Straße hinter dem übergiebelten Mittelrisalit mit plastischem Schmuck u. a. von J. Eckstein, Ph. G. Jenner, R. Kaplunger, C. Ph. Sartori und J. Ch. Wohler. Die seitlichen Flügel des Eingangsbaus sind entgegen Gontards Entwurf nur reduziert ausgeführt. Im Hof wurde 1776 ein Querflügel für das Personal errichtet. Die Wiederherstellung der gesamten Anlage ist z. Z. im Gange. Die Wohnbauten aus der 2. Hälfe des 18. Jh., zumeist von G. Ch. Unger, C. v. Gontard und J. R. H. Richter stammend, sind in Potsdam in großer Zahl erhalten, der Zopfstil prägt ganze Straßenzüge. So beispielsweise auch die **Wilhelm-Pieck-Straße** (bis 1950 hieß der Straßenzug Charlotten- und Elisabethstraße) im westlichen Abschnitt. Ihre Südseite, fast komplett von Nr. 1 bis Nr. 36 erhalten, bildete nach der 1. Stadterweiterung die Nordgrenze der Stadt. Wie die Nordseite, erhalten zwischen Nr. 83 und 128, wurde sie im letzten Drittel des 18. Jh. neu bebaut und ist nach umfangreichen Restaurierungsarbeiten und Lückenschließungen seit 1960 ein bemerkenswertes Ensemble zwischen der Schopenhauerstraße und der Friedrich-Ebert-Straße. Erwähnenswert das ehem. **Ordonanzhaus**, Wilhelm Pieck-Str. 31, mit Symbolen der Kriegskunst (vermutlich G. Ch. Unger, 1782), 1861 aufgestockt, zur Schule umgebaut, Wilhelm-Pieck-Str. 34 bis 36/Ecke Friedrich-Ebert-Str. 105 (C. v. Gonthard, 1768), 1945 zerstört und 1952, um sechs Achsen erweitert, als **„Haus des Handwerks"** wiederaufgebaut.

Südlich dieses Eckhauses mußte in der **Friedrich-Ebert-Straße** die Bebauung wegen ständigen Absinkens des Baugrundes mehrfach erneuert werden. Die Häuser Nr. 112 bis 114 (C. v. Gontard, 1765) wurden in alter Form 1783 neu erbaut und Nr. 117 (H. L. Manger nach Entwurf J. G. Bürings, 1764) auf den Pfahlrosten einer Kaserne von 1728 errichtet. Die Häuser Friedrich-Ebert-Str. 118 bis 122 (C. v. Gontard, 1769/71) wurden nach Kriegsschäden vereinfacht rekonstruiert. Im Haus Nr. 121 schrieb Heinrich Heine 1829 an seinen „Reisebil-

dern" (Gedenktafel). Die Seitenstraßen zwischen Wilhelm-Külz- und Wilhelm-Pieck-Straße haben in großen Teilen ihren historischen Charakter bewahrt. In der **Schopenhauerstraße**, ursprünglich Kommunikation entlang der Stadtmauer, sind mehrere barocke Häuser erhalten, u. a. die Nr. 2 bis 4 (1754) und 5/6, beides Kasernen, sowie Nr. 9 (1784). Die 1784 Lindenstraße benannte Allee zum kurfürstlichen Jägerhof, seit 1957 **Otto-Nuschke-Straße**, ist in ihrer gesamten Länge bis zum Jägertor weitgehend original erhalten. Die westlichen Eckhäuser an der Wilhelm-Pieck-Straße, Nr. 23 bis Nr. 25, sind repräsentative, dreigeschossige massive Putzbauten, Nr. 25 war Militärlazarett (G. Ch. Unger, 1772). Zwar ein Fachwerk-Typenbau mit massiver Fassade, aber prächtiger ausgestaltet ist das Haus Otto-Nuschke-Str. 26 (vermutlich P. de Gayette, um 1734) mit dem zugehörigen Kasernenbau Nr. 27 (1822 umgebaut). Die Häuser Otto-Nuschke-Str. 40 bis 43 (H. L. Manger, 1765) waren für Bayreuther Handwerker erbaut worden, die gemäß einer testamentarischen Verfügung der Markgräfin Wilhelmine von Bayreuth, Schwester Friedrichs II., nach deren Tod mit einigen Architekten und Bildhauern nach Preußen übersiedelten. Zu ihnen gehörten auch G. Ch. Unger und C. v. Gontard sowie die Gebrüder Räntz, beide Bildhauer, für die C. v. Gontard 1770 das Eckhaus Nr. 44 (heute Gaststätte „Alte Wache") errichtete. Den sich anschließenden kleinen Baublock nimmt die **Alte Wache** (A. L. Krüger, 1795/97) ein, in der Gestaltung beeinflußt durch die zehn Jahre zuvor vollendeten Mohrenkolonnaden in Berlin und die Hauptwache in Posen (Poznań) mit reichem, die Kriegskunst symbolisierenden Skulpturenschmuck (Gebrüder Wohler). An dieser Stelle einst das neustädtische Brandenburger Tor.

Als westliche Uferstraße am Kanal wurde die ehem. Waisenstraße, heute **Dortustraße,** angelegt. Neben dem Militärwaisenhaus sind im Bereich der Neustadt vor allem Häuser von G. Ch. Unger aus der Zeit von 1771 bis 1780

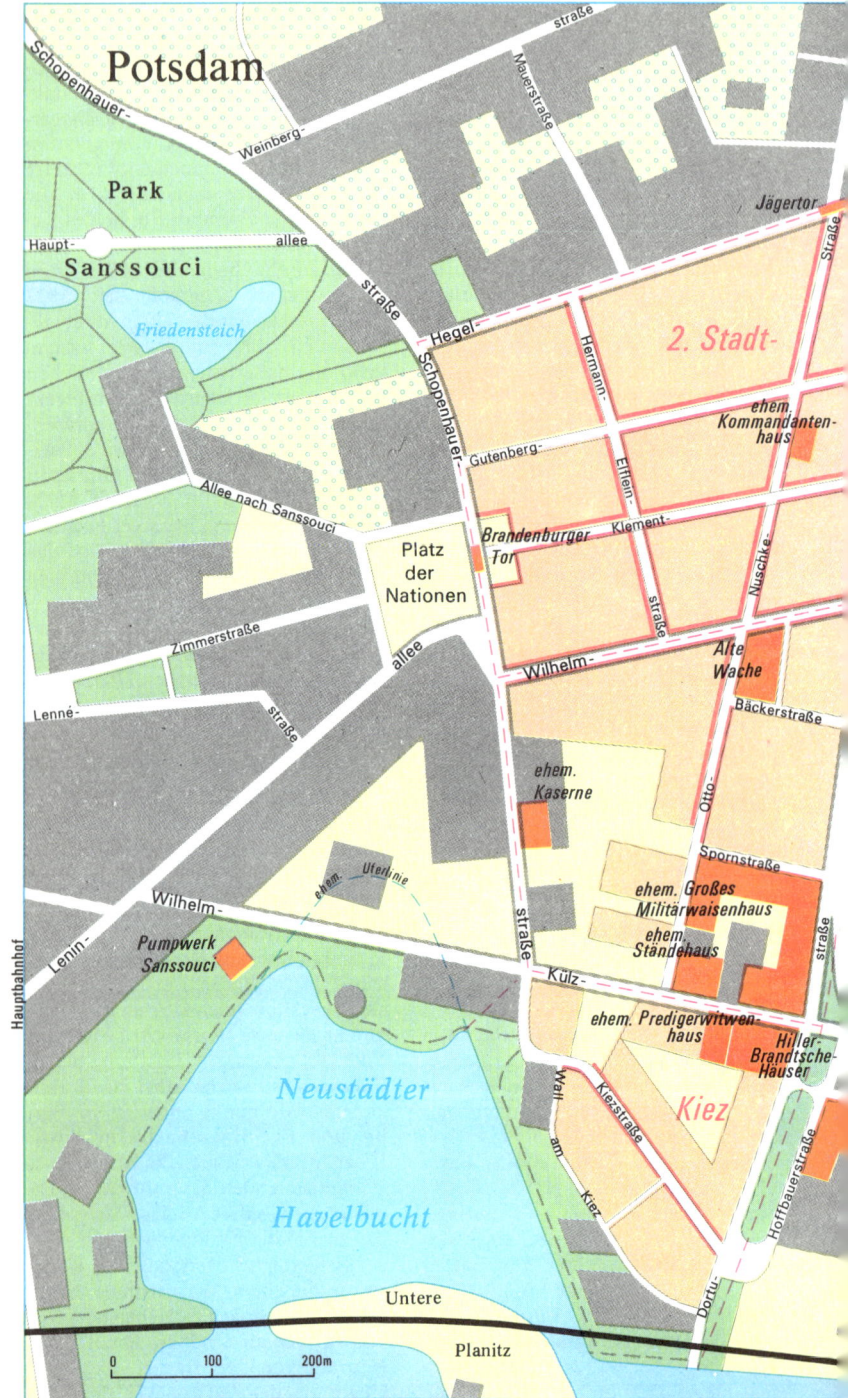

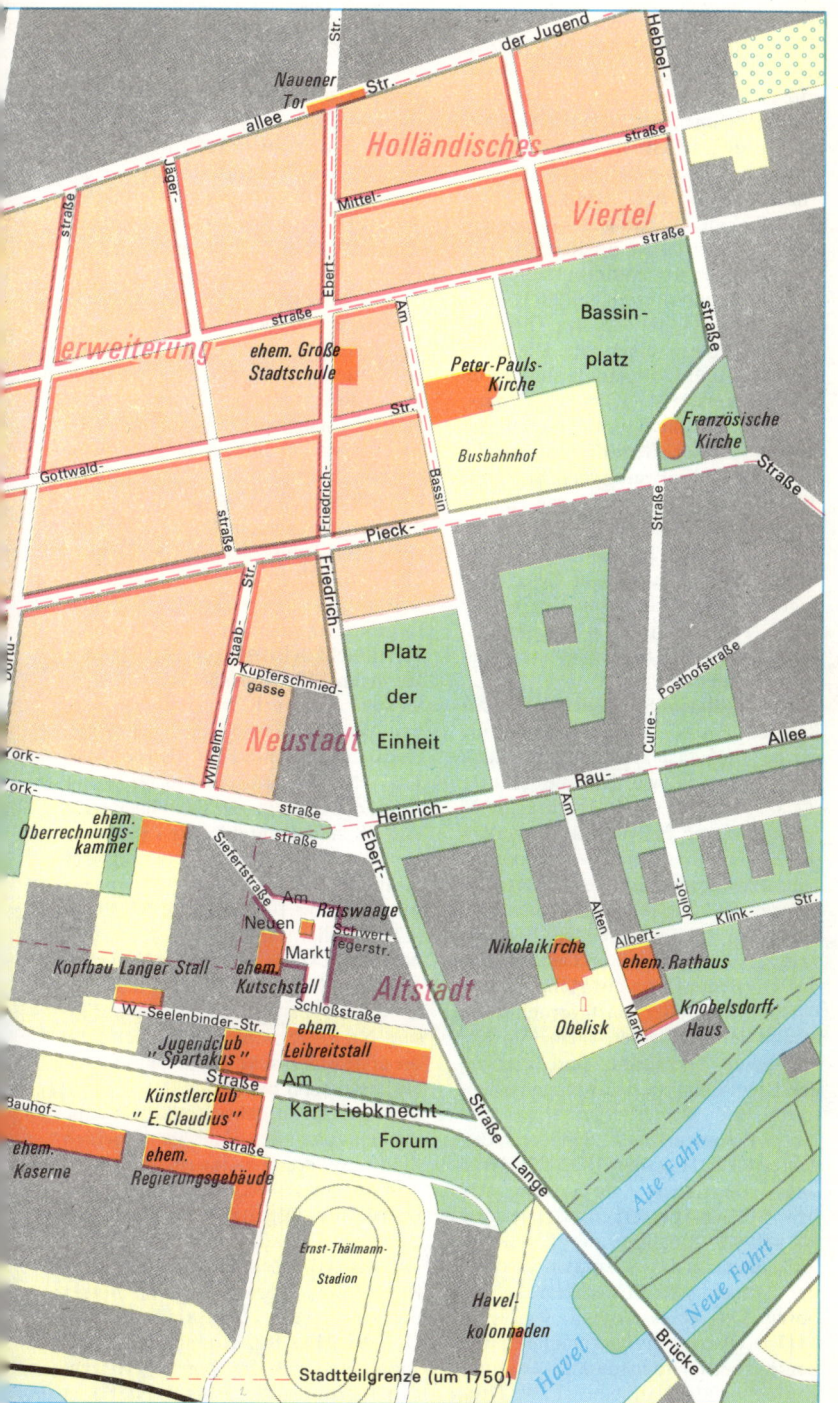

Nauener Tor

Str.

der Jugend

Hebbel-

allee

Jäger-

straße

Mittel-

Ebert-

straße

Holländisches

Viertel

straße

straße

...erweiterung

ehem. Große
Stadtschule

Am

Str.

Bassin

Peter-Pauls-
Kirche

Busbahnhof

Bassin-

platz

Bassin-

Französische
Kirche

Straße

Gottwald-

straße

Pieck-

Friedrich-

Neustadt

Staab-

Str.

Wilhelm-

Kupferschmied-
gasse

Straße

Straße

Posthofstraße

York-

York-

straße

Heinrich-

straße

Ebert-

Platz

der

Einheit

Rau-

Am

Alten

Curie-

Allee

ehem.
Oberrechnungs-
kammer

Steferstraße

Am
Neuen

Markt

Ratswaage

Schwert-

fegerstr.

Nikolaikirche

Jolori-

Klink-

Str.

Albert-

ehem. Rathaus

Kopfbau Langer Stall

ehem.
Kutschstall

W.-Seelenbinder-Str.

Schloßstraße

Obelisk

Markt

Knobelsdorff-
Haus

Jugendclub
"Spartakus"

Straße

ehem.
Leibreitstall

Altstadt

Künstlerclub
"E. Claudius"

Am

straße

Bauhof-

ehem.
Kaserne

ehem.
Regierungsgebäude

Karl-Liebknecht-

Forum

Straße

Lange

Alte Fahrt

Ernst-Thälmann-
Stadion

Havel-
kolonnaden

Neue Fahrt

Brücke

Havel

Stadtteilgrenze (um 1750)

erhalten, z. B. Dortustr. 28 und 29 (1771). In Nr. 29 wurde Max Dortu geboren, einer der Führer der Achtundvierziger Revolution in Potsdam. Als Teilnehmer des Badener Aufstandes wurde er 1849 standrechtlich erschossen (Gedenktafel). Beide Häuser wurden 1867 zur heutigen **Max-Dortu-Schule** vereinigt. Im Erdgeschoß der Nr. 29 ist ein Raum in seiner originalen Ausstattung erhalten. Im ehem. „Rechnungshof" (1907), Dortustr. 30 bis 34, hat u. a. das Theodor-Fontane-Archiv seinen Sitz. Die Otto-Nuschke- und Dortustraße sind durch die **Bäckerstraße** (G. Ch. Unger, 1774/75) und die **Spornstraße** verbunden. Die südliche Seite der Spornstraße wird vom Militärwaisenhaus begrenzt, die nördliche Front bilden die Häuser Nr. 1/2 (1787) und Nr. 3 bis 5 (J. R. H. Richter, 1784). Die von der Bäckerstraße abzweigende **Kleine Gasse** wird gegenüber der Rückfront der Wache von drei Kasernen (G. Ch. Unger, 1773) begrenzt, nur Nr. 1 ist im äußeren original erhalten.

Die **Wilhelm-Staab-Straße**, einst Kleine Jäger- bzw. Hoditzstraße, wurde 1945 fast völlig zerstört. Von 1951 bis 1957 wurden die Häuser (G. Ch. Unger, C. v. Gontard, A. L. Krüger), deren Fassaden z. T. erhalten waren, originalgetreu wiederaufgebaut bzw. beschädigte restauriert. Die Häuser Nr. 7/8, 9 und 23 sind Neubauten in barockisierenden Formen. Die zerstörte Nr. 8 war Geburtshaus des Physikers Hermann Helmholtz.

Die Häuser der einst vornehmsten Straße der Innenstadt, ehem. Am Kanal, heute **Yorkstraße**, sind überwiegend zerstört. Von den wenigen erhaltenen und wiederhergestellten sind Nr. 3/4 (Entwurf K. F. Schinkel, Ausführung Ch. H. Ziller, 1822/23), Nr. 6 und 7 (vermutlich P. de Gayette, 1728 bzw. 1722/28) bemerkenswert, letztere als seltene Zeugnisse der 1. Stadterweiterung. Im Haus Yorkstr. 7 wurde der Naturforscher Ernst Haeckel geboren. Das Haus Yorkstr. 19/20, ab 1817 Oberrechnungskammer und heute Fernmeldebauamt, war ursprünglich als Wohnhaus (F. W. Titel,

1776 nach Entwurf Gontards) errichtet worden. Auf den ersten Besitzer des Hauses weisen noch die Puttengruppen mit Attributen der Glasmacherkunst von J. Ch. Wohler hin. Mit der seit den zwanziger Jahren aus hygienischen Gründen erwogenen Verfüllung des Kanals (1965/71) änderte sich der Charakter der holländischen Grachten ähnelnden Straße mit den einst neun Brücken völlig.

2. Stadterweiterung: Die **Schopenhauerstraße** als westliche Stadtgrenze ist zwischen Wilhelm-Pieck-Straße und Gutenbergstraße original erhalten, wobei diesem Bereich durch die Platzbildung vor dem Brandenburger Tor besondere städtebauliche Bedeutung zukommt. Sowohl bei den südlich (J. Ch. V. Schulze, 1784) als auch bei den nördlich der Klement-Gottwald-Straße gelegenen Häusern (J. R. H. Richter, 1785) handelt es sich um zweigeschossige massive Doppelhäuser als Nachfolgebauten, nach Kriegsbeschädigung vereinfacht wiederhergestellt. In der **Hermann-Elflein-Straße** sind, z. T. später verändert, noch Originalbauten vorhanden, so auf der westlichen Seite, Hermann-Elflein-Str. 3 (Berger, um 1737), Nr. 5/6 und 11 sowie 33, 35 und 37 auf der Ostseite. Die Eckhäuser Nr. 1 und 38 sind Pendantbauten (J. R. H. Richter, 1785). Die Erneuerung der Straße setzte sich bis ins 19. Jh. hinein fort: Nr. 8 bis 10 (um 1800), Nr. 13/14 (Ch. H. Ziller, 1832/33), Nr. 15/16 und Nr. 21 bis 24 (J. R. H. Richter, 1785 bzw. 1786), Nr. 25/26 und 30/31 (Ch. H. Ziller, 1833/34 bzw. 1835/36). In den Häusern Nr. 27/28 richtete S. Schock 1738 die erste preußische Tabakmanufaktur ein, bestehend bis um 1830.

Die **Otto-Nuschke-Straße** war eine der Hauptstraßen und nach beiden Stadterweiterungen jeweils durch ein Tor abgeschlossen. Die Bebauung – im 19. Jh. erfolgte z. T. eine Veränderung der Fassaden und Aufstockungen – aus der Zeit der 2. Stadterweiterung stammt vorwiegend von Berger und de Gayette (1734/38); die Häuser Otto-Nuschke-Str. 57 bis 65 korrespondieren mit der gegenüberliegenden Bebauung Nr. 1 bis 9, Nr. 66 ist

Ehem. Große Stadtschule

zur Platzbildung am Jägertor zurückgesetzt. Mit dem ehem. **Kommandantenhaus** (Ph. Gerlach, 1733/37), Otto-
Nuschke-Str. 54, ist einer der ersten
steinsichtigen Potsdamer Backsteinbauten erhalten. Bis 1816 war es
Wohnhaus des jeweiligen Leibregi-
mentskommandeurs und wurde 1820
Amtsgericht. 1852/54 durch Ch. H. Ziller umgebaut und erweitert, wurden die
äußeren Veränderungen 1907 zurückgenommen.

Die westliche Seite der ↗ Dortustraße ist im wesentlichen aus den
Jahren 1733/38 erhalten, nur das
Haus Dortustr. 11 (1832) stammt hier
aus einer anderen Epoche. Die gegenüberliegende Bebauung geht ebenfalls
auf die Jahre 1733/38 zurück, ist aber,
wie die Eckhäuser Nr. 58 und 64, im
19. Jh. z. T. stark verändert worden.
Während seiner Assessorentätigkeit
von 1853 bis 1858 wohnte Theodor
Storm – nach der heutigen Klement-
Gottwald-Str. 70 – in der heutigen Dortustr. 68, später in der Benkertstr. 15.

In der **Jägerstraße** ist die Situation
ähnlich. Eindeutig aus späteren Zeiten stammen die Häuser Jägerstr. 1
(1786), 10 (1842), 23 (1781), 29 (1866),
30 (1844), 32 (1897) und 42 (1782). Die
Fassaden der originalen Bebauung
wurden zum großen Teil verändert,
viele Häuser sind aufgestockt worden.
Die Jägerstr. 3/4 (heute Johann-Seba-
stian-Bach-Schule) wurde als **Armen-
und Freischule** 1837/38 nach einem
Schinkel-Entwurf von C. W. Redtel
erbaut. Der dreigeschossige Putzbau
mit Eckrisaliten ist zurückhaltend gegliedert, die Seiteneingänge wurden
1932/33 durch einen mittleren ersetzt.
Durch ihre direkte Führung von der
Altstadt (Schloß) bis zur nördlichen
Stadtgrenze (Nauener Tor) war die
heutige **Friedrich-Ebert-Straße** von
Anfang an eine Magistrale. Angelegt
wurde sie ab 1726 mit dem Durch-
bruch durch die nördliche Altstadtbe-
bauung. Auf der Westseite (Nr. 84 bis
104) sind die im Kern erhaltenen
Häuser von 1734 bis 1738 im 19. Jh.

Holländisches Viertel

mannigfaltig verändert bzw. erneuert worden, Nr. 103/104 ist ein in der Gestaltung angeglichener Neubau. Bemerkenswerte Umbaubeispiele sind das 1817 klassizistisch veränderte Haus Nr. 89 (Berger, 1737) mit einem der inzwischen seltenen Höfe aus der Erbauungszeit und die **Löwenapotheke** (Nr. 102), seit 1733 Hofapotheke und 1840 unter Bewahrung des Löwenreliefs umgestaltet. Die Ostseite zwischen Friedrich-Ebert-Str. 9 und 19 – die beiden weiteren Karrees bis zum Nauener Tor gehören zum ↗ Holländischen Viertel – besteht ebenfalls aus im 19. Jh. veränderten Bauten von 1734/38. Die ehem. **Große Stadtschule** (P. de Gayette oder Ph. Gerlach, 1738/39) ist ein nur zweigeschossiger aber monumental wirkender Bau mit Seiten- und Mittelrisaliten und Attika. Hier bereitete sich Heinrich v. Kleist während seiner Potsdamer Militärzeit auf das Universitätsstudium vor (Gedenktafel). Die westliche Baugrenze der 2. Stadterweiterung südlich des ↗ Holländischen Viertels waren die

Häuser der Straße **Am Bassin** 1 (1818), Nr. 2 bis 6 (1780/85) und Nr. 7 bis 12 (C. v. Gontard, 1773/76). Es handelt sich durchweg um dreigeschossige Backsteinbauten mit Sandsteinelementen und Volutengiebeln der Zwerchhäuser. Gontard erzielte damit eine Angleichung an das Holländische Viertel. Im Haus Am Bassin 10 wohnte 1789 Wolfgang Amadeus Mozart (Gedenktafel). Der **Bassin-Platz** geht auf das 1737/39 zur Trockenlegung des Sumpfgebietes angelegte gemauerte Bassin zurück, das über einen schiffbaren Kanal (etwa östlich der Gutenberg-, Hans-Thoma- und Mangerstraße) mit dem Heiligen See und unterirdisch mit dem Stadtkanal verbunden war und auf einer künstlichen Insel einen Pavillon (Gloriette; J. Boumann, 1739) hatte. Wegen zunehmender Verlandung wurde das Bassin 1825 in eine Grünanlage mit Teich (P. J. Lenné) umgestaltet und 1890 endgültig verfüllt. In der Achse der Klement-Gottwald-Straße steht die **Peter-Pauls-Kirche** (W. Salzenberg, 1867/70), gestaltet in einer Mischung von byzantinischen und neoromanischen Elementen. Der fast 60 Meter hohe Turm ist eine Nachbildung des Campanile S. Zeno in Verona. Der 1975/76 gebaute Busbahnhof beeinträchtigt die gesamte Platzwirkung. Die **Französische Kirche** (G. W. v. Knobelsdorff, 1751/53) an der Südostecke des Platzes, ein kleiner Kuppelbau mit Kanzelwand, Emporen und Gestühl von K. F. Schinkel (1832/33), wirkt durch den Bahnhof in den Hintergrund gedrängt.

Die Bebauung der nördlichen Grenze der 2. Stadterweiterung, die **Hegelallee**, stammt in der erhaltenen Substanz durchweg von 1782/86. Die drei Häuser Hegelallee 33 bis 35 (H. L. Manger, 1782) wurden hinter einheitlicher Fassade als Kaserne erbaut. Im Haus Nr. 38 war die 1906 gegründete Arbeiterbildungsschule untergebracht, hier erhielt Karl Liebknecht am 4. 11. 1914 von seinen Wählern den Auftrag zum „Nein" zu den Kriegskrediten (Gedenktafel). Die beiden querenden Ost-West-Straßen, die **Gutenbergstraße** und die **Klement-Gottwald-Straße**, sind in ihrer Substanz aus der Zeit ihrer Erneuerung vom Ende des 18. Jh., im Kern z. T. noch von 1734/38, weitgehend erhalten geblieben, obwohl sie im 19. Jh. verändert wurden. Ältere Gebäude sind die Gutenbergstr. 87 bis 103 und 105 bis 109 (1736/37). Einige Eckhäuser werden durch C. v. Gontard und J. R. H. Richter um 1775/85 erneuert. Ch. H. Ziller erbaute 1837/38 das Eckhaus Klement-Gottwald-Str. 28a als eigenes Wohnhaus, das wie die meisten Häuser durch spätere Ladeneinbauten verändert wurde.

Das zur 2. Stadterweiterung gehörende **Holländische Viertel** (J. Boumann, 1734/42), begrenzt von der Friedrich-Ebert-Str. 20 bis 31, der Gutenbergstr. 69 bis 86, der Hebbelstr. 42 bis 57 sowie der Straße der Jugend 1 bis 18 und durchkreuzt von der Mittel- und Benkertstraße, ist ein einzigartiges architektonisches Ensemble von 134 Häusern, das auch nach zweieinhalb Jahrhunderten seinen spezifi-

Friedrich-Ebert-Str. 28

schen Charakter bewahrt hat. Die Bebauung besteht aus meist fünfachsigen Traufenhäusern und dreiachsigen Giebelhäusern in Reihung oder im rhythmischen Wechsel. Die durch und für holländische Einwanderer errichteten Backsteinbauten mit weißen Portal- und Fensterrahmungen werden seit 1973 schrittweise restauriert. In der Mittelstr. 25 wohnte der Bildhauer Glume, in der Gutenbergstr. 76 M. Ch. Wohler d. J. (heute VEB Potsdamer Schuke-Orgelbau).

Eine besondere Kategorie von Bauten sind **Stadtmauer** und **Stadttore**, ursprünglich reine Zweckbauten, im 17./18. Jh. aber häufig auch zur Repräsentation genutzt. Wie bei jeder wachsenden Stadt gab es in Potsdam mehrere, sich jeweils erweiternde Stadtmauerringe, die als „Accise- und Desertations-Communication" dienten, nie aber Verteidigungsfunktion hatten. Von den mittelalterlichen Toren blieb keines erhalten. Das Kieztor, westlicher Zugang der mittelalterlichen Stadt, läßt sich an der Schloß-

Brandenburger Tor

straßeneinmündung auf den Neuen Markt lokalisieren. Mit der Anlage des Stadtkanals, bis 1720 Stadtgrenze, kontrollierten auf seinen Brücken Wachen die Zugänge. Eine ähnliche Aufgabe hatte die bereits im Mittelalter existierende Lange Brücke, für die Schinkel 1825 zwei Torhäuser auf Teltower Seite errichtete. Das nördliche wurde beim Brückenneubau 1886/88 abgebrochen, das südliche ist Kriegsverlust. Den Kanal sperrende Anlagen waren das Kellertor in Höhe der Kreuzung heutige Heinrich-Rau-Allee/Große Fischerstraße, zuletzt 1786/88 von A. L. Krüger erbaut und 1945 zerstört, und das Alt-Wassertor an der Kanaleinmündung am Kiez, eine schmucklose hölzerne Anlage. Von den alten Neustädter Toren im Zuge der Wilhelm-Pieck- und der Wilhelm-Külz-Straße künden nur noch der Obelisk und die Alte Wache, erbaut unter Verwendung ehem. Torhäuser. Ein Rest der zugehörigen und

ab 1735 abgetragenen **Stadtmauer** ist noch auf der Wasserseite der Großen Fischerstraße erhalten. Der 1718 an der Havel vom Kiez bis zur Freundschaftsinsel angelegte Wall mit Palisade wurde 1826 eingeebnet und als Promenade gestaltet.

Mit der 2. Stadterweiterung wurde Potsdam auf der Landseite ab 1733 von einem etwa 3,80 Meter hohen **Backsteinmauerring** mit stadtseitigen Pfeilerverstärkungen und Bögen umzogen. Reste sind noch an dem Anfang des 19. Jh. erbauten Pferdestall Schopenhauerstr. 33 erkennbar. In der 2. Hälfte des 19. Jh. wurde die Mauer abgetragen. Einziges original erhaltenes Tor dieser Zeit ist das **Jägertor** (Architekt und Bildhauer unbekannt, 1733) in der Hegelallee als nördlicher Abschluß der Otto-Nuschke-Straße, die zugehörigen Torhäuser wurden 1869 abgerissen. Das **Nauener Tor** auf der Kreuzung Hegelallee/Friedrich-Ebert-Straße wurde ebenfalls 1733 in ähnlicher Form wie das Jägertor erbaut, erhielt aber 1754/55 durch J. G. Büring nach Skizzen Friedrichs II. einen Nachfolgebau mit zwei Tortürmen und Torhäusern – erster Bau der von England ausgehenden Neogotik auf dem Kontinent. Erst nach Abriß des alten Barocktores 1867 wurde bis 1869 die spitzbogige Durchfahrt bei gleichzeitigem Umbau der Türme und Torhäuser eingefügt. Das nächste Tor im Zuge der Mauer war das 1786 erbaute und 1896 abgerissene Neu-Wassertor, den Kanal zwischen Bassin und Heiligem See sperrend (Kreuzung Gutenberg-/Hebbelstraße). Vom östlichen **Berliner Tor** (1733; Neubau J. Boumann / C. L. Hildebrandt, 1752/53) zeugt noch ein bogenförmiger Mauerrest (Umbau 1901) an der Ecke Türkstraße/Berliner Straße. Das wohl prächtigste aller Tore ist das **Brandenburger Tor** an der westlichen Stadtgrenze, erbaut 1770 in Nachfolge eines bescheideneren Vorgängers nach Vorgaben Friedrichs II. von C. v. Gontard (Stadtseite) und G. Ch. Unger (Feldseite) in Anlehnung an römische Triumphbögen. Der plastische Schmuck stammt u. a. von Ph. G. Jenner und C. Ph. Sartori. 1843 wurden die beiden seitlichen Fußgängerdurchlässe geschaffen, 1891 die sich bogenförmig anschließenden Torhäuser entfernt.

Quedlinburg

Bez. Halle

ⓘ Quedlinburg-Information
Markt 12
Quedlinburg, 4300

> Historischer Stadtkern lt. Bekanntma-
> chung der zentralen Denkmalliste der
> DDR:
> „Alt- und Neustadt innerhalb des
> ehem. Befestigungszuges einschl.
> Schloßviertel und Münzenberg mit
> Stiftskirche und Schloß, Wipertikir-
> che."

Quedlinburg ist die älteste und bedeutendste Stadt des Ostharzes. Sie entstand im Siedlungsgebiet Hersfelder
Mönche. Ihre Ursprünge liegen in
Westendorf und im Umfeld der Kirchen ↗ St. Ägidii und ↗ St. Blasii. Die
erste urkundliche Erwähnung 922 fällt
in die Regierungszeit Heinrich I.
(919/36), der die Stadtgründung ein-
leitete. Das Stadtrecht erhielt Quedlinburg von Kaiser Otto III. im Jahr
994 mit einer Reihe weiterer, die Stadtentwicklung fördernder Privilegien.

Dem hohen Denkmalwert des historischen Stadtkerns innerhalb der
Befestigungsanlagen liegen die Erhaltung der frühmittelalterlichen Stadtstruktur, eine Vielzahl hervorragender
baugeschichtlicher Sachzeugen aller
Stilperioden und der einmalig erhaltene Fachwerkbestand aus einem Zeitraum von mehr als 600 Jahren zugrunde. Quedlinburg ist ein Flächendenkmal niedersächsischer Volksar-
chitektur. Der denkmalgeschützte
Stadtkern enthält mehr als 1 600 Fachwerkhäuser, davon sind etwa 350 Ob-
jekte als unmittelbar denkmalschutz-
würdig bestimmt worden.

Das **Rathaus** wird erstmalig 1310
urkundlich als „domus consulum" erwähnt. Es gehört zu den ältesten Profanbauten aus der Zeit der Gotik.
Seine Größe und Lage bestimmen wesentlich das Erscheinungsbild des
stimmungsvollen, von hohen Bürgerhäusern umgebenen Marktplatzes
(Boulevardgestaltung 1976). Bauteile
aus der Entstehungszeit des Rathauses sind der zweigeschossige mit gotischem Maßwerk versehene sechsek-
kige Eckturm und die sichtbaren
Holzdeckenkonstruktionen im Ge-
bäudeinnern. Die Renaissanceansicht
entstand 1616 nach einem grundlegen-
den Umbau. Über der siebenstufigen
Freitreppe wird das von Sitznischen
flankierte, säulenumrahmte Rundbogenportal von einer dekorativen, bis
zur Dachzone reichenden Portalbekrönung überspannt, den oberen Abschluß bildet die Symbolfigur der
Abundantia, Göttin des Wohlstandes.
Im Mittelpunkt der Portaldekoration
ist das Quedlinburger Wappen zu sehen. Der Roland, um 1426 aufgestellt,
1477 zerstört, 1860 wieder aufgefun-
den, repariert und 1869 am Standort
des ehem. Prangers vor dem Rathaus-
eckturm wieder aufgestellt, ist eine
2,75 Meter hohe Plastik. Sie stand ursprünglich frei auf dem Marktplatz
(vor dem heutigen Kaufhaus,
Markt 3/4) und war Ausdruck der privilegierten reichsfreien und Messe-
stadt Quedlinburg (Städtische Selbständigkeit, Handels- und Zollfreiheit, Hohe Gerichtsbarkeit, Münzrecht). Das den Roland umgebende
Brüstungsgitter zierte einst den Altan
des 1880 abgebrochenen Gasthofes
„Stadt Frankfurt", des ehem. Innungs-
hauses der Schmiede, heute Markt 10.
Von 1898 bis 1901 erfolgte die Rat-
hauserweiterung auf der Nordseite
mit Treppenhaus, Westflügel und Ostflügel. Zwei dekorative Rundfenster
in Bleiverglasung sind der herausragende Schmuck in den Anbauten:
Wappendarstellung im Treppenhaus
und Darstellung der Sage von der Königswahl am Finkenherd im ehem.
Stadtverordnetensitzungssaal (heute
Festsaal), der zusätzlich mit sechs großen Temperagemälden, die stadtge-
schichtliche Motive darstellen, geschmückt ist.

Die am **Marktplatz** gelegenen Häuser haben eine wechselvolle Geschichte. Keines der ursprünglich gotischen Häuser blieb erhalten. An ihre
Stelle traten hohe Bürgerbauten, In-
nungshäuser und Gasthöfe, überwie-

Markt

gend im niedersächsischen Fachwerkstil. Einige von ihnen mußten zeitge-
mäßeren Bauten weichen. Anstelle
des bereits im 17. Jh. erwähnten Gasthofes „Goldene Sonne" entstand 1906
ein Geschäftsneubau, das Doppelhaus Markt 3/4. Der Standort des Gebäudekomplexes mit dem „Schmiede-
keller" wurde für ein privates Bankhaus, Markt 10 (heute Rat des Kreises), in Anspruch genommen. Den
ehemals vornehmsten und ältesten
Gasthof „Güldener Stern", Markt 15,
ersetzte man 1935 durch einen Spar-
kassenneubau (heute Kreissparkasse
Quedlinburg). Der bereits 1308 urkundlich nachweisbare „Ratskeller",
Markt 16, wurde abgebrochen, an
seine Stelle wurde 1895 ein mit über-
großen Fenstern versehenes Geschäftshaus gebaut. Trotz der für heutiges Denkmalverständnis vielfach un-
verständlichen Eingriffe in die gewachsene Denkmalsubstanz gehören
die um die Jahrhundertwende entstandenen Massivbauten zum gewohnten
Bild und sind bereits integrierter Be-
standteil des Stadtkerns.

Hoken 1 (1591) schließt in der
Flucht der Rathaussüdseite markt-
platzbegrenzend mit repräsentativer
Giebelgestaltung die Häuserzeile Hoken 1 bis 4 ab (heute Boulevard-Café).
Die Andreaskreuze im oberen Giebelfeld sind typische Merkmale der zu
Ende gehenden ersten Blütezeit des
Quedlinburger Fachwerkbaus. Im Hoken „verhökerten" einst Kleinhändler
ihre Waren, die im Gegensatz zu den
Kaufleuten nicht das Recht hatten, sie
an Markttagen auf dem Marktplatz
feilzubieten. Die rechte Häuserzeile
des Hoken mußte 1898 dem Rathaus-
erweiterungsbau weichen.

Die Wohn- und Geschäftshäuser Breite Str. 51 bis 53 korrespondieren im nordöstlichen Marktplatzbereich mit der repräsentativen Rathausfassade. Das Haus **Breite Str. 53** (1554) hatte einst einen Erker mit Stelzfuß. Das Nachbarhaus **Breite Str. 51/52** (1554, erneuert 1714), war das Gildehaus der Schuhmacher und Gerber. Ein erdgeschossiger Durchgang führt von der Breiten Straße in den **Schuhhof**, der bereits um die Mitte des 13. Jh. vorhanden war. Hier sind vor den niedrigen Fenstern der ehem. Schuhmacherwerkstätten originale Fensterläden erhalten. Die beidseitigen Zugänge zum Schuhhof wurden früher bei Einbruch der Dunkelheit verschlossen. Zu den wenigen Ausnahmen massiver Patrizierhäuser spätbarocker Prägung gehört das „Haus Grünhagen" (1710), Markt 2. Es ist seit 1952 Musikschule, im Erdgeschoß befindet sich der Sitz des Kreisarchitekten für Denkmalpflege; interessant das giebelbekrönte Rundbogenportal. Das Repräsentationsgeschoß in der 1. Etage entspricht der Bautradition von Messe- und Handelsstädten. Im Innern birgt die wiederhergestellte Tordurchfahrt einen mit kräftigen Traillen verzierten Treppenaufgang, an dessen unterster Stufe ein schildhaltender Löwe sitzt; bemerkenswert das Rokokoportal an der Hofseite. Den Namen trägt das Haus nach einer Familie Grünhagen, die es 1878 erwarb. Zu den frühen Beispielen des niedersächsischen Fachwerkbaustils gehört das **Gildehaus der Tuchmacher** (1545), Markt 5. Bis zum Ende des 16. Jh. entstanden in dieser ersten Periode 35 Häuser. Das **Gildehaus der Lohgerber** (Ende 17. Jh.), Markt 13/14, beherrscht mit seiner bedeutenden Fassade wesentlich das Bild des Marktplatzes. Es gehört zu den zwischen 1670 und 1700 erbauten Häusern, für die Zier- und Dacherker typisch sind. Das heutige **Haus des Kulturbundes**, Marktstr. 2 (1569), zeigt eine reichhaltig gegliederte Renaissancefassade mit Zahnschnittornamentik und Doppelarkaden über den Balkenköpfen, eine in Quedlinburg

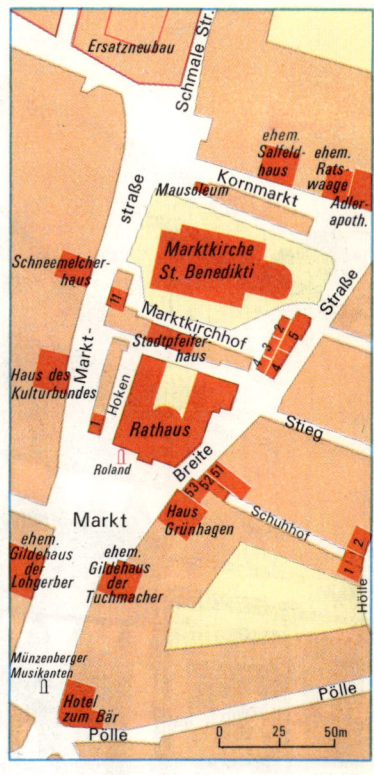

ansonsten nicht übliche Fassadenstruktur. Das angedeutete Scheitholz in der Außenwand weist auf die frühere Tordurchfahrt hin. 1975/77 wurde das Haus restauriert, dabei wurden im Haupthaus und im Hofanbau (15. Jh.) erhaltene Stadtmauerteile mit Schießscharten und Reste eines Wohnturmes mit funktionierendem Kamin freigelegt und in die Gestaltung der Gesellschaftsräume einbezogen. Sicherheitsgründe erforderten den Einbau von Massivdecken. Der Laden ist zu einem Eingangsraum, „Kunsthoken" und Galerietreffpunkt umgestaltet worden. Das **„Schneemelcherhaus"** (1562), Marktstr. 5/6, gehört zur Stilperiode niedersächsischer Fachwerkhäuser, an deren Anfang das Haus Markt 5 steht. Besonders auffällig ist der Fassadenschmuck mit Ornamenten, Balkenköpfen, Taustre-

Haus des Kulturbundes – Markt 2

ben, Strebepalmetten und hohen Schriftmajuskeln. Der lateinische Text, der mit den Worten beginnt „Domus docuit struere primas necessitas …" lautet vollständig übersetzt: „Die Notwendigkeit lehrte, das Haus zu bauen. Diese führte vermehrt zu stattlicher Bequemlichkeit, würde jedoch noch die Üppigkeit hinzukommen, so wäre das eine Sünde. So trachte nach einem glücklichen Heim. Das Wort des Herrn bleibe in Ewigkeit. Den Bewohnern und Gästen im Jahre 1562."

In hohem städtebaulichen und denkmalpflegerischen Rang steht die Gebäudegruppe **Marktkirchhof 2, 3, 4/Breite Str. 4/5** (17. Jh.), auch sie wurde von polnischen Restauratoren 1983/86 komplex rekonstruiert. Der rechtwinklig danebenstehende, den Marktkirchhof beherrschende Gebäudekomplex wurde im Auftrag des Magistrats von M. Lange errichtet. Dieses große, erstmalig für mehrere Familien gebaute **„Stadtpfeiferhaus"** (1688), Marktkirchhof 7/9, ist dreigeschossig, weist kräftige Saumschwellenplastik und einen von sechs Kopfbändern gestützten fünfachsigen Mittelerker im 1. Obergeschoß auf. Einfache Andreaskreuze zieren die Brüstungsfelder. Schmuckwerk (Trompete, Blumen) weist darauf hin, daß hier neben dem Stadtpfeifer auch Büttel und Hebamme, mithin Angestellte des Magistrats, in günstiger Reichweite des Rathauses wohnten. Über diese drei Persönlichkeiten hielten die Bürger den launigen Dreizeiler bereit: „Piept

Ensemble Breite Straße

in't Lock (der Stadtpfeifer), Stiekt in't Lock (der Büttel), Griept in't Lock (die Hebamme)." Eines der schönsten kleinen Fachwerkhäuser ist **Marktkirchhof 11.** Das weit vorkragende Obergeschoß wird von kräftigen Kopfbändern gestützt.

Die **Marktkirche St. Benedikti** (erste urkundliche Erwähnung 1252) entstand im 12. Jh. vermutlich anstelle einer dreischiffigen Basilika, deren Langhaus das heute noch vorhandene Maß von 21,30 Metern hatte. Der spätgotische Altarraum ist ungewöhnlich repräsentativ. Ihm schließen sich nördlich die Kalandskapelle und südlich die mit Sterngewölbe geschmückte Sakristei (15. Jh.) über einer frühromanischen Krypta an. Ein Querschiff fehlt. Die Langhausschiffe

(Ende 15. Jh.) sind unterschiedlich groß. Zu den Sehenswürdigkeiten der Innenausstattung der Kirche zählen das Bortfeldsche Epitaph, ein bedeutendes figurenreiches Renaissancewerk im Hochrelief aus Sandstein (1576), der Taufstein, ein kostbares Marmorwerk (1648), die zur Orgelempore führende barocke Spindeltreppe (1663) und der Flügelschrein an der östlichen Abschlußwand des südlichen Hallenschiffes (1510). Das frühgotische Turmpaar (Mitte 13. Jh.) steht auf einem dreiteiligen, 16,60 Meter hohen, durch Blendarkaden und Rundfenster gegliederten Unterbau. Die Turmhöhe mit dem nördlichen 26 Meter hohen Turmhelm mißt bis zur Spitze der 2,70 Meter hohen Wetterfahne 60 Meter. Eine Turmuhr ist seit

1482 nachweisbar. Dem ständig wachhabenden Türmer wurden von den sieben Warttürmen aus der Feldmark durch Feuerzeichen Ein- und Überfälle angezeigt. Bei Bränden in der Stadt signalisierte er durch Fahnenschwenken die Richtung.

Die **Adlerapotheke** oder sog. „Städtische Ratsapotheke zum Ratsadler" wurde 1578 gegründet, an die Südseite des Rathauses gebaut, hier bereits wieder 1615 abgetragen, um Platz zu machen für den Einbau des Rathausportals. Für die Unterbringung der Apotheke kaufte der Magistrat im gleichen Jahr das Eckgrundstück Breite Straße/Kornmarkt. Die vorhandene Kemenate wurde durch Überbauung in den Grundriß der neuen Apotheke einbezogen. Die klare Fassadengliederung der Adlerapotheke (1615) am Kornmarkt 8 bereichert trotz fehlender Schnitzerei und Bemalung das Stadtbild. Der Ratsadler aus Zinkguß über der Eingangspforte wurde 1835 angebracht, er ersetzte den originalen Adler von 1578. Anläßlich der Feier zum 400jährigen Bestehen der Ratsapotheke erfolgte 1978 eine gründliche Instandsetzung der Fassade. Mit der zeitgleichen Überführung des von Lange errichteten Nachbarhauses in städtischen Besitz erfolgte in der Erdgeschoßhalle die Einrichtung der **Ratswaage** (1562, Umbau 1616), Kornmarkt 7, die bis zum 19. Jh. erhalten blieb. Das spätbarocke Bürgerhaus wurde 1977/79 unter Beibehaltung der originalen Holzkonstruktion rekonstruiert und gehört seitdem wieder zu den schönsten Fachwerkhäusern im Stadtkern. Das ehem. **Salfeldhaus** (1737), Kornmarkt 5, war von 1745 bis 1807 das Wohnhaus der Stiftshauptleute und wurde 1814 Sitz des Stadt- und Landgerichtes (heute Kreisgericht). Die reich gegliederte Barockfassade weist das massive Haus als stattlichsten und vornehmsten Wohnbau Quedlinburgs aus. Bemerkenswert sind die erhaltenen weitausladenden Wasserspeier mit Drachenköpfen. Im Hausinnern führt neben der hohen Hausdurchfahrt ein repräsentatives Treppenhaus

mit reich geschnitztem Geländer in das 1. Obergeschoß zu einem mit wertvollen Stuckornamenten geschmückten Saal (ursprünglich Musiksaal). Mitten im historischen Stadtkern, die Gebäudeinsel des Marktkirchhofes am Kornmarkt zur Marktstraße hin abschließend, steht ein barockes **Mausoleum** (um 1710), das von dem darin 1726 beigesetzten Kaufmann Johann Christian Gebhard errichtet wurde. Plastische Sandsteinfiguren an der Westseite und ein schönes schmiedeeisernes Gittertor sind der auffällige Schmuck dieses Grabmals.

Im Baugebiet **Schmale Straße/ Marschlinger Hof/Neuendorf-Ersatzneubau** begann mit der Grundsteinlegung am 4. 5. 1984 der erste komplexe innerstädtische Wohnungsbau in der Einheit von Neubau, Rekonstruktion, Modernisierung und Instandsetzung. In Anbindung an die Häuser Schmale Straße 1 bis 4, 60 und 61 sowie Neuendorf 32 und 33 entstanden bei zwei- bis dreigeschossiger Bebauung die ersten Neubauwohnungen, dazu ein Café mit 40 Plätzen im Erdgeschoß des Kopfbaus am Marschlinger Hof, auf dem Standort des ehem. Hotels „Buntes Lamm", als Auftakt zum Fußgängerbereich Schmale Straße. Mit den Möglichkeiten industrieller Fertigungsmethoden (Monolithbauweise) wurde hier, den Bedingungen ihres historischen Stadtkerns entsprechend, eine umfassende Quartiersanierung vorgenommen. Baukörper- und Fassadengestaltung sind weitgehend dem Straßenverlauf und den benachbarten Gebäudestrukturen angepaßt. Die Häuser **Schmale Str. 3** und **4** tragen die Merkmale des Quedlinburger Barockstils. Eine sehr seltene barocke Gesichtsmaske befindet sich am Eckbalkenhof an der Essiggasse. Im gegenüberliegenden Eckhaus wurde im ehem. Lokal „**Grüner Baum**", Schmale Str. 60, im Juli 1919 die Ortsgruppe der KPD gegründet (Gedenktafel). Das im Stil der Renaissance erbaute Bürgerhaus **Schmale Str. 13** (1592) gehört zu den bedeutendsten Häusern der niedersächsischen Fachwerkarchitektur. Das Hinterhaus (2. Viertel 17. Jh.) mit einer prächtig geschmückten Fassade trägt die Inschrift: „Durch Gottes Segen kraft und rath Diss hauss Bekauffet undt Erbawet hatt. Johannes Doringk. Anno Domini 1592 April 3". Bei der Rekonstruktion 1975/76 wurden Teile der originalen Deckenbemalung im östlichen Aufenthaltsraum freigelegt. Gotische Fachwerkhäuser gehören zum wertvollsten Bestand historischer Gebäude im Stadtkern, z. B. das kleine Haus **Schmale Str. 47** (Ende des 15. Jh.). Es verfügt über alle Merkmale dieser Stilperiode: weit vorgezogene Knaggen oder Kopfbänder, Rundstab und Birnstab als Verzierung der Balkenköpfe und vor allem Treppenfriese in mehrfacher Abstufung.

Westlich der Schmalen Straße, oberhalb des Neuendorfes, steht die **Kirche St. Mathildis** (1855/58). Sie wurde im neogotischen Stil von F. v. Schmidt für die katholische Gemeinde auf dem Standort der bereits früher abgebrochenen Teile der westlichen Stadtmauer gebaut.

Von den Westtürmen der Stadtmauerbefestigung ist der in der Achse der Goldstraße gelegene viereckige, 40 Meter hohe **Schreckensturm** (14. Jh.) oder „Schreckensdüwel" am bekanntesten. Er hat ein eingetieftes Verlies mit Tonnengewölbe und war Gefängnisturm und Folterstätte. Bis zu Beginn des 20. Jh. wurden in ihm die Folterwerkzeuge des „Angstmannes" aufbewahrt. Der **Pulverturm** diente zur Aufbewahrung des Pulvers für die Flinten der Bürgerwehr. Hier wurde im Verteidigungsfall das Pulver ausgegeben.

Die **Kirche St. Ägidii** (1179) war einst Mittelpunkt der historischen Siedlung Nördlingen. Sie ist eine spätgotische, dreischiffige geschlossene Hallenkirche. 1643 zerstörte ein Blitzschlag den nicht wieder aufgebauten Zwillingsturm. Der Altartisch des Hochaltars stammt aus romanischer Zeit. Der vergoldete Altarschrein aus dem 15. Jh. wurde 1700 aus der Marktkirche St. Benedikti hierher überführt. Im Innenraum sind Stilele-

mente von der Gotik bis zum Barock vertreten. Zur Kirche gehört der einzige im Stadtkern erhaltene Friedhof. Der **Ägidiikirchhof** wurde bis 1866 genutzt.

Der eindrucksvollste gotische Stockwerksbau Quedlinburgs ist das Haus **Breite Str. 33** (1480/1490). Langgestreckte, reich profilierte Knaggen verriegeln kopfbandartig die Balken mit den Ständern, sie ermöglichen eine starke Vorkragung des Obergeschosses. Wichtigster holzbildhauerischer Schmuck ist der Treppenfries, der in dreifacher Abstufung ausgearbeitet ist.

Vom ehem. Klosterkomplex an der Breiten Straße/Schulstraße steht nur noch die **Kapelle der Franziskaner** (um 1250). Das Kloster, 1325 Verhandlungsort im Konflikt zwischen dem Halberstädter Bischof und dem Regensteiner „Raubgrafen" Albrecht II., wurde 1542 durch Melanchthons maßgeblichen Einfluß Gymnasium. Ende des 19. Jh. wurde der Klosterbau abgetragen. An seiner Stelle entstand ein Schulneubau (heute Maxim-Gorki-Oberschule). Das große **„Gildehaus zur Rose"** (1612), Breite Str. 39, entstand auf dem Höhepunkt der niedersächsischen Bauperiode. Es ist dem zwei Jahre jüngeren Fachwerkhaus in der Langen Gasse 29 gestaltverwandt und wird dem Baumeister Wulf Götze zugeschrieben, die gleichen Meisterzeichen sind an beiden Häusern zu finden. Balkenkopf- und Schwellholzausbildung weisen noch die Schmuckelemente des 16. Jh auf. Bemerkenswert der figürliche Schmuck in Gestalt menschlicher Masken, die die Kopfbänder unter der Saumschwelle des 2. Obergeschosses zieren. Das **Hagensche Freihaus** (1556), Bockstr. 6/Klink 11, ist ein über 10 Meter hoher Renaissanceprunkbau mit einer 36 Meter langen östlichen Hauptfront. Vor dem Beginn der Neustadt liegt auf einer vom Mühlgraben umgebenen Insel das **Hospital St. Annen** (1433), Zwischen den Städten 3 (heute Veteranenheim). Seine gegenwärtige Gestalt erhielt es durch Umbau auf Veranlassung der Gewandschneiderinnung. Über dem flachbogigen Torweg erhebt sich ein barocker Aufsatz mit drei allegorischen Gestalten mit Anker, Palmzweig und Buch.

Der **Steinweg** (um 1300 angelegt) war Zentrum des Holzhandels und wurde als erste Quedlinburger Straße gepflastert. Das weiträumige Straßenensemble, von durchweg großen Fachwerkhäusern begrenzt, ist die Neustädter Hauptverkehrsader. In der ehem. Gaststätte „Vorwärts", Parteilokal der SPD, **Steinweg 90/91** (heute Bank für Landwirtschaft), sprach am 16. 1. 1907 Rosa Luxemburg (Gedenktafel). Das historische Gasthaus „Zur goldenen Sonne" (1621), Steinweg 11/12, hat als Abschluß der Pölkenstraße einen hohen städtebaulichen Wert. Seit 1975 ist das Gebäude Wohnheim der Akademie der Landwirtschaftswissenschaften der DDR. Die große Tordurchfahrt ist repräsentative Eingangshalle des Wohnheimes. Der besonders wertvollen Barockfassade wurde vermutlich später ein Erker im Obergeschoß zugefügt. Das hohe Eingangstor enthält eine Schlupftür. Der linke Dacherker ist mit einer Rundbogentür versehen. Das Haus **„Zum steinernen Gast"**, Steinweg 21, war ein in früher Zeit freistehender, von Mönchen des ehemals angrenzenden **Augustinerklosters** (1221), Augustinern 88, betriebener, mit 1½ Meter starken Umfassungsmauern gesicherter Unterkunftshof an der vom Osten kommenden Handelsstraße, vor dem ehem. Bockstraßentor verkehrsgünstig gelegen. Die in gotischem Stil gemeißelte Figur unter einem Baldachin an der Hauswand mag einen vornehmen Reisenden darstellen. Die Grafen von Regenstein nutzten gegen Ende des 13. Jh. dieses Grundstück als Bollwerk gegen die Stadt. 1674 kam das Eckgebäude zur Reichenstraße in Privatbesitz und erhielt in dieser Zeit das große Barocktor und neue Fenster. 1797 brannte es ab und wurde als Gasthaus wiedererrichtet. Ein Muster reichster Frontgestaltung ist die **Alte Börse** (1683), Steinweg 23. Unter Ausnutzung der Ecklage wird durch die-

ses Gebäude der Kreuzungspunkt von zwei Straßen betont. Ein hoher Sandsteinsockel erhöht optisch das Erdgeschoß. Die auskragenden Obergeschosse, die wohlproportionierten Fassadenvorsprünge mit dem sechseckigen Eckerker, Risalite und stattliche Dachgiebel erheben das Haus in den Rang eines wertvollen Einzeldenkmals. Gegenüber der in den Steinweg einmündenden Ballstraße steht in der Häuserflucht zwischen Reichenstraße und Augustinern das **Kochsche Haus** (1716), Steinweg 33, eines der höchsten Bürgerhäuser Quedlinburgs. Es ist fünfstöckig, mit Frontispiz sogar sechsstöckig. Die Fassade ist mit über 100 größeren und kleineren Ziegelgefachen unterschiedlichster Muster verziert. Der Börse diagonal gegenüber steht das ehem. **Schrödersche Haus** (1675), Steinweg 68. Es ist eines der besonders wertvollen barocken Patrizierhäuser. Die Hauptzierde des Hauses sind der risalitartige Vorsprung der mittleren drei Fensterachsen in den Obergeschossen und der hohe Giebelerker. Bei der umfassenden Rekonstruktion 1977/79 wurde auf das frühere Zwischengeschoß verzichtet. Die Häuser **Steinweg 65** (1661) und **Steinweg 66** (1670) weisen den in Quedlinburg vermutlich kreierten Diamantschnitt am Balkenkopf auf. Zusammen mit dem Eckhaus **Steinweg 68** bieten sie den Hintergrund für einen stimmungsvollen kleinen Platz.

Ein Hausdurchgang am Küsterhaus, Steinweg 67, führt zum **Neustädter Kirchhof**. Eines der wenigen erhaltenen Beispiele gotischer Fachwerkarchitektur ist das Haus **Neustädter Kirchhof 7**. Über das hochgelegene Unter- und Zwischengeschoß kragt das Obergeschoß weit aus. Ebenso typisch für diese frühere Stilperiode ist die Ständerverbindung in den mittleren Zonen, die mit der ursprünglichen Ständerbauweise vergleichbar ist. Vermutlich gehörte der sehr wertvolle Durchgang zum Konvent früher auch zu diesem Haus. Die **Kirche St. Nikolai** (13. bis 14. Jh.) ist eine auf romanischen Bauteilen errichtete dreischif-

Alte Börse, Steinweg 23

fige Hallenkirche mit einem in halbem Achteck geschlossenen Chor. Die beiden sehr stattlichen 72,40 Meter hohen Westtürme bestimmen wesentlich die Silhouette der Stadt, zugleich sind sie bedeutende Sichtdominanten, vor allem in der Pölkenstraße, Bockstraße, Steinweg und vom Schloßberg. Das von Dünnhaupt errichtete Pfarrhaus **Kaplanei 10** (1674) zählt zu den vortrefflichen Beispielen des Übergangs von der Renaissance- zur Barockbaukunst. Hier wohnte und praktizierte die im Haus **Steinweg 51** geborene erste promovierte deutsche Ärztin Dorothea Erxleben (Gedenktafel).

Malerisch steht **Hinter der Mauer,** einer Zeile kleiner gepflegter Häuser, ein Teil der südlichen Befestigungsanlage gegenüber. Neben dem nächst der Mauerstraße gelegenen umbauten, bereits 1548 bezeichneten **Schweineturm** und dem großen **Gänsehirtenturm** verbinden Mauer und abgeschrägter Wehrgang den im Blickfeld der Karl-Liebknecht-Straße stehenden zweigeschossigen, volkstümlich

so genannten **Turm op'm Tittenplatz.** Hier befand sich der Aus- und Eintrieb der säugenden Jungkälber. 1882 erhielt der Turm eine Wohnung. Nach umfangreicher Eigeninitiative des Bundes der Architekten der DDR nutzt diese Organisation der Kreisebene den 1979 rekonstruierten Turm. Die parallel zur Karl-Liebknecht-Straße in den Gärten angrenzender Grundstücke weiterlaufende Stadtmauer enthält am Durchgang zur Kurt-Dillge-Straße den 1828 durch Wohnumbauung heute nur noch auf der Südseite erkennbaren **Kaiserturm.** Im Zentrum des Stadtkerns wurde ein **GutsMuthsdenkmal,** in unmittelbarer Nähe des Geburtshauses des bekannten Pädagogen, **Pölle 39,** aufgestellt. Das realistische, lebensgroße Standbild auf hohem Rundsockel stellt GutsMuths als Lehrer Carl Ritters dar. Der Volksmund vermerkt augenzwinkernd, daß eine dritte historische Persönlichkeit Quedlinburgs das Denkmal ergänze: Der vom jungen Ritter in der Hand gehaltene

„Klop(p)stock". Durch besondere Größe fällt das ehem. **Freihaus Ziegelhof** (um 1750), Ethel-und-Julius-Rosenberg-Str. 7, auf. Die Zierde des Hauses ist die 15achsige Front mit insgesamt 28 Fenstern, die durchweg verschiedene Rokokoornamente tragen. Der kurze Straßenabschnitt „Am Hospital" erinnert an die einstige Lage des 1259 erstmals erwähnten Siechen- und Aussätzigenhauses, des 1676 abgebrannten und später wiederaufgebauten **Hospitals St. Spiritus** bis zum teilweisen Abbruch 1906. Am erhaltenen Teil des Hospitals (1713) ist ein prachtvolles Giebelfeld mit reicher Barockschnitzerei zu sehen, ähnlich **Konvent 20** (1723).

Die **Steinbrücke** (erste Erwähnung 1229) führte auf das Stadttor am Ende des Word zu. Noch heute befinden sich 1,80 Meter unter dem Plattenbelag auf einer Länge von rund 100 Metern 23 steinerne Brückenbögen. Diese steinerne Jochbogenbrücke gehört zu den ältesten Bauwerken dieser Art. Sie sicherte den Zugang zur mittelalterlichen Handelsstadt über die breite Sumpfniederung der Bode. Die von barocken Patrizierhäusern völlig überbaute Steinbrücke gehört in unmittelbarer Marktnähe zum typischen Straßenbild des Quedlinburger Stadtkerns. Besonders bemerkenswerte Häuser aus dem 17. Jh. sind **Steinbrücke 6, 19** und **22. Steinbrücke 11** ist mit Erkerturm und reizvollen Putzreliefs ein Beispiel für den Jugendstil. Zwischen Stieg und Jüdengasse (1306 urkundlich erwähnt) befand sich der von Zisterziensermönchen gebaute **Graue Hof**, ein 50 Meter breites zweistöckiges, vermutlich massives Gebäude, dessen Begrenzung an den bis zu 1½ Meter starken Giebeln an **Stieg 10** und **Stieg 13** zu erkennen ist. Dieses Klostergebäude war von 1544 bis 1550 vorübergehend Sitz des Stiftshauptmannes. 1604 wurde dieser Stiftsbesitz für 300 Taler an die Stadt verkauft, das ruinöse Gebäude wurde abgebrochen und 1605 für die Bebauung mit Wohnhäusern, **Stieg 9** bis **13**, freigegeben. Der **Alte Klopstock** (1580), Stieg 28, ist eines der schön-

sten Fachwerkhäuser Quedlinburgs. Es gehört zu der bis 1614 anzutreffenden Stilform, der auch die Häuser Marktstr. 5/6, Hohe Str. 8, Breite Str. 39 und Lange Gasse 29 zugeordnet werden. Das Haus wurde 1982 im Rahmen der Quartiersanierung **Stieg 28, 29, Hölle 1** bis **5** von Grund auf instand gesetzt. Dabei wurde die großräumige Diele freigelegt. In den entkernten Hof wurde der Taubenpfeiler vom Grundstück Steinweg 18 umgesetzt. Die Fassaden zeigen in reichem Maße die üblichen Fächerrosetten, tonnenförmige Balkenköpfe mit Einschnitzungen des Drudenfußes und reiche Taubstabverzierungen. Der Erkervorbau ist eine besondere Zierde des Hauses. Der erdgeschossige Anbau (1564) im Stieg erhielt erst später das Obergeschoß (1605/33). 1744 kam das Haus für 650 Taler in den Besitz des Advokaten und Aktuarius Georg Karl Klopstock – ein Vetter des Dichters. Bis 1833 blieb es im Familienbesitz.

Die **Hohe Straße** ist vermutlich die älteste Straße der Stadt. Ihren Namen verdankt sie der Lage. Die Marktplatzoberfläche lag früher einen Meter tiefer. Wie in kaum einer anderen Straße ist hier die stilgeschichtliche Entwicklung der Fachwerkbaukunst vergleichbar. Neben Häusern aus der Renaissance wie **Hohe Str. 1, 3, 8, 33, 29** und **28** (16./17. Jh.) stehen Gebäude aus der Barockzeit wie **Hohe Str. 4, 6, 18, 20, 22, 24, 25, 27** und **34** (17./18. Jh.).

Die **Kirche St. Blasii** (1713/15) ist ein barocker Zentralbau mit rechteckigem Chor und einem das Glockengeschoß tragenden schlichten romanischen Westquerturm. Den maßvoll gestalteten Innenraum überspannt ein stuckiertes Muldengewölbe mit Stichkappen. Das originale barocke Kastengestühl verdient Beachtung.

Das älteste erhaltene Fachwerkhaus ist der Hochständerbau, Wordgasse 3 (1. Hälfte 14. Jh.). Bis 1965 war es bewohnt. Seit 1975 ist es nach Rekonstruktion als einziges **Fachwerkmuseum der DDR** der Öffentlichkeit zugänglich. Auf ältestem Siedlungsge-

Quartier Stieg 28, 29/Hölle 1–5

biet in der Wordgasse steht der bereits 1287 erwähnte Freihof und spätere **Fleischhof** (1316, 1564), Wordgasse 4, als Ensemble steinerner Bauten, begrenzt von der Stadtmauer, die mit Fachwerkhäusern aus der Renaissance überbaut sind. Auffallend sind im Hof die wappengeschmückten Renaissanceportale (1567 und 1595). An der Ecke Lange Gasse/Alte Topfstraße befand sich der Gasthof **Weißer Engel** (1623), Lange Gasse 33. Über dem wieder freigelegten Renaissanceunterbau befinden sich im Fachwerkobergeschoß wertvolle Stuckdekken. Die Rekonstruktion dieses Eckgrundstücks gehört zu den bedeutenden städtebaulichen und architektonischen Leistungen im Stadtkern. Das **Wulf-Götze-Haus** (1614), Lange Gasse 29, trägt den Namen seines Erbauers. Es ist reich verziert, und die Darstellung des Doppelkopfadlers ist einmalig in der Stadt.

Am **Finkenherd** befindet sich das bekannteste Gebäudeensemble Qued-

linburgs. Hier reiht sich am ehem. Siedlungskern des Westendorfes, unterhalb des Burgberges, Fachwerkhaus an Fachwerkhaus. Die reizvolle Hanglage erhöht den Schauwert aller aufwendig rekonstruierten Häuser wie **Finkenherd 1, 2, 3** und das nach 1979 wiederaufgebaute ursprüngliche Rats- und Versammlungshaus der Westendorfer Gemeinde, Gildschaft 2. Hier wurden im Erdgeschoßflur eine originale Holzsäule (16. Jh.) und in einigen Brüstungsfeldern an der Fassade Originalteile aus der Entstehungszeit des Hauses eingebaut. Hinter dem reizvollen Fachwerkhaus der Kinderkrippe Finkenherd befindet sich die 1986 eröffnete **Feininger-Galerie**. Der wertvolle Bildbestand wurde durch mutiges Handeln des Quedlinburger Bürgers Klumpp vor der Vernichtung in der Zeit des Faschismus gerettet. Bei der 1979 abgeschlossenen Rekonstruktion des heutigen **Finkenherd-Cafés** (17. Jh.), Schloßberg 15, wurde in Anlehnung an die vermutlich einstige Funktion als Speicher der Brüstungsbereich unterhalb der Fenster verbrettert. Die Bodenfunde belegen jungsteinzeitliche Besiedlung im Bereich des Schloßberges (etwa 3000 v. u. Z.). Ein eisenzeitlicher Feuerstellenfund (etwa 450 v. u. Z.) läßt auf eine kontinuierliche frühgeschichtliche Siedlungstätigkeit schließen.

Platzbeherrschend präsentiert sich das **Klopstockhaus** (1560), Schloßberg 12. In diesem stattlichen Bürgerhaus wurde 1724 der Dichter Gottlieb Friedrich Klopstock geboren. Das Haus war von 1702 bis 1817 im Besitz der Familie Klopstock. 1898 kaufte es die Stadt und weihte es zum 175. Geburtstag des Dichters 1899 als Museum ein. 1974 wurde es von den Nationalen Forschungs- und Gedenkstätten der Klassischen Deutschen Literatur nach wissenschaftlichen Gesichtspunkten als *Memorialmuseum* eingerichtet.

Der von zwei Säulen getragene Erker und Schnitzereien an der Fachwerkfassade unterstreichen die Bedeutung dieses Hauses ebenso wie der von Wohlstand zeugende repräsenta-

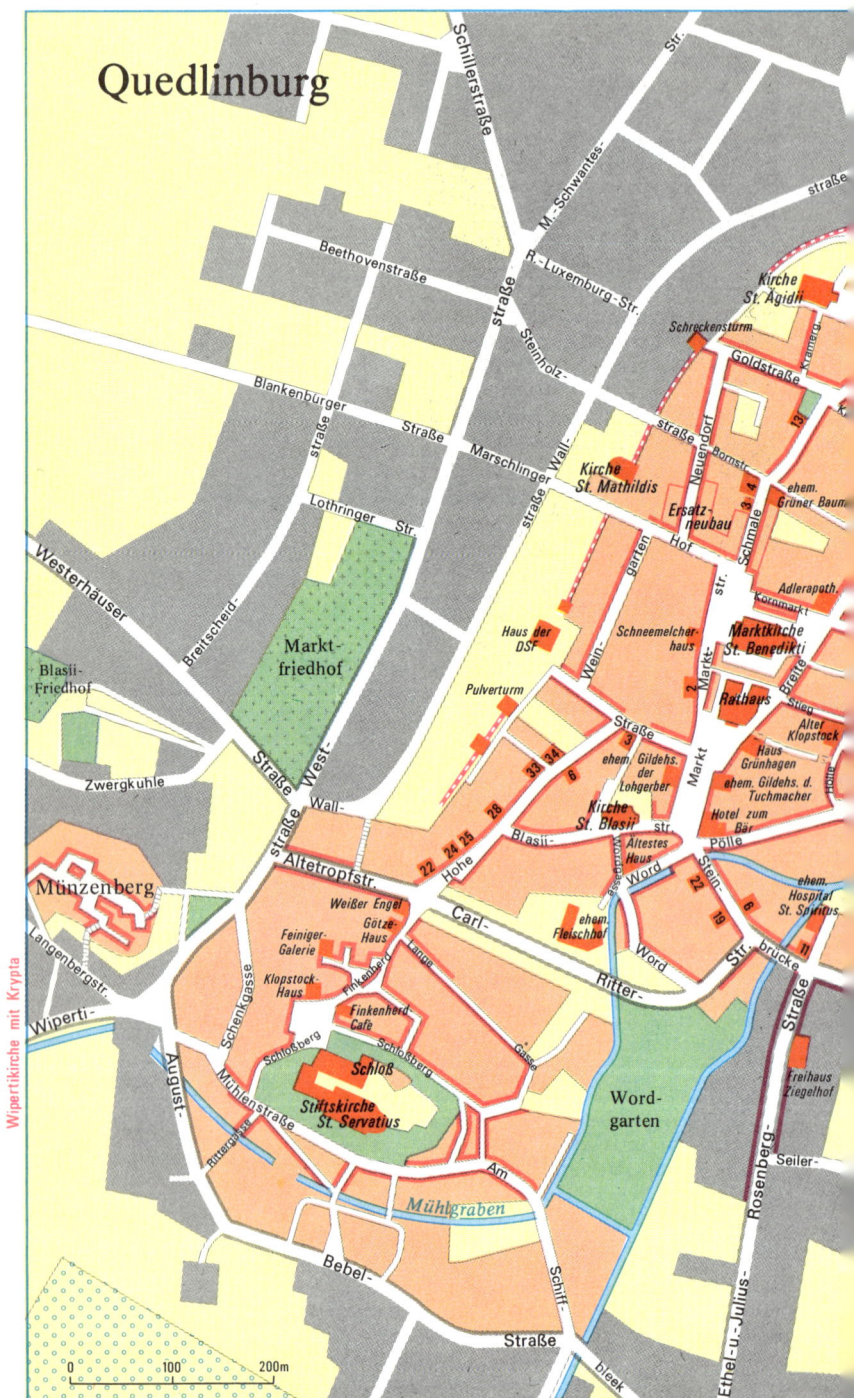

Quedlinburg

Kirche St. Agidli
Schreckensturm
Goldstraße
Kramerei
Kirche St. Mathildis
Neuendorf
Bornstr.
ehem. Grüner Baum
Ersatz-neubau
Schmale
str.
Adlerapoth.
Kornmarkt
Marktkirche St. Benedikti
Rathaus
Breite
Steig
Alter Klopstock
Haus Grünhagen
ehem. Gildehs. d. Tuchmacher
Hotel zum Bär
ehem. Hospital St. Spiritus
Freihaus Ziegelhof
Wordgarten
Pölle
Schneemelcher-haus
Haus der DSF
Pulverturm
Straße
ehem. Gildehs. der Lohgerber
Kirche St. Blasii
Altestes Haus
ehem. Fleischhof
Word
Word
Steinstr.
Str.-brucke
Weißer Engel
Götze-Haus
Feininger-Galerie
Klopstock-Haus
Finkenherd
Finkenherd Cafe
Schloßberg
Schloß
Stiftskirche St. Servatius
Mühlgraben
Am
Bebel-
Straße
Schiff-
bleek
Rosenberg-
Seiler-
Ethel-u.-Julius-
Straße

Schillerstraße
M.-Schwantes-
str.
straße
Beethovenstraße
R.-Luxemburg-Str.
Steinholz-
Blankenbürger
Straße
Marschlinger
Wall-
straße
Lothringer Str.
Westerhauser
Breitscheid
Markt-friedhof
Blasii-Friedhof
Zwergkuhle
Straße West-
Wall-
Altetropfstr.
Carl-
Ritter-
Hohe
Blasii-
Münzenberg
Langenbergstr.
Wiperti-
August-
Schenkgasse
Mühlenstraße
Ritterstraße
Finkenberg
Lange
Schloßberg
Gasse
Weinbergstr.
Markt
Wein-
garten
Hof

22 24 25 28 33 34 6 3 2

Wipertikirche mit Krypta

0 100 200m

Quedlinburg

282

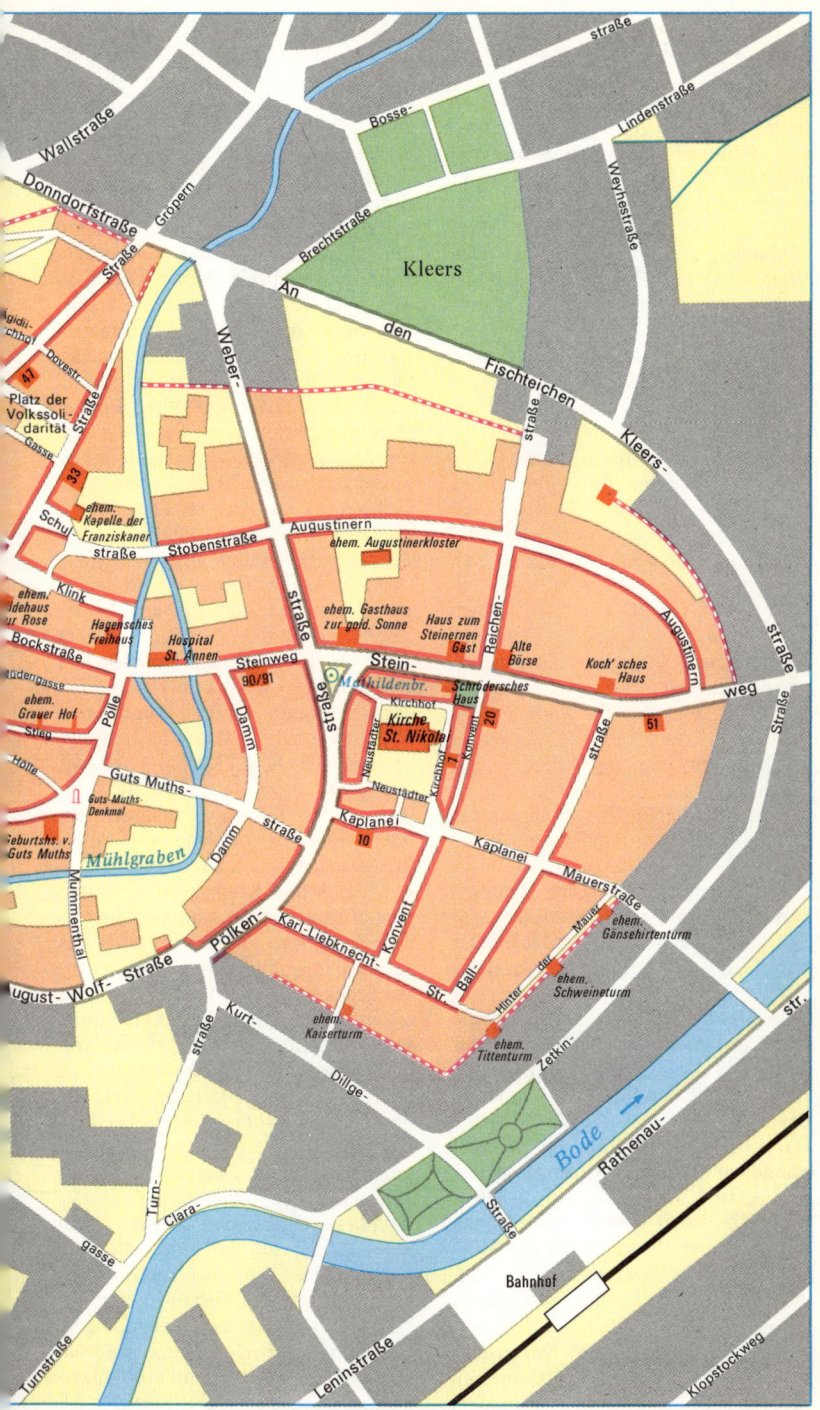

Wallstraße

straße

Bosse-

Lindenstraße

Donndorfstraße

Gropern

Brechtstraße

Weyhestraße

Kleers

An

den

Fischteichen

Kleers-

Ägidii-
chhof

Dovestr.

Straße

Weber-

straße

Straße

Volkssoli-
darität

Platz der

47

Gasse

33

ehem.
Kapelle der
Franziskaner

Schul-

straße

Stobenstraße

Augustinern

ehem. Augustinerkloster

Augustinern

weg

Klink

ehem.
idehaus
ur Rose

Hagensches
Freihaus

Hospital
St. Annen

straße

ehem. Gasthaus
zur gold. Sonne

Haus zum
Steinernen
Gast

Reichen-

Alte
Börse

Koch' sches
Haus

Bockstraße

Steinweg

90/91

Stein-

51

ndengasse

straße

Pölle

Damm

Mathildenbr.

Kirchhof

Schrödersches
Haus

Kirche
St. Nikolei

Neustädter

Konvent

20

ehem.
Grauer Hof

Stieg

Holle

Guts Muths-

Guts-Muths-
Denkmal

straße

Neustädter

Kaplanei

Kaplanei

7

Kirchhof

Geburtsh. v.
Guts Muths

Mühlgraben

Damm

10

Mauerstraße

ehem.
Gänsehirtenturm

Mummenthal

Pölken-

Karl-Liebknecht-

Konvent

Mauer-

der

ehem.
Schweineturm

ugust- Wolf- Straße

straße

Kurt-

Str. Ball-

Hinter-

ehem.
Kaiserturm

ehem.
Tittenturm

Zetkin-

str.

Dilge-

Bode

Rathenau-

Turn-

Clara-

gasse

Straße

Bahnhof

Turnstraße

Leninstraße

Klopstockweg

tiv gestaltete Hausflur. Das Bronzeoriginal der am Treppenaufgang aufgestellten Kopie der Büste des Dichters von Ch. F. Tieck befindet sich auf einem Marmorsockel in einem kleinen, von Schinkel gestalteten Klopstockdenkmal (1831) im nahegelegenen Brühlpark. Dem Klopstockhaus gegenüber steht höhergelegen das Haus **Schloßberg 8** (Ende des 18. Jh.). Den Wiederaufbau dieses städtebaulich dominanten Hauses nahm man 1973/74 vor.

Unter König Heinrich I. erfolgten sehr wahrscheinlich die ersten Gründungsbauten ab 922 für ein künftiges **Stiftsschloß** auf dem Burgberg. Erweiterungsbauten folgten nach der Gründung des feudalen Äbtissinnenstiftes 936. Älteste erhaltene Bauteile sind die Fundamente einer am Schloßaufgang gelegenen Kapelle und drei Kellerräume unter dem Westflügel mit dem östlich vertieft liegenden Felsenkeller (heute Gaststätte). Der ursprüngliche südliche Burgzugang wurde um 1000 auf die Nordseite verlegt. Aus dem 15. Jh. stammen die baulichen Erweiterungen: Querflügel mit oberem Tor, Kammertor mit Wächterstube und Unterbau der sich östlich anschließenden Dechanei. Das Schloß ist ein Dreiflügelbau mit West- und Südflügel (1522/24; 1585–1601). Die Eckgiebelgestaltung mit Wappenkartusche und Löwenkopfkonsole entstammen dem Ende des 17. Jh. Der Nordflügel, der Treppenturm und ein 1862 abgebrochener Übergang zur Stiftskirche (1557/59) schließen die Dreiflügelanlage um den offenen Hof (16. bis 18. Jh.) ab. Ein letzter Umbau erfolgte mit umfassender Innenerneuerung des Nordflügels 1718/55. Im Obergeschoß sind die Haupträume im Regencestil mit Stuckdecken verziert. Der klassizistisch dekorierte Thronsaal und die im gleichen Stil gehaltenen Wohnräume der Abtei verfügen über bemerkenswerte Parkettfußböden. Das ehem. Stiftsschloß ist seit 1928 *Museum*.

Die hochromanische **Stiftskirche St. Servatius** (1070/1129) ist ein Einzeldenkmal von internationalem Rang. Sie entstand als vierter Sakralbau auf Vorgängerbauten und gilt als klassischer Kirchenbau der Hochromanik. Aus den Maßen der Vierung und aus der Durchdringung von Langhaus und Querhaus leitet sich ihr Grundriß ab. Die Baukörperfolge entspricht einer über dem Grundriß eines lateinischen Kreuzes sich erhebenden Flachdeckenbasilika mit sächsischem Stützenwechsel (ein Pfeiler, zwei Säulen). Während der Zeit des Faschismus wurde die Kirche als nationalsozialistische Kultstätte mißbraucht. Die gotischen Bauglieder des Hohen Chores (um 1320) sind durch Einbau einer romanisierenden Apsis seit dieser Zeit verdeckt. Ihre Berühmtheit verdankt die Kirche der erstmals in Sachsen auftretenden reichen Bauplastik mit vielfältigen Pflanzen- und Tiermotiven oberitalienischer Schule. Die Kirche galt in ihrer Entstehungszeit als schönste des Reiches. In der unter Chor und Querschiff nur wenig tiefer als das Langhaus befindlichen dreischiffigen **Krypta** befindet sich das Königsgrab Heinrich I. und seiner zweiten Gemahlin Mathilde. In dieser hochromanischen Krypta befindet sich eine im 10. Jh. eingetieft angelegte hufeisenförmige Betgruft mit reich stuckierter Wandung (Confessio) vor der Beisetzungsstätte des ersten deutschen Königspaares. Besonders erwähnenswert sind hier die Gewölbemalereien aus der 2. Hälfte des 12. Jh. Die frühgotischen Grabplatten aus Stuck mit Reliefdarstellungen der ersten Quedlinburger Äbtissinnen sind wertvolle Schöpfungen der frühen sächsischen Bildhauerkunst (2. Hälfte 12. Jh./1. Hälfte 13. Jh.). Die plastischen Ornamentfriese über dem Hauptraum der Kirche sind byzantinischen Ursprungs. Besonders realitätsnah wirkt das Adlerkapitell in der Krypta gegenüber den stilisierten monumentalen vier Adlerkapitellen im Langhaus. Sie symbolisieren die weltliche Nutzung des Gebäudes u. a. für Hoftage und Reichsversammlungen. Gegenüber der Königsloge sind im Hohen Chor seit 1975 ein aus Sangerhausen stammendes dreiflügeliges Altarbild (um 1500) und in Kirchenmitte ein aus Freyburg/Unstrut stammendes spätgotisches Kruzifix aufgestellt. Die Schuke-Orgel wurde in den fünfziger Jahren eingebaut. Zum Kirchenschatz gehören die in der Schatzkammer ausgestellten kostbaren Einzelstücke aus ottonischer Zeit, aus der Stiftsgeschichte, sowie die guterhaltenen Teile des ältesten deutschen Knüpfteppichs (um 1200). Die Turmanlage an der Westfront änderte der preußische Landeskonservator F. v. Quast unter dem Gesichtspunkt historisierender Denkmalpflege des 19. Jh., indem er unter Verzicht auf einen vorhandenen mit barocker Haube bekrönten Turm zwei gleichhohe Türme mit Dächern in Gestalt rheinischer Helme aufführte (1862/82). Die Dächer wurden 1945 zerstört und 1949 durch Zeltdächer ersetzt. Das Kirchengebäude wird von der protestantischen Gemeinde St. Servatius genutzt.

Nur wenige Meter von dem 1971 erbauten Motel befindet sich, stadtauswärts gelegen, die **Wipertikirche** (Anfang 12. Jh.). Hier im Siedlungsgebiet Hersfelder Mönche entstand die nach der Königswahl Heinrich I. (919) oft benutzte königliche Pfalz (Quitilingaburg). Die erste Erwähnung eines kirchlichen Gebäudes fällt in das Jahr 961, belegt durch eine Schenkungsurkunde der Königin Mathilde, die den Königshof als Witwengut dem Frauenstift übertrug. Den Namen St. Wigbert führt das Kloster seit 1139. Der erste Kirchenbau fällt unter Leitung der Prämonstratensermönche in die 2. Hälfte des 10. Jh. Etwa zeitgleich mit dem Bau der Stiftskirche St. Servatius entstand die Krypta im Chor der Wipertikirche. In großen Teilen wurde die Kirche in der 2. Hälfte des 13. Jh. zerstört. Um 1550 wurde sie evangelische Pfarrkirche,

nach 1816 wurde das Gebäude privatisiert und als Scheune verwendet. Erst 1955/59 erfolgte staatlicherseits die Rekonstruktion für die Nutzung durch die katholische Gemeinde. Die beeindruckende Innengestaltung des Kirchenbaus mit der Erschließung der Krypta mit Umgang und Betnischen gehört zu den herausragenden Arbeiten der Denkmalpflege in den fünfziger Jahren. Einen besonderen Hinweis verdient der Einbau des wertvollen Portals vom ehem. Münzenbergkloster St. Marien. Das Tympanon ist eines der ältesten Sandsteinreliefs mit Mariendarstellung und hat damit nach Jahrhunderten einen gesicherten und würdigen Platz erhalten.

Gegenüber dem Burgberg liegt auf etwa gleicher Höhe der **Münzenberg**, auf dem die erste Äbtissin Mathilde 986 das Nonnenkloster St. Marien gründete. 1525 wurde es zusammen mit den drei Klosteranlagen im Stadtgebiet zerstört. Ab 1576 überbauten kleine Handwerker und Fahrensleute die alte Krypta des Klosters und Teile des Turms mit Wohnhäusern. Von der Klosterbäckerei blieb der runde Schornstein erhalten. An dem von mehr als 50 kleinen Häusern umbauten Miniaturmarkt wohnten u. a. um die Jahrhundertwende Musikanten. Zu ihrer Erinnerung wurde 1979 die Figurengruppe **„Münzenberger Musikanten"** in moderner Version vor dem historischen **Hotel „Zum Bär"**, Markt 9, aufgestellt. Unweit des Marktplatzes liegt oberhalb des Weingartens an der Stadtmauer die im Jugendstil erbaute „Villa Lindenbein" (um 1890), Wallstr. 96, heute **Haus der Deutsch-Sowjetischen Freundschaft.** Das von einem Park umgebene Gebäude mit benachbartem Aussichtsturm steht der Öffentlichkeit seit 1979 als Zentrum der Begegnung und Gastlichkeit zur Verfügung.

Salzwedel

Bez. Magdeburg

 Johann-Friedrich-Danneil-Museum
An der Marienkirche 3
Salzwedel, 3560

> Historischer Stadtkern lt. Bekanntma-
> chung der zentralen Denkmalliste der
> der DDR:
> „Alt- und Neustadt innerhalb des
> ehem. Befestigungszuges mit Marien-
> kirche."

Die Kreisstadt Salzwedel (Salzfurt),
zweitgrößte Stadt der Altmark, liegt
an der Mündung der Dumme in die
Jeetze. Der Übergang der mittelalterlichen Handelsstraße über die sumpfige Jeetzeniederung wurde durch
eine vermutlich schon im 9. Jh. bestehende, 1112 nachweisbare Burg „Salt-
widele" – ein dem Markgrafen Albrecht der Bär übereignetes Reichslehen – geschützt. In ihrem südlichen
Umfeld entstand 1196 eine Marktsiedlung rund um die Lorenzkirche. Die
planmäßige Gründung der Altstadt
mit der Marienkirche wird kurz nach
1200 angenommen. Etwa dreißig
Jahre später ist bereits die Stadt voll
entwickelt. Die Neustadt mit der an
der nördlichen Stadtmauer gelegenen
Katharinenkirche wurde 1247 gegründet. Alt- und Neustadt – eigenartiger-
weise seit jeher ohne eigenen Marktplatz – waren getrennt mit jeweils
drei Stadttoren ummauert. Ihre Vereinigung erfolgte erst 1713. Dieser
Schritt der Stadtentwicklung ist sym-
bolisch im Stadtwappen festgehalten:
Die Wappendarstellung der Altstadt
zeigte einen halben brandenburgischen Adler und Schlüssel, die der
Neustadt den ganzen brandenburgischen Adler mit zwei Schlüsseln. Seit
der Vereinigung werden beide Wappen auf gleichem Schild vereinigt gezeigt. Das schnelle Aufblühen verdankte die türmereiche Stadt dem
Fernhandel, der Tuchmacherei, dem
Tuchhandel und dem Metallhandel,
die Jeetzeschiffahrt förderte diese

Entwicklung. Im Dreißigjährigen
Krieg verarmte Salzwedel. Den
schwersten Stadtbrand verzeichnete
die Stadt 1705. Ende des 19. Jh. entstand in Salzwedel eine der größten
Zuckerfabriken Deutschlands.

Noch heute ist das Stadtbild von
mittelalterlicher Architektur geprägt.
Zu einer stattlichen Zahl spätgotischer Fachwerkbauten treten aus gleicher Zeit wertvolle kirchliche und
profane Backsteinbauten. Der mit einer Stadtmauer umgebene historische
Kern Salzwedels mit reizvollen Was-
serläufen und originalen Strukturen
aus der Zeit der Stadtentstehung ist
ein hervorragendes Denkmal mittelalterlicher Stadtbaukunst. Sehenswert
sind die Ensemble um die Lorenzkirche, um die Marienkirche sowie
ganze geschlossen erhaltene Straßenzüge wie die Burgstraße, Schmiedestraße, Wollweberstraße u. a.

Das **Rathaus** ist bis auf den heutigen Tag seit 1895 in Teilen des ehem.
Franziskanerklosters (Mitte 13. Jh.)
nördlich der Mönchskirche untergebracht. Seit 1541 war hier das Schul-
wesen stationiert. Der Komplex enthält eine Konzerthalle (1986). Die
Mönchskirche (15. Jh.) ist eine asymmetrische, zweischiffige Backsteinhalle auf Feldsteinsockel. Die typische Silhouette der Stadt wird mitbestimmt durch das hohe Satteldach mit
Blendnischengiebel. Der einst zur Kirchenausstattung gehörende Altar mit
dem Bild „Die Arbeiter im Weinberg"
(1582) von Lucas Cranach d. J. ist
im ↗ Johann-Friedrich-Danneil-Museum, An der Marienkirche 3, zu sehen. Der **Bürgermeisterhof** (1534),
Burgstr. 18, ist ein malerischer mittelalterlicher Fachwerkkomplex. Die
Hofgebäude sind an die Stadt- bzw.
Burgmauer angebaut.

Als **Haus des Kulturbundes**, Reiche
Str. 12, wird das an der Jeetze gelegene freistehende, zweigeschossige
Fachwerkhaus (um 1586) genutzt.
Diese dem Wert des Hauses angemes-
sene neue Nutzung hat wesentlich zur
Erhaltung des hochgiebeligen Hauses
beigetragen. Die übersichtliche Fassadengliederung wird von der Vorkra-

In der Mönchskirche

gung des Obergeschosses unterbrochen. Im Giebelfeld sind die symmetrisch angeordneten Felder enger. Dem natürlichen Holzwuchs entsprechend sind die eingebauten Fußstreben nicht geradlinig, ihre Unregelmäßigkeit erhöht den Reiz der Hausansichten.

Zu den kleineren Toren der Befestigungsanlage gehört das im oberen Teil der ehem. Neustadt an der westlichen Stadtmauer eingebaute **Steintor** (1520/30). Zur Gestaltung der stadt- und feldseitigen Giebelfelder wurde Staffelgliederung verwendet. Der **Hansehof** (15. Jh.), Hohe Brücke 8, befindet sich am alten Salzwedeler Ha-

fen. Der große Speicherhof enthält einen barocken Treppenturm. Die **Katharinenkirche** (1. Hälfte 15. Jh.) ist eine querschifflose, dreischiffige Backsteinbasilika. Ihr Baubeginn fällt mit der Gründung der Neustadt (um 1247) zusammen. Aus dieser Zeit stammt das südliche spitzbogige Seitenschiffportal. Von der ursprünglichen Hallenkirche sind der rechteckige Chor, die Außenwände des Langhauses, die beachtlichen Staffelgiebel mit Doppelblenden und der Westturm (1467) bis unterhalb der Klangarkaden erhalten.

Die ehem. **Alte Lateinschule** (um 1550) der Neustadt, An der Kathari-

Katharinenkirche

nenkirche 6, ist ein vorbildlich rekonstruiertes dreigeschossiges Gebäude. Über einem zweigeschossigen spätgotischen Backsteinbau kragt ein zehn Gefachachsen breites Fachwerkobergeschoß, das von einem steilen fensterlosen Satteldach überdeckt ist. Zierde des Hauses sind die konstruktiven, als Andreaskreuze gestalteten Hölzer in den Fensterbrüstungsfeldern. Der am Südgiebel angefügte, weitgehend freistehende 3/4-runde Treppenturm in Backstein mit schön umrahmtem Portal und Fensterformen im Stil der Renaissance wird durch eine reizvolle Turmstube und ein Zeltdach abgeschlossen. Unmittelbar rechts daneben steht das barocke, schlicht gehaltene, zweigeschossige Fachwerkwohnhaus **Wollweberstr. 72** (18. Jh.), es zeichnet sich durch klare Fassadengliederung aus und bildet mit der repräsentativen Hausansicht der ehem. Alten Lateinschule im Hintergrund, nicht zuletzt durch harmonische Farbabstimmung, ein wirkungsvolles Gebäudeensemble. Etwas versteckt steht an der östlichen Stadtmauer ein schönes klassizistisches **Gartenhaus** (um 1827), Wollweberstr. 24. Ursprünglich war es eines der ersten medizinischen Bäder. Das **Neuperver Tor** (um 1460/70) ist ein quadratischer Backsteinturm mit Sat-

Alte Lateinschule/Wollweberstraße

teldach. Er gehört zur östlichen Stadt-
befestigungsanlage der Neustadt. Die
Turmansicht zur Stadtseite ist über
der Tordurchfahrt architektonisch mit
durchlaufenden bis in die Giebelstaf-
feln reichenden Doppelblenden gegliedert. Zu den wenigen bedeutenden
Fachwerkhäusern des 16. und 17. Jh.
mit Giebelstellung zur Straße gehört
das Haus **Straße der Jugend 57** ebenso
wie das Haus **Westmarktstr. 17**. Eines
der markantesten Wahrzeichen ist der
hohe, mit schöner Haube gestaltete
achteckige Renaissanceturm mit um-
laufender Galerie auf dem ehem. **Neustädter Rathaus** (um 1585), heute Hotel „Schwarzer Adler" an der Ecke
Straße der Jugend/Straße der Freundschaft. Das **Terrakottenhaus** (1722),
Straße der Freundschaft 1, ist ein
schlichtes dreigeschossiges Fachwerk-
wohn- und Geschäftshaus. Von seinem massiven Vorgängerbau sind 15
Terrakotten erhalten (um 1570), die in
die Brüstungsfelder beider Oberge-

schosse eingelassen sind. Sie entstammen der Lübecker Werkstatt des Statius van Düren. Zu den besonders
wertvollen spätgotischen Baudenkmalen Salzwedels gehört das mit kräftigem Holzwerk und schmückender
Saumschwelleninschrift ausgestattete
Haus **Lohteich 29/31** (um 1580). Das
niedrige Obergeschoß kragt, von Konsolen getragen, betont aus.

Nordwestlich der Altstadt liegt die
Burgruine. Die noch heute in ihren
Strukturen erkennbare Burganlage
war einst von Wassergraben und
Ringmauer umgeben und hatte einen
Durchmesser von 100 Metern, ihr
Standort war künstlich erhöht. Nur
wenige Teile des Backsteinmauer-
werks sind erhalten. Am eindrucksvollsten zeigt sich der vermutlich um
1300 erbaute Backsteinrundturm mit
einem Durchmesser von 14 Metern.
Der westlichen Stadtmauer vorgelagert ist die **Gertraudenkapelle** (um
1450), ein mittelalterliches Spital. Der

Backsteinbau zeigt abgetreppte Strebepfeiler. Die Fenster sind zwei- bzw. dreiteilig und innen und außen profiliert. Über dem Westgiebel fällt ein Dachturm mit sechseckigem Glockengeschoß auf.

Die Entstehungszeit der südwestlich der Burg gelegenen **Lorenzkirche** fällt in die Mitte des 13. Jh. Die ursprünglich dreischiffige, querschifflose Backsteinbasilika wurde ab 1692 150 Jahre lang als Salzlager der „Königlichen Salzfaktorey" genutzt. In dieser Zeit wurden die Seitenschiffe entfernt und der Turm (1692) abgebrochen. Das Mauerwerk wurde durch Salzeinlagerungen so schwer geschädigt, daß Mitte des 19. Jh. ein Totalabbruch erwogen wurde. Daraufhin kaufte 1859 die katholische Gemeinde Salzwedels das weitgehend desolate Gebäude und führte es nach einer Grundinstandsetzung (1860) wieder kirchlicher Nutzung zu. Fehler in der Materialwahl für diese ersten und die nachfolgenden Reparaturarbeiten führten zu neuen Schäden, die endgültig erst 1961/64 behoben wurden. In dieser Zeit wurde auf mittelalterlichen Fundamenten das nördliche Seitenschiff wiedererrichtet. Heute sind die Putzflächen an den Zierfriesen, die Fensterfaschen und Giebelblenden ebenso instandgesetzt wie im Kircheninnern die wertvollen Architekturglieder aus dem 13. und 15. Jh. in Gestalt der Schmuckwülste und Gewölberippen mit z. T. noch originaler Bemalung, dabei ist die Verwendung der glasierten Formsteine besonders reizvoll. Der rechteckige Chor – so breit wie das Mittelschiff – zeigt außen tiefe Blendnischen. Besonders wirkungsvoll sind im Giebelfeld drei große Kreisblenden. Die Fensterleibungen sind innen und außen mit Rundstäben verziert. In die spätgotische Sakristei an der Nordseite des Chores führt eine schöne rundbogige Priesterpforte (13. Jh.).

Jenny-Marx-Haus

Das **Geburtshaus von Jenny Marx**, Jenny-Marx-Str. 20, ist das einzige *Museum über die Familie Marx* in der DDR. Jenny Marx wurde hier als Tochter des preußischen Landrates Ludwig von Westphalen geboren. Das Haus gehört zu den repräsentativen Massivbauten der Stadt. Es ist ein sieben Achsen langer, zurückhaltend gegliederter, spätbarocker Bau. Flach gehalten sind Mittelrisalit und Seitenrisalite. Das Portal mit schöner Tür ist übergiebelt. Über den fünf mittleren Achsen baut sich vor dem abgewalmten Mansarddach ein drittes Geschoß mit breitem Flachgiebel auf. Heute beherbergt das Museum u. a. auch noch originale Ausstattungsstücke des Londoner Arbeitszimmers von Karl Marx.

Die **Marienkirche** (14. Jh.) liegt südwestlich am Rand der Altstadt. Die Giebel der Seitenschiffe sind als Staffelgiebel ausgebildet. Inmitten der fünfschiffigen Backsteinbasilika ist ein mächtiger Rundturm eingemauert. Er zählt zur ältesten Bausubstanz der Altmark. Mit 86 Metern überragt der mit steilem Helm versehene Kirchturm, der wegen seiner erheblichen Krümmung der „schiefe Turm" genannt wird, das Dächermeer Salzwedels. Er wurde bereits 1496 fertiggestellt. Das Katholische Pfarramt, **An der Marienkirche 10**, ist ein barocker zweigeschossiger Putzbau von neun Achsen. Die dreiachsige Mitte ist durch ein geringes plastisches Hervortreten, durch Pilaster und segmentbogiges Haustor mit Wappenkartusche betont. Der schönste Profanbau Salzwedels ist die ehem. **Propstei von St. Marien** (1578), An der Marienkirche 3. Er entstand auf einem Vorgängerbau von 1478. Seit 1932 wird das Gebäude als *Heimatmuseum* genutzt. Es trägt den Namen Johann Friedrich Danneils, des wissenschaftlichen Begründers des sog. Drei-Perioden-Systems (Steinzeit, Bronzezeit, Eisenzeit) der Geschichte. Die schöne Fachwerkfassade ist dreigeschossig und zeigt bemerkenswerte Ornamentschnitzereien auf den Saumschwellen. Ein vorzügliches Barockportal mit

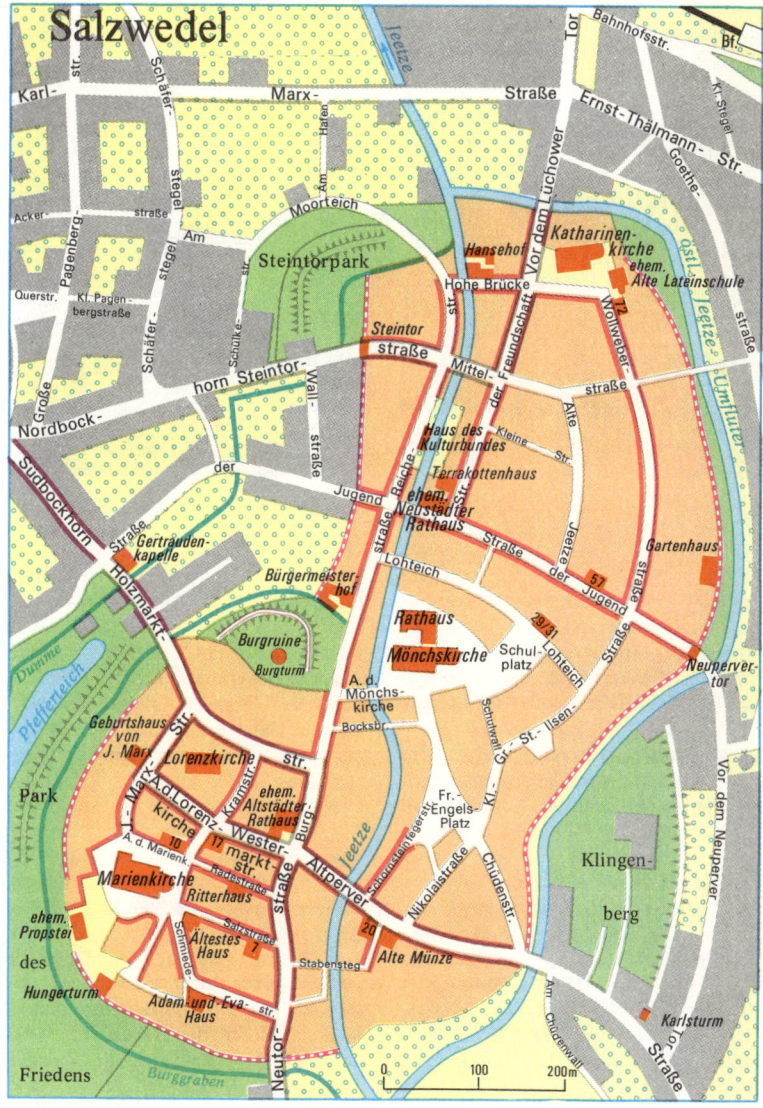

Salzwedel

Wappenbekrönung von 1754 ziert den bis zur Dachtraufe massiven, 3/4runden Treppenturm. Hinter diesem Gebäude befinden sich entlang der Stadtmauer gepflegte Grünanlagen und Tiergehege. In unmittelbarer Nachbarschaft zum Heimatmuseum befindet sich in der ursprünglich 5 Meter hohen wehrganglosen **Stadt-** **mauer** der **Hungerturm** mit quadratischem Grundriß. Unter den Traufhäusern der Schmiedestraße verdient das **Adam-und-Eva-Haus** (1840), Schmiedestr. 27, Aufmerksamkeit. Sein volkstümlicher Name bezieht sich auf die sehr ausdrucksstarke Bildschnitzerei mit der Darstellung der Schöpfungsfiguren auf den Seiten des korbbogigen

Ältestes Haus – Schmiedestr. 30

Holzportals (1534). Die in den Korbbogenzwickeln unter der Torbogeninschrift herausgeschnitzten aufrecht stehenden Löwen sind – wie u. a. auch in ↗ Osterwieck – Symbolfiguren für die Ausübung des Braurechts in diesem Haus, das 1840 abgebrochen wurde und vermutlich außer dem geretteten Portalschnitzwerk mit reicher Holzschnitzerei versehen war. Zu den seltenen Baudenkmalen gotischer Fachwerkbaukunst zählt das **Älteste Haus**, Schmiedestr. 30, ein zweigeschossiger Hochständerbau aus dem 15. Jh. Seine Geräumigkeit läßt vermuten, daß es ein mittelalterliches Kaufhaus war. Die ursprüngliche Ständerkonstruktion dieses Eckhauses ist nur noch an der Seite der Salzstraße zu erkennen. Die senkrechten Ständer stehen eingezapft – wie beim ↗ Quedlinburger Hochständerhaus, Wordgasse 3 – auf einer durchgehenden Grundschwelle und reichen bis zum Rahmholz unter das Dach. Waagerecht eingebaute Riegel sichern ihren Abstand und verbinden zugleich die Ständer miteinander. Mittels der außen sichtbaren Zapfenschlösser ist die konstruktive Verbindung der Deckenbalken mit den Ständern hergestellt. Durch die im 16. Jh. vorgenommene Hauserweiterung um einen Me-

ter erhielt die Hauptfront am Kirchplatz ihr heutiges Aussehen. Das zur Schmiedestraße angebaute gotische Nachbarhaus (1522) ist ein malerischer Fachwerkbau mit weiter Vorkragung des Obergeschosses. Das Bürgerhaus **Salzstr. 7** (1722) zeigt ein mit Wappenkartusche im Segmentbogenfeld sehr schön verziertes Portal mit einer gut erhaltenen zweiflügeligen Tür. In der Parallelstraße steht das sog. **Ritterhaus** (1596), Radestr. 9. Es ist ein sieben Gefachachsen langes, dreigeschossiges Fachwerkhaus. Über Konsolen kragt das oberste Geschoß vor. Die durchlaufende Saumschwelle ist mit einer Inschrift verziert. Die Zwickel der Portalumrahmung enthalten in Höhe des Oberlichts zwei schöne Flachreliefs mit der Darstellung zweier Ritter, sich auf sich aufbäumenden Pferden im Kampf messend. Kräftiges Holzwerk zeigt das hochgiebelige Eckhaus **Westmarktstr. 17** (16. Jh.). Bemerkenswert ist die sehr selten in Salzwedel anzutreffende Giebelstellung des Hauses.

Das frühere **Altstädter Rathaus** (1509) in der Burgstr. 68 (heute Sitz des Kreisgerichts) ist ein stattlicher spätgotischer Backsteinbau, der bereits kurz nach seiner Fertigstellung umgebaut und erweitert wurde. Bis 1713 wurde der große Eckbau als Rathaus genutzt, seit 1855 als Justizgebäude. Die erste Bauperiode hat typische Formen Salzwedeler Architektur gotischen Stils hinterlassen, wie z. B. die in mannigfacher Form verwendeten gedrehten Stäbe als Zierglieder für die flachbogigen Fenster mit Blenden. Das Datum des Rathausbaus befindet sich unter dem kurbrandenburgischen Wappenrelief in der mittleren der flachbogigen Nischen im 3. Obergeschoß am Ostgiebel des Nordflügels. In den äußeren Nischen sind wertvolle Relieffiguren zu sehen. Dargestellt sind der Christophorus und die Madonna mit dem Strahlenkranz. Blendenstaffelung bereichert die Gestaltung des Schmuckgiebels. Gedrehte Stäbe sind auch an den Ecken und segmentbogigen Öffnungen des in der Gebäudeachse angeordneten achteckigen Dachturmes verwendet worden. Die Erweiterung ist an die südliche Längsseite des Altbaus angebaut worden. Sie besteht aus zwei rechtwinklig zueinander stehenden zweigeschossigen Flügeln. Die sehr wirkungsvolle Blendenstaffelung an der Giebelseite ist hier noch einmal wiederholt worden. Im Obergeschoß des älteren Bauteils ist der ursprüngliche Ratssaal erhalten, der über zwei Geschosse hoch ist. Die Decke besteht aus einem Sterngewölbe über rechteckigen Jochen. Der Platz vor dem Rathaus diente vermutlich als Marktfläche. Einen Marktplatz im üb-

lichen Sinne hat es in Salzwedel nie gegeben. Am Fachwerkhaus **Altperverstr. 20** (1600) sind in Flachschnitzerei die Symbolfiguren Caritas (Tugend) und Prudentia (Klugheit) als Haustorschmuck erhalten. Für die Ausübung des Münzrechts, das die Stadt Salzwedel von 1314 bis 1488 besaß, entstand als Funktionsgebäude das bedeutende Eckhaus, der Backsteinbau **Alte Münze** (15. Jh.), Altperverstr. 22. Dieses große spätgotische Münzgebäude mit den Resten eines Schmelzofens und originalen Außenmauern mit einem hohen spitzbogigen Portal aus der Zeit der Hausentstehung und dem Giebelaufbau aus dem 17. Jh. ist als einziges Manufakturgebäude dieser Art auf dem Territorium der DDR erhalten. Das unverputzte Lukengeschoß unter dem Fachwerkgiebel enthält fünf segmentbogige Öffnungen mit umlaufenden Blenden, zwischen denen vertikale Maßwerkfriese zu sehen sind.

Außerhalb des Stadtmauerringes befindet sich, südöstlich der Stadt am südlichen Ende eines Außenwalls, heute freistehend, der sog. **Karlsturm** (14./15. Jh.). Die Umbauung dieses weit vorgelagerten Sicherungsturmes ist abgebrochen worden. Auf dem Turm sind in neun Feldern Wappenreliefs, u. a. die der Stadt Salzwedel, des Kaisers und des Kurfürsten, angebracht. Die in einer Nische eingesetzte Büste soll Kaiser Karl IV. darstellen.

Schmalkalden

Bez. Suhl

 Reisebüro der DDR
Am Busbahnhof
Schmalkalden, 6080

> Historischer Stadtkern lt. Bekanntma-
> chung der zentralen Denkmalliste der
> DDR:
> „Altstadtbereich innerhalb und einschl.
> des Stadtmauerringes mit Schloß Wil-
> helmsburg und Georgenkirche."

Schmalkalden liegt in einer typischen
Mittelgebirgslandschaft im Tal des
Zusammenflusses von Schmalkalde
und Stille. Sein Altstadtkern ist durch
die Reste der mittelalterlichen Stadtbefestigung deutlich von der übrigen
Stadt abgegrenzt.

Noch heute hat der im südwestlichen Teil des Stadtkerns gelegene
Markt (Altmarkt) seine Funktion als
Kommunikationszentrum der Stadt
bewahrt. Auf seiner Westseite steht
das **Rathaus**, in einem Bereich, der
wohl als ältester, nach dem 6. Jh. ent-
standener Siedlungskern des Ortes
gilt. Das Rathaus gehört zu den „steinernen Kemenaten", die ortsübliche
Bezeichnung für einen gotischen Massivbau mit Steildach und Staffelgiebeln. Aus heimischem Buntsandstein
errichtet, hat der Bau eine farbige Fassung. Das Erdgeschoß wurde 1903/05
umgebaut. Das große Flachbogenfenster im 1. Obergeschoß, hinter dem
sich der Rathaussaal verbirgt, stammt
von 1472. Die erste Ratssitzung fand
bereits 1419 statt. Zwischen 1530 und
1543 diente es den Mitgliedern des
Schmalkaldischen Bundes als Bera-
tungsstätte. Eine Tafel erinnert an die
1525 nach Beendigung des Bauernkrieges auf dem Markt erfolgten Hinrichtungen. Das sich links anschließende zweite Rathausgebäude wurde
1903/05 anstelle der 1901 abgebrannten „Alten Waage" erbaut.

Der Markt, ja die gesamte Altstadt,
wird von der **Stadtkirche St. Georg**
(1437) beherrscht. Sie wurde 1509
vollendet und zählt heute zu den
schönsten Hallenkirchen Thüringens.
Aus Gründen der Sparsamkeit erhielt
allein die Marktseite reichen, typisch
hochgotischen Architekturschmuck.
Am vierten Pfeiler des Chores ist der
aus einem Fenster schauende Kopf
des Baumeisters zu erkennen, der wie
der gesamte Bau in Buntsandstein gefertigt wurde. Das Chordach enthält
seit 1467 in einem Dachreiter die
Stadtuhr, die mit der Aufschrift „me-
mento mori" — Gedenke des Todes —
geziert ist und den Tod zeigt, der mit
einer Sense beim Stundenschlag nach
dem Kranz schlägt, den eine Jungfrau
in der Hand hält. Das Langhaus ist
recht klein im Verhältnis zum Chor.
Die beiden Türme tragen später aufgesetzte welsche Hauben. Im südlichen Turm, bis zum zweiten Sims ro-
manisch – ein Rest der Vorgängerkir-
che aus dem 12. Jh. –, befindet sich
die Türmerwohnung mit Umgang.
Der kleinere Nordturm ist mit der berühmten Große-Oster-Glocke ausgestattet. Die Innenausstattung wurde
1608 bei einem Bildersturm vernichtet. Im Innern sind die Taufe (1560),
die Kanzel (1669) und die Glasmalereien der Chorfenster bemerkenswert,
die während der umfassenden Restaurierung 1957/74 (Entwurf C. Crodel)
entstanden. Martin Luther predigte
1537 zweimal in der Stadtkirche.

Eine weitere steinerne Kemenate,
die **Todenwarthsche Kemenate** (Anfang
16. Jh.), Markt 5, entstand anstelle eines Herrenhauses, Hauptgebäude jener „villa Smalacalta", als welche
Schmalkalden 874 urkundlich erstmals erwähnt wurde. Sie diente der
Familie Wolf von Todenwarth als
Stadtwohnung. Der zum Platz weisende Giebel der Kemenate besitzt
eine große rundbogige Haustür mit in
Wappenschildern endenden Rundstäben und zwei Sitznischen. Die vierseitig vorhandenen Fensterpaare zeigen
spätgotische Profilierungen. Über
dem 1. Obergeschoß ist ein kräftiger
Gurtsims angebracht. Drei weitere
Simse im Giebel stimmen nicht mehr
mit dem Staffelgiebel überein, ein Beleg für dessen spätere Veränderung.

Marktplatz

Einen Hinweis auf die älteste Begräbnisstätte der Stadt gibt heute noch der Name von Platz und Straße bei der Stadtkirche St. Georg. Am **Kirchhof** konzentriert sich eine Reihe architektonisch sehenswerter Fachwerkhäuser. Das Schmalkalder Fachwerkhaus ist fast immer dreigeschossig, auf niedrigem Sandsteinsockel errichtet und besitzt ein steiles Satteldach mit Aufschieblingen. Zunächst herrschte die Giebelstellung ausschließlich vor, seit dem 17. Jh. tritt sie mit der Traufstellung gemeinsam auf. Während die Innenausstattung der Häuser oftmals sehr reich ausfiel, blieb das Fachwerk zumeist schmucklos. Es wurde fast immer in Rähmbauweise ausgebildet und zeigt klar ge-

gliederte, rein konstruktiv verwendete Hölzer. Es besitzt eine lokal beschränkte Sonderstellung innerhalb der fränkisch-hessischen Fachwerkbauweise. Als besondere Erscheinung treten Einflüsse des niedersächsischen Fachwerkbaus auf. Mehr als 90 Prozent der Bausubstanz des Stadtkerns besteht aus Fachwerkhäusern, die meisten von ihnen sind seit dem 19. Jh. unter Putz. Kirchhof 2 wurde 1658 als **Reformierte Schule** erbaut. Das Fachwerk enthält „Wilden Mann" und gereihte Fußbänder. Die reich gestaltete Haustür (1659) weist farbig gefaßte Schnitzarbeiten auf, vorwiegend Blattwerkornamentik, und einen lateinischen Widmungsspruch. **Kirchhof 3** (1548), das evange-

Schmalkalden

lische Pfarrhaus, erhielt 1669 ein weiteres Geschoß. Das Fachwerk des
Erdgeschosses wurde 1987 vom Putz
befreit. Im 1. Obergeschoß ist es mit
geschwungenen Andreaskreuzen, im
Dachgiebel mit zwei Reihungen von
„Wildem Mann" ausgestattet. Nach
drei Seiten frei, eine Trauf- und eine
Giebelseite zum Kirchhof, die andere
Traufseite zur Leeren Tasche, die
Gasse wurde nach einem ehem. Wirts-
haus benannt, steht ein Doppelhaus,
das **Alte Kantorat** (1608). Alle Geschosse besitzen sichtbares Fachwerk,
an dem „Wilder Mann", geschwungene Andreaskreuze, Rauten sowie
viertelkreisförmige Fußbänder hervortreten. Die Eckständer zeigen Taustab, die Balkenköpfe Profile und die

Füllhölzer wiederum Taustab als geschnitzten Dekor.

Auf der Nordseite der Stadtkirche
wird der hier steiler abfallende Kirchhof von einer Stützmauer begrenzt, in
der sich ein Pestkreuz, vermutlich aus
dem späten Mittelalter, befindet. Gegenüber stehen mit Kirchhof 11, 12
und 13 drei weitere Fachwerkhäuser,
von links gesehen aus dem 16., 18.
und 17. Jh.

Zwischen Altmarkt und Salzbrücke
bilden die Häuser **Mohrengasse 2** sowie **Salzbrücke 1a** und **3a**, in Schmalkalden stets als „Orgel" bezeichnet,
eine Gebäudeinsel. Mohrengasse 2
(16. Jh.) stellt einen quer aufgeschlos-
senen Fachwerkbau dar, dessen Giebel zum Markt weist. Es handelt sich

um ein Doppelhaus unter einem Dach mit unterschiedlichen Geschoßhöhen. Zwischen Nr. 2 und der Todenwarthschen Kemenate, einer Engstelle mit der Bezeichnung „Soldatensprung" – an dem Gebäudevorsprung sprangen angeblich durchziehende Soldaten zur Verrichtung ihrer Notdurft aus Reih' und Glied – überbrückt ein schmiedeeiserner Lampenträger (19. Jh.) die Straße.

Das Haus **Stiller Gasse 11** (18. Jh.) wurde 1984 rekonstruiert, das Fachwerk freigelegt. Es ist ein quer aufgeschlossener Rähmbau, dem bald nach seiner Errichtung ein konstruktiv gleicher Anbau folgte. Das Fachwerk ist mit „Wildem Mann" sowie Reihungen von Fußbändern versehen. Eine Ausnahme für Schmalkalden bildet die reich verzierte zweiflügelige Rokokohaustür mit gesprengtem Giebel und der geschnitzten Schlagleiste aus volutenartig aufgebautem Blattwerk, dem eine männliche Halbfigur entspringt. Über der Tür ist ein aus Blech geschmiedeter Fahnenhalter in Drachenform angebracht. Das Haus **Stiller Gasse 19** gehört zu jenen, deren Geschosse besonders kräftig überkragen. Der längs aufgeschlossene Fachwerkbau aus dem 17. Jh. besitzt in den Obergeschossen und dem Dachgiebel schöne geschlossene Reihungen von geschwungenen Andreaskreuzen. Sein Dach endet in einem Krüppelwalm.

Einen wesentlichen Teil der **Hoffnung**, die Bezeichnung geht auf den früheren Henneberger Hof zurück, nimmt Nr. 28/30 ein, ein langgestreckter massiver Bau mit steilem Satteldach und jeweils zwei neogotischen Staffelgiebeln beidseitig über den Treppenhäusern. Das in Sandstein gearbeitete Hessenwappen (1618) nennt die Bauzeit und die Zugehörigkeit zum ↗ Schloß Wilhelmsburg. Es handelt sich bei dem Gebäude um den ehem. **Marstall**. Zum großen Hof hin befanden sich im Erdgeschoß Ställe und Remisen, das Obergeschoß enthielt Wohnungen sowie auf der Rückseite eine durchgehende Galerie, die im 19. Jh. zugemauert wurde. Der Marstall ist in die allerdings nur

leichte Befestigung des Schlosses einbezogen. An seiner Ostseite schließt die Stadt- an die Schloßbefestigung an. Hier steht als einziger vollständig erhaltener Turm der Stadtmauer der **Pulverturm** (um 1330). Als fünfgeschossiger Rundturm mit Kegeldach, dessen oberstes überkragendes Geschoß mit seinen sechs Fenstern auf Kragsteinen sitzt, diente er zur Aufbewahrung des städtischen Schießpulvers.

In der den Lutherplatz und die Salzbrücke verbindenden Steingasse, der ältesten, bereits im Mittelalter gepflasterten Straße der Stadt, steht die **Rosenapotheke**, wiederum eine steinerne Kemenate. Das Haus wurde unter Einbeziehung deutlich älterer Bauteile errichtet (Hausmarke mit Jahreszahl 1545 und „RO" – Signum Reinhard Olff). Das Erdgeschoß hatte früher ein mittiges Tor mit gotischem Spitzbogen, das in eine Torfahrt führte, sowie zwei Flachbogenfenster; der Eingang wurde 1946 in das linke Fenster verlegt. Ein weiteres Flachbogenfenster mit drei gotischen Stützen ist im 1. Obergeschoß zu sehen. Das Gebäude wird seit 1664 als Apotheke genutzt und war zuvor das Haus der reitenden Post.

Eine ganze Reihe für Schmalkalden charakteristischer Fachwerkhäuser befindet sich am **Lutherplatz**, dem ehem. Töpfermarkt. Es sind breite, behäbig wirkende Bauten mit hohen Satteldächern und Krüppelwalmen. Wie häufig an Hauptstraßen sind die Erdgeschosse durchweg zu Läden oder Gewerberäumen umgebaut. Das bedeutendste Haus ist das **Lutherhaus**. Hier wohnte Martin Luther während seines Aufenthaltes 1537. Das Vorderhaus entstand um 1520, wurde aber wohl Ende des 17. Jh. in der Fachwerkkonstruktion völlig erneuert. Neben „Wildem Mann" sind viertelkreisförmige Fußbänder zu sehen. Auf der zum Platz zeigenden Giebelseite befindet sich in Höhe des 2. Obergeschosses eine stuckierte und bemalte Gedenktafel von 1687, die mit einer Inschrift auf die Bedeutung des Hauses und Luthers „Schmalkaldische Ar-

Lutherhaus

tikel" verweist. Der Schwan als Symbol des Reformators sowie seine und Melanchthons Petschaft vervollständigen das Bild. Auf der rechten Seite des Erdgeschosses ist eine von drei Kanonenkugeln eingefaßte Runmarke angebracht, darüber ist die Hausmarke des damaligen Besitzers, des hessischen Rentmeisters B. Wilhelm, zu sehen (Gedenktafel). Architekturgeschichtlich interessanter ist das ältere Hinterhaus, das in seinen Ursprungsformen auf die Zeit um die Mitte des 15. Jh. zurückgehen mag. Durchgehende Ständer, bemerkens-

wert vor allem auf der 1982 freigelegten Giebelseite, verdeutlichen den niedersächsischen Einfluß. Auffallend die beiden Obergeschosse; das erste ist sehr niedrig ausgebildet, das zweite kragt stark über, es wird gestützt durch Knaggen, die mit stukkierten und bemalten Kopfkonsolen (16. Jh.) geschmückt sind. Weitere interessante Fachwerkhäuser am Lutherplatz sind Nr. 3, 4, 6 und 8. Das Haus **Lutherplatz 2** mit massivem Erdgeschoß besitzt noch eines der beiden in Schmalkalden erhaltenen Renaissanceportale. Es hat einen profilierten Rund-

Heiliggrabesbehausung

bogen und Muschelnischen. An der bossierten Hausecke sind eine Hausmarke und ein Frauenkopf zu sehen.

Gleich zu Beginn der sich anschließenden Weidebrunner Gasse zweigt die **Pfaffengasse** ab. Sie umschließt ein größeres und ein kleineres Gebäudequartier, einst die kleine Siedlung Pfaffendorf, die etwa im Verlauf des 14. Jh. mit der übrigen Stadt verwuchs. Die **Heiliggrabesbehausung**, vor der Säkularisation Wohnsitz des Vikars der Kapelle zum Heiligen Grab, ist eine steinerne Kemenate, reizvoll wirkend durch den angebauten Rundturm aus dem 16. Jh. An der Kemenate sind Architekturelemente von der Romanik bis zum Barock erkennbar. Über der barocken Haustür sitzt unter einem kleinen Schleppdach das Wappen des Grafen Wilhelm IV. von Henneberg-Schleusingen, eine

schöne Steinmetzarbeit von 1515. Die Häuser Pfaffengasse 14 und 3 sind Fachwerkhäuser auf massivem Erdgeschoß, ersteres aus dem 17. Jh. mit einer Torfahrt, letzteres aus dem 16. Jh.

Etwas weiter aufwärts führt die Weidebrunner Gasse am heutigen **Platz der DSF** vorbei, der nach der Zerstörung der Stadt 1203 als Neumarkt mit dem sich in nördlicher Richtung anschließenden Teil der Altstadt entstand. Auf seiner Ostseite erhebt sich der markante **Hessenhof** (um 1225), bekannt durch die auf einem Tonnengewölbe des teilweise spätromanischen Kellergeschosses enthaltene Darstellung der Iweinsage nach Hartmann von Aue. Die Iweinbilder aus der Bauzeit sind das älteste erhaltene Zeugnis profaner mittelalterlicher Wandmalerei in der DDR. Der Hessenhof besteht aus einem zwei-

und einem dreigeschossigen Gebäudeteil. Das hochreichende Kellergeschoß und das sich daraus ergebende Hochparterre sind massiv erbaut und durch einen Umbau von 1837 stark verändert. 1977 erhielt der Hessenhof die für dieses Gebäude etwas zu kleine Rundbogentür aus dem Abrißhaus Lutherplatz 11. Die Fachwerkgeschosse gehen auf den ersten Umbau von 1551/53 zurück. Die Hölzer wirken durch die Reihungen von geschwungenen Andreaskreuzen. Beide Gebäudehälften besitzen einen angebauten Fachwerkflügel. Der Hessenhof diente bis 1247 als Sitz der Vögte der Landgrafen von Thüringen und nach 1360 als Sitz der Vögte der Landgrafen von Hessen.

Das Haus Platz der DSF 6 (17. Jh.) hat reiche Schnitzereien, Masken und Blattornamente auf den Eckständern; Platz der DSF 8 (17. Jh.) ist ein traufseitig zum Platz stehendes Fachwerkhaus.

In der **Weidebrunner Gasse** steht das **Liebaugsche Haus** (16. Jh.), ein großer Fachwerkbau mit Giebelstellung, massivem Erdgeschoß, mittiger Torfahrt und mächtigem Krüppelwalmdach. Im Fachwerk der jeweils zwei überkragenden Ober- und Dachgeschosse tritt nur der „Wilde Mann" hervor. In der Torfahrt sind ehem. hallenartige Räume mit spätgotischen Architekturmerkmalen erkennbar. Eine regionale Besonderheit stellt der von einem Hinterhaus rechteckig umbaute Hof mit offenen Laubengängen aus dem 18. Jh. dar. Die Geländer sind mit gedrechselten Balustern ausgestattet. An das Haus Weidebrunner Gasse 22 schließt sich ein Hinterhaus an. Seine zur ehem. Ziegengasse zeigende Traufseite weist Fachwerk mit niedersächsischem Einfluß auf. Die Aufblattung der Hölzer deutet auf eine Bauzeit um oder vor 1500 hin. Die **Große Kemenate** (Anfang 15. Jh.) ist das größte Bürgerhaus der Stadt. Das mächtige Dach des viergeschossig errichteten Gebäudes überragt mit seinen Staffelgiebeln die umliegende Dachlandschaft. Noch im 15. Jh. wurde die Kemenate geteilt, Umbau-

ten von 1594 und des 18. Jh. führten zu unterschiedlichen Geschoßhöhen und Fensteranordnungen. Aus dem 18. Jh. stammen auch beide Haustüren. Die barocken Häuser **Weidebrunner Gasse 13** und **15** haben beide Mansarddach, Zwerchhaus und Dreiecksgiebel, das eine ist massiv, das andere mit verputztem Fachwerk erbaut. Am Haus **Weidebrunner Gasse 21** (um 1500) treten erneut niedersächsische Ständer- und fränkische Rähmbauweise gemeinsam auf. Die ersten drei Geschosse, Erdgeschoß, 1. Obergeschoß und ein ganz niedriges Zwischengeschoß, das nur zur Vorratshaltung geeignet war, lassen eine frühere Zweiteilung erkennen. Das nachfolgende, kräftig vorkragende und von Knaggen gestützte Geschoß ist für beide Gebäudeteile konstruktiv einheitlich durchgestaltet. Auf dem Dach sitzt ein Zwerchgiebel mit Ladebaum. Bemerkenswert ist die letzte erhaltene Haustür (17. Jh.) mit Horizontalteilung. Weitere Fachwerkhäuser sind Nr. 19, 23 und 25. Die Häuser Nr. 25 und Nr. 34 stoßen an die Reste eines Wehrganges der Stadtinnenmauer (1. Hälfte 14. Jh.) im Bereich des ehem. Weidebrunner Tores. Der bekannte Schmalkalder Chronist Johann Conrad Geisthirt wurde im Haus Weidebrunner Gasse 30 geboren (Gedenktafel). Am Weidebrunner Tor befinden sich mit dem klassizistischen Hospital und der gotischen Hospitalkapelle sowie der „Neuen Reihe", einer Häuserzeile mit gleicher Trauf- und Firsthöhe aus dem 18. Jh., Baudenkmale, die aber bereits außerhalb des Stadtkerns liegen.

Am Schmiedhof, 1984/86 als erster Straßenzug der Altstadt rekonstruiert, stehen mit **Nr. 17** und **Nr. 19** zwei bedeutende Häuser. Das Fachwerk von Nr. 17 (Ende 17. Jh.) wurde 1985 freigelegt. Es zeigt Reihungen von Fußbändern und „Wildem Mann". Reich ist der Schmuck an Holz, er dokumentiert in Schmalkalden bislang unbekannten Einfluß des hennebergischen Fachwerks. Auffallend sind die Schnitzereien an den Eckständern und den Kopfbändern sowie das

Schloß Wilhelmsburg – Riesensaal

Schriftband. Zur Mönchsgasse hin schließen sich ein Anbau sowie eine längs aufgeschlossene Scheune an. Das **Stengelsche Haus** (1580) ist ein verputzter Fachwerkbau mit einer Rokokofassade. Über der Haustür sitzt ein Hessenwappen von 1671, an dem hohen rundbogigen Tor des Anbaus das Wappen des Bauherrn Heinrich Zöllner von 1581, der als einer der Vorfahren Goethes gilt. Die Füllhölzer des Obergeschosses sind mit Blattwerk und Blüten bemalt. Hinter dem Stengelschen Haus befindet sich ein großer Garten, in den mehrere Anbauten malerisch hineinragen. Einer von ihnen wurde auf einen Bogen eines der Gebäude des um 1320 erbauten und um 1570 abgebrochenen Augustinerklosters gesetzt, von dem Kloster sind noch Mauern sowie die beiden gotischen Pforten erhalten.

Den Ostrand der Altstadt, sie um 15 bis 20 Meter überragend, nimmt das **Schloß Wilhelmsburg** mit seinen Nebengebäuden und Anlagen ein. Es liegt auf dem westlichen Ausläufer der Queste. Den Schloßberg aufwärts erscheint links die hohe Einfassungsmauer des Exerzierplatzes. Gegenüber steht die einstige **Fürstliche Kanzlei** (1604) mit bossierter Rundbogentür und Giebeldreieck (Historische Gaststätte „Pfalzkeller"). Der untere Anbau des Gebäudes trägt einen Erker. Es folgt auf der Mauer, zum Exerzierplatz aufsitzend, das kleine Torwächterhaus, das an die überdachte äußere Torfahrt stößt. Zur Rechten liegt die **Große Pfalz**, eine altanartig an den Berghang gebaute, zweietagig mit Tonnengewölben unterkellerte Plattform. Sie ist von Mauern und einer Balusterreihe eingefaßt und diente ebenso wie die viereckige, vom Garten aus erreichbare **Kleine Pfalz** höfischen Vergnügungen.

Schloß Wilhelmsburg (1585/90) ist eine fast regelmäßige Vierflügelanlage, als Jagd- und Sommersitz der Landgrafen von Hessen erbaut. Auf der zum Exerzierplatz, früher Turnierplatz, weisenden langgestreckten Westfassade tritt der Turm der Schloßkirche hervor. Er geht bis zum ersten Sims auf Reste der romanischen Burg Waltaff, dem Vorgängerbau, zurück. Der Turm enthält die Schloßuhr und endet in einem achteckigen Tambour mit Schweifkuppel, Laterne, Turmknopf und Wetterfahne. Das Schloß hat durch die Flachlegung seines Daches 1820 wesentliche Teile seiner originalen Außenarchitektur verloren. Es verblieben nur die mittigen Zwerchhäuser, aber auch sie wurden ihrer Volutengiebel beraubt, ebenso wie die vier in den Hofecken befindlichen Treppentürme ihrer welschen Hauben. Der Schloßhof wird erreicht durch Torfahrten im West- und Ostflügel. Die Portale im Schloßhof sind deutlich reicher gestaltet als die äußeren.

Schloß Wilhelmsburg ist als Bau- und Kunstdenkmal mit seinen repräsentativen Räumen, in denen Wandmalereien und Stuckarbeiten im Vordergrund der Gestaltung stehen, und als ein überregionales *Museum* eine bedeutende Kulturstätte.

Auf der Ostseite wurde das Schloß durch zwei Mauern geschützt. In der inneren steht der sechseckige **Kristallturm**, früher Gefängnis, mit dem angebauten runden Treppenturm, am Ende der Mauer, im inneren Zwinger, das frühere **Backhaus** und im äußeren Zwinger das **Brau- und Schlachthaus.** Auf der Südseite des Schlosses liegen die terrassenförmig aufgebauten Gärten, durchschnitten von einer Treppenanlage mit Resten der Wasserkunst. Der Teich am Fuß der Anlage, einst Pferdetränke und -schwemme, sowie die gegenüberliegende Meierei vervollständigen den Schloßkomplex. Schloß Wilhelmsburg gilt als eines der bedeutendsten Baudenkmale der deutschen Renaissance in der DDR.

Stolberg

Kr. Sangerhausen, Bez. Halle

 Museum
Thomas-Müntzer-Gasse 19
Stolberg, 4713

Historischer Stadtkern lt. Bekanntmachung der zentralen Denkmalliste der DDR:
„Gesamter Stadtbereich der Fachwerkstadt einschl. Schloß."

Stolberg im Südharz ist eine gut erhaltene mittelalterliche Stadt. Ihre enge Tallage hat wesentlichen Anteil an der Erhaltung der originalen Stadtstruktur. Von großen Stadtbränden und Zerstörungen blieb die Harzstadt verschont. Mit wertvollen, zum Teil gotischen Häusern gehört Stolberg heute vor allem wegen seines geschlossenen Fachwerkbestandes des 15. bis 18. Jh. zu den herausragenden Fachwerkstädten niedersächsischer Prägung.

Die Stadt entwickelte sich im Schutz einer im 10./11. Jh. erbauten Höhenburg (375 Meter ü. d. M.) an der Harzquerstraße zwischen den Kaiserpfalzen Tilleda und Quedlinburg und den Handelsmetropolen Erfurt und Braunschweig. Der in ersten Urkunden auftretende Name Stalberg verweist auf die frühe Eisenerzgewinnung, die sich die Grafen von Stalberg, später Stolberg, zunutze machten. Stadtrecht erhielt Stolberg vor 1300. Silber- und Kupfererzbergbau waren das wirtschaftliche Rückgrat. Aus der Zeit der wirtschaftlichen Blüte im 16. und 17. Jh. stammen einige der vorzüglichsten Fachwerkbauten. Eine Stadtmauer als übliche mittelalterliche Stadtbefestigung benötigte Stolberg wegen seiner topografischen Lage nicht. Lediglich die Stadtausgänge und zusätzlich der Markt waren durch Tore gesichert. Von der Wehrhaftigkeit der Stadt künden noch heute das nordwestlich gelegene Rittertor und der Saigerturm in Stadtmitte. Auch das aus dem 14. Jh. stammende Stadtwappen weist auf den

wehrhaften Charakter Stolbergs hin. Es zeigt eine gezinnte Mauer mit kleeblattartigem Torbogen und drei gezinnte spitzbedachte rote Wehrtürme. Der auf grünem Rasen im Torbogen schreitende schwarze Hirsch ist das Familienemblem der seit 1210 urkundlich nachgewiesenen Stolberger Grafen. Die ehemals für Verteidigungszwecke günstige enge Talbebauung hat in einigen Häusern zur Folge, „daß man auf den Boden steigen muß, um in den Keller zu kommen".

Die Hauptstraßen Stolbergs verlaufen in vier Tälern: Ludetal, die Täler der Großen und Kleinen Wilde und Thyratal. Sie führen alle zum Stadtzentrum, das durch den dreieckigen Marktplatz gebildet wird. Die hier beginnende Höhenstaffelung der wichtigsten Gebäude mit Rathaus, Stadtkirche St. Martini und Schloß ist vornehmlich aus der Höhensicht auf Stolberg eines der beeindruckendsten städtischen Ensembles mittelalterlicher Stadtbaukunst. Noch heute wird Martin Luther zitiert, der nach einer Predigt am 21. 4. 1525 in der Kirche St. Martini vom gegenüberliegenden Berghang – heute Standort der Lutherbuche, zu erreichen über die 200stufige „Himmelsleiter" – mit dem Blick auf Stolberg, die besondere Stadtlage mit einem fliegenden Vogel verglich, indem er das Schloß als Kopf, den Markt als Rumpf und die Straßen als Schwingen und Schwanz bezeichnete.

Stolberg erhielt 1946 den Rang eines Kurortes. Seitdem finden jährlich etwa 22 000 Werktätige als Feriengäste hier Aufnahme und in der berg- und waldreichen Umgebung Erholung.

Das in seiner ursprünglichen Anlage spätgotische **Rathaus** (1482), Markt 1, erhielt seine heutige Gestalt nach dem Umbau von 1600. Das langgestreckte, hohe, dreigeschossige Gebäude mit steilem Satteldach ist durch zweimalige Abwinkelung dem konvexen Straßenverlauf an der Marktnordseite angepaßt. Über den zweigeschossigen massiven Unterbau kragt das von weit vorspringenden Knaggen

Marktplatz

getragene Fachwerkobergeschoß aus. Barock ist die Formgebung der großen **Sonnenuhr** in der Mitte der Fassade (1724). Sie ist mit dem Stolberger Wappen und den Symbolfiguren Justitia und Minerva verziert. Die Übersetzung des lateinischen Spruches lautet: „Glückliche Eintracht bleibt, wenn wir zusammenhalten, wenn Phöbus die Zeiten anzeigt, Minerva die Sprache und Themis die Bürger die Rechte lehrt." Die Sonnenuhr, der schlichte Felderschmuck mit Innungszeichen und Wappen über den Erdgeschoßfenstern und die asymmetrische Fenster- und Türanordnung im Mittelfeld des Erdgeschosses verleihen dem Haus mit seiner sonst durchweg streng symmetrischen Fassadengliederung Anmut und Würde. Kurioserweise fehlt dem Rathaus eine Innentreppe. Von der Marktseite gelangt man lediglich in den Ratskeller. Die oberen Geschosse sind nur über die an der östlichen Giebelseite zur Martinikirche hinaufführende steile Stiege, jeweils aus den Ebenen der breiten

Treppenpodeste, zu erreichen. Eine Erklärung findet diese Besonderheit darin, daß das mittelalterliche Rathaus auch als Kaufhaus diente. Die Hanglage dieses größten Hauses am Marktplatz gestattete die Anlage einer Außentreppe und damit eine Platzersparnis im Innern des Rathauses. Der Verzicht auf Innentreppen begünstigte überdies die Bauarbeiten, weil der Grundriß des bereits 1454 errichteten Erdgeschosses nicht noch einmal verändert werden mußte. Zu dieser originellen Lösung paßte der Einfall der Stolberger Bauherren, dem Haus so viele Fenster einzufügen, wie das Jahr Wochen hat, und die Zahl der Fensterscheiben mit der Anzahl der Tage eines Jahres in Übereinstimmung zu bringen. Dieser beziehungsvolle, humorige Vergleich ist leider bei späteren Umbauten der Fassade des Rathauses aufgegeben worden.

Die Dreiecksgestalt des **Marktplatzes** ist ungewöhnlich, sie entstand zwangsläufig im Schnittpunkt von drei Tälern. Das Rathaus, die allseits geschlossene Fachwerkbebauung und der Saigerturm im Hintergrund bilden den maßstäblich wohltuenden Rahmen für den eindrucksvollen kleinen Platz. Von den Häusern am Markt zeichnet sich das historische Gasthaus **Hotel Sachsenhof**, Markt 6, durch reiches Schnitzwerk vor allem an der Eingangstür aus. Der Markt war vom 15. bis zum 17. Jh. Schauplatz geistlicher und weltlicher Spiele und Stätte öffentlicher Hinrichtungen. Hinter der Marktnordseite steht auf halber Höhe zwischen Rathaus und Schloß die **Kirche St. Martini** (13. Jh.). Mit ihrem hohen, dunklen, mit Dachgaupen besetzten Schieferdach hebt sie sich aus der sie umgebenden, vorwiegend roten Ziegeldachlandschaft wirkungsvoll ab. Auf dem Standort eines romanischen Vorgängerbaus, von dem noch Reste am Turm erhalten sind, wurde die heutige, in ihrer Gestalt spätgotische Kirche erbaut. Weitere wesentliche Veränderungen – insbesondere im Kircheninnern – erfolgten von 1463 bis 1490. Aus dieser Bauperiode stammen der langgestreckte, dreiseitig geschlossene, 1490 geweihte Chor über einem zweischiffigen Kryptenunterbau und die Außenwände des Langhauses. Die gotischen Spitzbogenfenster zeigen im Detail auffallend tiefe Kehlprofile. Die Umfassungswände des Chores sind – wie die wesentlich niedrigere Langhauswand – durch Strebepfeiler verstärkt. Die beiden Fachwerkgiebel über dem Chor unterbrechen die Dachfläche. Den Schnittpunkt der Firstlinien markiert ein kleiner Dachreiter. Der niedrige, gedrungene, spätromanische Kirchturm wurde in den Kirchenumbau im 15. Jh. einbezogen. Trotz des hinzugefügten Glockengeschosses und des achtseitigen Spitzhelmes läßt der Gesamtbau die bei einem gotischen Kirchenbau übliche Harmonie und Ausgewogenheit vermissen. Dem Kirchenbau lag die Idee zugrunde, für die dreischiffige Basilika einen neuen, entsprechend hohen Turm zu errichten. Dieser Plan wurde nie verwirklicht – allerdings zum Vorteil des dadurch von Baukörperüberschneidun-

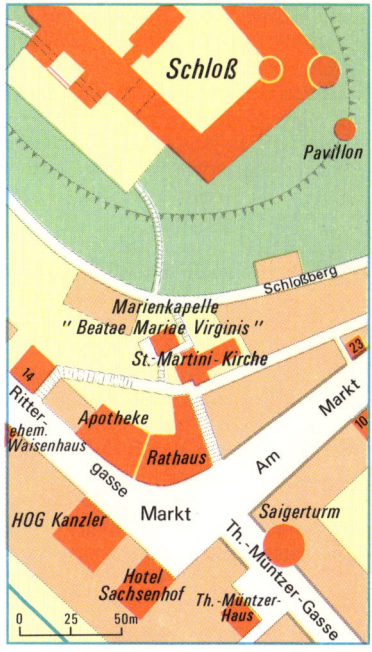

gen freigebliebenen Schloßkomplexes. Zu den besonders wertvollen Teilen der Kirchenausstattung gehören die Barockorgel (1701/03) von J. G. Papenius, der im Stil der Spätrenaissance gestaltete Alabastertaufstein (1599), die vermutlich aus der Werkstatt von P. Vischer d. Ä. aus Nürnberg stammenden Bronzegrabplatten des 1488 verstorbenen Pfarrers Ulrich Rispach und der 1505 verstorbenen Elisabeth von Stolberg u. a. sowie die farbigen Chorfenster. Von der Kanzel dieser Kirche bemühte sich Luther vergeblich, die unter Müntzers Führung zum Kampf gegen ihre feudalen Unterdrücker bereiten Bauern zu besänftigen. Wenige Tage nach seiner Predigt zwangen 2 000 Aufständische am 2. 5. 1525 den Schloßherrn zur Anerkennung der Bauernartikel.

Die kleine, nordwestlich von der Kirche St. Martini gelegene **Marienkapelle „Beatae Mariae Virginis"** (1482) mit hohem schiefergedeckten Dach ist als einschiffiger Bau mit Kreuzrippengewölbe und dreiseitigem Ostabschluß in reizvoller Hanglage auf gemauerter Terrasse errichtet worden. Bereits seit 1529 ist sie nicht mehr in Funktion. 1960 wurde sie als Gedenkstätte eingerichtet. Eine ihr zugeordnete große Glocke (1478) stammt aus der nebenstehenden Stadtpfarrkirche, sie trägt die Weiheinschrift und das Relief der Hl. Martina.

Das durch Größe und Höhenlage stadtbeherrschende **Schloß** (1539/47) ist ein weiträumiger Renaissancebau. Der oberhalb der St.-Martini-Kirche beginnende Burgweg führt zum Eingang im Südwestflügel des Schlosses. Seit 1953 ist es Erholungsheim des FDGB. Trotz fehlender Urkunden über die Entstehungszeit der vormals gotischen bzw. spätgotischen Grafenburg gilt die Annahme der Gründungszeit im 10. Jh., vermutlich als Schutzburg für den Reichshof Rottleberode, als gesichert. Die 185 Meter lange mittelalterliche Gesamtanlage der zweiteiligen Höhenburg bestand aus einer quadratischen, ursprünglich dreiseitig bebauten, kastellartigen Kernburg in der Größe von 62 Meter mal 65 Meter und einer nordwestlich sich anschließenden dreieckigen Vorburg mit freistehendem, heute nicht mehr vorhandenem Bergfried im Innenhof. Eine Wehrmauer zwischen zwei kräftigen Rundtürmen, von denen der Ostturm erhalten ist, bildete zur Stadtseite den Schutz der Kernburg. Der mit dem ehem. Südwestturm verbundene Südwestflügel (Marstall) und der Nordostflügel (ehem. Kemenate) stammen aus der Mitte des 16. Jh. Die Datierung der Bauzeit geht inschriftlich aus dem barocken, mit Wappenaufsatz bekrönten Hofportal im Südostflügel hervor. Unter Einbeziehung des nordöstlichen Turmes wurde der rechteckige ehem. Wohnturm im Erdgeschoß zur Schloßkapelle St. Juliana umgebaut. Die Bauaufgabe wurde in origineller Weise so gelöst, daß sich dem rechteckigen kleinen Kirchenschiff mit Netzgewölben ein im Rundturm eingebauter Chor mit Sterngewölbe anschließt, die räumliche Verbindung wurde durch den Einbau eines Chorbogens

hergestellt. Unter der Schloßkapelle befindet sich das historische Burgverlies, das aus zwei übereinander liegenden Kellern besteht. In der Bauperiode am Ende des 17. Jh. erhielt das Schloß die endgültige äußere Gestalt. Die beiden zur Stadt gerichteten Südflügel wurden von Grund auf erneuert, die Schloßtürme und der Pavillon vor dem Schloß, am Terrassengarten am Südosthang, bekamen die barocken Hauben. Bemerkenswert ist der Innenausbau des Schlosses, der besonders reiche, stark plastische Stuckdecken und vielfältig gemusterte Parkettfußböden aufweist. Hervorhebenswert ist der Blaue Saal im Südwestflügel, in dem ovale Stuckfelder mit Gemälden verziert sind (S. Blütner, 1703). Für den Roten Saal im Südostflügel mit dreiteiliger Felderdecke entwarf Schinkel die Innendekoration und das wertvolle Raummobiliar, die Farbgebung dieses Saales ist in den Grundtönen Schwarz, Rot und Gold gehalten.

Die **Rittergasse** folgt mit mäßiger Steigung dem Verlauf des Ludetals. Das erste marktangrenzende Fachwerkhaus ist die **Apotheke**, Rittergasse 2, sie zeigt in der Mitte des ersten Obergeschosses die Holzkonstruktion des „Wilden Mannes". In symmetrischer Anordnung treten aus dem Dach reich gegliederte, hohe Zwerchgiebel hervor, ein Merkmal der deutschen Renaissancebaukunst. Der Blick wird von der langen Horizontalen des Dachgesimses weg an vertikalen Formen emporgeleitet. Es ist eine dem benachbarten Rathaus adäquate Bürgerhausgestaltung. **Rittergasse 14** (um 1450) ist ein schlichter gotischer Stockwerksbau, der nach Abbruch der Nachbargebäude beidseitig freisteht. Das nur sechs Gefache breite, verhältnismäßig hohe Wohnhaus eines Stolberger Handwerkers ist das älteste Fachwerkhaus der Stadt. Es zeigt kräftige, zum Teil ungefüge Holzkonstruktionen. Bemerkenswert ist das von Knaggen getragene, stark vorspringende Obergeschoß und der ebenfalls von Knaggen abgestützte, weit herabgezogene

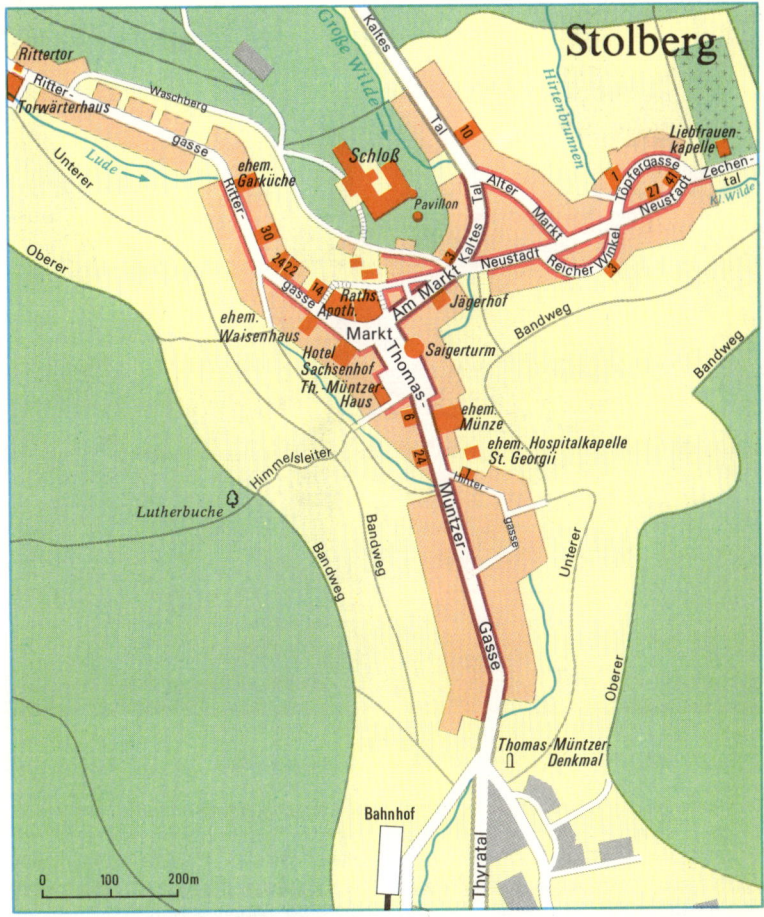

Dachüberstand. Die Anordnung der gefachbreiten, unterschiedlich großen Fenster mit Kreuzsprossen unter und über dem Mittelkämpfer und die tief angesetzte, spitzbogige Tür mit Oberlicht verleihen dem auf hohen Bruchsteinsockel stehenden Haus herbe Freundlichkeit. In diesem Haus wohnten einst auf engstem Raum vierzehn Personen, seit 1962 ist es *Museum*. Anhand der mittelalterlichen Ausstattung der Wohnräume und einer Schusterwerkstatt wird dem Besucher ein weitgehend reales Bild der Wohn- und Lebensweise einfacher Handwerkerfamilien im Feudalismus vermittelt.

Hinter dem gegenüberstehenden ehem. **Waisenhaus** (1717), Rittergasse 7, befindet sich eine Felsenquelle, die volksmundlich als **Klingelquelle** bezeichnet wird. Wer aus ihr trinkt, so heißt es, vergesse Stolberg nicht. Der Inschrift des Hauses **Rittergasse 24** (1708) ist zu entnehmen, daß sich hier der Orgelbauer Papenius seßhaft gemacht hatte. Das Wohnhaus **Rittergasse 30** (1764) ist ein holzverkleidetes Blockhaus, das sich gut in die Reihe der ortsüblichen Fachwerkbauten Stolbergs einfügt. Über der Tür, die im Bogenfeld den Namen des Erbauers trägt, ist der lateinische Sinnspruch „Carpe diem et respice fi-

Saigerturm

nem" eingeschnitzt. Er mahnt den Vorübergehenden „Nütze den Tag und bedenke das Ende". Die spätmittelalterliche Stolberger **Garküche** (1563), Rittergasse 44, ist ein mit reicher Kerbschnitzerei versehenes Haus. Die schlichten Flachreliefsymbole über der Rundbogentür und auf dem seitlichen Pfosten zeigen Schlachttiere und Fleischerhandwerkszeug (Haumesser und Schaumlöffel). Hier erhielten durchreisende Ritter, Kaufleute und andere Fremde warme Mahlzeiten. Der sich rechts hinter der Eingangstür anschließende historische Gastraum, die „Ritterstube", weist spätgotisches Schnitzwerk an den Balkendecken auf. Von den vier Stadttoren Stolbergs ist nur noch das **Rittertor** (12. Jh.), einst auch „Eselsgässer Tor" genannt, am nordwestlichen Stadtausgang, der zur Ritterburg Hohnstein führte, erhalten. Das wuchtige, rechteckige Torhaus

aus Bruchsteinmauerwerk, mit spitzbogiger Tordurchfahrt, ein spätgotisches Bauwerk, wurde 1640 nach mehrmaligem Einsturz wieder aufgebaut und erhielt vermutlich in dieser Zeit den barocken Haubenabschluß. Das barocke **Torwärterhaus am Rittertor** ist ein einfacher, heute verputzter erdgeschossiger Fachwerkbau mit Krüppelwalmdach. Durch Initiative junger Bürger wurde es modernisiert und ausgebaut.

Am südlichen Marktausgang beginnt die **Thomas-Müntzer-Gasse**, die frühere Niedergasse. Von den drei Türmen der inneren Stadtkernbefestigung steht nur noch der **Saigerturm** (13. Jh.). Die einst neben dem mittelalterlichen Rundturm befindliche Durchfahrt ist nicht erhalten. Auch heute noch ist die nicht zu umgehende Straßenverengung am Saigerturm das Nadelöhr für den Stadtverkehr. Der mit einer Uhr versehene obere Teil

Thomas-Müntzer-Gasse

des Turmes (Anfang 19. Jh.) trägt eine barocke Haube mit zwei übereinandergestellten Laternen. Der Turm verdankt seinen Namen einer früher neben ihm stehenden Schmelzhütte und Eisengießerei, in der das im Stolberger Erzbergbau geförderte Rohmaterial mit Hilfe wasserkraftgetriebener Maschinen ausgeschmolzen („gesaigert") und verarbeitet wurde. Dem Saigerturm gegenüber steht das **Thomas-Müntzer-Haus** (1851), Thomas-Müntzer-Gasse 2. Es ist ein Fachwerkbau des 19. Jh., der auf gleichem Standort des 1851 abgebrannten Geburtshauses des revolutionären Bauernführers errichtet wurde (Gedenktafel). Die vom Originalhaus erhaltenen vier Ecksäulen mit Holzplastiken sind im ↗ Heimatmuseum zu sehen. Hier wird auch die Persönlichkeit des um 1490 in Stolberg geborenen Thomas Müntzer und ihre Bedeutung im Großen Deutschen Bauernkrieg gewür-

digt. Gegenüber dem Thomas-Müntzer-Haus steht das sog. **Kelchhaus**, Thomas-Müntzer-Gasse 3, die Gestaltung des Korbbogens verdient besondere Beachtung. Am Ständerbau **Thomas-Müntzer-Gasse 6** (1529) ist der Rest eines gotischen, spitzbogigen Holzportals erwähnenswert. Das heutige **Heimatmuseum**, Thomas-Müntzer-Gasse 19, ist der stattlichste Renaissancebau der Harzstadt. Der Stolberger Bürgermeister Keßler ließ lt. Balkeninschrift am St. Kilianstag, am 8. Juli 1535, das Haus richten und überließ es kurze Zeit darauf der Stolberger Kirchenbehörde für die Nutzung als Konsistorialgebäude. Nach dem Dreißigjährigen Krieg kam es als Münze in den Besitz der mit dem Privileg des Münzrechts ausgestatteten Stolberger Grafen. Noch heute verfügt das Museum über die einzige komplett eingerichtete mittelalterliche Münzwerkstatt in der DDR. Schön-

Töpfergasse 1

heit und Lebendigkeit zeichnen die Fassade dieses ungewöhnlich großen und repräsentativen Hauses aus. Das Erdgeschoß ist massiv rustikal ausgebildet. Über ihm erheben sich drei unterschiedlich hohe Fachwerkgeschosse, die alle Merkmale des niedersächsischen Fachwerkstils in mustergültiger Vollendung zeigen. Auffallend ist die vielfältige Kerbschnittornamentik in Gestalt reliefartig durchlaufender Halbfächer, sog. „Sonnen", anstelle der Fußstreben in den Brüstungsfeldern. Doppelte Schiffskehlen schmücken die Fußschwellen und Verbindungshölzer zwischen den von tief angesetzten kräftigen Knaggen gestützten, mit Rundwülsten profilierten Balkenköpfen. Die Kopplung der nach oben kleiner werdenden Fenster mit ausgewogener Sprossenteilung und die Vorhangbogenfenster im obersten Geschoß unterstreichen die

besondere Qualität dieser Hausansicht mit ausdrucksvoller Farbgebung ebenso wie die durch den viergeschossigen, das Dachgesims weit überragenden fünfseitigen Erkervorbau erreichte Portalbetonung. Im weiteren Verlauf dieser engen Stolberger Hauptstraße verdienen besondere Beachtung das Haus **Thomas-Müntzer-Gasse 24** wegen seines auffallenden Schnitzwerks mit Wappen, Sonnen und Köpfen, die ihm gegenüberstehende **Hospitalkapelle St. Georgii** (1333) und das Haus **Thomas-Müntzer-Gasse 39** (1552), das als eines der wenigen Massivbauten im historischen Stadtkern ein gut erhaltenes Sitznischenportal mit Renaissanceornamentik zeigt und mit den Büsten des Bauherrn und seiner Frau geschmückt ist.

Die Neustädter Seite Stolbergs liegt mit geringer Steigung nordöstlich vom

Markt. Zu den besonders wertvollen Gebäuden zählt das Haus Markt 10 (1. Hälfte 16. Jh.), das durch seinen Gestaltreichtum mit dem schönsten Haus der Stadt, der ehem. Münze, verglichen werden kann. Weiter sind beachtenswert das etwas schlichter gehaltene Eckhaus Markt 23 (Mitte 16. Jh.), das neben schönem Palmettenschmuck zusätzlich mit Innungsemblemen verziert ist, und das gegenüberliegende Jägerhaus, Am Markt 18, einst Poststation der Grafen von Thurn und Taxis. Hier läßt ein massiver Feldsteinunterbau darauf schließen, daß an dieser Stelle eines der drei ehem. inneren Stadttore stand. Von den Ständerbauten sind aus der 2. Hälfte des 15. Jh. die Häuser Kaltes Tal 3 (1469) und Kaltes Tal 10, ein zweigeschossiger Ständerbau mit knaggengestützter Vorkragung des 3. Geschosses, erhalten.

Schmuckmotive in Form von Rosetten zeigt das Haus Reicher Winkel 3 (1575). Die Gasse soll der Wohlhabenheit des Bauherrn dieses Hauses den Namen verdanken. Die Hausinschrift lautet: „Dies Haus ist mein und doch nicht mein, der vor mir war, sagt auch 's wär sein. Man trug ihn hinaus, ich kam herein, nach meinem Tod wird's auch so sein." Unter dem Einfluß thüringischen Fachwerkbaus sind die Häuser Töpfergasse 1 (1672) und Neustadt 41 entstanden. Sie zeigen durchkreuzte Rauten und geschweifte Andreaskreuze. Neustadt 27 (um 1700) hat in der Saumschwelle eine schöne Akanthusschnitzerei. Die 1437 geweihte Liebfrauenkapelle auf dem Stolberger Friedhof im Zechental diente Adrian Ludwig Richter als Modell eines gotischen Bauwerks in seinem Gemälde „Brautzug im Frühling".

Stralsund

Bez. Rostock

ⓘ Reisebüro der DDR
Alter Markt 10
Stralsund, 2300

Historischer Stadtkern lt. Bekanntmachung der zentralen Denkmalliste der DDR:
„Altstadtbereich, umgrenzt durch Knieper- und Fährwall — am Fischmarkt — Am Langwall — Klosterstraße — Frankenwall (einschl. der an den Wällen gelegenen alten Bastionen) mit Rathaus, Nikolaikirche, Marienkirche und Jakobikirche, Katharinenkloster, Johanniskloster, Heiliggeistspital, Markt 5, 14, Mühlenstraße 1, Badenstraße 17, 40, 42, 45, Knieper- und Kütertor."

Der Bereich, in dem sich in der 1. Hälfte des 13. Jh. die Stadt Stralsund entwickelte, bot beste Voraussetzungen zur Anlage einer Hafenstadt. Am Übergang zur Insel Rügen bestanden am Strelasund gute Möglichkeiten für die Anlage eines durch die Insel Dänholm (früher „Strale" oder „Strela") geschützten Hafens, der als Besonderheit über zwei Zugänge zum Meer verfügte. Ein landseitig durch sumpfige Niederungen abgegrenzter Höhenzug war ein günstiger Standort für eine befestigte Siedlung.

Die Rechtsverleihung an die Stadt „Stralow" 1234 ist auf den Bereich zwischen Schillstraße und Böttcherstraße um den Alten Markt mit der Nikolaikirche zu beziehen. 1240 wird der nun „Stralesund" genannten Stadt u. a. das ältere, in seiner Lage unbekannte slawische Fährdorf Stralow übereignet.

Einen älteren Kern im Altstadtgrundriß stellt der bis zum Lobshagen reichende Bereich um ↗ St. Marien dar. In ihm lag sicher eine Burg der rügenschen Fürsten. Neben diesem wurde kurz vor 1234 die Bürgerstadt gegründet, 1251 erfolgte auf fürstlichem Grund die Anlage des Dominikanerklosters St. Katharinen, 1254 am nördlichen Rand die des Franziskanerklosters St. Johannes.

Eine eigene Stadtgründung stellte vor 1256 die Neustadt mit der Marienkirche dar. Sie umfaßte sowohl den fürstlichen Siedlungsbezirk, 1269 „neue Stadt" genannt, als auch die geradlinigen Straßen zum Hafen. Die Gründung der Jakobikirche vor 1303 kennzeichnet den Zusammenschluß zur Gesamtstadt.

Während die Stadt bzw. einzelne Stadtteile anfänglich umwallt waren, wurde nach dem Überfall der Lübekker Flotte 1249 die Stadtmauer mit sechs See- und vier Landtoren errichtet. In diese Zeit fällt die Gründung der Hospitale Heilgeist (vor 1256) und St. Jürgen (vor 1278), ab 1417 des Brigittenklosters Mariakron unweit des Jungfernstieges (Mariakronstraße).

Ausschlaggebend für die weitere städtebauliche Entwicklung war seit 1628 die Anlage eines Bastionsgürtels vor der mittelalterlichen Stadtmauer, durch den Stralsund zu einer bis zum Anfang des 19. Jh. ausgebauten schwedischen Festung wurde. Mit Aufgabe der Festung 1873 wurde der Abbruch der zugehörigen Anlagen sowie eines Teils der mittelalterlichen Stadttore vorgenommen. Von der Mitte des 17. Jh. an erfolgte die Bebauung des außerhalb des Festungsgürtels liegenden Hafengebietes, der Wasserstadt, die nach 1860 mit der Errichtung eines neuen Hafens eine Erweiterung erfuhr.

Bestimmend für das Stadtbild sind die gotischen Monumentalbauten, insbesondere die vom Wasser aus weithin sichtbaren, für die ehem. Hansestädte des Ostseeraumes charkteristischen riesigen „Bürgerkathedralen", aber auch die Klosterkirchen und das Rathaus. Im Gegensatz zu diesen Bauten wurden die Stadttore nur zurückhaltend gestaltet. Noch dem 13. Jh. zuzurechnen sind das Rathaus und die ehem. Katharinenkirche. St. Nikolai, die vornehmste der großen Kirchen, wurde in ihren wesentlichen Teilen in der 1. Hälfte des 14. Jh. errichtet. St. Marien und die Rathausfassade gehören weitgehend der 1. Hälfte des 15. Jh. an. Mit der Fertig-

Knieperteich

stellung der genannten Bauwerke gegen Ende des 15. Jh. war der Bau von Großbauten beendet. Sieht man von dem durch Brände bedingten Ersatz der gotischen Kirchturmspitzen durch Barockhauben ab, erfuhren sie in den folgenden Jahrhunderten nur geringfügige Veränderungen.

Typisch für Stralsund und andere Ostseestädte sind die bis ins 19. Jh. hinein errichteten, senkrecht zur Straße orientierten Giebelhäuser. An die Stelle ursprünglicher Holzbauten traten ab Ende des 13. Jh. zunehmend, später ausschließlich Ziegelhäuser. Ihre Breite betrug in der Regel 9,20 Meter. Über einem hohen, im Innern durch ein Zwischengeschoß unterteilten Erdgeschoß lagen in dem durch Blendnischen gestalteten, meist abgetreppten, auch mit Fialen und Pfeilern versehenem Giebel Speichergeschosse. Daneben waren kleinere, längsseitig angeordnete Traufenhäuser, sog. Buden, Häuser der Handwerker, verbrei-

tet. 1697 wurden 507 Häuser, 1053 Buden und 633 Keller – in ihnen lebten die sozial untersten Schichten – gezählt. Die Einwohnerzahl betrug damals etwa 12 000 bis 13 000.

Im Gegensatz zur Vertikale der gotischen Häuser bewirkte die Simsgliederung bei den Bauten der Renaissance eine Betonung der Horizontalen. Volutengiebel lösten die Treppengiebel ab. Giebelfenster oder Blendnischen wiesen nun profilierte Flachbögen auf und waren von Halbsäulen gerahmt. Auch wurde den Häusern, oft durch Umbauten, ein 2. Geschoß eingefügt. Durch schwedischen Einfluß bestimmte ab Ende des 17. Jh. der Typ eines oft palaisartig gestalteten Traufenhauses das Straßenbild. Auch wurden wieder verstärkt Fachwerkgebäude errichtet. Die Volutengiebel des Barocks waren plastischer gestaltet. Für den Klassizismus sind dann mehr abgetreppte Putzgiebel typisch. Im späten 19. Jh. fielen manche

Giebel einer weiteren Aufstockung zum Opfer oder wurden durch historistische Formen ersetzt.

Der Zugang vom Hauptbahnhof (1904; Gedenktafel zur Erinnerung an die Durchreise Lenins nach Rußland im April 1917) führt über den **Tribseer Damm** und die einstige **Tribseer Bastion**, auf der sich bis in die 2. Hälfte des 19. Jh. das zuletzt klassizistisch gestaltete Tribseer Außentor befand. Die Teiche, südlich der Frankenteich, nördlich der Knieperteich, von dem früher der sich anschließende Küter sowie der Hospitaler Teich abgetrennt waren, wurden kurz nach der Stadtgründung als Fisch- und Stauteiche zum Antrieb von Wassermühlen (Erstnennung 1256) angelegt.

Vor dem markanten Backsteingebäude der **Filiale der Staatsbank** (errichtet 1927 als Reichsbankfiliale) stand am heutigen **Platz der Solidarität** im Verlauf der Stadtmauer das mittelalterliche, nach 1815 veränderte Tribseer Innentor (1877 abgebrochen). Der sich anschließende **Knieperwall** zeigt, z. T. überbaut, noch Reste der Stadtmauer. Das auffälligste Gebäude der weitgehend von Traufenhäusern gesäumten **Tribseer Straße** ist das der früheren Knabenschule (1859/60). Tribseer Str. 24a war das Wohnhaus J. U. Gieses, des Begründers der einst benachbarten, von 1755 bis 1789 existierenden Fayencemanufaktur. Architekturgeschichtlich interessant ist die **Marienstraße**. Der heute als Kinderklinik genutzte Bau der staatlichen Navigationsschule mit einem Observatoriumsturm wurde 1852 errichtet. Spätestens beim Umbau zum ersten Krankenhaus (Inschrifttafel von 1784) erhielt die ehem. **Gasthaus-Kirche** (heute Scheele-Apotheke) ihren barocken Giebel. Das Gebäude, das einen mittelalterlichen polygonalen Chorabschluß aufweist, war bis 1770 Kirche des 1407 für Arme und Fremde begründeten St.-Antonius-

Hauses. In der Nähe liegt die Poliklinik, als Stadtkrankenhaus erbaut 1866.

Sogenannte „Gänge" waren meist in Stadtmauernähe gelegene, schmale Höfe mit kleinen Wohngebäuden für sozial schlecht gestellte Bevölkerungsgruppen. Der **Wichmannsgang** führt zu dem Wiekhaus am Frankenwall, das um 1300 als ein zur Rückseite hin offener, eckiger, mit Zinnen bekrönter Schalenturm errichtet worden war. Um 1500 zu einem Turm verändert, nahm es später Armenwohnungen auf. Östlich davon befinden sich einige in der 2. Hälfte des 19. Jh. errichtete Stiftungshäuser mit ehem. Sozialwohnungen, ihre Bezeichnung „Kaland" geht auf eine vorreformatorische geistliche Bruderschaft zurück.

Städtebauliches Zentrum der südlichen Altstadt ist der ehem. Neue Markt, der heutige **Leninplatz,** mit der mächtig aufragenden Marienkirche. Im Vergleich zu anderen Stadtbereichen war seine historische Umbauung bescheiden. Eine Vorstellung davon vermittelt noch die Häuserzeile an der Südostseite. Hier zeigt Leninplatz 22 einen früher für ältere Häuser typischen erkerartigen Vorbau, „Utlucht" genannt, der baugeschichtlich auf eine Überbauung des außen gelegenen Kellerzuganges zurückzuführen ist. Eine vergleichbare Häuserreihe trennte bis nach 1870 die Marienkirche vom Marktbereich und trug wesentlich zur architektonischen Wirkung der Kirche bei. In der Grünanlage befindet sich das 1945 errichtete, 1967 umgestaltete **Ehrenmal für die Gefallenen der Roten Armee** (Bronzerelief von J. Rogge). Von den Gebäuden des 19. Jh. ist das große, 1874 aus lederfarbenen Klinkern errichtete ehem. Garnisonslazarett (Neorenaissance) erwähnenswert. Bedeutendstes neogotisches Bauwerk Stralsunds ist die Karl-Kroll-Schule, die ehem. Realschule von 1875.

Bauträger der gotischen **Marienkirche** war die vermögende, gegen den patrizischen Rat opponierende Gewandschneiderkompanie. Die Kirche ist eine Basilika, sie hat ein hohes Mittelschiff, Umgangschor, Querhaus und eine westwerkartige Turmanlage. Nachdem durch Einsturz des Turmes (1382 oder 1384) der erste Bau zerstört worden war, begann nach Abtragen der Ruine durch die gesamte Bevölkerung der Neubau mit Querschiff und Chor, schon 1394 wurde das nördliche Querhausfenster verglast. 1416 wurde der Westbau begonnen, 1478 der steile Turmhelm aufgesetzt, der bis zu seiner Zerstörung 1647 durch Blitzschlag eine Höhe von 150 Metern aufwies. Die Kirchenaußenwände sind flächig, ungegliedert und ohne schmückende Details. Die Strebepfeiler wurden nach innen gezogen, die Strebebögen unter den Dächern der Seitenschiffe verborgen. Die Tendenz, den Raum zu vereinheitlichen, ist besonders im Chorbereich erkennbar, wo der nur durch die Strebepfeiler gebildete Kapellenkranz äußerlich nicht hervortritt. Der jüngere Westbau zeigt eine stärker betonte plastische Ausbildung. Er hat zwei querschiffartige Seitenhallen. Der 104 Meter hohe Mittelbau trägt seit 1708 eine barocke Haube. Das als Ausdruck gesteigerten bürgerlichen Selbstbewußtseins eingefügte Querschiff schafft einen Zentralbereich, wie er sonst nur bei Bischofskirchen ausgebildet ist. Hier stand seit 1411 der zuvor in St. Nikolai aufgestellte Altar der Gewandschneider. Die steile Vorhalle, in ihrer Raumwirkung sehr eindrucksvoll, war einst mit dem Mittelschiff verbunden. Von der mittelalterlichen Ausstattung ist nur wenig erhalten. Während der napoleonischen Fremdherrschaft war die Kirche 1807/10 Militärmagazin. Die danach notwendige Umgestaltung führte der Stralsunder Maler J. W. Brüggemann 1842/47 aus, dazu lieferten auch C. D. Friedrich und K. F. Schinkel Entwürfe, insbesondere der Chorbereich erhielt dadurch seinen nüchternen neogotischen Charakter. Reste gotischer Malereien konnten 1940 freigelegt werden. Das große barocke Taufgehäuse wurde um 1738 geschaffen, der Taufstein stammt wohl aus dem 16. Jh. Bedeutendstes Ausstattungsstück ist die Orgel (F. Stellwa-

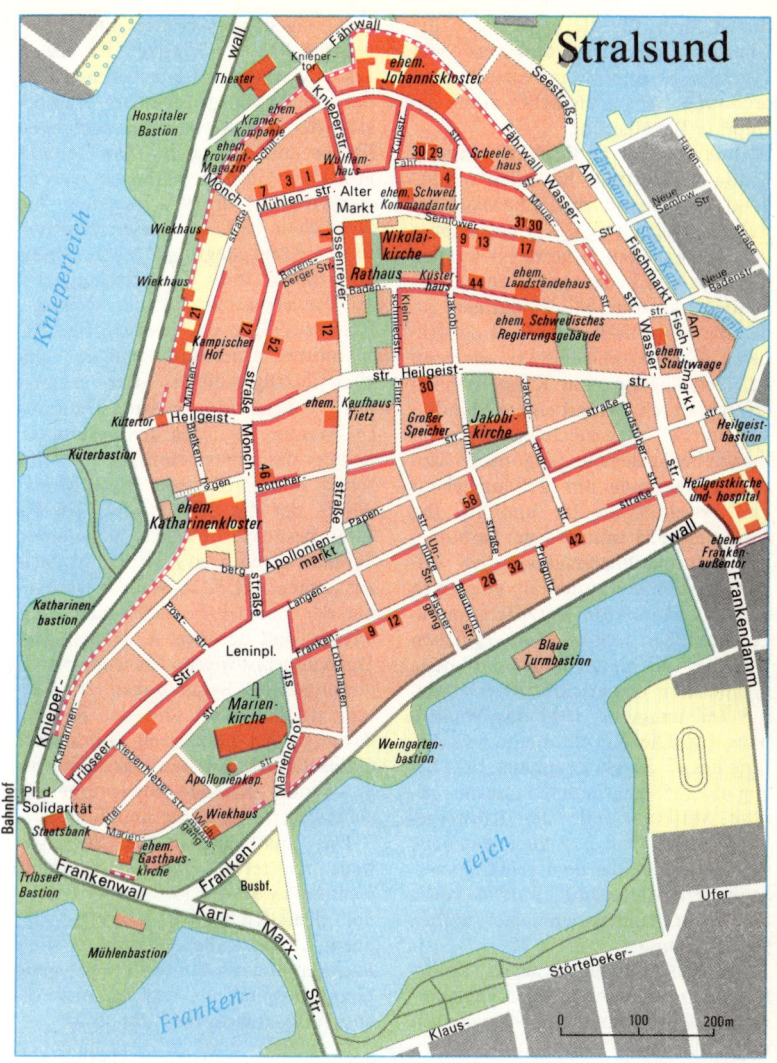

Stralsund

gen, 1653/59) mit Hauptwerk, Oberwerk, zwei Pedaltürmen und Rückpositiv. Der im niederländischen Knorpelstil gehaltene, stark aufgegliederte Prospekt ist durch zahlreiche Schnitzfiguren ausgezeichnet. Unter den Grabmälern und den Epitaphen ist das aus Marmor und Sandstein von dem Niederländer J. B. Xavery geschaffene barocke Grabmal des Grafen J. v. Lilljenstedt hervorzuheben.

In den Seitenschiffkapellen wurden Erbbegräbnisse angelegt und mit barocken hölzernen Schauwänden versehen. Hervorzuheben sind im südlichen Seitenschiff die Kapellenwände mit Akanthusaufsatz (M. Neugebauer, 1741).

Der an der Kirchensüdseite befindliche Achteckbau der **Apollonienkapelle** wurde 1416 als Sühnekapelle für den „Papenbrande thom Sunde" er richtet, d. h. für die 1407 durch die Überfälle des Archidiakonus von Tribsees, K. Bonow, provozierte Verbrennung dreier Geistlicher durch die empörte Bevölkerung.

Die in den Leninplatz einmündende **Mönchstraße** hat noch weitgehend ihren historischen Charakter bewahrt. Zwischen dem Katharinenberg und Bilkenhagen liegt der Komplex des einst sehr bedeutenden ehem. **Dominikanerklosters St. Katharinen**, an den das neogotische Gebäude des früheren Gymnasiums (1869) angebaut ist. Der Zugang zum Klosterbereich erfolgte durch das mit einem Blendnischengiebel ausgezeichnete, am Katharinaberg gelegene spätgotische Klostertor. Begründet um 1250, umgebaut und erweitert im 14. und 15. Jh., wurde es 1525 während der turbulenten Reformationsereignisse den Brigittinerinnen des außerhalb gelegenen Klosters Mariakron als Alterssitz zugewiesen. Seit 1560 war im westlichen Teil der Klostergebäude das neue Gymnasium eingerichtet. Den vorderen Teil nahm bis 1919 das Waisenhaus ein. Die Kirche diente seit Anfang des 17. Jh. als Zeughaus. 1924 bezog das 1858 begründete kulturhistorische Museum Teile der Klostergebäude. 1951 fand hier auch das neue Naturmuseum, das heutige *Meeresmuseum*, seine Heimstatt. 1973/74 wurde das ehem. Katharinenkloster umfassend restauriert.

Die **Klosterkirche** wurde, den Erfordernissen eines Bettelordens entsprechend, als turmlose Hallenkirche mit eingezogenem Chor ausgebildet. Während der Chor und die sich anschließenden drei Hallenjoche 1287 fertiggestellt worden waren, wurde das westliche Langhaus mit dem streng gestalteten Blendnischengiebel im 1. Viertel des 14. Jh. beendet. Im Innern läßt die frei in die Halle gestellte zweietagige Stabrostkonstruktion den Raumcharakter nur im Chorbereich erkennen. Im Gegensatz zur Kirche zeugen die zwei Höfe umschließenden **Klostergebäude** von einer Gesamterneuerung im späten 15. und im frühen 16. Jh. Den östlichen

Hof umgeben noch zwei Flügel des ursprünglich dreiflügligen Kreuzganges. An seiner Südseite befindet sich der prachtvolle dreischiffige Kapitelsaal, der sog. Remter, mit schlanken Säulen aus Kalkstein. Die reichen grotesken Gewölbemalereien wurden erst 1955 bzw. ab 1972 freigelegt. Am westlichen Hof, an dessen Nordseite der Kreuzgangflügel bis zu einem Aborterker mit Blendnischengiebel an der ehem. Stadtmauer weitergeführt ist, liegen das zweischiffige Refektorium, ferner Räume mit z. T. reichen Sterngewölben. Hier erinnert das Ernst-Moritz-Arndt-Denkmal (A. Manthe, 1902) an den berühmten Schüler des Gymnasiums, den Schriftsteller und Publizisten Ernst Moritz Arndt, der die Schule von 1786 bis 1789 besuchte. Weitere bedeutende Schüler waren z. B. B. A. Ruge, in Paris zusammen mit Karl Marx Herausgeber der Deutsch-Französischen Jahrbücher, und der Arzt K. L. Schleich. Das kulturhistorische Museum besitzt umfangreiche Sammlungen zur Geschichte der Stadt und der Region, darunter den bekannten Hiddenseer Goldschmuck, Ausstattungsstücke aus Stralsunder Kirchen sowie eine beachtenswerte Gemäldesammlung.

Das spätklassizistische Stiftungshaus „Kloster St. Jürgen am Strande" erinnert an das im 13. Jh. begründete, vor dem Kniepertor in Nähe der ehem. Strandstraße, der heutigen Gerhart-Hauptmann-Straße, gelegene Georgshospital. Es war mittelalterliches Aussatzhospital, das 1628 zerstört wurde und an verschiedenen Stellen innerhalb der Stadtmauer in Form von Stiftungshäusern wiedererstand.

Mönchstr. 46 ist ein klassizistisches Traufenhaus (Anfang 19. Jh.) mit Reliefs an den Blenden über dem 1. Stock. Das stattliche Barockhaus Mönchstr. 23 (um 1750) zeigt, daß auch in Traufenhäusern das 2. Obergeschoß als Speicher genutzt wurde. **Mönchstr. 12** bis **17** sind ältere, im 18. oder 19. Jh. umgebaute Giebelhäuser. **Mönchstr. 52** ist durch seinen großen, einst gotischen, später barock verän-

derten Giebel sehenswert. Mönchstr. 57 wird der Zeit um 1780 zugerechnet. Im Eckhaus Mönchstr. 58
verlebte von 1835 bis 1848 der Dichter
Friedrich Spielhagen seine Jugend
(Gedenktafel).

Westlich der Mönchstraße bildet
das **Kütertor** (Küter wurden einst die
Fleischer genannt) den Abschluß der
Heilgeiststraße. 1281 erstgenannt,
wurde der heutige, durch Blenden gegliederte Torturm 1446 errichtet.
Daran schließt sich das eingeschossige, 1978 restaurierte Torschreiber-
haus, ein Fachwerkbau des 18. Jh.
(heute Jugend-Café), an. Das vor dem
Tor befindliche Fachwerkgebäude
(Mitte 18. Jh.) der heutigen Jugendherberge gehörte zu der um 1690 eingerichteten „Kunst" zur Wasserversorgung der Stadt aus dem Knieperteich, Verunreinigungen führten im
19. Jh. zunehmend zu Typhuserkran-
kungen, die 1894 mit Errichtung einer
Grundwasserversorgung aufhörten.
Damals wurde der im Hof befindliche
Wasserturm errichtet. Die gegenüberliegenden Gebäude gehörten zu der
1931 nach Altenburg verlegten Vereinigten Stralsunder Spielkartenfabrik,
die 1765 gegründet wurde und um
1900 den deutschen Markt be-
herrschte.

Am **Bilkenhagen** liegt das frühere
Amtsgericht (um 1880), das heutige
Kreisgericht. Eine Gedenktafel erinnert an die hier durch die faschistische Terrorjustiz vollzogene Ermor-
dung des Zimmermanns Franz Bruhn
(1. 11. 1944), des Arbeiters Hermann
Voss (24. 4. 1945) sowie eines unbekannten polnischen Bürgers.

Bedeutendstes Bauwerk in der vom
Bilkenhagen abzweigenden **Mühlen-
straße** ist der 1257 auf einer unbe-
bauten Hausstelle errichtete **Kampi-
sche Hof**, der Stadthof des Klosters
Neuenkamp (heute Franzburg). Er
war ab 1686 schwedisches Militärma-
gazin, aber auch Salzspeicher – „de
Solthoff" genannt. Speicher und
Wohnhaus gehören dem 15. Jh., der
Verbindungsbau mit beachtenswertem
Barockportal dem Ende des 17. Jh. an.
Das Wohnhaus mit zugesetztem Mit-

telportal zeigt einen barock veränderten gotischen Blendnischengiebel.
Mühlenstr. 21 (restauriert 1967) besitzt
ein spitzbogiges Portal sowie einen
durch Pfeilervorlagen gegliederten, im
18./19. Jh. begradigten Giebel. In der
nördlichen Mühlenstraße lagen früher
einige „Gänge" (Teschen Gang, Ja-
cobs Gang, Kurhof). Am Knieperwall
wurde in den achtziger Jahren ein Abschnitt der Stadtmauer durch polnische Denkmalpfleger rekonstruiert.
Das **Wiekhaus** zeigt einen typischen
Schalenturm, der infolge seiner stadtseitigen Öffnung bei einer feindlichen
Besetzung nicht gegen die Stadt verwendet werden konnte.

Verbindungen zum Alten Markt bilden die **Ravensberger Straße** mit ihren
Giebelhäusern des 18. Jh. oder der
nördliche Abschnitt der Mühlenstraße. Das historische Bürgerhaus
Mühlenstr. 7 (um 1865; heute Musikschule) besitzt eine beachtenswerte
Ausstattung (Saal im Stil des
„Zweiten Rokoko"). Das gotische
Giebelhaus **Mühlenstr. 3** (Anfang
15. Jh.) – jetzt Ausstellungsgebäude –
ist nach seiner Restaurierung und
nach Rekonstruktion des maßwerkge-
schmückten Giebels (1977/79) wieder als mittelalterliches Kaufmannshaus erkennbar. In ihrer Funktion waren die Kaufmannshäuser bewohnte
Speicher, die einen direkten „Kauf
vor Augen" ermöglichten. Erst ab
dem 17. Jh. erhielten sie einen vorwiegend wohnlichen Charakter. Das in
der Hausachse liegende Spitzbogenportal führte in die Diele. Vor dem
Portal lag der erhöhte Beischlag, flankiert von Wangensteinen. Unter den
hohen Dielenfenstern waren die Zugänge zum Keller. Luken und ein Seil-
zug ermöglichten den Warentransport
bis ins oberste Dachgeschoß. Die ursprünglich ungeteilte, hallenartige
Diele bildete den zentralen Raum mit
der offenen Herdstelle. Zur Straße hin
war das Kontor abgetrennt. Eine
Stütze (Hausbaum) zur Sicherung des
längs verlaufenden Unterzuges teilte
die Diele in zwei ungleiche Bereiche.
Über eine Galerie erfolgte der Zugang
in die Speichergeschosse. Im unter-

Rathaus

sten Geschoß befanden sich die Malz-
darre und die Gesindekammern. Zum
Hof hin schloß sich an das Hauptgebäude ein zweigeschossiger Anbau
(Kemladen) an. In ihm befanden sich
die Wohnräume des Hausherrn. Ein
abschließender Querbau diente als
Stallung und Lagerboden. Durch den
mit kräftigen Polygonalpfeilern gegliederten Giebel, seine Fenster und
Blenden galt **Mühlenstr. 1** bisher als
ältestes Kaufmannshaus Stralsunds
(Ende 13. Jh.). Die Hauptgeschäfts-
straßen der Stadt sind der Appolo-
nienmarkt und die **Ossenreyerstraße**.
Der Giebel des Hauses **Ossenrey-**
erstr. 13 (Hausinschrift 1608), verändert im 17. Jh., ist im Kern noch spätgotisch. **Ossenreyerstr. 12** (Mitte
17. Jh.) weist einen durch Pilaster und
verkröpfte Gesimse gegliederten Giebel auf. **Ossenreyerstr. 1/2** (Ende 17. Jh.)
ist ein für die Zeit typisches, aber
nicht hanseatisches Barockhaus mit
Walmdach und vorgesetzten Kolossalpilastern. Im 1. Stock konnte die illusionistische Ausmalung mit Motiven
des sächsisch-böhmischen Elbgebietes
wiederhergestellt werden.

Städtebaulichen Mittelpunkt und
Verwaltungszentrum bildet seit Gründung der Bürgerstadt der **Alte Markt**.

324

Seine Südseite gehört mit der Schauwand des Rathauses und der hinter einer Reihe niedriger, erst später angelegter Häuser aufragenden Baumasse der Nikolaikirche zu den eindrucksvollsten Architekturensembles Norddeutschlands. Das **Rathaus** entstand nicht, wie z. B. das von Rostock, in einem längeren Zeitraum durch Zusammenschluß mehrerer Häuser. Es ist ein weitgehend einheitliches, vor allem als „Kophus" und „theatrum", d. h. zum Verkauf und zur Schaustellung von Waren, im letzten Drittel des 13. Jh. errichtetes Bauwerk. Der zuerst zur Bodenstraße (früher Wendenmarkt) orientierten Gebäudegruppe wurde gegen 1400 am Alten Markt, anstelle einer Mauer, der mit einer prachtvollen Schauwand versehene Kopfbau vorgelegt. Nach dem Stadtbrand 1680 erhielt der Hof den Galerieeinbau, der in Anlehnung an den Galerieeinbau des Heilgeistspitals gestaltet wurde. Die schöne risalitartige Barockfassade (1. Hälfte 18. Jh.) mit Stadtwappen und der Königskrone über einem Pfeil stammt aus der Schwedenzeit. Die unter Stadtbaumeister E. v. Haselberg ab 1881 vorgenommene Wiederherstellung gab dem Rathaus die Backsteinarchitektur zurück, veränderte aber Details im historistischen Sinne. Hauptraum des einstigen Kaufhauses war der heute unterteilte sog. Keller, eine 30 Meter mal 60 Meter große, schon beim Bau halb in den Boden eingegrabene repräsentative Halle (um 1275), die durch vier Meter weit spannende Arkadenbögen unter den Längswänden in drei Schiffe gegliedert ist. In deren Mitte tragen später ummauerte, z. T. jüngst freigelegte Kalksteinsäulen ein Kreuzrippengewölbe. Die über den Außenschiffen der Halle errichteten Häuser längs eines gangartigen, zuerst nur durch schmale Verbindungsflügel begrenzten Hofes hatten im Erdgeschoß Verkaufsbuden (1278 Nennung von Mietpreisen), darüber zwei Speichergeschosse. Im Südteil des Westhauses befindet sich die „Achtmannskammer", so nach einem 1616 gebildeten Bürgerausschuß zur Finanzkontrolle

Wappen am Rathaus

genannt, früher als kleine Ratsstube oder Gerichtsstube bezeichnet, mit einer beachtenswerten Barockausstattung (Gemälde von 1628 und 1680 mit Stadtansichten; das vorgefundene Fresko von 1541 befindet sich jetzt im Johanniskloster). Im Nordteil des Osthauses liegt die restaurierte sog. Wachstube. Die durch Blendnischen gegliederte Außenseite zur Nikolaikirche zeigt noch den originalen Zustand aus dem 13. Jh. Der gleichzeitige, einst den Ratsgeschäften vorbehaltene, südliche Saalbau ist seit dem 17. Jh. nur noch teilweise vorhanden. Im marktseitigen Kopfbau liegt über einer kreuzrippengewölbten, zweischiffigen Laube der um 1865 ausgestattete Löwensche Saal (Wandbild von T. Beyer und H. Lindner; die Bürgermeisterbilder sind jetzt im Johanniskloster), zu dem eine Treppe mit einer Renaissanceloggia (1579) führt. Darüber verdeckt die nach 1881 erneuerte und veränderte Schauwand die dahinterliegenden Satteldächer. Die Schauwand ist gegliedert durch sieben, mit Spitzhelmen abgeschlossene Pfeilervorlagen. Die durch Blen-

Dachlandschaft mit Nikolaikirche

den mit fensterartigen Öffnungen gestalteten Mauerflächen schließen mit
Wimpergen ab, deren kreisförmige
Öffnungen Kupferblechsterne anstatt
der Maßwerkrosen aufweisen. Die barocke Hofgalerie zeigt die originale
kräftige Farbigkeit. Der an der Loggia
sichtbare Pferdekopf galt als Wahrzeichen der Stadt (Wappen des
A. Swarte). Seit 1930 ist im Rathaus-
durchgang eine Büste König Gustav II. Adolf aufgestellt, sie ist eine
schwedische Stiftung anläßlich des
300. Jahrestages seines Einzuges in
die Stadt am 10. 9. 1630. Eine Gedenktafel ist den Opfern des Faschismus E. Thälmann, R. Breitscheid,
A. Dähmlow, K. Krull, W. Heinze und
A. Streufurt gewidmet.

Die **Nikolaikirche** stellt durch ihre
Architektur und reiche Ausstattung
das bedeutendste Denkmal der Stadt
dar. Bauherr der Kirche, die wie alle
städtischen Kirchen bis zur Reformation dem landesherrlich berufenen
Pfarrer von Voigdehagen unterstellt
war, war der Stadtrat. Seine Aufforde-

rung von 1276 zu Geldspenden bezieht sich auf den heutigen Bau, der
aber Reste (Unterteil eines Einturmes
zwischen den Westtürmen, Wandteile
im Chorbereich) einer wohl gegen
1260 fertiggestellten Hallenkirche enthält. Dieser Kirchentyp war die Ein-
heitshalle, wie sie das selbstbewußte
Bürgertum der damals noch jungen,
aufstrebenden Hansestädte zur Selbst-
darstellung als geschlossene Körper-
schaft forderte. Aber bereits um 1270
begann man mit dem Ersatz der Halle
durch einen kathedralsartigen Bau,
nun als Ausdruck der Repräsenta-
tionsbedürfnisse des Stadtpatriziats.
Durch die Anwendung dieses Bau-
typs, üblicherweise Träger einer Kö-
nigssymbolik, stellte sich eine Stadt-
aristokratie der höchsten Feudal-
macht gleich. Allerdings bildete sie
für ihre Zwecke den klassischen Typ
der Kathedrale um. An die Stelle eines lichtdurchfluteten Gliedergerüstes
traten flächigere Rahmen. Kein Querhaus grenzt den Umgangschor ab, der
kein Priesterhaus, sondern Andachts-

und Versammlungsbereich von Kaufmannsgilden und Zünften war, wie überhaupt in der Kirche ein Großteil der Regierungstätigkeit des Stadtrates vollzogen wurde. Anfang des 14. Jh. wurden die Ostteile der Nikolaikirche vollendet. Die Errichtung des Langhauses erfolgte etwa 1311/50, die Aufführung des Westbaus in der 2. Hälfte des 14. Jh., die Türme wurden bis Ende des 15. Jh. vollendet. Ein Brand vernichtete 1662 die Turmspitzen, 1667 erhielt der Südturm die barocke Haube. Die Kirche wird durch ein hohes Mittelschiff, deutlich niedrigere Seitenschiffe, im Bereich des Chores durch einen Kranz polygonaler Kapellen gekennzeichnet. Als Kostbarkeit unter den später angefügten Kapellen gilt die zierliche Nordostkapelle vom Anfang des 15. Jh. Das Bild des zweitürmigen Westhauses bestimmen die Maßwerkblenden der oberen Turmgeschosse. Im Innern liegen im 29 Meter hohen Mittelschiff, im Gegensatz zum klassischen Kathedraltyp, über der Arkadenzone direkt die sog. Obergadenwände, getrennt durch einen Laufgang, auf. Ein Triforium fehlt den Bürgerkathedralen des Ostseeraumes. Überzogen sind Pfeiler, Arkaden und Gewölbe von einer einmalig geschlossen erhaltenen gotischen Ausmalung (um 1330 bis Anfang 15. Jh.), die von 1890 bis 1909 freigelegt wurde und seit 1985 restauriert wird. Die figürlichen Darstellungen an den Pfeilern stellen Hintergrundmalereien einstiger Seitenaltäre dar. Trotz der turbulenten Ereignisse des „Kirchenbrechens" am 10. 4. 1525, die mit einer Plünderung von St. Nikolai begannen und zur Reformation führten, ist die Kirche noch reich ausgestattet. Der im Hochchor aufgestellte Hochaltar (Kreuzigungsdarstellung) entstand in Stralsund unter niederländischem Einfluß (Anfang 15. Jh.). Der üppige barocke Hochaltar (Entwurf A. Schlüter, 1700; Ausführung T. Phalert) steht an der Stelle des mittelalterlichen Laienaltars vor den Gitterschranken (1708), die den Chorbereich abgrenzen. Unter den einst 56! Altären sind bemerkenswert:

der Bergenfahrer-Altar (Stralsund, niederländisch beeinflußt, um 1500) mit einer Kreuzigungsdarstellung, der Schneideraltar (Lübeck, Ende 15. Jh.) mit einer sitzenden Maria, die Sitzfigur des Hl. Olaf (wohl Lübeck, um 1420), der Junge-Altar (Stifter wohl A. Junge, um 1440) mit einer gekrönten Maria vom Typ der sog. „Schönen Madonnen" (Lübecker Arbeit), der Altar der Riemer und Beutler (Rostock, um 1430) mit einer Kreuzigungsdarstellung, der Bürgermeister-Altar (Stiftung von H. Mörder und S. Oseborn, vor 1516) mit einer Kreuzabnahme (Stralsund, niederländisch beeinflußt). Der Kirche St. Nikolai entstammt auch der wertvolle, Thomas von Canterbury geweihte Altar zu Waase (Antwerpen, um 1520), 1708 aus der Heilgeist-Kirche nach dort verbracht. Zuerst im Mittelschiff war das barocke Taufgehäuse (E. Keßler, B. Habermeyer, 1710/14) aufgestellt. Die mittelalterliche Kalksteintaufe (Ende 13. Jh.) befindet sich im nördlichen Turmbereich. Eine reiche manieristische Gestaltung mit Alabasterreliefs zeigt die Kanzel (1611, Schalldeckel von 1678). Der Orgelprospekt und die Empore (1841) sind neogotisch. Unter den Einzelkunstwerken ragt die 2,25 Meter hohe Stuckplastik der „Hl. Anna Selbdritt" (Ersterwähnung 1307) heraus. Das monumentale Kruzifix (um 1380) über dem Hochaltar war ehemals auf dem Triumphbalken. Ebenso bemerkenswert sind das Andachtsbild „Christus, die Wundmale zeigend" (um 1350) am einem nördlichen Chorpfeiler und der „kreuztragende Christus" (Anfang 15. Jh.) an einem nördlichen Langhauspfeiler. Die an der östlichen Chorschranke befindliche astronomische Uhr wurde 1394 von N. Lilienfeld vollendet. Weitere mittelalterliche Kunstwerke sind der Rest des Nowgorodfahrer-Gestühls mit Darstellungen russischer Pelzjäger (2. Hälfte 14. Jh.) an den südlichen Chorschranken (Anfang 15. Jh.), der geschnitzte Rahmen der Archivtür (2. Viertel 14. Jh.), ferner die ehem. Orgelemporen über dem Hochaltar

Wulflamhaus

(um 1500) sowie die an der Nordseite (1505). Eine kunsthandwerkliche Leistung des Barocks ist das Gestühl: Krämergestühl (1701) am Bergenfahrer-Altar, im südlichen Seitenschiff das Ratsgestühl (1652), das Abusesche Gestühl (um 1720) und das Goldschmiedegestühl (um 1730); ebenso wertvoll ist die reich geschnitzte Tür des Westportals. Von den Grabplatten (als älteste die des Ratsherrn G. Stor-kow von 1338) sind die Messingplatte des Bürgermeisters A. Hovener in der Südostkapelle des Chorumganges und die des Bürgermeisters J. Klinkow mit lebensgroßen Reliefdarstellungen erwähnenswert. Unter den Erbbegräbnis-Schauwänden (die älteste die des N. Brahme 1649 im östlichen Chorumgang) gilt die von E. Hagemeister (1738) im östlichen Nordschiff als die prunkvollste.

Am **Alten Markt** stehen das durch Bürgermeister B. Wulflam errichtete **Wulflamhaus** (2. Hälfte 14. Jh.) und das Barockgebäude der ehem. **Schwedischen Kommandantur** (1746) mit Dreieckgiebel.

Zum schlichten gotischen **Kniepertor** (Anfang 15. Jh.; 1967 zu Wohnzwecken ausgebaut) führt die **Knieperstraße**. An der Torinnenseite erinnern eine Stele und Gedenktafel an den schwedischen Artillerieoffizier F. G. v. Peterson, der für seine Beteiligung an den Schillschen Kämpfen von einem französischen Kriegsgericht verurteilt und vor dem Tor am 4. 7. 1809 erschossen wurde. Das angebaute Haus Knieperstr. 9, der „Kleine St. Jürgen" genannt, mit barockem Georgsrelief, gehört zu den nach 1672 zu Innenstadtbereich für das 1628 zerstörte Georgs-Hospital erworbenen Grundstücken. Vor dem Kniepertor befindet sich das **Stadttheater** (K. Moritz, 1913/14), unweit davon steht das **Schilldenkmal** (H. W. v. Glümer, 1909). Den Westteil der **Schillstraße** beherrscht das große **Proviant-Magazin** (1717, aufgestockt 1895), dahinter führte ein neogotisches Tor (1895; mit Keramikreliefs Stralsunder Bürgermeister des 16. Jh.) zu „Arend Swartes Gang" (gestiftet 1569). Im Hof von Schillstr. 37, dem Kramerwitwenhaus (18. Jh.), befindet sich die ehem. **Kramer-Kompanie** (13./14. Jh.). Die Gebäude gegenüber, Schillstr. 6 (2. Hälfte 18. Jh./Anfang 19. Jh.), Schillstr. 7a/b (18. Jh.) gehören zum Grundstück des sog. St. Annen- und Brigittenklosters, des 1480 gestifteten Beginenhofes St. Annen, von dem im Hof noch die Kapelle (13./14. Jh., verändert um 1870) erhalten ist. Nachdem 1560 das Vermögen von Mariakron zugeschlagen worden war, wurde St. Annen-Brigitten eine Versorgungsanstalt für unverheiratete Bürgertöchter.

Am östlichen Teil der Straße, an der Stadtmauer, liegt das nach der Reformation als Armenhospital eingerichtete, sorgfältig restaurierte **Franziskanerkloster St. Johannes** (heute Stadtarchiv). Von der im frühen 14. Jh. erbauten Klosterkirche sind nur die 1984 gesicherten Umfassungswände (1624 Schiff abgebrannt, 1944 Chor zerstört) erhalten. Um den Kreuzganghof angeordnet sind die mittelalterlichen Klostergebäude, im Westflügel mit rippengewölbten Räumen (Wand- und Deckenmalereien des 15. Jh.). Von den eingebauten kleinen Wohnungen sind noch die im Obergeschoß des Westflügels, sog. Räucherboden, erhalten. Das romantische Aussehen des Vorhofes bestimmen kleine Fachwerkhäuser (meist 18. Jh.). Den östlichen Teil der Altstadt prägen die parallel zum Hafen führenden Straßen. Das Bild der Fährstraße bestimmen meist erneuerte oder durch Nachbildungen ersetzte Giebelhäuser; **Fährstr. 29** (Mitte 18. Jh.), **Fährstr. 30** (Mitte 17. Jh.), Fährstr. 6a mit Renaissancegiebel, **Fährstr. 4** (Anfang 16. Jh.), **Fährstr. 5** (klassizistisch), **Fährstr. 6** (gotisch). Im **Scheelehaus** mit seiner Renaissancefassade von 1660 (heute Sitz des Kulturbundes der DDR) wurde 1742 der Chemiker C. W. Scheele geboren. Nach der Restaurierung 1984 zeigt das dazugehörige Haus Fährstr. 24 im Erdgeschoß Teile der mittelalterlichen Fassade (um 1400, umgebaut 1637, Giebel von 1956), im Innern die Diele mit Resten der Ausstattung – Wandmalereien auf der Galerie (um 1500) und an der Dielenwand (18. Jh.). Vor dem Haus Fährstr. 21 fiel am 31. 5. 1809 der Freiheitskämpfer Ferdinand v. Schill (Gedenktafel; Gedenkplatte im Bürgersteig; Grabstätte am Friedhof Hainholzstraße). Fährstr. 25 ist das Geburtshaus des Schriftstellers Heinrich Kruse (Gedenktafel).

Unter den Wohnhäusern der **Semlower Straße** sind zu nennen: **Nr. 9** (barock, mit Kolossalpilastern, 1682), **Nr. 13** (spätgotisch, abgebrochen, Kopie beabsichtigt). **Nr. 17** (barock, mit Kolossalpilastern und Mansarddach, Mitte 18. Jh.) und die Giebelgruppe von **Nr. 30/31** (1. Hälfte 18. Jh.).

In der **Bechermacherstraße** ist das schmale **Küsterhaus** von St. Nikolai mit den aufragenden gotischen Blendnischengiebeln (spätes 15. Jh.) hervorzuheben. An der Bechermacherstr. 2 wurden Teile der gotischen Fassade freigelegt. Hervorragende Bürgerhäuser säumen die **Badenstraße**: Nr. 12 mit dem kielbogengeschmückten Giebel (um 1530), die Bärenapotheke, Badenstr. 45 (gotisch, umgebaut 1636), die zwei Giebelhäuser zusammenfassende **Nr. 44** (um 1637) mit erkerartigem Vorbau, im Hof Kemladen mit Wappen der Familie Gildehusen, Nr. 42 mit dem reichsten Renaissancegiebel Stralsunds (Anfang 17. Jh.) sowie Nr. 40 mit gotischem Giebel (2. Hälfte 15. Jh.). Unter schwedischem Einfluß entstanden das **Landständehaus**, Badenstr. 39, mit den Wappen der pommerschen Landstände (um 1700), repräsentativem Treppenhaus und Stuckdecken sowie das einstige **schwedische Regierungsgebäude** (C. Loos, 1726/30), für den schwedischen Generalgouverneur v. Meyerfeld. In der Nähe liegt die z. T. noch mittelalterliche, baufällige **Stadtwaage**. Eine aufwendige Renaissancefassade aus Backstein mit Terrakottamedaillons besaß Jakobiturmstr. 32, wovon das Sandsteinportal (Werkstatt St. van Düren, 1568) zeugt; sein mittlerer Teil mit Kolossalpilastern wurde barock verändert. Die Frühbarockfassaden von Jakobiturmstr. 16 und 17, dem Organisten- und Kirchendienerhaus der Jakobikirche mit dem zugehörigen Diaconushaus **Langenstr. 58**, das einen Giebel von 1764 hat, sind bemerkenswert. Von den Häusern der **Heilgeiststraße** ist das stattliche barocke Giebelhaus **Nr. 30** (1743) sehenswert, zu dem der **Große Speicher** (1753, Ausstellungen des Kulturhistorischen Museums), Böttcherstr. 23, gehört. Böttcherstr. 9 ist das Geburtshaus des Naturforschers H. Burmeister, Gründer des Naturhistorischen Museums in Buenos Aires (Gedenktafel). Die Gründung einer sozialdemokratischen Gruppe im Jahr 1891 im Haus Böttcherstr. 29 stellt den Beginn der organisierten Arbeiterbewegung in Stralsund dar (Gedenktafel). In der **Filterstraße** zeigt das Traufenhaus Filterstr. 2a (1278 Wohnung des Scharfrichters) reiche gotische Seitengiebel. Seine turmartigen gleichstarken Mauern deuten auf eine frühstädtische Entstehung.

Beherrschendes Bauwerk ist die 1944 beschädigte **Jakobikirche** (jetzt kirchlicher Bauhof). Erbaut in der 1. Hälfte des 14. Jh. als Hallenkirche mit einem Westturm und ohne abgesetzten Chor, wurde sie um 1400 als Basilika verändert, indem das Mittelschiff erhöht, ein neuer Turm vorgesetzt und seitlich Kapellen angefügt wurden. Den reich gestalteten Westturm bekrönte bis 1662 ein hoher Spitzhelm mit Ecktürmchen. In der Kirche befinden sich noch der barocke Hochaltar (J. Freese, 1786/88; Gemälde von J. H. Tischbein und Teile des Orgelprospektes von 1739). In der **Langenstr. 58** wohnte der ab 1813 als Pfarrer von St. Jacobi wirkende Heimatforscher Gottlieb Mohnike (Gedenktafel). Im Hof von Langenstr. 69 befand sich seit 1787 bis zur Niederbrennung 1938 (1944 endgültig zerstört) die Synagoge.

Beachtenswerte Bürgerhäuser besitzt die **Frankenstraße**. Die restaurierte Nr. 3 ist der Prototyp eines spätmittelalterlichen Traufenhauses (um 1500) mit einem gegen den Leninplatz orientierten Blendnischengiebel. **Frankenstr. 9** (13./14. Jh., umgebaut 1828) wird auch als Schiffer-Stiftungs-Haus bezeichnet, es gehört der seit 1488 bestehenden Schifferkompanie, einer Seeleutevereinigung, und verfügt über eine kulturgeschichtlich bedeutende Sammlung. **Frankenstr. 12** (2. Hälfte 15. Jh., verändert im 17. Jh.) weist hofseitig ein Aufzugrad auf. Durch eine umfassende Restaurierung erhielt **Frankenstr. 28** (14. Jh., umgebaut 1687) wieder seine gotische Gestalt zurück. Besonderheiten stellen das vierachsige Erdgeschoß und die barocke Diele dar. Weitere sehenswerte Häuser sind **Frankenstr. 32** (18. Jh.), das gotische Traufenhaus Frankenstr. 36, das Barockhaus Frankenstr. 41 mit Mansarddach, sein 2. Stock ist ein Speichergeschoß, und das Giebelhaus **Frankenstr. 42** (1736).

Die **Blaue Turmbastion** wird von der neogotischen Gerhart-Hauptmann-Schule (1900) beherrscht. Den Abschluß der Frankenstraße zur Wasserstadt hin bildete das Franken-Innentor. Hier liegt – außerhalb der Stadtmauer – das 1256 nahe der Heilgeiststraße begründete, um 1325 hierher verlegte **Heilgeist-Spital**. Die Kirche (Anfang 15. Jh., erneuert 1654 und im 19. Jh.) ist eine gedrungene dreischiffige Halle mit einem Dachreiter. An der Ostseite schließt sich das Spitalgebäude an, dessen schmaler Gale-

riehof 1641 von N. Eosander errichtet wurde (Restaurierung ab 1987).

Jenseits des Hoftores liegt das durch einen Schweifgiebel ausgezeichnete Elendenhaus, nach der Zerstörung von 1628 wurde es 1641 neuerbaut (sehenswert ist das Relief „Ausgießung des Heiligen Geistes" mit einer Inschrift). Als einziges Festungsbauwerk ist am Frankendamm das Frankenkronwerk, das das 1873 abgebrochene **Franken-Außentor** flankierte, erhalten (Gedenktafel für König Carl XII. von 1849).

Tangermünde

Kr. Stendal, Bez. Magdeburg

 Heimatmuseum Tangermünde
„Altes Rathaus"
Markt 1
Tangermünde, 3504

Historischer Stadtkern lt. Bekanntmachung der zentralen Denkmalliste der DDR:
„Altstadt innerhalb des Befestigungszuges und ehem. Burg mit Rathaus, Stephanskirche und Stendaler Tor."

Tangermünde wird die Perle der Altmark genannt. In einem ersten urkundlichen Beleg aus dem Jahr 1009 wird eine in ottonischer Zeit erbaute Grenzburg auf der Hochfläche an der Mündung der Tanger in die Elbe erwähnt. Aus der Kaufmannssiedlung des 12. Jh. entwickelte sich im frühen 13. Jh. die langgestreckte Stadt. Um 1300 erhielt sie die noch heute gut erhaltene, teilweise zehn Meter hohe Stadtmauer mit Befestigungsanlagen und ansehnlichen Tortürmen. Der deutsche Kaiser und böhmische König Karl IV. verlieh dem Ort geschichtliche Bedeutung, als er nach Erwerb der Mark Brandenburg 1373 die askanische Burg noch im gleichen Jahr zur kaiserlichen Zweitresidenz in Brandenburg neben seinem Stammsitz, dem Hradschin in Prag, machte. Tangermünde erhielt damit an der bedeutenden Handelsstraße Hamburg–Lübeck–Prag eine Schlüsselstellung als Kontrollpunkt im Warenverkehr. Das brachte der Stadt bis ins 15. Jh. hinein hohen wirtschaftlichen Aufschwung. Aus dieser Zeit stammen die vorzüglichen Bauten norddeutscher Backsteingotik wie die Kirchen, das Rathaus und die Stadttore. Obwohl sich die weitgesteckten Pläne für die politische Entwicklung der Stadt wegen des frühen Todes Karls IV. nicht erfüllten, wurde die Stadtentwicklung entscheidend gefördert. Bis hinein in unsere Tage hat sich das spätmittelalterliche Stadtbild erhalten.

Tangermünde ist eine Fachwerkstadt mit überwiegend zweigeschossigen Ackerbürgerhäusern, die im Stadtkern fast ausnahmslos nach dem großen Stadtbrand vom 13. 9. 1617 errichtet wurden. 480 Häuser und 52 Scheunen waren dieser Brandkatastrophe zum Opfer gefallen. In den darauffolgenden Wirren des Dreißigjährigen Krieges wurde die Stadt schwer heimgesucht. 1640 wurde die Burg zerstört, bei Friedensschluß waren von 623 Häusern nur noch 228 bewohnbar.

Die Stadttypik weist seit Ende des 15. Jh. drei städtebaulich differenzierte Bezirke aus: Das sind erstens im Osten und Nordosten die Burg mit der Schloßfreiheit und dem um 1457 von der Stadt angekauften Hühnerdorf (Suburbium), zweitens die Altstadtkern zwischen dem Hühnerdorfer Tor und dem Neustädter Tor mit zwei, die Hauptachse der Stadt markierenden Parallelstraßen, von denen rippenförmig Quergassen abgehen, und drittens die im 15. Jh. angelegte Neustadt im Südwesten, der die ursprüngliche Ummauerung fehlt.

Das seit 1929 als *Heimatmuseum* eingerichtete ehem. **Rathaus** (1430) gehört mit seiner großartigen Schmuckfassade und der bemerkenswerten Innenarchitektur zu den bedeutendsten Schöpfungen norddeutscher Backsteinbaukunst. Die Giebelgestaltung ist ein Höhepunkt spätgotischer Profanarchitektur, sie ist Symbol bürgerlichen Reichtums und handwerklicher Meisterschaft. Die Größe des Rathauses sprengt nicht den maßstäblichen Aufbau der mittelalterlichen Kleinstadt. Die Freistellung des Gebäudes auf dem Markt war für märkische Städte ungewöhnlich, sie trug aber wesentlich dazu bei, die Bedeutung des Rathauses als gesellschaftlicher Mittelpunkt der Stadt hervorzuheben. Einer Angeranlage vergleichbar, tangieren die beiden Hauptverkehrsstraßen in konischer Erweiterung beidseitig den Markt und damit das Rathaus. Im Auftrag der privilegierten Gilden der Gewandschneider und Bierbrauer errichtete der Baumeister und Architekt H. Brunsberg den rechteckigen, zweigeschossigen Rathaushauptbau (Ostflügel), der im Erdgeschoß, vermutlich laubenartig geöffnet, als Kaufhalle genutzt wurde. Da ursprünglich eine Kellergeschoßdecke fehlte, reichte die Höhe dieser Halle vom Kellerfußboden bis zur Gewölbedecke über dem Erdgeschoß. Im 16. Jh. wurde durch Einbau eines Tonnengewölbes dieses Höhenmaß um die Hälfte reduziert, ohne daß dabei die Schönheit des Raumes beeinträchtigt wurde. Seine Zierde ist ein spätgotisches sechsstrahliges Sterngewölbe, dessen Rippen von einem achteckigen Mittelpfeiler und von Pfeilervorlagen in Backsteinmauerwerk ausgehen. Gleichzeitig mit dem Deckeneinbau erhielt die geschlossene Halle einen großen Kamin, dessen Öffnung von einem profilierten Rundbogen umgeben ist. Nach mittelalterlichem Brauch stand der Ratssaal im Obergeschoß auch der Bürgerschaft als Festsaal zur Verfügung. Er gehört zu den schönsten Räumen norddeutscher Profanbaukunst des Hochmittelalters. Das sehenswerte, spätgotische Sterngewölbe entwickelt sich aus einer konzentrischen Rippenbündelung. Strahlenförmig gehen zwanzig Gewölberippen von einem achteckigen Mittelpfeiler aus und bilden mit vierstrahligen Sternen in den Raumecken einen in gotischen Räumen äußerst seltenen Zehnstern. Interessant sind die verschiedenen Ziegelmarken der Ziegelmeister auf den Backsteinen in den Pfeilervorlagen, mit Steinmetzzeichen vergleichbar. Eine Innentreppe fehlt. Die Geschoßverbindung befand sich seit jeher im Zwischenbau an der Nordseite, der 1846 nach Plänen des Berliner Architekten A. Stüler mit Freitreppe, Laubengang und Achteckturm erneuert wurde. Der südwestliche, zweigeschossige, in die Kirchstraße vorspringende Anbau wurde 1480 dem Ostflügel zugefügt. Er enthielt im Erdgeschoß eine dreiseitig durch Spitzbögen geöffnete Gerichtslaube, später im 18. Jh. die Ratswaage. Im Obergeschoß dieses Anbaus war die Ratsstube untergebracht. Auch ihr

Deckenabschluß besteht aus Sterngewölbekonstruktionen. Die Fassaden des Brunsbergschen Ostflügels, insbesondere der Schaugiebel mit den bis zu 24 Meter hohen, fialenförmig endenden Strebepfeilern, sind vertikal gegliedert. Höhepunkt des reichen Maßwerks des Blendgiebels sind die filigran ausgeführten neun Rosen als Hauptzierde im oberen Giebelbereich. Meisterhaft ist die Komposition der Farben und die Zusammenfassung der aufsteigenden Bauglieder durch teppichartige Friese aus Blendmaßwerk in Höhe der Gesimse.

Für die Entwicklung des Wohnhausbaus in Tangermünde war der Stadtbrand von 1617 von einschneidender Bedeutung. Kein Fachwerkhaus dürfte diesen verheerenden Stadtbrand überstanden haben. So zeigt heute das Stadtbild Bürgerhäuser überwiegend aus dem 17. Jh. Die geschlossene Erhaltung der historischen Stadtkernbebauung innerhalb des Befestigungszuges ist ein wichtiger Gesichtspunkt bei der Bestimmung des hohen Denkmalwertes der Stadt. Aus der Fülle schlichter Fachwerkhäuser fallen einige durch hohe Gestaltqualität auf. Die interessantesten von ihnen befinden sich in der **Kirchstraße** und in der ↗ **Leninstraße**, früher Lange Gasse. Ein faszinierendes Beispiel mittelalterlicher Stadtbaukunst ist die deutlich erkennbare Gestaltungsabsicht, die Stephanskirche als Dominante für diese beiden wichtigsten Parallelstraßen zu nutzen. Während die Leninstraße an der Stadtkirche vorbeiläuft, wirkt das Bauwerk über die Dächer mehr oder weniger zufällig in den Straßenraum hinein. Dagegen ist in der Kirchstraße die gleiche Kirche in den Straßenraum eingebunden. Diese Straße hat dadurch einen wesentlich höheren städtebaulichen Rang, weil Straße und Kirche als räumliche Einheit konzipiert wurden. Städtebaulich bemerkenswert ist die Doppelstraßenanlage mit querläufigen Verbindungsgassen (ehem. sog. Brücken), die eine größere bzw. dichtere Quartierbebauung von vornherein verhinderte. Das wie-

Kirchstr. 23

derum ermöglichte eine leichte Erreichbarkeit der in Holzbauweise errichteten zweigeschossigen Traufhäuser für den Fall notwendig werdender Brandbekämpfung.

Eines der malerisch reizvollsten Fachwerkhäuser in stimmungsvoller Umgebung ist das in Marktnähe gelegene, nur eine Fensterachse breite Giebelhaus, der sog. **Buhnenkopf**, Marktstr. 13/Ecke Lange Fischerstraße. Das Haus hat eine gewisse Ähnlichkeit mit dem ↗ Quedlinburger Fachwerkhaus Finkenherd 1. Die Enge der mittelalterlichen Stadt wird im Siedlungsgebiet der Tangermünder Fischergilde in der Langen und Kleinen Fischerstraße besonders deutlich. Die hier befindliche Stadtmauer an der Flußseite zur Tanger zwischen **Putinnenturm** und Steigbergtreppe gehört zum eindrucksvollsten Teil der **Befestigungsanlage**, die, geschlossen und gut erhalten, heute zu den Seltenheiten in historischen Städten gehört. Beim Gang durch die Kirchstraße fallen einige Häuser durch Fassadenschmuck besonders auf. Zu ihnen gehört das Haus **Kirchstr. 18** (1679). Als Fenster wurde eine Rundbogentür verwendet, die ursprünglich zum Haus Leninstr. 59 gehörte. Beachtenswerte Details an diesem Fachwerkhaus mit vorgekragtem Obergeschoß sind die Inschriften mit Jahreszahl und die Wappenschilder mit Ankerdarstellung. Repräsentativ am Fachwerkhaus **Kirchstr. 20** (1618) ist der drei Gefache breite Giebelaufbau. Die Einfassung der Rundbogentür ist mit Perlstab und Tauband verziert. Das bedeutendste Patrizierhaus der Stadt ist **Kirchstr. 23** (1619). Es wurde als eines der ersten Häuser nach dem Stadtbrand von 1617 gebaut und gehört damit zu den ältesten Ackerbürgerhäusern. Mit einer Länge von zehn Gefachen ist es ungewöhnlich groß. Qualitätsvoll sind die volkstümlichen Flachschnitzereien in den Tür- und Torumrahmungen mit Tiermotiven, Symbolfiguren und Arabesken. Besonders hübsch ist der perlstabbesetzte breite Korbbogen über der Toreinfahrt. In der Grundschwelle des Obergeschosses haben die offensichtlich wohlhabenden Bauherren entsprechend damaligem Brauch folgendes festgehalten: „Anno (1617) Petri Falckeni ac Caterina Matthiasen habitationes hoc in loce existae sunt pridie exaltionis crucis qui erat XIII. dies septembris", d. h. „Im Jahre (1617) ist Peter Falckens und Caterina Matthiasens Haus an dieser Stelle eingeäschert worden, am Tage vor der Kreuzeserhöhung, das war der 13. September". Das Haus **Kirchstr.** 59 (1679) zeigt Gestaltmerkmale süddeutscher Herkunft. Die Lebendigkeit des Fassadenbildes des maßstäblich ausgewogenen Stockwerksbaus wird durch die unterschiedliche Pfostenreihung in beiden Geschossen hervorgerufen. Die Rundbogentür in Hausmitte wird durch derb volkstümlichen, zum Teil der Steinarchitektur entlehnten holzbildhauerischen Schmuck eingerahmt. Flachreliefsäulen auf Pfeilerpostamenten mit arabesken und vegetabilen Verzierungen flankieren die Tür, über die zwei Genien das Wappen mit den Initialen der Hausbesitzer und zwei umkränzte Felder mit Inschriften zur Hausdatierung halten. Beachtlich sind die Gefachgestaltungen mit Fußbändern unter den Brüstungsriegeln im Erdgeschoß und mit geschweiften Andreaskreuzen und durchkreuzten Rauten im Obergeschoß. Die beiden kleinen Gebäude **Kirchstr.** 55 und 54 fallen durch betonte Vorkragung der Obergeschosse auf. Das Haus **Kirchstr.** 31 (um 1619) ist einer der wenigen Putzbauten in Tangermünde. Seine Portalbekrönung ist bemerkenswert. Sie zeigt eine von zwei „Wilden Männern" gehaltene Wappenkartusche. Eine Gestaltverwandtschaft mit der Kanzel in der ↗ Stephanskirche wird ihr zugeschrieben.

Auf dem Weg zur Burg bildet der steile Hohlweg der **Roßpforte** ein natürliches Hindernis. Durch das Elbtor, auch Roßtor oder Doppeltor genannt, führte der Post- und Handelsweg zu einer Holzbrücke über die Tanger und weiter zum Fähranschluß über die Elbe nach Brandenburg und Berlin. Sehr malerisch stellt sich die hohe steinerne Korbbogenbrücke über die Roßpforte mit der angrenzenden Fachwerkbebauung dar. Die Brücke wurde 1847 erbaut.

Der heutige Pfarrhof der Stephanskirche hieß früher Prälatenberg. Hier standen einst die Kurien des seit Karl IV. eingesetzten Domkapitels. Das Haus **Stephanskirchplatz 6** (1752) ist ein siebenachsiges Barockgebäude mit hohem Walmdach. Im Giebel des Mittelrisalits sind das Stadtwappen von Tangermünde und der Hl. Stephan als Sandsteinfigur eingelassen. Das **Christophorus-Haus** (1609), Stephanskirchplatz 7, ist das historische Tangermünder Schulgebäude, das 1825 umgebaut wurde.

Der Neubau der **Stephanskirche** wurde 1376 begonnen und mit Unterbrechungen 1485 fertiggestellt. Die große dreischiffige Hallenkirche mit zweitürmiger Westfront vermittelt zwischen Altstadt und markgräflicher Burg. Sie hat über dem Hochufer der linken Elbseite an der Tangermündung mit einer in der Altmark ungewöhnlichen Turmhöhe von 94 Metern eine bedeutende Wirkung im Stadt- und Landschaftsbild. Wegen eines in Resten im Querhaus und im Vierungsbereich erhaltenen romanischen Vorgängerbaus gilt sie als die älteste Kirche der Altmark. Ihre Gründung für ein geplantes Bistum durch Heinrich von Gardelegen wird seit 1184/88 nachgewiesen. Auf Veranlassung Karl IV. kommt sie 1377 als Augustinerchorherren-Stift in den Einflußbereich der Burg. Seit dieser Zeit ist sie Pfarrkirche. Der mit einem schiefergedeckten steilen Walmdach abgeschlossene Südturm blieb ohne Spitze, dagegen erhielt der Nordturm 1712 die reich gegliederte barocke Haube mit einer achteckigen Laterne. Von hier aus ist bei gutem Wetter ein Fernblick in die altmärkische Landschaft und zum nahegelegenen Stendal ein nachhaltiges Erlebnis, besonders wenn am Horizont die Dome von Havelberg und Magdeburg erkannt werden können. In der Kirchenhalle beeindrucken die vielgliedrigen Achteckpfeiler und die reich dekorierten Strebepfeiler. 1617 vernichtete der

Ensemble um die Stephanskirche

große Stadtbrand die Inneneinrichtung der Kirche. Lediglich die Bronzetaufe von 1508 und einige Schnitzfiguren überstanden die Brandkatastrophe. Die Kanzel auf der Mosesfigur von 1619 gilt als vorzügliche Neuausstattung. Die bewegungsreichen Figuren werden Ch. Dehne zugeschrieben, von dem auch die Empore im Nordseitenschiff stammen soll. Die Orgel von 1624 ist eine bedeutende Arbeit des Hamburger Orgelbauers H. Scherer d. J. Einen besonderen Hinweis verdient die Wiederherstellung des Kircheninnern seit 1980 mit der Rekonstruktion der ersten Raumfarbigkeit im Sakristeianbau und im Chorbereich. Besonders erwähnenswert sind die prächtigen Portale im Norden und Süden, dabei ist vor allem das Zwillingsportal an der Südseite

des Kapellenbaus ein Kunstwerk von hohem Rang. In sein Tympanon ist eine aus Formsteinen mit Fischblasenmotiven gestaltete Rosette eingesetzt. Über der mit Krabben besetzten spitzbogigen Archivolte wird der obere Teil der Portalumrahmung teppichartig von filigranem Maßwerk eingefaßt.

Ursprünglich älter als der Stadtkern ist die Hörigensiedlung **Hühnerdorf**. Der eigenwillige Name dieser Siedlung findet seine Erklärung darin, daß die Bewohner den Feudalen als Zins Hühner ablieferten. 1457 verkaufte der Kurfürst Friedrich dieses Dorf der Stadt. Die Häuser **Hühnerdorfer Str. 90** und **87** gehören noch heute zu den kleinsten der Stadt. Der östliche Zugang zur Stadt wurde vom **Hühnerdorfer Torturm** (um 1300) gesi-

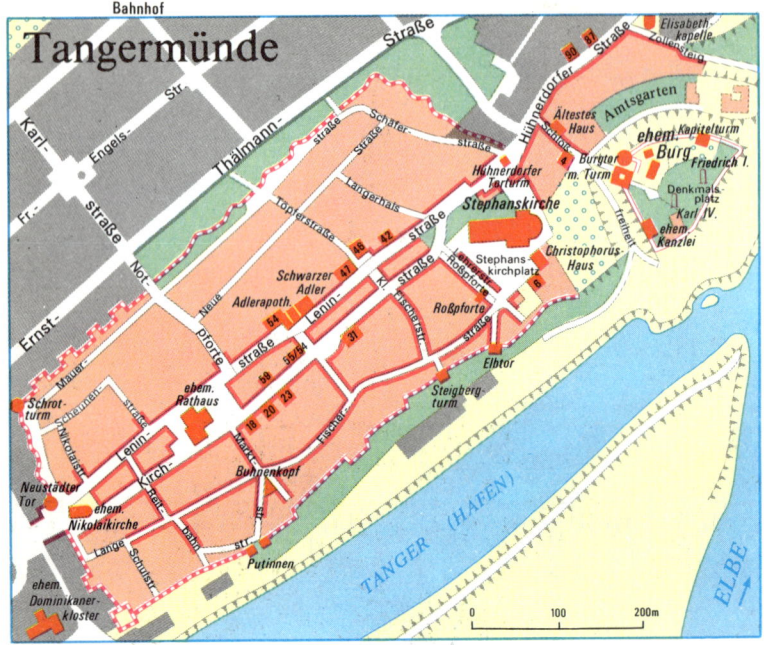

Tangermünde

chert. 1871 ist die Toranlage entfernt worden, was zur Freistellung des Turmes führte. Der ursprüngliche, quadratische Stadtturm wurde nach Abschrägen der Ecken durch einen Achteckturm mit den Erkervorbauten in Höhe der Turmstube und den die Plattform begrenzenden Zinnenkranz auf 24 Meter erhöht. Die in Spitzbogen endenden schlanken Putzblenden unterstreichen die Vertikaltendenz des Turmes.

In unmittelbarer Umgebung der Burg nimmt die **Schloßfreiheit** eine Sonderstellung ein. Hier unterhielt der Feudaladel Fronhöfe. Später siedelten sich Tangermünder Patrizier an, zu denen bereits 1568 die Familie Minde gehörte. Das mit dem großen Stadtbrand in Verbindung gebrachte Schicksal der Grete Minde kennzeichnet das selbstherrliche mittelalterliche Justizsystem. Die Beschuldigung der Brandstiftung wurde durch ein abgepreßtes Schuldgeständnis „bewiesen", die Angeklagte wurde zum Tode verurteilt und am 22. 3. 1619 außerhalb

der Stadt öffentlich verbrannt. Innerhalb dieser ältesten Tangermünder Siedlung ist das Haus **Schloßfreiheit 5** (1543) mit dem Untergeschoß aus verputzten Backsteinen das älteste Haus der Stadt. Es hat Renaissancefenstergewände und ein rundbogiges Sitznischenportal, in dessen Rundmedaillons die Brustbilder der Hausbesitzer eingelassen sind. **Schloßfreiheit 4** verfügt ebenfalls über ein aus dem frühen 17. Jh. stammendes Sitznischenportal. Beachtenswert ist an diesem Haus die originale Holztür aus dem 18. Jh.

Die **Burg Tangermünde** überragt die Stadt am höchsten Punkt und liegt an der Tangermündung. Sie zählte mit ihrer Gesamtfläche von 150 Meter mal 125 Meter zu den größeren Höhenburgen in Norddeutschland. Von der sächsischen Grenzsicherungsburg und ihren Vorgängerbauten aus slawischer Zeit ist nichts erhalten. Die vorhandenen Gebäude, Mauerteile und der Befestigungsring sind Reste der kaiserlichen Residenz Karl IV. seit

Denkmal Karl IV.

Ende des 14. Jh. Der Burgbezirk gliederte sich in Hauptburg, Vorburg und Schloßfreiheit. Hauptburg und Vorburg waren durch ein eigenes Verteidigungssystem gesichert. Mit den Befestigungsanlagen der Stadt gab es keine Berührungspunkte. Der einzige Zugang zur Burg verlief durch das quadratische Burgtor. Der seitlich zugefügte 37 Meter hohe Schutzturm stammt von 1480, er ist mit Wappenmuster und Zickzackmuster aus glasierten Backsteinen geschmückt. Zinnenkranz und Kegeldach sind Ergänzungen von 1902. In der Vorburg befanden sich Wirtschaftsgebäude und der noch gut erhaltene Bergfried, später **Kapitelturm**. Der Turm ist ein Rechteckbau mit sechs Geschossen, er ist 50 Meter hoch. Das oberste Geschoß erhielt 1903 seine heutige Gestalt. Von der ehemals repräsentativen Bebauung der Hauptburg ist die **Kanzlei** erhalten, sie wird urkundlich auch als „Tanzhaus" bezeichnet. Der Palast, die Burgkapelle und andere Gebäude wurden im Verlauf des Drei-

ßigjährigen Krieges mehrmals geplündert und von schwedischen Truppen zerstört. Vom Palast Karl IV. an der Elbseite existiert noch heute ein drei Meter hoher Kellerrest, der auf Veranlassung des Preußenkönigs Friedrich I. mit einem einfachen Barockgebäude (1699–1701) für Kurzaufenthalte überbaut wurde (heute Kinderkrankenhaus). In der Grünanlage der Vorburg stehen auf hohen Postamenten zwei Standbilder. Das von L. Cauer gestaltete **Denkmal Karl IV.** wurde 1900 aufgestellt. Es soll die Erinnerung wach halten, daß sich der Kaiser hier, in den Jahren des Aufbaus seiner Redidenz von 1373 bis zu seinem Tode 1378, in der Mark Brandenburg mehrmals zu Regierungshandlungen aufhielt. Dargestellt ist er als Verfasser des Landbuches der Mark Brandenburg und mit einer Geldtasche, die ihn als „Kaufmann unter den Königen" symbolisiert. Der aufrecht stehende Löwe auf seinem Gewand ist das Wappentier des Königreiches Böhmen. Seine weitreichenden wirtschaftspolitischen Pläne mit der von ihm erworbenen Mark Brandenburg wurden von seinen Nachfolgern nicht weiter verfolgt. Das **Denkmal Friedrich I.**, aufgestellt 1912 nach einem Entwurf von L. Manzel, zeigt den mit der Würde des Kurmantels bekleideten ersten Hohenzollern-Kurfürsten, der als Markgraf mit der Mark Brandenburg belehnt war.

Im Zollensteig wurde im 13. Jh. die **Kapelle der Hl. Elisabeth** gegründet, in der 2. Hälfte des 15. Jh. wurde sie erneuert. Der fünfteilige Chorabschluß ist eine verkleinerte Nachbildung der Marienkirche in Stendal.

Zwischen dem Hühnerdorfer Torturm und dem Neustädter Tor liegt die **Leninstraße**. Ihr Verlauf entspricht dem im frühen Mittelalter bereits vorhandenen Handelsweg von Magdeburg nach Norden. An dieser Hauptachse der Stadt errichteten vorwiegend Patrizier und reiche Kaufleute ihre Häuser. Auch das in hohem Ansehen stehende Brauereigewerbe genoß das Vorrecht, hier bauen zu dürfen. In gutem Ruf stand das Tanger-

Neustädter Tor und Nikolaikirche

münder Bier, der sog. „Kuhschwanz". Feuersbrünste vernichteten mehrmals die Häuser dieser Straße, so daß die Mehrzahl der Gebäude vom Ende des 17. Jh. stammt. Der geschlossen erhaltene Straßenzug mit auffallend vielen Giebelhäusern weist eine Reihe von Neubauten des 19. und 20. Jh. auf, die das historische Straßenbild beeinträchtigen. Zu den ansehnlichsten Fachwerkgebäuden gehört das zweigeschossige Haus **Leninstr. 42** (1681) mit vorkragendem Erker und hohem Dreiecksgiebel. Über der Toreinfahrt tragen Holzsäulen einen Balkon. Aus der Reihe der Häuser mit Krüppelwalmdach sei auf das Haus **Leninstr. 46** (1688) verwiesen. Die Türpfo-

sten sind durch Kerbschnittarbeit verziert. Das größte Wohnhaus in Tangermünde ist das 16 Gefachachsen lange Gebäude **Leninstr. 47** (1680). In der Hausansicht zeigt die Fachwerkstrebenkonstruktion sog. „Wilde Männer". Über die Existenz des **Hotels Schwarzer Adler** (1816), Leninstr. 52, sind urkundliche Belege seit 1632 vorhanden. Zu den ältesten Apotheken der Altmark gehört die **Adlerapotheke**, Leninstr. 53. Das hervorragend in den Straßenraum eingefügte Gebäude (1816) ist ein wohlproportionierter klassizistischer Putzbau mit schönem Mansarddach. Über dem ansehnlichen Portal befindet sich das Hauszeichen, ein gekrönter Adler. Das Schild mit der Jahreszahl 1494 informiert über das Datum der Ausstellung des Apothekenprivilegs. Mit dem Baujahr des Hauses Nr. 53 identisch ist das des Hauses **Leninstr. 54** (1816). In dem durch Fassadenvorsprung von etwa 1,50 Meter entstandenen Winkel ist eine einläufige Treppe angeordnet. Bemerkenswert ist die zweiflügelige, klassizistische Tür. Neben dem schlichten, 47 Meter hohen, mit vier erkerartigen Vorbauten versehenen **Schrotturm** an der Mauerstraße, dessen Höhe 1825 für die Verwendung als Schrotgießerei verdoppelt wurde, liegt im Verlauf des westlichen Befestigungszuges das **Neustädter Tor** (um 1300), eines der schönsten Torensembles der Backsteinbaukunst Norddeutschlands. Heute zwar ohne direkten Zusammenhang mit der westlichen Stadtmauer gibt die Gebäudegruppe der Doppeltoranlage mit dem Turm der ehem. Nikolaikirche aus dem Blickwinkel der Feldseite einen Eindruck von der Wehrhaftigkeit einer mittelalterlichen Stadt. Der 27 Meter hohe Wehrturm mit hohem und reich verziertem Zinnenkranz und der Mittelbau wurden in der Mitte des 15. Jh. errichtet. Die mit einem Wehrgang überbaute spitzbogige Tordurchfahrt enthält auf der Feldseite noch die eisernen Angeln für die hohen Torflügel aus Holz. Zweifellos war diese Toranlage ein Repräsentationsbau der Stadt. Die Räume des Neustädter Tores werden heute von Arbeitsgemeinschaften des Kulturbundes der DDR genutzt. Die älteste Pfarrkirche war die Nikolaikirche (12. Jh.). Seit Mitte des 16. Jh. wird sie nicht mehr kirchlich genutzt.

Die **Neustadt** außerhalb des Befestigungszuges um den historischen Stadtkern wurde im 15. Jh. gegründet. Hier befand sich das Tangermünder **Dominikanerkloster** (1438), das seit dem Dreißigjährigen Krieg nur noch als Ruine erhalten geblieben ist.

Torgau

Bez. Leipzig

ⓘ Reisebüro der DDR
Straße der Opfer des Faschismus 9
Torgau, 7290

Historischer Stadtkern lt. Bekanntmachung der zentralen Denkmalliste der DDR:
„Altstadtbereich innerhalb der Straßenzüge Fischerdörfchen – Elbstraße – Elbe – Denkmal an der Elbbrücke – Gartenstraße – Unter den Linden – Rosa-Luxemburg-Platz – Fritz-Reuter-Straße – Große Webergasse – Rudolf-Breitscheid-Straße, Ernst-Thälmann-Platz mit Schloß Hartenfels, Marienkirche, Alltagskirche, Rathaus, Nikolaikirche."

Der Name „Torgov" gleich „Marktort" weist auf das Vorhandensein eines sorbischen Handelsplatzes schon im 8./9. Jh. hin. Eine deutsche Burg muß seit Mitte des 10. Jh. existiert haben. Die Gründung einer ersten Kirche, wohl der Marienkirche, ist um 1080 unter dem Wettiner Thimo erfolgt. Die Klosterübereignung 1119 erwähnt u. a. einen Fernhandelsmarkt, wahrscheinlich im Bereich des heutigen Marktplatzes. Zu ihm gehörte die Nikolaikirche.

Auf die Herausbildung des Torgauer Altstadtgrundrisses gibt die Verteilung der Braurechte Hinweise. Völlig frei von ihnen ist die ↗ Wintergrüne, die zum Burgbereich gehörte. Grundstücksbegrenzungen deuten auf eine erste Ausdehnung der Bürgerstadt bis westlich der Breiten Straße hin. Der Stadtbildungsprozeß kam mit der Errichtung der Stadtmauer um 1300 zum Abschluß. Die Gründung des Franziskanerklosters 1243 setzte das Vorhandensein einer Bürgerstadt voraus.

Mittelalterliche Bausubstanz bestimmt die Gestalt der Kirchen Torgaus, während das ↗ Schloß weitgehend dem 16. Jh. angehört. Die noch in weitem Umfang erhaltenen Bürgerhäuser des 16. Jh. sind ebenso wie in ↗ Freiberg steinerne Gebäude und auch mit den Freiberger Bauten des 16. Jh. vergleichbar.

Die meisten tonnengewölbten Keller stammen noch aus der 1. Hälfte des 15. Jh. In einzelnen Häusern können nur wenige Bauteile aus der Zeit vor 1500 datiert werden. In der 1. Hälfte des 16. Jh. vollzog sich der Übergang vom Giebel- zum Traufhaus. Im Gegensatz zu Freiberg wurden allerdings gegen Mitte des 16. Jh. aufgesetzte Zwerchhäuser typisch. Nach dem Dreißigjährigen Krieg ist in Torgau nur noch eine geringe bürgerliche Bautätigkeit zu verzeichnen. Von Bedeutung sind die großartigen Speicherbauten. Einschneidend für die weitere städtebauliche Entwicklung wurde der Ausbau zur Festung (ab 1811), dem der größte Teil der Vorstädte zum Opfer fiel. Erst die Beseitigung der Festungsanlagen seit 1889 erlaubte eine weitere städtebauliche Entwicklung.

Das städtebauliche Zentrum bildet der Markt mit den großen Bürgerhäusern und dem Rathaus. Durch dieses und seine Anbauten wurde der Nikolaikirchhof überbaut und damit erst die westliche Platzbegrenzung geschaffen. Das **Rathaus** (V. Wegern, 1563/65), errichtet an der Stelle einer lockeren Zeilenbebauung als kompakter dreigeschossiger Bau, ausgezeichnet durch Zwerchhäuser mit Volutengiebeln sowie zwei Dachreitern, stellt ein für die obersächsische Renaissance typisches Bauwerk dar. Sein prächtiger, reich skulptierter Runderker, angefügt 1577, zeigt Kurfürst August und dessen Gemahlin Anna, die acht Tugenden sowie Kaiserbüsten, die sog. „vier guten Helden". Das heutige, dem originalen Zustand weitgehend entsprechende Aussehen wurde ab 1971 durch eine umfassende denkmalpflegerische Rekonstruktion erreicht, nachdem 1874 die Vorblendung einer historistischen Hochrenaissance-Fassade einen völlig neuen Zustand geschaffen hatte. Im Erdgeschoß befanden sich ursprünglich die Waage, ein Stapelraum sowie Kramläden, im 1. Stock der große Rathaussaal, im Süden die Trinkstube, im Norden die Ratsstube, die bis heute Teile ihrer Ausstattung bewahrt hat. Der Saal des 2. Stockes wurde im 17. Jh. als Schüttboden benutzt. An das Rathaus schließen sich an der **Scheffelstraße** die ehem. **Mehlwaage** und die **Garküche** (um 1520/30 und 1608) mit einer Putzgliederung aus der 2. Hälfte des 19. Jh. an. In der Durchfahrt ist ein sächsisch-polnisches Wappen (1703) aufgestellt. In dem um 1880 umgestalteten Gebäude an der Breiten Straße befanden sich im Erdgeschoß die **Fleischbänke**, im Obergeschoß Lagerräume für Waffen und Getreide. Beachtenswerte historistische Fassaden besitzt das Gebäude an der Leipziger Straße. Sie wurden dem 1820 an der Stelle errichteten Gerichtsgebäude 1878 vorgeblendet.

Im Rathaushof befindet sich die infolge der Reformation als Kaufhaus, später nur noch als Lager und auch als Gefängnis genutzte ehem. **Stadtpfarrkirche St. Nikolai.** Begründet wohl noch im 12. Jh., weist sie das frühgotische Langhaus einer kreuzförmigen Basilika mit zwei Westtürmen auf, die 1535/40 Renaissancegiebel erhielten. Von dem Ende des 14. Jh. errichteten, Mitte des 19. Jh. abgebrochenen Hallenumgangschor ist in der Rückwand des Rathauses noch der Ostabschluß erkennbar. Vom 16. Jh. bis 1657 trug er den hohen „Hausmannsturm" mit einer Uhr und der Türmerwohnung. Schon 1519/20 wurden in der Nikolaikirche, die eine Filialkirche der Marienkirche war, reformatorische kirchliche Handlungen vollzogen. Trotz Bedenken der Wittenberger Reformatoren wurde die Kirche bereits 1529 geschlossen. In der Folgezeit erfolgte in ihr die Aufstellung der Brotbänke sowie der Verkaufsstände der Tuchmacher und Kürschner.

Von den Gebäuden an der Nordseite des **Marktes** wurde das Bürgerhaus **Markt 2** um 1525 errichtet. Sein über Eck gestellter Erker (Mitte 16. Jh.) war einst von Rundgiebeln gekrönt. Die beiden benachbarten, mehrgeschossigen Häuser Scheffel-

str. 1 und 2 (2. Hälfte 16. Jh.) sind durch ihre steilen Dächer und mächtigen aufgesetzten Volutengiebel, die sie als echte Giebelhäuser erscheinen lassen, hervorragende Beispiele bürgerlicher Baukultur der Spätrenaissance, wobei die Wirkung von Nr. 1 durch die 1984 nach historischem Vorbild eingebrachte Bleiverglasung wesentlich gesteigert wird. Jenseits der Salvador-Allende-Straße bilden die Häuser Markt 3 und 4 durch symmetrisch angeordnete Zwerchhäuser mit ehem. figurengeschmückten Volutengiebeln eine geschlossene Baugruppe. Nach Abbruch wegen Einsturzgefahr (1962/64) wurde Markt 3, ursprünglich von 1596, als Nachbildung neu errichtet. In Markt 4 (1597) befindet sich die **Mohrenapotheke** (Anfang 16. Jh. gegründet). Unter den Häusern an der Ostseite des Marktes ist der ehem. **Gasthof zum Goldenen Anker** (Fassadenumbau 1834) hervorzuheben. 1861 wurde hier ein Liebhabertheater eingerichtet.

Eine größere Anzahl interessanter Wohnhäuser befindet sich in der Bekkergasse von 1389, der heutigen **Salvador-Allende-Straße.** Durch aufgesetzte Zwerchhäuser mit Volutengiebeln sind **Salvador-Allende-Str. 2** (1595) und **Nr. 7** (um 1550) bestimmt, letzteres mit ausgezogenen Voluten. **Salvador-Allende-Str. 3** zeigt eine eigenwillig ausgeführte neogotische Fassade (1871), 1978 wiederhergestellt. Aus dem Vorgängerbau stammt das älteste und prächtigste Rundbogenportal Torgaus (um 1505), das über einem Kielbogenbaldachin die Halbfigur eines bartlosen Narren, über einem Astwerkbaldachin die einer Frau aufweist. Bekrönt wurde das durch Spruchbandengel angezeichnete Portal wohl einst von einer Marienplastik. **Salvador-Allende-Str. 8** (1579, umgebaut 1879) zeigt einen über Eck aufgesetzten Erker, ferner ein Sitznischenportal mit zwei Wächterköpfen. Die großen Grundstücke in der **Ritterstraße** (1523 noch Burggasse genannt, ab 1630 Rittergasse), in der sich anschließenden Wintergrüne, sowie in der **Pfarrstraße**, lassen diesen

Rathaus

Ensemble Scheffelstraße

Marienkirche

Stadtbereich als einstiges Burglehn erkennen. Das stattliche dreigeschossige Haus **Ritterstr. 6** besitzt in der Durchfahrt ein Zellengewölbe (Ende 15. Jh.). Das palaisartige Barockhaus **Ritterstr. 10** (um 1700) weist einen dreigeschossigen Mittelteil mit einem Mansarddach und niedrigere Seitenflügel auf. Hervorzuheben ist im Vorzimmer des Obergeschosses ein reich gestalteter Barockkamin. Die bedeutendsten barocken Stuckdecken befinden sich in dem durch einen Umbau vom Ende des 17. Jh. geprägten Haus **Ritterstr. 15.**

Beachtenswert sind das spätgotische Giebelhaus Pfarrstr. 3, ein Freihof, sowie **Pfarrstr. 4,** eines der stattlichsten Torgauer Bürgerhäuser (Umbau vor Mitte des 16. Jh.). Die **Wintergrüne** (1523 auch Burggasse) hat ihren Namen der Bezeichnung eines Freihofes entlehnt. An die **Superintendentur,** Wintergrüne 2, ist ein wesentliches reformationsgeschichtliches Ereignis geknüpft. Im März 1530 wurden hier durch Luther, Melanchthon, Jonas und Bugenhagen die „Torgauer Arti-

kel", die die Grundlage des Augsburger Bekenntnisses bildeten, zwecks Überreichung an den Kurfürsten zum Abschluß gebracht (Gedenktafel). Durch zwei Volutengiebel und einen Frühbarockerker aus dem 3. Viertel des 17. Jh. ist das Ende des 16. Jh. erbaute Freihaus Wintergrüne 4 charakterisiert. Wintergrüne 6, errichtet 1883 als Dienstwohnung des „Offiziers vom Platz", enthält im Hausflur noch ein spitzbogiges Sitznischenportal aus dem Vorgängerbau (etwa 1512). Von 1493 bis 1556 befand sich hier die Knabenschule.

Auf die **Marienkirche** wird erstmalig in einer Urkunde von 1119 hingewiesen. Die heutige, noch weitgehend romanische Doppelturmfront gehörte – ohne die Maßwerkrose (Anfang 15. Jh.) – einer Ende des 14. Jh. vollständig abgebrochenen, dreischiffigen, querhauslosen Basilika (um 1200) an. Um 1390 wurde der Neubau des Chores begonnen, danach bis Mitte des 15. Jh. das Langhaus als Hallenkirche mit gleichwertigen Schiffen, einschließlich der querschiffartigen Sängerempore, errichtet, wobei die Wölbung des Chores erst um 1500 erfolgte. Um 1510 fügte H. Meltewitz die Sakristei an, um 1520 baute er die Westempore ein. Der Barockzeit gehören die Gruft an der Südseite (1725) und der nach einem Brand 1750/52 wiederaufgebaute Südturm an. Durch die bei der Restaurierung 1884/85 eingefügten neogotischen Holzemporen anstelle vielgestaltiger älterer Einbauten wurde der Raumeindruck stark beeinträchtigt. Die Emporen wurden bei der von 1967 bis 1972 ausgeführten denkmalpflegerischen Rekonstruktion beseitigt. Sie hatte die Wiederherstellung der Farbigkeit vom Ende des 15. Jh., einschließlich der Freilegung eines Wandbildes des Hl. Sebastian, zum Inhalt. Im Innern bewahrt die Kirche mit der Bronzegrabplatte für die Herzogin Sophie von Mecklenburg (1504) aus der Werkstatt P. Vischers d. Ä., einst aufgestellt im Hauptchor, sowie mit der ursprünglich vielleicht zu einem Annenaltar gehörenden Altartafel der „Vierzehn Nothelfer" von L. Cranach d. Ä. zwei überaus bedeutende Kunstwerke auf. Weitere Kunstwerke sind ein gemalter Passionsaltar süddeutscher Herkunft – Mittelbild 1945 halb zerstört –, der große barocke Hauptaltar (G. Simonetti, 1694/97), die Renaissancekanzel (G. Wittenburger, 1582) sowie der Marmortaufstein (1693). An der Nordwand der Halle befindet sich der Grabstein von Katharina Luther, der allerdings 1617 im Schriftbandbereich stark überarbeitet wurde.

Ein kulturgeschichtlich interessantes Bauwerk stellt die jenseits des Hofes an der Stadtmauer gelegene ehem. **Kanzlei**, Wintergrüne 5, dar, ein längeres zweigeschossiges Gebäude mit schlichten Zwerchhäusern (Umbau 1540/50). In der hier verwendeten „kursächsischen Kanzleisprache" erfolgte die Bibelübersetzung Luthers. Auch wohnte hier Zar Peter I. 1711 anläßlich des „Beilagers" seines Sohnes, des russischen Großfürsten Alexej Petrowitsch, mit Prinzessin Josephine von Braunschweig-Wolfenbüttel. Am 26. 10. fand im Eckzimmer des 1. Obergeschosses die Begegnung des Zaren mit Leibniz statt, bei der die Gründung der Petersburger Akademie angeregt wurde.

Hinter der ehem. Kanzlei ist noch ein Teil der **Stadtmauer** mit Resten eines Rundturmes sowie Rondellen erhalten, zu denen man links vor dem Schloßtor durch den von dem ehem. Amtshaus und der Amtsfronveste gebildeten Hof gelangt. Vor dem Schloß liegt das ehem. **Kornhaus** (1479). Es wurde 1812 zum Zeughaus umgestaltet und 1877/78 eingreifend umgebaut. Seine Giebel schmücken seit 1878 originale Reste des Schloß-Elbtores mit dem kursächsischen Wappen.

Das **Schloß Hartenfels**, so genannt seit 1548, ist in Mitteleuropa eine der größten und bedeutendsten Schloßanlagen der Frührenaissance, die hier noch typisch spätgotische Stilelemente aufweist. Die unter maßgebender Mitwirkung L. Cranachs d. Ä. in der kurfürstlichen Residenz vorgenommene reiche Ausstattung wurde im 18. und 19. Jh. weitgehend vernichtet. Von ihr sind in verschiedenen Museen der Welt nur wenige Stücke erhalten.

Von der auf einer Porphyrkuppe im 10. Jh. begründeten mittelalterlichen Burg bestehen heute nur unklare Vorstellungen. Einige Bauteile sind in den vorhandenen Gebäuden enthalten, die einen großen dreieckigen Hof umschließen. Der Ausbau der Torgauer Burg zum Residenzschloß begann unter Herzog Albrecht 1484, wurde aber nach der Teilung der wettinischen Länder 1485 durch Kurfürst Ernst nicht fortgesetzt. Weitere Umbauten erfolgten erst seit 1514 für Herzog Johann den Beständigen. Die bedeutendsten Bauten entstanden unter Kurfürst Johann Friedrich dem Großmütigen, der hier meist ab 1532 residierte. Wenn auch nach dem Schmalkaldischen Krieg 1547 Schloß Hartenfels seine bevorzugte Funktion als Residenz verlor, blieb es doch als zweitgrößtes sächsisches Schloß weiterhin Stätte höfischer Festlichkeiten

Torgau

und Ort von Landtagen und Konventen, so daß bis 1623 noch beachtliche Neubauten, bis 1671 Instandsetzungen erfolgten. Die vollständige Verwahrlosung des Schlosses im Siebenjährigen Krieg, in dem es Sitz eines preußischen General-Feldkriegs-Direktoriums und Hauptlazarett war, führte ab 1771 zur Einrichtung als Zucht- und Arbeitshaus. Der Ausbau der Stadt zur Festung bewirkte wesentliche Eingriffe in die Bausubstanz des Schlosses. 1817/19 erfolgte der Umbau zur Kaserne, 1912/19 die Wiederherstellung für ein Lehrerinnen-Seminar. Restaurierungen fanden 1927/32 und seit 1965 unter Anleitung des Institutes für Denkmalpflege statt, durch die der Bestand gesichert wurde und die Außenseiten ihre historische Farbigkeit erhielten. Den Zugang zur **Schloßbrücke** (1738) über den sechs Meter tiefen, in den Fels gesprengten, 1953 wieder mit Tieren besetzten Bärengraben flankieren zwei rustizierende Pfeiler, bekrönt von Löwen, die das sächsische Kur- und Herzogwappen halten. Rechts fällt der Blick auf den über den Graben hinweg geführten **Flügel E**, das ehem. „Neue Gebäude für weibliche Irre" (1791), das seit 1916 als Turnhalle dient. Der **Eingangsflügel A**, der das großartige, aus einem rustizierenden Portikus bestehende Schloßtor enthält, wurde 1619/24 aufgeführt und im 19. Jh. erhöht. Über dem Tor, dessen Vorbild das Jagdtor des Dresdner Stallhofes war, halten zwei Löwen das große Kursächsische Wappen aus der Zeit Johann Georgs I. Der rechts befindliche, den Hof westlich begrenzende **Flügel D** enthält, dem **Glockenturm** (1619/21) anschließend, den Saalbau (1483/85), weiterhin zwischen dem **Kleinen Wendelstein** (1538) und dem hohen **Hausmannsturm** (erhöht 1535 und 1620) die Alte Kanzlei (1408). Gekennzeichnet ist der Bautrakt, der Volutengiebel (1621) aufwies, durch spätgotische Vorhangbogenfenster. Ihnen wurde im 17. Jh. außen ein Laufgang vorgelegt. Das einst reich ausgestattete Innere diente der Verwaltung, der fürstlichen Repräsen-

tation und zu Wohnzwecken. Erhalten sind im 1. Obergeschoß, im Bereich der ehem. Speise- und Gästezimmer, einige spätgotische Balkendecken, im sog. Heinrich-Schütz-Saal Malereien des 17. Jh. Der Alte Saal oder Komödiensaal, in dem am 13. 4. 1627 die Aufführung der ersten, nicht mehr erhaltenen, deutschsprachigen Oper „Daphne" von Schütz stattfand, existiert nicht mehr. Bemerkenswert ist im kleinen Wendelstein das den Abschluß bildende Rippenwerk. Links vom Eingang befindet sich der **Flügel B**, der Schloßkirchenflügel mit dem Hofstubenbau, nördlich begrenzt von dem noch mittelalterlichen **Kapellenturm**. Der **Hofstubenbau** (um 1420) wurde mehrfach verändert. Außen flankieren ihn der mächtige **Flaschenturm** (1544), in den 1818/20 der Einbau von Geschützständen erfolgte, und der Hasen- oder **Grüne Turm** (mittelalterlich, 1599 und 1791 umgebaut). Bemerkenswert ist der prachtvolle, mit Reliefs und Ornamenten reich dekorierte Schöne Erker (S. Hermsdorf, 1544). Den Zugang bildete früher ein vorgesetzter Wendelstein (A. v. Westfalen, 1474), der ebenso wie die aufgesetzten Giebel nach dem Brand 1791 abgebrochen wurde. Die in der Brunnennische aufgestellte Neptunsfigur (Ende 17. Jh.) gehörte zu einem einst zwischen Eingangsflügel und Schloßkirchenflügel befindlichen steinernen Wasserkasten. In den Obergeschossen des Hofstubenbaus (heute Kreismuseum) befanden sich die kurfürstlichen Wohngemächer, im Erdgeschoß ist heute noch die zweischiffige Halle der mittelalterlichen Hofstube (1423) erhalten. Nicht mehr vorhanden sind im Flaschenturm die kompliziert gewölbte sog. Flaschenstube sowie eine Reiterstiege, deren Hohlspindel einen Lastenaufzug aufwies. Ein reichgeschmücktes Doppelportal, das den Zugang zu den Wohngemächern bildete, erinnert im 2. Stock an die einstige Pracht. Die sich nördlich anschließende **Schloßkirche** (N. Gromann, 1543/45) wurde unter Einbeziehung eines Baus von 1516 errichtet

und am 5. 12. 1544 durch Luther geweiht. Sie ist eine in den Schloßflügel
eingebaute Saalkirche, die durch Vor-
hangbogenreihungen äußerlich nicht
weiter hervortritt und deren Inneres
von eingezogenen Pfeilern und zwei
umlaufenden Emporen bestimmt
wird. Obwohl sie die erste evangelische Kirche war, war ihr Gestaltungsprinzip, das für den weiteren protestantischen Schloßkirchenbau bei-
spielgebend wurde, schon im 15. Jh.
vorbereitet und ist ohne das Vorbild
der obersächsischen Hallenkirchen
undenkbar. Während die Emporen
der fürstlichen Familie vorbehalten
und von den Wohnräumen direkt zugänglich waren, saßen im Saal die Angehörigen der Hofhaltung. Den Zugang bildet ein durch Engel mit den
Marterwerkzeugen und Ornamenten
geschmücktes Rundbogenportal
(S. Schröter), über dem sich ein Grab-
legungsrelief (S. Hermsdorf) befindet.
Von der Ausstattung sind zu nennen:
die Kopie (1956) des im zweiten Weltkrieg zerstörten tischförmigen Altars
(S. Hermsdorf und S. Schröter, 1544),
die zylinderförmige Kanzel (S. Schröter, 1544) sowie die große Stiftungsta-
fel (1544), eine hervorragende Arbeit
der ↗ Hilligerschen Gießhütte zu
Freiberg. Der 1662 nach Torgau gebrachte Altaraufsatz der Dresdner
Schloßkapelle wurde bei der Auslagerung 1945 schwer beschädigt und wird
nach seiner Wiederherstellung wieder
nach Dresden gelangen. Die Schloßkapelle, aber auch die Marienkirche
waren die Wirkungsstätten des seit
etwa 1521 in kurfürstlichen Diensten
stehenden Hofkapellmeisters J. Walter. Eine der größten Leistungen der
deutschen Frührenaissance stellt der
südöstlich gelegene **Flügel C**, auch Jo-
hann-Friedrich-Bau genannt, dar, errichtet anstelle der mittelalterlichen
Martinskapelle. Das Dach des ursprünglich dreigeschossigen, von gekuppelten Vorhangbogenfenstern bestimmten Gebäudes wurde einst von
je vier Zwerchhäusern gegliedert, deren Reste in dem 1819 aufgesetzten
4. Geschoß enthalten sind. Während
die Elbfront von dem mächtigen, einst

Schloß Hartenfels – Großer Wendelstein

von Giebeln bekrönten **Viereckigen
Turm** und von über drei Geschosse
reichenden, reich figurierten Ecker-
kern bestimmt ist, beherrscht die Hof-
front der zentral vorgesetzte **Große
Wendelstein** (K. Krebs, 1533/34). Er
ist eine der Renaissance gemäße Weiterentwicklung des analogen Treppen-
turms der ↗ Meißner Albrechtsburg.
Über einen schlichten Unterbau, auf
den eine doppelläufige Freitreppe mit
den Statuen der Kurfürsten Johann
Friedrich und Johann Ernst führt, erhebt sich als Dreiachtelpolygon das in
Pfeiler aufgelöste Treppenhaus. Zwischen ihnen windet sich die Wendeltreppe. Während der Altan eine Wap-
penbrüstung aufweist, überzieht den
Aufbau eine reiche Frührenaissance-
Ornamentik. Im 1. Stock des Turmes
bildete das reich dekorierte Portal den
Zugang zum einstigen großen Festsaal, von dessen schöner Ausstattung
durch die Cranachwerkstatt nichts

mehr erhalten ist. Unter dem Festsaal lagen die Hofstuben, in den oberen Geschossen verschiedenartige Gemächer, die durch den Außengang des 2. Obergeschosses miteinander verbunden waren. Den Übergang zum Hofstubenflügel bildete der runde Eckerker, zur Alten Kanzlei die dreigeschossige Loggia am Hausmannsturm.

Durch den als Rosengarten gestalteten Schloßgartengraben gelangt man südlich zum Fischerdörfchen, einem Teil der dem Festungsbau nicht zum Opfer gefallenen vorstädtischen Bebauung, mit dem hohen **Elbmagazin** (1782/84), errichtet für das Zucht- und Armenhaus. Erhalten ist noch das Verwalterwohnhaus (1766) des einstigen, seit dem 15. Jh. nachweisbaren **Salzhofes.** Die östlich des Schlosses gelegene, seit 1439 an dieser Stelle nachweisbare Elbbrücke verdankt ihre heutige uneinheitliche Gestalt mehrfachen Umbauten vom Ende des 19. Jh. sowie dem Wiederaufbau nach der Sprengung 1945. Nordöstlich der Elbbrücke befindet sich innerhalb der Schloßbefestigung das **Elbtor** (1618). Einst für das Dresdner Reithaus geschaffen, wurde es um 1711 nach Torgau gebracht. Das heutige Tor (1971 aufgestellt) ist eine dem Original angenäherte Nachbildung.

Direkt an der Elbe, auf der einstigen Festungsmauer, erinnert das 1946 durch sowjetische Armeeangehörige errichtete **Befreiungsdenkmal** an die „Begegnung an der Elbe". Am 25. 4. 1945 trafen hier Vorausabteilungen der zur ersten Ukrainischen Front gehörenden 58. sowjetischen Schützendivision auf eine Patrouille der 69. Infanteriedivision der ersten US-Armee.

Der direkte Weg vom Schloß zum Markt führt durch die 1663 ersterwähnte **Schloßstraße.** Das Renaissanceportal des **Kenntmann-Hauses** trägt den Namen seines einstigen Besitzers, des Stadtphysikus J. Kenntmann. Das zweigeschossige Wohnhaus **Schloßstr. 20** (um 1600) mit aufgesetztem Zwerchhaus und Volutengiebel, profilierten Fenstergewänden und einem Sitznischen-Rundbogenportal gilt als typisch für die Torgauer Spätrenaissance. Das Haus Katharinenstr. 11 (1542) ist überliefert als das **Sterbehaus Katharina Luthers.** Sie starb in Torgau am 20. 12. 1552 infolge eines Sturzes aus dem Wagen bei der Flucht Wittenberger Bewohner vor der Pest. Südlich der Schloßstraße befindet sich die ehem. **Alltagskirche,** die Kirche des vor 1243 begründeten, 1525 durch Torgauer Bürger gestürmten und danach aufgelösten Franziskanerklosters. Der heutige Bau (Ende 15. Jh./um 1520) ist eine dreischiffige, netzgewölbte Halle mit eingezogenem Chor und dient seit der Mitte des 18. Jh. nicht mehr kirchlichen Zwecken. Die ehem. Klostergebäude ersetzten 1836 und 1852 als Lazarett errichtete Gebäude.

In der nördlichen, seit 1390 bekannten **Nonnengasse** sind die Renaissancehäuser **Nonnengasse 7** (um 1580/90), eines der schönsten Wohnhäuser der Stadt, und das steile dreigeschossige Gebäude **Nonnengasse 11** (um 1550) hervorzuheben. Das am Markt gelegene Eckhaus Schloßstr. 2 verdankt seine Neorenaissance-Jugendstilformen einem Umbau vom Anfang des 20. Jh. In ihm befand sich seit ihrer Privilegierung 1683 die **Löwenapotheke.** Südlich des Marktes verlief die **Fischerstraße** zum einstigen Fischertor. Das stattliche Haus **Fischerstr. 8** (1566) weist ein ehem. Sitznischenportal (1571) mit quergeteilter originaler Haustür auf.

Das in der **Entengasse** gelegene kleine Hinterhaus von Ernst-Thälmann-Platz 10 ist ein gut erhaltenes einfaches Wohnhaus aus dem 16. Jh. Den Ernst-Thälmann-Platz beherrscht das langgestreckte klassizistische Gebäude des ehem. **Gymnasiums** (1835/36), der heutigen Michail-Kalinin-Oberschule, das durch den Verlust seiner Putznutzung (1935) viel von seiner Wirkung verlor.

Im Gegensatz zum östlichen Teil der Torgauer Altstadt besitzt der westliche keine Monumentalbauten, ist aber durch bemerkenswerte Bürgerhäuser gekennzeichnet. In der zum gleichnamigen Tor führenden **Leipzi-**

ger Straße, 1542 Leipsische Gasse genannt, verdankt Nr. 1 seine stattliche, dreigeschossige Gestalt einem Umbau von 1601. **Leipziger Str. 5** (1835) weist im Mittelrisalit einen Fries mit Akanthus- und Palmettenmotiven auf und gilt durch seine erhaltene Putzgliederung als bestes Beispiel klassizistischer Torgauer Bürgerhausarchitektur. Die gegenüber befindlichen Wohnhäuser **Leipziger Str. 16,** im Rundbogenportal datiert 1554, und **Leipziger Str. 18** (1605) sind Renaissancebürgerhäuser. Im Haus **Leipziger Str. 26** (um 1510, umgebaut um 1540) sind der spätgotische, parallelrippengewölbte Flur sowie der sternrippengewölbte Seitenraum für Torgau einzigartig (heute Kleine Galerie des Kulturbundes). **Leipziger Str. 28** ist ein für Torgau einmaliges spätgotisches Giebelhaus, seinem steilen Giebel ist ein Backsteinmaßwerk vorgelegt. **Leipziger Str. 17** und **19** (vor 1850) sind bemerkenswerte klassizistische Wohnhäuser.

In der **Breiten Straße** steht das **Boxberger Haus** (wohl 1532, um 1906 verändert). Über der Tür befindet sich ein Barockwappen der Familie Boxberger in einer Ädikula (1545). **Breite Str. 10** verfügt über Fenstergewände sowie ein verstümmeltes Sitznischenportal der Zeit um 1520/30. Im Haus **Breite Str. 9** wurden die für Torgau bisher besten Beispiele historischer Hausausstattung in Form bemalter Felderdecken (1. Viertel und Ende 16. Jh.) festgestellt.

Unter den für kleinbürgerliche Wohnverhältnisse typischen zweigeschossigen Häusern der **Neustraße** ragt das stattliche dreigeschossige Haus Neustr. 12 (2. Hälfte 16. Jh.) heraus. In der **Holzweißigstraße** zeigt **Nr. 7** ein mit einem kielbogenartigen Sturz versehenes Stabwerkportal vom Anfang des 16. Jh. Holzweißigstr. 14 wohnte der am 19. 11. 1935 von den Faschisten in den Tod getriebene KPD-Sekretär A. Holzweißig (Gedenktafel).

In der heutigen **Leninstraße,** der 1456 zum Spitaltor führenden Spitalgasse, stellt die Neorenaissancefassade **Leninstr. 5** (1882) eine vereinfachte Nachbildung der Fassade des Palais Oppenheim in Dresden (G. Semper, 1845/48) dar. Das Haus war das Wohnhaus eines Lohgerbers. Die eigenwillige Form von **Leninstr. 14,** dessen verstümmeltes Sitznischenportal 1616 datiert ist, ist durch ein seitlich angeordnetes, einfaches Zwerchhaus gegeben.

Bestimmend für die nördliche Altstadt ist der Komplex des ehem. **Militär-Proviant-Magazins** in der Kurstraße. Er wurde 1726/28 als zentrales Getreidemagazin für die sächsische Armee errichtet und 1802 durch einen angepaßten Ergänzungsbau erweitert (Entwurf C. F. Exner, 1784). Wie auch das Elbmagazin sind die viergeschossigen Gebäude mit drei weiteren Lagergeschossen in den Mansarddächern wichtige Denkmale zur Wirtschaftsgeschichte des 18. Jh.

Wasungen

Bez. Suhl, Kr. Meiningen

 Rat der Stadt
Platz der Jugend 7
Wasungen, 6104

Historischer Stadtkern lt. Bekanntmachung der zentralen Denkmalliste der
DDR:
„Altstadtbereich innerhalb Mühlgraben, westlichem Stadtmauerverlauf,
Schloßbergstraße – Obertor mit Rathaus und ehem. Damenstift."

Die Wasunger Altstadt ist in ihren geringen Dimensionen, ihrem einfachen
Straßennetz, ihren zumeist schlichten
Wohn- und Wirtschaftsbauten sowie
den erhaltenen Teilen ihrer bescheide-
nen ehem. Umwehrung das typische
Beispiel einer historischen Kleinstadt-
anlage. Da ihre topographische Klarheit und Ursprünglichkeit durch
Brände des 19. und 20. Jh. nur wenig
beeinträchtigt sind, entspricht ihr
Grundriß im wesentlichen noch dem
Hoch- und Spätmittelalter; die Bausubstanz ist weitgehend vom im süd-
thüringisch-hennebergischen Raum
des 16./17. Jh. vorherrschenden Fachwerk geprägt.
Die Hauptstraße ist etwa im Zentrum zum Markt hin erweitert. Steile
Stiegen führen zur Stadtkirche auf
dem Kirchberg, dem Ausläufer des
burggekrönten Schloßbergs. Die Anlage im Tal und der Kirchberg waren
einst von einer einfachen Mauer und
einem Graben umgeben, die ein annä-
herndes Rechteck von nur etwa 350
Meter mal 170 Meter bildeten. Von
der Mauer sind noch größere Abschnitte, von den einst befestigten
Eckpunkten Beispiele und Reste erhalten. Die ehedem an den Enden der
Hauptstraße gelegenen Tore wurden
1781/87 eingelegt. Wie in vielen anderen urbanen Siedlungen gehören auch
hier vor den Toren entstandene „Vorstädte" zur Gesamtanlage. Sie sind
noch vorhanden und grenzen sich in
ihrer Bausubstanz deutlich von jüngeren Stadtteilen ab.

Die grundsätzliche Ausformung des
Straßennetzes geht auf einen Marktflecken zurück, der im 12./13. Jh. entstand und den Namen einer später
aufgegebenen benachbarten Siedlung
erhielt. Im 13. Jh. legten die Grafen
von Henneberg an den Eckpunkten
der werdenden Stadt feudale Eigenbe-
festigungen an, die in die im 14. Jh. errichteten Wehranlagen einbezogen
wurden (Stadtmauer 1325, Tore 1375
erwähnt).
Die Zeit des wirtschaftlichen und kulturellen Aufschwungs des südthürin-
gisch-hennebergischen Raumes im 16.
und frühen 17. Jh. ersetzte den größten Teil der mittelalterlichen Bausubstanz unter Wahrung des alten Grundrisses und teilweiser Weiternutzung
von Kellern und Grundmauern und
ließ die heute noch gültigen Dominanten des Altstadtbildes entstehen.
Der Holzreichtum der Gegend spiegelte sich im Fachwerk überhaupt und
dabei in der reichen Verwendung der
Hölzer wider. Wie im mitteldeutschen
Raum üblich, findet man in Wasungen den Stockwerk- oder Rähmbau
vor. Das hiesige Fachwerk zeichnet
sich durch die rhythmische Gliederung der Wand aus. Einzelne Figurengruppen, entstanden aus der Verbindung von Eck- und Bundständern mit
Grundstreben, unter Verwendung von
Kopf- und Fußstreben vor allem auch
in der Figur des „Wilden Mannes",
wechseln mit Reihungen kurzer Zwischenständer. Besonders die Brüstungsfelder sind mit Gruppen kleinerer Figuren gefüllt; unter ihnen domi-
nieren in Wasungen das Andreaskreuz, besonders in seiner Ausbildung
als Bogenkreuz, die Raute und einzelne, aus verschiedenen Anordnun-
gen von Viertelkreisstreben sich ergebende geometrische Formen. Schon in
der Anordnung und Fülle der konstruktiven Elemente spricht sich
künstlerisches Empfinden aus; dazu
gehört auch die hier häufige Verwendung geschweifter Streben, oft unter
Ausnutzung natürlich gebogener Hölzer. Ständer, Rähm und Saumschwelle, Balkenköpfe und Füllhölzer
sind durch Schnitzwerk und Sägear-

beiten maßvoll profiliert, nirgends beeinträchtigt die Auszier die kraftvolle und klare Einteilung der Wandflächen und die wirkungsvolle Gliederung des Gesamtbaus, wie sie ganz besonders in den Jahrzehnten zwischen 1590 und 1630 in Erscheinung tritt. Selbst aus der Zeit nach dem Dreißigjährigen Krieg, der die Stadt seit 1634 hart traf, sind einige noch sehr bemerkenswerte Beispiele der Fachwerkbaukunst in Wasungen erhalten, die im wesentlichen noch in der Tradition der vorherigen Epoche stehen. Erst das 18. Jh. brachte auch hier den Verfall dieser Kunst bis zur Reduzierung auf das konstruktiv Notwendige, was auch für die meist verputzten Neubauten nach der Brandkatastrophe von 1849 typisch ist. Dem Altstadtcharakter besser gerecht werdende Lösungen des frühen 20. Jh. und denkmalpflegerischen Bemühungen unserer Zeit stehen Modernisierungen entgegen, die das historische Stadtbild zwar beeinträchtigen, aber nicht wesentlich verändern konnten.

Vom ehem. Markt der Altstadt, dem heutigen ↗ Platz der Jugend aus, lassen sich nach Norden und Süden die Obere und Untere Hauptstraße überblicken. Neben dem ↗ ehem. Damenstift als besonders markantem Punkt der Sichtachse stand das Untertor; im Süden gibt auf der anderen Straßenseite das Jugendklubhaus mit seinem Erkertürmchen (um 1900) den ungefähren Standort des Obertors an. Man gewinnt einen Eindruck von der Winzigkeit dieser Stadtanlage, die zugleich einen ihrer Reize ausmacht. Auf beiden Seiten sind die Einmündungen der Quergassen zu erkennen, die die Fronten der überwiegend dreistöckigen und traufseitigen Häuser unterbrechen. Hinter den Wohnhäusern dehnen sich langgestreckte Höfe, seitlich begrenzt durch z. T. mit Oberlaubengängen versehenen Werkstätten, Schuppen und Ställe und gegen die zur Hauptstraße parallel laufenden Längsgassen durch Scheunen geschlossen. Sie sind Zeugen einer einst von Gewerbe und agrarischem Nebenerwerb bestimmten Wirtschaft.

In der Unteren Hauptstraße ist in Marktnähe das **Gasthaus zum Bären** (seit 1664 bezeugt) bemerkenswert. Über dem 1908 aus Sandstein neu errichteten Untergeschoß erheben sich zwei Stockwerke, die einander völlig gleichen. Während im linken Drittel den durch flache, beschnitzte Konsölchen und Dreiviertelsäulchen profilierten Eckständern als Ergebnis eines späteren Eingriffs nur Leiterbrüstungen folgen, besteht der Schmuck der übrigen Fläche neben einigen Kopfwinkelhölzern und Streben in jeweils einem Band von Bogenkreuzen in den Brüstungen, wobei die einzelnen Kreuze nicht durch Zwischenständer getrennt sind. Die geschweiften Formen der Streben, Kopfwinkelhölzer und Andreaskreuze, auch die in diese eingearbeiteten Herzen, sind hier wie bei den meisten hiesigen Fachwerkhäusern z. T. nicht im vollen Holz ausgeführt, sondern nur einige Zentimeter eingeschnitten. Die so zurücktretenden Holzteile sind mit vom Putz der Felder überzogen. Im „Bären" schlugen Offiziere der Sachsen-Gothaischen Truppen ihr Hauptquartier auf, nachdem sie am 13. 2. 1747 Wasungen überfallen hatten und dann eineinhalb Jahre besetzt hielten. Diese als „Wasunger Krieg" auf Kosten der Stadt ausgetragene Fehde zwischen den Herzögen von Gotha und Meiningen ging als größte Tragikomödie der deutschen Kleinstaaterei des 18. Jh. in die Geschichte ein.

Auf der westlichen Seite der Unteren Hauptstraße fällt der **Brunnenplatz** auf. Er erstand nach dem Brand von 1921. Beim Wiederaufbau wurde die neue Häuserzeile unter Verzicht auf den dahinterliegenden Teil der Turmgasse beträchtlich von der Straße abgerückt – die einzige wesentliche Beeinträchtigung des mittelalterlichen Stadtgrundrisses. Die Architektur der neu errichteten Häuser ist jedoch dem Altstadtcharakter verpflichtet: Die übersetzt gereihten dreistöckigen Giebel- und zweistöckigen Traufenhäuser zeigen ein Fachwerk mit den in der Stadt üblichen Strukturen und Formen.

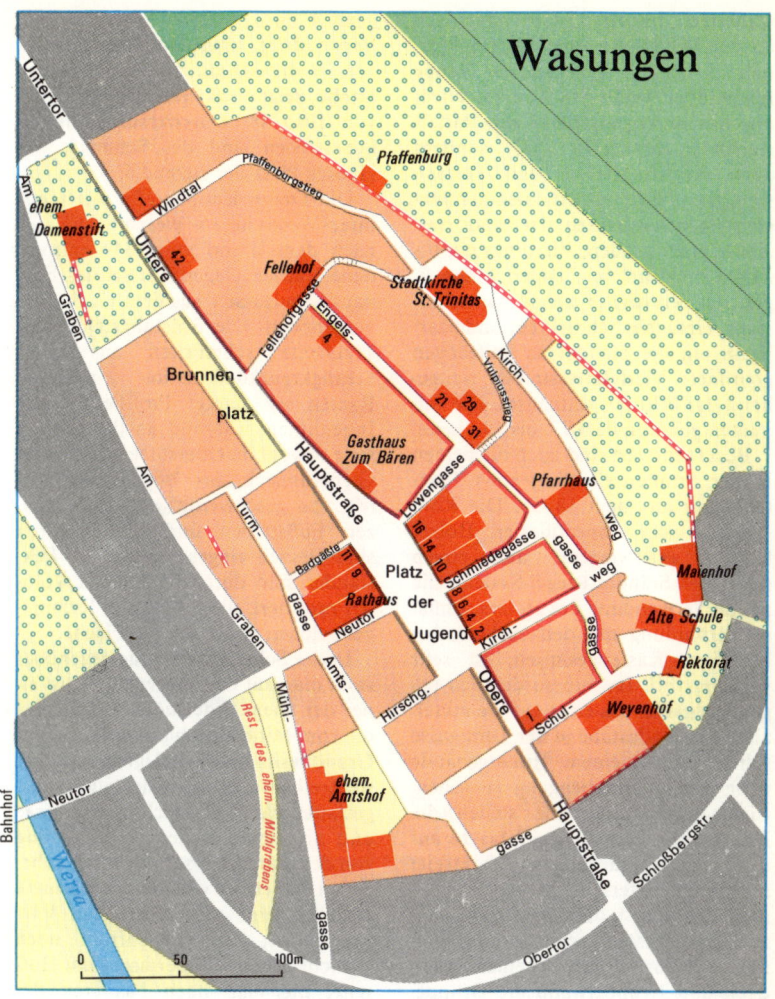

Wasungen

Die Topographie des ehem. Markt-platzes, heute **Platz der Jugend**, hat sich durch die Jahrhunderte kaum ge-ändert, sieht man vom Abriß einer 1401 errichteten Kapelle 1787 und kleineren Neuerungen ab, die Brand und Wiederaufbau der Häuser 1849 im Südwestbereich brachten. Hier fanden mittwochs, ab 1612 sonn-abends die Wochenmärkte und auch die Jahrmärkte statt, von denen Wa-sungen bis 1561 drei, dann vier und ab 1612 sechs besaß. Der Marktplatz war jedoch auch Schauplatz der seit 1524 überlieferten Fastnachtsspiele. Auch heute noch ist er ein Zentrum des närrischen Treibens, denn Wasun-gen gilt als Faschingshochburg der DDR.

Beherrschend in der Architektur des Marktes ist das 1532/34 auf den Grundmauern seines Vorgängerbaus errichtete **Rathaus**. Über dem massi-ven Erdgeschoß, das an seiner dem Markt zugekehrten Traufseite den spitzbogigen Haupteingang aufweist, erheben sich zwei Stockwerke aus Fachwerk, die ein steiles Krüppelwalmdach tragen. Ein asymmetrisch an der Marktseite angefügter polygonaler Erker mit verschieferter Haube reicht über beide Stockwerke. Nicht nur die im Bogenscheitel des Portals stehende Jahreszahl 1533, sondern auch Konstruktionen und Formen weisen das Rathaus als einen der ältesten Fachwerkbauten der Stadt aus. Außer einer großen, allerdings nur bis zum Kopfriegel reichenden Mannsfigur der Traufseite zieren Leiterbrüstung, einfaches Schrägkreuz und paarweise um die Ständer zu Spitzbögen geordnete Viertelkreisstreben weitgehend das Bild des Rathauses. Die Anbauten gehören dem 17. bis 19. Jh. an.

Beachtenswert sind auch die beiden in der Straßenzeile folgenden **Traufenhäuser** aus dem 18. Jh. Die Konstruktion der unprofilierten Hölzer besteht überwiegend aus einem schlichten Ständer-Riegel-System. Die reiche Verwendung des Holzes, zumal in Verbindung mit den ausladenden barocken Kastengesimsen, ist sehr wirkungsvoll. Im außerordentlich engen **Badgäßle**, das einst auf die mittelalterliche Badestube in der Turmgasse führte, ist an einem Hintergebäude noch ein Oberlaubengang zu sehen. Ein schönes Ensemble stellen die Häuser **Platz der Jugend 2** bis **16** auf der gegenüberliegenden Marktseite mit ihren unterschiedlichen Dachlinien dar. Sonst durchweg traufseitig zur Straße gestellt, schließt ein giebelseitiges Haus mit gebrochenem Satteldach und Krüppelwalm die Gruppe. Der Baubestand gehört zumeist ins 17./18. Jh. Im Haus Platz der Jugend 10 (1683) war die ehem. Marktschmiede untergebracht. Es fällt durch seine rhythmische Gliederung der einander gleichenden oberen Stockwerke auf. Die Fassade prägen Leitern und „Wilde Männer", deren Kopfstreben nicht wie am Rathaus bis zum Brustriegel herunterreichen und so die Fußstreben kreuzen, sondern nur noch auf die Höhe zwischen Kopfriegel und Rähm reduzierte Kopfwinkelhölzer sind. Diese hier häufig auftretende Figur ist in einem Neubau des 20. Jh. am Platz der Jugend 4 nachgestaltet. Eine sinnvolle Verwendung alter Formen, diesmal von Andreaskreuz und geschweifter Strebe, zeigt auch Platz der Jugend 14 von 1945/48. Durchkreuzte Viertelkreisstreben sind der Schmuck des Hauses Platz der Jugend 6.

Die Obere Hauptstraße bietet auf ihrer Westseite im wesentlichen nur nach dem Brand von 1849 entstandene Häuser. Gegenüber sei das Eckhaus **Schulgasse 1** aus dem 17. Jh. hervorgehoben. Die Brüstungsfelder der Traufseite schmücken aus einer Schrägkreuzkombination gebildete Rauten mit starker Profilierung der Innenlinien, während an der Giebelseite sowohl im Oberstock als auch im Giebeldreieck das Bogenkreuz auftritt. In geschweifte Kopfwinkelhölzer, Fußstreben und Mannsfiguren sind Herzen eingeschnitten, die Eckständer sind durch Säulen mit Voluten profiliert, die Köpfe der Richtnägel beleben malerisch die Fläche.

In der Schulgasse schräg gegenüber stößt man auf den **Weyenhof**. Er ist einer der ehem. Adelshöfe Wasungens, die vom Mittelalter bis zum 19. Jh. mit Grundbesitz und Privilegien, u. a. Lastenfreiheit gegenüber der Stadt, ausgestattet waren und sich in Baumasse und architektonischer Durchbildung von den Bürgerhäusern deutlich abheben. Das jetzige Gebäude verdrängte 1630/32 seine mittelalterlichen Vorgänger. Ist die Gassenfront noch schlicht gehalten, überrascht die Hofseite, die man nach Passieren der rundbogigen Einfahrt oder der Fußgängerpforte betrachten kann, mit einer repräsentativen Renaissancegestaltung. Die massive Giebelseite ziert das Wappen der Erbauer, der Eheleute C. Wild und R. Hanwacker. Die Wand ist durch Gurtgesimse horizontal gegliedert und durch einen zweigeschossigen Volutengiebel mit Fächerrosette über einer vierpassigen Öffnung geschlossen. An der Langseite steht über dem massiven Erdgeschoß eine Fachwerkwand mit durchkreuzten Viertelkreisrauten in den Brüstungsfeldern und Mannsfiguren zwischen den Fenstern. **Schulgasse 4** war

Engelsgasse – Haus Zehner

ein weiterer Adelshof mit einst wehrhaftem Charakter. Er diente zur Verteidigung der Stadtmauer, die als Rückwand des Hauptgebäudes erhalten ist. Wohl noch aus dem Mittelalter stammt der geräumige Keller, das darüber errichtete Freihaus der Herren von Diemar aus dem Jahre 1578 mußte im 18. Jh. einem schlichten Barockbau mit Krüppelwalmdach weichen. Das geschah, nachdem 1707 die Stadt das Anwesen gekauft und ihre Schule darin eingerichtet hatte. Hier wurde am 22. 12. 1813 der bedeutende Pädagoge Tuiskon Ziller geboren (Ge-

denktafel). Während das eigentliche Diemarsche Haus als **Rektorat** diente, wurden die Klassen in dem ansehnlichen Nebenbau, der sog. **Alten Schule** (heute Wohnhaus), untergebracht, der ein von Leiterbrüstungen und Mannsfiguren geprägtes Fachwerk aufweist.

Wie das ehem. Diemarsche Freihaus geht auch der **Maienhof** auf eine feudale Eigenbefestigung mit Verteidigungsfunktion für einen Eckpunkt der Stadtmauer zurück, deren erhaltene Teile von hier an bis zur Kirche zu überblicken sind. In der Rückwand des Gebäudes sind Reste eines Wehr-

turms erhalten. Das massive Untergeschoß scheint der Inschrift nach aus
dem Jahre 1576 zu stammen. Gehören
die beiden Fachwerkober- und die
Giebelstockwerke zeitlich dazu,
bergen sie die mit ältesten Bogenkreuze der Gegend. Sie sind hier zu
ganzen Bändern in den Brüstungsfeldern geordnet. Auch Füllhölzer – hier
mit Zahnschnitt – und Ständerverstre-
bung durch Kopfwinkelhölzer treten
am Maienhof zumindest in Wasungen
erstmalig auf. Die Adelsfamilien
v. Roßdorf und v. Zweifel (nach letzteren auch „Zweifelshof" genannt), die
das Anwesen nacheinander im 16. Jh.
besaßen, waren weit heruntergekom-
men, so daß der Hof 1594 in bürgerliche Hände kam.

In der nahen Engelsgasse, eigentlich „enge Gasse", führt der Weg am
Pfarrhaus vorbei, einem imposanten
Fachwerkbau, der durch seine z. T. geschweiften und profilierten Streben
auffällt. Der Inschrift nach wurde das
Haus 1603 unter dem Pfarrer
A. Scherdiger erbaut. Eine interessante Gruppe bilden die Häuser Engelsgasse 21, 29 und 31. Schon aufgrund ihrer Anordnung durch die
räumliche Zurücksetzung des mittleren Hauses und den Wechsel von Gie-
bel- und Traufstellung sind sie bemerkenswert. Das älteste Haus Engelsgasse 31 weist die Jahreszahl 1596 im
Scheitel der rundbogigen Hausein-
fahrt aus. Den Fachwerkaufbau über
dem massiven Erdgeschoß schmückt
ein umlaufendes Band von Bogenkreuzen mit gotisierenden „Nasen" in
den Brüstungsfeldern, die Saumschwelle ist mit Zahnschnitt versehen. Charakteristisch für Engelsgasse 29
von 1620 (Inschrift über der Rundbo-
genpforte im Kellergeschoß) ist die
reiche Verwendung von Grundstreben. Das Haus diente von 1626 bis
1707 als Stadtschule. Engelsgasse 21
(17. Jh.) ist vor allem wegen seiner
Brüstungsfelder bemerkenswert, die
teils mit profilierten Viertelkreismu-
stern, teils mit geschweift ausgeschnittenen dreieckförmigen Hölzern gefüllt
sind. Mannsfiguren an Trauf- und
Giebelseite ähneln denen der Markt-

schmiede, die Kopfwinkelhölzer sind
aber profiliert und dienen z. T. auch
wie beim Maienhof der Versteifung
von Ständern ohne Fußstreben. An
den Eckständer ist eine Säule ge-
schnitzt.

An der Engelsgasse 31 vorbei führt
über alte Sandsteinstufen der Vulpius-
stieg, nach dem um 1560 in Wasungen geborenen Komponisten Melchior Vulpius benannt, hinauf zum
Kirchberg, von dem aus man die
Dachlandschaft der gesamten Altstadt
überschauen kann.

Aus der Zeit der Gründung der
Stadtkirche St. Trinitatis (frühes
13. Jh.) stammt noch der um 1500 baulich veränderte ehem. Chor als Untergeschoß des jetzigen Turmes. Die erste Kirche mußte 1583 dem Neubau
von 1584/96 weichen, wobei die alte
Ostung aus Platzgründen aufgegeben
wurde, so daß der Turm jetzt an der
östlichen Langseite des Schiffes steht
und der erst 1680 vorgesetzte polygonal geschlossene Chor im Süden liegt.
Er ist ebenso wie der schlichte rechteckige Hauptraum mit hohen spitzbogigen Fenstern versehen. Den Turm
krönt nach barocken Umgestaltungen
seit 1708 eine Laterne über achteckiger Schweifkuppel. Im Innern sind
Kanzel und zweigeschossige Emporen
mit wertvollen Schnitzereien des
17. Jh. sehenswert. Nördlich der Kirche befindet sich die Pfaffenburg, ein
wohnturmartiges Gebäude, das 1387
als Zuflucht für den Pfarrer in Zeiten
der Gefahr entstand. Es wurde aber
gewiß von Anfang an von der Stadt
auch als Wehrturm genutzt. Das Haus
ist an die Außenseite der Stadtmauer
gesetzt, in deren baulichem Verband es
steht und deren ursprüngliche Höhe
an den Abrißstellen ablesbar ist. Über
dem Kellergeschoß (Mauerstärke
zwei Meter) und zwei massiven
Wohngeschossen erhebt sich eine
schlichte, 1974 originalgetreu kopierte
Fachwerkkonstruktion. Noch erhaltene Schießscharten dienten einst zum
Bestreichen des ehem. Stadtgrabens.

An der Kirche geht es den Stieg
hinunter, der nach dem am Ende der
Engelsgasse liegenden Fellehof be-

Stadtkirche St. Trinitatis

nannt ist, einem ehem. Adelssitz (bezeugt seit 1335). Adlige und bürgerliche Besitzer wechselten einander rasch ab, bis 1763 die letzten Adligen auszogen. Der heutige Fachwerkbau mit seinem original erhaltenen gezimmerten Tor (vermutlich 18. Jh.) wirkt durch seine enggestellten Ständer und Leitern und kommt fast ohne Streben aus. Die Giebelfront des benachbarten Hauses **Engelsgasse 4** (1604) lebt dagegen wieder ganz von der rhythmischen Anordnung verschiedener Strebenfiguren, besonders der teilweise profilierten Grund- und Fußstreben. Rähm und Schwellen, z. T. sogar Brustriegel, sind mit Zahnschnitt, Tau- und Rundstab, die Eckständer mit Säulen und Voluten geziert. In der Saumschwelle haben sich Bauherr und Zimmermeister verewigt und einen Spruch hinzugefügt. Ein brückenartiger Laubengang über dem Hof führt von der Traufseite des Oberstockwerkes zur gegenüberliegenden Scheune. Das Haus **Untere Hauptstr. 42** (1682) fällt durch seine gezimmerte Einfahrt mit profilierten

Eckverstrebungen und zwei imposante Oberstockwerke auf. Während die Brüstungszone des unteren Stockwerks zumeist einfache Leitern aufweist, sind die Felder unter den Fenstern des oberen Stockwerks unter Aussparung von Rauten ausgehobelt. Die Mannsfigur tritt auch hier auf (↗ Marktschmiede).

Reich gestaltet sind Trauf- und Giebelfront des ganz in der Nähe gelegenen Eckhauses **Windtal 1** (1665). Die Brüstungsfelder füllen Bogenkreuze mit gotisierenden Nasen, auf die Brustriegel sind Mannsfiguren mit stark bewegten Linien der Fußstreben und Kopfwinkelhölzer gestellt, die Zwischenständer zieren beschnitzte Konsolen, die Eckständer mit Kerbschnittmuster und Voluten versehene oder zum Tau gedrehte Säulen. Die Giebelspitze ist rautenförmig vergittert. Auch hier wird die Gesamtwirkung durch die Köpfe der Richtnägel erheblich gesteigert.

Gegenüber steht das ehem. **Damenstift**, das schönste Gebäude der Stadt. Es geht auf einen befestigten Adels-

Ehem. Damenstift

sitz zurück, der die Nordwestecke der Stadtmauer zu schützen hatte und seit 1379 nachweisbar ist. Der hennebergische Statthalter B. Marschalk von Ostheim, dessen Vorfahren den Sitz seit 1431 bzw. 1466 innehatten, ließ 1596 an seiner Stelle ein Stift für ledige adlige Damen erbauen (heute Wohnung, Stadtbibliothek; geplant: Schaumagazin zur Stadtgeschichte). Der Bau von 1596 bezog z. T. alte Kellerräume und Grundmauern mit ein und wurde im Norden und Westen auf die Stadtmauer gesetzt, die am Gebäude fortlaufend noch ein Stück bis in Höhe des Wehrgangauflagers erhalten ist. Die Fachwerkwände über dem massiven Erdgeschoß ziert an der zur Straße gestellten Traufseite ein Band von zierlichen Bogenkreuzen mit gotisierenden Nasen, die Giebelseite beherrschen Grundstreben. Die horizontalen Hölzer sind u. a. durch Taustab und Zahnschnitt, der Eckständer durch Säule und Volute profiliert. Vor die Mitte der Traufseite ist ein achteckiger Treppenturm gestellt, dessen letztes Geschoß aus Fachwerk mit Bogenkreuz und kopfwinkelholzversteiften Ständern besteht und von einer Haube bekrönt ist. Sein Rundbogenportal fassen zwei durch ein Frontispiz überbrückte Pilaster. Über dem Bogen befindet sich das Wappen des Bauherrn. Die Mauerumfriedung unterbricht ein schmiedeeisernes Tor, seine Pfeiler krönen Kugeln auf profilierten Platten und pyramidalen Untersätzen.

Das älteste Gebäude des an der Südwestecke der Altstadt gelegenen ehem. **Amtshofes** ist der viereckige Judenturm aus dem 13. Jh., einst ein wehrhafter Wohnturm, der seit dem 14. Jh. die Stadtmauer schützte. Sie ist hier noch in fast voller Höhe zu sehen. Durch Anbau eines Amtshauses (1606/07 neu) und Umfriedung entstand ein landesherrlicher Hof (1397 urkundlich genannt). Hier treten deutlich Züge der Renaissance in Erscheinung. Das ortstypische Bogenkreuz ziert die Fachwerkwände über dem massiven Erdgeschoß, vor allem auf der Giebelseite prägen aber auch Streben das Bild. Die starken Schwellen, Füllhölzer und Rähmbalken, selbst die Brustriegel sind durch Zahnschnitt, die Ständer durch Konsolen profiliert. Schlichter gehalten ist der westliche Anbau von 1661 mit Bogenkreuzen. Das sich anschließende Haus Amtshof 4 (1758) zeigt nur noch die reine Zweckform des Fachwerks. Die Hofeinfahrt (1611) überspannt ein großer Rundbogen aus wulstartig ausgebauchten Quadersteinen, die ebenfalls rundbogige Fußgängerpforte daneben flankieren zwei toskanische Säulen, die ein Volutenfrontispiz mit Fächerrosette tragen.

Außerhalb der Altstadt liegen südlich die Friedhofskirche St. Peter, die nach W. Scholz Teile des Querhauses einer um 1000 entstandenen T-förmigen Anlage weiterführt, und der lindenumstandene Steinerne Tisch, die Stätte des ehem. Freien Kaiserlichen Landgerichts Wasungen. Von der Burg Maienluft auf dem Schloßberg sind der Bering von Vor- und Hochburg mit gotischen Architekturteilen und der Bergfried aus dem 13. Jh. erhalten.

Weimar

Bez. Erfurt

 Weimar-Information
Marktstr. 4
Weimar, 5300

Historischer Stadtkern lt. Bekanntmachung der zentralen Denkmalliste der
DDR:
„Altstadt innerhalb Goetheplatz – Wielandstraße – Theaterplatz – Schillerstraße – Frauenplan – Ackerwand –
Burgplatz – Park an der Ilm – Graben
mit Deutschem Nationaltheater, Goethe-Schiller-Denkmal, Cranachhäuser,
Neptunbrunnen, Zentralbibliothek,
mittleres Schloß, Musikhochschule,
Carl-August-Denkmal, Stadtschloß
und Bastille, Herderplatz mit Herderkirche und Herderdenkmal, Landesmuseum, Belvedere-Allee mit Schloß Belvedere und Hochschule für Architektur
und Bauwesen, Hauptbau und Van-de-
Velde-Bau.“

Keimzelle der Stadt Weimar war eine
bereits im 10. Jh. bestehende Wasserburg der Grafen von Weimar. Im
Schutz dieser Anlage entwickelte sich
im 1. Viertel des 13. Jh. ein Suburbium. Ein vermutlich noch älterer
Siedlungskern (Fronhofanlage) bestand auf dem damals natürlich geschützten Hügel nordwestlich von
Burg und Vorwerk in der Gegend um
die Jakobskirche (1168).

Der mittelalterliche Stadtkern
vom östlichen Ausgang der Vorwerks-
gasse bis zum westlichen Eisfeld (bereits vorher gräfliche Gerichtsstätte)
und vom Graben bis zur Marktstraße/
Schloßgasse zeigt noch heute ein offensichtlich geplantes, aber unregelmäßig angelegtes Straßennetz mit der
↗ Kirche St. Peter und Paul und einem an zentraler Stelle gelegenen ersten Markt im Bereich des heutigen
Herderplatzes. Die sich westlich
daran anschließende Erweiterung bis
zur Mündung der Geleitstraße in den
Goetheplatz (Neutor, später Erfurter
Tor) gehört in ihrem räumlichen Gefüge noch dazu. Bereits dieser Stadtteil war befestigt. Die zunächst drei

und später vier Tore an den Enden
der Hauptstraßen waren im Osten das
Kegeltor, im Süden das Südtor, nördlich das Jakobstor und im Westen, als
zuletzt angelegtes, das Neutor. Struktur und äußere Grenzen der Stadt des
13. Jh. sind auch im heutigen Grundriß ablesbar. Innerhalb dieses Bereiches ist die mittelalterliche Struktur
weitgehend erhalten geblieben. Das
Gebiet um die Jakobskirche gehörte
nicht zur Stadt, obgleich hier der älteste Siedlungsteil bestanden hatte
(1278 als „alte Stadt“ – „vetus civitas“
– bezeichnet). Für den Fernhandel besaß Weimar keine Bedeutung. Nach
dem großen Stadt- und Schloßbrand
von 1424 errichtete man eine doppelte
Stadtmauer mit vier Toren und zehn
Türmen. Neben dem ↗ Kasseturm
blieb davon auch der südöstliche Eckturm im Kern erhalten. Herzog Wilhelm III. wählte Weimar zu seiner be-
vorzugten Residenz, wodurch die
Stadt einen weiteren wirtschaftlichen
und baulichen Aufschwung erfuhr.
Aus dieser Zeit stammt u. a. das Stadthaus am Markt.

Mit der Erhebung zur Residenz
sächsischer Herzöge im 16. Jh. war
eine im heutigen Stadtbild ablesbare
rege Bautätigkeit verbunden. Eine
Reihe repräsentativer Bürgerhäuser
sowie das Grüne und das Rote
Schloß entstanden. Der Dreißigjährige Krieg führte zur Stagnation in der
Stadtentwicklung Weimars. In der
1. Hälfte des 18. Jh. wurden unter dem
Förderer der Künste, Herzog Wilhelm
Ernst, einige Repräsentationsbauten
errichtet, darunter das spätere ↗ Goe-
the-Wohnhaus am Frauenplan und
das ↗ Gelbe Schloß. 1757 begann
man mit der Entfestigung. Im Südwesten entstand dadurch die Esplanade,
die heutige Schillerstraße. Sie bildet
mit dem Raumgefüge Goetheplatz,
Wielandstraße und Theaterplatz die
Grenze des Denkmalschutzgebietes
im Westen und Südwesten. Seit 1969
ist dieser Abschnitt Fußgängerzone.
Der räumliche Versatz zwischen Schillerstraße und Theaterplatz wird durch
die Lage des 1767 auf einem Teil des
ehem. Klostergeländes errichteten

↗ Wittumspalais verursacht. Ein Hoftheater entstand. 1779 war das Komödienhaus und herzogliche Hoftheater auf dem heutigen Theaterplatz fertiggestellt. Seine wirtschaftliche und kulturelle Entwicklung verdankte Weimar in der Folgezeit vor allem dem Einfluß J. W. Goethes, der 1775 auf Einladung des jungen Herzogs Carl August in das Herzogtum gekommen war. Das 1774 abgebrannte Schloß wurde unter Goethes Leitung bis 1803 wieder aufgebaut. Erst 1810 wurde die mittelalterliche Stadtordnung von 1590 durch Erlaß einer fortschrittlicheren aufgehoben und 1816 durch eine relativ progressive landständische Verfassung des Herzogs ergänzt. Im gleichen Jahr trat der Architekt C. W. Coudray in weimarische Dienste. Damit begann die Bauperiode des klassischen Weimars, die auch im historischen Stadtkern Spuren hinterließ: 1818 Anlage der Straßen „Graben", 1821 heutige Kunsthalle am Theaterplatz, 1825 ehem. Bürgerschule, 1828 heutiges Klubhaus der Jugend, ab 1825 Wiederaufbau des Theaters, später Westflügel des Schlosses.

Während sich die nur sehr zögernde Industrialisierung Weimars innerhalb des historischen Stadtkernes nicht bemerkbar machte, entstanden in diesem Bereich bis 1914 auf großherzogliche Veranlassung der Marstall (1873/78), der Theaterneubau (1907/08) und der Südflügel des Schlosses (1912/13). Gegen Ende des zweiten Weltkrieges erlitt das historische Zentrum schwere Schäden. Bereits wenige Jahre danach konnten viele bedeutende Gebäude wie das Nationaltheater, das Goethe- und Schillerhaus, das Wittumspalais oder der Herderkirche wieder hergestellt werden. In der Zeit darauf erfolgten Lückenschließungen und die Rekonstruktion einzelner Bauten. Seit Mitte der siebziger Jahre ist eine umfassende Sanierung im Gange.

Der sich dem Betrachter darbietende, eindrucksvolle **Schloßkomplex** (heute u. a. staatliche Kunstsammlungen, Schloßmuseum, Nationale Forschungs- und Gedenkstätten der klassischen deutschen Literatur) ist das Ergebnis einer nahezu 300jährigen, allerdings oft lange unterbrochenen Bautätigkeit. An der Stelle der heutigen Vierflügelanlage und der sich südwestlich anschließenden „Bastille" erhob sich bereits im 10. Jh. eine Wasserburg der Grafen von Weimar. Sie bestand aus hölzernen Bauten, die erst im Laufe der Zeit durch feste ersetzt wurden. Ältester erhaltener Teil ist der vermutlich noch aus dem 11. Jh. stammende Rumpf des **Schloßturmes** mit aufgesetzter barocker Haube (G. H. Krohne, 1729/32). Ihm fügen sich die Reste der nach dem Brand von 1424 in spätgotischen Formen bis 1439 errichteten Burg Hornstein an, ihr Torhaus „Bastille" hat ein zum Grünen Markt zeigendes Renaissanceportal (N. Gromann, um 1545), denn 1535 hatte unter der Leitung von C. Krebs und N. Gromann die Umgestaltung der gotischen Anlage zum Renaissanceschloß begonnen. Da Weimar nach 1547 fürstliche Residenz und damit ständiger Sitz des Hofes geworden war, wurden ständig umfangreiche Baumaßnahmen am Schloß durchgeführt, die 1603 abgeschlossen waren. Der Brand vom 2. 8. 1618 zerstörte den gesamten Nordflügel und Teile des östlichen Flügels. Für den Neubau ab 1619 entwarf G. Bonalino den Plan einer Vierflügelanlage, die den Zusammenschluß aller Funktionsbereiche zu einer baulichen Einheit vorsah. Nach der nur bruchstückhaften Ausführung des Bonalino-Entwurfes übernahm 1651 J. M. Richter den weiteren Aufbau des nun Wilhelmsburg genannten Schlosses. Die Planung sah jetzt eine sich nach Süden öffnende Dreiflügelanlage vor, nach der Ost- und Nordflügel unter Verwendung älterer Teile vollendet wurden. Die heutigen Außenmauern dieser Trakte stammen mit ihrer reichen Gliederung bis zum Dachansatz aus der Zeit bis 1664. Im Ostflügel befand sich die nicht mehr erhaltene Schloßkapelle. Von dem Großbrand 1774 blieben lediglich „Bastille" und Schloßturm verschont,

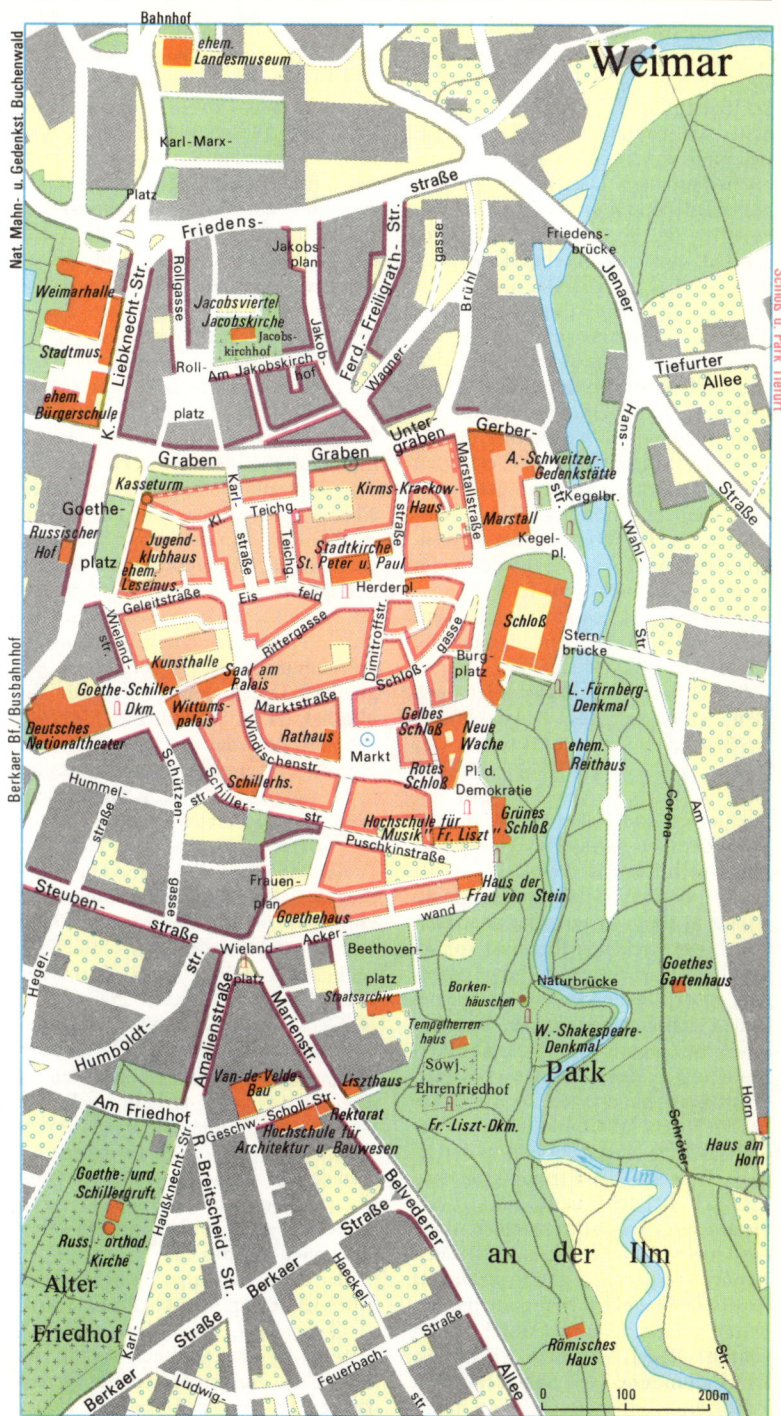

Weimar

Bahnhof

ehem. Landesmuseum

Nat. Mahn- u. Gedenkst. Buchenwald

Karl-Marx-

Platz

Friedens-

straße

Jakobs-

plan

gasse

Friedens-
brücke

Weimarhalle

Rollgasse

Jacobsviertel
Jacobskirche

Jacobs-
kirchhof

Ferd.-Freiligrath-Str.

Brühl

Jenaer

Schloß u. Park Tiefurt

Stadtmus.

Liebknecht-Str.

Roll-

Am Jakobskirch-
hof

Jakob-

Wagner-

Gerber-

Tiefurter
Allee

ehem.
Bürgerschule

K.

platz

Unter-
graben

A.-Schweitzer-
Gedenkstätte

Hans-

Straße

Graben

Graben

Karl-

Marstallstraße

Marstall

Wahl-

Kegelbr.

Kasseturm

Goethe-

Teichg.

Kirms-Krackow-
Haus

Kegel-
pl.

Sternbrücke

Russischer
Hof

platz

Kl.

Teich

straße

Stadtkirche
St. Peter u. Paul

Schloß

Jugend-
klubhaus
ehem.
Lesemus.

Eis

feld

Herderpl.

gasse

Corona-

Geleitstraße

Rittergasse

Dimitroffstr.

Burg-
platz

L.-Fürnberg-
Denkmal

Kunsthalle

Wieland-

Saal am
Palais

Schloß

Am

Goethe-Schiller-
Dkm.

Wittums-
palais

Marktstraße

Windischenstr.

Gelbes
Schloß

Neue
Wache

ehem.
Reithaus

Deutsches
Nationaltheater

Schützen-

Rathaus

Markt

Rotes
Schloß

Pl. d.
Demokratie

Grünes
Schloß

Hummel-

Schiller-

Schillerhs.

Hochschule für
Musik "Fr. Liszt"

Corona-

straße

gasse

str.

Puschkinstraße

Haus der
Frau von Stein

Steuben-

Frauen-
plan

straße

Goethehaus

wand

Hegel-

Humboldt-

str.

Wieland-
platz

Acker-

Beethoven-

platz

Staatsarchiv

Naturbrücke

Goethes
Gartenhaus

Amalienstraße

Marienstr.

Van-de-Velde-
Bau

Lisztstraße

Borken-
häuschen

W.-Shakespeare-
Denkmal

Park

Horn

Am Friedhof

R. Geschw.-Scholl-Str.

Rektorat
Hochschule für
Architektur u. Bauwesen

Tempelherren-
haus

Sowj.
Ehrenfriedhof

Schröter-

R.-Breitscheid-Str.

Haus am
Horn

Goethe- und
Schillergruft

Hauptknecht-Str.

Fr.-Liszt-Dkm.

an

der

Ilm

Russ.-orthod.
Kirche

Belvederer

Ilm

Alter

Berkaer

Straße

Haeckel-

Friedhof

Karl-

Straße

Str.

Römisches
Haus

Str.

Berkaer

Ludwig-

Feuerbach-

Straße

str.

Allee

0   100   200m

Berkaer Bf./Busbahnhof

vom Schloß selbst nur die Umfassungsmauern. Von 1789 an war eine von Herzog Carl August eingesetzte Schloßbaukommission unter maßgeblicher Mitwirkung von Goethe tätig. Die noch vorhandenen Außenmauern blieben erhalten. Die Fassade zur Ilm hin wurde durch einen Zwischenbau gestaltet, der über einem Rustikaerdgeschoß eine toskanische Säulengalerie trägt (J. A. Arens). Dadurch erhielt die Ostseite in der Achse der 1654 errichteten Sternbrücke eine repräsentative Fassung. Arens ordnete auch den Grundriß besonders im Ostflügel entschieden neu. Große Prunkräume wurden zugunsten wohnlicher Gemächer aufgegeben. Die Räume erhielten reichen dekorativen Schmuck nach römischen und pompejanischen Vorbildern (N. F. Thouret). Der **Falkensaal**, die kurfürstliche Galerie im Nordflügel, erhielt seine festliche und repräsentative Gesamtwirkung durch eine eindrucksvolle Innengestaltung (H. Gentz).

Die obere **Treppenhalle** zeigt nach dem Verlassen des Erdgeschosses Großzügigkeit und Lichtfülle. Der Raum ist durch gut proportionierte dorische Säulen gegliedert und mit Skulpturen und Reliefs nach antiken Vorbildern ausgestaltet (F. Tieck). Der sich anschließende **Festsaal** gilt als eine der besten Leistungen des Klassizismus in Deutschland. Der über zwei Geschosse reichende Raum ist von einer ionischen Säulenstellung umzogen, an den Schmalseiten darüber befinden sich Galerien, in den Wandnischen Skulpturen von Tieck. Die Fertigstellung des zweigeschossigen **Westflügels** dauerte bis in die Mitte des 19. Jh. (C. W. Coudray). Er nimmt die Geschoß- und Achsteilung der älteren Teile auf, die Formen sind klassizistisch. Bei der Innengestaltung verdienen die sog. Dichterzimmer sowie die Goethe-Galerie mit einer flachen Tonnenüberdeckung (K. F. Schinkel) Erwähnung. Leider ließ man die bis dahin offene Südseite durch einen vierten Flügel schließen (1911/13). Die Verbindung vom Schloßhof zum Park wurde unterbrochen und somit die direkte Beziehung zwischen Bau und Landschaft zunichte gemacht.

Von besonderer Wirksamkeit im Stadtbild Weimars ist die räumliche Beziehung zwischen dem Schloß und den Repräsentationsbauten südlich der „Bastille" mit dem räumlichen Abschluß am **Platz der Demokratie.** Westlich, unmittelbar an den Kern der Bürgerstadt anschließend, öffnet sich dieses Gefüge nach Osten in den ↗ Park an der Ilm. Der höchste Punkt des Bereiches, ursprünglich gleichzeitig die Südostecke der Altstadt, wird im Süden vom Gebäude der Hochschule für Musik „Franz Liszt" (ehem. Landschafts- oder Fürstenhaus) und im Osten über dem Hang zur Ilm von der **Zentralbibliothek der deutschen Klassik,** auch Grünes Schloß genannt, markiert (N. Gromann, 1762/65). Es entstand als Wohnsitz für den Bruder des regierenden Herzogs. Das dreigeschossige Gebäude mit Walmdach ist durch Pilaster und kräftige Fensterumrahmungen im 1. Obergeschoß gegliedert. Durch den Umbau zur Bibliothek (A. F. Straßburger, 1761/66) entstand der über drei Geschosse reichende und repräsentativ ausgestaltete Rokokosaal mit elliptischem Grundriß und Pfeilergalerie. Die Porträtplastiken stammen u. a. von G. Schadow und J. A. Houdon. Goethe, der die Leitung der Bibliothek von 1797 bis zu seinem Tode inne hatte, veranlaßte den sich südlich anschließenden Erweiterungsbau, der von 1803 bis 1805 nach Plänen von H. Gentz erfolgte. Damit wurde auch die Verbindung zum Turm (1453) der ehem. Stadtbefestigung geschaffen, in dem die aus der Osterburg bei Weida stammende Wendeltreppe mit ihrem 16 Meter hohen Pfeiler aus einem Eichenstamm bemerkenswert ist. Der Hauptbau erhielt von 1845/46 durch Coudray eine zweiachsige Erweiterung nach Norden hin.

Der dreigeschossige Barockbau der **Hochschule für Musik „Franz Liszt"** (J. G. Schlegel, 1770/74) wurde nach Beseitigung der Stadtbefestigung, im Süden des jetzigen Platzes der Demokratie fast in der Achse des früher

offenen Schloßhofes, für die Landstände errichtet. Erst 1889 kam der
Säulenvorbau hinzu. Die frühere
Bezeichnung „Fürstenhaus" stammt
aus der Zeit der Nutzung des Gebäudes durch die herzogliche Familie
nach dem Schloßbrand von 1774.
Nach 1803 diente der den Platz beherrschende Bau Verwaltungszwek-
ken, 1808 erhielt die Freie Zeichenschule darin ihr Domizil. Bis 1950 war
das Haus auch Sitz des Landtages
und bis 1952 von Ministerien. Das
Reiterstandbild Carl Augusts
(A. Donndorf, 1875) mit einer heroi-
sierenden Darstellung des Fürsten
enthüllte man anläßlich des 100. Jahrestages seines Regierungsantritts. Im
Westen bildet das Rote Schloß
(1574/76; heute Rat der Stadt) die Begrenzung des Ensembles. Der langgestreckte dreigeschossige Renaissancebau mit zwei Treppentürmen und reichem Hauptportal wurde als Witwensitz der Herzogin Dorothea Susanna
errichtet. Ursprünglich standen hier
Bürgerhäuser. Die östlichen und
nördlichen Flügel brach man 1808 ab.
Als neue Platzwand entstanden die
klassizistischen Holzställe (C. W.
Coudray, 1820). An ihre Rückseite
kam 1824 der Spiegelbrunnen (1796),
auch „Antiker Brunnen" genannt, mit
der Ildefonsogruppe. Sie stellt einen
Abguß des in Madrid befindlichen
Originals aus der späten griechischen
Kultur dar. Das **Gelbe Schloß**
(1702/04; heute Rat der Stadt) grenzt
unmittelbar nördlich an das Rote
Schloß, seine Hauptfassade zeigt zum
Grünen Markt. Hier ist das von ionischen Säulen gefaßte Löwenportal erhalten. Das zweigeschossige barocke
Gebäude wurde als Witwensitz der
Herzogin Charlotte Dorothea Sophie
errichtet und diente später Hofbeam-
ten als Wohnung. Es ist das Geburtshaus des Dramatikers August v. Kotzebue. In der Folgezeit diente das
Haus Verwaltungszwecken, Symbol
dafür ist der Brunnen mit der Akten-
männchenfigur im Hof. Östlich
schließt sich die klassizistische Neue
Wache (C. W. Coudray, 1836) an. Als
Kammergebäude entworfen, über-

nahm es nach dem Abriß der alten
Hauptwache vor dem Schloßzugang
diese Funktion. In Verbindung mit
dem Schleifen der alten Hauptwache
und dem Verfüllen der Gräben an der
Südweststrecke des Residenzschlosses
entstand der **Burgplatz**. Im Haus
Burgplatz 1, 1834 teilweise abgebrannt
und danach wieder ausgebaut, hatte
Goethe eines seiner ersten Weimarer
Quartiere (Gedenktafel). Östlich des
„Schlösserbereiches", bereits außer-
halb des geschützten Altstadtkernes
gelegen, befindet sich im Park an der
Ilm das ursprünglich barocke
(C. Richter, 1715/18) und klassizi-
stisch umgestaltete ehem. **Reithaus**
(H. Gentz, 1803/04). Nach erneutem
Umbau von W. Gropius diente es von
1923 bis 1945 als Ministerialgebäude
(heute Haus der Jungen Pioniere).
Nördlich des Hauses steht die Büste
(1960) des Dichters Louis Fürnberg.
Der großherzogliche **Marstall**
(F. Streichhan, 1873/74), im Stil der
Neorenaissance errichtet, war nach
1920 Sitz des Thüringischen Justizmi-
nisteriums (heute Staatsarchiv). Die
Faschisten hatten in diesem Gebäude
1936 die Gestapo mit Gefängnis und
Verhörabteilung für das Konzentrationslager Buchenwald untergebracht.
Zahllose Menschen wurden grausam
gefoltert. In der Nacht vom 21. zum
22. 7. 1944 erschossen die Faschisten
hier Magnus Poser, den engsten
Kampfgefährten Theodor Neubauers
(Gedenktafel).
Östlich grenzt der Marstall an den
Kegelplatz. Die Kegelbrücke, 1749
massiv ausgeführt, nach Kriegszerstörung 1950 wiedererrichtet, war ursprünglich Weimars einziger Ilmüber-
gang. Am Kegelplatz 4 befindet sich
die **Albert-Schweitzer-Gedenkstätte**
(1984). Das barocke Gebäude (1754)
mit seiner angenehm proportionierten
Fassade wird nach seinem berühmtesten Bewohner auch als „Musäus-
haus" (Gedenktafel) bezeichnet.
J. K. A. Musäus wirkte ab 1763 in
Weimar und gilt u. a. als Verfasser der
„Volksmärchen der Deutschen". Auf
dem Kegelplatz steht die Bronze-
gruppe des Albert-Schweitzer-Denk-

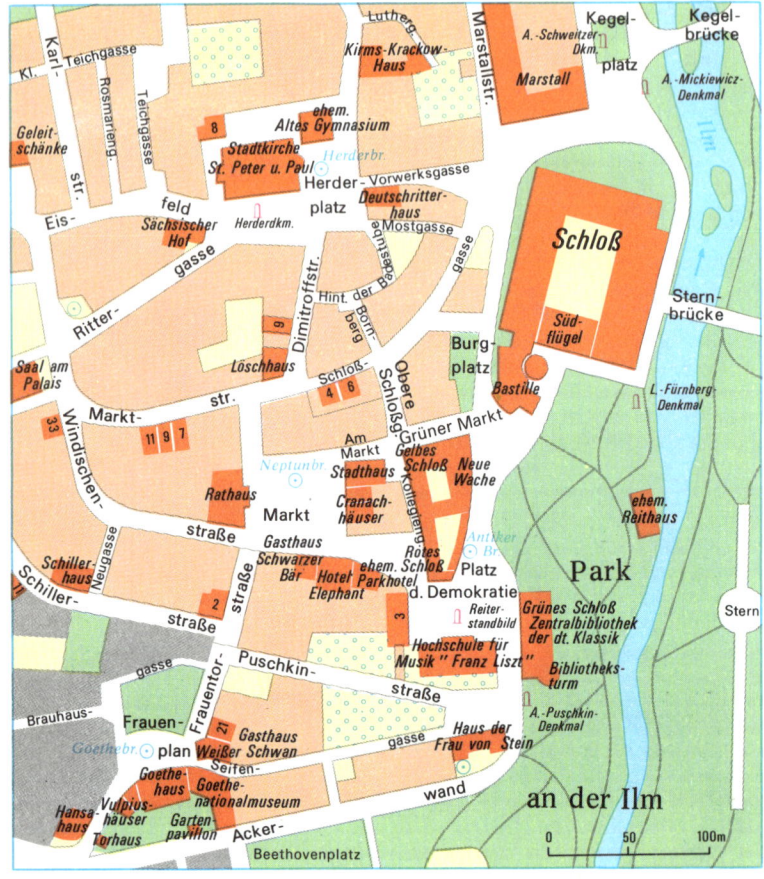

mals (G. Greyer, 1968). Gegenüber wurde 1956 eine Büste des polnischen Nationaldichters Adam Mickiewicz aufgestellt. Die Plastik erinnert an seinen freundschaftlichen Besuch 1829 bei Goethe.

Am **Herderplatz**, östlich der Stadtkirche, stand vermutlich das älteste Rathaus an der Stelle des heutigen Hauses **Herderplatz 16**, des sog. Deutschritterhauses (heute Gaststätte). Das Gebäude ist im Kern gotischen Ursprungs – Kreuzgewölbe im Erdgeschoß – mit prächtiger Renaissancefassade und Portal (1566). Der getreppte Giebel mit Akanthusblattzwickeln ist durch eine vergoldete Ritterstatue bekrönt. Von 1808 bis 1848

gehörte es der Sängerin und Schauspielerin Caroline Jagemann.

Zu den ältesten Häusern der Stadt gehört der mit seinem Giebel zum Herderplatz zeigende **Sächsische Hof**, Eisfeld 12, der Rest einer ursprünglich befestigten Anlage, die nach 1469 den Grafen von Schwarzburg als Vasallen der Thüringer Landesherren zum Aufenthalt diente. Bereits 1429 ist sie als Besitz des Deutschritterordens erwähnt. Der Renaissancegiebel stammt aus dem 16. Jh. Goethe war hier 1775/76 Gast des Kammerpräsidenten von Kalb, seit 1810 beherbergt das Haus eine Gaststätte. Nach Kriegszerstörung wurde der zum Herderplatz zeigende Teil rekonstruiert, die sich

370

Herderkirche

westlich anschließenden Bauten sind angepaßte Ergänzungen aus den fünfziger Jahren.

Beherrschender Bau des Platzes und der Altstadt ist die **Stadtkirche St. Peter und Paul,** die Herderkirche. Sie steht frei zum südlich vor ihr liegenden Platz, der bis 1530 den Hauptteil des sie umgebenden Friedhofs bildete. Nachdem Vorgängerbauten mehrmals niederbrannten, ließ der Deutschritterorden zwischen 1498 und 1500 die im wesentlichen erhaltene, spätgotische dreischiffige Hallenkirche mit einschiffigem Chor errichten. Der niedrige Westturm mit Spitzhelm bleibt mit seiner Traufe unter dem First des gewaltigen Daches.

Die Kreuzgratgewölbe der Schiffe werden an den Außenwänden von Strebepfeilern abgefangen. Von 1735 bis 1745 erfolgte ein barocker Umbau, die Achteckpfeiler im Innern erhielten Pilasterummantelungen und die Fenster Rahmungen. Die Kirche birgt eine Anzahl wertvoller Grabmäler des ernestinischen Fürstenhauses, überwiegend aus dem 16. und vom Anfang des 17. Jh. Auf Vorschlag Goethes wirkte J. G. Herder seit 1776 an der Stadtkirche. Hier fand er seine letzte Ruhestätte. Das wohl bedeutendste Ausstattungsstück ist der 1552 von L. Cranach d. Ä. begonnene und 1555 von seinem Sohn vollendete **Flügelaltar.** 1945 wurde die Kirche

Kirms-Krackow-Haus

schwer beschädigt. Nach Wiederherstellung des Daches (1953) und des
Innern erfolgte eine umfassende Restaurierung (1974/76). Hinter der Kirche steht das **Wohnhaus Herders** (Gedenktafel), in dem er von 1776 bis zu
seinem Tode 1803 lebte. Das Gebäude
entstand zwischen 1550 und 1580.
Beim barocken Umbau von 1726/27
blieb das Renaissanceportal erhalten.
Auf dem Platz vor der Kirche steht
das **Herderdenkmal** (L. Schaller,
1850). **Herderplatz 14** (C. Richter,
1716) entstand als Gymnasium, an

dem bedeutende Persönlichkeiten des
klassischen Weimars wirkten. 1887
fand die Baugewerkeschule, einst auf
Anregung von Goethe gegründet, hier
ihr Domizil (heute Polytechnisches
Zentrum). Dem stattlichen dreigeschossigen Barockbau, dessen Mittelrisalit mit Segmentbogenabschluß bis
ins hohe Mansarddach hineinreicht,
ist eine doppelte Freitreppe vorgelagert. Das achteckige Becken des **Her-
derbrunnens** (1831/32) besteht aus
gußeisernen Platten mit Mäanderbän-
dern. Die ebenfalls achteckige Brun-

nensäule mit Teufelsfratze trägt eine geschmückte Vase.

Auf der östlichen Seite der **Jakobstraße** ist das **Kirms-Krackow-Haus** (1. Hälfte 16. Jh.) erhalten. Zur Goethezeit gehörte das Haus den Brüdern Kirms, höheren Beamten im Staatsdienst. Bis 1915 blieb es in Familienbesitz. 1917 wurden die original ausgestatteten Wohnräume für den Besucherverkehr zugänglich gemacht. Im 2. Obergeschoß ist das *Herder-Museum* untergebracht. Der Hof mit hölzerner Galerie und Pumpe blieb ebenfalls weitgehend original erhalten. Im hinteren Teil des Grundstücks befindet sich der reizvolle Hausgarten, der wiederhergestellte Teesalon grenzt an die Marstallstraße. Hinter dem Hof des Kirms-Krackow-Hauses liegt im südlichen Winkel der Luthergasse das Vulpiushaus, in dem Christiane, Goethes spätere Frau, geboren wurde (Gedenktafel). Nördlich davon, im Winkel zwischen Untergraben und Marstallstraße, befindet sich der seit 1492 bezeugte **Lutherhof**. M. Luther nahm hier bei einem Freunde wiederholt Quartier. Von 1773 bis 1777 wohnte C. M. Wieland in dem Gebäude. J. D. Falk, der 1813 eine Erziehungsanstalt gegründet hatte, brachte hier von 1821 bis 1826 seine Zöglinge unter. Sein Denkmal steht am Graben vor dem Sparkassenbau (G. Elster, 1913).

Die südliche Verlängerung der Jakobstraße, die heutige **Dimitroffstraße**, war als südlicher Hauptausfallweg der Stadt des 13. Jh. auf der Linie Marktstraße/Schloßgasse durch das Alte Südtor abgeschlossen. Die erhaltene Bebauung stammt überwiegend aus dem 19. Jh. Erwähnenswert sind u. a. das Haus **Dimitroffstr. 9** mit seiner Renaissancefassade und als Fachwerkgebäude das sog. Löschhaus (1542) an der Ecke Marktstraße. Seit 1840 wohnte J. P. Eckermann in dem Gebäude, das 1919 der Kaufmann Wilhelm Lösch kaufte und das seitdem seinen Namen trägt. In der **Marktstraße**, sie verdankt ihre Breite den ursprünglich hier befindlichen und mit der Stadterweiterung des 15. Jh. niedergelegten Befestigungen,

bis 1876 deshalb auch Breitengasse genannt, wohnten meist wohlhabende Bürger in stattlichen Häusern. Einige noch aus der Renaissance stammende Gebäude, z. B. Marktstr. 7 bis 11, sind erhalten. **Marktstr. 9** trägt einen prachtvollen Erker (um 1580, 1968 restauriert). Die Bebauung Marktstraße/Windischengasse wurde nach Abriß baufälliger Substanz mit zeitgemäßen Architekturformen, unterstrichen durch eine geschickte Farbgebung und unter Betonung des Einzelhauscharakters 1981 fertiggestellt. Die **Schloßgasse** bildet die östliche Fortsetzung der Marktstraße. Das **Haus mit der Palme**, Schloßgasse 4, entstand 1728 ursprünglich als Hinterhaus eines Marktgrundstücks. Die Symmetrie der Fassade wird durch Zwerchgiebel und vorstehendes Portal unterstrichen. Über dem Portal befindet sich das Wappen mit der Palme (Fruchtbarkeitssymbol), die Brüstungsfelder tragen ornamentales Dekor. Das benachbarte Haus **Schloßgasse 6** (15. Jh.) mit seiner reich gegliederten Fassade und dem Ornamentfries über dem Erdgeschoß wird nach seinem berühmtesten Bewohner, August v. Kotzebue, bezeichnet (Gedenktafel).

Der breite Straßenzug **Graben** markiert im Norden der Altstadt ihre Grenze und den einstigen Verlauf der Befestigungen. Die heutige, überwiegend geschlossene Bebauung erfolgte zwischen dem 18. und 20. Jh. Bemerkenswert sind u. a. die Jugendstilfassade an **Graben 39** und die gußeiserne Wendeltreppe **Graben 11**. Hinter dem Doppelhaus Goetheplatz 96 errichtete man 1880 ein Gebäude im Stil eines florentinischen Palazzos für Ausstellungen, es gehört als **Kabinett am Goetheplatz** heute zum Stadtmuseum. Zwischen Teichplatz und Jakobstraße steht seit 1801 der **Löwenbrunnen**, 1848 mit einem heraldischen Löwen bekrönt (G. Linsenbarth, 1878; B. Boeß, 1986 Kopie). An der Ecke zum Goetheplatz blieb der **Kasseturm** als Nordwestturm der Stadtbefestigung aus dem 15. Jh. erhalten. Seinen Namen trägt er seit 1774, nachdem das damalige Finanzministerium (Landschaftskasse) hier untergebracht war. 1961/62 bauten sich Studenten der Hochschule für Architektur und Bauwesen den Kasseturm zu ihrem ersten Klub aus. Nach Süden schließt sich, mit dem Kasseturm durch einen Säulengang verbunden, das **Klubhaus der Jugend „Walter Ulbricht"** an. Das spätklassizistische Gebäude, 1860 von F. Streichhan erbaut, mit betontem pilastergegliederten Mittelrisalit entstand als Haus der 1799 gegründeten „Erholungsgesellschaft". Hier konstituierte sich 1946 die erste Gruppe der Freien Deutschen Jugend Weimars (Gedenktafel). An der Stelle des Nordturmes des ehem. Erfurter Tores am Ausgang der Geleitstraße erhebt sich der spätklassizistische Bau des **Lesemuseums** in Form des Niketempels der Athener Akropolis. Das mit dem Jugendklubhaus ebenfalls durch einen Säulengang verbundene Gebäude (F. Streichhan, 1859/60) wurde für die 1830 gegründete Lesegesellschaft im Auftrag und mit Mitteln der Großherzogin Maria Pawlowna errichtet. Das **Hotel „Russischer Hof"** (1804) diente bis 1847 als Poststation und Gasthaus. In der 2. Hälfte des 19. Jh. war es beliebter Treffpunkt von Künstlern und Gelehrten. Von 1981 bis 1987 wurde es umgebaut und erweitert, die klassizistische Fassade erneuert.

Der Frankesche Hof, Kleine Teichgasse 8, ist teilweise ruinöser Rest eines ehem. Ackerbürgerhofes. Er war erst Wohnhaus der Frau von Stein, später Teil der Landschaftskasse. Erhalten sind barocke Stuckdecken im Nordflügel. Die südlich von der Kleinen Teichgasse abgehende **Scherfgasse** mündet in einen kleinen Platz mit dem Geleitbrunnen (1847, 1968 erneuert). Das Haus **Scherfgasse 3** (1577) wurde 1743 durch den Hofmarschall J. C. W. von Schardt, den Vater der Frau von Stein, vollständig umgestaltet und durch einen im Garten des Hauses errichteten, zweigeschossigen Rokokopavillon ergänzt, der im Obergeschoß einen Verbindungsgang zum Wohnhaus besitzt. Südlich daran

schließt sich das **Geleithaus** (1574) an, das von 1764 bis 1817 als Zollhaus (Geleitwesen) diente und Sitz des Rentamtes war. Die Platznordwand wird von dem stattlichen Fachwerkbau **Scherfgasse 4** (um 1600) beherrscht, das vermutlich als Wohn- und Lagerhaus eines Waidhändlers entstand.

Den südwestlichen Teil des ältesten Stadtkerns füllte vermutlich bereits im 13. Jh. eine Klosteranlage aus. Mit dem **Saal am Palais** (Bereiche der Hochschule für Musik „Franz Liszt", Konzertsaal) sind Reste des Hauptgebäudes eines von Herzog Wilhelm III. zwischen 1453 und 1457 gegründeten Franziskanerklosters und der Klosterkirche erhalten geblieben. Seit 1872 dienten sie zunächst der damals neu gegründeten Orchester- und Musikschule, nach 1951 der Hochschule für Musik. Westlich davon markiert der heutige **Theaterplatz** mit seiner Verbindung Wielandstraße/Goetheplatz die ursprüngliche Grenze der Stadt in diesem Abschnitt. Das **Wittumspalais** (Museum) hatte sich 1767 der Minister J. F. v. Fritsch unter Einbeziehung alter Klostergebäude von J. G. Schlegel als Wohnhaus errichten lassen. Schon sieben Jahre später kaufte die Herzoginwitwe Anna Amalia das Palais. Sie beeinflußte das kulturelle Leben der Stadt Weimar maßgeblich. Durch ihre Tafelrunde und die von Goethe 1791 gegründete „Freitagsgesellschaft" wurde das Wittumspalais zum wichtigsten Treffpunkt der Wissenschaftler und Künstler des klassischen Weimars. Das zweigeschossige barocke Gebäude zeigt mit seiner Hauptfront zur Schillerstraße. Die Fassade ist durch Pilaster und einen schmalen Mittelrisalit gegliedert, der von Vasen und einer Puttengruppe bekrönt wird. 1945 schwer beschädigt, wurde das Palais bis 1963 mit allen Nebengebäuden um den tiefer gelegenen Hof und dem schönen Tor zwischen zwei wuchtigen Pfeilern wiederhergestellt. Das Tafelrundenzimmer, Dichterzimmer, Mal- und Musikzimmer und mehrere Salons sind weitgehend originalgetreu rekonstruiert wor-

Nationaltheater

den. Der Grüne Salon enthält u. a. ein Deckengemälde von A. F. Oeser. Der Festsaal entstand unter Einbeziehung des Mansardgeschosses aus mehreren Einzelräumen mit kuppelförmiger Decke, ebenfalls mit Gemälden von Oeser. Fünf Räume nehmen das *Wieland-Museum* auf.

Gegenüber dem Wittumspalais steht das **Deutsche Nationaltheater.** Das erste Haus, 1779 als Komödienhaus errichtet und von 1791 an herzogliches Hoftheater unter Goethes Leitung, stand weiter östlich, so daß der Vorplatz ursprünglich wesentlich kleiner war. Das Weimarer Theater wurde durch das Zusammenwirken von Goethe und Schiller zwischen 1789 und 1805 zur führenden deutschen Bühne. 1825 vernichtete ein Brand das Gebäude. In kurzer Zeit entstand nach Entwürfen von K. F. Steiner ein Neubau. Das Theater war auch Wirkungsstätte von F. Liszt und R. Strauss. Anfang des 20. Jh. genügte das Haus den gewachsenen Ansprü-

chen nicht mehr, so daß 1907 sein Abriß erfolgte. Von dem weiter nach Westen zurückversetzten Neubau (J. Heilmann, M. Littmann, 1908) ist die neoklassizistische Fassade mit Säulenportikus erhalten geblieben. 1919 rief man die Bühne zum Deutschen Nationaltheater aus, im gleichen Jahr tagte hier die Nationalversammlung der ersten deutschen Republik (Gedenktafel). Nach der Zerstörung bis auf die Grundmauern im Februar 1945 übernahm K. J. Hemmerling die Leitung für den Wiederaufbau, der 1948 abgeschlossen werden konnte (Gedenktafel). Von 1973 bis 1975 erfolgte schließlich eine umfassende Rekonstruktion der Bühne mit ihrer gesamten Technik sowie des Zuschauerraumes. Vor dem Theater steht ein Wahrzeichen der Stadt, das **Goethe-Schiller-Denkmal** (E. Rietschel, 1857). Die **Kunsthalle am Theaterplatz** (Ausstellungshalle) geht auf den 1823 entstandenen Entwurf von C. W. Coudray zurück. Das klassizistische Gebäude diente zunächst als Kulissenhaus für das unzureichende Theater von 1825.

In der ersten Hälfte des 14. Jh. erweiterte sich die Stadt − nach Süden bis auf die Linie der heutigen ↗ Schillerstraße − Puschkinstraße. Das überflüssig gewordene (Alte) Südtor wurde durch das Frauentor am Ausgang der Frauentorstraße ersetzt. Zentral innerhalb der Stadterweiterung lag der neue Marktplatz. Mit der 1757 begonnenen Entfestigung entstand im Südwesten die promenadenartige Esplanade, die heutige **Schillerstraße**. Neben einigen klassizistischen Häusern − Schillerstr. 1, 2, 11 − stammt ihre Bebauung vorwiegend vom Ende des 19. und Anfang des 20. Jh. Seit 1969 ist sie zusammen mit Theaterplatz und Wielandstraße Fußgängerzone. Als ältestes Gebäude gilt das **Schillerhaus** (1777). Schiller erwarb das ursprüngliche Hinterhaus eines Grundstücks an der Windischstraße 1802 als Wohnsitz. Seit 1847 ist das zweigeschossige Mansarddachgebäude mit seiner schlichten, durch Lisenen und ein hervorgehobenes Mittelteil gegliederten Fassade *Schiller-Museum*. 1986 entstand der sich nördlich anschließende Neubau des Schiller-Museums mit repräsentativer Fassadengestaltung und großzügiger Raumkonzeption. Dem Altbau gegenüber stellte man 1863 den **Gänsemännchenbrunnen** mit einem Abguß des sog. Entenmannes (P. Labenwolf, 1530). Infolge der Stadterweiterung des 14. Jh. entstand parallel zur ehem. Stadtmauer die **Windischstraße**. Ihre Bebauung besteht aus z. T. stattlichen Traufenhäusern des 18. und 19. Jh. An einigen Gebäuden dieser Straße geben Gedenktafeln Auskunft über berühmte Bewohner und Besucher aus der klassischen und nachklassischen Zeit Weimars. Eine beachtenswerte Barockfassade besitzt **Windischenstr. 10**. Gegenüber der Marktstraße steht das sog. **Brancohaus** (1712/13). Das dreigeschossige Gebäude mit Mansarddach ist eines der schönsten barocken Bürgerhäuser der Stadt. Der Mittelrisalit des nur vierachsigen Baus setzt sich im Mansardgeschoß als reich profilierter Dacherker fort. Ecklisenen und ornamentaler Schmuck in den Brüstungsfeldern verleihen der Fassade ausgewogene Proportionen. Das Erdgeschoß links neben dem Portal wurde in jüngerer Zeit verändert. 1827 hatte der Besitzer W. J. F. Branco in dem Haus eine Seifensiederei eingerichtet.

Die Windischenstraße mündet im Südwesten in den fast quadratischen **Markt** von rund 65 Meter Seitenlänge. Der ursprünglich geschlossene Raumeindruck ist mit der Zerstörung der nördlichen Platzwand teilweise verlorengegangen. Die westliche Seite wird vom neogotischen Rathaus (H. Haß, 1841) beherrscht. Die dreigeschossige Hauptfassade des repräsentativen Werksteinbaus ist durch einen getreppten Uhrturm bekrönt. Dem Eingang ist eine offene Halle vorgelagert. Im Innern sind zwei Renaissanceportale (1560 und 1583) sowie die älteste Weimarer Löwenwappen (vermutlich 15. Jh.) erhalten. Die Portale stammen von dem 1837 abgebrannten Vorgängerbau (1560/83). Die stattlichen Gebäude der Ostseite verdanken ihre Entstehung u. a. der Erhebung Weimars zur Residenz des sächsischen Herzogtums nach 1547. Das Stadthaus (1526/47) wurde auf herzoglichen Befehl als Rats- und Handelshaus errichtet (heute Reisebüro, Gaststätte). Es hat einen spätgotischen Maßwerkgiebel mit figürlicher Bekrönung. Nach der Zerstörung 1945 entstand es unter Nutzung von Teilen des Kellers von 1968 bis 1971 mit stilgerechter Schauseite neu. Daneben steht einer der schönsten Renaissancebauten Thüringens, das **Cranachhaus** (N. Gromann, 1547/49). Das dreigeschossige Gebäude ist ein Doppelhaus, an der Fassadengliederung sowie an den beiden geschweiften Zwerchgiebeln im Dachbereich erkennbar. Besonders reich ist das Erdgeschoß (Galerie) durch Steinmetzarbeiten aus Sandstein geschmückt. Vorgestellte Säulen fassen ornamentierte Rundbögen und zwei Portale. Die Felder über den Rundbögen in

Markt mit Neptunbrunnen

Höhe der Brüstungen des 1. Obergeschosses zeigen allegorische Darstellungen und Wappen. Über dem rechten Fensterbogen befindet sich das Wappen L. Cranachs d. Ä., der 1552/53 hier wohnte. Bauherr des Hauses war der Kanzler C. Brück, Schwiegersohn Cranachs. Die Gaststätte „Schwarzer Bär" (1540) gehört ebenfalls zu den ältesten Gebäuden am Markt. An der Renaissancefassade sind das Hauszeichen und der Erdgeschoß-Rundbogen erhalten. Das schon in den südöstlichen Nebenplatz des Marktes hineinreichende, mit den Namen vieler berühmter Reisender verbundene historische Hotel „Elephant" ist ein Neubau von 1938 an der Stelle des alten Gasthofes und unter Nutzung eines weiteren Grundstückes. Gäste waren u. a. F. Grillparzer, F. Hebbel, A. Rubinstein, B. Genelli, F. Mendelssohn Bartholdy, R. Wagner, Th. Mann, A. Seghers, A. Zweig, W. Bredel. Östlicher Nachbar ist das ehem. Parkhotel (1749), in dem u. a. Napoleon, W. v. Humboldt, N. Paganini und H. Berlioz übernachteten. Der Erweiterung des Parkhotels in östliche Richtung (1803) fiel das Wohnhaus von J. S. Bach zum Opfer (Gedenktafel). Am Platz der Demokratie schließt sich das ursprünglich als Remise erbaute Verwaltungsgebäude der Hochschule für Musik (C. W. Coudray, 1808) mit einer Neorokokofassade von 1891 an. Besonderer Schmuck des Marktes ist der Neptunbrunnen, als repräsentative Anlage 1570 mit einer Löwenfigur errichtet, seit 1774 mit der Neptundarstellung von M. G. Klauer (Kopie 1971).

Goethehaus am Frauenplan

Bereits im 16. Jh. hatte sich südlich der Stadt vor dem ehem. Frauentor eine vorstädtische Siedlung entwikkelt, in der in der 1. Hälfte des 18. Jh. weitere Grundstücke auch mit größeren Häusern bebaut wurden. Mittelpunkt wurde der **Frauenplan**. An seiner Südseite erhebt sich das **Goethehaus** (J. Mützel, 1709), ursprünglich als Wohnhaus eines Großkaufmanns errichtet. Von 1782 bis 1832 war Goethe zunächst Mieter, später Besitzer des Gebäudes und ließ es z. T. nach seinen eigenen Plänen klassizistisch um- und ausgestalten. 1886 eröffnete man unter Nutzung der umfangreichen Sammlungen des ehem. Hausherrn das *Goethe-Museum*. Das barocke Gebäude ist zur Straße hin zweigeschossig, es ist symmetrisch angelegt. Hinter dem zweiteiligen Innenhof schließt sich der höher gelegene eingeschossige Gebäudeteil als Verbindung zu dem großen ummauerten Garten (an der Ackerwand zweigeschossiger barocker Pavillon) an. Das 1945 schwer zerstörte Wohnhaus wurde 1949 mit allen Räumen im ursprünglichen Zustand wiederhergestellt. Südlich grenzen die zwischen

1770 und 1780 entstandenen sog. **Vulpiushäuser** an das Goethehaus. Sie wurden seit 1832 von Mitgliedern der Familie Vulpius bewohnt und gehören heute zum Komplex des Museums. Für das Museum wurden 1913/14 und 1933/35 in Richtung Seifengasse sowie als Gartenflügel bis zur Ackerwand Erweiterungsbauten geschaffen (1982 ergänzt und neugestaltet). Einbezogen ist auch das am damaligen Stadtausgang errichtete Torhaus (C. W. Coudray, 1821). Das vermutlich älteste erhaltene Gebäude am Frauenplan ist der **Gasthof „Weißer Schwan"** (16. Jh.). Daneben wohnte in dem schlichten barocken Haus **Frauenplan 21** Friedrich Schiller 1787 während seines ersten Besuches in Weimar (Gedenktafel). Der sechseckige gußeiserne **Goethebrunnen** (1821/22) mit seiner sich nach oben verjüngenden, vasenbekrönten Brunnensäule war die erste dieser von Coudray erneuerten Anlagen der Stadt.

In ihrem Erscheinungsbild weitgehend erhalten blieb die südöstlich auf den Frauenplan treffende **Seifengasse**. Sie endet am Platz unmittelbar vor dem **Haus der Frau von Stein** (A. G. Hauptmann, 1773). Das zweigeschossige spätbarocke Gebäude mit nach Süden hin angedeuteten Seitenflügeln war als Stiedtenvorwerk (Husarenstall) errichtet und 1776 in den Obergeschossen zu Wohnzwecken ausgebaut worden. Charlotte von Stein wohnte hier mit ihrer Familie von 1777 bis zu ihrem Tode. Der auf der Südwestseite des Hauses befindliche **Brunnen** mit ovalem Becken sowie von Delphinen gestützter reich verzierter Säule mit Kapitell und Schale stammt aus der Zeit um 1830, kam aber erst 1860 an diese Stelle.

Gegenüber dem Haus der Frau von Stein beginnt der **Park an der Ilm.** Der Landschaftspark nahm nach 1778 – zunächst auf Initiative Goethes – in mehreren Etappen seine heutige Gestalt an. Als Gartenkunstwerk von nationaler und internationaler Bedeutung stellt er ein gesondertes Denkmalschutzgebiet mit unmittelbarem Anschluß an den Altstadtkern dar.

Wernigerode

Bez. Magdeburg

 Wernigerode-Information
Breite Str. 12
Wernigerode, 3700

Historischer Stadtkern lt. Bekanntmachung der zentralen Denkmalliste der DDR:
„Altstadt zwischen Bahnhof—Westerntor—Zillierbach—ehem. Tiergarten und ehem. Lustgarten mit Rathaus, Theobaldikirche und Schloß Wernigerode."

Wernigerode hat sich im 11. Jh. aus einer Rodungssiedlung am nördlichen Harzrand im Kreuzungspunkt zweier Handelsstraßen unterhalb der bereits 1121 urkundlich erwähnten Burg entwickelt. Den Siedlungskern bildete eine auf dem Klint rund um die Silvestrikirche gelegene Grafenpfalz. Die Stadterweiterung bewirkten vor allem Kaufleute, die sich im Umfeld der Liebfrauenkirche niederließen. Hinzu kam durch hohen Bauernzugang im 13. Jh. die nordöstlich an die Altstadt angrenzende, um die Johanniskirche angelegte Ackerbürgersiedlung, die Neustadt. Von der ehem. beide Stadtteile umschließenden Befestigungsanlage mit dreißig Stadttürmen sind nur wenige Reste erhalten. Wernigerode präsentiert sich heute als Fachwerkstadt vorwiegend mit Häusern aus der Zeit des 17. und 18. Jh. Trotz verheerender Stadtbrände sind die Strukturen der Stadt unverändert erhalten geblieben. In dichter Stadtkernbebauung vermitteln die Sachzeugen der stadt- und baugeschichtlichen Entwicklung in der Gesamtheit als städtebauliches Flächendenkmal mit 450 Einzeldenkmalen ein anschauliches Bild von den differenzierten Wohn- und Lebensbedingungen der städtischen Bevölkerung vom 14. bis zum 19. Jh. Baudenkmale von überregionalem Rang sind das Rathaus und das auf hohem Bergsporn gelegene Feudalschloß.

Das bekannteste Haus in der Stadt ist das **Rathaus** (1480—1544). 1277 wird an seiner Stelle ein Spiel- und Tanzhaus erwähnt, das auch Gerichtsstätte war (thinghus). 1427 übernahm es die Stadt und errichtete hier in Bruchsteinmauerwerk ein zweigeschossiges Gebäude mit Weinkeller (Kreuzgratgewölbe, zwei kräftige Mittelpfeiler) und Bürgersaal (um 1480). A. Sprengel setzte auf diesen massiven Baukörper einen repräsentativen dreigeschossigen Fachwerkgiebel mit abgewalmtem Steildach (1492/97). Den noch heute typischen Schaugiebel gestaltete Th. Hilleborch. Er fügte der Fassade die Erker hinzu, die das Traufgesims unterbrechen und mit hohen Helmspitzen den Dachfirst weit überragen. Als besondere Zierde verwendete er Andreaskreuze, die in den oberen Brüstungsfeldern geschweift sind. Vermutlich ergänzte noch unter seiner Leitung sein Sohn S. Hilleborch von 1539 bis 1544 die Gebäude- und Fassadengestalt. 1543 wurde dieses ehem. „Spelhus" als Rathaus eingerichtet. Der Antritt der doppelläufigen elfstufigen Freitreppe, die zum gotischen Eingangsportal führt, wurde nach vorn zum Markt verlegt. Als oberen mittigen Abschluß des Rathauses erfand S. Hilleborch den firstbekrönenden Glockenturm. Der originelle östliche Anbau mit Andreaskreuzen in den Brüstungsfeldern, der anstelle des ehemals gleichgroßen Anbaus von 1689 aus dem Jahr 1912 stammt, enthält das Eheschließungszimmer und überdeckt den Zugang zum Ratskeller (Ausbau 1889 und 1909). Der figürliche Schmuck am Rathaus und am angrenzenden ↗ Waaghaus im Klint gehört zu den bemerkenswerten Werken deutscher Plastik. Die Schnitzarbeiten an den Knaggen zeigen Heiligenfiguren, Musikanten, Narren, Trinker und Mauriskentänzer mit der Maikönigin. Die Figuren an der Ostseite des Rathauses stellen Berufe der Stadt dar und wurden erst 1937 angebracht. Aus dieser Zeit stammt auch der in maßvoller Zurückhaltung gestaltete, den leicht ansteigenden Platz wirkungsvoll abschließende östliche Erweiterungsbau (heute Kreissparkasse) Markt 10.

Marktplatz mit Rathaus

Der Renaissanceerker über dem Dachgesims des Sparkassenanbaus war ursprünglich der Erker (1584) des Bürgermeisterzimmers an der Südostecke des Rathauses. Besonders reizvoll ist der Dachaufbau mit kleiner Ädikula. Launig hintergründig und selbstbewußt lautet die über der gotischen Haupteingangstür angebrachte Hausinschrift „Einer acht's, der andre betracht's, der dritte verlacht's, was macht's".

Mit heiterer Anmut beherrscht das Wernigeröder Rathaus in niedersächsischem und hessisch-fränkischem Stil als einer der schönsten Fachwerkbauten Europas den annähernd quadratischen Marktplatz. Dem Rathaus ordnen sich alle den Marktplatz begrenzenden Häuser unter. Platzgröße, Raumfolge, Gebäudegruppierung und Fassadengestaltungen unterstreichen im Umfeld des Rathauses dessen herausragende Stellung. Dabei liegt der Marktplatz im Spannungsfeld zwischen den einmündenden Straßen Klint und Marktstraße im Süden und dem nördlich tangierenden Straßenzug Breite Straße/Westernstraße. Auffällig ist die optisch enge Bindung des

Rathauses an die Klintgasse mit dem bis zur Traufe gleichhohen ehem. Waaghaus und an die westliche Marktplatzfront mit dem ↗ Gothischen Haus. Ebenso bemerkenswert ist die Dominanz der Raumfolge auf der östlichen Seite des geschlossen umbauten Platzes, entstanden durch die asymmetrische Stellung des Rathauses mit seinen östlichen An- und Erweiterungsbauten. Rathaus, Waaghaus und Gothisches Haus sind die drei bedeutendsten Häuser am Markt. Von den übrigen Gebäuden sind sie durch einheitliche Schieferdacheindeckung betont abgesetzt und zusammengefaßt. In Marktmitte steht der in neogotischem Stil gestaltete sog. **Wohltäterbrunnen** (1848). Er trägt die Namen verdienstvoller Wernigeröder und ist ein Ilsenburger Kunstgußerzeugnis.

Das **Gothische Haus** (um 1480/1544 erweitert), Markt 2, ist trotz einiger stilwidriger Fassadenveränderungen durch Einbau neogotischer Erdgeschoßfenster (um 1900) zweifellos das architektonisch wichtigste mittelalterliche Patrizierhaus am Marktplatz. Den Namen erhielt das Haus im

19. Jh., als man vorwiegend alte Häuser und Bauteile als „gothisch" bezeichnete. Aus der Zeit der Hausentstehung stammen vier großfigürliche Plastiken, die die Erdgeschoßfenster flankieren; die fünfte Figur wurde Mitte des 19. Jh. hinzugefügt. Von den drei Heiligenfiguren, die beim Fenstereinbau im Erdgeschoß entfernt wurden, befinden sich zwei in der Gaststätte und eine im 1956 eingerichteten ↗ Harzmuseum. Die Gestaltung der Knaggen unter dem Dach ähnelt der am ↗ Waaghaus im Klint, was möglicherweise auf die Urheberschaft des Rathausbaumeisters Th. Hilleborch schließen läßt. An den starken Brandgiebeln dieses Hauses endeten die großen Stadtbrände von 1528 und 1847. Die Gaststätte wurde erst 1854 eingerichtet.

Das ehem. städtische **Waaghaus im Klint** (16. Jh.), heute Rat der Stadt, wurde ursprünglich von Th. Hilleborch als Patrizierhaus gebaut. Über ein ungewöhnlich hohes massives Erdgeschoß kragt ein mit reichem Schnitzwerk versehenes Fachwerkobergeschoß. Der weit vorspringende Dachüberstand wird von Konsolen gestützt, die mit geschnitzten Architekturmotiven verziert sind. Von der früheren Funktion dieses Gebäudes als Handelshaus künden der Kefferbalken und die Seilrolle, mit deren Hilfe das Handelsgut in die hochgelegenen Lagerräume transportiert wurde. Die Schrägstellung dieses unmittelbar mit dem Rathaus verbundenen Hauses schließt die Südwestecke des Marktplatzes und weist auf die weitere Wegführung im Klint.

Klintgasse und Oberpfarrkirchhof umgeben in verhältnismäßig lockerer ringförmiger Anordnung die **Oberpfarrkirche St. Silvestri** (1230 Ersterwähnung). Von 1265 bis 1429 war sie Begräbnisstätte der Grafen von Wernigerode und später des Stolberger Grafengeschlechts. Ihre heutige neogotische Gestalt erhielt sie durch Umbau von 1881 bis 1886. Errichtet auf romanischem Grundriß sind nur wenige originale Bauteile vom Erstbau der Kirche erhalten. Es sind die wuch-

tigen Pfeiler im Mittelschiff, der Obergaden und Reste des Querschiffs. Die ursprüngliche Doppelturmfront wurde 1880 abgetragen und an ihre Stelle der Westturm gebaut. 1964 entstand nach intensiver Restaurierung des Kircheninnern die heutige Raumwirkung. Das Prunkstück der Kirchenausstattung ist der wertvolle Schnitzaltar (2. Hälfte 15. Jh.), eine niederländische Arbeit.

Beeindruckend ist das Fachwerkensemble rund um die Silvestrikirche. Hier lag der Siedlungskern mit adligem Fronhof und Ritterhöfen. Gebäude aus dem 16. Jh. bis 19. Jh. säumen heute die ursprünglichen frühmittelalterlichen Bebauungsstrukturen. Aus dieser Zeitspanne gehören zu den ältesten Objekten **Klintgasse 3** (1580) mit Blendarkaden aus Holz, Renaissanceschmuck, der dem Steinbau entlehnt ist, und **Klintgasse 5** (1680), die ehem. Teichmühle, die der Mühlgraben unterspülte, was zur Senkung des sog. „schiefen Hauses" führte. Andreaskreuze und durchkreuzte Rauten im Obergeschoß sind der Schmuck dieses Hauses. Es wird als Wassermühle des Grafenhofes bereits im 14. Jh. erwähnt und kam 1632 als Walkmühle in den Besitz der Wernigeröder Tuchmacherinnung.

Zu den schönsten Häusern der Stadt zählt das **Haus Gadenstedt** (1582), Oberpfarrkirchhof 13. 1543 erwarb der gräfliche Schloßhauptmann Dietrich von Gadenstedt das Grundstück. Er veranlaßte die Aufstockung des Hauses mit der weit vor die dreigeschossige Hausfront vorkragenden Erker im Stil der Hochrenaissance. Die solide Ausführung der Kerbschnittornamentik in den Brüstungsfeldern, der kräftig profilierte Saumschwellenschmuck und die mit Butzenscheiben versehenen Fenster, die am Erker als Harzer Schiebefenster ausgebildet wurden, sind herausragende Besonderheiten dieser bedeutenden Haus- und Fassadengestaltung. **Oberpfarrkirchhof 10 und 11** (Anfang 16. Jh.) gehören zu den ältesten Fachwerkbauten an diesem Kirchplatz. Hier traten zum ersten Mal in

Haus Gadenstedt, Oberpfarrkirchhof 13

Wernigerode Schiffskehlen als Fassadenschmuck an den Balkenköpfen auf. Die übrigen Häuser tragen rein barocke Züge. Am Haus **Oberpfarrkirchhof 12** (1680) wurde erstmals in der Wernigeröder Volksbaukunst die in ↗ Quedlinburg übliche Balkenkopfausbildung in Form des nach unten gerichteten Pyramidenschnitts ausgeführt. Hausanbauten für Ernteeinlagerung und Viehhaltung, sog. „Hammen", sind am Haus **Oberpfarrkirchhof 4** (1680) und an dem durch ein bemerkenswertes Barockportal auffallenden Haus **Oberpfarrkirchhof 6** (1718) zu finden. Ein einfacheres Barockgebäude ist **Oberpfarrkirchhof 7** (1730), die ehem. städtische Oberschule, die u. a. der Dichter Ludwig Gleim absolvierte.

Die Marktstraße verläuft mit leichtem Schwenk bei mäßiger Steigung in südöstliche Richtung. Sie umschließt mit der Unterengengasse und der Kochstraße ein keilförmiges, im Süden etwa in Höhe des sog. **Kleinsten**

Hauses (18. Jh.) der Stadt, Kochstr. 43, ein spitz zulaufendes Wohn- und Geschäftsquartier, das durch die Oberengengasse in der Mitte geteilt ist. Die Flächenausdehnung der dicht bebauten Wohnquartiere ist innerhalb des ehem. Befestigungszuges immer annähernd gleich, sie variiert in vielfältiger Gestalt. Der Flügelanbau des Hauses **Marktstr. 1** (um 1540) in der Unterengengasse beherbergte früher das Stadtgefängnis, was ihr den Namen „Häschergasse" eintrug. Die Fassaden dieses Hauses zeigen wertvolles niedersächsisches Fachwerk, besonders markant die Brüstungsdreiecke mit Fächerrosetten. Die gleichen stilistischen Merkmale, besonders untersetzt durch kräftige Farbigkeit, wiederholen sich an dem kleinen Haus **Marktstr. 5** (1530). Besonders repräsentativ wirkt das mit großen durchkreuzten Rauten gestaltete Kaufmannshaus **Marktstr. 15** (um 1680). Recht bescheiden nehmen sich dagegen die beiden miteinander verbunde-

Ensemble Kochstraße – Kleinstes Haus

nen dreigeschossigen ehem. Tagelöhnerhäuser **Marktstr. 27** und **29** (um 1640) mit ihren geringen Geschoßhöhen aus. Dennoch sind auch hier in den Brüstungsfeldern kraftvoll dimensionierte Andreaskreuze und unter den Schwellhölzern derbe Schnürrollen als Schmuckmotive vorhanden. Das Fehlen dieses Fassadenschmuckes am Haus Nr. 29 ist vermutlich auf späteren Umbau (um 1800) zurückzuführen. Die beiden vergleichbaren zweigeschossigen Häuser **Schäferstr. 10** und **12** (um 1590) haben auf der durchgehenden Saumschwelle eine schöne Flechtbandornamentik. Die am Ende der Marktstraße sich befindenden Häuser **Marktstr. 28** und **Marktstr. 30** (beide um 1905) weisen Merkmale des Jugendstils auf.

Mit dem Rückgang der Holzschnittkunst an den Fassaden tritt im 18. Jh. die Schmuckform der bereits im 15. Jh. anzutreffenden Backsteinausfachung in den Vordergrund. Hervorragende Beispiele dieser originellen und

in ihrer Vielfalt beeindruckenden Motivgestaltung sind die Häuser **Büchtingenstr. 2, 22** und **40**. Zu den beliebten Mustern in zwangloser Anordnung gehören schachbrettartige Felder, Fischgrätstellung, Besen, Bäume, Äste, Vasen und viele andere abstrakte Formen. Einmalig ist die Darstellung eines Herzens über dem Eingang des Hauses Nr. 40. Gleiche Gestaltfülle zeigt das große Eckhaus **Burgstr. 37** (1762). Dieses frühere Erbgrafenpalais war zeitweise während der napoleonischen Fremdherrschaft (1807/13) eine Bürgermeisterei des Königreiches Westfalen (1807/13) und schließlich Amtsgericht. Das Haus **Burgstr. 22** ist ein weiterer bemerkenswerter Massivbau, der seit 1820 als Apotheke genutzt wurde.

Zwischen Büchtingen- und Burgstraße steht die 1230 erstmals beurkundete **Liebfrauenkirche**, seit 1265 Hauptpfarrkirche. Die romanische Kirche fiel 1751 dem Stadtbrand zum Opfer. In der heutigen Gestalt wurde

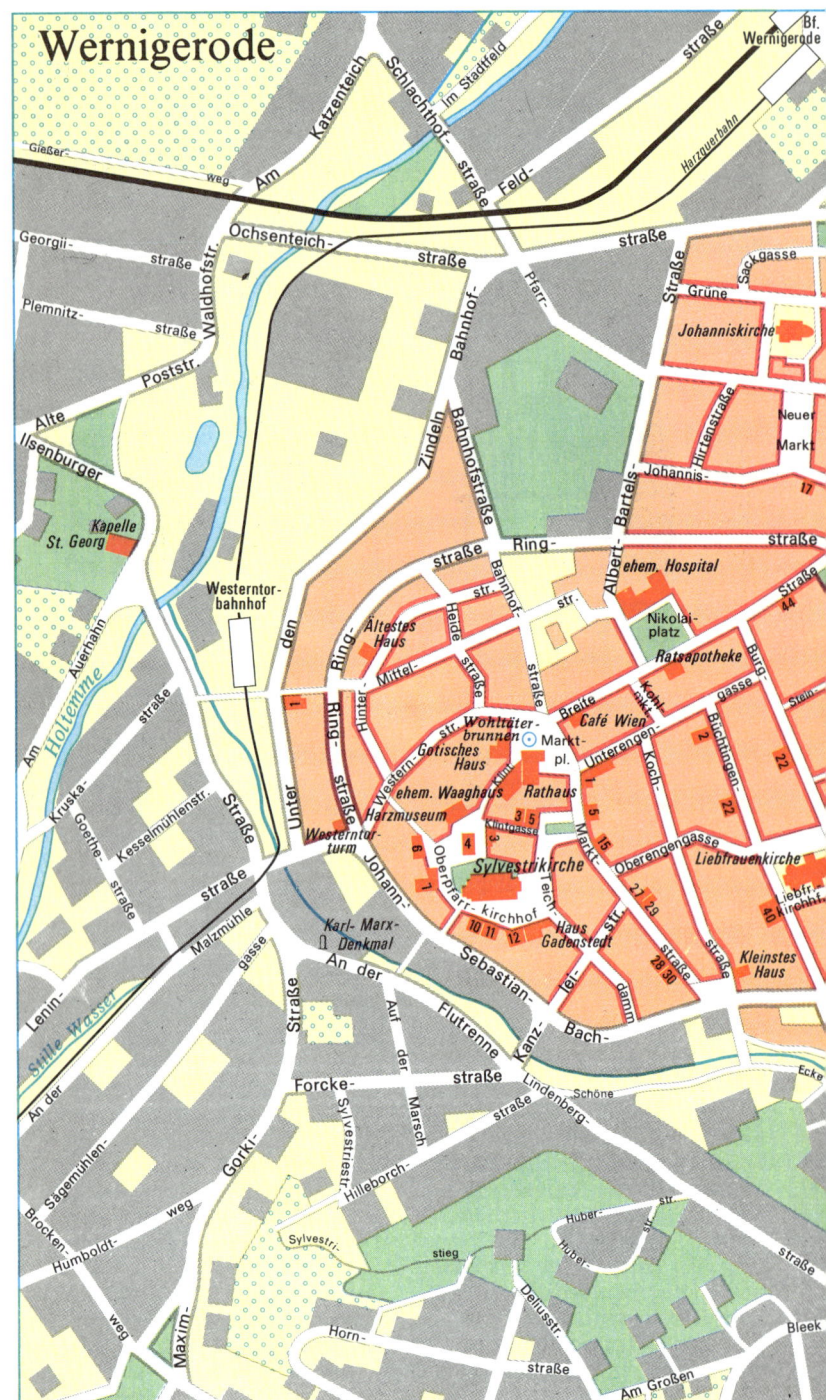

Wernigerode

Bahnhofs-
platz

Bahnhofstraße

Gerichtsstraße

Amtsstr.

Neustädter
Anger

Kopernikusstraße

Mauer-

30 32

Halberstädter

Krell'sche
Schmiede

Hs. Preysser

ehem. Hotel
zum Bären

10 12

Krummel'sches Hs.

Behrend'sches Hs.

Unter d. Küchengarten

ehem.
Orangerie

Kl. Schenk-str.

W.-Rathenau-

Lustgarten

Stadtturm

W.-Rathenau-

Am

Lustgarten

im Rosen-
winkel

Nußallee

ehem.
Marstall

Vorwerk

37

Linden-

allee

chaussee

Stadtturm

Nöschenröder
Amtshaus

Augusten-

allee

Schöne
Ecke

Blumeweg

Schloß-

Amalien-

weg

weg

Hitterbach

Marien-

Schloß

Schloß-
Blumeweg

Annaweg

Promenade

Degener-

Erbgrafenweg

Ewalds-
Kreuzberg

Promenade

weg

Theobaldikapelle

0   100   200m

sie von 1756 bis 1762 wiederaufgebaut. Dem auf großem Rechteckgrundriß errichteten einschiffigen Barockbau wurde 1890 der Westturm zugefügt. Die einheitliche Innenausstattung aus Holz ist beachtlich. Östlich der Liebfrauenkirche befindet sich in gepflegtem Freiraum ein ansehnliches Reststück der **Stadtmauer mit zwei Schalentürmen und Wallgraben** (um 1250). Im Schutz dieser Stadtmauer befand sich hier einer der Wirtschaftshöfe des Wernigeröder Stadtadels. Unmittelbar am Burgberg liegt das ehem. **Nöschenröder Amtshaus** (1598). Es ist das schönste Ackerbürgerhaus der Stadt mit beachtenswertem Fassadenschmuck wie Doppelschnürrollen und Kerbschnittornamentik. Vom Standort der **Schönen Ecke** am Zillierbach bietet sich aus der Stadtebene einer der malerischsten Blicke auf das 120 Meter über der Stadt gelegene Feudalschloß. Der Ballenstedter Friedrich Gottschalk rät in seinem 1806 herausgegebenen ersten „Taschenbuch für Reisende in den Harz": „*Kein Reisender möge daher unterlassen, den hohen Schloßberg zu ersteigen, denn die Umsicht ist sehr ausgebreitet und schön, der Blick über die bekannten Thäler nach dem Brocken hin ganz besonders reizend.*"

Das **Schloß**, heute *Feudalmuseum*, hat seine gegenwärtige Gestalt durch den Umbau von 1862 bis 1883 erhalten. Im Stil des Historismus entstand unter Leitung des Architekten K. Frühling im Auftrag des Grafen Otto von Stolberg-Wernigerode ein Schloßbau, der dem Repräsentationsbedürfnis eines der reichsten Großgrundbesitzer und Industrieunternehmer, des Stellvertreters des Reichskanzlers Bismarck, entsprach. In einer über zwanzigjährigen Bauzeit wurde aus dem einfachen Barockschloß ein neogotischer Prunkbau. Er besteht im wesentlichen aus Haupttreppenhaus, Terrassenanlagen, Bergfried, Schloßkirche nach Plänen des Wiener Architekten F. Schmidt mit neogotischen Chorfenstern, Fachwerkbauten in Neorenaissance und dem Festsaalgebäude mit dem für Empfänge und Kaiserbe-

suche prachtvoll ausgestatteten Saal. Das Glanzstück des Festsaales ist die im Stil der Renaissance hervorragend nachgebildete Kassettendecke. Zu den handwerklichen Meisterleistungen der Innenausstattung des Repräsentationssaales gehören die schmiedeeisernen Türbeschläge, das Prunkbüfett und der Eckkamin aus belgischem Marmor. Der Schloßbau mit seinen zahlreichen Erkern und Türmen verfügt über 250 Räume. Dem Feudalmuseum stehen 36 Ausstellungsräume zur Verfügung, in denen auf wissenschaftlicher Grundlage am Beispiel der Grafen zu Stolberg-Wernigerode die Epoche des Feudalismus dargestellt wird.

Unterhalb des Schlosses steht im nordwestlichen Teil des im 16. Jh. angelegten **Lustgartens** (Umgestaltung als englischer Landschaftspark ab 1752) in der Nähe des Haupteinganges die sog. **Orangerie** (1713/19), ein barockes Gebäude, das ursprünglich als Teil einer großen Schloßanlage gedacht war, die aber nie ausgeführt wurde. Als Gewächshaus für tropische Pflanzen wurde das Gebäude bis 1787 genutzt. Ab 1826 wurde es Bibliothek der Wernigeröder Feudalherren (130 000 Bände). Durch Bomben wurde es 1944 ebenso schwer beschädigt wie das Löwentor des Lustgartens. Im nahegelegenen **Marstall** wurden Pferde und Wagen der Wernigeröder Grafen untergebracht.

Im Nordwesten des historischen Stadtkerns entsprechen die Hausgrundrisse und Fassadengestaltungen dem Charakter einer Ackerbürgersiedlung mit geschlossener Straßenbebauung. Das Bauernhaus **Grüne Str. 30** (1680) zeigt alle Merkmale dieses Haustyps. Das zweigeschossige Traufenhaus hat neben der Hauseingangstür eine Tordurchfahrt, über der sich ein niedriges Senkgeschoß befindet. Den Fensterbrüstungsfries schmücken die üblichen Andreaskreuze, im übrigen ist die Holzverarbeitung rustikal gediegen, jedoch nicht übermäßig kunstvoll. Ein besonderes Kennzeichen der Ackerbürgerhöfe in der Grünen Straße ist die vom Hof getrennte

Schloßhof

Lage des Altenteils. Das nebenstehende Büdnerhaus **Grüne Str. 32** (1688) mit niedrigeren Geschoßhöhen hat im durchgehenden rahmenartigen Brüstungsfries geschweifte Kreuzrauten, ein Schmuckelement aus Süddeutschland, das in hervorragender Weise erstmals an dem zehn Jahre früher gebauten Haus Breite Str. 95 (↗ Krell'sche Schmiede) verwendet wurde.

Die **Johanniskirche** (2. Hälfte 13. Jh.) steht mit ihrem kräftigen romanischen Westturm im Blickfeld der Grünen Straße und der Pfarrstraße. Aus der Entstehungszeit dieser Kirche

zwischen 1265 und 1279 sind neben dem Turm noch Ansätze der Mittelschiffarkaden und ein Rest des ehem. Querschiffs (heute Sakristei) vorhanden. Vom Kircheninnern ist der wertvolle vierflügelige Schnitzaltar (1. Hälfte 15. Jh.) erwähnenswert. Eine Pforte verbindet den Kirchplatz mit dem Neustädter Markt (1397 erste Erwähnung).

Die schönste und zugleich bedeutendste Straße der Stadt ist die **Breite Straße**, die zu einem großen Teil zusammen mit der Westernstraße Ende der siebziger Jahre zu einer Fußgängerzone gestaltet wurde. Ansehnliche

In der Breiten Straße

Barockbauten prägen das Bild beider Straßen, auf die im wesentlichen alle anderen Straßen zulaufen. Die Breite Straße markiert noch heute als Hauptstraße den Verlauf des am Harzrand gelegenen frühmittelalterlichen Handelsweges. Der in Stadtkernmitte angrenzende Marktplatz unterstreicht die Bedeutung dieser Straße. Die **Krell'sche Schmiede** (1678), Breite Str. 95, ist ein großes Handwerkerhaus im süddeutschen Stil. Die Funktion des Hauses als Schmiede hat sich über dreihundert Jahre bis zur Einstellung des Schmiedebetriebes 1977 bewährt (heute Technisches Denkmal). Für die Werkstatt stand das ganze Erdgeschoß zur Verfügung. In diesem Raum nimmt ein einziger freistehender Pfosten, „Krützboom" genannt, die gesamte mittige Hauslast auf. Das wohlproportionierte dreigeschossige Fachwerkhaus hat insgesamt zehn Brüstungsfelder, in denen Andreaskreuze mit rundgeschnittenen Rauten gekreuzt sind. Dieser ausdrucksvolle, dem Gefüge des Fachwerks gemäße Schmuck wiederholt sich in abgewandelter Form im 2. Obergeschoß mit den beiden großen gekreuzten Rauten. Aus dem Schnitzwerk an der Fassade treten walzenförmig ausgebildete Balkenköpfe, Taustäbe, Schiffskehlen und kräftig profilierte Saumschwellen besonders hervor. Wegen des hohen Tores wurde der untere Brüstungsfries mit drei Gefachachsen um knapp eine Brüstungshöhe nach oben versetzt. Als Zunftsymbol des Schmiedehandwerks ist in Hausmitte ein Pferdekopf angebracht, im oberen Torgewände ist ein Hufeisen eingeschnitzt. Das nahegelegene dreigeschossige Handwerkerhaus eines Bäckers, **Johannisstr. 17** (1680/90), zeigt vergleichsweise den offensichtlich nachgeahmten Fassadenschmuck der Krell'schen Schmiede. Das Barockgebäude **Haus Preysser** (1606), Breite Str. 71, weist Bauherr und Jahreszahl der Hausentstehung im Türsturz aus. Der skurrile Schmuck an der Fassade ist ein Sonderfall im historischen Stadtkern Wer-

Krummel'sches Haus, Breite Str. 72 – Detail

nigerodes. Auffallend sind die geschnitzten bizarren Schreckmasken auf den Balkenköpfen und die den kleinen Engelskopf im oberen Teil des Torgewändes flankierenden langköpfigen, mit Plattnasen und gezwirbelten Schnurrbärten dargestellten Männerporträts. Sehr hübsch ist der vegetabile Schmuck an den Torpfosten. Dem Luftangriff vom 24. 2. 1944 fiel das ehem. **Hotel zum Bären** (1684), Breite Str. 78, zum Opfer. Die Ruine wurde weitgehend abgetragen. Der erhaltene und veränderte Hausrest vermittelt heute nicht mehr den Eindruck des einst bedeutendsten Fachwerkhauses, das als Brau- und Bürgerhaus errichtet wurde. Zeitweise diente es als Neustädter Rathaus.

Gegenüber der in die Breite Straße einmündenden Johannisstraße steht eines der bemerkenswertesten Häuser barocker Fachwerkkunst, das **Krummel'sche Haus** (1674), Breite Str. 72. Im Jahr der Fertigstellung des Hauses war der Berliner Kaufmann Krummel mit seiner Frau nach Wernigerode ge-

zogen. Sie hatten als Bauherren ein Geschäftswohnhaus errichten lassen, dessen Fachwerk der beiden oberen Geschosse vollständig mit Schnitzwerk überdeckt wurde. Bei der Restaurierung des Hauses 1875 erhielt das ursprünglich schlichte Erdgeschoß einen neuen Ladeneinbau und eine figurenreiche geschlossene Holzvertäfelung. Seit dieser Zeit präsentiert sich das Haus lückenlos mit geschnitzter Holzverkleidung. Das **Behrend'sche Haus** (um 1580), Breite Str. 62, weist noch Stilelemente der Spätrenaissance auf. Die mit geschnitzten Platten ausgefüllten Brüstungsfelder verdecken weitgehend die Holzkonstruktion. Die als Sonnen ausgebildeten Dreiviertelkreise sind mehrfach von Perlschnüren umrahmt. Die Plastizität der vorkragenden Obergeschosse wird durch Taustreben und Doppelwalzen im Bereich der Knaggen und Balkenköpfe über dem ersten Obergeschoß und durch Schnitzwerk ähnlicher Art über dem Erdgeschoß unterstrichen. Das große

Café Wien, Breite Str. 4

Patrizierhaus **Breite Str. 44** (1752) fällt durch phantasievolle Backsteinornamentik auf. Über dem Tor mit sog. Weckmuster ist die reich bewegte Rokokokartusche ein schöner Portalschmuck. Die Schaufenstereinbauten entstellen die ursprüngliche Hausansicht. Die Geschichte der Wernigeröder **Ratsapotheke** (1895), Breite Str. 22, beginnt 1581. Das heutige Gebäude entstand im Stil wilhelminischer Bauauffassung. Die Verwirklichung des städtebaulichen Grundgedankens, den gegenüberliegenden Nikolaiplatz, der durch Abbruch der Nikolaikirche 1873 entstand, an der Nordseite im Zuge der Breiten Straße mit einem großen Gebäude abzuschließen, führte zum stilwidrigen Einbau eines Geschäftshauses.

Der seit dem Kirchenabbruch als Grünanlage gestaltete Freiraum hat zur Südseite hin den Blick auf den schlichten, zugleich aber ungewöhnlich großen Fachwerkbau geöffnet: das ehem. **Hospital** (1851), Nikolaiplatz (heute Volkspolizeikreisamt). Die klassizistisch gestaltete Fachwerkfassade mit den beiden Giebelaufbauten weist durchweg horizontale Linienführung auf und steht damit in engem Gestaltzusammenhang mit dem **Harzmuseum** (1830), Klint 10, dem einstigen Haus des französischen Kommandanten, **Unter den Zindeln 1** (um 1810) und dem Haus **Oberpfarrkirchhof 3**. Diese Häuser haben gut proportionierte, flächige Fassaden. Balkenköpfe, Saumschwellen und Rähmbalken sind durch gemeinsame Profilierung zusammengefaßt und unterstreichen damit die betont horizontale Gliederung der Hausansichten. **Café Wien**, Breite Str. 4, ist das älteste

Haus (um 1529) in der Wernigeröder Hauptstraße. Es entstand unmittelbar nach dem großen Stadtbrand 1528. Das fünf Fensterachsen breite Obergeschoß mit den sehr gut erhaltenen Schnitzereien und der große, in der Gestaltung nicht nachstehende Dacherker (1610) stellen das mittelalterliche Kaufmannshaus in die Reihe herausragender Beispiele bester bauhandwerklicher Leistungen im Stadtkern. Bemerkenswert ist die einmalige Formgebung der mehrfach gekehlten Knaggen unter den Deckenbalken des obersten Geschosses, die am unteren Ansatz Wappenschilder tragen.

In dem nördlich der Westernstraße gelegenen Heideviertel bilden die „Buden" der Tagelöhner und kleinen Handwerker vorwiegend in der Hinterstraße, Ringstraße, Mittelstraße und Heidestraße typische, heute gut gepflegte Fachwerkensembles. Hier steht der einfache Ständerbau **Hinterstr. 48** (um 1400), das älteste Haus der Stadt. Der frühgotische **Westerntortum** (um 1250) war der westlichste Stadteingang. Der 36 Meter hohe Turm hat eine spitzbogige Tordurchfahrt und einen Helm mit vier Ecktürmen. Er beherrscht durch seine Größe und Lage das Straßenbild.

Außerhalb des mittelalterlichen Stadtkerns sind zwei Kapellen erwähnenswert: Die für Lepra- und Pestkranke erbaute **Kapelle St. Georg** (um 1350) an der Ilsenburger Straße, gegenüber dem **Westerntorbahnhof** am Zillierbach, von F. Hoeger und die unterhalb des Schlosses im Ortsteil Nöschenrode am südlichen Ortsausgang gelegene gotische **Theobaldikapelle** (2. Hälfte 13. Jh.), die äußerlich schmucklos, jedoch mit reicher Barockmalerei und wertvollen Plastiken im Kapelleninnern ausgestattet ist.

Das **Karl-Marx-Denkmal** an der Flutrenne wurde aus Anlaß des 36. Jahrestages der Großen Sozialistischen Oktoberrevolution (1953) enthüllt. Es war das erste Denkmal in der Deutschen Demokratischen Republik für den Begründer des wissenschaftlichen Sozialismus. Zwei Relieftafeln würdigen seine Bedeutung für den Kampf der Arbeiterklasse.

Sachworterklärungen

Achse: Gedachte Linie, an der sich das Gefüge eines Grund- oder Aufrisses ordnet, im Sonderfall Symmetrieachse. In der Regel bei mehreren Achsen unterschiedliche Betonung (Wertigkeit). Im Stadtgrundriß meist durch Straßenführungen oder Bauwerksreihungen und Sichtbeziehungen (Sichtachsen), an der Fassade durch die gedachte Linie durch die Mitte übereinanderliegender Fenster (Fensterachsen) gegeben.

Ädikula: Kleiner Giebelaufbau über Säulen zur Umrahmung von Portalen, Fenstern und Nischen.

Akanthus: Stilisiertes Blattornament.

Altarretabel: Aufsatz (Rückwand) eines Altartisches aus unterschiedlichem Material, plastisch und/oder farbig gestaltet.

Altarschrein: Feststehender Mittelteil eines Flügelaltars.

Andreaskreuz: Kreuz mit gleichlangen schräg (diagonal) gestellten Balken; Attribut des Hl. Andreas. In der besonderen Ausbildung als Bogenkreuz sind die Balken geschweift.

Apsis: Halbrunde oder polygonale Verlängerung (Anbau) des Chores zur Aufnahme des Altars.

Arabeske: Ornament aus Blatt- und Rankenwerk.

Archivolte: Bandartige Einfassung eines Bogens an Fenstern, Türen usw., wird im Scheitel häufig durch einen Schlußstein unterbrochen.

Arkade: Auf Pfeilern und/oder Säulen ruhende Folge von Bögen bzw. ein aus solchen gebildeter überdachter Gang; auch Gestaltungselement für nebeneinanderliegende Fenster. Als Blendarkade ein plastisches Fassadengestaltungselement ohne Öffnungen.

Atlant: s. Karyatide.

Attika: Brüstungsartiger waagerecht abgeschlossener und plastisch gestalteter Aufbau oder Mauerstreifen über dem Haupt(Dach-)gesims bzw. einer

Säulen-, Pfeiler- oder Pilasterordnung.

Attikageschoß: Halbhohes oberes Geschoß, das durch seine äußere Gestaltung die Funktion einer Attika in der Fassade übernimmt.

Baluster: Geformte Stütze von Brüstungen und Geländern.

Basilika: Ursprünglich in der römischen Architektur mehrschiffige profane Halle mit hohem Mittel- und niedrigen Seitenschiffen (Gerichts-, Markt- oder Versammlungshalle); heute Bezeichnung für Kirchenbauten in dieser Konstruktion, das Mittelschiff wie u. U. auch die zwei oder vier Seitenschiffe im Osten durch Apsiden abgeschlossen. Die über der Höhe der Seitenschiffe liegenden Hauptschiffenster werden als Licht- oder Obergaden bezeichnet.

Belvedere: Architektonisch gestalteter Aussichtspunkt (Pavillon, Kuppelturm u. a.) in einer Landschaft oder auf einer baulichen Anlage.

Birnstab: Stabartiges Zierglied mit birnenförmigem Querschnitt; bevorzugt in der Gotik.

Blendarkade: s. Arkade.

Bogenkreuz: s. Andreaskreuz.

Brustriegel: s. Riegel.

Brüstung: Wandbereich unter Fenstern, Loggien u. a. Öffnungen sowie Begrenzungen von Terrassen.

Brüstungsfeld: Unter dem Fenster gelegenes Fachwerkfeld.

Bundständer: s. Ständer.

Butzenscheibe: Kleine bleigefaßte runde Glasscheibe mit einseitiger Verdickung (Butze) in der Mitte.

Chor: Altarraum im Ostteil des Hauptschiffes zwischen Mittelschiff und Apsis (ursprünglich Raum für Sänger und Geistliche); durch architektonische Gliederung als Aktionsraum der Geistlichkeit optisch vom Schiff abgehoben.

Dachreiter: Schlankes Türmchen, das ohne besondere Substruktionen auf dem First des Hauptdaches einer Kirche aufsitzt, vor allem auf der Vierung; auch bei repräsentativen Profanbauten.

Dechantei: Wohnung des zweiten Würdenträgers eines Dom- bzw. Stiftskapitels.

Diamantschnitt: s. Pyramidenschnitt.

Dominante: Vorherrschendes Merkmal; hier: städtebaulicher Begriff für Bauten mit bestimmender/beherrschender Wirkung im Stadtbild bzw. in der Silhouette (Höhendominante) aufgrund der exponierten Lage und künstlerisch-architektonischen Gestaltung, von Beginn an bewußte Anordnung an Hauptstraßen und -plätzen sowie auf Anhöhen. Jede gesellschaftliche Formation wählte für die D. die ihrem Charakter entsprechenden Bauten, wie Burgen, Schlösser, Rathäuser, Parlamentsgebäude, Bank- und Verwaltungsgebäude, Kultur- und Bildungsbauten sowie Wohnhäuser. Spätere Epochen nutzten häufig vorhandene D. zur bewußten Ausrichtung von städtebaulichen Neuanlagen.

Dreiecksgiebel: Dreieckiger Ziergiebel, häufig schmückende Bekrönung eines Portals oder Risalits.

Eckständer: s. Ständer.

Erker: Auf Konsolsteinen oder Kragbalken ruhender, geschlossener rechteckiger, polygonaler oder runder Vorbau bzw. befensterter Ausbau.

Feston: Bogenförmige Hängegirlande (Blüten, Blätter, Früchte, Bänder, Tücher) als ornamentale Dekorationsform plastisch (Stuck, Haustein) oder farbig (Wandmalerei) ausgeführt.

Fiale: Pfeilerförmiger türmchenartiger Abschluß senkrechter Konstruktionsglieder bzw. Fassadenelemente seit der Gotik, abgeschlossen durch Kreuzblumen, Kugeln u. a. Zierelemente.

First: Oberste durchlaufende Dachlinie über beidseitig abfallenden Dachflächen.

Forum: Urspr. das gesellschaftliche Zentrum der römischen Stadt (Markt-, Versammlungs- und Gerichtsplatz), eingefaßt von repräsentativen öffentlichen Gebäuden und Sakralbauten;

Wiederaufnahme im Barock und Neoklassizismus.

Freihaus: Im Feudalismus ein vom Landesherrn an um seine Herrschaft verdiente Personen vergebenes, von Abgaben und Einquartierungslasten freies städtisches Wohnhaus.

Fresko: Auf nicht abgebundenen feuchten Kalkputz aufgetragenes Wandgemälde mit fester chemisch-physikalischer Verbindung zwischen Bildträger (Putz) und Malschicht.

Fries: Streifen oder streifenartiges Feld zum Abschluß, zur Gliederung, zum Schmuck und zur Belebung einer Wand oder Decke, entweder als Ornamentfries oder als Figurenfries, am Außenbau in der Regel nur plastisch, im Innern auch gemalt.

Frontispiz: Giebel über dem Hauptrisalit; auch Bezeichnung für Giebel über Türen und Fenstern.

Füllholz: Äußerer Wandabschluß zwischen zwei Balkenköpfen, dem Rähm und der Schwelle beim Fachwerkbau.

Fußstrebe: s. Strebe.

Gesims (Sims): Aus der Mauerflucht waagerecht hervortretender Streifen. Ein Gurtgesims ist an den einzelnen Geschossen in Höhe der Balkenlage oder der Fensterbrüstung angebracht. Das Kastengesims ist ein Holzgesims und dient der Verkleidung von über die Wandfläche vorkragenden Balken meist als Dachgesims.

Gesprengter Giebel: In der Mitte nicht geschlossener Ziergiebel; häufig im Barock.

Giebelhaus: Mit dem Giebel zur Straße stehendes Gebäude; bevorzugt bis zur Frührenaissance. Seit dem 16. Jh. Übergang zum Traufenhaus mit der Längs-(Traufen-)Seite zur Straße, ausgelöst durch bessere Grundstücks- und Grundrißnutzung sowie durch künstlerisch-ästhetische Gründe.

Glacis: Flachabfallendes, ebenes, unbebautes und unbepflanztes Vor-(Schluß-)feld von Festungsanlagen.

Grundstrebe: s. Strebe.

Gurtbogen: Gurtartiger Verstärkungsbogen eines Tonnengewölbes und an diesem die einzelnen Raumabschnitte gliedernd.

Gurtgesims: s. Gesims.

Hallenkirche: Kirchliche Raumform mit gleichhohen Mittel- und Seitenschiffen unter separatem oder gemeinsamem Dach.

Hausmarke: Hauszeichen, Hofmarke; bis zum 18. Jh. gebräuchliches Eigentumszeichen am Gebäude in plastischer oder gemalter Form.

Herme: s. Karyatide.

Immediatbau: Unmittelbar im Auftrag vom Landesherrn finanzierter und beaufsichtigter Bau von Privatgebäuden; vor allem bei Stadterweiterungen in direktem königlichen (staatlichen) Interesse.

Immediatstadt: Direkt der königlichen Verwaltung ohne Zwischenschaltung örtlicher oder territorialer Instanzen unterstehend.

Joch: Im Kirchenbau ein von vier senkrechten Stützen mit Gewölbe begrenzter Teilraum einer Gewölbefolge (Schiff), im Brückenbau der Bauteil zwischen zwei aufeinanderfolgenden Pfeilerachsen.

Kanzelaltar: Konstruktive und funktionelle Einheit von Kanzel und Altar im protestantischen Kirchenbau.

Kapitell: Ursprünglich aus konstruktiven Gründen (Auflagerverbreiterung) verstärkter Kopf einer Säule oder eines Pfeilers; seit dem Alten Ägypten Objekt reicher plastischer Gestaltung mit für den jeweiligen Stil charakteristischen Elementen und Merkmalen.

Kartusche: Wand- und Fassadenzierform aus einer schildartigen ebenen oder gewölbten Fläche für Inschriften, Wappen, Embleme usw. mit einem Rand aus plastischen Elementen (Rollwerk, Blattwerk u. ä.); bevorzugt im Barock.

Karyatide: Plastische weibliche Gestalt als Tragelement auskragender Architekturteile (Balkon, Erker); männliche Entsprechung Atlant. Wenn die Tragefigur einem Pfeiler bzw. Pilaster entspringt, als Herme bezeichnet, diese auch als freistehende Plastik gebräuchlich.

Kastengesims: s. Gesims.

Kerbschnitt: Schräg geneigte, scharfkantig aufeinandertreffende Schnittflächen, die in die Oberfläche des Trä-

gers eingearbeitet sind; auch Keilschnitt.

Klinker: Hartbrandziegel aus kalkarmem, schwach eisenhaltigem Ton mit leicht verglaster Oberfläche von bläulich-roter bis schwarzer Farbe.

Knagge: Kurzes Kantholzstück, das den von zwei, meist senkrecht aufeinanderstoßenden Bauteilen gebildeten Winkel voll ausfüllt; meist zwischen Balken und Ständer.

Kolonnade: Wie Arkade, nur statt Bogen waagerechte Öffnungsüberdeckung.

Kolossalordnung: Durchführung von tragenden senkrechten Architekturteilen (Säulen, Pfeiler, Pilaster) über mehrere Geschosse; bevorzugtes Element im Palladianismus und Barock.

Kommunikation (auch Communikation): Hier die Stadtseite einer Stadtmauer begleitender Verbindungsweg zwischen den Toren und Türmen, später oft eingeengt durch Anbauten (Schuppen, Scheunen) an der Stadtmauer.

Kondukteur: Bauführer oder Bauleiter; im Studiengang der Berliner Bauakademie erste Qualifikationsstufe, höchste Stufe Regierungsbaumeister.

Konsole: Ein aus der Wandfläche heraustretendes Bauglied (Tragelement), das der Unterstützung von Bauteilen oder zur Aufnahme von Figuren dient; im Fachwerk auch verselbständigtes Zierelement ohne tragende Funktion. Auch konstruktive Konsolen sind meist plastisch gestaltet, z. B. als Kopfkonsole endend in einem plastischen Kopf.

Kopfband: Wie Knagge; das Kopfband läßt aber zwischen seiner Hinterkante und den anderen Baugliedern freien Raum.

Kopfriegel: s. Riegel.

Kopfstrebe: s. Strebe.

Kopfwinkelholz: s. Strebe.

Korbbogen: Gedrückte Bogenform, die sich einer Ellipse nähert.

Kreuzgang: Gedeckter Umgang eines Klosterhofes, meist mit zum Hof offenen Arkaden.

Krüppelwalmdach: s. Walmdach.

Krypta: Unter dem Chor liegender (halb-)unterirdischer Raum zur Aufnahme von Grabstätten bedeutender Persönlichkeiten und/oder Reliquien; später oft Ausbau zur Unterkirche.

Kurie: Spitze der katholischen Kirchenhierarchie, im weiteren Sinne das gesamte Papsttum.

Langhaus: Geometrisch eindeutig langgestreckte Raumform von Kirchenschiffen.

Laterne: Rundes oder polygonales, meist offenes Kuppeltürmchen als Bekrönung von Kuppeln auf deren Scheitelpunkt.

Leibung: Gewände eines Fensters, Portals und anderer Wandöffnungen.

Leiter(brüstung): Reihung kurzer Ständer zwischen Schwelle und Brustriegel.

Lettner: Vor dem Chor liegende, oft bis zur halben Mittelschiffhöhe reichende Trennwand in Kirchen.

Lisene: Aus der Mauer hervortretender senkrechter, schmaler und flacher Streifen ohne Basis und Kapitell als architektonisches Gliederungselement von Wandflächen.

Lünette: 1. Festungsanlage. 2. Halbkreisförmiges, dekorativ gestaltetes Bogenfeld über Türen und Fenstern.

Magistrale: Städtischer Hauptstraßenzug mit dichter Folge gesellschaftlicher Einrichtungen, Zentrum der kommunalen Kommunikation.

Mansarddach: Geknicktes Sattel- oder Walmdach mit unten steilerer Dachneigung als oben, geeignet zum Ausbau (Speicher, Wohnungen u. a.).

Marstall: Zu einem Schloß gehörige Stall- und Remisenanlage in integrierter oder separater Form.

Maßwerk: Mit dem Zirkel konstruiertes Ornament aus Kreisen.

Monopteros: Durch einen Säulenkranz mit Überdachung gebildeter offener Pavillon (Gartentempel, Grabmal, Überdachung von Plastiken u. a.).

Obelisk: Nach oben sich verjüngender Pfeiler mit quadratischem Querschnitt und pyramidenförmiger Spitze, vereinzelt mit ornamentaler oder figürlicher Bekrönung und plastischem Schmuck und/oder Inschriften auf den Seitenflächen.

Obergaden: s. Basilika.

Orgelprospekt: Architektonisch gegliederte, plastisch und farbig gestaltete Schauseite eines Orgelgehäuses.

Palladianischer Klassizismus (Palladianismus): Nach dem Hauptmeister A. Palladio benannte Architekturströmung parallel zum Barock, einmündend in den Klassizismus. Kennzeichen: Harmonische Proportionen, blockhafte Baukörper, Fassaden mit strenger Klarheit in Anlehnung an antike Tempel, Kolossalordnung und figurenbekrönte Attika.

Pentagramm: Fünfachsiger regelmäßiger Stern.

Pilaster: Mit Basis, Schaft und Kapitell pfeiler- oder säulenartig gestalteter senkrechter Wandvorsprung zur Fassaden- und Wandgliederung.

Pfeiler: Stützelement mit gleichbleibendem Querschnitt unterschiedlichster Form; freistehend oder mit der Mauer verbunden.

Polygon: Vieleck.

Portikus: Säulen- oder pfeilergestützter Vorbau, meist über Haupteingängen.

Putte (Putto): Plastische oder gemalte Engel- oder Kinderfigur mit dekorativer Funktion.

Pyramidenschnitt: Verzierung des Balkenkopfes durch pyramidenförmigen Abschluß, auch Diamantschnitt.

Quartier (auch Karree): Zumeist vierseitig begrenzter (Straßen) Baublock mit geschlossener Randbebauung, mindestens einem Innenhof und u. U. Hofbebauung; Kennzeichen der vom 14. bis 20. Jh. vorherrschenden geschlossenen Bauweise in Innenstädten. Gebräuchlich auch zur Bezeichnung ganzer Stadtviertel.

Rähmbalken: Dachschwelle, trägt den Sparren.

Raute: Rhombus, diagonal in die Länge gezogenes Quadrat.

Ravelin: Teil eines Festungsbauwerkes.

Regence: Stilrichtung der französischen Kunst, z. Z. der Regentschaft Philipps von Orleans, ein Übergangsstil zu lockeren, leichten Formen.

Retablissement: Wiederaufbau.

Riegel: Horizontale Stäbe zur Querversteifung der Fachwerkwand bzw.

ihrer Ständer. Der Brustriegel liegt unter dem Fenster, der Kopffriegel in der oberen Fensterzone.

Risalit: Durch architektonische und/oder plastische Elemente gestalteter, in der ganzen Gebäudehöhe vorspringender Teil einer symmetrischen Fassade; Mittel-, Seiten- und Eckrisalite.

Rosette: Ornamentales, flächiges bzw. plastisches Schmuckelement, meist als stilisierte Blume mit strahlenförmig um einen Kreis angeordneten Blütenblättern, bei der Fächerrosette mit fächerartiger Struktur, oft im Halbkreis geordnet.

Rotunde: Kleiner Zentralbau mit Kuppel über kreisförmigem Grundriß bzw. der eingeschlossene Innenraum.

Rundstab: Mehr oder weniger aus dem Grund herausgearbeitetes stabartiges Zierglied runden oder konvexen Querschnitts.

Sakristei: Südlich oder nördlich vom Chor befindlicher, mit diesem in Verbindung stehender Raum, bestimmt für den Aufenthalt des Geistlichen und zur Aufbewahrung liturgischer Gegenstände.

Säkularisierung: Überführung des Kirchengutes (Grundeigentum, Einkünfte, Vermögen) in weltlichen Besitz städtischer oder fürstlicher Obrigkeiten; erstmals in großem Umfang während der Reformation.

Sarkophag: Kastenförmiges, sargähnliches, künstlerisch gestaltetes Bestattungsbehältnis aus Holz, Stein, Ton oder Metall, das in unterirdischen Grabanlagen bzw. vereinzelt auch oberirdisch aufgestellt wird; im 19. Jh. auch seiner Funktion entkleidet als Element der Denkmalgestaltung.

Satteldach: Aus zwei zueinander geneigten Dachflächen bestehendes Dach mit First.

Säule: Meist freistehende Stütze mit immer kreisrundem Querschnitt, der sich nach oben, seltener nach unten, verkleinert (Verjüngung); bei gleichbleibendem Querschnitt auch Rundpfeiler. Im Gegensatz zum Pfeiler fast immer mit Basis und Kapitell.

Saumschwelle: s. Stockwerkbau.

Schiff: Ein durch Stützenreihen abgegrenzter längsgerichteter Teil eines Innenraumes in profanen und Sakralbauten.

Schiffskehle: Schiffsrumpfähnliche Vertiefung an der Kante eines Baugliedes, meist an der Schwelle.

Schlagleiste: Oftmals verzierte Deckleiste an dem zumeist feststehenden Flügel einer zweiflügeligen Tür.

Schleppgaupe: Eingebautes Dachfenster, für das die Dachhaut angehoben ist.

Schlußstein: Meist künstlerisch gestalteter Stein im Scheitel eines Fenster- oder Portalbogens und Rippengewölbes.

Schweifkuppel: Geschweifte Form einer Kuppel, sphärisch geformte Raumabdeckung über vorwiegend kreisrundem Grundriß.

Schwelle: Waagerecht liegendes Holz, in das die Stände eingezapft werden. Grundschwelle auf dem Sockel, Saumschwelle zwischen zwei Geschossen, Dachschwelle am Dach.

Sims: s. Gesims.

Simultankirche: Von verschiedenen Konfessionen gemeinsam genutzter Kirchenbau.

Stabwerk: s. Maßwerk.

Staffelgiebel: Auch Treppengiebel, Giebel mit abgetreppten Schenkeln.

Ständer (Stiele): Vertikale geschoßhohe Stäbe im Holzgerüst der Fachwerkwand (siehe auch Stockwerkbau). Von besonderer Bedeutung Eckständer zur Verbindung von Außen- und Querwand oder zum Tragen eines Dachbinders. Zwischenständer mit unterstützender Funktion beim Tragen des Rähms oder anderer horizontaler Hölzer sind oft von geringerer Stärke.

Stele: Aufrechtstehende, oft nach oben verjüngte Steinplatte (seltener aus anderem Material), -säule oder -pfeiler als Inschrift-, Ornament- oder Bildträger, z. T. mit Bekrönung.

Stelzfuß: Freistehendes senkrechtes Konstruktionsholz, das einen Hausvorbau stützt.

Stockwerkbau (Rähmbau): Fachwerkkonstruktion, bei der die Ständer und Streben nur in Stockwerkshöhe unten in einer Schwelle und oben in einem Rähm (Rahmenbalken) verzapft sind.

Auf dem Rähm liegen die Fußbodenbalken des nächsten, nach demselben Prinzip konstruierten Stockwerks. Die Schwelle des Erdgeschosses ist die Grundschwelle, die anderen werden auch als Saumschwellen bezeichnet. Der Stockwerkbau unterscheidet sich vom Geschoß(Ständer-)bau, bei dem die Ständer von der Schwelle bis zum Dachansatz reichen und Unterteilungen in der Höhe nur mit Hilfe von Balken möglich sind, die den Riegeln aufliegen oder durch die Ständer hindurchgesteckt werden.

Strebe: Schrägstehende Stäbe zur unverschiebbaren Aussteifung der Fachwerkwand bzw. ihrer Ständer zumeist im Dreiecksverband (s. Stockwerkbau). Sie können über ein ganzes Stockwerk reichen oder auch als kürzere Kopf- und Fußstreben senkrechte und waagerechte Glieder verspannen und im Winkel halten. Grundstreben sind länger als letztere und versteifen meist konstruktiv besonders wichtige Ständer, wobei sie häufig paarweise um diese geordnet sind. Kopfwinkelhölzer sind auf ein dreieckiges Verbindungsstück zwischen Ständer und Rähm bzw. Brust- und Kopfriegel reduzierte Kopfstreben.

Strebepalmette: Hölzernes Zierglied. Der Mittelpunkt der Palmette befindet sich auf dem Ständer.

Supraporte: Plastisch und/oder farbig gestaltetes Zierfeld über Türstürzen.

Tambour: Auch Trommel; Zwischenteil mit kreisrundem, ovalem oder polygonalem Grundriß zwischen Basis und Kuppel, in der Regel von Fenstern durchbrochen und außen oft durch Strebepfeiler gegliedert.

Taustab: Plastische Zierform, die aus mehreren wie ein Tau zusammengedrehten Rundstäben besteht. Eine Erweiterung dieses Motivs ist ein Taustab, der wiederum aus mehreren Taustäben gedreht worden ist.

Temperafarben: Künstlerfarben mit einer Emulsion von natürlichen wäßrigen Bindemitteln (Ei, Stärke, Leim u. a.) und oxidierbaren trocknenden Ölen (Lein-, Mohn-, Nußöl, Ölfirnis u. a.) als Bindemittel; in der Wirkung zwischen Öl- und deckenden Wasserfarben stehend.

Terrakotta: (Bau-)Plastik aus gebranntem unglasiertem Ton in unterschiedlichen Farbtönen.

Toskanische Säule: Römische Säulenform, bestehend aus einer zweiteiligen Basis, einem im allgemeinen unkannelierten, sich nach oben verjüngenden Schaft und einem dorischen Kapitell.

Traille: Gedrechselter Gitterstab (Docke) für hölzerne Treppengeländer; besonders häufig im Barock.

Traufstellung: s. Giebelhaus.

Tumba: Schaugerüst für Särge.

Tympanon: Feld zwischen Türsturz und Rundbogen über einem Portal.

Vegetabile Motive: Schmuckmotive aus Früchten, Pflanzen u. a.

Verblattung: Holzkonstruktionsverbindung.

Vierpaß: Aus vier Dreiviertelkreisen zusammengesetztes Ornament.

Viertelkreisraute: Im Fachwerk eine aus Viertelkreishölzern gebildete Raute.

Volute: Schnecken(spiral-)förmig eingerollte architektonische Zierform zur Vermittlung zwischen horizontalen und vertikalen Linien an Giebeln, Kapitellen oder Konsolen.

Voute: Viertelrunde Vermittlung zwischen Wand und Decke von Innenräumen.

Walmdach: Giebelloses Dach mit schrägen Dachflächen über allen vier Gebäudeseiten und First (Grenzfall ist das firstlose Zeltdach). Sind nur die Giebelspitzen abgeschrägt, handelt es sich um ein Krüppelwalmdach.

Westbau: Quergelagerter Westteil eines Kirchenbaus, meist als Höhendominante (Turm, Turmgruppe) ausgebildet, auch als mit dem Schiff gleichhoher Westriegel; in der Romanik herausgebildet und hervorgegangen aus dem besondere weltliche und geistliche Funktionen erfüllenden Westwerk der Karolingerzeit.

Wilder Mann: Fachwerkfigur, bei der sich zwei Kopfstreben und zwei Fußstreben paarweise überschneiden und in Verbindung mit dem zwischen ihnen stehenden Ständer den Eindruck eines Mannes erwecken, der die Arme aufwirft und die Beine spreizt. Wichtige Zweckform, die durch ihren vierfachen Dreiecksverband eine wirkungsvolle Verstrebung der Eck- und Bundständer gewährleistet.

Zahnschnitt: Reihung kleiner, durch schmale Zwischenräume getrennter, nahezu würfelförmiger Hervorkragungen (Zähne).

Zapfenschloß: Holzverbindung, die im Ständer durchgezapfte Balken durch sichtbare Holznägel verriegelt.

Zentralbau: Über zentralisierender Grundrißform (Kreis, Ellipse, Quadrat, regelmäßiges Polygon, Kreuz) sich erhebender, auf die senkrechte Mittelachse bezogener Bau.

Zopfstil: Nicht eindeutig bestimmte Übergangsform vom Barock/Rokoko zum Klassizismus, getragen vom Feu-

daladel, aber schon mitbestimmt vom Bürgertum. Kennzeichen: Einfache, unkomplizierte und klar gegliederte Räume und Flächen; deutliche Absetzung der Dekorationen (Reliefs, Schmuckelemente) bis zur Vereinzelung auf Fassaden- und Deckenflächen; Gliederung und Betonung der Flächigkeit durch Pilaster, Lisenen, Reliefs anstelle von Pfeilern, Säulen, Kartuschen, Karyatiden usw.

Zwerchgiebel: In der Fassadenebene aufsteigender Giebel vor der Dachfläche eines Traufenhauses, mit dem First rechtwinklig (zwerch = quer) zum Hauptfirst; mit mindestens eingeschossigem Unterbau als Zwerchhaus; bevorzugt angewandt in der Renaissance.

Zwischenständer: s. Ständer.

Zeichenerklärung

	Staatsgrenze		Bebauung im Denkmalschutzgebiet
	Hauptstraße		Wertvolles Baudenkmal
	Straße		Wertvolle Straßenfront und Platzumbauung
	Weg		
	Treppe		Stadtmauer
	Passage		Festungs-, Burg- oder Schloßmauer
	Steilhang, Böschung		
	Wald, Park		Denkmal
	Friedhof	⊙	Brunnen
	Garten	12	Hausnummer

Personenregister

Achtermann, Theodor Wilhelm (1799–1884) 112

Agnes von Hessen, Kurfürstin von Sachsen (gest. 1555) 188

Agricola, Georgius (1494–1555) 137

Albert, König von Sachsen (1828–1902) 93

Albrecht I. (der Bär), Markgraf von Brandenburg (um 1100–1170) 45, 70, 73, 75, 287

Albrecht (der Beherzte), Herzog von Sachsen (1443–1500) 48, 137, 193, 196, 347

Albrecht II., Burggraf von Regenstein (14. Jh.) 38, 277

Alexander I., Zar von Rußland (1777–1825) 86, 126

Alexej Petrowitsch, Großfürst von Rußland (1690–1718) 347

Alnpeck, Andreas (1494–1563) 139

Ameis, Christian (1688–1742) 159

Anckermann, Daniel (um 1590–1660) 172

Anna Amalia, Herzogin von Sachsen-Weimar-Eisenach (1739–1807) 23, 374

Anna von Dänemark, Kurfürstin von Sachsen (1532–1585) 343

Anton, Carl Gottlob von (1751–1818) 159

Apel, Heinrich (geb. 1935) 220

Arens, Johann August (1754–1806) 368

Arndt, Ernst Moritz (1769–1860) 322

Arnstein, Gebhardt von (um 1180–1256) 75, 238

Arnstein, Wichmann von (gest. 1270) 75

Auer, Ignaz (1846–1907) 148

August I., Kurfürst von Sachsen (1525–1586) 142, 343

August II. (der Starke), Kurfürst von Sachsen und König von Polen (1694–1733) 48, 52, 59, 170

Bach, Johann Sebastian (1685–1750) 24, 208, 211, 225, 377

Bakunin, Michael Alexandrowitsch (1814–1876) 146

Barbara von Polen, Herzogin von Sachsen (gest. 1534) 198

Barca, Johann Christian Georg (1781–1826) 177 f., 182 ff.

Barlach, Ernst (1870–1938) 68, 174

Bartholomäus, Herbert (1910–1973) 179

Baumgarten, Hans (um 1426) 158

Bebel, August (1840–1913) 148

Beck, Samuel (1715–1778) 121

Becker, Ernst Adolf (um 1835) 137

Begas, Reinhold (1831–1911) 103, 107, 113

Beireis, Gottfried Christoph (1730–1809) 210

Benckert, Johannes Peter (1709–1769) 255

Benno, Bischof von Meißen (um 1066–1106) 197

Benzelt, Balthasar (1. Hälfte 17. Jh.) 106

Berg, Claus (um 1475–nach 1532) 173

Bergemann, Friedrich Wilhelm (1822–1900) 234

Berger (1. Hälfte 18. Jh.) 264, 266

Berlioz, Hector (1803–1869) 377

Berson, Philipp Bernhard (um 1800) 231, 233

Bertuch, Friedrich Justin (1747–1822) 24

Beuth, Christian Peter Wilhelm (1781–1853) 102

Beyer, Tom (1907–1981) 325

Bientz, Johann Lebrecht (um 1770–1834) 236

Bismarck, Otto Fürst von (1815–1898) 101, 388

Blankenstein, Hermann Wilhelm Albert (1829–1910) 100, 102, 114

Bläser, Gustav (1813–1874) 109

Blondel, Nicolas François (1617–1686) 110

Blücher, Gebhard Leberecht von (1742–1819) 110

Blütner, Samuel (um 1700) 310

Bode, Wilhelm von (1845–1929) 109

Bodt, Jean de (1670–1745) 101 f., 110, 257

Böhm, Rudolf (geb. 1941) 257

Böhme, Jacob (1575–1624) 62, 155

Böhme, Martin Heinrich (1676–1725) 113

Boineburg, Philipp Wilhelm, Reichsgraf von (1656–1717) 120

Bonalino, Giovanni (um 1600) 366

Bonifatius, Bischof (672–754) 20, 121

Bonow, Kord (gest. 1417) 322

Bormann, Jan (Ende 15./Anfang 16. Jh.) 167

Born, Stephan (1824–1898) 146

Börner, Emil Paul (um 1921) 201

Borsig, August (1829–1878) 80, 259

Borwin I., eigtl. Heinrich Borwin, Fürst von Mecklenburg (1178–1227) 67, 165

Böttger, Johann Friedrich (1682–1719) 51, 196

Bottschild, Samuel (1641–1706) 141

Boumann, Georg Friedrich (1737–1818) 112

Boumann, Johann (1706–1776) 106, 112 ff., 255, 257, 266 f., 269

Brahme, N. (um 1640) 328

Brandin, Philipp (1550–1594) 170, 173 f.

Branko, Wilhelm Josias Ferdinand (1. Hälfte 19. Jh.) 376

Brasch, Bernhard Matthias (1741–1821) 231 ff.

Bredel, Willi (1901–1964) 377
Breithaupt, Friedrich August (1791–1873) 140
Breitscheid, Rudolf (1874–1944) 23, 326
Brendel, Christian Friedrich (1786–1861) 142, 149
Brentani, Carolo Bernardo (um 1700) 227
Breuer, Peter (um 1472–1541) 146
Brinckman, John (1814–1870) 168
Brix, Adolph Ferdinand Wenzeslaus (1798–1870) 259
Brodwolf, Ludwig (1839–1895) 103
Brück, Christian (1516–1567) 377
Brüggemann, J. W. (um 1842) 320
Bruhn, Franz (gest. 1944) 323
Bruno II., Bischof von Meißen (um 1221) 86
Brunsberg, Hinrich (um 1350–nach 1428) 334
Brütt, Adolf (1855–1939) 113
Buch, Leopold von (1774–1853) 141, 148
Bugenhagen, Johann (1485–1558) 53, 346
Bülow von Denewitz, Friedrich Wilhelm (1755–1816) 110
Bürde, Georg Heinrich (1795–1865) 111, 117
Büring, Johann Gottfried (1723–nach 1788) 261, 269
Burmeister, Hermann (1807–1892) 330
Busch, Johann Joachim (1720–1802) 177f., 184f.

Calandrelli, Alexander (1834–1908) 103, 109
Cantian, Gottlieb Christian (1794–1866) 107f.
Carl August, Großherzog von Sachsen-Weimar (1757–1828) 24, 142, 366, 368f.
Carlowitz, Hans Carl von (1645–1713) 139
Casperini, Eugenio (um 1703) 158
Cauer, Ludwig (1866–1947) 339
Cayart, Jean Louis (gest. 1702) 114
Cecare, Carlo de (um 1588–1621) 143
Charlotte Dorothea Sophie, Herzogin von Sachsen-Weimar (um 1700) 369
Charpentier, Friedrich Wilhelm Toussaint (1738–1805) 141
Chodowiecki, Daniel (1726–1801) 115
Christian Ludwig II., Herzog (um 1724) 69
Clemen, Paul (1866–1947) 11
Cornelius, Peter von (1783–1867) 257
Cotta, Bernhard von (1808–1879) 148f.
Coudray, Clemens Wenzeslaus (1775–1845) 25, 366, 368f., 375, 377f.
Cranach d. Ä., Lucas (1473–1553) 23, 190, 198, 225, 347, 371, 377
Cranach d. J., Lucas (1515–1586) 287
Cramer, Richard Edmund Otto (1847–1906) 108ff., 117
Cremer, Fritz (geb. 1906) 103
Cremer, Wilhelm Albert (1845–1919) 103
Crodel, Carl (1894–1973) 297

Crotus Rubeanus, Johann (eigtl. Johannes Jäger; um 1480–nach 1539) 132

Dähmlow, Albert (gest. 1931) 326
Dalberg, Karl Theodor von (1744–1817) 22, 120
Daniel, Georg (1829–nach 1886) 168
Danneil, Johann Friedrich (1783–1868) 287, 292
Daucher, Hans (um 1460/65–um 1523/24) 198
Dehio, Georg (1850–1932) 11
Dehne, Christoph (um 1580/85–nach 1626) 337
Dehn-Rotfelser, Christian Heinrich Wilhelm von (1825–1885) 11
Demantius, Christophorus (1567–1643) 146
Demiani, Gottlob Ludwig (1768–1846) 62, 162
Demmler, Georg Adolph (1804–1886) 172, 175
Diebitsch, Karl Wilhelm Valentin von (1819–1869) 241, 259
Diethe, Alfred (1836–1919) 196
Dietrich, Anton (1833–1904) 189, 196
Dietrich der Bedrängte, Markgraf von Meißen (1127–1221) 135
Dietrich von Freiberg (um 1250–nach 1310) 142
Dietrich II., Bischof von Naumburg (1243–1272) 216
Dieussart, Charles Philipp (gest. 1696) 171
Dihm, Ludwig (1849–1928) 239
Diterichs, Friedrich Wilhelm (1702–1784) 102, 110, 113, 257f.
Ditterich, Bernhard (um 1585–nach 1640) 149
Döbel d. J., Johann Michael (1635–1702) 167
Doles, Johann Friedrich (1715–1797) 142
Donndorf, Adolf (1833–1916) 369
Dorothea Susanna, Herzogin von Sachsen (1544–1592) 369
Dortu, Maximilian (1826–1849) 264
Drake, Friedrich Johann Heinrich (1805–1882) 109
Düren, Statius van (um 1568) 290, 330

Eckermann, Johann Peter (1792–1854) 373
Eckstein, Johannes (2. Hälfte 18. Jh.) 257, 261
Ekkehard I., Markgraf von Meißen (ermordet 1002) 28, 215f.
Ekkehard II., Markgraf von Meißen (gest. 1046) 28, 215f., 221
Elisabeth von Stolberg (gest. 1505) 309
Elster, Gottlieb (um 1900) 373
Emerich, Georg (1422–1507) 155
Engel, Johann Carl Ludwig (1778–1840) 231, 233
Engelhard, Bischof von Naumburg (1207–1242) 216

Eosander, Nils (um 1643) 331

Ephraim, Veitel Heine (1703–1775) 102

Ernst, Kurfürst von Sachsen (1441–1486) 48, 137, 193, 196, 347

Erthal, Friedrich Karl Joseph von (1719–1802) 120

Erxleben, Dorothea (1715–1762) 279

Exner, Christian Friedrich (1718–1798) 353

Fabricius, Georg (1516–1571) 200f.

Falk, Daniel (1768–1826) 373

Falkenwald, Johann Ernst Bartholomäus, Kurfürst von Sachsen (um 1500) 143

Fasch, Carl Friedrich (1736–1800) 111

Favre, Titus (gest. 1745) 117

Feige d. Ä., Johann, Christian (vor 1733) 140

Feilner, Tobias Christoph (1773–1839) 117, 241

Feininger, Lyonel (1871–1956) 281

Feldmann, Christian Friedrich (1701/06–1765) 111

Ferdinand I., König von Böhmen (1503–1564) 139

Findorff, Dietrich (1722–1772) 180

Fischer von Erlach d. J., Joseph Emanuel (1693–1742) 112

Fontane, Emilie (1797–1869) 239

Fontane, Heinrich Theodor (1819–1898) 233f., 236

Fouqé, Friedrich de la Motte (1777–1843) 188

Freese, Jacob (um 1786) 330

Freiesleben, Johann Carl (1774–1846) 146, 149

Frenzel, Hans (1463–1526) 152, 162

Friedrich I. (Barbarossa), König und Kaiser (1125–1190) 203

Friedrich I., Markgraf und Kurfürst von Brandenburg (1371–1440) 71, 76

Friedrich II. (der Große), König von Preußen (1712–1786) 56, 76, 86, 102, 106, 110ff., 115, 139, 189, 234, 238, 240f., 254f., 257, 259, 261, 269

Friedrich der Streitbare, Markgraf von Mei-ßen (1381) und Kurfürst von Sachsen (1340–1428) 198

Friedrich Wilhelm, Kurfürst von Branden-burg (1620–1688) 71, 75

Friedrich Wilhelm I., König von Preußen (1688–1740) 71, 76, 118, 240, 253, 255, 339

Friedrich Wilhelm II., König von Preußen (1744–1797) 108, 232

Friedrich Wilhelm III., König von Preußen (1770–1840) 258

Friedrich Wilhelm IV., König von Preußen (1795–1861) 109, 259

Fritsch, Jakob Friedrich von (1731–1814) 374

Frühling, Karl (um 1870) 388

Fürnberg, Louis (1909–1957) 369

Gauszke, Briccius (tätig 2. Hälfte 15. Jh.) 92

Gayette, Pierre de (gest. 1747) 253, 258, 264, 266

Gebhard, Johann Christian (gest. 1726) 276

Geiger, Nikolaus (1849–1897) 112

Geisthirt, Johann Conrad (1672–1734) 303

Gellert, Christian Ehregott (1713–1758) 140

Gellert, Christian Fürchtegott (1715–1769) 50, 200

Genelli, Buonaventura (1798–1868) 377

Gentz, Alexander (1826–1888) 232, 241

Gentz, Heinrich (1766–1811) 113, 368f.

Gentz, Johann Christian (1794–1867) 241

Gentz, Wilhelm (1822–1890) 233f., 241

Gerlach d. J., Philipp (1679–1748) 101, 255, 257f., 265

Gerhard von Goch (gest. 1422) 217

Georg I. (der Bärtige), Herzog von Sachsen (1471–1539) 188, 193, 198

Gey, Leonhard (1838–1894) 196

Geyer, Otto (1843–1914) 103

Giese, Benjamin (1705–1755) 112

Giese, Joachim Ulrich (1719–1780) 255, 319

Gillhoff, Johannes (1861–1930) 181

Gilly, Friedrich (1772–1800) 10, 231

Gleim, Johann Wilhelm Ludwig (1719–1803) 384

Glume d. J., Friedrich Christian (1714–1752) 255f., 367

Glume d. Ä., Johann Georg (1679–1765) 100, 107, 367

Glümer, Hans Weddo von (1867–nach 1909) 329

Gneisenau, August Wilhelm Anton Graf Neidhardt von (1760–1831) 110

Göbel, Bernd (geb. 1942) 139

Goethe, Johann Wolfgang von (1749–1832) 10, 24, 126, 142, 188, 226, 304, 366, 368, 370ff., 375, 379

Gontard, Carl Philipp Christian von (1731–1791) 112, 115, 255, 257, 260f., 264, 266f., 269

Göricke, Johann (17./18. Jh.) 225

Gottschalk, Friedrich (um 1800) 388

Gräbner, Julius (1838–1917) 143

Grael, Johann Friedrich (1707–1740) 260

Grillparzer, Franz (1791–1872) 377

Gromann, Nickel (um 1500–1566) 350, 366, 368, 376

Gröne, Georg (1864–nach 1922) 137

Gröninger, Gottfried (um 1880/84–1930) 125, 133

Gropius, Georg Walter (1883–1969) 25, 369

Gropius, Martin Carl Philipp (1824–1880) 111, 241

Groß, Friedrich Georg (1791–1837) 183

Grünberg, Martin (1655–1706) 75, 101, 110, 113f.

Guericke, Otto von (1602–1686) 133

Gurlitt, Cornelius (1850–1938) 11

Gustav II. Adolf, König von Schweden (1594–1632) 53, 120, 128, 228, 326
GutsMuths, Johann Christoph Friedrich (1759–1839) 279

Habermeyer, Xaverius (um 1714) 327
Haeckel, Ernst (1834–1919) 264
Hagemeister, Emanuel (1666–1738) 328
Hagen, Hugo (1818/20–1871) 107, 110
Hahnemann, Samuel (1755–1843) 50, 200
Hammerschmidt, Andreas (1611–1673) 140
Hardenberg, Friedrich Leopold von, genannt Novalis (1772–1801) 141
Harms, Oswald (um 1643–1708) 225
Hartmann von Aue (um 1165–1210) 302
Hartzer, Carl Ferdinand (1838–1906) 113
Hasak, Max (1856–1934) 112
Haselberg, Ernst von (1827–1905) 325
Hauptmann, Anton Georg (1735–1803) 379
Hebbel, Friedrich (1813–1863) 377
Heilmann, Jakob (1846–1927) 194, 196
Heinitz, Karl Friedrich Anton von (1725–1802) 107
Heinrich I., deutscher König (876–936) 34, 37, 48, 271, 284f.
Heinrich IV., deutscher König und Kaiser (1050–1106) 14, 34, 154, 246
Heinrich der Fromme, Herzog von Sachsen (1473–1541) 142f.
Heinrich der Löwe, Herzog von Sachsen (um 1129–1195) 27, 63
Heinrich Friedrich Ludwig, Prinz von Preußen (1726–1802) 139
Heinrich von Gardelegen (2. Hälfte 13. Jh.) 336
Heinrich von Jauer, Herzog (um 1325) 62
Heinrich von Meißen, genannt Frauenlob (um 1250–1318) 50
Heinze, Wolfgang (1911–1945) 326
Helene Pawlowna, Großherzogin (1786–1803) 185
Helmert, Friedrich Robert (1843–1917) 141
Helmholtz, Hermann von (1821–1894) 113, 264
Hemmerling, Kurt (geb. 1898) 375
Henckel, Johann Friedrich (1779–1844) 139
Hennicke, Julius Wilhelm (1832–1892) 116
Hennig, Johannes (vor 1524) 198
Henze, Robert (1827–1906) 188
Herder, Johann Gottfried (1744–1803) 126, 146, 371
Herder, Siegmund August Wolfgang (1776–1838) 146
Hermsdorf, Stephan (um 1545) 350f.
Herrmann, Heinrich Ludwig Alexander (1821–1889) 233
Herter, Ernst (1846–1917) 113
Herzog, Jacob (um 1464/66) 87
Hesse, Ludwig Ferdinand (1795–1876) 259
Hessus, Helius Eobanus (1488–1523) 132
Heubner, Otto Leonhard (1812–1893) 146
Heuchler, Eduard (1801–1879) 148f.

Heymüller, Johann Matthias Gottlieb (um 1710–1763) 257f.
Heynitz, Friedrich Anton v. (1725–1802) 141, 191
Hildebrandt, Carl Ludwig (um 1720–1770) 113, 255, 269
Hildebrandt, Zacharias (1688–1757) 142, 225
Hilleborch, Simon (um 1500) 381
Hilleborch, Thomas (1470–1540) 381, 383
Hilliger, Wolf (1511–1676) 139
Hindenburg, Paul von Beneckendorff und (1847–1934) 258
Hitler, Adolf (1889–1945) 258
Hitzig, Georg Friedrich Heinrich (1811–1881) 110
Hobrecht, James Friedrich Ludolf (1825–1902) 80
Hoeger, Johann Friedrich (1877–1949) 393
Hoffmann, Heinrich (1824–1911) 196
Hoffmann, Ludwig (1852–1932) 109, 112f.
Hofmann, Simon (gest. 1626) 141
Holzweißig, Alfred (gest. 1935) 353
Hoppe, Friedrich (Ende 18. Jh.) 227
Horn, Christian Sigismund (1660–1736) 149
Hoßfeld, Fritz (Anfang 20. Jh.) 229
Houdon, Jean Antoine (1741–1828) 368
Hovener, Albert (gest. 1357) 328
Hude, Hermann Philipp von der (1830–1908) 111, 116
Hulot, Guilleaume (vor 1660–nach 1722) 110
Humboldt, Friedrich Christian Karl Wilhelm von (1767–1835) 10, 107, 113, 126, 377
Humboldt, Friedrich Wilhelm Heinrich Alexander von (1769–1859) 102, 141, 146f.
Hummelshain, Peter (um 1450) 227
Hutten, Ulrich von (1488–1523) 132

Ihne, Ernst Eberhard von (1848–1917) 106, 109, 113

Jagemann, Karoline (1777–1848) 370
Jansen, Paul (1844–1908) 128
Jaxa, Fürst von Köpenick (Mitte 12. Jh.) 70
Jenner, Philipp Gottfried (1724–1773) 261, 269
Joachim I., Kurfürst von Brandenburg (1484–1535) 46
Joachim II., Kurfürst von Brandenburg (1505–1571) 237
Johann, Herzog von Görlitz (gest. 1396) 162
Johann Cicero, Kurfürst von Brandenburg (1455–1499) 45
Johann der Beständige, Herzog und Kurfürst von Sachsen (1468–1532) 347
Johann Friedrich, Kurfürst von Sachsen (vor 1532–1547) 23, 29
Johann Friedrich (der Großmütige), Kur-

fürst von Sachsen (1503–1554) 196, 347
Johann Georg I., Kurfürst von Sachsen (1585–1656) 87, 91, 223, 350
Johann Georg II., Kurfürst von Sachsen (1613–1680) 136
Johann Georg IV., Kurfürst von Sachsen (1668–1694) 143
Jones, Inigo (1573–1652) 259
Jury, Johann Friedrich Wilhelm (gest. 1785) 255

Kalb, Karl Alexander von (1712–1792) 370
Kambly, Johann Melchior (1718–1783) 258
Kämpfer, Eduard (geb. 1859) 128
Kändler, Johann Joachim (1706–1775) 187f., 198ff.
Kaplunger, Rudolf (1746–1795) 177, 179, 184f., 260f.
Karcher, Johann Friedrich (1650–1726) 93, 96, 159
Karl der Große, Kaiser (742–814) 20f., 36, 91
Karl IV., Kaiser (1316–1378) 35, 44f., 57, 162, 205, 295, 333, 336, 338f.
Karl V., Kaiser (1500–1558) 188, 196, 199, 241
Karrasek, Johannes (um 1800) 91
Kaulbach, Wilhelm von (1805–1874) 108
Kaufungen, Kunz von (gest. 1455) 137
Kerkhoff, Tile (16. Jh.) 245
Kersting, Georg Friedrich (1785–1847) 170, 199
Keßler, Elias (um 1710) 327
Kießling, Paul (1836–1919) 196
Kirchner, Andreas (gest. 1567) 229
Kirchner, Johann Christian (1691–1732) 241
Kiß, August Karl Eduard (1802–1865) 107, 109, 111, 257
Klauer, Martin Gottlieb (1742–1801) 377
Kleist, Heinrich von (1777–1811) 266
Klemm, Samuel (gest. 1678) 136
Klopstock, Georg Karl (1708–1777) 280
Klopstock, Gottlieb Friedrich (1724–1803) 280f.
Knobelsdorff, Hans Georg Wenzeslaus von (1699–1753) 106, 111f., 241, 255ff., 267
Knoblauch, Carl Friedrich Wilhelm (1793–1859) 102
Knoblauch, Hans (um 1426) 158
Knoblauch, Karl Heinrich Eduard (1801–1865) 114
Knöffel, Johann Christoph (1686–1752) 147
Knöffler, Gottfried (1715–1779) 241
Koch, Philipp (1498–1539) 140, 143
Kohl, Gottfried (geb. 1921) 137, 142, 148
Köhler d. Ä., Hans (um 1540–1606) 201
Kolscher, Bernhard (1834–1866) 103
Körner, Theodor (1791–1813) 141, 146
Kotzebue, August von (1761–1819) 369, 373

Krahmer, Heinrich (1782–1843) 112
Krebs, Conrad (1492–1540) 191, 333, 351f.
Kreis, Wilhelm (1873–1953) 51
Krohne, Gottfried Heinrich (1710–1756) 366
Krüger, Andreas (1719–1759) 102, 256ff., 261, 264, 268
Krull, Karl (1903–1932) 326
Kruse, Heinrich (1815–1902) 329
Kühn, Johann Bernhard (1756–1826) 234
Kummer, Wenzel (um 1813/15) 91
Kufal, David Anton (1763–1831) 166, 168
Kwasnitza, Lothar (geb. 1929) 111

Laasphe, Johann Bonemilch von (gest. 1510) 132
Labenwolf, Pankraz (16. Jh.) 376
Lammert, Will (1897–1957) 204
Lampadius, Wilhelm August (1772–1842) 139, 149
Lamprecht von Altensee (2. Hälfte 16. Jh.) 226
Lange, Martin (um 1675–1705) 274
Langerhans, Friedrich Wilhelm (1780–1851) 100
Langhans, Carl Ferdinand (1782–1869) 103, 111, 113
Langhans, Carl Gotthard (1732–1808) 102, 114, 116
Launer, Oskar (1843–1912) 117
Leibniz, Gottfried Wilhelm (1646–1716) 53, 347
Lenné, Peter Joseph (1789–1866) 108, 184f., 239, 266
Leo X., Papst (1475–1521) 10
Lepsius, Carl Richard (1810–1874) 225
Lessing, Gotthold Ephraim (1729–1781) 50, 200
Lessing, Otto (1846–1912) 113
Leubelfing, August von (1614–1632) 225
Leuschner, Christoph (um 1555) 189
Lichtenfeld, Gerhard (1921–1978) 229
Liebig, Peter (gest. 1527) 161
Liebknecht, Karl (1871–1919) 103, 267
Lilienfeld, Nikolaus (um 1394) 327
Lilljenstedt, Johann Graf von (1655–1732) 321
Lindner, Hermann (geb. 1934) 325
Linsenbarth, Gustav (19. Jh.) 373
Liszt, Franz (1811–1886) 25, 375
Loos, Cornelius (1686–1738) 330
Lorentz, Andreas (um 1520–um 1588) 149
Lorentz d. Ä., Sebastian (gest. 1585) 140
Lösch, Wilhelm (um 1900) 373
Lüders, Johann Christoph (1803–1872) 161
Luther, Katharina (1489–1552) 347, 352
Luther, Martin (1483–1546) 22f., 31, 35, 42, 53, 120, 131, 139, 224, 297, 300, 307, 309, 346, 350, 373
Luxemburg, Rosa (1879–1919) 278
Maidburg, Franz (1. Hälfte 16. Jh.) 141, 143

Manger, Heinrich Ludwig (1728–1790) 258, 261, 267

Mann, Thomas (1875–1955) 377

Manthe, Albert (um 1700) 322

Manzel, Ludwig (1858–1936) 339

Maria Pawlowna, Großfürstin von Rußland und Großherzogin von Sachsen-Weimar (1786–1859) 374

Marshall, James (1838–1902) 196

Martersteig, Friedrich (1814–1899) 223

Marquirt, Hans (um 1566) 152

Marx, Karl (1818–1883) 43, 292, 322

Matern, Hermann (1893–1971) 249

Matthias Corvinus, König von Ungarn und Böhmen (1443–1490) 91 f., 151

Mathilde, Königin (um 895–968) 37, 284 f.

Mathilde, Äbtissin (955–999) 285

Mattausch, Johann Georg (um 1756) 152

Mättig, Gregor (1585–1650) 87

Mecker, Melchior (um 1500) 199

Mehlan, Heinz (1926–1987) 111

Melanchthon, Philipp (1497–1560) 31, 53, 175, 200, 277, 346

Meltewitz, Hans (um 1510) 347

Memhardt, Johann Gregor (1607–1678) 99, 107, 110

Mendelssohn Bartholdy, Felix (1809–1847) 377

Menschikow, Alexander Danilowitsch, Fürst (1672–1729) 170

Merian d. Ä., Matthäus (1593–1650) 172

Messel, Alfred (1853–1909) 109

Meyer, Johann Heinrich Gustav (1816–1877) 241

Meyer, Michael (um 1600) 167

Meyer, Wilhelm Christian (1726–1786) 112

Meyerfeldt, J. A. von (um 1726) 330

Midow, Claus (gest. 1602) 173

Minde, Grete (vor 1600–1619) 338

Mohnike, Gottlieb Christian (1781–1841) 330

Möller, Andreas (1598–1660) 139, 143

Möller, Karl Heinrich (1802–1882) 109

Mommsen, Theodor (1817–1903) 113

Mörder, Hening (gest. 1517) 327

Mörder, Johannes (um 1270) 317

Moritz, Kurfürst von Sachsen (1521–1553) 56, 137, 142 f., 188, 196, 200

Moritz, Karl (1863–nach 1912) 329

Moritz von Zeitz, Herzog (1622–1681) 215, 223

Moyses von Altenburg (um 1445) 198

Mozart, Wolfgang Amadeus (1756–1791) 266

Müller, Karl Hermann (1823–1907) 149

Müller, Matthias (2. Hälfte 18. Jh.) 257 f.

Müntzer, Thomas (um 1490–1525) 27, 35, 41, 203, 205, 208, 211, 213, 309, 313

Musäus, Johann Karl August (1735–1787) 369

Mützel, Johann (1647–1717) 378

Napoleon I., Kaiser (1769–1821) 22, 24, 35, 48, 54, 59, 76, 80, 86, 126, 139, 162, 170, 188 f., 226, 377

Nassau, Adolf von, König (um 1255–1298) 149

Nering, Johann Arnold (1659–1695) 101, 110, 113, 256

Neubauer, Theodor (1890–1945) 369

Neuber, Friederike Caroline (1697–1760) 141

Neugebauer, Martin von (um 1741) 321

Neumann, Johann Christoph (1664–1742) 83, 93

Nicolai, Christoph Friedrich (1733–1811) 106

Nietzsche, Friedrich (1844–1900) 226

Nithard von Langenberg, Propst (1483–1521) 229

Noeldchen, Daniel Heinrich (1736–1799) 235, 241

Nordheim, Otto von (11. Jh.) 246

Nosseni, Giovanni Maria (1544–1620) 143

Nuglisch, Philipp Wilhelm (Anfang 18. Jh.) 231

Oehme, Ernst Erwin (1831–1907) 196

Oehmigke, Philipp (1807–1858) 234

Oeser, Adam Friedrich (1717–1799) 375

Ohndorff, Johann Gottlieb (um 1775) 140

Olmützer, Hans (um 1450–um 1507) 155

Oseborn, Sabel (gest. 1526) 327

Otte, Valentin (1596–1673) 200

Ottenbach, Ambrosius (um 1545) 188

Ottmer, Carl Theodor (1800–1843) 111

Otto, Graf von Stolberg-Wernigerode (Ende 19. Jh.) 388

Otto, Martin Paul (1846–1893) 113

Otto I., Kaiser (912–973) 23, 34, 37, 199

Otto II., Kaiser (955–983) 53

Otto III., Kaiser (980–1025) 37, 271

Otto der Reiche, Markgraf von Meißen (vor 1130–1190) 55, 135, 137

Ottokar I. Přemysl, König von Böhmen (1197–1230) 83

Otto-Peters, Luise (1819–1895) 191

Paganini, Niccolo (1782–1840) 377

Palladio, Andrea (1508–1580) 255, 397

Papenius, Johann Georg (um 1710) 309, 311

Parler, Peter (1330–1399) 205

Parr, Franz (gest. 1580) 170

Parr, Christoph (16. Jh.) 172 f.

Paulick, Richard (1903–1979) 110 f.

Pelegrini, Giovanni Antonio (1675–1741) 87

Permoser, Balthasar (1651–1732) 87, 143

Persius d. J., Ernst Ludwig Reinhold (1835–1912) 11, 103, 117

Persius d. Ä., Friedrich Ludwig (1803–1845) 257, 259

Peter I. (der Große), Zar von Rußland (1672–1725) 53, 142, 170, 347

Petersson, Friedrich Gustav von (1766–1809) 329

Petrini, Antonio (1625–1701) 124

Pfeiffer, Heinrich (gest. 1525) 27, 203

Pflug, Julius v. (1499–1564) 201, 220

Pflüger, Conrad (gest. um 1508) 86, 155, 158, 194

Phalert, Thomas (um 1708) 327

Philipp von Orleans, König (1. Hälfte 19. Jh.) 397

Philipp von Schwaben, König (vor 1178–1208) 30

Pieck, Wilhelm (1876–1960) 103

Pius II., Papst (1405–1464) 10

Planer, Martin (um 1510–1582) 147

Poser, Magnus (1907–1944) 369

Pötsch, Martin (1623–1699) 87

Prasser, Manfred (geb. 1932) 117

Preischwitz, Peter (um 1429/30) 89

Preller d. J., Friedrich (1838–1921) 196

Preß, Friedrich (geb. 1904) 140

Pribislaw, Fürst (um 1150–1178) 63

Pribislaw (Heinrich), Fürst von Brandenburg (gest. 1150) 70

Prokop der Große, Heerführer der Hussiten (gest. 1434) 229

Prüfer, Gustav (1805–1861) 357

Quast, Wilhelm Robert Alexander Ferdinand von (1807–1877) 11, 232, 285

Quentin, Theodor (1851–1905) 149

Quesnay, Abraham (gest. 1726) 114

Rabener, Gottlieb Wilhelm (1714–1771) 50, 200

Raffaello Santi (1483–1520) 10

Räntz d. J., Johann David (1729–1783) 261

Räntz, Johann Lorenz Wilhelm (1733–1766) 261

Raschdorff, Julius Carl (1823–1914) 106

Rathenau, Emil (1838–1915) 101

Rauch, Christian Daniel (1777–1857) 102, 107, 110, 114, 116

Redtel, Carl Wilhelm (1. Hälfte 19. Jh.) 259, 265

Reich, Ferdinand (1799–1882) 140

Reichart, Johann Christian (1685–1775) 120, 133

Richter, Adrian Ludwig (1803–1884) 192, 315

Richter, Christian (1635–1722) 369, 382

Richter, Johann Moritz (1620–1667) 366

Richter, Johann Rudolf Heinrich (1748–1810) 259, 261, 264, 267

Richter, Theodor (1824–1882) 149

Richwin, Naumburger Bischof (1. Hälfte 12. Jh.) 229

Riemschneider, Hermann (1806–1857) 234

Ries, Adam (1492–1559) 131

Rietschel, Ernst (1804–1861) 112, 148

Rispach, Ulrich (um 1450) 309

Ritter, Carl (1779–1859) 279

Röbling, Johann August (1806–1869) 209

Rode, Christian Bernhard (1725–1797) 239

Rodewitz, Caspar Gottlieb von (gest. 1721) 152

Rogge, Johannes (1898–1983) 148, 320

Röhrscheidt d. Ä., Wenzel (1511–1582) 83, 92

Röhrscheidt d. J., Wenzel (gest. 1616) 87, 94, 97

Roskopf, Jonas (um 1590/1600) 152

Roskopf d. Ä., Wendel (um 1480–1549) 151 f., 154, 159

Roskopf d. J., Wendel (um 1568) 152

Roßbach, Arwed (1844–1902) 146

Rössel, Wilhelm (1. Hälfte 18. Jh.) 227

Rössing, Ritter von (16. Jh.) 247

Rouw, Peter (um 1771–1852) 185

Rubinstein, A. (1829–1894) 377

Rudolf I., Herzog von Sachsen-Wittenberg (1298–1356) 21

Rudolf II., Kaiser (1552–1612) 96

Rudolf von Schwaben (vor 1057–1080) 30

Ruge, Arnold (1802–1880) 322

Rülein von Calw, Ulrich (um 1465–1523) 140

Runge, Gotthilf, Ludwig (1809–1855) 233

Sarnow, Karsten (gest. 1393) 66

Sartori, Carl Joseph (1709–1770) 260

Sartori, Constantin Philipp Georg (1747–um 1812) 258, 261, 269

Schadow, Johann Gottfried (1764–1850) 101, 111, 114, 368

Schäfer, Karl (1844–1908) 197

Schaller, Ludwig (1804–1865) 372

Schardt, Johann Christian Wilhelm (18. Jh.) 374

Scharnhorst, Gerhard Johann David von (1755–1813) 110

Schauwelt, Hans (gest. 1496) 190

Scheele, Carl Wilhelm (1742–1786) 329

Scherdiger, Abel (1525–1605) 360

Scherer d. J., Hans (1. Hälfte 17. Jh.) 337

Schievelbein, Friedrich Anton Hermann (1817–1867) 107, 109 f.

Schill, Ferdinand Babtista von (1776–1809) 66, 329

Schiller, Friedrich von (1759–1805) 125 f., 375 f., 378

Schilling, Johannes (1828–1910) 162

Schilling, R. (1859–1933) 143

Schinkel, Friedrich Wilhelm August (1782–1797) 232

Schinkel, Karl Friedrich (1781–1841) 10 f., 18, 100 ff., 106 ff., 113 f., 117, 231 f., 235, 239, 257, 264 f., 267, 284, 310, 320, 368

Schlegel, Johann Gottfried (18. Jh.) 368, 374

Schleich, Carl Ludwig (1859–1922) 322

Schleinitz, Hans von (um 1610) 199 f.

Schlüter, Andreas (1659–1714) 10, 100, 102, 107, 109 f., 327

Schmid, Johann Carl Ludwig (gest. 1849) 108

Schmidt, Friedrich Freiherr von (1825–1891) 388

Schmidt, Paul (um 1760) 167

Schmieden, Heino (1835–1913) 241

Schmohl, Peter (1600–1652) 148

Schneider, Franz (gest. 1560) 154

Schnorr von Carolsfeld, Julius (1794–1872) 196

Schönberg, Abraham (1640–1711) 142 f.

Schönlebe, Jonas (1582–1658) 137

Schramm, Carl August (1807–1869) 188

Schröter, Simon (um 1544) 351

Schultz, Rolf (geb. 1938) 226

Schulz, Moritz (1825–1904) 109

Schulze, Johann Christian Valentin (1749–1831) 126, 264

Schumacher, Fritz (1869–1948) 87

Schumann, Robert (1810–1856) 139

Schütz, Heinrich (1585–1672) 53, 146, 350

Schwedler, Johann Wilhelm (1823–1894) 103

Schweinitz, Rudolf (1839–1896) 103

Schweitzer, Albert (1875–1965) 369

Schwenke, Michael (1563–1610) 92

Schwerin, Otto Graf von (1645–1705) 102

Scultetus, Bartholomäus (1540–1614) 62, 152, 154

Seffner, Carl Ludwig (1861–1932) 148

Seghers, Anna (eigtl. Netty Reiling; 1900–1983) 377

Semper, Gottfried (1803–1879) 96, 353

Seneca, Lucius (um 4 v. d. Z.–65) 248

Seydewitz, Johann Heinrich von (1748–1824) 185

Sigismund, deutscher König und Kaiser (1368–1437) 62, 162

Silbermann, Gottfried (1683–1753) 56, 142, 225

Simonetti, Giovanni (1652–1716) 347

Singer, Paul (1844–1911) 103

Sixtus IV., Papst (1414–1484) 10

Smids, Michael Matthias (1626–1692) 106

Smoler, Jan Arnošt (1816–1884) 97

Sommer, Theodor (19. Jh.) 106

Sophie von Mecklenburg, Herzogin von Sachsen (1481–1503) 347

Speck, Paul (gest. 1557) 141

Spielhagen, Friedrich (1829–1911) 323

Spieß, August (1841–1926) 196

Sprengel, Andreas (um 1500) 381

Starcke, Johann Georg (um 1640–1695) 93

Stein, Charlotte von (1742–1827) 374, 379

Stein, Georg von (um 1485) 91

Stein, Heinrich Friedrich Karl, Reichsfreiherr vom und zum (1757–1831) 110 f., 141

Stein, Theodor August (1802–1876) 117

Steiner, Conrad (16./17. Jh.) 223

Steiner, Carl Friedrich (1774–1840) 375

Stellwagen, Friedrich (um 1659) 320

Stieglitzer, Albrecht (um 1506–1514) 151 f.

Stockmann, Rudolf (gest. 1622) 167

Stoltze, Johann Karl (gest. 1746) 117

Storkow, C. (gest. 1338) 328

Storm, Theodor (1817–1888) 265

Strack, Johann Heinrich (1805–1880) 109 f., 113 f.

Straßburger, August Friedrich (18. Jh.) 368

Strauss, Richard (1864–1949) 375

Streichhan, Ferdinand (1814–1884) 369, 374

Streufert, August (gest. 1944) 326

Stüler, Friedrich August (1800–1865) 102, 107 ff., 117, 205, 257, 334

Suhrland, Johann Heinrich (1742–1827) 180, 183

Swarte, Arnd (um 1680) 326

Tessenow, Heinrich (1876–1950) 111

Thälmann, Ernst (1886–1944) 23, 59, 326

Theodosius, römischer Kaiser (347–395) 10

Thiede, August (19. Jh.) 128

Thiele, Richard (1856–1930) 168

Thola, Benedetto (2. Hälfte 16. Jh.) 143

Thola, Gabriele (2. Hälfte 16. Jh.) 143

Thomae, Johann Benjamin (1682–1751) 87

Thouret, Nicolaus Friedrich (1767–1845) 368

Thurneysser, Leonhard (1530–1596) 101

Thurn und Taxis, Graf Franz von (um 1460–1517) 205, 315

Tieck, Christian Friedrich (1776–1851) 107, 117, 232, 257, 284, 368

Tischbein, Johann Heinrich Wilhelm (1751–1829) 330

Titel, Friedrich Wilhelm Konrad (1754–1840) 264

Torstensson, Lennart (1603–1651) 148

Trebra, Friedrich Wilhelm Heinrich von (1740–1805) 142, 149

Tzschirner, S. E. (um 1849) 59

Tzschöckel, Samuel (um 1760) 139

Tzschuke, Karl Hugo (um 1849) 191

Udo I., Bischof (1125–1148) 227

Ulrich III., Herzog (1527–1603) 170, 174

Unger, Georg Christian (1743–1804/12) 112, 115, 255, 257 ff., 264, 269

Velde, Henry van de (1863–1957) 25

Vischer, Hans (1489–1550) 107

Vischer d. Ä., Peter (1460–1529) 107, 309, 347

Vogel, C. (geb. 1632) 133

Voss, Hermann (gest. 1945) 323

Voß, Otto Karl Friedrich von (1755–1823) 231

Vulpius, Christiane (1765–1816) 373, 378

Vulpius, Melchior (um 1560–1615) 360, 378

Waesemann, Hermann Friedrich (1813–1879) 103

Wagner, Richard (1813–1883) 146, 377
Wallenstein, Albrecht Wenzel Eusebius von (1583–1634) 46, 68, 169, 171, 174
Walter, Christoph (1534–1584) 188, 190f., 194, 196, 198
Walter, Johann (1496–1570) 351
Walter II., Johannes (1525–1600) 149
Walter von der Vogelweide (um 1170–um 1230) 50
Wandschneider, W. (Anfang 20. Jh.) 168
Warsberg, Franz Anselm von (1680–1760) 120
Weber, Carl Maria von (1786–1826) 136, 147
Wegern, Valten (um 1563) 343
Weisbach, Julius (1806–1871) 141, 149
Weißenbach, Johann von, Bischof von Meißen (gest. 1487) 199
Welsch, Maximilian von (1671–1745) 124f., 131, 133
Wendel, Johann (um 1785) 22
Wenzel IV., deutscher König und König von Böhmen (1361–1419) 83
Werner, Abraham Gottlob (1739–1817) 141ff.
Westfalen, Arnold von (um 1425/30–1482) 188, 194, 197, 350
Westphalen, Jenny von (1814–1881) 43f., 292
Westphalen, Ludwig von (1770–1842) 292
Wetzel, Martin (geb. 1929) 229
Wichmann, Ludwig Wilhelm (1788–1859) 109, 113, 117
Widukind, sagenhafter Herzog von Sachsen (um 806) 91
Wieck, Clara (1819–1896) 139, 141
Wieland, Christoph Martin (1733–1813) 131, 373
Wiese, Max (1846–1925) 173, 233ff.
Wilhelm Balthasar (um 1500–1555) 301
Wilhelm Ernst, Herzog von Sachsen-Weimar (1662–1728) 365

Wilhelm I., Kaiser (1797–1888) 113, 160, 199
Wilhelm II., Kaiser (1859–1941) 103, 160
Wilhelm III., Landgraf von Thüringen (1440–1483) 365, 374
Wilhelm IV., Graf von Henneberg-Schleusingen (1478–1559) 302
Wilhelmine, Markgräfin von Bayreuth (1709–1758) 261
Willebrandt, Hermann (1816–1899) 185
Winkler, Clemens (1838–1904) 142, 148
Winogradow, Dimitri Iwanowitsch (um 1720–1758) 140
Wiprecht d. J., Graf von Groitzsch, Markgraf von Meißen (um 1050–1124) 57
Witten, Hans (um 1470/80–um 1525) 143
Wittenberger, Georg (um 1582) 347
Witzlaw I., Fürst von Rügen (reg. 1218–1249) 65
Witzleub, Hans (1. Hälfte 16. Jh.) 221, 223
Wohler, Johann Christian (1748–1799) 257f., 261, 264, 267
Wolff, Albert (1814–1892) 107, 109
Wolff, Emil (1802–1879) 109
Wolff, Fritz (1846–1921) 109
Wolffenstein, Richard (1846–1919) 103
Wou, Gerhard van Kampen (1440–1527) 121
Wredow, August (1804–1891) 109

Xavery, Jan Baptist (1697–1742) 321

York von Wartenburg, Johann David Ludwig (1759–1830) 110

Zelter, Karl Friedrich (1758–1832) 106, 111
Zerroen, Anton van (um 1360) 143
Zeuner, Gustav (1828–1907) 141
Ziegler, Otto (15./16. Jh.) 129
Ziller, Tuiskon (1817–1882) 359
Zöllner, Heinrich (um 1550–1639) 304
Zweig, Arnold (1887–1968) 377

Literaturverzeichnis

(Auswahl)

Standardliteratur

Adamiak, J./Pillep, R.   Kunstland DDR.
Ein Reiseführer. Leipzig 1979.
Atlas zur Geschichte. Bd. 1 und 2. Leipzig
1973.
Baier, G./Faber, E./Hollmann, E.   Kunst-
Reiseführer Deutsche Demokratische
Republik. Kunst und Geschichte von der
Romanik bis zur Gegenwart. Leipzig
1986.
Baudenkmale. Heft-Reihe des VEB E. A.
Seemann Verlages Leipzig.
Das christliche Denkmal. Hrsg. F. Löffler.
Heft-Reihe des Union Verlages Berlin.
Die Bau- und Kunstdenkmale in der DDR.
Hrsg. Institut für Denkmalpflege.
– Bezirk Potsdam. Berlin 1979.
– Bezirk Frankfurt. Berlin 1980.
– Bezirk Neubrandenburg. Berlin 1982.
– Hauptstadt Berlin. Bd. I und II. Berlin
1983 und 1986.
Czok, K.   Die Stadt. Ihre Stellung in der
deutschen Geschichte. Berlin 1969.
Dehio, G.   Handbuch der deutschen
Kunstdenkmäler. Neu bearbeitet vom In-
stitut für Denkmalpflege der DDR.
– Bezirke Dresden, Karl-Marx-Stadt, Leip-
zig. Berlin 1966.
– Bezirke Neubrandenburg, Rostock,
Schwerin. Berlin 1968.
– Bezirk Magdeburg. Berlin 1974.
– Bezirk Halle. Berlin 1976.
– Bezirke Berlin/DDR und Potsdam. Ber-
lin 1983.
Denkmale in Thüringen. Ihre Erhaltung
und Pflege in den Bezirken Erfurt, Gera
und Suhl. Weimar 1975.
Denkmale in Sachsen. Ihre Erhaltung und
Pflege in den Bezirken Dresden, Karl-
Marx-Stadt und Leipzig. Weimar 1981.
Denkmale in Sachsen-Anhalt. Ihre Erhal-
tung und Pflege in den Bezirken Halle
und Magdeburg. Weimar 1983.
Denkmale in Mecklenburg. Ihre Erhaltung
und Pflege in den Bezirken Rostock,
Schwerin und Neubrandenburg. Weimar
1976.
Denkmale in Berlin und in der Mark Brandenburg. Ihre Erhaltung und Pflege in
der Hauptstadt der DDR und in den Bezirken Frankfurt (Oder) und Potsdam.
Weimar 1987.
Grundlagen und Ziele der Denkmalpflege
in der DDR. Hrsg. Institut für Weiterbil-
dung des Ministeriums für Kultur. Berlin
1982.
Grundmann, S.   Die Stadt. Gedanken
über Geschichte und Funktion. Berlin
1984.
Grundsätze für die sozialistische Entwicklung von Städtebau und Architektur in
der Deutschen Demokratischen Republik. Beschluß des Politbüros des Zen-
tralkomitees der SED und des Ministerrates der DDR. In : Neues Deutschland,
29./30. 5. 1982.
Historischer Führer. Stätten und Denkmale
der Geschichte.
– Bezirke Erfurt, Gera, Suhl. Leipzig/
Jena/Berlin 1978.
– Bezirke Dresden, Cottbus. Leipzig/Jena/
Berlin 1982.
– Bezirke Leipzig, Karl-Marx-Stadt. Leip-
zig/Jena/Berlin 1981.
– Bezirke Potsdam, Frankfurt (Oder). Leip-
zig/Jena/Berlin 1987.
Kadatz, H.-J.   Wörterbuch der Architek-
tur. Leipzig 1980.
Kürth, H./Kutschmar, A.   Baustilfibel.
Berlin 1982.
Leitsätze der Gesellschaft für Denkmal-
pflege im Kulturbund der Deutschen De-
mokratischen Republik. Berlin 1978.
Lexikon der Kunst. Bd. 1–5. Leipzig
1967–1979.
Lexikon Städte und Wappen der DDR.
Hrsg. H. Göschel. Leipzig 1979.
Mrusek, H.-J.   Romanik. Leipzig 1972.
Mrusek, H.-J.   Von der ottonischen Stifts-
kirche zum Bauhaus. Leipzig 1967.
Müller, H.   Dome, Kirchen, Klöster.
Kunstwerke aus zehn Jahrhunderten.
Berlin/Leipzig 1986.
Piltz, G.   Kunstführer durch die DDR.
Berlin/Leipzig/Jena 1985.
Rauda, W.   Lebendige städtebauliche
Raumbildung. Berlin 1957.
Schicksale deutscher Baudenkmale im
zweiten Weltkrieg. Eine Dokumentation
der Schäden und Totalverluste auf dem
Gebiet der DDR. Hrsg. G. Eckardt. Bd. 1
und 2. Berlin 1978.
Schüttauf, H.   Parks und Gärten in der
DDR. Leipzig 1973.
Technische Denkmale in der Deutschen
Demokratischen Republik. Hrsg. O. Wa-
genbreth/E. Wächtler. Leipzig 1983.
Ullmann, E.   Gotik. Leipzig 1981.
Wäscher, H.   Feudalburgen in den Bezir-

ken Halle und Magdeburg. Berlin 1962.

Werte unserer (bis Bd. 17 der deutschen) Heimat. Hrsg. Akademie der Wissenschaften der DDR. Bd. 1–49/50. Berlin 1957–1987.

Wissenschaftliche Grundlagen der Denkmalpflege. Hrsg. Informationszentrum beim Ministerium für Kultur. Heft 3 (1981).

Weiterführende Literatur (Städte)

Bautzen

Große, G. u. a.   Budissin – Bautzen. Bautzen 1982.

Lodni, E.   Der Bautzener Kulturpfad. Bautzen 1978.

Reichel, F.   Bautzen. Leipzig 1961.

Schrammek, R.   Verkehrs- und Baugeschichte der Stadt Bautzen. Bautzen 1984.

Berlin

Bauer, R./Hühns, E.   Berlin – 800 Jahre Geschichte in Wort und Bild. Berlin 1980.

Borrmann, R.   Die Bau- und Kunstdenkmäler von Berlin. Berlin 1893.

Gut, A.   Das Berliner Wohnhaus des 17. und 18. Jahrhunderts. Neu aufgelegt von W. Volk. Berlin 1984.

Kieling, U.   Berlin – Baumeister und Bauten. Von der Gotik bis zum Historismus. Berlin 1987.

Nicolai, F.   Beschreibung der königlichen Residenzstadt Berlin (1786). Eine Auswahl. Hrsg. K. Gerlach. Leipzig 1987.

Schneider, W./Gottschalk, W.   Berlin – Eine Kulturgeschichte in Bildern und Dokumenten. Leipzig/Weimar 1980.

Volk, W.   Historische Straßen und Plätze heute – Berlin. Berlin 1988.

Erfurt

Behrends, R.   Gang durch den mittelalterlichen Stadtkern. Erfurt 1965.

Frentzel, H.   Das historische Planungsschema im Grundriß der Städte Erfurt und Magdeburg. Berlin 1967.

Geschichte der Stadt Erfurt. Hrsg. W. Gutsche. Weimar 1986.

Gurlitt, C.   Erfurt. Berlin 1911.

Wiegand, F.   Erfurt – Tourist Stadtführer-Atlas. Berlin/Leipzig 1978.

Freiberg

Douffet, H.   Denkmalpflege in der Freiberger Altstadt. In: Stadt- und Bergbaumuseum Freiberg, Schriftenreihe H. 2. Freiberg 1976.

Douffet, H.   Die Entwicklung des Freiberger Stadtgrundrisses im 12. und 13. Jahrhundert. In: Stadt- und Bergbaumuseum Freiberg, Schriftenreihe H. 4. Freiberg 1982.

Kasper, H.-H./Wächtler, E.   Die Geschichte der Bergstadt Freiberg. Weimar 1986.

Magirius, H.   Der Dom zu Freiberg. Leipzig 1986.

Ufer, H.   Freiberg. Tourist-Stadtführer. Berlin/Leipzig 1979.

Wagenbreth, O./Wächtler, E.   Der Freiberger Bergbau. Technische Denkmale und Geschichte. Leipzig 1985.

Görlitz

Jecht, R.   Geschichte der Stadt Görlitz. 2. Halbband. Topographie. Görlitz 1927.

Kretzschmar, E.   Görlitzer Bildchronik. Heft-Reihe. Görlitz 1978–1984.

Lemper, E.-H.   Görlitz. Leipzig 1980.

Lemper, E.-H.   Görlitz. Denkmale des Barock. Görlitz 1986.

Lemper, E.-H.   Görlitz. Denkmale des Mittelalters und der Renaissance. Görlitz 1984.

Güstrow

Adamiak, J.   Schlösser und Gärten in Mecklenburg. Leipzig 1985.

Blaschke, B.   Denkmale in der Stadt Güstrow. Güstrow 1977.

Ohle, W.   Denkmalpflegerische Arbeiten im Güstrower Schloß. In: Materialien und Berichte zur Denkmalpflege in der DDR, H. 1/1971.

Zander, D./Ende, H.   Drei Städte – drei Schlösser. Weimar 1976.

Ludwigslust

Dettmann, G.   Johann Joachim Busch – der Baumeister von Ludwigslust. Rostock 1929.

Dobert, J.-P.   Bauten und Baumeister in Ludwigslust. Magdeburg 1921.

Ende, H.   Die Stadtkirchen in Mecklenburg. Berlin 1984.

Krüger, R.   Ludwigslust. Eine kulturhistorische Skizze. Schwerin 1979.

Zander, D./Ende, H.   Drei Städte – drei Schlösser. Weimar 1976.

Meißen

Lehmann, E./Schubert, E.   Der Dom zu Meißen. Berlin 1971.

Mrusek, H.-J.   Die Albrechtsburg zu Meißen. Leipzig 1972.

Pohl, H.-J.   Meißen. Tourist-Stadtführer. Berlin/Leipzig 1983.

Rauda, F.   Meißen. Deutsche Kunstführer. Augsburg 1929.

Reichel, A.   Meißen. Leipzig 1964.

Literaturverzeichnis

Mühlhausen

Autorenkollektiv Mühlhausen in Thüringen, die Stadt Thomas Müntzers. Mühlhausen 1958.

Barth, A. Die mittelalterlichen Befestigungen Mühlhausens – denkmalpflegerische Betreuung und museale Nutzung. In: Denkmalpflege in der DDR, H. 2/1975.

Bemmann, R. Die Stadt Mühlhausen im späten Mittelalter. Mühlhausen 1915.

Günther, G./Korf, W. Mühlhausen, Thomas-Müntzer-Stadt. Leipzig 1986.

Naumburg

Borkowsky, E. Naumburg 1028–1928. Jena 1928.

Hütt, W. u. a. Der Naumburger Dom. Dresden 1956.

Jahn, J. u. a. Die Bildwerke des Naumburger Doms. Leipzig 1978.

Kugler, H. Unstruttal. Von Naumburg bis zur Sachsenburger Pforte. Leipzig 1960.

Schubert, E. Naumburg. Dom und Altstadt. Berlin 1978.

Neuruppin

Bartelt, W. Straßen, Plätze, Tore und Befestigung Neuruppins. Ein Beitrag zur Geschichte der Stadt. Neuruppin 1926.

Fontane, T. Wanderungen durch die Mark Brandenburg. Bd. 1. Die Grafschaft Ruppin. Berlin 1982.

Löschburg, W./Riedel, L. Rheinsberg/Neuruppin Tourist-Wanderatlas Berlin/Leipzig 1983.

Schultze, J. Geschichte der Stadt Neuruppin. Neuruppin 1932.

Osterwieck

Doering, O. Osterwieck. In: Bau- und Kunstdenkmäler der Provinz Sachsen, Bd. 23. Halle 1902.

Hiersemann, L. Osterwieck. Exkursionsführer der Technischen Hochschule Leipzig. Leipzig 1981.

Reiche, G. Gang durch die Jahrhunderte. Osterwieck – eine Stadtbeschreibung. Osterwieck 1969.

Reiche, G. Stil und Stilgeschichte norddeutscher Fachwerkbauten. Osterwieck 1970.

Scholle, A. u. a. Tausend Jahre Osterwieck. Festschrift. Osterwieck 1979.

Potsdam

Drescher, H./Kroll, R. Potsdam. Ansichten aus drei Jahrhunderten. Weimar 1981.

Giersberg, H.-J./Schendel, A. Potsdamer Veduten. Stadt- und Landschaftsansichten vom 17. bis zum 20. Jahrhundert.

Potsdam-Sanssouci 1982.

Kitschke, A. Kirchen in Potsdam. Aus der Geschichte der Gotteshäuser und Gemeinden. Berlin 1983.

Manger, H. L. Baugeschichte von Potsdam, besonders unter der Regierung König Friedrichs des Zweiten. Band 1 und 3. Berlin und Stettin, 1789/90. Reprint Leipzig 1987.

Schulte, D./Knitter, H. Potsdam im Bild der Geschichte. Potsdam 1985/86.

Volk, W. Historische Straßen und Plätze heute – Potsdam. Berlin 1988.

Quedlinburg

Kleemann, S. Quedlinburger Geschichte. Bd. 2. Quedlinburg 1922.

Müller, H./Morgenstern, H. Quedlinburg. Leipzig 1980.

Priese, G. Quedlinburg – Das Rathaus. Quedlinburg 1977.

Priese, G. Quedlinburg – Der Markt. Quedlinburg 1979.

Speer, E. Quedlinburg und seine Kirchen. Berlin 1971.

Stelzer, H. Zur städtebaulichen Rekonstruktion der Fachwerkstadt Quedlinburg. In: Denkmalpflege in der DDR, H. 4/1976.

Wäscher, H. Der Burgberg in Quedlinburg. Berlin 1959.

Salzwedel

Ehlies, M. u. a. Salzwedel. Tourist-Wanderheft. Berlin/Leipzig 1986.

Schmidt, H./Große, G. Skizzen aus der Altmark. Rudolstadt 1978.

Schuster, H./Seffers, G. Museum über die Familie Marx in Salzwedel. In: Magdeburger Blätter. Magdeburg 1983.

Schmalkalden

Handy, P. Schmalkalden. Wir begrüßen unsere Gäste. Schmalkalden 1977.

Handy, P. Schloß Wilhelmsburg Schmalkalden, ein Bau- und Kunstdenkmal der deutschen Spätrenaissance. Schmalkalden 1977.

Wahl, V. Ursprung und Entwicklung der Stadt Schmalkalden im Mittelalter. Schmalkalden 1974.

Weber, P. Die Bau- und Kunstdenkmäler im Regierungsbezirk Cassel. Bd. 5. Marburg 1913.

Stolberg

Buresch, G. Stolberg im Harz. Brockhaus-Wanderheft. Leipzig 1966.

Ehrhardt, J./Buresch, G. Nordhausen–Stolberg–Ilfeld–Neustadt Tourist-Wanderatlas Berlin/Leipzig 1978.

Knape, W. Stolberg. Leipzig 1981.

Stralsund

Ewe, H.   Zur Baugeschichte von Stralsund. In: Die Altstadt von Stralsund. Berlin 1958.

Ewe, H. u. a.   Geschichte der Stadt Stralsund. Weimar 1986.

Heyden, H.   Die Kirchen Stralsunds und ihre Geschichte. Berlin 1961.

Zaske, N.   Die Kirchen Stralsunds und ihre Kunstwerke. Berlin 1964.

Zaske, N.   Kunst in Hansestädten. Leipzig 1985.

Tangermünde

Glade, H.   Von Tangermünde nach Halberstadt. Leipzig 1972.

Kneebusch, E.   Die Burg Tangermünde zur Zeit Karls IV. Hannover 1916.

Kohlmann, J.   Tangermünde – Ein kurzer Überblick über die Geschichte der alten Elbestadt. Tangermünde 1962.

Kohlmann, J.   Tangermünde. Stadtführer. Stendal 1972.

Trost, H.   Tangermünde. Leipzig 1965.

Torgau

Harksen, S./Magirius, H.   Die Marienkirche zu Torgau. Berlin 1973.

Findeisen, P./Magirius, H.   Die Denkmale der Stadt Torgau. Leipzig 1976.

Heyde, C./Heyde, H./Linkner, U.   Torgau. Leipzig 1983.

Kadatz, H.-J.   Torgau – Schloß Hartenfels. Leipzig 1985.

Mannewitz, P.   Das Wittenberger und Torgauer Bürgerhaus vor dem Dreißigjährigen Kriege. Torgau 1914.

Wasungen

Voss, G.   Bau- und Kunstdenkmäler Thüringens. Bd. 36. Jena 1910.

Wölfing, G.   Wasungen. Eine Kleinstadt im Feudalismus vom 9. bis zum 19. Jahrhundert. Weimar 1980.

Weimar

Bach, A. u. a.   Clemens Wenzeslaus Coudray. Baumeister der späten Goethezeit. Weimar 1983.

Günther, C. u. a.   Geschichte der Stadt Weimar. Weimar 1975.

Meßner, P.   Bauten und Denkmale in Weimar, ihre Geschichte und Bedeutung. Weimar 1984.

Ranft, G.   Historische Grabstätten aus Weimars klassischer Zeit. Weimar 1979.

Schädlich, C.   Bauhaus Weimar 1919–1925. Weimar 1980.

Wernigerode

Deistel, W.   Geschichte des Rathauses zu Wernigerode am Harz. Wernigerode 1957.

Grosse, W.   Geschichte der Stadt und Grafschaft Wernigerode. Wernigerode 1929.

Langematz, R.   Fachwerk in Wernigerode. Weimar 1961.

Oelsner, M./Zerback, K.   Wernigerode. Leipzig 1977.

Üblacker, K. u. a.   Feudalmuseum Schloß Wernigerode. Kleiner Führer durchs Museum. Leipzig 1969.

Gesetzliche Bestimmungen

Gesetz zur Erhaltung der Denkmale in der DDR – Denkmalpflegegesetz – vom 19. 6. 1975 (GBl. I Nr. 26 S. 458).

Durchführungsbestimmung zum Denkmalpflegegesetz vom 24. 9. 1976 (GBl. I Nr. 41 S. 489).

2. Durchführungsbestimmung zum Denkmalpflegegesetz – Denkmale mit Gebietscharakter und Einbeziehung der Umgebung in den Schutz von Denkmalen – vom 14. 7. 1978 (GBl. I Nr. 25 S. 285).

3. Durchführungsbestimmung zum Denkmalpflegegesetz – Kennzeichnung von Denkmalen – vom 20. 2. 1980 (GBl. I Nr. 10 S. 86).

Bekanntmachung der zentralen Denkmalliste – Liste der Denkmale von besonderer nationaler und internationaler Bedeutung – vom 25. 9. 1979 (GBl. Sonderdruck Nr. 1 017 vom 5. 10. 1979).

Verordnung zum Schutze und zur Erhaltung der ur- und frühgeschichtlichen Bodenaltertümer vom 28. 5. 1954 (GBl. I Nr. 54 S. 547).

1. Durchführungsbestimmung zur Verordnung zum Schutze und zur Erhaltung der ur- und frühgeschichtlichen Bodenaltertümer – Sicherung bei Baumaßnahmen – vom 28. 5. 1954 (GBl. I Nr. 54 S. 549).

Gesetz zum Schutze des Kulturgutes der Deutschen Demokratischen Republik – Kulturgutschutzgesetz – vom 3. 7. 1980 (GBl. I Nr. 20 S. 191).

1. Durchführungsbestimmung zum Kulturgutschutzgesetz – Geschütztes Kulturgut – vom 3. 7. 1980 (GBl. I Nr. 21 S. 213).

Statut des Nationalen Rates der Deutschen Demokratischen Republik zur Pflege und Verbreitung des deutschen Kulturerbes – Beschluß des Ministerrates vom 11. 9. 1980 (GBl. I Nr. 28 S. 275).

Ilke Handy, Schmalkalden:
S. 296, 298, 301, 302, 304, 354, 359, 361, 362

Klaus König, Berlin:
S. 82, 88, 90, 93, 94/95, 98, 101, 107, 108, 112, 114, 115, 116,
134, 136, 138 (2×), 141, 150, 151, 153, 160, 161,
164, 166, 168, 169, 170, 171, 172, 176, 178, 179, 183, 184, 186,
189, 190, 192/193, 197, 200, 230, 232, 236, 238,
240, 242, 244, 248, 250, 251, 252, 256, 257, 260, 265, 266,
267, 268, 328

Sigrid Schütze-Rodemann, Halle:
S. 118, 125, 126/127, 129, 130, 132, 202, 204, 208, 210, 212,
214, 222, 224, 226, 270, 272, 274, 275, 279, 281,
286, 288, 289, 290/291, 292, 294, 306, 308, 312, 313, 314,
316, 318/319, 324, 325, 326, 332, 335, 337, 339, 340, 342, 345 (2 ×),
346, 351, 364, 371, 372, 375, 377, 378, 380, 382, 384,
385, 389, 390, 391, 392

Lothar Willmann, Berlin:
Titelbild, Luftbildnummer ZLB/L 113980

Die historischen Stadtansichten
stellten uns freundlicherweise zur Verfügung:
F. Treite (1), Staatsarchiv Weimar (1),
Deutsche Staatsbibliothek (21)

Titelbild: Erfurt

Sehenswürdigkeiten an Ihrem Reiseweg

Zeichenerklärung

▼ Nationale Mahn- und Gedenkstätte

🛢 Historisches Ortsbild

⬆ Mittelalterliche Stadtbefestigung

♪ Schloß, Burg

✛ Kirche, Kloster

♪ Ruine

⚱ Bedeutendes Denkmal und Mahnmal

🏛 Museum

● Gedenkstätte zu Persönlichkeiten der Politik, Kunst und Wissenschaften

♉ Theater

⌒ Freilichttheater

✿ Technisches Denkmal

⚒ Schaubergwerk

⋂ Höhle

⚖ Park

🐘 Zoo

🦌 Tiergarten, Wildgehege

⚘ Botanischer Garten

ⵟ Fernsehturm

◯ Natursehenswürdigkeit

▦ Staatsgrenze

▦ Staatsgrenze im Wasserlauf

▭ Autobahn mit Anschlußstelle

▦ Fernverkehrsstraße

▦ Landstraße

—— Eisenbahn

- - - - Schiffsverbindung

◉ Grenzübergang

⬤ A Autofähre

✈ Flughafen

⚓ Hafen

· 280 Höhenangabe

▦ Wald

Maßstab 1 : 600 000

5 0 5 10 15 20 25
km

Blattschnittübersicht

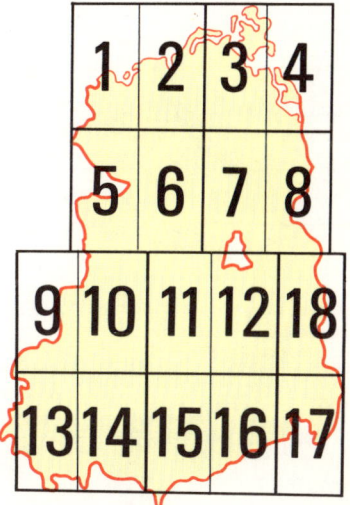

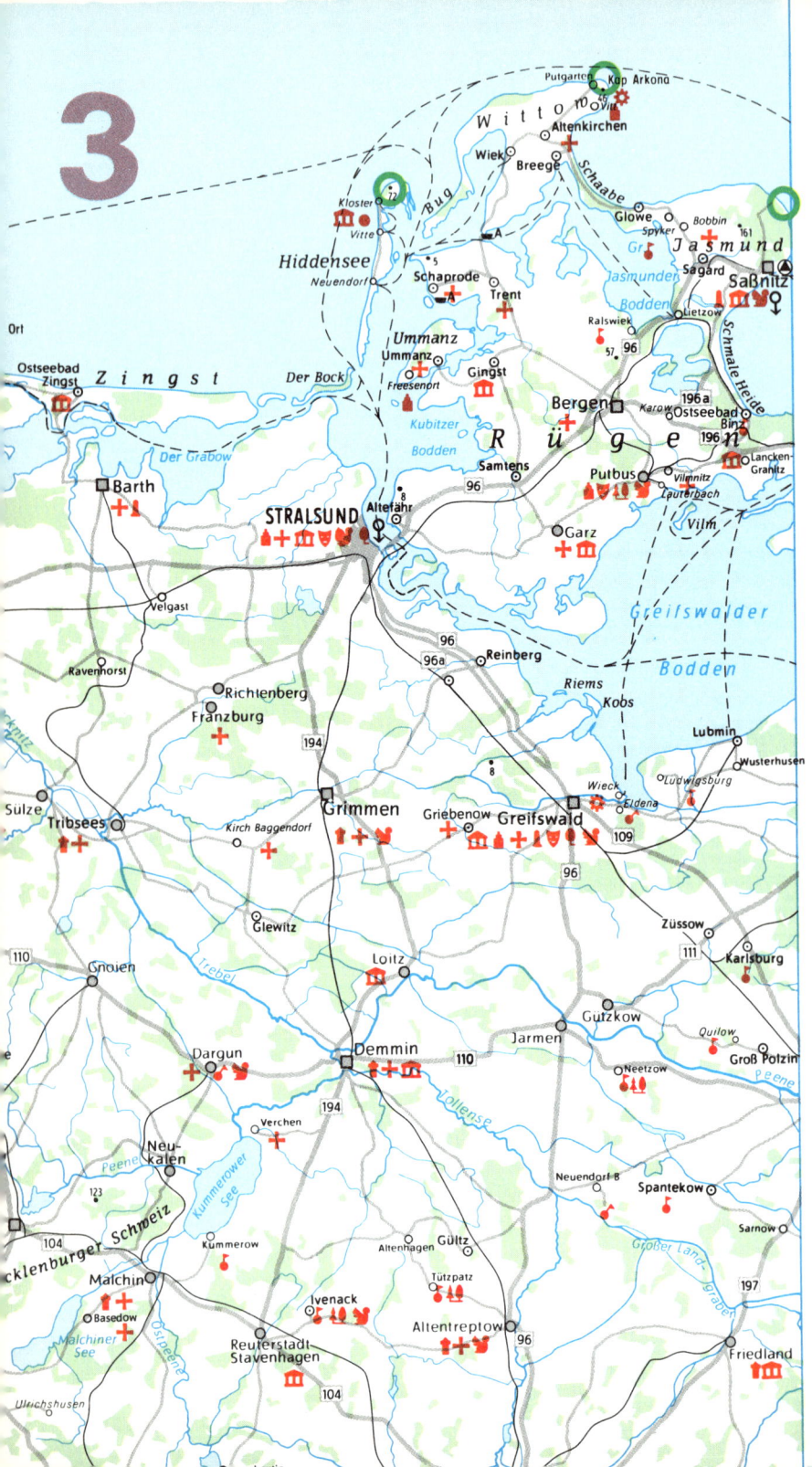

4

OSTSEE

Königsstuhl

Eisenbahnfähre
Saßnitz-Trelleborg

Ostseebad
Sellin

Ostseebad
Baabe
Ostseebad
Göhren

Mönchgut

Thiessow

Greifswalder Oie

Ruden

O d e r b u c h t

Peenemünde

Freest

Karlshagen

Zinnowitz

Koserow

Dziwnow

Wolgast

*Achter-
wasser*

Ückeritz

Peenestrom

111

54

Seebad Bansin

Seebad Heringsdorf

Lassan

Neppermin

Mellenthin

Seebad Ahlbeck

Międzyzdroje

Ziethen

110

Zirchow

Świnoujście

Warszów

Lubiewo

T16

O

W

Wolin

Anklam

Usedom

O d e r h a f f

Z a l e w   S z c z e c i ń s k i

Ducherow

Mönkebude

Nowe
Warpno

15°

Ueckermünde

U e c k e r m ü n d e r

109

Ferdinandshof

Eggesin

H e i d e

Trzebież

Torgelow

Polen

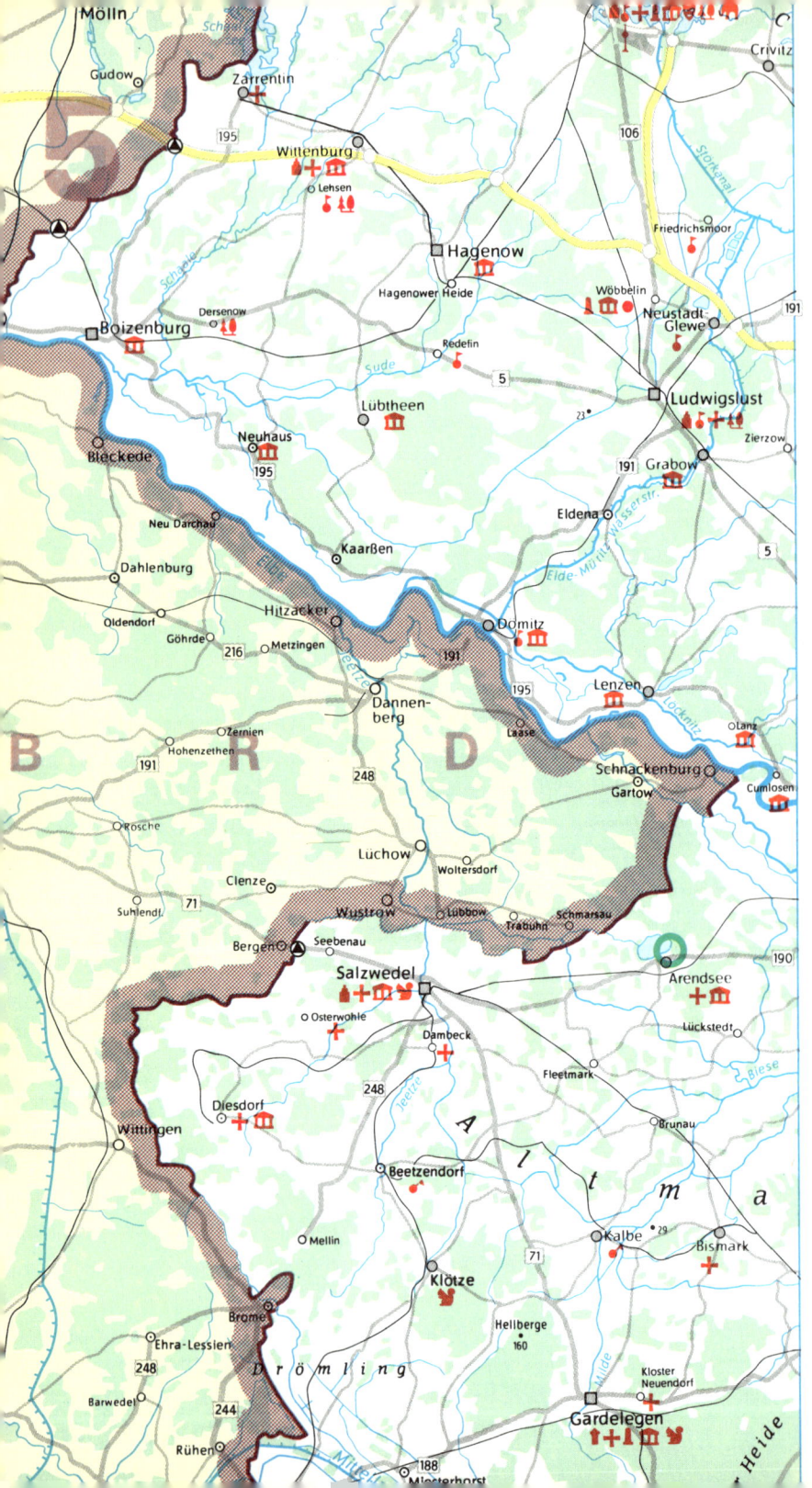

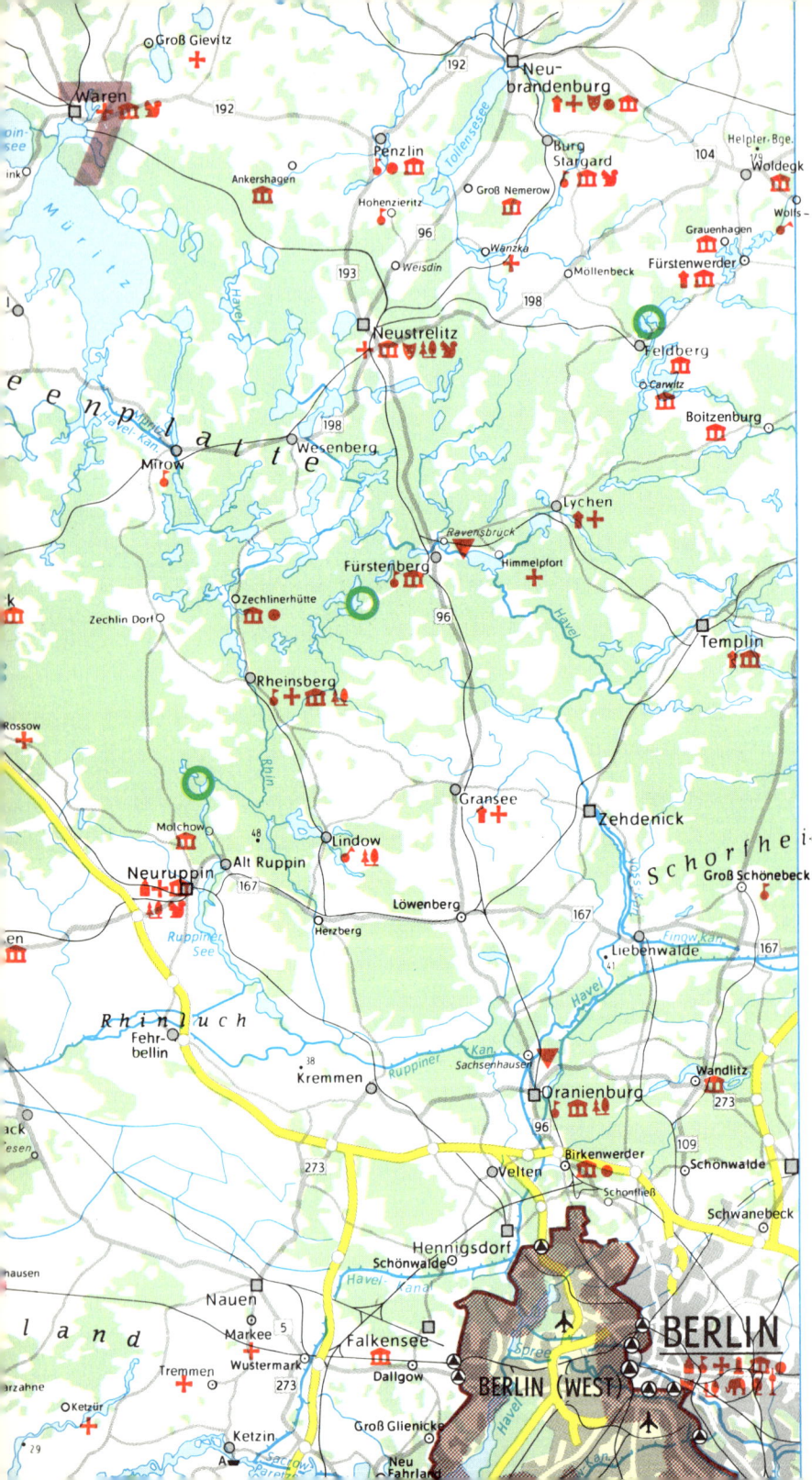

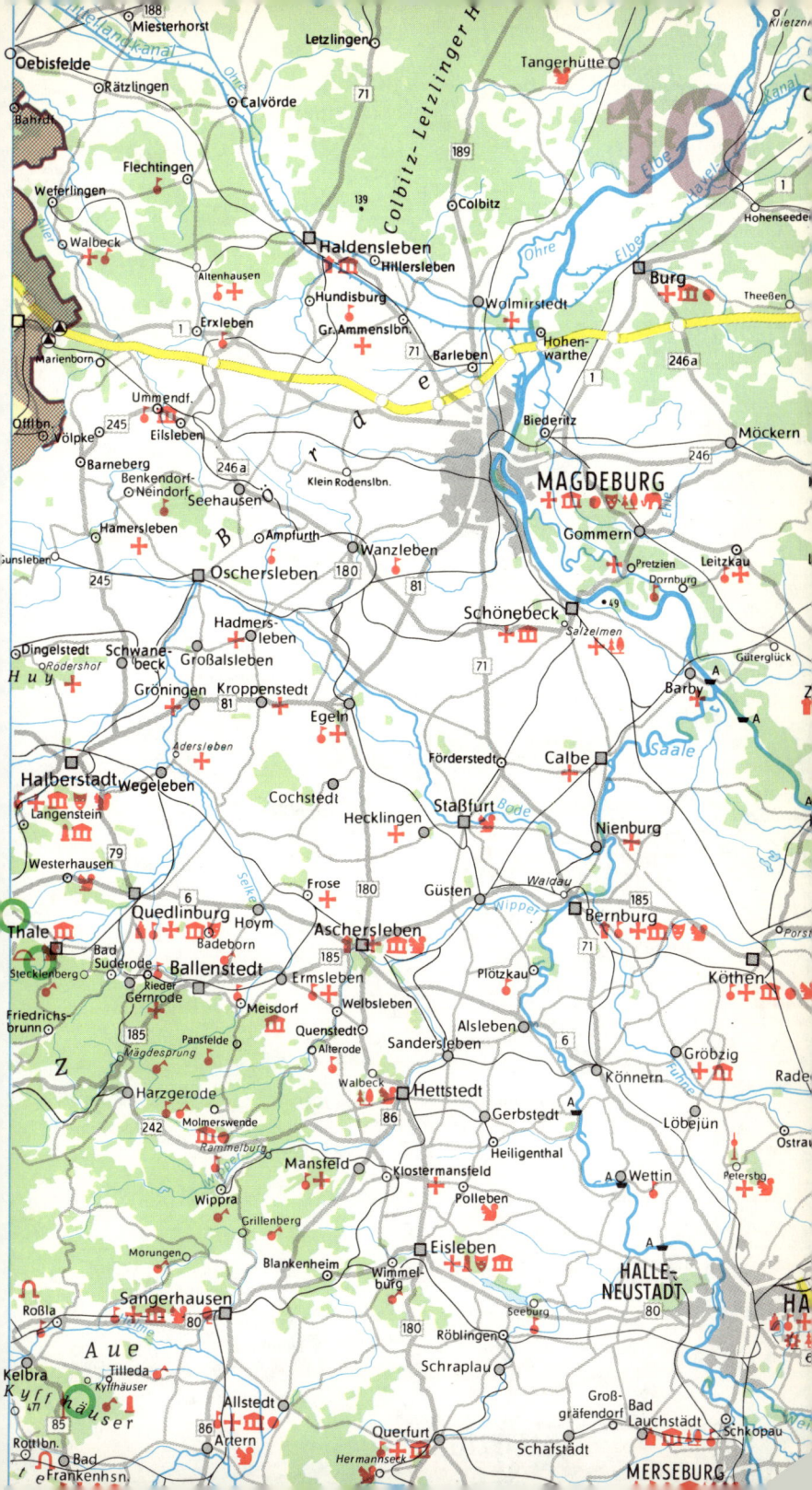

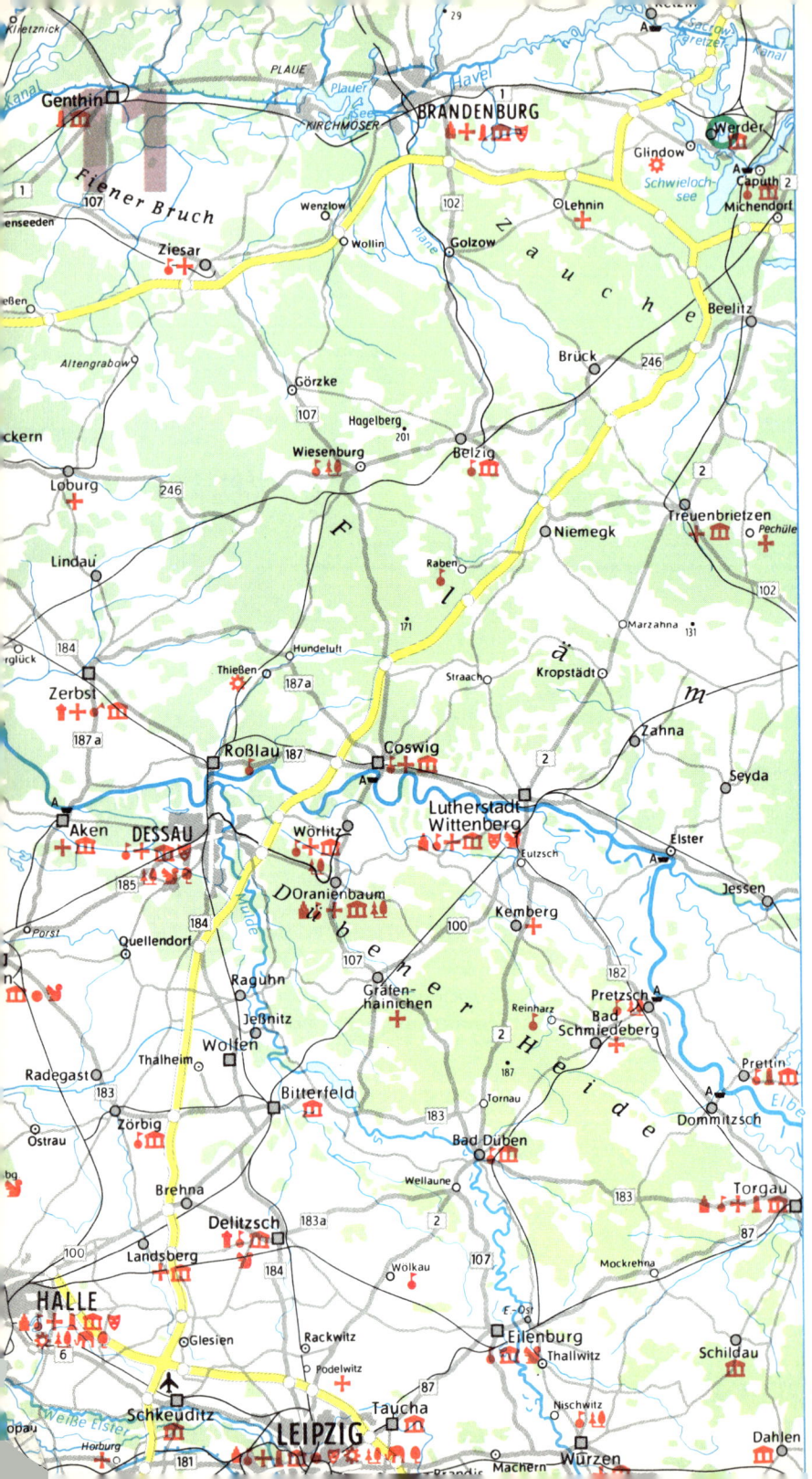

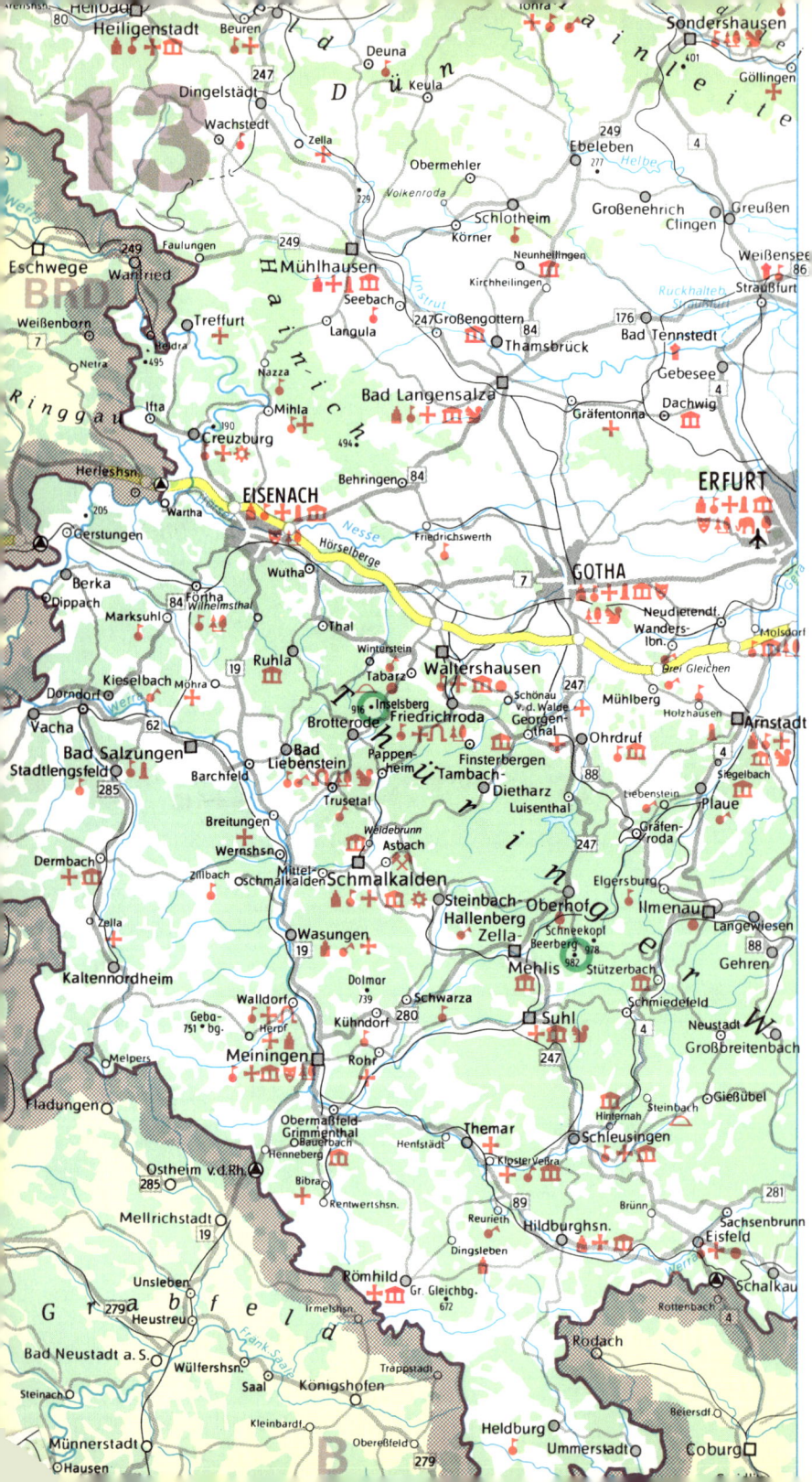

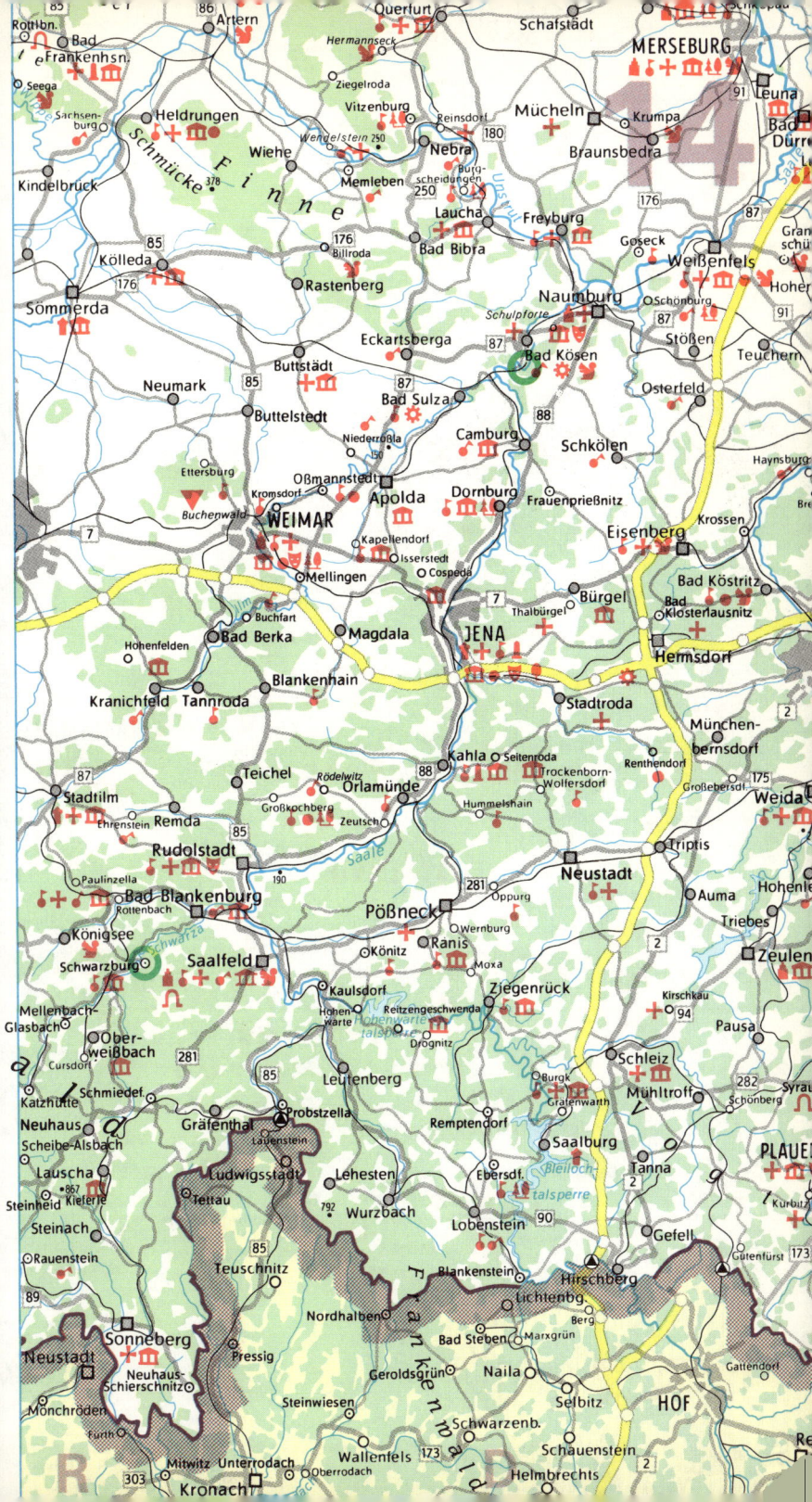

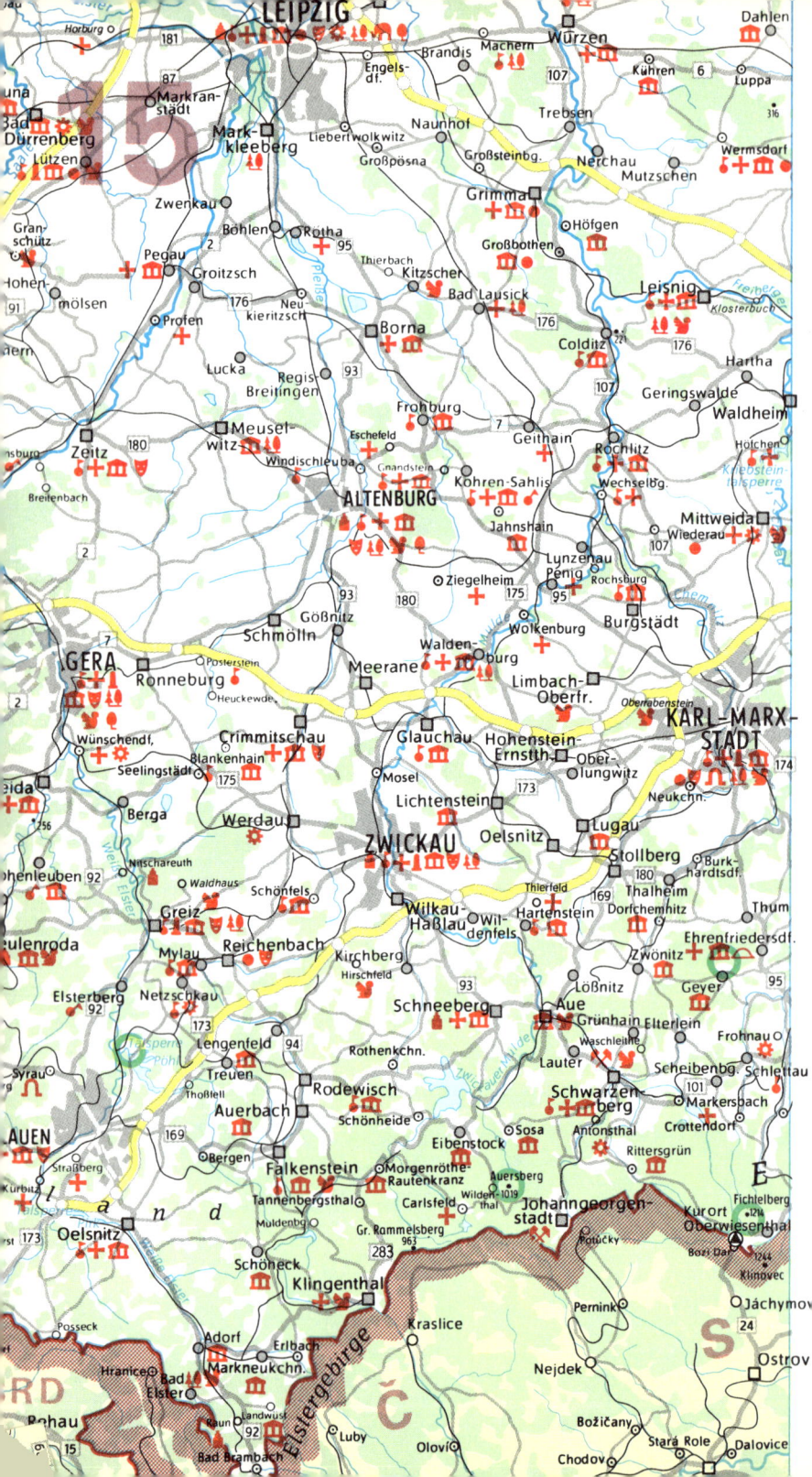

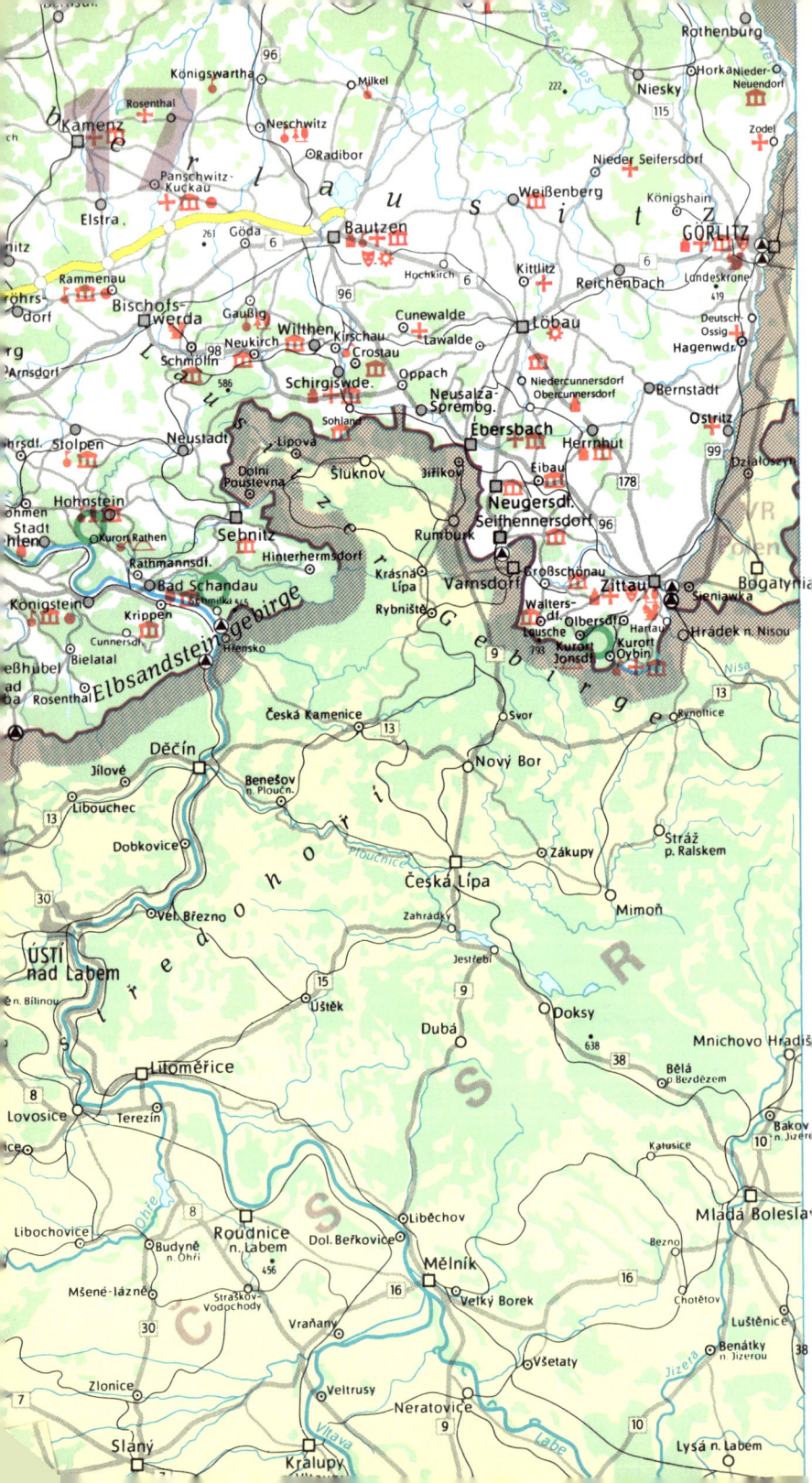

Weitere Informationen finden Sie in unseren

tourist

■ □ **WANDERKARTEN**
■ □ **TOURISTENKARTEN**

Wanderkarten

1   Ostseeküste zwischen
    Rostock-Warnemünde und
    Ostseebad Rerik 1 : 50 000

2   Darß - Fischland 1 : 50 000

3   Feldberger Landschaft 1 : 30 000

11 Rheinsberger Landschaft
    1 : 50 000

12 Werbellinsee -
    Parsteiner See 1 : 50 000

13 Wandlitzsee 1 : 50 000

14 Märkische Schweiz 1 : 30 000

15 Berliner Wald- und Seengebiet
    1 : 50 000

16 Spreewald 1 : 50 000

17 Unterharz 1 : 50 000

18 Dübener Heide 1: 50 000

21 Westlicher Thüringer Wald
    1 : 50 000

22 Umgebung von Friedrichroda
    und Finsterbergen 1 : 50 000

23 Mittlerer Thüringer Wald
    1 : 50 000

24 Umgebung von Oberhof
    1 : 50 000

25 Schwarzatal 1 : 50 000

26 Umgebung von Masserberg
    1 : 50 000

27 Saaletalsperren 1 : 50 000

28 Mühltal und Holzland
    1 : 50 000

31 Vogtland - Aschberggebiet
    1 : 50 000

32 Umgebung von Bad Brambach
    und Bad Elster 1 : 50 000

33 Westerzgebirge 1 : 50 000

34 Fichtelberg und Klínovec
    1 : 30 000

35 Mittleres Erzgebirge 1 : 50 000

36 Umgebung von Rechenberg-
    Bienenmühle 1 : 50 000

37 Osterzgebirge 1 : 50 000

38 Altenberg und Geising
    1 : 30 000

39 Tharandter Wald -
    Rabenauer Grund 1 : 50 000

41 Moritzburger Teichgebiet
    1 : 30 000

42 Dresdener Heide -
    Seifersdorfer Tal 1 : 30 000

43 Sächsische Schweiz 1 : 30 000

44 Sächsisch-Böhmische Schweiz
    1 : 50 000

45 Zittauer Gebirge 1 : 30 000

Touristenkarten

51 Rügen - Hiddensee 1 : 100 000

52 Usedom - Haffküste
    1 : 100 000

53 Usedom - Wolin 1 : 150 000

54 Mecklenburger Seenplatte
    1 : 120 000

55 Uckermark - Untere Oder
    1 : 150 000

56 Berlin - Nord 1 : 100 000

57 Berlin - Süd 1 : 100 000

58 Hoher Fläming - Havelseen
    1 : 120 000

59 Untere Saale und Mulde
    1 : 120 000

60 Harz 1 : 100 000

61 Thüringer Wald 1 : 100 000
62 Gera - Plauen 1 : 120 000
63 Mulde - Zschopau 1 : 120 000
64 Erzgebirge 1 : 100 000
65 Dresden 1 : 100 000
66 Oberlausitz 1 : 100 000

1:30 000
1:50 000
1:100 000
1:120 000   1:150 000

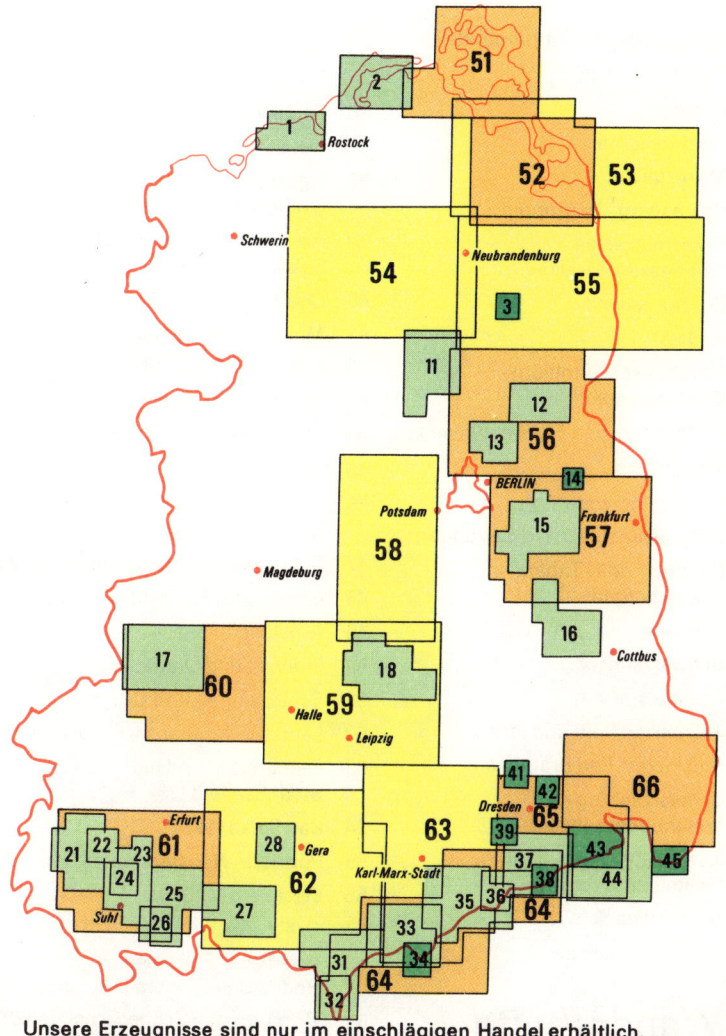

**Unsere Erzeugnisse sind nur im einschlägigen Handel erhältlich.
Ab Verlag kein Verkauf**

Weitere Informationen finden Sie in unseren

tourist

- 🟡 WANDERATLANTEN
- 🔵 WANDERHEFTEN

🟡 Wanderatlanten

1 Kühlungsborn - Warnemünde
2 Fischland - Darß
3 Rügen
4 Insel Usedom
5 Müritzgebiet
6 Rheinsberg - Neuruppin
7 Scharmützelsee - Bad Saarow-Pieskow
8 Der Spreewald
9 Bodetal
10 Nordhausen - Stolberg - Ilfeld - Neustadt
11 Kyffhäuser - Bad Frankenhausen
12 Masserberg
13 Rennsteigwanderung
14 Bad Liebenstein - Bad Salzungen
15 Friedrichroda - Tabarz - Finsterbergen
16 Oberhof
17 Schwarzatal
18 Saaletalsperren
19 Talsperren Pöhl und Pirk
20 Bad Elster - Bad Brambach
21 Schwarzenberg - Johanngeorgenstadt
22 Kurort Oberwiesenthal - Fichtelberggebiet
23 Sächsische Schweiz
24 Zittauer Gebirge

🔵 Wanderhefte

2 Wismar und die Insel Poel (3)

33 Insel Hiddensee
34 Ueckermünde und die Haffküste (24)
35 Templin - Lychen - Prenzlau - Ueckerseen
36 Feldberger Seen (15)
37 Neustrelitzer Seengebiet (4)
38 Neustadt-Glewe - Ludwigslust - Grabow (8)
39 Arendsee - Osterburg - Werben - Salzwedel - Seehausen (12)
40 Chorin und Umgebung (7)
41 Märkische Schweiz
42 Hoher Fläming (38)
43 Ilsenburg am Harz (32)
44 Blankenburg am Harz (23)
45 Naumburg (11)
46 Bad Sulza - Eckartsberga - Rastenberg (6)
47 Schmalkalden und Umgebung (36)
48 Brotterode - Pappenheim (10)
49 Arnstadt (25)
50 Ilmenau und Umgebung
51 Schleusingen und Umgebung
52 Lauscha - Neuhaus a.R. - Steinach (37)
53 Feengrotten und die Stadt Saalfeld (26)
54 Bad Berka (14)
55 Pößneck - Neustadt/Orla (1)
56 Eisenberg - Mühltal
57 Greiz – Zeulenroda (21)
58 Auerbach - Falkenstein - Rodewisch - Treuen (13)
59 Rund um den Schneckenstein (29)
60 Klingenthal (39)
61 Greifensteingebiet (19)

62 Wolkenstein - Jöhstadt (30)

63 Olbernhau - Schwarzwassertal - Pockau - Lengefeld (35)

64 Frauenstein (5)

65 Talsperren Malter und Klingenberg (34)

66 Tharandter Wald (17)

67 Kriebsteintalsperre (20)

68 Bad Lausick (31)

69 Dübener Heide (22)

70 Dresdner Heide (9)

71 Pillnitz und seine Umgebung (27)

72 Elbfahrt Dresden - Schmilka (33)

73 Berggießhübel - Bad Gottleuba (18)

74 Bad Schandau

75 Hohnstein - Polenztal - Stolpen (2)

76 Neukirch (Lausitz) (28)

77 Oybin - Lückendorf (16)

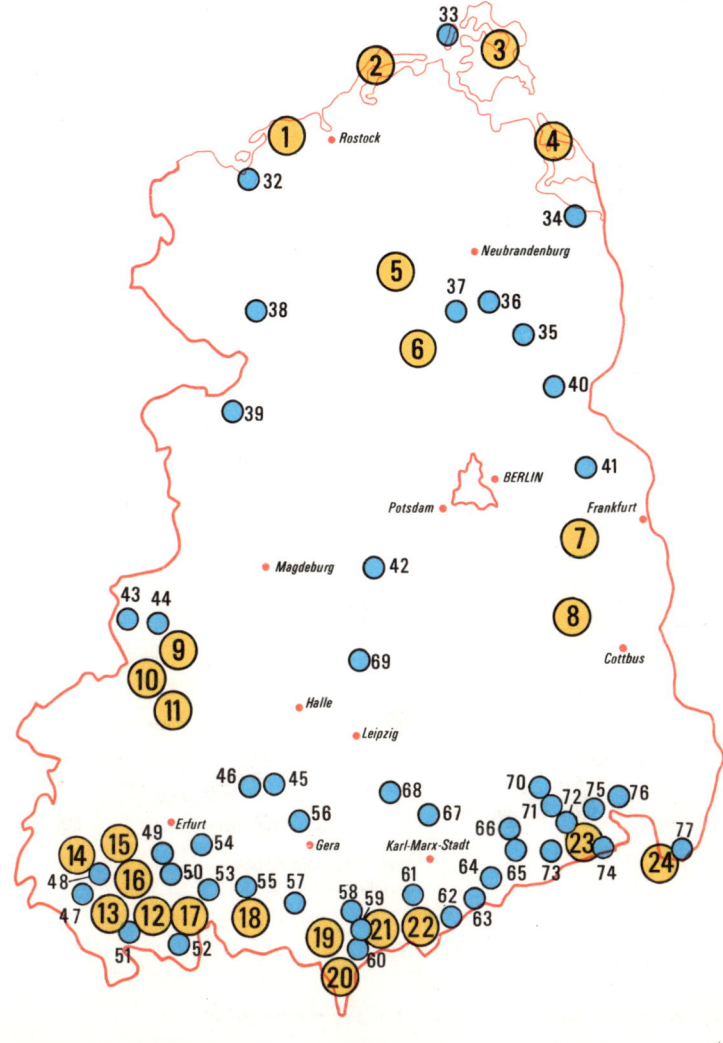

Unsere Erzeugnisse sind nur im einschlägigen Handel erhältlich
Ab Verlag kein Verkauf

Weitere Informationen finden Sie in unseren

○ **STADTPLÄNEN**

● **STADTFÜHRERATLANTEN**

● **STADTFÜHRERN**

○ Stadtplan
● Touristischer Plan
◉ Stadtführeratlas
◉ Stadtführer

Stralsund

◉ Rostock

○ Wismar

◉ Schwerin

○ Neubrandenburg

Schwedt ○

Eberswalde-
○ Finow

Falkensee ○

BERLIN
◉
○ Strausberg

Brandenburg ○

◉
Potsdam

Frankfurt ◉

◉ Magdeburg

○ Halberstadt

Dessau

Lutherstadt
◉ Wittenberg

◉ Wernigerode

○ Bernburg

◉

○ Nordhausen

○ Halle u.
Halle-Neust ◉ Leipzig

Cottbus ○

○ Sondershausen

○ Mühlhausen

Hoyerswerda ○

Meißen ◉

Görlitz ◉

Gotha ◉ Erfurt ◉

Weimar ◉

Altenburg ○

◉ Radebeul

Bautzen ◉

Eisenach ●

Jena ◉

◉ Dresden

Zittau ◉

Bad Liebenstein

○ Gera

Karl-Marx-Stadt

◉ Freiberg

○ Suhl

Zwickau ◉

Plauen ○

Bad Elster
○

Unsere Erzeugnisse sind nur im einschlägigen Handel erhältlich.
Ab Verlag kein Verkauf